"十三五"国家重点图书出版规划项目
交通运输科技丛书·公路基础设施建设与养护
特大型桥梁防灾减灾与安全控制技术丛书（一期）

Wind-Wave-Current Coupling Action of
Super-large Bridge

特大型桥梁
风-浪-流耦合作用

刘 高 张喜刚 刘天成 陈上有 著

人民交通出版社股份有限公司
China Communications Press Co.,Ltd.

内 容 提 要

本书针对跨海特大型桥梁面临的深水、强风、巨浪、急流等复杂恶劣环境挑战,面向跨海桥梁建设需要,对桥梁风-浪-流耦合作用的现场观测、耦合特性、模型试验、数值模拟、振动理论及控制措施等关键技术进行了详细论述。具体包括:桥梁风-浪-流耦合场现场观测方法及耦合特性分析、桥梁风-浪-流耦合场数值模拟及设计参数取值方法、桥梁风-浪-流耦合作用弹性模型试验模拟方法及动态响应特性、桥梁风-浪-流耦合作用数值水槽模拟方法、桥梁风-浪-流耦合作用的随机振动理论及分析方法、车-桥-风-浪-流耦合作用的随机振动理论及分析方法、大型深水预制基础沉放过程数值模拟及控制措施等。相关创新成果为港珠澳大桥、深中通道工程等特大型跨海桥梁工程建设提供了重要技术支撑和储备。

本书可供从事跨海桥梁设计、科研、教学等工作的技术人员参考使用。

Abstract

For construction demand and harsh environmental challenges such as deep water, strong winds, huge waves and rapid current faced by super-large cross-sea bridge, this book discusses the key technologies such as field observation, coupling characteristics, model test, numerical simulation, vibration theory and control measures of bridge wind-wave-current coupling action. The main contents include wind-wave-current coupling field observation method, coupling characteristic analysis, numerical simulation of wind-wave-current coupling field and design parameter determination method. The main contents also include elastic model test simulation method of bridge wind-wave-current coupling action and dynamic response characteristics, bridge wind-wave-current coupling numerical water tank simulation method, random vibration theory and analysis method, vehicle-bridge-wind-wave-current coupling random vibration theory and analysis method, numerical simulation and control measures for large-scale deep water prefabricated foundation in sinking process, etc. Relevant innovations have provided important technical support and reserves for the construction of super-large cross-sea bridge projects such as Hong Kong-Zhuhai-Macao Bridge, Shenzhong Channel Project.

The book can be used by technicians who are engaged in super-large cross-sea bridge design, research, teaching, etc.

交通运输科技丛书编审委员会

（委员排名不分先后）

顾　问：陈　健　周　伟　成　平　姜明宝

主　任：庞　松

副主任：洪晓枫　袁　鹏

委　员：石宝林　张劲泉　赵之忠　关昌余　张华庆

　　　　　郑健龙　沙爱民　唐伯明　孙玉清　费维军

　　　　　王　炜　孙立军　蒋树屏　韩　敏　张喜刚

　　　　　吴　澎　刘怀汉　汪双杰　廖朝华　金　凌

　　　　　李爱民　曹　迪　田俊峰　苏权科　严云福

序

科技是国家强盛之基,创新是民族进步之魂。中华民族正处在全面建成小康社会的决胜阶段,比以往任何时候都更加需要强大的科技创新力量。党的十八大以来,以习近平同志为总书记的党中央作出了实施创新驱动发展战略的重大部署。党的十八届五中全会提出必须牢固树立并切实贯彻创新、协调、绿色、开放、共享的发展理念,进一步发挥科技创新在全面创新中的引领作用。在最近召开的全国科技创新大会上,习近平总书记指出要在我国发展新的历史起点上,把科技创新摆在更加重要的位置,吹响了建设世界科技强国的号角。大会强调,实现"两个一百年"奋斗目标,实现中华民族伟大复兴的中国梦,必须坚持走中国特色自主创新道路,面向世界科技前沿、面向经济主战场、面向国家重大需求。这是党中央综合分析国内外大势、立足我国发展全局提出的重大战略目标和战略部署,为加快推进我国科技创新指明了战略方向。

科技创新为我国交通运输事业发展提供了不竭的动力。交通运输部党组坚决贯彻落实中央战略部署,将科技创新摆在交通运输现代化建设全局的突出位置,坚持面向需求、面向世界、面向未来,把智慧交通建设作为主战场,深入实施创新驱动发展战略,以科技创新引领交通运输的全面创新。通过全行业广大科研工作者长期不懈的努力,交通运输科技创新取得了重大进展与突出成效,在黄金水道能力提升、跨海集群工程建设、沥青路面新材料、智能化水面溢油处置、饱和潜水成套技术等方面取得了一系列具有国际领先水平的重大成果,培养了一批高素质的科技创新人才,支撑了行业持续快速发展。同时,通过科技示范工程、科技成果推广计划、专项行动计划、科技成果推广目录等,推广应用了千余项科研成果,有力促进了科研向现实生产力转化。组织出版"交通运输建设科技丛书",是推进科技成果公开、加强科技成果推广应用的一项重要举措。"十二五"期间,该丛书共出版72册,全部列入"十二五"国家重点图书出版规划项目,其中12册获得国家出版基金支持,6册获中华优秀出版物奖图书提名奖,行业影响力和社会知名度不断扩大,逐渐成为交通运输高端学术交流和科技成果公开的重要平台。

"十三五"时期,交通运输改革发展任务更加艰巨繁重,政策制定、基础设施建设、运输管理等领域更加迫切需要科技创新提供有力支撑。为适应形势变化的需要,在以往工作的基础上,我们将组织出版"交通运输科技丛书",其覆盖内容由建设技术扩展到交通运输科学技术各领域,汇集交通运输行业高水平的学术专著,及时集中展示交通运输重大科技成果,将对提升交通运输决策管理水平、促进高层次学术交流、技术传播和专业人才培养发挥积极作用。

当前,全党全国各族人民正在为全面建成小康社会、实现中华民族伟大复兴的中国梦而团结奋斗。交通运输肩负着经济社会发展先行官的政治使命和重大任务,并力争在第二个百年目标实现之前建成世界交通强国,我们迫切需要以科技创新推动转型升级。创新的事业呼唤创新的人才。希望广大科技工作者牢牢抓住科技创新的重要历史机遇,紧密结合交通运输发展的中心任务,锐意进取、锐意创新,以科技创新的丰硕成果为建设综合交通、智慧交通、绿色交通、平安交通贡献新的更大的力量!

杨传堂

2016 年 6 月 24 日

前　言

21世纪以来,世界桥梁建设进入了跨海连岛工程的新时期。我国相继建成了东海大桥、杭州湾大桥、青岛海湾大桥等跨海大桥。目前,港珠澳大桥已建成通车,大连湾跨海大桥、六横跨海大桥、深中通道工程已开工建设,跨越琼州海峡、渤海海峡的巨型跨海通道工程正在规划研究。在国际上,世界各国也都在加快规划研究规模宏伟的跨越海湾、连接岛屿与大陆的跨海交通工程,如跨越直布罗陀海峡、挪威沿海诸岛、印度尼西亚巽他海峡等的跨海通道工程。

桥梁建设从内陆走向外海,面临着深水、强风、巨浪、急流等恶劣海洋环境的严峻挑战。在海洋环境中,强风、巨浪、海流之间具有强烈的耦合性,产生的动力荷载已成为跨海桥梁的主要控制性荷载。尤其是跨海特大型桥梁,随着跨径的增大,桥梁结构自身刚度越来越小,阻尼越来越低,强风、巨浪、海流激发的动力荷载效应十分显著,风-浪-流耦合将对桥梁结构产生巨大的动力破坏作用。

桥梁风-浪-流耦合作用是复杂的气-液-固耦合作用问题。目前,国内外还没有针对桥梁风-浪-流耦合作用的学术专著和设计标准。在传统桥梁设计中,没有考虑强风、巨浪、海流之间的耦合特性,没有考虑风-浪-流耦合作用与桥梁结构之间的动力耦合效应,通常只考虑风自身的静力和动力作用效应,波浪和海流则作为静力荷载进行单独考虑。因此,如何准确描述风-浪-流耦合场及其对桥梁结构的动力效应是跨海特大型桥梁设计必须研究解决的重大技术难题。

"十一五"期间,在对跨海特大型桥梁风-浪-流耦合作用的技术需求和发展情况进行调研分析的基础上,作者提出并负责完成了国家863计划课题"台风浪耦合作用下跨海峡桥梁动力模拟及防灾减灾技术(2007AA11Z101)",在世界范围内首次开展了跨海桥梁台风-波浪耦合作用问题的探索性研究,形成了桥梁台风-波浪耦合作用的试验模拟技术、数值模拟技术和防灾减灾技术方面的一些初步研究成果。"十二五"期间,交通运输部将"特大型桥梁防灾减灾与安全控制技术

（2011318494001）"列为交通运输"十二五"重大科技专项之首，作者负责该重大科技专项之项目二"特大型桥梁风-浪-流耦合作用研究（2011318494150）"。进入"十三五"时期，在科技部立项的国家重点研发计划"涉水重大基础设施安全保障技术研究与工程示范（2018YFC0809600）"中，作者负责课题四"风浪流耦合及撞击作用下超大跨桥梁致灾机理与安全防控技术（2018YFC0809604）"的研究工作，经过针对风-浪-流耦合作用关键科学问题的多年努力攻关，在深水海洋环境中风-浪-流耦合场现场观测技术及数值模拟技术、风-浪-流耦合场设计参数极值联合概率模型、风-浪-流耦合作用下桥梁三维弹性模型试验模拟技术、风-浪-流耦合作用下桥梁设计方法及数值模拟技术、风-浪-流耦合作用下桥梁振动控制技术、桥梁风-浪-流耦合作用设计指南等方面取得了创新性成果，为港珠澳大桥、深中通道工程提供了技术支撑，为琼州海峡跨海工程等外海跨海桥梁工程建设提供了重要技术储备。交通运输部组织的专家鉴定后认为："项目形成了具有原创性的研究成果，达到了国际领先水平"。科学技术部和交通运输部对上述科技项目的资助，作者表示衷心的感谢！

本书共12章，系统总结了十余年来作者和研究团队在桥梁风-浪-流耦合作用研究领域的研究成果。第1章介绍桥梁风-浪-流耦合作用的研究背景和进展；第2章介绍国内外跨海特大型桥梁建设和规划，着重介绍了琼州海峡跨海通道工程的建设条件和主通航孔桥设计方案，作为后续章节研究的主要工程背景；第3章介绍跨海桥梁面临的风、波浪和海流等海洋环境因素的基础理论知识；第4章介绍风-浪-流耦合场现场观测及数据分析方法，并结合琼州海峡跨海通道工程区域的多年观测结果，分析了该海域风-浪-流耦合场的耦合特性；第5章介绍风-浪-流耦合场数值模拟方法，以及基于多维复合极值概率模型的桥梁风-浪-流耦合场设计参数取值方法；第6章介绍桥梁风-浪-流耦合作用弹性模型试验相似理论和试验模拟方法；第7章介绍索塔自立状态及千米级三塔斜拉桥全桥结构风-浪-流耦合作用弹性模型试验及动态响应特征；第8章介绍基于计算流体力学方法的桥梁风-浪-流耦合作用数值水槽模拟方法；第9章介绍基于虚拟激励法的桥梁风-浪耦合作用随机振动频域分析方法；第10章介绍桥梁风-浪-流耦合作用随机振动的时域分析方法；第11章介绍车-桥-风-浪-流耦合作用随机振动的时域分析方法；第12章介绍桥梁大型深水预制基础沉放过程数值模拟方法及控制措施。

在本书的撰写过程中，刘高教授级高级工程师负责全书的统稿、定稿和第1、

3、4、6、9 章的编写,张喜刚教授级高级工程师负责第 2 章的编写,刘天成教授级高级工程师负责第 7、8 章的编写,陈上有高级工程师负责第 5、10 章的编写,程潜高级工程师负责第 5 章部分内容和第 12 章的编写,王昆鹏高级工程师负责第 11 章的编写。参加本书内容相关研究的还有陈汉宝研究员、郭安薪教授、周道成副教授、刘海源副研究员、耿宝磊副研究员、吴宏波教授级高级工程师、柏晓东博士等,作者对他们为本书相关内容研究所作出的贡献表示感谢!韩冬冬博士、杨海洋博士、李冲博士、许会燕硕士、李凯强硕士参加了书稿的校对工作,在此表示感谢!

  本指南的编写过程中,得到了我的导师项海帆院士、林家浩教授的鼓励和支持,得到了国际桥协原主席 K H Ostenfeld 先生、钟万勰院士、王景全院士、欧进萍院士、陈政清院士、周绪红院士、赖远明院士、李守善设计大师、孟凡超设计大师、交通运输部原总工程师周海涛教授级高工、侯金龙教授级高工、张劲泉研究员、苏权科研究员、张鸿教授级高工、宋神友教授级高工、周世忠教授级高工、徐国平教授级高工、陈艾荣教授、李惠教授、张亚辉教授、周志勇教授等的大力支持,在此表示衷心的感谢!

  由于作者水平所限,时间仓促,书中不当之处在所难免,敬请读者多提宝贵意见。

2018 年 11 月

目　录

第1章　绪论 ··· 1
1.1　桥梁风-浪-流耦合作用问题 ··· 1
1.1.1　国内外跨海桥梁建设概况 ·· 1
1.1.2　跨海桥梁面临的海洋气象水文环境挑战 ··· 3
1.1.3　跨海桥梁的风-浪-流耦合作用 ·· 10
1.2　桥梁风-浪-流耦合作用研究进展 ··· 13
1.2.1　风-浪-流耦合场现场观测技术研究 ··· 14
1.2.2　风-浪-流耦合场数值模拟技术及设计参数研究 ·································· 16
1.2.3　桥梁风-浪-流耦合作用弹性模型试验技术研究 ·································· 17
1.2.4　风-浪-流耦合作用下桥梁振动分析研究 ··· 19
1.2.5　车-桥-风-浪-流-耦合作用下桥梁振动分析研究 ································· 22
1.2.6　桥梁大型深水预制基础沉放过程数值模拟技术研究 ························ 24
1.3　桥梁风-浪-流耦合作用研究内容 ·· 24
本章参考文献 ·· 26

第2章　跨海特大型桥梁建设及规划 ·· 31
2.1　跨海特大型桥梁建设概况 ·· 31
2.1.1　国外跨海特大型桥梁建设 ·· 31
2.1.2　国内跨海特大型桥梁建设 ·· 35
2.2　跨海特大型桥梁建设规划 ·· 36
2.2.1　智利查考大桥 ··· 36
2.2.2　直布罗陀海峡跨海通道工程 ··· 37
2.2.3　巽他海峡跨海通道工程 ·· 38
2.2.4　琼州海峡跨海通道工程 ·· 39
2.2.5　渤海海峡跨海通道工程 ·· 40

        2.2.6 台湾海峡跨海通道工程 ··· 41
    2.3 琼州海峡跨海大桥主通航孔桥方案 ·· 44
        2.3.1 主要建设条件 ·· 44
        2.3.2 主通航孔公路桥梁研究方案 ··· 46
        2.3.3 主通航孔公铁两用桥梁研究方案 ·· 53
    本章参考文献 ··· 57

第3章 海洋环境
    3.1 风场 ·· 59
        3.1.1 大气环流 ··· 59
        3.1.2 近海地区主要风系 ··· 60
        3.1.3 大气边界层 ··· 61
        3.1.4 边界层风特性 ··· 62
    3.2 波浪场 ·· 68
        3.2.1 波浪分类 ··· 68
        3.2.2 规则波浪理论 ··· 71
        3.2.3 随机波浪理论 ··· 81
    3.3 海流场 ·· 85
        3.3.1 海流分类 ··· 85
        3.3.2 海流特征值计算 ·· 85
    3.4 风-浪-流耦合场 ·· 87
    本章参考文献 ··· 87

第4章 风-浪-流耦合场现场观测方法与耦合特性分析
    4.1 风-浪-流耦合场现场观测方法 ··· 89
        4.1.1 风-浪-流耦合场观测基本原则 ·· 89
        4.1.2 风-浪-流耦合场观测系统 ··· 91
    4.2 风-浪-流耦合场观测数据分析方法 ··· 101
        4.2.1 风观测数据处理分析方法 ··· 101
        4.2.2 波浪水流观测数据处理分析方法 ·· 104
    4.3 琼州海峡海域风-浪-流耦合场观测及耦合特性 ·· 118
        4.3.1 琼州海峡海域风-浪-流耦合场观测系统 ·· 118
        4.3.2 风、波浪、海流特性分析 ··· 121
        4.3.3 风-浪-流耦合场耦合特性分析 ·· 132
        4.3.4 对现行规范的讨论 ··· 142

本章参考文献·· 144

第5章　风-浪-流耦合场数值模拟方法及设计参数·· 146
5.1　风-浪-流耦合场模拟方法··· 146
5.1.1　概述·· 146
5.1.2　台风场模拟·· 148
5.1.3　波浪场模拟·· 154
5.1.4　风暴潮数值模拟·· 163
5.1.5　风-浪-流耦合场模型的建立·· 167
5.2　琼州海峡海域风-浪-流耦合场数值模拟······································ 168
5.3　琼州海峡历史台风过程的数值后报模拟······································ 181
5.3.1　工程海域历史台风过程的选取·· 181
5.3.2　工程海域主要台风路径及影响分析···································· 182
5.4　风-浪-流耦合场特征参数极值的联合概率模型································ 187
5.4.1　多维联合概率理论模型·· 187
5.4.2　特征参数极值的联合概率分布·· 192
5.5　风-浪-流耦合场设计参数·· 202
　　本章参考文献·· 204

第6章　桥梁风-浪-流耦合作用弹性模型试验方法·· 207
6.1　桥梁风-浪-流耦合作用弹性模型试验相似理论································ 207
6.1.1　桥梁风-浪-流耦合作用场的流动相似理论···························· 207
6.1.2　桥梁风-浪-流耦合作用动力相似模拟理论···························· 210
6.1.3　桥梁风-浪-流耦合作用弹性试验的相似参数·························· 212
6.2　桥梁风-浪-流耦合作用弹性模型试验模拟系统································ 213
6.2.1　试验模拟系统构成·· 213
6.2.2　风场要素模拟·· 216
6.2.3　波浪场要素模拟·· 218
6.2.4　水流场模拟·· 220
6.2.5　工程场地模拟·· 221
6.3　桥梁风-浪-流耦合场试验模拟·· 221
6.3.1　风-浪耦合场特征要素模拟·· 221
6.3.2　浪-流耦合场特征要素模拟·· 226
6.3.3　风-浪-流耦合场特征要素模拟·· 230
6.4　桥梁弹性模型的物理模拟·· 232

  6.4.1　弹性模型的类型 ……………………………………………………… 232
  6.4.2　桥梁结构弹性模型物理模拟系统 …………………………………… 233
  6.4.3　模型缩尺比确定 ……………………………………………………… 236
  6.4.4　弹性试验模型设计原则与过程 ……………………………………… 237
 6.5　弹性模型试验动态测试 …………………………………………………… 237
  6.5.1　测试系统构成 ………………………………………………………… 238
  6.5.2　试验测量仪器的标定 ………………………………………………… 241
  6.5.3　测试系统的布置与安装 ……………………………………………… 242
  6.5.4　测试实时同步采集系统 ……………………………………………… 244
 本章参考文献 ……………………………………………………………………… 246

第7章　桥梁风-浪-流耦合作用弹性模型试验及响应特性 ………………… 248
 7.1　群桩基础索塔自立状态弹性模型试验 …………………………………… 248
  7.1.1　试验模型设计及制作 ………………………………………………… 248
  7.1.2　试验方案设计 ………………………………………………………… 251
  7.1.3　风-浪-流耦合作用试验结果及分析 ………………………………… 253
  7.1.4　海啸作用试验模拟及分析 …………………………………………… 261
 7.2　沉箱/沉井基础索塔自立状态弹性模型试验 ……………………………… 267
  7.2.1　试验模型设计及制作 ………………………………………………… 267
  7.2.2　试验方案设计 ………………………………………………………… 271
  7.2.3　试验结果及分析 ……………………………………………………… 273
 7.3　三塔斜拉桥全桥风-浪-流耦合作用弹性模型试验 ……………………… 279
  7.3.1　试验模型设计及制作 ………………………………………………… 279
  7.3.2　试验方案设计 ………………………………………………………… 284
  7.3.3　试验结果及分析 ……………………………………………………… 285
 本章参考文献 ……………………………………………………………………… 291

第8章　桥梁风-浪-流耦合作用数值水槽模拟技术 ………………………… 293
 8.1　风-浪-流耦合数值水槽模型 ……………………………………………… 293
  8.1.1　风-浪-流耦合数值水槽架构 ………………………………………… 293
  8.1.2　波浪自由表面的追踪方法 …………………………………………… 295
  8.1.3　浪-流耦合场及区域数值造波模型 ………………………………… 296
  8.1.4　流场区域阻尼消波法 ………………………………………………… 299
  8.1.5　空间脉动风速场模拟 ………………………………………………… 300
  8.1.6　边界条件和初始条件 ………………………………………………… 303

8.2 风-浪-流数值水槽模拟方法 ·· 304
   8.2.1 基于通用 CFD 平台的浪-流数值水槽模拟 ·· 304
   8.2.2 非定常不可压缩黏性流求解方法 ··· 306
8.3 风-浪-流场数值水槽模拟 ·· 308
   8.3.1 风-浪-流耦合场计算模型及参数 ·· 309
   8.3.2 风-浪-流耦合场演化及波形分析 ·· 310
   8.3.3 风-浪-流耦合场中波面和波高的变化 ·· 313
8.4 圆柱结构数值水槽模拟 ··· 314
   8.4.1 小尺度圆柱结构浪-流耦合作用数值模拟 ·· 314
   8.4.2 大尺度直立圆柱结构数值水槽模拟 ·· 319
   8.4.3 圆柱结构风-浪-流耦合作用模拟 ·· 321
8.5 高桩承台基础浪-流作用模拟 ·· 324
   8.5.1 基础局部冲刷效应对基础浪-流作用影响模拟 ···································· 325
   8.5.2 钻石形索塔大型高桩承台群桩基础浪-流作用模拟 ···························· 328
   8.5.3 哑铃形高桩承台群桩基础浪-流耦合作用模拟 ···································· 333
8.6 沉箱/沉井基础浪-流作用模拟 ·· 337
8.7 风暴潮对桥梁上部结构作用模拟 ·· 342
   8.7.1 岛-桥过渡区域波浪场的数值模拟 ··· 342
   8.7.2 岛-桥过渡区桥梁主梁波浪作用数值模拟 ·· 348
本章参考文献 ··· 354

第9章 风-浪耦合作用下桥梁随机振动频域分析方法 ·· 356
9.1 桥梁风-浪耦合作用运动方程 ·· 356
9.2 桥梁结构有限元建模方法 ··· 357
   9.2.1 塔梁索建模方法 ·· 358
   9.2.2 几何非线性 ··· 358
   9.2.3 土-结构相互作用的模拟 ·· 359
9.3 桥梁大型深水基础波浪荷载 ··· 361
   9.3.1 频域边界元方法 ·· 362
   9.3.2 桥梁大型深水基础波浪力计算方法 ·· 369
   9.3.3 桥梁大型深水基础波浪力谱 ·· 370
9.4 桥梁风荷载 ·· 371
   9.4.1 桥梁脉动风抖振力 ·· 371
   9.4.2 主梁自激力 ··· 372

9.5 基于虚拟激励法的桥梁风-浪耦合振动内力分析方法 ············· 373
  9.6 琼州海峡大桥最大双悬臂状态分析 ············· 375
    9.6.1 桥梁有限元模型 ············· 375
    9.6.2 风-浪耦合场参数 ············· 376
    9.6.3 边界单元组波浪力传递函数 ············· 376
    9.6.4 桥梁结构气动参数 ············· 376
    9.6.5 桥梁风-浪耦合作用随机振动分析结果 ············· 377
  本章参考文献 ············· 380

第 10 章 风-浪-流耦合作用下桥梁振动时域分析方法 ············· 382
  10.1 桥梁风-浪-流耦合作用运动方程 ············· 382
  10.2 桥梁基础结构浪-流荷载 ············· 383
    10.2.1 频域-时域转换方法 ············· 383
    10.2.2 直接时域边界元方法 ············· 387
    10.2.3 高桩承台群桩基础结构浪-流荷载计算方法 ············· 392
    10.2.4 沉箱和沉井基础结构单元浪-流荷载计算方法 ············· 393
  10.3 考虑斜风效应的桥梁风荷载 ············· 397
    10.3.1 桥梁风致振动形态 ············· 397
    10.3.2 坐标系统 ············· 398
    10.3.3 平均风荷载和抖振力 ············· 402
    10.3.4 自激力 ············· 407
  10.4 桥梁风-浪-流耦合作用运动方程求解 ············· 411
    10.4.1 桥梁风-浪-流耦合作用运动方程 ············· 411
    10.4.2 桥梁风-浪-流耦合作用运动方程求解方法 ············· 411
    10.4.3 桥梁风-浪-流耦合振动分析程序 ············· 414
  10.5 琼州海峡大桥风-浪-流耦合振动分析 ············· 416
    10.5.1 全桥结构动力特性 ············· 416
    10.5.2 基础结构水动力分析 ············· 417
    10.5.3 成桥状态桥梁风-浪-流耦合振动响应 ············· 419
  本章参考文献 ············· 423

第 11 章 车-桥-风浪流耦合系统振动分析方法 ············· 425
  11.1 车-桥-风浪流耦合系统运动方程 ············· 425
    11.1.1 车辆-桥梁耦合作用 ············· 426
    11.1.2 车辆-风浪流耦合作用 ············· 429

  11.1.3 桥梁-风浪流耦合作用 ·································· 430
 11.2 车-桥-风浪流耦合系统运动方程的求解算法 ·························· 432
 11.3 琼州海峡公铁两用特大桥车-桥-风浪流耦合振动分析 ·················· 435
  11.3.1 桥梁子系统参数 ···································· 435
  11.3.2 桥梁基础水动力参数 ································· 437
  11.3.3 风浪流耦合场子系统 ································· 438
  11.3.4 车辆子系统参数 ···································· 438
  11.3.5 车-桥-风浪流耦合振动分析结果 ·························· 439
 本章参考文献 ·· 446

第12章 桥梁大型深水预制基础沉放过程数值模拟及控制 ······················ 448
 12.1 桥梁深水预制基础施工过程分析 ································· 448
  12.1.1 深水预制基础的施工流程 ······························ 448
  12.1.2 深水预制基础沉放过程中的系泊定位 ······················ 449
 12.2 浮体及系泊系统计算原理 ····································· 450
  12.2.1 浮体在波浪中的运动计算理论 ··························· 450
  12.2.2 系泊系统受力分析 ·································· 454
  12.2.3 耦合计算原理 ····································· 455
 12.3 预制基础系泊系统动力分析简化模型 ····························· 456
  12.3.1 系泊系统简化模型简介 ······························· 456
  12.3.2 系泊系统简化模型运动方程 ···························· 456
  12.3.3 系泊系统动力特性分析 ······························· 458
  12.3.4 系泊系统的波浪作用分析 ······························ 462
 12.4 预制基础沉放过程数值模拟 ···································· 465
  12.4.1 预制基础幅频运动特性研究 ···························· 465
  12.4.2 预制基础定位沉放系泊控制分析 ·························· 467
 12.5 预制基础沉放过程控制 ······································· 473
 本章参考文献 ·· 475

索引 ·· 477

第 1 章 绪　　论

21世纪是跨海桥梁的世纪。与跨越江河峡谷的桥梁相比,跨海桥梁面临着深水、强风、巨浪、急流等恶劣海洋环境的严峻挑战。在海洋环境中,强风、巨浪、急流之间的耦合作用及其与桥梁结构之间的动力耦合作用同时发生(图1.0-1),尤其是跨海特大型桥梁,随着跨径的增大,桥梁结构自身刚度越来越小,阻尼越来越低,风-浪-流耦合作用将在多个频点上激发结构产生显著的动力效应,甚至可能导致桥梁结构发生严重的动力破坏。因此,保障跨海特大型桥梁在风-浪-流耦合作用下的安全,已成为亟待研究解决的重大课题。对于跨海特大型公铁两用桥梁,车辆、桥梁、风-浪-流耦合场之间的耦合作用同时发生,并相互影响,如何保障桥梁结构自身以及车辆运行安全性和舒适性是桥梁设计中面临的新的技术挑战。

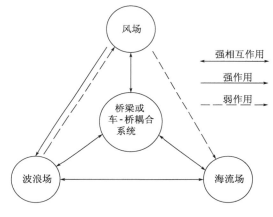

图 1.0-1　桥梁、风、浪、流耦合作用环

1.1　桥梁风-浪-流耦合作用问题

1.1.1　国内外跨海桥梁建设概况

20世纪以来,为适应区域经济的快速发展,世界各国都在致力于建立更加快速、便捷的陆路交通网络。作为交通网络的咽喉工程,一批跨越近海浅湾、连接岛屿的跨海特大型桥梁相继建成,如北美洲的金门大桥、奥克兰海湾大桥、切萨皮克湾跨海大桥、联邦大桥等;欧洲的大贝尔特海峡大桥、厄勒海峡大桥、里翁—安蒂里翁大桥,以及联结欧亚大陆的博斯普鲁斯大桥等;亚洲的日本本州—四国联络工程系列跨海大桥、巴林—沙特阿拉伯跨海大桥、马来西亚槟城二桥,以及我国的东海大桥、杭州湾大桥、胶州湾大桥、舟山大陆连岛工程、港珠澳大桥等。目前,在世界上已建或在建的跨海大桥中,我国建设的跨海大桥占据主导地位,如表1.1-1所示。我国已建部分跨海大桥见图1.1-1。

世界上已建或在建的跨海大桥列表　　　　表 1.1-1

序号	桥　名	国　家	总长(km)	建成时间(年)
1	港珠澳大桥	中国	49.968	2018
2	胶州湾大桥	中国	36.48	2011
3	杭州湾大桥	中国	36	2007
4	东海大桥	中国	32.5	2005
5	舟山大陆连岛工程	中国	25	2009
6	槟城二桥	马来西亚	22.5	2012
7	平潭公铁两用大桥	中国	16.34	在建
8	大贝尔特海峡大桥	丹麦	13.412	1997
9	联邦大桥	加拿大	12.9	1997
10	厄勒海峡大桥	丹麦/瑞典	7.845	2000

a)东海大桥

b)杭州湾大桥

c)胶州湾大桥

d)港珠澳大桥

图 1.1-1　我国部分已建跨海大桥

随着经济全球化和区域经济一体化进程的加速,世界各国都在加快规划研究更加宏伟的跨越外海深水海湾、连接岛屿与大陆的跨海交通工程,如印度尼西亚巽他海峡跨海通道工程、挪威沿海诸岛连岛工程、联结欧非大陆的直布罗陀海峡跨海通道工程等。直布罗陀海峡跨海大桥的设计方案如图1.1-2所示。

在我国,随着交通建设适应经济快速发展的需要和国家重大发展战略的实施,平潭公铁两用大桥、深中通道工程、大连湾跨海交通工程、六横跨海大桥已开工建设。此外,跨越外海深水海湾的跨海通道工程也迎来了良好的发展机遇,跨越琼州海峡、渤海海峡的巨型跨海通道工程已开展规划研究,跨越台湾海峡的巨型跨海工程规划也已经提上日程。琼州海峡跨海大桥的设计方案如图1.1-3所示。

图1.1-2　直布罗陀海峡跨海大桥的设计方案　　　　图1.1-3　琼州海峡跨海大桥的设计方案

随着桥梁建设向跨越深水海湾、海峡的方向迈进,必须解决深水、强风、巨浪、急流、海啸等恶劣海洋环境引发的荷载及其与结构耦合效应的难题。

1.1.2　跨海桥梁面临的海洋气象水文环境挑战

即使在科学技术发达的今天,由狂风巨浪造成的海难,仍占世界海难的60%以上。尤其是6m以上的狂浪,更是给防波堤、港口工程、桥梁工程和海上船舶等带来巨大的危害。

1. 风暴潮与海浪

1) 美国风暴潮与海浪灾害

2004年9月14日,飓风"伊万"(图1.1-4)到达墨西哥湾海域上空时的最高风速达72m/s(5级飓风强度),飓风掀起了惊涛骇浪,并于9月16日以54m/s(3级飓风强度)风速在南部城市莫比尔登陆。这场飓风先后袭击了美国的亚拉巴马州、路易斯安那州、密西西比州和佛罗里达州,给海洋基础设施和沿岸基础设施造成了极大破坏(图1.1-5)。据统计,飓风"伊万"总计造成124人死亡,经济损失达205亿美元。

2005年8月25~29日,飓风"卡特里娜"(图1.1-6)重创美国墨西哥湾沿岸。8月28日18时,"卡特里娜"飓风最高风速达77m/s(5级飓风强度);8月29日11时,位于墨西哥湾中部的美国国家数据浮标中心42040号浮标测量到最大有效波高16.91m(图1.1-7),该波高值的重现期为 260 年。"卡特里娜"飓风引发的风暴潮和台风浪摧毁了墨西哥湾沿岸路易斯安那州、密西西比州和亚拉巴马州的工程基础设施,严重破坏了公路桥梁(图 1.1-8),造成大面积交通瘫痪,给救灾工作带来巨大的困难,造成超过 25 万人流离失所、1 836 人死亡,经济损失超过了 1 000 亿美元。

图 1.1-4　飓风"伊万"的风眼

图 1.1-5　飓风"伊万"造成位于佛罗里达州埃斯坎比亚湾的 I-10 号公路上的桥梁被破坏

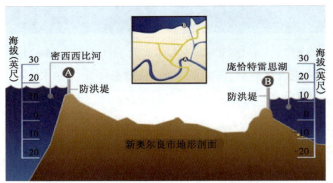

图 1.1-6　飓风"卡特里娜"引发的风暴潮

注:1 英尺(ft) = 0.304 8m。

2)中国风暴潮与海浪灾害

我国有 1.8 万 km 大陆海岸线和 300km² 管辖海域,沿海 11 个省(自治区、直辖市)的面积占全国陆地面积的 13.6%,集中了我国 40% 以上的人口、70% 以上的大城市和 60% 以上的社会总财富。1951—2016 年平均每年有 26 个热带气旋登陆我国(图 1.1-9),2002—2016 年平均每年近海海域有效波高 4m 以上的巨浪过程 36 次(图 1.1-10)。沿海地区台风、大风、暴雨和海雾等海洋气象灾害频发,造成的经济损失巨大。2014 年仅"威马逊"超强台风登陆我国就导致 88 人死亡和失踪,1 189.9 万人受灾,直接经济损失 446.5 亿元。

1997 年,9711 号台风"温妮"造成了 1949 年以来经济损失最大的一次风暴潮灾害。在台风"温妮"风暴潮期间,从福建北部沿海到渤海湾沿岸,据不完全统计,沿海有 18 个站的高潮位超过当地警戒水位,超过 2.0m 的 4 个站,最大增水发生在浙江省健跳,达 2.61m。受台风

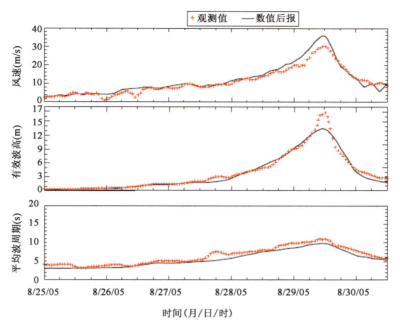

图 1.1-7　飓风"卡特里娜"观测和数值后报的风速、波高和波周期

图 1.1-8　飓风"卡特里娜"造成位于墨西哥湾的美国 90 号洲际公路上的桥梁被破坏

"温妮"的风浪影响,东海海面出现 10~12m 的狂涛区,浙江沿岸波涛汹涌,巨浪滔天,18 日白天大陈海洋站实测最大波高 9.8m,沿岸海浪普遍高出海岸 2~3m,局部地段拍岸浪高达 10m 多。尤其处于台风浪和风暴潮正面袭击的台州市区的一线海塘、二线海塘几乎全部崩溃,冲开堤防决口 4 385 处,冲毁护岸工程 1 640 处,损坏堤岸 243km。上海市虽然没有遭到台风"温妮"风浪的正面袭击,但 8 月 18 日晚,受台风浪的影响,其外围一线海堤冲毁十几公里。江苏省 19 日 08 时至 20 日 14 时,虽然台风"温妮"的台风中心在离海几百公里的内陆,东海北部和黄海仍出现 6~8m 的狂浪区,连云港海洋站实测最大波高 6.9m,在狂风巨浪、暴雨和海潮的共同袭击下,其经济损失也十分严重。江海堤防损失严重,沿江沿海堤防及防护工程损毁长达

331km,沉船110艘。辽宁省8月20~21日受9711号台风浪影响,东港市沿海36h内,连续3次遭受海浪袭击,沿岸堤坝损坏严重,全市冲毁海堤20.24km,严重损坏37.69km。

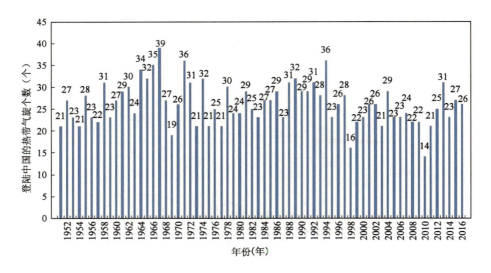

图1.1-9　1951—2016年登陆中国的热带气旋个数统计图

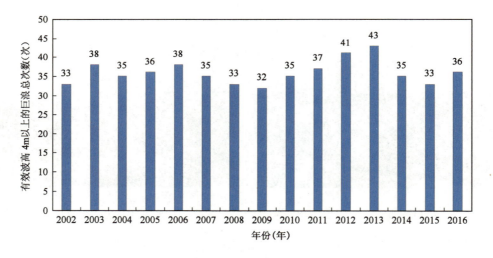

图1.1-10　2002—2016年我国近海海域有效波高4m以上的巨浪次数统计图

2004年,0413号台风"云娜"于8月11~13日先后在东海、台湾海峡、南海、黄海形成5~12m台风海浪。受台风海浪袭击,浙江省沿海台州市、温州市、宁波市、舟山市等市、县的渔业受到严重损失;福建省宁德、福州、莆田15个县市和上海市的渔业、水利设施也受到严重损失。国家海洋局东海9号海洋观测浮标(29.5°N,124.0°E)实测最大波高13.2m(图1.1-11)。

2007年,0713号超强台风"韦帕"于9月17~19日在东海形成5~14m的台风浪。国家海洋局9号浮标(29.5°N,124°E)9月18日23时测到波高为9.5m的狂涛,18号浮标9月19

日 04 时测到波高为 12.1m 的狂涛。受"韦帕"影响,浙江省炎亭镇炎亭渔港的台风海浪超出防浪墙达 12m 多,两块 5t 重的消浪块被巨浪打入海中,建设标准 50 年一遇、主体刚完工的 90m 长新防波堤在袭击中全部损坏。

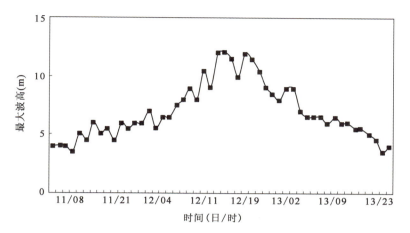

图 1.1-11　东海 9 号海洋观测浮标监测到的"云娜"台风浪最大波高过程曲线

2014 年 7 月 18~19 日,1409 号台风"威马逊"(图 1.1-12)以超强台风登陆海南文昌和广东徐闻后再以强台风强度登陆广西防城港;台风"威马逊"是 1949 年以来登陆我国最强的台风,在海南省文昌市翁田镇沿海登陆时中心附近最大风力 17 级(60 m/s)、最低气压 910 hPa。作者在琼州海峡海域建立的风-浪-流耦合场观测系统(第 4 章)观测的风、波浪和海流的时间同步及连续观测数据见图 1.1-13。结果表明,本次台风过程中最大波高 12.18m,比琼州海峡工程可行性研究得出的设计波高 8.6m 提高了 42%。

图 1.1-12　台风"威马逊"的风眼

在 2015 年 2 月于泰国曼谷召开的会议上,世界气象组织台风委员会通过了中国气象局的提议,即由于 2014 年第 9 号台风"威马逊"给沿线国家和地区造成严重灾害(图 1.1-14),将"威马逊"从台风命名表中永久删除,不再用来给台风命名。

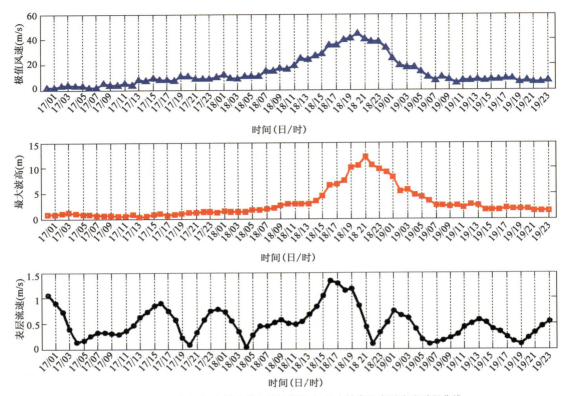

图 1.1-13 "威马逊"台风过程中的极值风速、最大波高和表层流速时程曲线

整点时刻（2014 年 7 月 17～19 日）

a) 湛江市徐闻县和安镇堤坝被损毁

b) "威马逊"经过菲律宾时造成的桥梁破坏

图 1.1-14 "威马逊"台风灾情

2014 年 9 月，1415 号台风"海鸥"登陆海南文昌和广东徐闻。先后 2 个热带气旋采取类似路径，几乎登陆同一地点，重创我国华南地区，造成影响严重。作者在琼州海峡海域建立的风-浪-流耦合场观测系统观测的最大波高达 8.07m（图 1.1-15）。台风"海鸥"的强度比台风"威

马逊"弱,但带来了创历史纪录的强风暴潮,沿海最大风暴增水495cm,发生在广东省南渡站(图 1.1-16)。海南省秀英站出现了破历史纪录的高潮位,超过当地警戒潮位147cm。受风暴潮和近岸浪的共同影响,广东、广西和海南三地因灾直接经济损失合计42.75亿元。

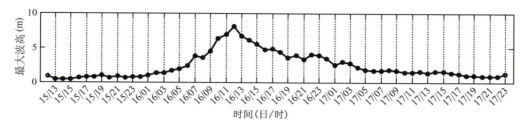

图 1.1-15 "海鸥"台风过程中的最大波高

整点时刻(2014 年 9 月 15～17 日)

a) 广东省角尾乡房屋被风暴潮和近岸浪损毁

b) 被台风蹂躏的观海长廊

图 1.1-16 "海鸥"台风灾情

2. 地震海啸

1960年5月,智利中南部的海底发生了强烈的地震,引发了巨大的海啸。海啸波以700km/h的速度,横扫了西太平洋岛屿。仅仅14h,海啸波就到达了美国的夏威夷群岛,此时波高达9～10m,翻滚着的巨浪摧毁了夏威夷岛西岸的防波堤,冲倒了沿堤大量的树木、电线杆、房屋和建筑设施。不到24h,海啸波到达了太平洋彼岸的日本列岛,此时波高达6～8m,巨浪肆虐着日本诸岛的海滨城市,停泊港湾的船只、沿岸的港湾和各种建筑设施,遭到了极大的破坏。智利大海啸还波及了太平洋沿岸的俄罗斯,在堪察加半岛和库页岛附近,海啸波涌起的巨浪亦达6～7m,致使沿岸的房屋、船只、码头等遭到不同程度的破坏和损失。中国沿海由于受到外围岛屿的保护,受这次海啸的影响较小。但是,在东海和南海的观潮站,都记录到了这次地震海啸引发的汹涌波涛。

2011年3月11日13时46分(北京时间),日本东北部近海发生9.0级强烈地震并引发特大海啸,此次海啸不仅对日本东北部沿海造成巨大损失,还对太平洋沿岸其他国家和地区造成了不同程度的影响。在地震发生后的20多个小时里,海啸波先后到达俄罗斯、中国、菲律宾、美国夏威夷和西海岸、智利以及南美其他一些国家和地区,各地均监测到了明显的海啸波。其中,美国及南美的智利等国家监测到的最大海啸波幅达到 150~200cm。地震发生 4h 后海啸波到达我国台湾东部沿海,6~8h 海啸波到达我国大陆东南沿海,台湾、福建、浙江、广东、江苏、上海、海南等地区监测到的海啸波波幅在 3~55cm 之间,其中浙江沈家门和石浦海洋站分别监测到 55cm 和 52cm 的海啸波。

1.1.3 跨海桥梁的风-浪-流耦合作用

1. 风场、波浪场、海流场之间的耦合性

海洋里的波浪主要是风浪和涌浪(图 1.1-17)。其中,风浪是在风力的直接作用下形成的波浪。当风停止,或当波浪离开风区时,此时的波浪便称为涌浪。由于波浪的运动导致海面上下起伏并随时间变化,从而改变了气液界面的粗糙度,因此,波浪运动反过来将影响风运动。风场与波浪场之间存在耦合性。

a) 风浪　　　　　　　　　　　　　　　　b) 涌浪

图 1.1-17　海洋中的主要波浪形态

此外,波浪场和海流之间也具有耦合性。当波浪和海流相遇时,它们之间的相互作用将影响各自的传播特性(图 1.1-18),即波浪将发生变形和折射。同时,水流的流速分布也将发生变化。

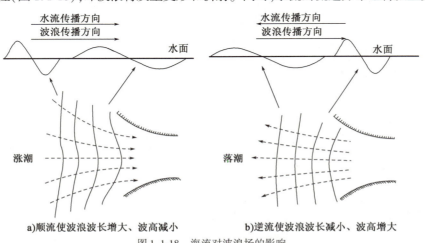

a) 顺流使波浪波长增大、波高减小　　　　　b) 逆流使波浪波长减小、波高增大

图 1.1-18　海流对波浪场的影响

2. 风-浪-流耦合场与桥梁结构之间的耦合性

跨海特大型桥梁结构轻柔,刚度比较低,基本周期可达10s,甚至达到20s。此外,特大型桥梁的上部结构通常采用钢结构,阻尼很低,阻尼比在1%左右。在风-浪-流耦合场中,强风的卓越周期在40~80s,巨浪的卓越周期在5~15s。因此,风-浪-流耦合场将会激发桥梁结构产生显著的动力效应,能够在较宽的频带内激发结构产生随机振动,如抖振等现象;当强风或巨浪的波浪卓越周期与桥梁结构周期接近时,将会引起桥梁结构产生大幅共振,如涡激共振、波激共振等现象;特别是当桥梁结构的振动能够从风-浪-流耦合场中逐渐吸收能量时,将会激发桥梁结构产生灾难性的动力失稳,如驰振、颤振等现象,导致结构发生毁灭性破坏,如图1.1-19所示。

a)涡激振动

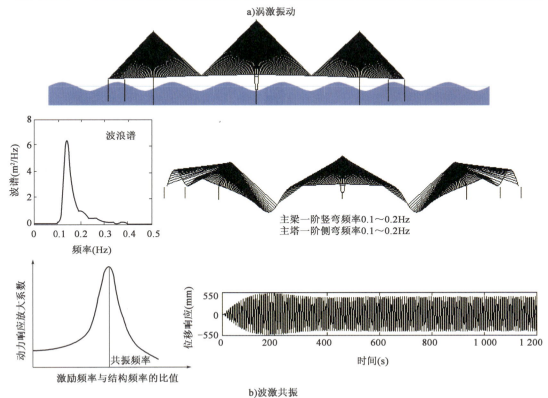

b)波激共振

图 1.1-19

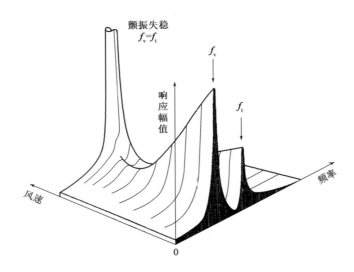

图 1.1-19 风-浪-流耦合作用下桥梁振动问题

可见,强风、巨浪、急流之间的相互耦合作用,以及其与桥梁结构之间的耦合相互作用同时发生,桥梁风-浪-流耦合作用是复杂的气-液-固耦合作用问题。在传统桥梁设计中,没有考虑强风、巨浪、海流之间的耦合特性,没有考虑风-浪-流耦合作用与桥梁结构之间的动力耦合效应,通常只考虑风荷载自身的静力和动力作用效应,波浪和海流则作为等效静力荷载进行单独考虑。因此,如何准确描述风-浪-流耦合场及其对桥梁结构的动力效应,是跨海特大型桥梁设计必须研究解决的重大技术课题。

3. 车-桥-风浪流耦合场之间的耦合性

车辆以一定的速度通过桥梁,桥梁受到车辆的移动加载产生振动,反过来桥梁的振动对车辆而言也是一种激励,车辆因此产生振动。可见车辆和桥梁的振动是一个相互影响,相互耦合的过程。随着桥梁的跨径越来越大,车辆运行速度不断提高,使得车辆和桥梁间的动力相互作用加剧,车辆和桥梁耦合振动问题越来越受到人们的重视,如何保障大跨径桥梁桥上行车安全性和舒适性是桥梁设计中需要重点解决的技术难题。

对于跨海公铁两用桥梁,车-桥-风浪流耦合场之间相互影响(图 1.1-20 和图 1.1-21)。车辆和桥梁之间存在相互作用力,车辆车轮与桥面必须满足一定的接触关系;风-浪-流耦合场对车辆和桥梁产生动静力作用,包括空气静力、非定常抖振力、气弹自激力和浪流激振力等,而车辆和桥梁也将改变局部风-浪-流耦合场。由此可见,必须要基于大系统的思想,建立车-桥-风浪流耦合动力系统,分析桥梁和车辆的动力响应,保障桥梁安全以及桥上行车的安全性和舒适性。目前,关于车-桥耦合振动、车-桥-风耦合振动等方面的研究,已经进行了大量而富有成效的研究工作,然而,关于跨海公铁两用桥梁车-桥-风浪流耦合振动的研究还未见报道,亟待研究。

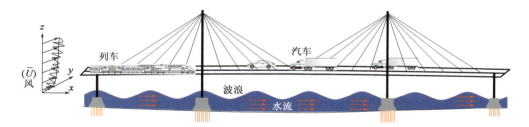

图 1.1-20　公铁两用桥梁受车辆、风-浪-流耦合场作用示意图

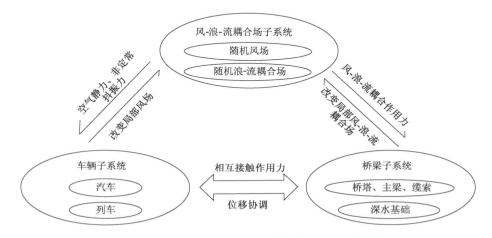

图 1.1-21　车-桥-风-浪-流耦合动力系统相互作用关系示意图

1.2　桥梁风-浪-流耦合作用研究进展

桥梁的风-浪耦合作用是复杂的气-液-固耦合作用问题。风、浪之间的耦合作用和风、浪与结构之间的动力耦合作用同时发生,如何准确描述风-浪耦合场及其对桥梁结构的动力效应是桥梁设计必须解决的技术难题。传统桥梁设计中通常只考虑风的静-动力效应、波浪和水流的静力效应,没有考虑风-浪-流-桥梁结构之间的耦合效应,不能够准确反映桥梁在风-浪耦合作用下的受力性能。

"十一五"期间,在对跨海特大型桥梁风-浪-流耦合作用的技术需求和发展情况进行了调研分析的基础上,作者提出并负责完成了国家 863 计划课题"台风浪耦合作用下跨海峡桥梁动力模拟及防灾减灾技术(2007AA11Z101)",在国际上首次开展了跨海桥梁台风-波浪耦合作用问题的探索性研究,形成了桥梁台风-波浪耦合作用的试验模拟技术、数值模拟技术和防灾减灾技术方面的一些初步研究成果。"十二五"期间,交通运输部将"特大型桥梁防灾减灾与安全控制技术(2011318494001)"列为交通运输"十二五"重大科技专项之首,作者负责该重大科技专项之项目二"特大型桥梁风-浪-流耦合作用研究(2011318494150)"。经过 5 年的研究探索,在深水海洋环境中风-浪-流耦合场现场观测技术及数值模拟技术、风-浪-流耦合场设计参数极值联合概率模型、风-浪-流耦合作用下桥梁三维弹性模型试验模拟技术、风-浪-流耦合作用下桥梁设计方法及数值模拟技术、风-浪-流耦合作用下桥梁振动控制技术、桥梁风-浪-流耦合作用设计指南等方面取得了重要研究进展,为港珠澳大桥、深中通道工程提供了技术支撑,为琼州海峡跨海工程等外海跨海桥梁工程建设提供了重要技术储备。

1.2.1 风-浪-流耦合场现场观测技术研究

1. 桥梁工程场地风特性的现场观测技术

风特性实测分为常规的气象观测和特种气象观测。常规气象观测主要指气象站风速测量,是长期平均风速数据资料的主要来源,是基准风速计算的基本依据。不同于常规气象观测的风速实测统称为特种气象观测,例如平均风速的垂直剖面观测、边界层湍流(脉动风速)观测等,特种观测用于特定的工程或者学术研究,具有较强的针对性,能够反映更加具体的大气边界层风信息特征。

现场观测数据是掌握结构风荷载作用机理和结构响应及破坏机理的最直接资料,也是修正现有试验方法和理论模型的最权威依据。尽管人们在强风分布及结构响应的实测方面做了很多努力,但是对近地风特性的认识还远远不足。目前经常采用的 Davenport 谱、Kaimal 谱和 Karman 谱等几种脉动风速功率谱值在某些频段内相差非常大,一些参数的推荐范围上下限的不同取值可能造成结构响应计算值的巨大差别。

当桥梁所在地区的气象台站具有足够的连续风速观测数据时,可采用当地气象台站年最大风速的概率分布类型,由 10min 平均年最大风速推算 100 年重现期的最大风速作为基本风速。对于特殊大桥,可在桥位附近选址建立常规风速观测站,与邻近气象站进行不少于一年期同步风速观测,实施平均风速的观测。必要时,也可建立梯度风速观测站或低空相控阵声雷达(风廓线仪)观测站,实施梯度风速、脉动风速观测,并进行空间风速规律研究,为大桥工程不同阶段的抗风设计和试验以及大桥的施工和营运提供必需的气象资料。

在贵州坝陵河大桥设计中,通过常规式观测(气象台站常用的方式)和不间断式观测两种方式,对桥位处峡谷地貌的自然风、平均风特性和脉动风特性进行了现场实测研究。在研究中,采用超声波风速仪和机械式风速仪(美国 RM Young 公司生产的 81000 型超声风速仪、螺旋桨式水平风速风向探头和 RM Young 27106 螺旋桨式垂直风速探头等多项测试仪器)对大桥处的平均风速、风向和攻角、紊流风特性和平均风剖面特性等进行了详细观测和分析。另外,在其他大桥设计中,对大桥桥位处的设计风参数都进了深入的研究,如苏通长江大桥、南京长江三桥、南京长江二桥、西堠门大桥、南京长江四桥、江阴长江大桥、杭州湾大桥、港珠澳大桥等,积累了丰富的桥梁风参数观测资料和数据分析经验。

2. 波浪、水流的现场观测技术

对于近海工程来说,波浪、水流是影响工程结构安全和造价的主要因素之一。合理确定设计波浪要素首先需要掌握波浪、水流的现场观测资料,波浪观测资料的精度和可靠性在很大程度上依赖于观测方法的可靠性和观测仪器的性能。波浪、水流观测按仪器布设的空间位置主要分为水上(航空测波、雷达测波等)、水面(测波杆式测波、光学测波、浮标重力式测波等)、水下(水压式测波、坐底式声学测波等)等测波方式。目前,在进行近岸海洋工程波浪观测时,使用较多的方法主要有:水面浮标重力式测波和水下坐底式声学测波。

水面浮标重力式测波方式通过测量浮标自身的加速度,经过积分后计算出浮标的升沉位移,进而利用浮标在不同频率波浪作用下的响应函数,得出波浪频谱和响应的时间序列,再通过测量可反映浮标在两个正交方向的倾角或水平速度变量,最终计算出波向。目前,主要发展了两类测波浮标,一类称作表面坡度跟踪浮标(Pitch-Roll Heave Buoys,P-R-H);另一类是跟随水表面水质点运动浮标(Particle-Following Buoys,P-F-B)。P-R-H 方向浮标常用于深水,要保证精确测量波浪,需要浮标随水面运动且加速度计要保持垂直。P-F-B 浮标其外形常为球形,将浮标设计成随水质点运动,测量其在三个正交方向的加速度来确定浮标运动的方向,因此称作三轴加速度计浮标。P-F-B 浮标经济,锚系简单,浮标可靠,更小,易抛设,具有更好的高频响应,不易于在陡波情况下倾覆。目前,P-R-H 型浮标主要产品有荷兰 Datawell 公司的波浪骑士、美国 ENDECO/YSI 公司的 1156 波浪方向轨迹浮标、挪威 Fugro Oceanor 的 wacescan 浮标。P-F-B 型浮标的主要产品有加拿大 AXYS 公司的 TRIAXYS 波浪方向浮标。

水下坐底式声学测波采用基于声学多普勒(Doppler)原理的声学仪器 ADCP(Acoustic Doppler Current Profiler)测量波浪。ADCP 可以观测不同水层的流速剖面,同时可以记录自由表面的波动。ADCP 利用三种方法同时观测波浪:第一种方法为压力测量法,即由高精度的压电电阻元件测量得到压力,假定现场波浪变化遵循线性波理论,由压力过程换算为波面过程;第二种方法为表面波跟踪方法,即由 ADCP 的传感器测量到水体表面的距离(即波面高度)获得波面过程;第三种方法为流速单元法,通过不同传感器测量的波浪表面轨迹速度换算得到波面过程。目前,业界广泛应用的水下坐底式声学测波仪器是美国 Teledyne RDI 公司开发出的 ADCP 波列阵(Waves Array)、挪威 Nortek 公司生产的声学多普勒剖面流速及海浪测量仪 AWAC(Acoustic Wave and Current,中文名为"浪龙")。

3. 风-浪-流耦合场现场观测技术

我国的《海滨观测规范》(GB 14914—2006)和《水运工程波浪观测和分析技术规程》(JTJ/T 277—2006)对风、波浪的观测站布置原则分别做了明确规定。对于风的观测站布置,《海滨观测规范》中规定风观测场应设在四周空旷平坦、气流畅通并避免局部地形和障碍物影响的地方。观测场的大小为 25m×25m(海岛或平台上受条件限制可适当减小)。对于工程现场波浪测站布置,《海滨观测规范》中规定波浪测站处海面应开阔,无岛屿、暗礁、沙洲和水产养殖、捕捞区等障碍物影响,并尽量避开陡岸。测站位置水深一般不小于10m,海底平坦,尽量避开急流区。《水运工程波浪观测和分析技术规程》规定波浪观测点布设应保证对工程有重要影响波向的大浪观测。水下的波浪观测点应布设在底床较为平坦、冲淤相对较小的水域。浮式测波仪的观测点应便于锚系的投放及固定,水域的最大水流速度宜小于2m/s,最小水深宜大于5m。对于波浪测站的布设,当结构物对波浪有反射影响时,宜考虑增设波浪观测点。以上风、波浪观测站的布置原则对于特大型桥梁现场观测站的布设具有十分重要的指导作用。

对于跨海桥梁而言,台风对于桥梁的影响是最大的,掌握台风期间桥梁工程位置处的风、浪、流特征对于桥梁设计分析是非常重要的。目前,在跨海大桥建设过程中,风观测、波浪和水流观测往往是相互独立的,缺乏台风过程中桥位处的风、波浪、海流和潮位的空间相关、时间同步的连续观测。

1.2.2 风-浪-流耦合场数值模拟技术及设计参数研究

1. 风-浪-流耦合场数值模拟技术研究

风-浪-流耦合场数值模拟中,台风场是关键驱动因素,在气象与海洋科学领域台风场模拟采用较多的是基于经验公式或理论公式的中尺度参数化台风场模型(V. Bjerknes,1921;Takaasni,1939;Fujita,1952;Jelesnlanski;1965;Holland,1980;Veno Takeo,1981;Shapiro,1983;陈孔沫,1981;王喜年,1991;等)。近年来,随着大气模式的发展,复杂的三维大气模式开始被应用于计算台风作用下的海浪、海流和风暴潮的研究。例如,Cheung等(2003)采用中尺度大气模式 MM5 计算台风风场和气压场。

海浪数值预报模型的研究始于20世纪40年代,目前计算近岸波浪演变的数学模型主要有以下三种模型:Boussinesq 波浪模型,缓坡波浪模型和动谱平衡方程计算模型。基于能量平衡的波浪模型到目前为止已经发展到了第三代。第三代模式对于风浪和涌浪都考虑了非线性相互作用,仍采用参数化计算,同时采用事先规定的谱型来限制谱出现的不稳定区域,常用的模型有 WAM,SWAN,WAVEWATCH 等(Booij 等,1997;Ris 等,1999;沙文钰,2004;等)。

风暴潮数值模拟的研究始于20世纪50年代,目前世界范围内不同国家有自己不同的风暴潮数值预报模型。如美国的 SPLASH 模式(Harris 和 Jelesnianski,1964;Jelesnianski,1966,1967,1972)、SLOSH 模式(Crawford,1979;Jarvinen 和 Lawrence,1985;Jelesnianski 等,1992)、POM 模式(Blumberg 和 Mellor,1978)等。我国的风暴潮数值预报研究经近30年的发展,也不同程度地发展了风暴潮数值预报模式(王喜年,2001;沙文钰,2004;等),取得了较大进展。

波流相互作用的理论最早是由 Longuent-Higgins 和 Stewart(1962)提出,他们提出波浪对潮流的作用是通过波浪辐射应力与底应力,之后许多学者(Fredsoe 和 Deigaard,1992;Voulgaris 和

Wallbridge,1995)在此基础上对这个理论进行了完善。波流相互作用的理论日渐成熟起来,考虑波流相互作用的数值模型也相应出现。目前,有关这种波流相互作用的数值模式研究大都基于已有的海浪和海流模式,通过考虑其相互作用中的一个或几个方面,然后进行联合或耦合数值模拟研究,许多学者对此开展了一系列的研究(Wolf,1999;Mastenbroek,1993;Xie,2001;等)。

2. 风-浪-流耦合场中的风、波浪、水流特征设计参数取值研究

20 世纪 80 年代以来,海洋工程界逐步认可了基于联合概率的设计标准。美国石油协会(API)、挪威船级社(DNV)、国家石油公司(Statoil)都在其规范中推荐使用基于联合概率的方法确定石油平台的设计水平。运用联合概率分析确定设计荷载主要有两个途径:一是先对环境条件进行概率分析,得到重现期对应的重现水平,然后确定结构设计荷载;二是先计算各种风、浪、流序列作用下结构的力和力矩,对力和力矩系列进行概率分析,得到结构设计荷载。前者是工程中比较普遍采用的方法。

基于联合概率确定环境条件必须构建合理的联合概率模型,求解多维联合概率。基于多变量极值理论的联合概率分布,描述环境要素之间极值发生随机性和相关性完整的概率信息,是结构可靠度分析和设计最合理的荷载概率模型。刘德辅(2006)将基于事件取样和联合概率结合起来,发展了多维复合极值分布概率模型,并推导了一种具体的三元复合极值分布形式——Poisson-Nested Logistic 模型。该模型涵盖了环境条件内部层次和结构,较以往的单纯多维极值概率模型更完整地描述了极端海洋环境要素的概率特征。该模型适用于台风、飓风等诱发的多种治灾因素联合概率预测。传统方法构建的联合概率模型中的分布函数必须与边缘分布函数类型一样,且各个边缘分布必须完全相同,给应用和求解带来了困难。基于 Copula 函数的联合概率法不限定变量的边际分布,联合分布函数从边缘分布和一个连接各变量的 Copula 函数就可得到,具有很强的适应性。秦振江(2007)、陈子燊(2011)基于二维 Copula 函数构建了波高和风速的联合概率分布模型。谢华(2012)基于三维 Copula 函数构建多变量联合概率模型,将其用于分析长江、淮河及黄河流域的径流量的联合概率问题。理论上,维数越大,多维联合概率模型包含的信息也就越完整,如结构物海洋环境荷载不仅与风速、波高和流速三个参数相关,还与波浪周期、风攻角、波浪入射角等密切相关,因此,构建更高维数的联合概率模型是未来发展需要,但其构建和求解难度也面临挑战。

1.2.3 桥梁风-浪-流耦合作用弹性模型试验技术研究

1. 风-浪-流耦合场试验模拟技术

目前,实验室对于单独的风、浪、流的模拟技术相对比较成熟。一般而言,定常风的模拟主要通过调节轴流风机频率,控制驱动电动机输出电压以改变轴流风机的转速,使产生的模拟平均风速达到要求即可;目前,土木工程领域对于非定常风(脉动风)的模拟,主要通过在风洞试验段设置尖劈和粗糙元,对来流风扰动实现脉动风场的模拟。对于不同的场地条件,其紊流风

场可通过调整尖劈和粗糙元的位置加以实现。此外,日本宫崎大学研发了多风扇主动控制风洞,通过 99 个小风扇调试出多种宽带紊流风场和谐波脉动风场;而在海洋工程领域对脉动风场的模拟,则根据给定的风谱编制计算机的控制程序借以控制变频仪输出的频率和电压,亦即按程序控制电机的转速(轴流风机的转速),由此便产生了不规则的风速。将风速传感器测得的不规则风速进行数据处理即可得到模拟的风谱。如果模拟的风速与给定的风谱(目标谱)差异较大,则应修正计算机的控制程序,重新造风直至满意为止。对于随机波浪的模拟,主要通过目标功率谱模拟相应的随机波列过程,将计算机模拟的信号进行相关转换,变成电信号推动生波机械产生需要的随机波列。流的模拟由专门的造流系统来实现,生流原理比较简单,用高压水泵将水吸入管中通过造流控制程序,使水池中的水按一定方向流动,即形成流的模拟。目前,国外许多实验室,如丹麦水力研究所(DHI)、荷兰代尔夫特水力研究所(DELFT)、日本运输省空港研究所(PARI)和美国陆军水道研究站,以及国内上海交通大学海洋工程国家重点实验室、交通运输部天津水运工程科学研究所,都已具备风、浪、流环境的模拟条件。

  对于风-浪耦合场以及浪-流耦合场的实验室模拟,目前国内外学者和相关实验室都进行了一定的研究,但在耦合模拟技术上还存在一些问题和争议。目前,关于风-浪耦合场的模拟,风和浪的模拟相似准则均按照重力相似亦即 Froude 相似进行,其保证了模型与原体之间的重力和惯性力的正确关系,但在模型水动力试验的某些方面,要求正确模拟黏性力的相似,亦即符合雷诺相似。风对构筑物的作用力包括惯性力和黏滞力,这两种力的大小与建筑物的形态有关,对有的构筑物的作用力以惯性力为主,有的则以黏滞力为主。所以,在风-浪耦合试验中,不能简单地采用重力相似准则或黏滞力相似准则来确定风速比尺,需要视具体情况采取适当措施或方法进行弥补,以保证试验结果的准确性。唐筱宁等(2006)通过不同比尺系列模型试验用以确定船舶系泊模型试验中风速比尺。对于浪-流耦合实验室模拟,国内外学者做了大量的工作,已经探明了浪、流之间的相互影响。李玉成等基于波浪作用守恒和波数守恒原理得出了在水流或综合水流和地形影响波浪和波浪谱的折射及变形的计算方法,通过试验得到了波流相互作用的波浪谱。在我国的《波浪模型试验规程》(JTJ/T 234—2001)中,对波、流共同作用的模拟方法都进行了论述和规定。

  2. 桥梁风-浪-流耦合作用弹性响应试验模拟技术

  随着跨海桥梁的兴建,水池或水槽模型试验成为确定桥梁结构基础波流荷载的重要手段。东海大桥、杭州湾大桥、舟山连岛工程金塘大桥、港珠澳大桥等都开展了桥梁基础波流力模型试验研究。目前,桥梁水动力试验方法主要是借鉴港口和近海工程中水动力试验方法,只考虑水中及浪溅区部分结构,并采用刚性模型模拟,以测试结构所受的总力和力矩为主。然而,跨海桥梁跨径大、结构比较柔,桥梁上部结构运动将引起桥梁下部结构的较大变形,波浪与结构存在耦合作用,传统的刚性模型试验方法和测试装置无法获得桥梁在波浪作用下的动力响应,不能反映波浪对桥梁的动力作用,因此,对大跨桥梁在波浪作用下的受力性能应该采用弹性模型更为合理。Ueda 和 Watanabe 等(2000)在水池中开展了波浪作用下大阪港浮桥弹性模型试验研究,该桥水中基础部分是大尺度浮筒,试验模拟中将其处理为刚性体,桥梁上部结构用弹性体模拟。与刚性模型相比,弹性模型在间隙防水、水下仪器安装和测试方面存在较大的困难。作者(2015)首次建立了桥梁风-浪-流耦合作用的弹性动力响应试验方法,通过弹性模型动力响应试验发现了桥梁风-浪耦合效应显著。

1.2.4 风-浪-流耦合作用下桥梁振动分析研究

1. 桥梁风荷载与风致振动研究

风对桥梁的作用十分复杂,它受到风的自然特性、结构的动力性能以及风与结构的相互作用三方面的制约。当气流绕过一般为非流线型截面的桥梁结构时,会产生涡旋和流动的分离,形成复杂的空气作用力。

桥梁抖振是在脉动风作用下的一种随机振动现象,抖振内力响应是大跨桥梁抗风设计的重要方面。20 世纪 60 年代初,Davenport 教授用概率方法来研究风特性和结构风响应,将 Sears 函数和 Liepmann 的机翼抖振理论应用到桥梁结构的抖振响应分析中。20 世纪 70 年代,Scanlan 教授提出颤振导数描述的非定常气动力模型,建立了通过半逆解法求得结构颤振临界风速与颤振振动频率的颤振分析方法。后来,又在颤振分析理论的基础上提出了考虑结构自身运动引起的自激力以及自然风产生的抖振外力同时作用下的颤抖振分析理论,从此为桥梁结构风致振动的理论研究奠定了基础。几十年来,人们在 Scanlan 方法基本框架的基础上,对桥梁风致振动响应分析的精细化方法做了大量研究。

随着计算机技术和计算方法的改进,直接采用随机振动理论预测桥梁抖振内力响应的方法逐渐受到重视。刘高等(2010)基于虚拟激励法和有限元法,提出了保留模态外高频模态拟静力响应表达式,推导了桥梁结构单元抖振内力响应的谱矩阵、均方差响应和统计峰值响应,在频域建立了一种新的桥梁抖振内力响应分析的高效随机振动方法。与传统随机振动方法相比,该方法在计算单元抖振内力响应时,既考虑了保留模态、多模态耦合产生的动力效应和保留模态外高频模态产生的拟静力效应,也考虑了单元杆端位移和单元上分布荷载产生的单元杆端力和固端力;同时,该方法能够方便地计算缆索结构对大跨悬索桥或斜拉桥抖振内力响应的影响。对香港青马大桥的抖振分析结果表明:大跨悬索桥抖振内力响应中,高频模态的贡献较大,设计中需要计入,可采用拟静力效应进行分析;主缆上的抖振荷载对大跨悬索桥主梁的侧向剪力、侧向弯矩的贡献很大,设计中需要计入;抖振内力响应的统计峰值因子在3.5左右。

国内外大多数随机抖振分析中都假定来风沿桥跨的法向袭击大桥,并认为此时为桥梁的随机抖振响应最大。实际上,强风的方向常以一个较大的偏角偏离桥跨的法向,这已被大量的大跨径桥梁现场实测结果所验证。朱乐东、Y. L. Xu 和项海帆(2002)在频域建立了斜风作用下大跨桥梁三维抖振响应分析方法。刘高、Y. L. Xu、朱乐东在时域建立了斜风作用下大跨桥梁三维抖振响应分析方法。以香港青马大桥为例,在台风 Sam 作用下,频域和时域分析结果与现场实测结果吻合良好。

经过近 70 年的努力,桥梁风工程研究在理论上取得了很大进步,解决了大量的工程实际问题,没有再让旧塔科马桥的风毁事故重演。然而,对于特大型桥梁工程的建设需求,由于桥梁构件更高、更长、更柔,结构受力行为更为复杂,对风的敏感性更强,因此对桥梁的抗风稳定问题需要得到重新认识。另外,由于桥梁跨径的增大,除了结构自身的力学行为发生变化以外,作用在结构上的气动力行为也会发生巨大的变化,传统意义上的桥梁抗风理论将面临新的挑战(Matsumoto,2007),比如,桥梁结构非线性效应、结构气动力非线性效应、缆索系统模态变化的影响、桥塔和缆索结构气动力的影响、结构静风荷载与动力荷载之间的耦合效应等。

2. 桥梁波浪、浪-流耦合作用荷载与振动分析研究

结构受波浪、浪-流耦合作用的荷载计算涉及波浪理论和波浪与结构相互作用理论两个部分。在工程上常用的波浪理论主要有 4 种:线性(Airy)波理论、斯托克斯(Stokes)波理论、椭圆余弦(Cnoidal)波理论、孤立(Solitary)波理论。一般认为,线性理论适合于小幅波;斯托克斯波理论和椭圆余弦波理论分别适合于深水和浅水环境的大幅波。对于结构物上的波浪力、浪-流耦合作用力,按照其特征尺度 D 的大小,又将问题分为与波浪特征长度波长 L 相比较小(小尺度)和较大(大尺度)两类来考虑。小尺度结构物上波浪力、浪-流耦合作用力目前广泛使用的还是 Morison 公式。大尺度结构物波浪力、浪-流耦合作用力广泛应用的是基于势流假定的边界积分方法,包括频域方法和时域方法(Finkelstein,1957)。根据对边界积分方程中的自由表面边界条件和物面边界条件的非线性考虑程度,可分为线性方法、物面非线性方法和完全非线性方法(Longutt-Higgins,Cokelet,1976)。频域方法的非线性处理能力较差,目前采用摄动法一般只展开到二阶近似(Eatock Tyalor 等,1987)。由于边界积分方程系数矩阵是满阵,对于大型结构水动力分析,采用传统的数值方法所需要的机时和内存都是巨大的。近年来,提出了各种快速算法以节省时间和节约内存,主要有快速多极子方法(Fast Multipoe Method)、预校正快速傅里叶变换方法(Pre-corrected Fast Fourier Transform Method)等。对于一些复杂的流动,特别是波浪、水流和中、小尺度结构物的相互作用,黏性不可忽略,直接用黏性流体运动的 N-S 方程模拟水波运动是一种有效的方法。其难点主要在于以下 4 个方面:①快速变化的自由表面处理;②不可压缩流体流动问题的求解方法;③恰当的湍流模型;④高精度、高分辨率格式带来的计算效率和计算存储压力。当前海岸和海洋工程中求解基于自由表面跟踪方法的 N-S 方程

可分为 3 类:①直接求解 N-S 方程;②求解雷诺平均的 N-S 方程;③求解空间滤波后的 N-S 方程,即大涡模拟 LES(林鹏智,2002)。受限于目前的计算机能力,在研究波浪、水流与结构物作用时,主要采用后两种方法。

随着跨海桥梁的兴建,深水海域桥梁波浪作用振动问题开始受到关注。赖伟(2004)针对铅直圆截面桥墩,基于线性辐射波浪理论联合特征函数扩展法和梁单元有限元方法提出了考虑弹性变形的桥墩辐射波浪问题的半解析半数值分析方法。田子谦(2005)基于 Morison 方程在频域内计算了波浪力作用下桩基桥梁的响应。刘高(2009)基于随机波浪理论和 Morison 方程,考虑结构与波浪相互作用,采用 Borgman 假定,对非线性项进行处理,首次建立了跨海大桥桥塔在随机波浪作用下的动力分析模型,计算了某规划跨海大桥方案桥塔的在波浪作用下内力与变形,并与拟静力方法进行了对比。数值结果表明,桥塔动剪力和动弯矩要比拟静力方法计算结果大很多。李忠献(2012)利用辐射波浪理论求解桥墩地震动水压力,并采用绕射波浪理论考虑波浪作用,建立地震和波浪联合作用下的深水桥梁动力响应分析方法,并通过算例分析得到:地震动水压力作用增大了桥梁结构的动力响应;波浪和地震联合作用时桥梁结构的动力响应并不是两者单独作用下动力响应幅值的简单累加。陈上有(2013)基于 Morison 方程计算桥梁基础的波浪力,在时域内建立了波浪-结构-多重调谐质量阻尼器(WSM)耦合系统运动方程,采用模态综合法,推导了位移均方根的显式表达式,并提出了一种采用多重调谐质量阻尼器(MTMD)抑制波浪激励振动的参数优化算法。吴启和(2014)依托港珠澳大桥埋置式承台足尺模型工艺试验项目,采用流体力学计算软件 Fluent、Sesam 与通用有限元计算软件 Ansys 相结合的方法,对波流作用下的承台与桩的动力响应进行分析。结果表明,墩台结构在波浪动载作用下并不会出现发散性振动,且振动仅限于很低水平范围之内。

3. 风-流耦合、风-浪-流耦合作用下桥梁结构振动

在海洋工程、浮桥工程中,研究者重点对风、波浪和水流共同作用下结构的动力响应分析方法和响应特点进行了研究。Li(1990)建立了风、浪和流联合作用下 TLP 系统动力响应的时域和频域分析方法,其中风荷载包含随机激励力和气动阻尼力,水动力包含拽力、绕射和辐射波流力,忽略大尺度结构的局部弹性变形对水动力荷载的影响。Srisupattarawanit(2006)在研究海上风力发电机在环境激励下的疲劳问题时,同时考虑了波浪与结构、风与结构和土-结构相互作用,其中波浪与结构相互作用分析中将水域分为远场、中场和近场 3 个部分,在近场水动力分析中详细考虑了结构局部弹性变形和完全非线性边界条件。极少数研究者基于黏性流理论,考虑了风与浪之间的相互作用。李霞(2011)采用三维分离涡模拟方法,对单跨机动式高架栈桥在单风、单浪以及风-浪耦合作用下的刚体位移响应进行数值模拟。结果表明,传统的简单叠加算法会产生较大误差;波浪频率若接近高架栈桥的固有频率,可引起强烈的共振效应,此时结构在风-浪耦合作用下的位移响应远大于仅受波浪荷载时的响应;若波浪频率与

高架栈桥固有频率相差较大,则结构在风-浪耦合作用下的线位移响应小于两种荷载单独作用下的线位移响应之和。陈上有(2015)建立了风-浪耦合作用下跨海桥梁桥塔动力响应分析方法,该方法中桥塔上部塔柱受到的风荷载考虑平均风荷载和随机脉动风引起的抖振风荷载,下部基础承台部分波浪荷载采用基于势流理论和时域高阶边界元方法(THOBEM)进行计算,承台下面的桩柱受到的波浪荷载采用 Morison 方程进行计算,方程中用到的波浪场考虑承台对入射波浪的绕射和辐射。刘高(2017)考虑风-浪耦合场中风和波浪特征参数的相关性,建立了基于有限元法与边界元法联合分析的特大型桥梁风-浪耦合作用运动方程,基于随机振动分析的高效算法——虚拟激励法,建立了计算桥梁风-浪耦合作用响应的分析方法。针对琼州海峡跨海超大跨桥梁方案进行研究,结果表明:与风致响应相比,风-浪耦合作用下桥梁深水基础内力显著增大,其中波浪激发的侧向剪力占主导地位,波浪激发的侧向弯矩在海床附近与风致响应基本相当,但在海床以下更大;斜风-波浪耦合作用下的主梁内力响应和深水基础内力响应比正交风-波浪耦合作用下的结果更大。

1.2.5　车-桥-风-浪-流耦合作用下桥梁振动分析研究

车辆运行导致桥梁振动问题的研究始于 20 世纪 20 年代。在 20 世纪 40 年代之前的研究中,各国学者采用了两类侧重点不同的研究方法:一类以试验为主要手段,另一类则侧重理论分析。随着计算机性能的迅速提高及有限元理论的长足进步,车桥动力相互作用问题的研究突破了传统框架,进入了系统动力学研究阶段。车-桥耦合振动分析以更切合实际的模型,进行理论推导,辅以数值模拟计算和实测结果相验证,使得车-桥耦合振动研究理论的工程应用日趋成熟。车-桥耦合振动研究的发展基本伴随着车辆模型的发展,轮轨接触关系更加符合实际和桥梁建模技术的进步。

车辆模型方面。根据车辆结构动力学已有的研究结果,发现车辆竖向与横向之间的动力相互作用较弱,使得在进行车辆-桥梁耦合作用分析时,可将竖向与横向振动分开进行,形成了车辆竖向振动模型和车辆横向振动模型两类。如果只关注桥梁竖向振动响应、冲击系数,或者用于环境振动分析等,可以采用车辆竖向振动模型(松浦章夫,1974);如果只关注列车运行时的横向响应及运行安全性时,可以只建立车辆横向振动模型(陈英俊,2000)。也有研究人员认为随着高速列车的轻量化,应该在车-桥分析中考虑车体柔性的影响(王昆鹏,2015)。目前多数研究者倾向于采用多自由度的多刚体空间振动模型模拟列车车辆。

桥梁模型方面。借助大型商业有限元软件可以方便、准确地建立桥梁模型,软件中的梁单元、板单元、壳单元、实体单元以及索单元和桁架单元可以有效模拟组成桥梁各构件的特性。基于桥梁有限元模型,既可以直接利用桥梁的刚度矩阵,也可以仅提取桥梁少数低阶模态分别利用有限元法及模特综合法建立车桥系统耦合分析中的桥梁模型。

轮轨关系方面。车辆轮对与轨道的相互作用关系是联系车辆系统振动与轨道系统(桥梁结构)振动的纽带,目前轮轨关系的处理手段可主要分为两种:一是根据实测轨道不平顺和轮对蛇形运动规律,假定轮对和轨道间的相对位移关系,同时假设钢轨与梁体变形一致(夏禾,2000);二是利用轮轨滚动接触理论,考虑轮轨间的蠕滑作用,建立详细的轮轨相互作用模型,用解析方法研究曲线形车轮踏面与钢轨之间的相对位移关系和相互作用力(翟婉明,2005)。也有学者绕过了轮轨相互作用,直接研究轨道和转向架构架之间的关系,而将实测转向架构架波作为车桥系统的输入(曾庆元,1999)。近年来,有学者试图在保证计算精度的情况下针对第二种处理手段中的轮轨接触关系加以简化,提出了基于轮轨线性相互作用假定的车桥耦合分析理论,该理论可为车桥系统随机振动分析奠定基础(张楠,2010)。

随着我国"一带一路"倡议的提出,以及社会经济的发展需求,要求中国桥梁向外海进军,海峡环境有着风大、浪高、流急的特点,且相互间有着很强的耦合,在进行车-桥耦合系统动力分析中,有必要考虑风-浪-流耦合荷载的作用,然而目前研究主要集中在风荷载。Diana 等最早研究了带有横向平均风压的移动车辆对桥梁结构的附加动力作用(Diana G,1989)。Baker 研究了车辆的静风力和准定常湍流风力,推导了风荷载作用下车辆的基本运动方程,计算出了列车发生事故的临界风速(Baker C J,1986)。Suzuki 通过 3 种类型的风洞试验,确定了列车在桥梁、路堤等几种典型结构上运行时的气动特性,分析了策行气动力系数随梁体厚度、路堤高度、列车顶部轮廓形状的分布规律(Suzuki M R,2004)。Cai 等考虑风荷载和轨道不平顺,研究了车桥系统与风及列车耦合作用下的动力响应,详细计算了列车编组、运行速度及轨道不平顺等对车-桥动力响应的影响(Cai C S,2004)。Dorigatti 等通过三组 1:40 的风洞试验测定了有篷货车、双层客车及货运列车 3 种车辆模型的平均及最大气动力系数,分析了横向风力随机扭转力矩系数随距桥梁迎风面边缘距离的变化规律(Dorigatti F,2012)。Kwon 等将列车的 11 个自由度与桥梁的广义模型自由度相耦合,建立了阵风荷载作用下,城市磁悬浮列车在悬吊结构上运行的动力相互作用分析模型,通过数值模拟,计算了列车的动力响应受车速及风力变化的影响规律(Kwon S D,2008)。Charuvisit 研究了车辆经过桥塔时由于风场突然减弱引起的气动力变化情况,通过测试车辆经过桥塔时的气动力和车辆的响应,分析了设置风障碍对降低车辆侧翻的作用(Charuvisit S,2004)。

夏禾等对香港青马大桥在风和列车同时作用下的振动特性进行了分析,基于模拟脉动风场得到的桥梁模态抖振风力和模态自激风力,采用模态综合法求解车-桥动力响应,研究了桥梁峰值振动对车桥耦合振动特性的影响(夏禾,2002)。郭薇薇等建立了风荷载作用下的列车和大跨度桥梁系统动力相互作用分析模型,研究了香港青马大桥在脉动风和列车荷载同时作用下的振动特性,并通过部分实测结果进行了验证,分析了风速、车速、桥型等因素对车桥振动特性的影响规律(郭薇薇,2006)。徐幼麟等采用 Baker 按等效风向测得的汽车气动力,研究了风荷载作用下斜拉桥的车-桥耦合振动,推导了风-汽车-斜拉桥相互作用系统的运动方程,从路面不平顺、行驶速度、横向风速等方面研究了横向风及桥面运动对汽车驾驶舒适度的影响,对比分析了汽车在紊流风作用下在公路和斜拉桥上行驶的不同状况(徐幼麟,2004)。李永乐等将风场、车辆和桥梁作为一个大系统,建立了可以考虑桥梁抖振、车-桥耦合振动、车辆风荷载等多因素影响的风-车-桥系统动力相互作用分析模型,特别是可以考虑结构的非线性和气动力的非线性(李永乐,2005)。韩万水等基于实测交通数据进行随机车流模拟,建立随机车流下的风-汽车-桥梁系统空间耦合振动分析框架,以杭州湾大桥为工程实例,详细研究密集、稀疏运营状态,车流单向、相向行驶以及侧风与车辆移动荷载对桥梁关键部位动力响应的影响(韩万水,2008)。

同时也有部分学者对波浪荷载作用下的车-桥耦合系统动力响应进行了研究。王连宾等以九江长江大桥为例,基于 P-M 谱模拟随机波浪过程,分析了波浪和车辆荷载共同作用下的车桥系统动力响应及行车安全性(王连宾,2012)。房忱等采用 Morsion 方程计算波浪力,以平潭公铁两用大桥为例分析了极端波浪荷载作用下车桥系统的动力响应,讨论了波浪荷载重现期、车速、水深和桥墩刚度等因素的影响(房忱,2017)。然而,目前尚未有学者综合考虑风-浪-流耦合荷载作用下车-桥系统的动力响应,亟待开展相关研究工作。

1.2.6　桥梁大型深水预制基础沉放过程数值模拟技术研究

跨海大桥的基础规模很大,一般采用预制基础。在预制基础的定位沉放过程中,将面对复杂的海洋环境条件,需要借助安全可靠的系泊定位系统确保预制基础的施工安全和定位精度。目前,国内受限于对系泊系统受力体系的认识和计算工具的缺乏,没有形成较为成熟的大型桥隧深水预制构件系泊系统的设计流程,但对泰州长江大桥、港珠澳大桥沉管隧道等工程进行了系泊系统动力分析的初步研究(张永涛,2011;上海交通大学,2012;武汉理工大学,2012)。国外对同类工程建设进行了较多的数值计算和物模试验,为系泊系统设计提供参数依据,如新塔科马大桥沉井基础系泊系统、釜山-巨济沉管隧道管节系泊系统等(Partha 等,2008;Hans 等,2009)。但是,这些预制构件系泊系统的数值计算分析方法都是借鉴海洋工程领域中海洋平台系泊系统的分析方法,海洋平台系泊系统分析方法已有较为成熟的研究(Nakajima 等,1982;Kamman,1999;刘应中,1997),形成了一些标准规范或指导性文件,如 OCIMF 系泊设备指南、API 浮式结构物定位系统设计与分析的推荐做法、DNV 定位系泊规范等,而且研发了相应的系泊耦合数值分析软件,如 Sesam、Moses、Orcaflex 等。但海洋平台系泊系统与桥梁深水预制基础系泊系统从功能到性能都有较大差别,因此桥梁深水预制基础沉放过程系泊定位数值分析研究还存在很大的空白。

1.3　桥梁风-浪-流耦合作用研究内容

处于不同水深位置和不同类型的跨海桥梁,其在施工、运营阶段都面临风-浪-流及其耦合作用的挑战(图 1.3-1)。对于浅水区的非通航孔桥,桥面高程较低、桥梁跨径较小、整体刚度大,施工期桥梁桩基在波浪、水流作用下的涡振和波激共振,以及运营期风暴潮对主梁上部结构的冲击作用是其需要重点研究的问题。对于深水区的通航孔桥,桥梁跨径较大、整体刚度小,施工期桥梁桩柱涡振、波激共振、深水预制基础的浮运沉放过程的安全性能、不利施工状态桥梁风-浪-流耦合振动,以及运营期桥梁风-浪-流耦合振动、车-桥-风-浪-流耦合振动是其需要重点研究的问题。

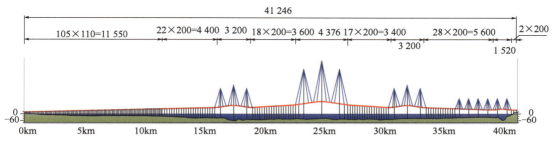

图 1.3-1　跨海桥梁工程不同部位、不同建造阶段需关注的风-浪-流耦合作用问题(尺寸单位:mm;高程单位:m)

桥梁风-浪-流耦合作用研究需要综合运用现场观测、模型试验、理论分析和数值模拟等手段,开展以下 5 个方面的研究工作。

1. 风-浪-流耦合场现场观测方法及耦合特性分析

其包括风-浪-流耦合场的观测站布设方法;风-浪-流耦合场特征参数(包括风速、风向、风攻角、风剖面指数、阵风因子、紊流度、风谱、波高、波周期、波向、波浪谱、流速、流向、流速垂向分布、设计高水位、设计低水位、极端高水位、极端低水位)准确提取技术;风、波浪、水流特征参数的相关性分析。

2. 风-浪-流耦合场数值模拟技术及设计参数研究

其包括风场、波浪场、潮流场及其风-浪-流耦合场的模拟方法;风-浪-流耦合场中相关特征参数设计取值方法。

3. 桥梁风-浪-流耦合作用物理模型试验技术

其包括桥梁风-浪-流耦合作用弹性模型试验相似理论;考虑时间同步、空间相关和地形影响的风-浪-流耦合场实验室模拟技术;桥梁风-浪-流耦合作用弹性模型试验模拟系统设计与研发。

4. 桥梁风-浪-流耦合作用荷载与振动分析

其包括桥梁结构风荷载、浪-流耦合荷载基本理论与方法；桥梁结构风荷载、浪-流耦合作用荷载的数值模拟技术（数值风洞和数值水槽）；桥梁风-浪-流耦合作用的振动分析方法（频域分析方法、时域分析方法）；车-桥-风-浪-流耦合作用的振动分析方法；桥梁风-浪-流耦合作用的振动分析软件等。

5. 桥梁抗风-浪-流耦合作用控制措施

其包括桥梁抗风-浪-流耦合作用的结构控制措施、气动/水动控制措施和机械控制措施；桥梁大型深水预制基础浮运、沉放过程控制措施。

本章参考文献

[1] Brown W C. Long Span Bridge Projects-A Personal View[A]. The International Seminar on Long-Span Bridge Aerodynamics Perspective[C]. Kobe, Japan, 1998:3-19.

[2] Simiu E, Scanlan R H. Wind Effects on Structures, 3rd edn[M]. John Wiley & Sons, Inc., New York, 1996.

[3] Gimsing N J, Georgakis C T. Cable Supported Bridges: Concept and Design, 3rd Edition[M]. John Wiley & Sons, 1997.

[4] Ostenfeld K H, Larsen A. Bridge engineering and aerodynamics, in Aerodynamics of Large Bridges[A]. Proceedings of the First International Symposium on Aerodynamics of Large Bridges[C]. Copenhagen, Denmark, 1992, 3-22.

[5] 项海帆. 21世纪世界桥梁工程的展望[J]. 土木工程学报, 2000, 33(3):1-6.

[6] 项海帆, 等. 现代桥梁抗风理论与实践[M]. 北京:人民交通出版社, 2005.

[7] 陈政清. 桥梁风工程[M]. 北京:人民交通出版社, 2005.

[8] 唐寰澄. 世界著名海峡交通工程[M]. 北京:中国铁道出版社, 2004.

[9] 邱大洪. 海岸和近海工程学科中的科学技术问题[J]. 大连理工大学学报, 2000, 40(6):631-637.

[10] 刘高, 葛耀君, 朱乐东, 等. 特大型桥梁抗风设计数值化及控制技术[M]. 北京:人民交通出版社, 2018.

[11] Oceanweather Inc. Hindcast data on winds, waves, and currents in northern gulf of mexico in hurricanes katrina and rita[R]. Submitted to US Department of the Interior Minerals Management Service.

[12] 中华人民共和国国家标准. GB/T 14914—2006 海滨观测规范[S]. 2006.

[13] 中华人民共和国行业标准. JTJ 203—2001 水运工程测量规范[S]. 2001.

[14] 中华人民共和国行业标准. JTJ/T 234—2001 波浪模型试验规程[S]. 2001.

[15] 刘德辅, 王莉萍, 庞亮. 多维复合极值分布理论在极端海况概率预测中的应用[J]. 科学通报, 2006, 51(9):1112-1116.

[16] 秦振江, 孙广华, 闫同新, 等. 基于Copula函数的联合概率法在海洋工程中的应用[J]. 海洋预报, 2007, 24(2):83-90.

[17] 陈子燊. 波高与风速联合概率分布研究[J]. 海洋通报, 2011, 30(2):158-163.

[18] 谢华, 罗强, 黄介生. 基于三维Copula函数的多水文区丰枯遭遇分析[J]. 水科学进展, 2012, 23(2):186-193.

[19] 唐筱宁.波浪物理模型试验中风速比尺确定方法初探[J].海岸工程,2006,25(1):1-5.
[20] 柳淑学,李玉成.杭州湾大桥工程桥梁基础波浪力模型试验研究报告[R].大连:海岸和近海工程国家重点实验室(大连理工大学),2003.
[21] 周益人,潘军宁,王登婷.港珠澳大桥桥梁基础波流力试验专题研究报告[R].南京:南京水利科学研究院,2009.
[22] 王勇.杭州湾跨海大桥工程总结[M].北京:人民交通出版社,2008.
[23] 黄融.跨海大桥设计与施工——东海大桥[M].北京:人民交通出版社,2009.
[24] Ueda S, Maruyama T, Ikegami K, et al. Experimental Study on the Elastic Response of a Movable Floating Bridge in Waves[A]. Proceedings of the Third International Workshop on Very Large Floating Structures[C]. 1999, Vol, Ⅱ:766-775.
[25] Watanabe E, Utsunomiya T, Murakoshi J, et al. Development of Dynamic Response Analysis Program for Floating Bridges Subjected to Wind and Wave Loadings[A]. Proceedings of International Symposium on Ocean Space Utilization Technology[C]. Tokyo, Japan, January 28-31, 2003:449-456.
[26] Scanlan R H. The Action of Flexible Bridge under Wind, Ⅱ: Buffeting Theory[J]. Journal of Sound and Vibration, 1978, 60(2):201-211.
[27] Zhu Ledong, Xu Youlin. Buffeting response of long-span cable-supported bridges under skew winds. Part 1: theory[J]. Journal of Sound and Vibration, 2005:281(3-5), 647-673.
[28] Finkelstein A. The initial value problem for transient water waves[J]. Comm. Pure App. Math., 1957, 10:511-522.
[29] Longuet-Higgins M S, Cokelet C D. The deformation of steep surface waves on water: I[A]. A numerical method of computation[C]. Proc. R. Soc., London, 1976, A350, 1-6.
[30] Eatock Tyalor R, Hung S M. Second order diffraction forces on a vertical cylinder in regular waves[J]. Applied Ocean Research, 1987, 9(1):19-30.
[31] 赖伟.地震和波浪作用下深水桥梁的动力响应研究[D].上海:同济大学,2004.
[32] 田子谦.桥墩基础在海浪作用下的动力响应研究[D].武汉:华中科技大学,2005.
[33] 李忠献,黄信.地震和波浪联合作用下深水桥梁的动力响应[J].土木工程学报,2012,45(11):134-140.
[34] 吴启和,牛照,田唯,等.港珠澳大桥埋置承台与桩波流作用动力响应分析与试验研究[J].中外公路,2014,34(1):121-124.
[35] Li Yousun, Kareem A. Stochastic Response of Tension Leg Platforms to Wind and Wave Fields[J]. Journal of Wind Engineering and Industrial Aerodynamics, 1990, 36:915-926.
[36] Srisupattarawanit Tarin, Niekamp R, Matthies H G. Simulation of Nonlinear Random Finite Depth Waves Coupled with an Elastic Structure, Computer Methods in Applied Mechanics and Engineering[J]. 2006, 195:3072-3086.
[37] 李霞,孙芦忠,尹洪波,等.机动式高架栈桥在风浪耦合作用下的位移响应[J].振动与冲击,2011,30(11):117-121.
[38] 中交公路规划设计院有限公司.台风浪耦合作用下跨海峡桥梁动力模拟及防灾减灾技术[R].北京:中交公路规划设计院有限公司,2010.

[39] 中交公路规划设计院有限公司.特大型桥梁风-浪-流耦合作用研究[R].北京:中交公路规划设计院有限公司,2015.

[40] 中交公路规划设计院有限公司.大跨度公铁两用斜拉桥关键技术研究[R].北京:中交公路规划设计院有限公司,2018.

[41] 刘高,林家浩,王秀伟.考虑全桥耦合的大跨斜拉桥抖振内力分析[J].大连理工大学学报,2004,43(4):479-483.

[42] 刘高,陈上有,刘天成,等.跨海特大型桥梁风-浪耦合作用的随机振动分析[J].应用数学和力学,2017,38(1):75-89.

[43] 刘高,陈上有,王昆鹏,等.跨海公铁两用桥梁车-桥-风浪流耦合振动研究[J].土木工程学报,2019,52(4):72-81.

[44] Liu Gao, Chen Shangyou, Liu Tiancheng, et al. Dynamic Response of Bridge Tower by Wave Forces[A]. Proceedings of the 19th International Offshore (Ocean) and Polar Engineering Conference[C]. Osaka, Japan, 2009:1102-1108.

[45] Chen Shangyou, Liu Gao, Wu Hongbo, et al. Dynamic Analysis and Vibration Reduction Control for Structure with MTMD under Wave Action[A]. Proceedings of the 23rd International Offshore (Ocean) and Polar Engineering Conference[C]. Anchorage Convention Center, Anchorage, Alaska, USA, 2013:1228-1235.

[46] Chen Shangyou, Liu Gao, Wu Hongbo, et al. Dynamic Analysis of Bridge Tower under Wind and Wave Action[A]. Proceedings of the 25th International Offshore (Ocean) and Polar Engineering Conference[C]. Kona, Big Island, Hawaii, USA, 2015:1470-1477.

[47] Liu Gao, Liu Tiancheng, Guo Anxin, et al. Dynamic Elastic Response Testing Method of Bridge Structure under Wind-Wave-Current Action[A]. Proceedings of the 25th International Ocean and Polar Engineering Conference[C]. Kona, Big Island, Hawaii, USA, 2015:1377-1385.

[48] Liu Tiancheng, Liu Gao, Chen Shangyou, et al. Numerical Study of Wave-Current Coupling Action on Bridge Structure[A]. Proceedings of the 23rd International Offshore (Ocean) and Polar Engineering Conference[C]. Anchorage Convention Center, Anchorage, Alaska, USA, 2013:1300-1307.

[49] Cheng Qian, Liu Gao, Wu Hongbo, et al. Numerical Simulation of Typhoon Waves in Waters of Qiongzhou Strait[A]. Proceedings of the 25th International Offshore (Ocean) and Polar Engineering Conference[C]. Kona, Big Island, Hawaii, USA, 2015:1117-1122.

[50] Xu yanan. A Numerical model for the Temperate storm surge in Bohai Bay of China[A]. Proceedings of the 25th International Offshore (Ocean) and Polar Engineering Conference[C]. Kona, Big Island, Hawaii, USA, 2015:1150-1153.

[51] Guo Anxin, Xiao Shengchao, Li Hui. Time-Space Decoupled Model with a Variable-Coefficient Dispersive Condition to Simulate Tsunamis over Slowly Varying Topography[J]. Journal of Waterway, Port, Coastal, and Ocean Engineering, 2016, 142 (4):

[52] Guo Anxin, Liu Jiabing, Chen Wenli, et al. Experimental study on the dynamic responses of a freestanding

bridge tower subjected to coupled actions of wind and wave loads[J],Journal of Wind Engineering & Industrial Aerodynamics,2016,159:36-47.

[53] 陈汉宝,刘海源,徐亚男,等.风浪与涌浪相互影响的实验[J].天津大学学报,2013,46(12):1122-1126.

[54] Geng Baolei,Zheng Baoyou,Liu Haiyou. Elastic model scale and material for underwater structure of cross-sea bridge[A]. Proceedings of the 7th International Conference on Asian and Pacific Coasts[C]. Bali,Indonesia,2013:470-473.

[55] 耿宝磊,文先华.台风作用下琼州海峡海域波浪特征分析[J].海洋工程,2013,31(6):59-67.

[56] 方庆贺,郭安新,李惠.台风波浪对跨海近岸桥梁作用力研究[A].第十三届全国水动力学学术会议暨第二十六届全国水动力学研讨会文集[C],2014,6:586-591.

[57] Liu Haiyuan,Geng Baolei,Peng Cheng. Experimental Study on Elastic Model of Bridge Tower Under Wind, Wave and Current[A]. Proceedings of the 25th International Offshore (Ocean) and Polar Engineering Conference[C]. Kona,Big Island,Hawaii,USA,2015:1489-1494.

[58] 陈晓东,等,琼州海峡跨海工程规划研究《建设条件分报告》研究报告[R].2008,8.

[59] 李玉成.水流中波浪谱变形的理论分析与试验研究[J].水动力学研究与进展,1987,2(2):66-80.

[60] 陶建华.水波的数值模拟[M].天津:天津大学出版社,2005.

[61] Lin PengZhi. Numerical modeling of water waves[M]. U.K.,Taylor & Francis Co.,2008.

[62] Chen Q,Wang L X,Zhao H H. Hydrodynamic investigation of coastal bridge collapse during Hurricane Katrina[J]. Journal of Hydraulic Engineering,2009,135(3):175-186.

[63] Ian N Robertson,H Ronald Riggs,et al. Lessons from Hurricane Katrina storm surge on bridges and buildings[J]. Journal of Waterway Port Coastal & Ocean Enging,2007,133(6):463-483.

[64] Hong Xiao,Wenrui Huang,Qin Chen. Effects of submersion depth on wave uplift force acting on Biloxi Bay Bridge decks during Hurricane Katrina[J]. Computers & Fluids,2010(39):1390-1400.

[65] 刘建波,张永涛,杨炎华,等.泰州长江公路大桥深水沉井基础定位下沉与控制技术研究[J].桥梁建设,2011(6):76-81.

[66] 武汉理工大学.港珠澳大桥岛隧工程沉管管节浮运沉放物理模型试验研究报告[R].2012,4.

[67] 上海交通大学.港珠澳大桥岛隧工程管节浮运沉放结构受力数学模型分析研究报告[R].2012,8.

[68] Partha Chakrabarti,Subrata K Chakrabarti,Tommy Olsen. Dynamic Simulation of Immersion of Tunnel Elements for Busan-Geoje Fixed Link Project[C]. Proceedings of the ASME 27th International Conference on Offshore Mechanics and Arctic Engineering,OMAE2008,June 15-20,2008,Estoril,Portugal.

[69] Hans Cozijn,Jin Wook Heo. Analysis of the tunnel immersion for the busan-geoje fixed link project through scale model tests and computer simulations[C]. Proceedings of the ASME 28th International Conference on Ocean,Offshore and Arctic Engineering,OMAE2009,May 31-June 5,2009,Honolulu,Hawaii.

[70] Nakajima T,et al. On the dynamic analysis of multi-component mooring lines[Z]. OTC4309,1982:105-120.

[71] Kamman J W,Huston R L. Modeling of variable length towed and tethered cable systems[J]. Journal of Guidance,Control,and Dynamics,1999,22(4):602-608.

[72] 刘应中,缪国平,等.系泊系统动力分析的时域方法[J].上海交通大学学报,1997,33(11):7-12.

[73] 夏禾,张楠.车辆与结构动力相互作用[M].北京:科学出版社,2005.

[74] Wang K P,Xia H,Xu M,et al. Dynamic analysis of train-bridge interaction system with flexible car-body [J]. Journal of Mechanical Science and Technology,2015,29(9):3571-3580.

[75] Xia H,Xu Y L,et al. Dynamic interaction of long suspension bridges with running trains [J]. Sound & Vibration,2000,237(2):263-280.

[76] 翟婉明,蔡成标,王开云.高速列车-轨道-桥梁动态相互作用原理及模型[J].土木工程学报,2005,38(11):132-137.

[77] 曾庆元,郭向荣.列车桥梁时变系统振动分析理论和应用[M].北京:中国铁道出版社,1999.

[78] 张楠,夏禾,郭薇薇.基于轮轨线性相互作用假定的车桥相互作用理论及应用[J].铁道学报,2010,32(2):66-71.

[79] Diana G,Cheli F. Dynamic Interaction of Railway Systems with Large Bridges [J]. Vehicle System Dynamic,1989,18(1):71-106.

[80] Baker C J. A Simplified analysis of various types of wind-induced road vehicle accidents [J]. Journal of Wind Engineering and Industrial Aerodynamics,1986,22:69-85.

[81] Suzuki M R,Tanemoto K J,Maeda T O. Aerodynamic characteristics of train/vehicle under cross winds [J]. Journal of Wind Engineering and Industrial Aerodynamics,2004,92:579-607.

[82] Cai C S,Chen S R. Framework of vehicle-bridge-wind dynamic analysis [J]. Journal of Wind Engineering and Industrial Aerodynamics,2004,92(7-8):579-607.

[83] Dorigatti F,Sterling M,Rocchi D,et al. Wind tunnel measurements of crosswind loads on high sided cehicles over long span bridges [J]. Earthquake Engineering and Industrial Aerodynamic,2012,107-108:214-224.

[84] Kwon S D,Lee J S,Moon J W,et al. Dynamic interaction analysis of urban transit maglev vehicle and guideway suspension bridge subjected to gusty wind [J]. Engineering Structures,2008,30(12):3445-3456.

[85] Charuvisit S,Kimura K,Fujion Y. Effices of wind barrier on a vehicle passing in the wake of a bridge tower in cross wind and its response [J]. Journal of Wind Engineering and Industrial Aerodynamics,2004,92(7-8):609-639.

[86] 郭薇薇,夏禾,徐幼麟.风荷载作用下大跨度悬索桥的动力响应及列车运行安全分析[J].工程力学,2006,23(2):103-110.

[87] Xu Y L,Guo W H. Effects of bridge motion and crosswind on ride comfort of road vehicles [J]. Journal of Wind Engineering and Industrial Aerodynamics,2004,92:641-662.

[88] Li Y L,Hu P,et al. Wind tunnel test with moving vehicle model for aerodynamic forces of vehicle-bridge systems under cross wind [C]. The Seventh Asia-Pacific Conference on Wind Engineering,2009,Taipei.

[89] 李永乐,强士中,廖海黎.风-车-桥系统空间耦合振动研究[J].土木工程学报,2005,38(7):61-64,70.

[90] 韩万水,陈艾荣.随机车流下的风-汽车-桥梁系统空间耦合振动研究[J].土木工程学报,2008,41(9):97-102.

[91] 王连宾.波浪荷载作用下车桥系统动力响应及行车安全性分析[D].北京:北京交通大学,2012.

[92] 房忱,李永乐,向活跃.波浪作用下跨海大桥列车走行性研究[J].西南交通大学学报,2017,52(6):1-7.

第 2 章 跨海特大型桥梁建设及规划

跨海桥梁跨越海湾、海峡,连接陆岛,方便交通、增进联络,能够带来巨大的经济、社会乃至政治效应,受到滨海国家的青睐,在世界范围内已修建近百座跨海桥梁,也是未来桥梁工程主战场,一大批洲际跨海工程、陆岛联络工程正在规划研究中。

通常所说的跨海桥梁可以分为直接跨越海峡(如规划中的墨西拿海峡桥)和需在深水中设桥塔两类,本书主要讨论后者。本章简要介绍了部分已建的世界著名跨海桥梁工程和规划中的跨海桥梁工程,详细介绍了我国琼州海峡跨海大桥公路桥梁研究方案,本书后续章节也主要以该公路桥梁研究方案为研究对象进行讨论。

2.1 跨海特大型桥梁建设概况

2.1.1 国外跨海特大型桥梁建设

20 世纪 60 年代,日本以关门桥为起点,建设具有东中西三条通道的本洲—四国联络工程,并以创跨径纪录的明石海峡大桥(1 991m 悬索桥,1998 年)的建成实现了其宏伟的连岛工程计划,见图 2.1-1a)。丹麦在 1997 年建成连接斯博尔格岛与西兰岛的大贝尔特海峡大桥(排名世界第二位的 1 624m 悬索桥),跻身世界桥梁强国之列,见图 2.1-1b)。2000 年,丹麦和瑞典政府共同建设了创纪录的通行重载列车的厄勒海峡大桥(490m 公铁两用斜拉桥),见图 2.1-1c),打通了西欧到北欧的陆上通道,该桥被称为"瑞典通向欧洲的大桥"。2004 年建成的连接希腊大陆和伯罗奔尼撒半岛、跨越科林斯海湾的里翁—安蒂里翁大桥,见图 2.1-1d),以其创新的"加筋土隔震基础"基础形式享誉世界。

上述跨海桥梁所面临的海洋环境条件挑战主要体现在强风或大水深,波浪对桥梁结构承载力的威胁相对要小。针对大水深的挑战,明石海峡大桥和里翁—安蒂里翁桥采用了预制沉井和沉箱基础。如图 2.1-2 所示,明石海峡大桥主塔墩均采用沉放式圆形沉箱基础,其中 2 号墩设置沉箱直径 80m、高 70m、在水中下沉 60m,3 号墩设置沉箱直径 78m、高 67m、在水中下沉 57m。如图 2.1-3 所示,里翁—安蒂里翁桥沉箱基础的施工方法是利用干船坞,将每个沉箱浇筑到 15m 高程后,再被拖放至旁边的湿船坞,在那里完成锥形结构浇筑,然后拖到永久墩位沉放。在预制基础定位沉放过程中,风、波浪和水流成为结构的主要控制荷载,均需借助定位系泊系统来控制其运动,确保基础的施工安全和定位精度。

a)明石海峡大桥

b)大贝尔特东桥

c)厄勒海峡大桥

d)里翁—安蒂里翁大桥

图2.1-1 国外著名的跨海桥梁工程

图2.1-2 日本明石海峡大桥主塔沉井系泊系统示意图

马尔代夫中马友谊大桥位于印度洋岛国马尔代夫(图2.1-4),是印度洋中第一座跨海大桥,大桥跨越马累岛(Male)和机场岛(Hulhumale)之间的 Gaadhoo Koa 海峡(图2.1-5),桥位处最大水深47m。Gaadhoo Koa海峡地形急剧起伏,加上季风影响,当地的波浪和水流非常复杂,呈现出季风、波高大、波周期长的特点。工程附近100年一遇波浪重现期和相应高水位组合条件下,桥位1%累积率波高最大值为6.98m,平均周期14.9s,最大流速4.33m/s。

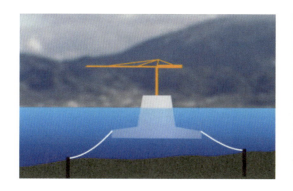

图2.1-3 希腊里翁—安蒂里翁大桥基础施工示意图

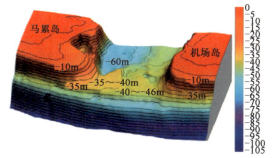

图2.1-4 马尔代夫中马友谊大桥　　　图2.1-5 Gaadhoo Koa海峡水深地形图(单位:m)

中马友谊大桥东引桥受机场航空限高影响,桥面设计高程非常低。虽然引桥区水深比较浅,但是受岛礁地形影响,引桥区波面壅高显著、浪高很大。东引桥方案设计阶段的波浪模型试验(图2.1-6)结果表明:东引桥区存在上浪情况;100年重现期条件下,25~26号桥墩之间桥面结构(总长30m)所受总横向力达1590kN,上托力达680kN。

长周期强涌浪是中马友谊大桥面临的一项重大挑战,大桥建设团队在设计和施工中采取了一系列消浪防护措施:对于主桥,承台采用梭形断面,以适应水流及波浪的冲击;承台钢吊箱顶部壁板向外侧展开,构成桥墩V腿施工时的挡浪板;主桥22、23号墩围堰不拆除,作为挡浪结构;对于东引桥,桥台处设置防浪堤,并根据波浪稳定试验结果,对引堤结构进行了优化;根据波浪上浪试验结果,提高了桥面设计高程,平均抬高了1m左右;对于引桥桥面人行道外侧,采用混凝土防浪墙,其为混凝土实体段,距离桥面的高度为75cm;在施工方案研究中,由于受长周期强涌浪影响,施工船舶运动响应很大。为减少水上作业,采用了全栈桥和固定平台方案,见图2.1-7。此外,在浪溅区范围,采取了多项耐久性措施,包括:①采用海工高性能混凝土,适当增加保护层厚度;②钢筋采用环氧钢筋,采用不锈钢钢筋网片;③混凝土表面采用清水混凝土涂层、涂覆硅烷、透水模板。

图 2.1-6　中马友谊大桥东引桥波浪局部模型试验　　　　图 2.1-7　中马友谊大桥施工栈桥与平台

从中马友谊大桥施工现场可以再次看出,桥位处的长周期强涌浪环境非常恶劣:在机场岛侧,涌浪向岸侧传播时逐渐爬升,冲击引堤和栈桥,溅浪高度高出栈桥顶面1m左右,见图2.1-8;在马累岛侧,涌浪向桥位处传播时,水位逐步壅高,波浪破碎,猛烈拍击桥梁基础的围堰和栈桥,而且越浪的高度很大,见图2.1-9。

a)波浪从远处传来　　　　　　　　　　　　b)波浪破碎冲击栈桥

图 2.1-8　波浪冲击机场岛侧引桥区临时栈桥

图 2.1-9　波浪冲击马累岛侧引桥桥墩围堰和栈桥

2.1.2 国内跨海特大型桥梁建设

21世纪以来,随着我国交通建设适应经济快速发展的需要以及国家重大发展战略的实施,桥梁工程建设逐渐从内陆走向海岸、近海,相继建成了东海大桥、杭州湾大桥、胶州湾大桥、舟山连岛工程等跨海大桥,港珠澳大桥即将建成通车,平潭公铁两用大桥、大连湾跨海大桥、深中跨海通道工程等一批国家重大工程已开工建设。

东海大桥是我国第一座在外海海域建造的跨海工程。大桥受风、浪、流等环境因素的影响较大。100年重现期波高10m,10min平均最大风速42.16m/s,桥位附近海域100年重现期设计波高$H_{1\%}$最大值达6.62m,相应平均周期8.23s,最大平均流速2.4m/s。东海大桥水深相对不大,大部分区域在20m以内。针对东海大桥70m跨距桥梁承台施工安全问题,在上海交通大学海洋工程国家重点实验室进行了波浪、水流共同作用下单桩、群桩及承台的水动力荷载物理模型试验研究,得出了桩基承台所承受的波浪、水流力,对有关的设计规范进行了分析比较。

杭州湾大桥创造了最长跨海大桥世界纪录。杭州湾大桥桥位水深相对不大,大部分区域在20m以内,但海域波浪大、水流急,以100年重现期设计波要素为例:北航道桥$H_{1\%}$最大值达5.98m,相应平均周期7.85s,垂线最大平均流速为2.70m/s;南航道桥$H_{1\%}$最大值达5.23m,相应平均周期8.04s,垂线最大平均流速为3.44m/s;中引桥$H_{1\%}$最大值达6.26m,相应平均周期8.04s,垂线最大平均流速为2.88m/s;南引桥$H_{1\%}$最大值达5.20m,相应平均周期7.36s,垂线最大平均流速为4.68m/s。针对杭州湾大桥面临的恶劣海况条件及引起的桥梁波流作用问题,大桥设计单位委托大连理工大学海岸与近海工程国家重点实验室开展了"杭州湾大桥工程桥梁基础波浪力模型试验"专题研究,针对杭州湾大桥北、南航道桥及南高墩区引桥桥梁基础结构,开展了波浪和浪-流共同作用下的模型试验研究,获得了桥梁基础所受的波浪力和水流力。

金塘大桥是舟山大陆连岛工程中规模最大的大桥,海上长度超过18km。桥位气象、水文环境也比较恶劣。100年重现期设计风、浪、流要素:波高10m,10min平均最大风速40.16m/s;设计波高$H_{1\%}$最大值6.26m,平均周期7.86s。垂线平均最大流速:涨潮(逆流)2.05m/s,落潮(顺流)2.54m/s。由于金塘大桥工程所处区域海况条件较为恶劣,因此,在波流作用下,如何保障桥墩基础的安全,成为大桥基础设计中的一个重要课题,因此大桥设计单位委托大连理工大学海岸与近海工程国家重点实验室开展了"金塘大桥基础波流力模型试验"专题研究。

港珠澳大桥地处珠江伶仃洋入海口,属于近海离岸跨海通道工程。大桥处于南亚热带海洋性季风气候区,桥位区热带气旋影响十分频繁,气象条件恶劣,台风多,风力大。桥区重现期120年波高10m,10min平均风速达47.2m/s。桥区水深介于5~10m,局部最深点可达17m;桥区海域为不规则半日潮海区,潮差不大,平均潮差仅1.24m;100年重现期$H_{1\%}$最大值达5.22m,相应平均周期10.2s,垂线最大平均流速为1.68m/s。受设计单位委托,南京水利科学研究院承担了港珠澳大桥主体工程初步设计阶段桥梁基础波流力模型试验研究工作。根据委托单位的技术要求，进行桥梁基础波浪、水流力物理模型试验，测量了九洲航道桥、江海直达航道桥、青州航道桥、非通航孔引桥、岛桥结合部引桥等桥梁基础整体所受的总水平力（矩）、总垂直力以及各部分结构（桥墩、承台和桩基）所受的水平波流力（矩），还测量了江海直达航道桥索塔基础的波浪压强分布以及波浪在各个桥墩上最大作用高度。

平潭公铁两用大桥是我国目前施工难度最大的海峡桥梁。该桥址所在的平潭海峡，为世界三大风口海域之一，具有风大、浪高、水深、流急等特点。工程区域为典型的海洋性季风，根据气象部门统计，桥址处年平均出现过9级风的天数为58天，8级风的天数为115天，7级风的天数为210天，6级风的天数为314天。施工海域最大施工水深达40m，设计流速达3.09m/s，平均潮差4.28m，最大潮差7.09m，年平均波高1.1m，涌浪2.5m以上天数达45%，100年重现期最大波高约9.69m。其建设条件远比已建成的东海大桥、杭州湾大桥及港珠澳大桥恶劣，尤其是波流力的影响，是常规长江等内河桥梁的10倍以上，建造难度和风险更大。

2.2 跨海特大型桥梁建设规划

2.2.1 智利查考大桥

查考海峡位于智利南部 Chiloé 岛与智利大陆之间，海峡最窄处宽约2.5km，最深处120m，西侧为太平洋，东侧为 Ancud 海湾。

查考大桥建设条件复杂。100年重现期10m高10min平均年最大风速32.8m/s；海峡最大水深约120m，中部有一座水深为10~12m的水下小岛（Roca Remolinos），海潮最大速度5m/s，浪高达4.7m，最大潮差5.74m。智利处于高强地震带，1960年在距大桥位置80km处断层带发生9.5级大地震，引发8~25m高海浪海啸，蒙特港沿海房屋尽毁。

查考大桥连接位于智利南部的奇洛埃岛和智利大陆地区，建成后将与智利国家5号国道相连，将长期交通不便的奇洛埃岛地区并入国家道路网络。在该地区建造大桥项目的想法从20世纪50年代就已提出，从90年代起开始进行项目的可行性研究。2005年，智利政府将大桥命名为"独立两百周年——奇洛埃大桥"，以特许经营模式实施。但2007年在第二阶段设计结束后，发现该项目的造价比合同中规定的造价高出3亿美元，该特许经营合同随即终止。近年来随着国际上大跨径大型桥梁的设计和施工技术的发展，特别是在致密的火山沉积岩构造上建造结构物技术的发展，智利政府对该项目进行了新的评估，并于2012年决定对该项目进行EPC国际招标。

1999—2001年，智利政府公共工程部委托COWI公司开展了查考大桥可行性研究，提出了多种概念设计方案,其中图 2.2-1 所示的三塔悬索桥方案充分利用查考海峡地形和海底水深条件,经济性和景观较好,被智利政府采用。

图 2.2-1　COWI 公司前期设计方案

2.2.2　直布罗陀海峡跨海通道工程

直布罗陀海峡,位于西班牙最南部和非洲西北部之间,是沟通地中海和大西洋的唯一通道,被誉为西方的"生命线"。

直布罗陀海峡全长约 58km,最窄处在西班牙的 Marroqui 角和摩洛哥的 Cires 角之间,宽仅 13km,其西面入峡处最宽,位于北部的 Trafalgar 角和南部的 Spartel 角之间,宽达 43km;最浅处水深 301m,最深处水深 1 181m,平均深度约 375m;海峡北岸为西班牙,南岸为摩洛哥,两岸均为山地地形,海岸陡峭,多海角。自大西洋经直布罗陀海峡流向地中海的海流流速为 4km/h。直布罗陀海峡属地中海型气候,冬季平均温度为 12～18℃,温湿多西风,夏季为 13～29℃,干热多东风,春秋有风暴。直布罗陀海峡夏季时受副热带高压控制,盛行下沉气流,风浪较小;冬季受西风带控制,且受两岸的地形影响,形成狭管效应,风浪较大。直布罗陀海峡风向多为东风或西风,从北方进入西地中海的浅冷气团,往往成为低层高速东风穿过,当地称为累凡特(Levanter)风。海流分两层:上层(200m 以上水域)东流地中海,海水盐度 3.66%,年平均水温 17℃;下层(200m 以下水域)西流大西洋,海水盐度 3.77%,年平均水温 13.5℃。

直布罗陀海峡跨海通道工程需穿越的海域深度是目前人类挑战跨海连接线项目的世界级难题。1979 年,西班牙皇室与摩洛哥皇室签订相关协定,达成联合修建两国连接线的共识,建设贯穿直布罗陀海峡的连接线项目。两国于 1980 年各自成立了研究院,专门针对该项目进行研究,西班牙方为 SECEGSA,摩洛哥方为 SNED。近 30 年致力于该项目的科学研究,并于 1995 年确定了两个初步方案。

(1)选择西班牙南部小镇达利法卡纳莱斯角(Canales)为起点,至摩洛哥西雷斯角(Punta Cires),最深达 900m,此方案距离短,全线仅为 14km,但通过海域较深是技术难点。

(2)选择西班牙的帕洛玛角(Punta Paloma)为起点,到达摩洛哥玛拉巴塔角(Punta Malabata),此连接线方案海底最高深度为 300m,全线长度预计达到 28km。

1983 年以来,Kowi 公司为在直布罗陀海峡上修建大桥进行了一系列可行性研究,并于 1994 年进行了整座桥梁连线的全面初步设计。推荐方案见图 2.2-2a),总长 27km,中心桥段由3个3550m的悬索跨组成,基础深度限制在300m以内;比选方案见图2.2-2b),总长15km,由2个5000m的悬索跨组成,基础水深在500m左右。

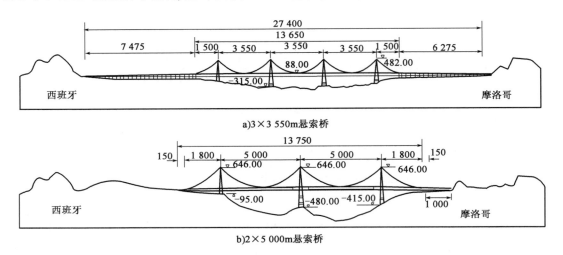

图2.2-2 直布罗陀海峡连接线桥梁方案示意图(尺寸单位:m)

2.2.3 巽他海峡跨海通道工程

巽他海峡位于爪哇(Jawa)岛和苏门答腊(Sumatra)岛之间,长约120km,宽度介于26~110km之间,是沟通爪哇海与印度洋的通道,也是北太平洋国家通往东非、西非或绕道好望角到欧洲航线上的海上咽喉要道之一,在海洋交通格局中占有十分重要的战略地位。巽他海峡西部水深、东部水深较浅。海峡中有几个火山岛,距离最近、最著名的是喀拉喀托(Krakatu)岛。在海峡最窄通道范围内,班珠里(Prajurit)岛位于苏门答腊侧,蛇(Ular)岛坐落在爪哇侧,桑娘(Sangiang)岛位于巽他海峡的中间。桑娘岛把海峡分割成两个主要通航水道,宽度分别为7.8km和7.6km。

巽他海峡位于南纬6°,东经106°附近,全年气温在20~32℃之间,无明显的四季,属热带海洋性气候。据了解,巽他海峡一般不会出现8级以上大风,根据前期研究中提及的风速换算,桥位处的10m高度10min平均风速为26m/s。海峡大部水深70~180m,西南口最深达1759m。桥位处水深一般在50~100m之间,局部地区达到200m。海峡区域水流流速2.2m/s。巽他海峡地区处于地壳运动活跃地带,多火山活动,最著名的是海峡南端入口处的喀拉喀托(Krakatu)火山,距离推荐桥位约50km,海拔813m。历史记录表明Karkatu火山在公元250—2010年间爆发了52次,1883年火山爆发引起的海啸在桥位区域产生了25~28m的浪高。

1960年印度尼西亚苏加诺总统在《全国发展规划-UNDP(1961—1969)》中首次提出连接各岛的构想,1986年苏哈托总统委派研究和技术部部长BJ. Habibie研究巴厘—爪哇—苏门答腊直通互联工程(Trinusa Bimasakti)的思想与概念。1997年Wiratman Wangsadinata教授开展了巽他海峡大桥技术可行性研究,2007年提出了具体的跨海大桥的概念设计建议。2009年8月,印尼AG集团Bangungraha Sejahtera Mulia公司(BSM)向印度尼西亚政府提交了一份新的建议书,寻求批准启动巽他海峡大桥项目的研究。项目建议书中巽他跨海大桥总长度29km,由五个部分组成,其中两个部分为大跨度悬索桥(主跨2 200m),另外3个部分由预应力混凝土梁桥组成,标准跨度为200m。桥梁的总体布置示意见图2.2-3。

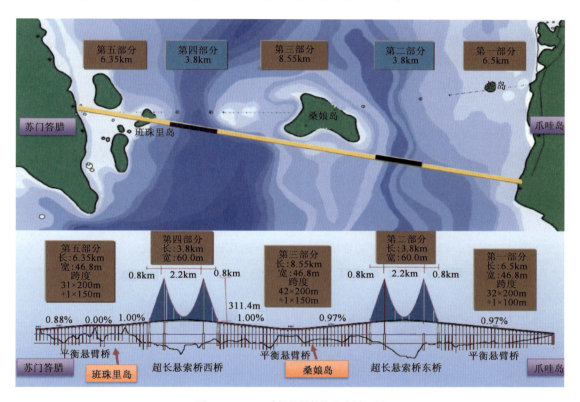

图2.2-3 BSM建议的巽他海峡大桥工程

2.2.4 琼州海峡跨海通道工程

琼州海峡位于广东省雷州半岛和海南岛之间,西接北部湾,东连南海北部,呈东西向延伸,是我国的三大海峡之一。海峡东西长约80km,南北平均宽度为29.5km,琼州海峡最宽处直线距离为33.5km,最窄处直线距离仅18km左右。

琼州海峡跨海通道对促进海南省经济发展,加强海南与内陆的联系具有重大战略意义。广东省、交通运输部、原铁道部从20世纪90年代到近年分别对琼州海峡跨海工程开展了研究。2008年,在国家发改委的指导和协调下,原铁道部、交通运输部、广东省、海南省两部两省共同筹划建设琼州海峡跨海通道,完成规划研究并通过了评审,规划中的琼州海峡跨海大桥工程线位走向包括中线和西线建设方案。

西线桥位（放坡村—道伦角）：自雷州半岛徐闻县放坡村，连接海南岛的道伦角，全长约41km。西线桥位海底较平坦，最大水深不超过60m。两岸接线均远离中心城区及大型码头，拆迁量小。历史上琼山7.5级地震，传至细线桥位时，其场地烈度为Ⅶ度。西线海峡较宽，桥梁较长，线路走向曲折，桥梁与既有铁路与公路连接线最长。需绕避徐闻珊瑚礁国家级自然保护区核心区及缓冲区。

中线桥位（炮台角—天尾角）：自雷州半岛的炮台角，连接海南岛的天尾角，全长约22km。中线桥位海底稍有起伏，最大水深约75km，水深大于60m的海域约10.6km，占全长的43.7%。中线海峡较窄，海中桥梁长度最短，线路走向顺直，桥位距离粤海火车轮渡较近，桥位南岸附近为海口火车站，方便桥梁与既有铁路的连接，公路铁路接线均最短。

琼州海峡跨海大桥工程规模巨大、技术难度大，预可行性研究通过对不同线位方案进行系统的研究、分析、比选和论证，建议西线方案水深较浅，地质条件相对较好，应作为首选方案重点进行研究。为此，中交公路规划设计院有限公司和公路长大桥建设国家工程研究中心依托交通运输"十二五"重大科技专项"特大型桥梁防灾减灾与安全控制技术（2011318494001）"，针对西线桥位进行了公路桥梁方案深化研究，分别提出了主通航孔、辅通航孔的桥梁原型设计方案。

此外，公路长大桥建设国家工程研究中心依托中国交通建设股份有限公司特大科技项目"大跨度公铁两用斜拉桥关键技术研究（2014-ZJKJ-03）"，针对西线桥位进行了公铁两用桥梁方案初步研究。

本章第2.3节将对琼州海峡跨海大桥主通航孔桥进行详细介绍。

2.2.5 渤海海峡跨海通道工程

渤海海峡，中国第二大海峡，位于黄海和渤海、山东半岛和辽东半岛之间，是渤海内外海运交通的唯一通道。海峡南北两端最短距离约106km，北起辽宁大连老铁山，南至山东烟台蓬莱阁。海峡中、南部有庙岛群岛纵向分布，把海峡分成十几条水道，其中以老铁山水道、长山水道、登州水道最为重要。北部水道宽而深，南部水道窄而浅。老铁山水道最深处83m，登州水道仅10～30m，其余在20～40m之间。商船常走老铁山、长山、庙岛三条水道。老铁山水道宽42km，占整个海峡的2/5，是黄海海水进入渤海的主要通道，潮流达4～6节，受潮流强烈冲刷，南侧出现水深达60～80m的潮沟，是海峡中最宽最深的水道，沙、砾底，无障碍物，在老铁山角和北隆城岛设有助航标志，通航条件良好。长山水道宽6.9km，水深17～30m，潮流2节左右，软泥底，为南黄海通往天津新港的捷径。登州水道，又名庙岛海峡，是渤海海水外流的主要通道，宽6.4km，水深10～24m，潮流3～3.3节，粗沙、沙泥底，南侧多沙砾，南北两侧有浅滩，是山东半岛通往庙岛群岛最近的水道。老铁山水道、长山水道对外开放，登州水道对内开放（限

200t 以下船舶航行),其余水道为禁航区。根据烟台、大连沿海共 6 个台站 31 年的历史资料分析,渤海海峡具有典型的季风性气候特征,冬季以偏北大风为主,春秋季开始出现偏南大风,月际变化呈现两峰一谷的形势。大风的风力以 6~7 级为主,8 级以上的强风只占总次数的 6.7%,极大风速一般比最大风速大 1~2 个等级。渤海海域冬季盛行偏北向的风浪,夏季盛行偏南向的风浪。由于渤海海浪的成长受到区域的限制,主要以风浪为主。渤海风浪冬季最大,通常为 3~4 级。其他季节一般都是 2~3 级。遇有寒潮、台风、气旋影响时有较强的巨浪、大涌出现,最大可达 6 级浪。

渤海海峡跨海通道可能的模式有单建铁路通道、单建公路通道、建设铁路通道并驼背运输兼顾公路通道(即英吉利海峡隧道模式)和统筹考虑建设铁路通道和公路通道四种,渤海海峡跨海通道战略规划研究阶段重点研究了第四种模式。公路通道又分为桥梁方案、隧道方案及桥隧结合三类工程方案。根据《渤海海峡通道工程战略规划研究》(2012 年)的研究结论,公路通道暂推荐公路桥梁方案。公路桥梁方案全线纵断面布置示意图见图 2.2-4。其中,老铁山水道通航孔桥采用两座共锚的 1 500m + 3 500m + 1 500m 双塔三跨吊悬索桥跨越,见图 2.2-5。该方案的主跨跨度相对于 30 万吨级油轮所需的通航净空有较大富余,能够满足 30 万吨级以上油轮的通航需求。应该指出,主跨 3 500m 悬索桥,其跨度超过目前世界上已建成的同类型的桥梁,其结构体系、加劲梁横断面等关键技术有待深入研究;此外,老铁山水道水深超过 50m,在如此水深海域修建结构物,其深水基础的设计与施工有待深入研究。

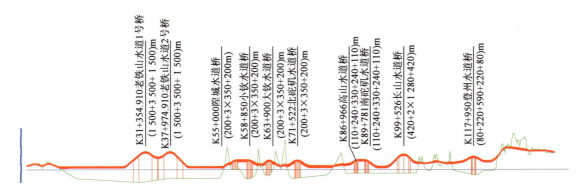

图 2.2-4 渤海海峡跨海工程公路桥梁方案全线纵断面布置示意图

2.2.6 台湾海峡跨海通道工程

台湾海峡位于福建与台湾之间,连通着南海、东海,是我国最大的海峡。海峡北东、西南走向,长约 370km,最窄处宽约 130km。海底地形总体平缓,水深具有东深西浅的不对称特征,北部地形走向为 NE 向,总体呈槽隆相间的格局,最大水深为 90m;南部相对平坦,走向为 NS-NNW 向,最大水深为 68~70m。

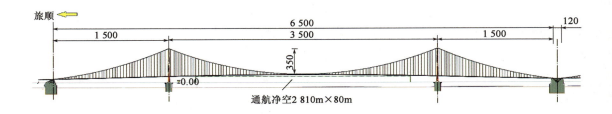

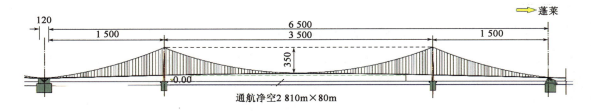

图 2.2-5 老铁山水道主跨 3 500m 双塔三跨吊悬索桥方案(尺寸单位:m)

台湾海峡历史记载的 $M_s \geqslant 5.0$ 的地震有 85 次,其中 $M_s = 5.0 \sim 5.9$ 的为 55 次,$M_s = 6.0 \sim 6.9$ 的为 23 次,$M_s \geqslant 7.0$ 的为 7 次,大震级 7.5 级。总体来看,海峡强震密,且具有西强东弱、南强北弱的特点。

台湾海峡处于亚热带季风区,常年气候温和,冬季盛行东北风,夏季盛行西南风。冬季风一般出现在 9 月至翌年 5 月,盛行于 10 月至翌年 3 月,特点是平均风速大、大风日数多、盛行期长。每年 10 月到翌年 2 月,月均风速可达 $10 \sim 12$m/s,6 级以上的大风频率可达 50%,其中 8 级以上的大风频率在 10% 以上,如图 2.2-6 所示。大风主要由热带气旋引起,1949—2003 年间,平均每年有 $2 \sim 3$ 次气旋进入海峡,最多时为 7 次,其中超强台风(SuperTY,底层中心附近最大平均风速 51.0m/s)占 20%,台风以上强度(TY,底层中心附近最大平均风速为 $32.7 \sim 51.0$m/s)占 62%,如图 2.2-7 所示。

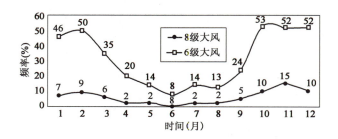

图 2.2-6 台湾海峡月平均大风频率图

秋、冬季浪高较大,夏、春季浪高较小,历年最大波高为 13.0m。海浪月平均周期为 $5.0 \sim 7.0$s,历年最大周期也为 14s。海峡最大浪高在北部为 16m,南部为 6.9m。

前期研究主要集中在三条线路上,如图 2.2-8 所示。通过对各通道方案线路长度、水深、地质、综合交通路网布局、两岸城市区位优势等因素的分析对比(表 2.2-1)得出:鉴于北线方案海峡宽度最窄、线路长度最短,海洋地质、水深条件较好,地震影响较小,可先期规划形成北线通道。

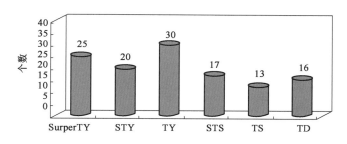

图 2.2-7　台湾海峡热带气旋个数(1949—2003 年)

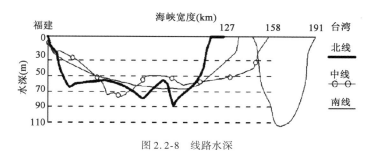

图 2.2-8　线路水深

线 位 比 较　　　　　　　　　　　　　　　　　　　　　　表 2.2-1

线位方案		北　线	中　线	南　线
连接点		平潭岛—新竹	莆田南日岛—苗栗	厦门—金门—澎湖岛—嘉义
全线长(km)		173	203	278
海峡宽度(km)		127	158	191
50m 以上水深	区间长度(km)	98	100	超过 100
	最大水深(m)	90	78	超过 100
地形		槽、隆相间,近岸地形陡峭	两槽一隆,近岸地形西岸陡峭,东岸平缓	中部地形平缓,澎湖列岛到台湾水深超过百米
地质条件		海底有断层发育,发育程度居中	海底有断层发育,发育程度相对明显	海底有断层发育,发育相对不明显
地震条件		相对好	相对差	相对差

由于台湾海峡基础研究资料缺乏,通道方案还处于设想阶段,针对桥梁方案提出的设想大致归结如下:

(1)对于通航孔,邓文中和项海帆院士推荐采用超大跨斜拉桥方案。前者还认为即使跨径达到 2 000m,斜拉桥也是合适的;林元培院士和台湾蔡俊镜先生则主张采用多跨连续布置的超大跨悬索桥方案(≥3 000m)。

(2) 对于深水区联络孔,除了林元培院士认为应该采用超大跨多跨连续悬索桥方案外,邓文中院士、项海帆院士、蔡俊镜先生一致认为应该采用大跨斜拉桥方案,但在经济跨径的建议上,观点有所出入;对于其他区段,几位意见基本一致,认为应该采用多跨斜拉桥和大跨连续梁桥。

2.3 琼州海峡跨海大桥主通航孔桥方案

2.3.1 主要建设条件

西线桥位桥梁方案深化研究所采用的气象、水文、地质、地震等参数,主要参考 2008 年中交公路规划设计院有限公司等单位完成的《琼州海峡跨海工程规划研究建设条件分报告》。

1. 设计风速

海峡中部海面 10m 高重现期 100 年和 120 年一遇设计风速分别为 51.58m/s 和 52.71m/s。风随高度变化按指数律分布,幂指数建议参照《公路桥梁抗风设计规范》(JTG/T D60—01)取 0.12。

2. 设计水位

工程海域不同重现期的设计水位依据表 2.3-1 取值。

设 计 水 位 成 果　　　　　　　　　　　　　表 2.3-1

项　　目	金牌港短期验潮观测(m)	项　　目	金牌港短期验潮观测(m)
125 年一遇极端高潮位	3.46	高潮累积频率 10% 潮位	2.13
100 年一遇极端高潮位	3.37	低潮累积频率 90% 潮位	-0.86
125 年一遇极端低潮位	-1.80	勘察水位	1.66
100 年一遇极端低潮位	-1.79		

3. 设计流速

工程区不同重现期涨落潮设计水流流速详见表 2.3-2(测点Ⅶ1、Ⅶ2、Ⅶ3 和 Ⅶ4 位于桥轴线上)。

涨落潮设计水流速度(cm/s)(垂线平均)　　　　　　表 2.3-2

测点	涨潮				落潮			
	重现期			流向(°)	重现期			流向(°)
	20 年	100 年	120 年		20 年	100 年	120 年	
Ⅶ1	240	253	255	292.5	275	287	288	112.5
Ⅶ2	242	256	257	292.5	272	285	286	112.5
Ⅶ3	175	187	187	270	191	200	201	105
Ⅶ4	186	199	200	270	208	218	218	90

4. 设计波要素

Ⅶ1~Ⅶ4 四个计算点不同波向在不同重现期内的设计波浪要素详见表 2.3-3。

各重现期设计波浪波高要素(m)　　　　　　　　　　　表 2.3-3

计算点	波向	波要素	重现期			
			10 年	25 年	100 年	120 年
Ⅶ1	NW	$H_{1\%}$	6.0	7.1	8.6	8.8
		$H_{4\%}$	5.1	6.0	7.3	7.5
		$\bar{H}$	2.6	3.1	3.8	3.9
		$\bar{T}$	8.1	8.8	9.6	9.8
Ⅶ2	NW	$H_{1\%}$	6.0	7.1	8.6	8.8
		$H_{4\%}$	5.1	6.0	7.3	7.4
		$\bar{H}$	2.6	3.1	3.8	3.8
		$\bar{T}$	8.1	8.7	9.6	9.7
Ⅶ3	ENE	$H_{1\%}$	6.1	7.0	8.4	8.6
		$H_{4\%}$	5.1	6.0	7.1	7.3
		$\bar{H}$	2.6	3.1	3.7	3.8
		$\bar{T}$	8.1	8.7	9.5	9.6
Ⅶ4	ENE	$H_{1\%}$	5.9	6.8	8.1	8.2
		$H_{4\%}$	5.0	5.8	6.9	7.0
		$\bar{H}$	2.6	3.0	3.6	3.7
		$\bar{T}$	8.0	8.6	9.4	9.5

5. 通航孔净空尺寸

设计最高通航水位暂取 2.75m。设计最低通航水位可取当地理论最低潮面。中通航孔通航净空高度 81m，通航净空宽度单向通航为 1 270m，双向通航为 2 650m。

6. 海底地形

西线海底地形较为复杂，起伏较大，呈 W 形，深水区水深在 40~55m 之间，最大达 55m，深水区宽约 10km，局部区域遍布着凹凸地，高差一般在 5~15m，部分在 15~35m，西线水深剖面如图 2.3-1 所示。

7. 地震

结合工程场地 100 年超越概率 10%（E1 水准）及 4%（E2 水准）下桥址加速度反应谱的计算参数，得到桥址 2% 阻尼比的加速度反应谱，如图 2.3-2 所示。

基于反应谱参数，模拟得到 E2 地震水准下加速度时程曲线。E2 地震水准下水平加速度时程如图 2.3-3 所示。

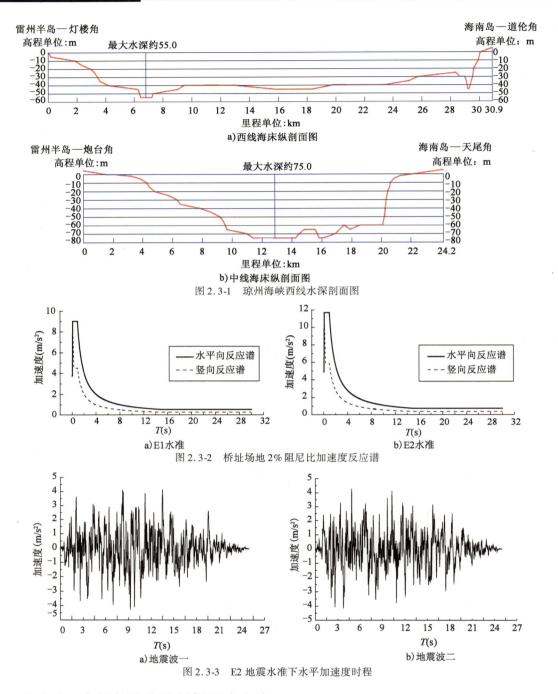

a) 西线海床纵剖面图

b) 中线海床纵剖面图

图 2.3-1 琼州海峡西线水深剖面图

a) E1水准　　　　　　　　　　b) E2水准

图 2.3-2 桥址场地2%阻尼比加速度反应谱

a) 地震波一　　　　　　　　　　b) 地震波二

图 2.3-3 E2地震水准下水平加速度时程

2.3.2 主通航孔公路桥梁研究方案

1. 总体布置

本方案采用三塔双索面钢箱梁斜拉桥,四跨连续漂浮体系,桥跨布置为(244+408)m+1 500m+1 500m+(408+244)m=4 304m,边中跨之比为0.434:1,跨径布置如图2.3-4所示。

边跨设置辅助墩和过渡墩,辅助墩处设置竖向支座和横向抗风支座,过渡墩处设置竖向支座和横向抗风支座,中塔处设置纵向阻尼器、弹性约束装置和横向抗风支座,两个边塔处设置纵向阻尼器和横向抗风支座。主梁采用分体式钢箱梁,斜拉索采用扇形双索面布置。索塔采用钢混组合桥塔,中塔塔高460m,边塔塔高386m,索塔下塔柱形式纵桥向为菱形,中索塔下塔柱从横桥向看也为菱形。中塔和边塔推荐方案均采用设置吸力式裙筒与半刚性连接桩的沉箱复合基础方案。中塔基础为底部带裙筒的预制钢壳混凝土扩底沉箱结构,底面为直径136m圆形截面,顶面为直径87m圆形截面,在距底面高10~20m范围设置斜面过渡,沉箱底铺设2m厚碎石调平垫层,裙筒内筒区域内铺设垫层下布置209根长45m、直径1.5m、壁厚25mm的钢管桩,桩顶进入垫层1.4m。边塔基础沉箱底面为直径120m圆形截面,顶面为直径80m圆形截面,在距底面高9~18m范围设置斜面过渡,沉箱底铺设2m厚碎石调平垫层,裙筒内筒区域内铺设垫层下布置157根长45m、直径1.5m、壁厚25mm的钢管桩,桩顶进入垫层1.4m。沉箱底板外壳和裙筒均采用Q345钢材,沉箱主体结构采用C40自养护粉煤灰混凝土,钢管桩钢管采用Q235钢材。

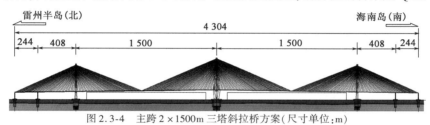

图2.3-4 主跨2×1500m三塔斜拉桥方案(尺寸单位:m)

2. 方案设计

(1)结构体系

琼州海峡跨海大桥三塔斜拉桥所采用的结构体系方案如图2.3-5所示。中塔采用四塔柱花瓶形混凝土结构,中塔高是边塔高的1.2倍,主塔附近范围内使用PK断面高强钢钢箱梁,其余断面为分体式钢箱梁,塔梁间纵/横向设置静力限位-动力阻尼,边跨各设置1个辅助墩。

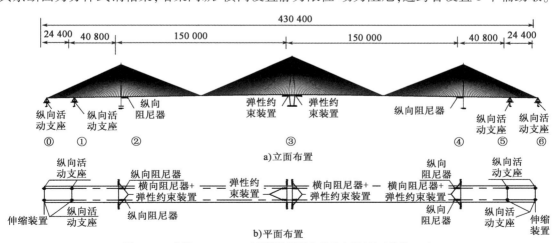

图2.3-5 主跨2×1500m三塔斜拉桥结构体系方案(尺寸单位:cm)

通过比选确定了合理的关键装置布置及参数,分别如下。

纵向装置:中塔采用弹性索 16 根($K = 40\,000$kN/m);边塔采用阻尼器 16 个[$C = 3\,000$ kN/(m·s^{-1})$^{0.1}$,$\xi = 0.2$]。

横向装置:阻尼器 8 个[$C = 300$kN/(m·s^{-1})$^{0.1}$,$\xi = 0.1$] + 碟簧 8 组($K = 291\,000$kN/m)。

(2)主梁构造

琼州海峡跨海大桥所在桥位风力大、风况复杂,施工及运营期间的抗风稳定性是本桥成败的关键。采用中央开槽的分离式双箱断面是提高桥梁抗风稳定性能的有效措施。在参照已有超大跨径桥梁加劲梁断面以及进行数值风洞模拟的基础上,确定主梁的形式为扁平流线型双箱分离式断面,梁高 5m,两个封闭箱横桥向拉开距离为 14m,用横向连接箱加以连接,主梁断面布置如图 2.3-6 所示。

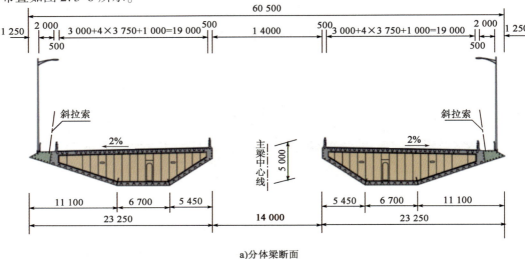

a)分体梁断面

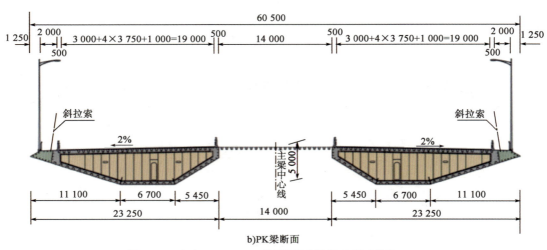

b)PK梁断面

图 2.3-6 主跨 2×1 500m 三塔斜拉桥主梁断面(尺寸单位:mm)

主梁标准梁段长度为16m,主梁梁宽(含风嘴)60.5m,斜拉索锚具横向间距55.5m,斜拉索纵向标准间距16m。标准分离式钢箱梁段之间每16m设置一道横向连接箱,横向连接箱梁高5m,宽3.2m。16m间距斜拉索区域钢箱梁内每隔3.2m设一道板式横隔板。12m间距斜拉索区域钢箱梁内每隔3.0m设一道板式横隔板,每隔12m设置一道横向连接箱,横向连接箱梁高5m,宽3.0m。钢箱梁采用钢材Q345D。

根据受力需要,钢箱梁横断面在不同位置采用了不同的钢板厚度,特殊位置梁段根据受力需要进行调整。根据应力水平的高低,主梁分成四个类型,不同类型主梁在顶板、底板和斜腹板等位置作了加厚处理。类型Ⅰ:顶板厚度50mm,底板和斜腹板厚44mm;类型Ⅱ:顶板厚度30mm,底板和斜腹板厚24mm;类型Ⅲ:顶板厚度24mm,底板和斜腹板厚18mm;类型Ⅳ:顶板厚度18mm,底板和斜腹板厚14mm。自中塔根部向边塔方向分为六个段区按主梁类型Ⅰ、Ⅱ、Ⅲ、Ⅳ、Ⅲ、Ⅱ变化设置;自边塔根部向边跨远离塔柱方向分为三个段区按主梁类型Ⅱ、Ⅰ、Ⅲ变化布置。顶板U形加劲肋厚8mm,开口宽300mm,底宽170mm,高280mm,间距600mm。底板和斜腹板U形加劲肋厚6mm,开口宽400mm,底宽250mm,高260mm,间距800mm;横隔板厚10mm,支点处适当加厚。斜底板与平底板相交处的角点加劲,经比选采用横向短板加劲与纵向三角形加劲相结合。在索塔两侧附近梁段的主梁应力水平显著高于普通大跨径钢箱梁斜拉桥,采用高强钢材料Q500。

(3)斜拉索

斜拉索采用接近扇形双索面,每个边塔上有44对斜拉索,梁上索距为16m,塔上索距为2m;中塔上有50对斜拉索,梁上索距为16m,塔上索距为2m;采用平行钢丝成品斜拉索,型号为PES7-139~313,最大索长约868.539m。斜拉索构造如图2.3-7所示。

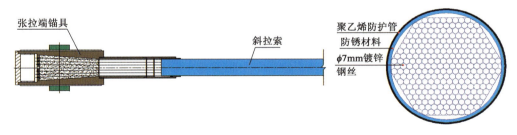

图2.3-7 主跨2×1500m三塔斜拉桥斜拉索构造图

塔上斜拉索锚固于桥塔内,对于混凝土塔和组合索塔方案,采用钢锚梁式锚固方案,对于钢塔方案,采用锚箱式锚固方案。梁上斜拉索锚固于钢箱梁连接箱内的内侧腹板上,采用锚箱式锚固方案,张拉端设在塔上。斜拉索采用带PE防护的平行钢丝斜拉索,钢丝直径7mm,抗拉强度不低于1 960MPa。

由于中塔拉索最大索长达到了868.539m,边塔拉索最大索长达到了711.628m(岸侧)和751.217m(江侧),因此均需要设置辅助索。辅助索采用直线形布置方式,且与最长拉索垂直,

49

各辅助索分别与桥面或桥塔相连。中塔拉索辅助索道数为6道,辅助索间距为124.07m;边塔拉索辅助索道数为6道,辅助索间距分别为118.6m(岸侧)和125.2m(江侧)。辅助索直径取为拉索直径的1/20~1/10,钢绞线设计可采用7ϕ7mm。

(4)组合索塔

钢管混凝土是一种钢-混凝土组合结构,由钢管和混凝土组合而成,利用钢管对混凝土的约束效应,提高了核心混凝土的承载能力,而核心混凝土的存在使钢管不会产生局部屈曲,充分发挥了两种材料的优点。当构件长细比或荷载偏心率较大时(例如桥塔),其承载力将由截面的抗弯刚度控制,而靠近截面形心部位的材料并不能提供太多的抗弯刚度,因此可以去掉这一部分材料,于是出现了中空夹层钢管混凝土,由此构成组合桥塔。与实心钢管混凝土相比,中空夹层钢管混凝土具有截面开展、抗弯刚度大、自重轻、防火性能好等特点,具有很好的工程应用前景,尤其对于稳定要求高的高耸桥塔。

推荐下塔柱采用钢混组合结构,中塔柱、上塔柱采用混凝土结构的组合桥塔方案。

边索塔为两个塔柱的钻石形混凝土塔,塔高386m,下塔柱高度为64.2m,中塔柱220.8m,上塔柱高度为101.0m。下塔柱断面为倒角空心矩形断面,底部断面为16.0m(横)×24.0m(顺);中塔柱为倒角空心矩形变截面断面;上塔柱断面为空心矩形断面,横桥向壁板外表面设凹槽,增强景观效果,上塔柱设置隔舱的空心矩形断面。索塔均采用切角矩形断面,外切角尺寸为50cm×150cm,内切角尺寸为50cm×100cm。塔底10m采用实心断面,下塔柱段壁厚横桥向由2.0m变至3.5m,顺桥向由2.0m变至3.2m。中塔柱和上塔柱段壁厚横桥向1.8m,顺桥向1.5m。

中索塔为四个塔柱的钻石形混凝土塔(纵桥向和横桥向均为钻石形),塔高460m,下塔柱高度为83.2m,中塔柱255.7m,上塔柱高度为121.1m。下塔柱断面为倒角空心矩形断面,底部断面为16m(横)×20m(顺);中塔柱为倒角空心矩形变截面断面;上塔柱断面为空心矩形断面,横桥向壁板外表面设凹槽,增强景观效果,上塔柱设置隔舱的空心矩形断面。索塔均采用切角矩形断面,外切角尺寸为50cm×150cm,内切角尺寸为50cm×100cm。塔底10m采用实心断面,下塔柱段壁厚横桥向由2.0m变至3.2m,顺桥向由2.0m变至3.5m。中塔柱和上塔柱段壁厚横桥向1.5m,顺桥向1.5m。

索塔构造如图2.3-8和图2.3-9所示。

为了提高组合桥塔的承载力和刚度,索塔塔身采用C80高性能混凝土,HRB500钢筋,钢板采用不低于Q420的钢材,通过设置剪力钉和开孔加劲肋等连接件,保证钢-混凝土之间的连接。由于剪力钉和开孔加劲肋对混凝土的变形(收缩和温度变形)存在约束,为确保混凝土质量,组合桥塔内部所用C80高性能混凝土采用了减缩和增韧技术。

(5)索塔基础

为减少沉井下沉深度、降低施工难度,采用预制圆形钢壳混凝土沉井与钻孔灌注桩共同受力的复合基础方案,如图2.3-10所示。

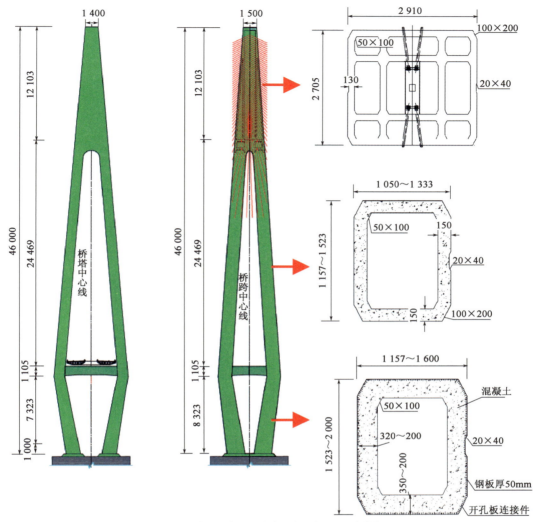

图 2.3-8　中索塔组合桥塔塔身和塔柱断面(尺寸单位：cm)

考虑上部结构布置形式、受力要求及外海施工要求,采用预制钢壳混凝土沉井,基础截面形式采用圆形结构,对水流适应性好,便于浮运、沉放及下沉施工控制;为便于布桩和桩基施工,沉井隔舱以正方形为主。中塔沉井＋钻孔灌注桩复合基础构造:钢壳混凝土沉井,直径90m、入土深度40m,基底位于粉砂地层,沉井井壁厚2.5m,隔墙厚1.5m,隔舱内共布置80根直径2.5m、桩长90m的钻孔灌注桩。

边塔沉井＋钻孔灌注桩复合基础构造:钢壳混凝土沉井,长80m、宽60m圆端形截面,直径90m、入土深度40m,基底位于粉砂地层,沉井井壁厚2m,隔墙厚1.5m,隔舱内共布置52根直径2.5m、桩长90m的钻孔灌注桩。

钢壳沉井的外壳和内部构件均采用Q235钢材,沉井顶板采用C40混凝土,井壁填充采用C30混凝土,沉井封底采用C25水下混凝土,桩基混凝土采用C40水下混凝土。

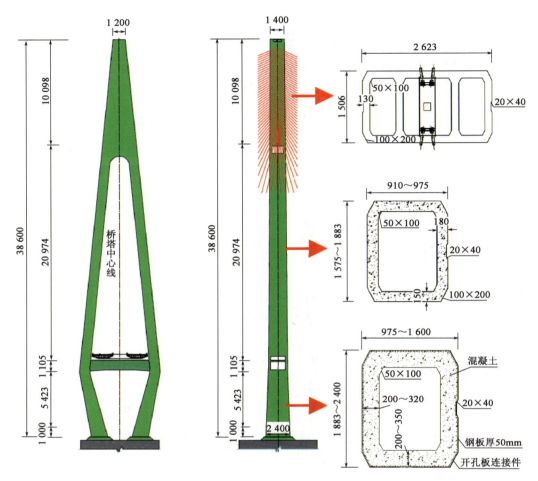

图 2.3-9 边索塔组合桥塔塔身和塔柱断面(尺寸单位:cm)

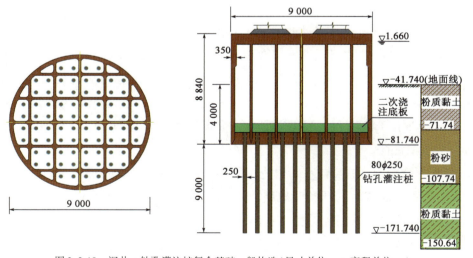

图 2.3-10 沉井+钻孔灌注桩复合基础一般构造(尺寸单位:cm;高程单位:m)

施工工艺为:通过先下沉井,再施工钻孔灌注桩,满足了基础埋深要求,同时避免了沉井下沉过深带来的施工困难,此外沉井能够有效减小桩的自由长度,并为桩基提供稳定的施工平台,利于施工;在受力方面,沉井与桩协同工作、共同承担荷载,并可有效控制工后沉降。

2.3.3 主通航孔公铁两用桥梁研究方案

作者依托中国交通建设股份有限公司特大科技项目"大跨度公铁两用斜拉桥关键技术研究",针对琼州海峡跨海大桥西线建设方案进行了初步研究,提出了主通航孔的公铁两用桥梁设计方案。现将有关设计方案介绍如下。

1. 总体布置

根据通航净空要求,中通航孔桥选用主跨 2×1 500m 的三塔公铁两用斜拉桥方案,总体布置见图 2.3-11。斜拉桥跨度布置为(255 + 480 + 1 500 + 1 500 + 480 + 255)m,桥梁全长 4 470m。边跨与中跨比为 0.32;辅助跨与中跨比为 0.171。

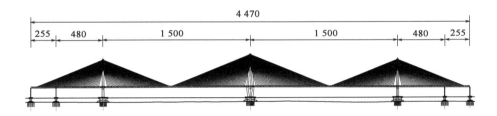

图 2.3-11 2×1 500m 三塔公铁两用斜拉桥布置图(尺寸单位:m)

2. 主梁

采用四主桁分体式板桁和箱桁组合主梁,具体构造见图 2.3-12。主桁高 16m,主梁高度沿纵向不变。边主桁与中主桁中心距 17.5m,两个双主桁结构的中桁中心距 8m。

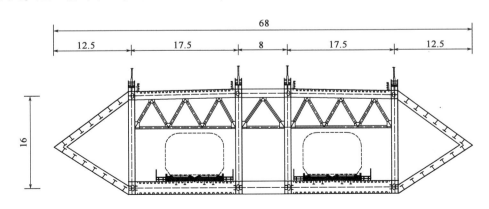

图 2.3-12 2×1 500m 三塔公铁两用斜拉桥主梁构造图(尺寸单位:m)

主桁上、下弦杆、横梁均采用箱形截面,腹杆采用 H 形截面;上弦杆的水平板板厚分 20mm、24mm 两种,腹板板厚分 24mm、32mm、44mm 3 种,下弦杆的水平板板厚分 20mm、24mm 两种,腹板板厚分 26mm、36mm、48mm 3 种;上横梁水平板板厚分 20、24mm 两种,腹板板厚分 24mm、32mm、44mm 3 种;下横梁水平板板厚 20mm、24mm 两种,腹板板厚分 26mm、36mm、48mm 3 种;腹杆水平板板厚分 32mm、36mm 两种,腹板板厚分 40mm、44mm 两种。主桁材料采用 Q420qE、Q500qE 和 Q550qE。

如图 2.3-13 所示,铁路桥面采用与弦杆焊接的整体钢箱桥面结构。铁路桥面钢箱顶底板厚度分为 16mm、20mm、24mm 3 种。顶板设置 2% 人字坡,底板布置宽 400mm、高 260mm、板厚 8mm 的 U 形肋加劲,U 形肋横向间距 700mm。每隔 3m 设置一道隔板。顶板布置宽 300mm、高 280mm、厚 8mm 的 U 形肋加强,U 形肋横向间距 600mm。每隔 3m 设置一道隔板。

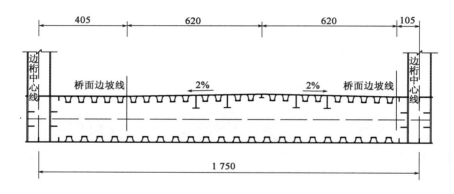

图 2.3-13　四主桁分体式板桁和箱桁组合主梁铁路桥面系(尺寸单位:cm)

公路钢桥面采用与弦杆焊接的正交异性钢桥面板结构。公路桥面顶板板厚分为 16mm、20mm 两种,顶板布置宽 300mm、高 280mm、厚 8mm 的 U 形肋加劲,U 形肋横向间距 600mm。公路桥面每隔 3m 设置一道横梁。

3. 索塔

中索塔为 4 个塔柱的钻石形混凝土塔(纵桥向和横桥向均为钻石形),塔高 460m。下塔柱、中塔柱断面为倒角空心矩形变截面断面,上塔柱设置隔舱的空心矩形断面。索塔均采用切角矩形断面,外切角尺寸为 100cm×100cm,内切角尺寸为 100cm×100cm。塔底 10m 采用实心断面,下塔柱段壁厚横桥向由 2.45m 变至 4.05m,顺桥向由 2.32m 变至 3.77m。中塔柱和上塔柱段壁厚横桥向 2.0m,顺桥向 2.0m。

边索塔为两个塔柱的钻石形混凝土塔,塔高 405m。下塔柱、中塔柱断面为倒角空心矩形断面,上塔柱设置隔舱的空心矩形断面。索塔均采用切角矩形断面,外切角尺寸为 100cm×100cm,内切角尺寸为 100cm×100cm。塔底 10m 采用实心断面,下塔柱段壁厚横桥向由 2.44m

变至 3.44m,顺桥向由 2.27m 变至 3.12m。中塔柱段壁厚横桥向 2.0m,顺桥向 2.3m。上塔柱段壁厚横桥向 2.0m,顺桥向 2.0m。

为了提高桥塔的承载力和刚度,索塔塔身采用 C80 高性能混凝土,HRB500 钢筋,索塔构造如图 2.3-14 和图 2.3-15 所示。

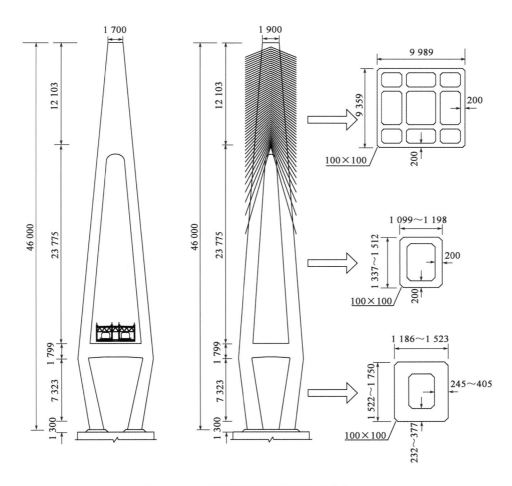

图 2.3-14 中索塔塔身和塔柱断面(尺寸单位:cm)

4. 索塔基础

采用设置吸力式裙筒与半刚性连接桩的沉箱复合基础,如图 2.3-16 所示。沉箱由顶板、底板、外壁板、内壁板组成,沉箱底板预留抽水孔兼注浆孔。吸力式裙筒由外裙边、内裙边和筒肋组成,其顶面固定在沉箱底板下部的周圈,形成顶面封闭、底面开敞的裙筒。沉箱底部自下而上铺设砂层、级配碎石层,并设置多根按一定间距布置的预制桩,预制桩顶部插入级配碎石层。浮运时可在裙边内充入空气,形成的气垫能够减小沉箱吃水深度和浮运阻力,下沉时采用沉箱中部空腔内注水压重和周圈吸力式裙筒内抽水形成负压的分区对称、同步实施的下沉施工控制技术,实现沉箱平稳下沉,保证沉箱下沉的控制精度。基础受力时,通过压入地基土中的吸力式裙筒,使基础受水平力作用时,破坏面向深层土体下移,从而能够有效抵抗施工期及运营期的大风、波浪、海流、船撞等水平作用,可以大幅提高基础的抗滑移和抗倾覆能力,并且能够有效提高抗冲刷能力;通过吸力式裙筒和先打入的钢管桩对地基的加固,并通过向级配碎石层和砂层中后压浆形成的半刚性垫层,能够有效减小沉箱的不均匀沉降,从而能够有效解决沉箱底板由于差异沉降引起的受力问题;此外,钢管桩与沉箱之间形成的是半刚性连接,能够实现竖向和水平荷载的有效传递,同时避免了强震作用下桩与沉箱连接处易破坏的问题。

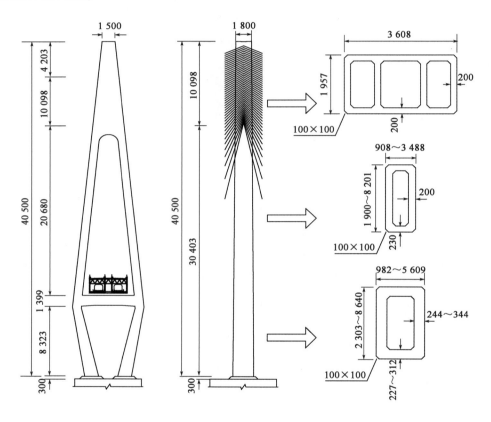

图 2.3-15 边索塔塔身和塔柱断面(尺寸单位:cm)

中塔设置吸力式裙筒与半刚性连接桩的沉箱复合基础构造:底面为直径 150m 圆形截面,顶面为直径 100m 圆形截面,在距底面高 10~20m 范围设置斜面过渡,顶板厚 6m、箱壁厚 2m、隔墙壁厚 1.5m、底板厚 3m,底板底部设置厚度 30mm 的钢板,通过 PBL 剪力键与底板相连,沉箱底裙筒壁厚 1m。为抵抗船撞荷载,承台以下 14m 范围箱壁厚度加厚为 3.5m,沉箱底铺设 2m 厚碎石调平垫层,裙筒内筒区域内铺设垫层下布置 276 根长 45m、直径 1.5m、壁厚 25mm 的钢管桩,桩顶进入垫层 1.4m。

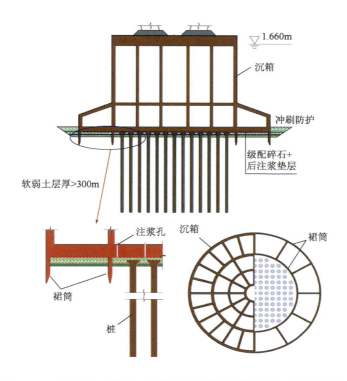

图 2.3-16　设置吸力式裙筒与半刚性连接桩的沉箱复合基础一般构造示意

边塔设置吸力式裙筒与半刚性连接桩的沉箱复合基础构造:底部带裙筒的预制钢壳混凝土扩底沉箱结构,底面为直径138m圆形截面,顶面为直径92m圆形截面,在距底面高9~18m范围设置斜面过渡,顶板厚6m,箱壁厚1.5m,隔墙壁厚1.5m、底板厚3m,底板底部设置厚度30mm的钢板,通过PBL剪力键与底板相连,沉箱底裙筒壁厚1m。为抵抗船撞荷载,承台以下14m范围箱壁厚度加厚为3.5m,沉箱底铺设2m厚碎石调平垫层,裙筒内筒区域内铺设垫层下布置197根长45m、直径1.5m、壁厚25mm的钢管桩,桩顶进入垫层1.4m。

沉箱底板外壳和裙筒均采用Q345钢材,沉箱主体结构采用C40自养护粉煤灰混凝土,钢管桩钢管采用Q235钢材。

本章参考文献

[1] 项海帆. 桥梁概念设计[M]. 北京:人民交通出版社,2011.

[2] 唐寰澄. 世界著名海峡交通工程[M]. 北京:中国铁道出版社,2004.

[3] 邓文中. 台湾海峡大桥的构思[A]. 全国斜拉桥关键技术研讨会[C]. 九江,2012.

[4] 王梦恕. 台湾海峡越海通道方案前期研究[J]. 建筑科学与工程学报,2012,29(3):4-11.

[5] 秦顺全. 武汉天兴洲公铁两用长江大桥关键技术研究[M]. 北京:人民交通出版社,2009.

[6] 张喜刚,陈艾荣,等. 千米级斜拉桥结构体系、性能与设计[M]. 北京:人民交通出版社,2010.

[7] 张喜刚,陈艾荣,等.苏通大桥设计与结构性能[M].北京:人民交通出版社,2010.

[8] 张喜刚,刘高.一种用于控制三塔斜拉桥主梁和桥塔纵向响应的结构体系:中国,ZL 201310027571.X[P].2016-03-02.

[9] 张喜刚,刘高,吴文明,等.控制斜拉桥主梁、辅助墩和过渡墩横向响应的结构体系:中国,ZL 201310027574.3[P].2013-01-24.

[10] 高宗余.琼州海峡跨海工程桥梁方案规划研究[A].2009武汉国际桥梁科技论坛[C].2009:117-125.

[11] 陈铭,肖汝诚.台湾海峡通道桥梁方案构思[J].交通标准化,2014,17(42):72-80.

[12] 刘高,陈上有,王昆鹏,等.跨海公铁两用桥梁车-桥-风浪流耦合振动研究[J].土木工程学报,2019,52(4):72-87.

[13] 刘高,付佰勇,过超.设置裙边与钻孔桩的沉箱复合基础及承载性能研究[J].中国公路学报,2017,30(1):35-47.

[14] 刘高,张喜刚,过超,等.一种具有吸力式裙筒与半刚性连接桩的沉箱复合基础,中国,ZL 201410355786.9[P].2016-06-29.

[15] 刘高,张喜刚,陈上有.安装风嘴的四主桁分体式板桁和箱桁组合主梁,中国,ZL 201721224063.0[P].2018-06-19.

[16] 铁道部经济规划研究院.琼州海峡跨海工程预可行性研究报告[R].北京:铁道部经济规划研究院,2009.

[17] 中铁大桥勘测设计院有限公司.琼州海峡跨海工程可行性研究阶段岩土工程勘察报告(西线)[R].武汉:中铁大桥勘测设计院有限公司,2010.

[18] 中交公路规划设计院有限公司.琼州海峡跨海工程超大跨度公路桥桥型方案与结构形式专题研究[R].北京:中交公路规划设计院有限公司,2010.

[19] 中交公路规划设计院有限公司.琼州海峡跨海工程海洋水文专题研究[R].北京:中交公路规划设计院有限公司,2010.

[20] 中交公路规划设计院有限公司.多灾害作用下特大跨径桥梁适宜结构体系、关键结构与原型设计研究[R].北京:中交公路规划设计院有限公司,2015.

[21] 中交公路规划设计院有限公司.特大型桥梁风-浪-流耦合作用研究[R].北京:中交公路规划设计院有限公司,2015.

[22] 中交公路规划设计院有限公司.大跨度公铁两用斜拉桥关键技术研究[R].北京:中交公路规划设计院有限公司,2018.

[23] 铁道第三勘察设计院集团有限公司.渤海海峡通道战略规划研究[R].天津:铁道第三勘察设计院集团有限公司,2013.

第3章 海洋环境

桥梁工程设计需要对其所处的工程区域的环境条件有充分的认识。跨海桥梁工程面临的海洋环境主要包括风、浪、流,本章将对描述风、浪、流的基本理论及参数进行介绍,为后续章节的论述奠定基础。

3.1 风 场

3.1.1 大气环流

地球上大气总的流动状况称为大气环流。地球从太阳吸收能量,又以地面辐射的形式反射能量进入太空。在赤道附近,地面空气被加热后,空气上升消散,产生了低气压,在两极附近地面空气被冷却凝缩,空气流入产生高气压,气压差导致空气流动。

由于地球自西向东自转的结果,使气流在自赤道向极地的运动过程中发生偏转(南半球向左,北半球向右),并带有自西向东移动的倾向。在南、北纬30°附近,由于纬度圈缩小,空气堆积而下沉,形成副热带高压带。而由副热带流向极地的气流,在南、北纬约60°附近,与来自极地的气流汇合而上升,形成副极地低压带。

在副热带高压带与赤道之间,北半球吹东北风,南半球吹东南风,风速不大,风向稳定,故称信风带。而南、北半球信风带之间为赤道无风带。在副热带高压带与极地之间,北半球吹西南风,南半球吹西北风,风速较大,风向不甚稳定,称盛行西风带。在南、北两半球中信风带和盛行西风带之间,为副热带无风带。在南、北两半球中60°~90°之间,来自极地的气流在地球自转的影响下形成极地东风带。大气环流示意见图3.1-1。

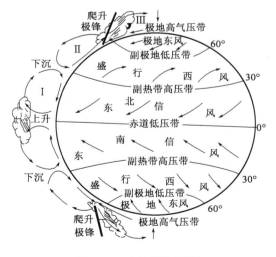

图3.1-1 大气环流示意图

3.1.2 近海地区主要风系

1. 季风

对于近陆的海域或濒海的陆域,由于海、陆之间热力的差异,影响到近地面和近海面的气温和气压亦不相同。因此冬季风从陆地吹向海洋,而夏季风从海洋吹向陆地,形成冬、夏季风向交替转换的风称为季风。季风在亚洲和印度洋海面上较为常见。

2. 寒潮大风

寒潮是巨大的高压冷气团南侵,造成剧烈降温,且伴有霜冻、大风现象的天气过程。它最早出现于9月下旬,最迟拖延至翌年4月,而主要集中于11月至翌年2月,因此是我国冬季主要天气过程之一。寒潮出现后,一般将持续3~5天。

寒潮有较稳定的路径。它们主要发源于极地,途经西伯利亚,并在那里得到加强,然后沿着三条路径进入我国:①从我国西北进入,经西北到华中,向沿海前进,直达南海;②从蒙古人民共和国进入我国内蒙古,经华北向华东沿海前进,并影响东海;③经西伯利亚东行到我国东北南下,经渤海、黄海、直到东海。寒潮过境时常出现强大的偏北风。

3. 热带气旋

根据《热带气旋等级》(GB/T 19201—2006),将热带气旋分为热带低压、热带风暴、强热带风暴、台风、强台风和超强台风六个等级,见表3.1-1。我们平时所说的"台风",是指强度达到热带风暴级及以上强度的热带气旋。

热带气旋等级划分表　　　　表3.1-1

热带气旋等级	底层中心附近最大平均风速(m/s)	底层中心附近最大平均风速(级)
热带低压(TD)	10.8~17.1	6~7
热带风暴(TS)	17.2~24.4	8~9
强热带风暴(STS)	24.5~32.6	10~11
台风(TY)	32.7~41.4	12~13
强台风(STY)	41.5~50.9	14~15
超强台风(SuperTY)	≥51.0	16或以上

据统计,全世界平均每年约发生62个台风。它们的发生集中于8个特定的海域内,而其中发生在西北太平洋的最多,占总数的36%以上。西北太平洋台风的发源地主要为中国南海到台湾—菲律宾以东的洋面上,包括马里亚纳、卡罗林及马绍尔群岛在内的海域。

影响我国的台风主要生成于西北太平洋和南海,孟加拉湾风暴有时也会影响我国西藏、云南等地,个别来自太平洋的台风(飓风)横穿西北太平洋后,也能对我国东部海域造成影响。台风移动的路径是很复杂的,但归纳起来,北太平洋台风可以分为3种。

(1)西行台风:台风产生后,经菲律宾一直向西进入南海后,或在我国广东、广西两地登陆,或在越南登陆,或在南海海面上自行消失。此类台风对我国南海影响较大。

(2)登陆台风:台风产生后,向西北偏西方向移动,到达我国台湾以东海面后转向北上,或横穿台湾海峡,在我国福建、浙江、江苏沿海一带登陆。登陆台风中的多数于长江口—山东一带再度出海。此类台风对我国渤海、黄海、东海影响很大。

(3)转向台风:台风产生后,向西北方向移动,至北纬20°~25°(盛夏可至25°~30°)附近转向东北,再向日本移动。此类台风如在琉球群岛以东转向,对我国影响不甚明显,如穿过琉球群岛后再转向东北,则对我国渤海、黄海、东海均有一定影响。

中国是世界上受台风灾害影响最严重的国家之一。1949—2016年有近1 400次台风对我国造成了不同程度的影响。2014年第9号台风"威马逊"于7月12日在美国关岛以西大约210 km的西北太平洋洋面上生成,生成后稳定向偏西方向移动。7月15日14时加强为强台风,15日18时30分,登陆菲律宾中部沿海。16日上午进入南海海面,并由强台风减弱为台风,17日17时又加强为强台风,18日5时加强为超强台风。18日15时30分"威马逊"以超强台风级别登陆海南省文昌市翁田镇,随后在强度没有丝毫减弱的情况下,19时30分再次登陆广东省徐闻县龙塘镇,19日7时10分"威马逊"又以强台风级别登陆广西壮族自治区防城港市光坡镇沿海。台风"威马逊"登陆时达到超强台风级别,是有气象记录以来,在我国登陆的最强的台风,登陆时中心附近最大风力17级(60m/s)、最低气压910hPa。"威马逊"共导致海南直接经济损失达119.5亿元,全省325.8万人受灾。此外,"威马逊"还对广东、广西等地区造成重大损失。在2015年2月于泰国曼谷召开的会议上,世界气象组织台风委员会通过了中国气象局的提议,由于2014年第9号台风"威马逊"给中国造成严重灾害,将"威马逊"从台风命名表中永久删除,不再用来给其他台风命名。

3.1.3 大气边界层

风就是空气相对于地表的流动。按照大气运动的动力学性质可以将对流层中的大气沿垂直方向粗略地分为上部自由大气层和下部的大气行星边界层(简称大气边界层),如图3.1-2所示。受粗糙地表摩擦而引起的阻滞作用的影响,大气边界层中的气流在近地表处的速度明显减慢,并在地表处降为零。严格地讲,大气边界层的高度可达1~1.5km,在此范围内,风速随高度的变化而变化。再往上就是自由大气层,地表摩擦力对大气运动(即风)的影响可以忽略,气层之间的剪切应力基本等于零。大气流体动力学中,把气压梯度力、地转偏向力和离心力到达平衡时与高度无关的定常风速称为梯度风速,常用U_G表示,边界层高度也因此而常被称为梯度风高度,常用H_G表示。

大气边界层又可以分为近地面层和上部摩擦层(图3.1-2)。近地面层是指地面以上约100m范围的气层,在该气层中,大气与地面之间存在着非常强烈的相互作用,地面的地形地貌

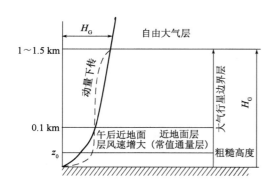

图 3.1-2 大气对流层结构示意图

条件和摩擦的变化会较直接地影响该层大气的运动特性。在近地面层之上的摩擦层中,大气运动受地面地形地貌条件和摩擦的影响减弱。此外,大气边界层中空气运动受地面热辐射变化的影响也较大,因此其风速有明显的日变化。例如,在午后,地面辐射增强使大气边界层的热力对流也随之加强,从而产生动量下传现象。受此影响,近地面层的风速会增大,平均风速剖面线会从图 3.1-2 中的实线变为虚线。

由于粗糙地表引起的摩擦效应使得大气边界层中的自然风具有紊流特性。由大量的实测资料可知,在瞬时风速的时程中主要包含了长周期和短周期两种成分。其中,长周期在 10min 左右或以上,而短周期只有几秒至几十秒,甚至更小。由于长周期成分的周期远远大于工程结构的固有周期,因此,其对结构的作用基本是不随时间变化,或变化十分缓慢,可认为其作用性质是静力的。而短周期成分是由风的不规则脉动引起,其强度是随时间呈随机变化的,因此其对结构既有静力作用也有动力作用,需要按随机问题来分析。综上所述,在工程实践中,紊流的瞬时风速可以看成是由平均风速 U 和脉动风速的叠加,对结构的作用也可按平均风的静力作用和脉动风的动力作用分开来处理。

大气边界层中的自然风具有紊流特性,不仅受地表摩擦效应等机械作用的影响,还要受大气边界层中的热传导等温度效应的影响。考虑土木工程结构需要面对的大多数抗风问题都与强风有关,而在强风中,机械因素对风特性的影响要远远大于热传导的影响,因此大多数风工程实践中,一般都假设大气边界层是中性的,温度对强风特性的影响可以忽略。然而,当所关心的抗风问题是针对中等风速(如小于 10m/s)时,机械作用的影响程度明显降低,温度效应对风特性的影响也许不能再忽略了。例如,在进行大跨度桥梁、烟囱、塔桅等细长结构的涡激共振分析时可能需要考虑周边大气温度状态对风的影响,因为这类结构的涡激现象往往就是在几至十几米每秒的风速范围内发生。

风根据其具体成因的不同而被分成不同的类型,如大气环流风、季风、热带气旋、温带气旋、下山风(钦诺克风、焚风、布拉风)、急流效应风、雷暴风和龙卷风等。

3.1.4 边界层风特性

大量的风观测记录分析表明,大气边界层风速时程曲线中包含两种成分,周期在 10min 以上的长周期成分和周期仅有几秒钟的短周期成分。研究中常把自然风区分为长周期的平均风和短周期的脉动风。

平均风以平均风压作用在结构上,是静风荷载的重要组成部分。另外,平均风在结构周围形成特征湍流,气固耦合作用激起结构的动风荷载;对于柔性结构,这种耦合作用还会激起某种形态的振动,如涡振、驰振或者颤振。对于刚度较大的结构,脉动风以脉动风压作用在结构上,是静风荷载的另一组成部分;对于柔性结构而言,脉动风以湍流的形式影响气固耦合作用激起结构的动风荷载或者振动,例如湍流度可能抑制涡振的发生,或者推迟颤振发生的临界点,尺度不同的脉动风可能改变结构风致振动的形态等。

1. 平均风的时间特性和空间特性

(1)时间特性

大气边界层范围内,近地风中长周期风速的时间平均值称为平均风速。

根据平均风速的定义,平均风速取决于所取的时距,根据不同工程背景或者规范,平均风速时距取 10min、30min 或者 1h 不等。对风速时程的研究表明,从 2min 到 2h 时距的平均风速基本上是一个稳定值,脉动能量很小。时距过短,将突出脉动峰值的作用,平均值很不稳定;时距过长,长周期成分将平均掉。世界上多数国家(包括中国)均采用 10min 作为平均风速的平均时距。

本章参考文献[1]根据国内外学者提出的各种不同时距的平均风速与 10min 时距的平均风速的比值,统计回归出表 3.1-2 所示的比较表。

不同时距与 10min 时距平均风速比值　　　　表 3.1-2

时距	60min	10min	5min	2min	1min	30s	20s	10s	5s	瞬时
比值	0.94	1.00	1.07	1.16	1.20	1.26	1.28	1.35	1.39	1.50

从表 3.1-2 可以看出,随着所取的平均时距的缩短,对应于该时距的平均风速将增大;反之,平均风速将减小。

(2)平均风的空间特性

平均风速在大气边界层的各个空间位置上是变化的,引起这一变化的主要空间因素有离地高度、地表粗糙度和风场环境。

① 离地高度影响

由于地表摩阻力的存在,一般认为平均风速在地表处为 0,并随离地高度的增加而增大,这种影响只有到离地 300~500m 的梯度风高度时才逐渐消失,平均风速趋于常量。描述这种变化规律的图线称为风速廓线或风剖面。

目前常用的风速廓线模型主要有三种:指数律、对数律和复合律。这三种模型的基本原理的不同点在于,指数律模型是一种经验模型,对数律模型是一种理论模型,复合律模型是一种半经验半理论模型。这三种模型的参数都需要通过现场观测或风洞试验来得到。

根据《公路桥梁抗风设计规范》(JTG/T D60-01—2004)的推荐,近地层风速剖面采用指数律模型计算公式,即:

$$u(z) = u_0 \left(\frac{z}{z_0}\right)^\alpha \tag{3.1-1}$$

式中：$u(z)$——高度为 z 处的风速；

α——风速高度变化风剖面指数(或称为幂指数)；

u_0——高度为 z_0 处的风速。

该模型适用于大多数平缓地形的中性大气层结(大风)条件风场。

②地表粗糙度的影响

无论采用何种风剖面模型，都含有反映地表粗糙度影响的参数，这些参数直接影响平均风速的大型。在指数律风剖面模型中，反映地表粗糙程度的参数是幂指数 α。地表粗糙度越大，α 的数值就越大，平均风速趋于梯度风的速度越慢，反之亦然。《公路桥梁抗风设计规范》(JTG/T D60-01—2004)中给出了不同地表类别对应的 α，见表 3.1-3。

地表分类　　　　　　　　　　　　　　　　　　　　　表3.1-3

地表类别	地表状况	α
A	海面、海岸、开阔水面、沙漠	0.12
B	田野、乡村、丛林、平坦开阔及低层建筑物稀少地区	0.16
C	树木及低层建筑物等密集地区、中高层建筑物稀少地区、平缓的丘陵地	0.22
D	中高层建筑物密集地区、起伏较大的丘陵地	0.30

2. 脉动风特性

大气边界层范围内，近地风中短周期的紊流风称为脉动风。在平均风速时距的时段内，高频采样风速-时间序列抽去该时段平均的或者稳态的风速信号，剩余的成分即是脉动风速-时间序列。脉动风速是三维的、随机的，脉动风速特性主要包括以下方面。

(1)脉动风空间特性

描述脉动风空间特性的主要参数有阵风因子、紊流强度和紊流积分尺度。

①阵风因子

顺风向、水平横风向和竖向三个方向上的阵风因子定义为：

$$G_u = \frac{U + u_{\max}}{U} \tag{3.1-2}$$

$$G_v = \frac{V + v_{\max}}{U} \tag{3.1-3}$$

$$G_w = \frac{W + w_{\max}}{U} \tag{3.1-4}$$

式中：U、V、W——顺风向、水平横风向和竖向 3 个方向上的平均风速，且 $V=0$；

$u_{\max}$、$v_{\max}$、$w_{\max}$——顺风向、水平横风向和竖向 3 个方向上的最大脉动风速。

②紊流强度

脉动风速的根方差表征了紊流中风速脉动的强度,有时也被称为绝对的紊流强度。然而,在实际应用中往往用无量纲的相对紊流强度来表征紊流中风速的脉动强度,它定义为标准时距内脉动风速根方差与平均风速之间的比值,顺风向、水平横向和竖向的紊流强度分别定义如下:

$$I_i = \frac{\sigma_i}{U} \quad (i = u, v, w) \quad (3.1\text{-}5)$$

式中:σ_u、σ_v、σ_w——顺风向、水平横风向和竖向脉动风速 u、v 和 w 的根方差;

U——顺风向的平均风速;

I_u、I_v、I_w——顺风向、水平横风向和竖向相对紊流强度,简称为紊流强度(或紊流度)。

紊流强度不仅与地貌有关,而且随高度而减小。各国的规范和标准对紊流度剖面都有各自的规定。紊流度剖面可以用统一的函数表达式表示为:

$$I(z) = \frac{c}{(z/10)^d} \quad (3.1\text{-}6)$$

式中:c、d——随地形变化的常数。

我国桥梁抗风规范中没有明确给出紊流剖面的函数关系,不过给出了纵向紊流度随高度及地貌条件变化的值,并建议在没有详细测量资料时,I_v 可取 $0.88I_u$,而 I_w 可取 $0.5I_u$。

③紊流积分尺度

大气边界层中的湍流可以认为由平均风所输运的大小涡旋组成,涡旋的尺度及湍流脉动能量在不同尺度水平上的分布决定了湍流的结构特征,紊流积分尺度就是脉动风中湍流涡旋平均尺寸的量度。大气边界层湍流中的每个涡旋可看作在那一点引起了频率 n 的周期脉动,因此,与波相似,定义涡旋的波长 $\lambda = U/n$,其中 U 为平均风速,这个波长就是涡旋大小的尺度。

通过空间某一点气流的速度脉动可以看作由平均风所输送的一些不同尺度的漩涡的叠加,每个漩涡在该点上引起周期性风速脉动。紊流积分尺度就是度量气流中各种漩涡沿某一指定方向平均尺寸的一个指标。由于漩涡的三维特性,对应的 3 个脉动风速和空间的 3 个方向,共有 9 个紊流积分尺度:L_u^x、L_u^y、L_u^z、L_v^x、L_v^y、L_v^z、L_w^x、L_w^y、L_w^z,紊流积分尺度的数学定义如下:

$$L_a^r = \frac{\int_0^\infty C_{a_1 a_2}(r)\mathrm{d}r}{\sigma_a^2} \quad (3.1\text{-}7)$$

式中:a——脉动风 u、v 或 w;

r——坐标轴 x、y 或 z;

L_a^r——a 沿 r 方向的紊流积分尺度;

$C_{a_1 a_2}(r)$——r 方向点 1 和点 2 上的脉动风速 a_1 和 a_2 之间的互协方差函数;

σ_a^2——脉动风速分量 a 的方差。

如纵向脉动风速 u 在 x 方向的积分尺度为：

$$L_u^x = \frac{1}{\sigma_u^2}\int_0^\infty C_{u_1u_2}(x)\mathrm{d}x \quad (3.1\text{-}8)$$

式中：$C_{u_1u_2}(x)$——两个纵向脉动速度 $u_1 = u(x_1,y_1,z_1,t)$ 和 $u_2 = u(x_1+x,y_1,z_1,t)$ 的互协方差函数。

计算紊流积分尺度必须在足够大的空间内足够多的点上同步测量脉动风速，这在实际上是不可能实现的。在实际应用中，一般要引入 Taylor 的"涡流冻结传输"假说，即假设紊流中的漩涡是不衰减地以平均风速向下游传输。

Taylor 假设：如果湍流涡旋以平均风速 U 迁移，则脉动速度 $u(x_1,t+\tau)$ 可以定义为 $u(x_1-x/U,\tau)$，这就是 Taylor 假设。根据 Taylor 假设，即可得到：

$$L_u^x = \frac{U}{\sigma_u^2}\int_0^\infty R_u(\tau)\mathrm{d}\tau \quad (3.1\text{-}9)$$

式中：$R_u(\tau)$——脉动风速 $u(x_1,t+\tau)$ 的自相关函数，$R_u(0)=\sigma_u^2$。同理可求出 L_v^x 和 L_w^x。

根据 Taylor 假定，沿顺风向 x 轴的紊流积分尺度的公式可以转化为时间尺度的积分，将多点测量化为单点测量，如下：

$$L_a^x = UT_a^x \quad (3.1\text{-}10)$$

$$T_a^x = \frac{\int_0^\infty C_a(\tau)\mathrm{d}\tau}{\sigma_a^2} = \int_0^\infty c_a(\tau)\mathrm{d}\tau \quad (3.1\text{-}11)$$

式中：U——来流方向平均风速；

τ——时间延迟；

$C_a(\tau)$——脉动风速 a 的自协方差函数，为时间延迟 τ 的偶函数，且 $C_a(0)=\sigma_a^2$；

$c_a(\tau)$——规一化自协方差函数，且 $c_a(0)=1$；

T_a^x——紊流的时间尺度。

自协方差函数 $C_a(\tau)$ 或归一化的自协方差函数 $c_a(\tau)$ 在以 τ 为横坐标的坐标系中，由于来流脉动风速信号中含有周期信号，第一个零点以后的数据随时延 τ 的增加呈正负振荡变化，其与 τ 轴之间的面积接近于零。这种现象的原因是脉动风速信号中含有周期信号。周期信号含量越少，振荡的幅度也就越小。这样，积分就近似等于 $c_a(\tau)$ 在第一个零点之前部分曲线与 τ 轴之间的面积。这是由实测 $c_a(\tau)$ 计算紊流积分尺度的一种近似方法。

由于时间旋涡在随平均风运动过程中是有一定衰减的，因此，上述基于 Taylor 的"涡流冻结传输"假说的紊流积分尺度的计算方法是近似的，而且显然只能用来计算顺风向的紊流积分尺度，而无法用来计算沿水平横风向 y 轴和竖向 z 轴的紊流积分尺度。通常，当自相关系数很小时 Taylor 假设引起的误差会增大，计算中积分上限取到 $R_u^\tau = 0.05\sigma_u^2$ 为最佳。

（2）脉动风的时间特性

脉动风的时间特性通常采用脉动风功率谱方法进行研究。

在水平方向，根据 Kolmogrov 理论，频域内的脉动风可以用统一形式的功率谱密度 $S(z,n)$ 数来表示。

$$\frac{nS(z,n)}{u_*^2} = \frac{Af^{(\alpha\beta-2/3)}}{(1+Bf^\alpha)^\beta} \tag{3.1-12}$$

式中：f——莫宁坐标，$f = nz/U(z)$；

n——风的频率；

z——距离地面的高度；

$U(z)$——高度 z 处的平均风速；

$U(10)$——$z = 10\text{m}$ 处的平均风速；

u_*——摩擦速度；

A、B——两个参数；

α、β——谱的幂指数。

在垂直方向，脉动风虽然不服从 Kolmogrove 理论，但也可以用统一形式的功率谱密度函数 $S_w(z,n)$ 来表示，常用两参数模型和三参数模型进行实测风谱拟合，即：

模型1
$$\frac{nS_w(z,n)}{u_*^2} = \frac{Af}{(1+Bf)^2} \tag{3.1-13}$$

模型2
$$\frac{nS_w(n,z)}{u_*^2} = \frac{Af}{(1+Bf^{1/m})^m} \tag{3.1-14}$$

式中：A、B、m——三个参数，其取值均大于0；

f、n、u_*——物理意义与式（3.1-12）相同。

几十年来，人们对功率谱密度进行了大量的研究，根据不同条件的实测数据，提出了一个又一个不同形式的脉动风谱。

1948年，Von Karman 提出了与高度无关的自由大气层中的水平脉动风功率谱（Von Karman 谱）：

$$\frac{nS(z,n)}{u_*^2} = \frac{4\beta f}{(1+70.8f^2)^{\frac{5}{6}}} \tag{3.1-15}$$

式中：β——摩擦速度系数，且 $\sigma_u^2 = \beta u_*^2$；

σ_u——水平脉动风速方差；

f——莫宁坐标，$f = nL_u^x/U$；

L_u^x——紊流积分尺度。

1961年，Davenport 提出了第一个大气边界层中的水平脉动风功率谱（Davenport 谱）：

$$\frac{nS(z,n)}{u_*^2} = \frac{4f^2}{(1+f^2)^{\frac{4}{3}}} \tag{3.1-16}$$

其中,$f = 1\,200n/U(10)$,$U(10)$ 表示 $z = 10\text{m}$ 处的平均风速。

Davenport 谱与高度无关,是大气边界层水平脉动风谱的近似表达式,也是目前应用最多的脉动风谱。

1974 年,Simiu 提出了随高度变化的水平脉动风谱(Simiu 谱):

$$\frac{nS(z,n)}{u_*^2} = \frac{200f}{(1+50f)^{\frac{5}{3}}} \tag{3.1-17}$$

除了水平脉动风谱以外,还有垂直脉动风功率谱。1959 年,Panofsky 等提出了随高度变化的垂直脉动风功率谱(Panofsky 谱):

$$\frac{nS(z,n)}{u_*^2} = \frac{6f}{(1+4f)^2} \tag{3.1-18}$$

3.2 波浪场

3.2.1 波浪分类

海洋中的波浪是由各种作用力所引起的,不同作用引起的波浪的特性也存在差异。图 3.2-1 为根据波浪周期不同所做的分类。周期最短的波称为毛细波,其由风引起,表面张力是其恢复力,毛细波波长在 1.73cm 以下,最大波高为 1~2mm;我们看到的波浪主要是风成波,重力是其恢复力,故这些波也称为重力波。在风区中受风直接作用的重力波通称为风浪,风浪的成长与风速的大小、风作用海面的持续时间(风时)与风掠过海面的距离(风区长度)相关,风浪的典型波长为 60~150m;风浪离开风区后在风力甚小或无风水域中传播的波浪通称涌浪,其周期大多在 10s 以上。涌浪离开了它的能量源泉,由于惯性而继续传播,在传播过程中逐渐衰减;海啸由地震造成,其典型波长大约为 200km;潮波是太阳和月球的引力所造成的,其典型波长为地球表面周长的一半。本书主要讨论重力波。

根据国际波级表规定,海浪级别按照有效波高进行划分,假设 H_s 为有效波高。海浪级别划分见表 3.2-1。

海浪级别划分 表3.2-1

海浪级别	有效波高(m)	海浪级别	有效波高(m)
微浪	$H_s < 0.1$	巨浪	$4.0 \leq H_s < 6.0$
小浪	$0.1 \leq H_s < 0.5$	狂浪	$6.0 \leq H_s < 9.0$
轻浪	$0.5 \leq H_s < 1.25$	狂涛	$9.0 \leq H_s < 14.0$
中浪	$1.25 \leq H_s < 2.5$	怒涛	$H_s \geq 14.0$
大浪	$2.5 \leq H_s < 4.0$		

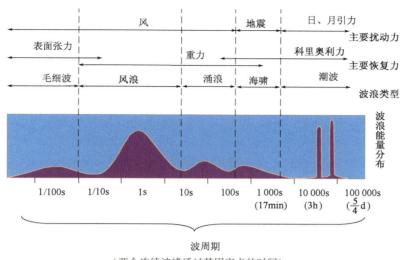

图 3.2-1　波浪按周期分类

1. 风成波浪(毛细波和风浪)

风成波浪的产生与发展,是由风能引起的,即靠风对波浪迎风面上的正压力和切应力把风能传给波浪。三者之间有以下关系:①风与水面间切应力的大小与风速成正比;②作用在波浪迎风面上的正压力与背风面所形成的压力差,其大小同风速与波速差的平方成正比;③只要波速小于风速,风就能将能量传给波浪;④当波速等于风速时,波浪只能吸收切应力传给波浪那一部分风能;⑤当波速超过风速时,波浪还能吸收切应力传给波浪的能量,这种情况给波速超过风速创造了条件。

风很弱时,海面保持平静,但当风达到 0.25~1m/s 时,就产生毛细波,也称涟波。对其形成起主要作用的不是重力,而是表面张力。毛细波存在于海面很薄一层上,以后随着风力的增加,风成波浪也不断发展,当风达到临界风速,即为 0.7~1.3m/s 时,已初步形成风浪。

风速、风时和风区是决定风浪大小的主要因素。风速增大时,波高、周期和波速都随之增大;风时增大时,波浪要素也随着增大;风浪是沿着风向传播的,所以风区越大,风浪也就越能得到发展。如果风区较小,虽有足够的风力和风时,风浪也不能充分发展。上述因素不是孤立的,而是相互联系着的。

2. 涌浪

当风开始平息,或波速超过风速时,风浪就要离开风区传到远处去,这种波浪称为涌浪。涌浪的出现,表示风浪已进入衰减阶段。涌浪的特点是:随着传播距离的增长,波高逐步变小,波长和周期却不断增加。其传播速度可相当准确地由下式计算:

$$c = \sqrt{\frac{gL}{2\pi}} \qquad (3.2\text{-}1)$$

式中:g——重力加速度;

L——波长。

3. 地震海啸

地震海啸是由海底火山爆发、地震引起海底大面积升降造成的巨浪。海啸频率介于潮波和涌浪之间,属于重力长波,其波长约为几十至几百公里,最常见的周期是 2~40 min。传播速度由下式确定:

$$c = \sqrt{gd} \qquad (3.2\text{-}2)$$

式中:g——重力加速度;

d——海水深度。

海啸进入大陆架后,因深度急剧变浅,能量集中,引起振幅增大。当海啸进入海湾以后波高骤然增大,特别是在 V 形(三角形或漏斗形)的海湾口处更是如此,这时湾顶的波高通常为海湾入口处的 3~4 倍。在 U 形海湾,湾顶的波高约为入口处的 2 倍。海啸波在湾口和湾内反复发生反射时,往往诱发出湾内海水的固有振动,使波高激增。

从海面到海底,海啸的流速几乎是一致的。当它传播到近岸处时,海水的流速很大(若波高为 10 m,流速也大致为 10 m/s),骤然形成"水墙",冲击海岸和桥梁时,可以使堤岸决口、桥梁垮塌。表 3.2-2 给出了地震海啸波级表。几乎所有的海啸灾害都是由最初 2~3 级波所造成的。海啸灾害常发生在第一波到达岸边几个小时内。海啸破坏力很大,1960 年 5 月 23 日在智利发生的海啸,曾把夏威夷群岛希洛湾内护岸砌壁的约 10t 重的巨大玄武岩块翻转,抛到 100m 外的地方。

地震海啸波级表　　　　　表 3.2-2

等级	灾　害
1	波高为 1~3m,岸边建筑物可受到损失
2	波高为 4~6m,可冲毁岸边建筑物,造成生命财产的损失
3	波高为 10~20m,对岸边造成巨大损失,海水可侵入陆地 200km
4	波高超过 30m,称为毁灭性的灾害,海水可侵入陆地 500km

4. 风暴潮

由台风、温带气旋、冷锋的强风作用和气压骤变等强烈的天气系统引起的海面异常升降现象产生的巨浪,叫风暴潮。风暴潮是一种重力长波,周期从几小时到几天不等,介于地震海啸和低频的海洋潮汐之间,振幅可达数米。风暴潮是沿海地区的一种自然灾害,它和相伴的狂风巨浪,可引起水位暴涨、堤岸决口、桥梁破坏垮塌等灾害。特别是在较大风暴潮和潮汐高潮相叠的情况下,必然造成更大的灾害,但这种情况比较罕见。

通常把风暴潮分为温带气旋引起的温带风暴潮和热带风暴(台风)引起的热带风暴潮两类。典型的热带风暴潮位变化的过程,大致经历了3个阶段的变化:

(1) 当风暴还在很远的海面上时,可能由于风暴移动速度小于当地自由长波速度,便有"先兆波"先于风暴到达岸边,引起沿岸的海面缓慢地上升或下降(初振阶段);

(2) 当风暴逼近或过境时,海面直接感受到风暴的影响,沿岸的水位急剧升高,这时风暴潮位可达极大值(高达数米),持续时间约数小时(主振阶段);

(3) 当风暴离境后,水位的主峰已过,但风暴潮并不稳定的下降,仍残留着一系列明显的波动(余振阶段)。

当风暴移动速度等于或接近于当地的长波速度时,将出现共振现象,导致水位猛涨,极易酿成潮灾。在大陆架上,即使没有风暴潮的直接作用,也能产生由外海风暴潮以自由波的形式传入的风暴潮。

中国不仅是世界上多风暴潮灾害的国家和地区之一,而且其最大风暴潮的高度名列世界前茅。例如,东南沿海区最大风暴潮高度达到 5.94 m(表 3.2-3)。

1949—1981 年中国部分港口的台风暴潮的频数和极值　　　　　　表 3.2-3

港名	资料年限	大于2m的风暴潮次数	最大风暴潮高度(cm)	台风编号
吴淞	1949—1981	3	242	5612
汕头	1953—1981	2	302	5903
黄埔	1950—1981	4	271	6411
湛江	1953—1981	6	265	8007
南渡	1962—1981	12	594	8007
海口	1953—1981	2	249	8007

3.2.2 规则波浪理论

1. 基本方程

研究大多数波浪问题时,可以假定流体是无黏性、不可压缩且无旋的理想流体,在理想流体表面所形成的波浪运动将是一种存在有速度势的无旋运动,这种液体表面波称为势波。对于势波,只有知道了速度势,就可以求得波动场中各点的速度、压强及运动轨迹等,因此,研究势波的问题归结为求解速度势。

速度势 $\varphi(x,y,z,t)$ 应满足 Laplace 方程:

$$\nabla^2 \varphi = \frac{\partial^2 \varphi}{\partial x^2} + \frac{\partial^2 \varphi}{\partial y^2} + \frac{\partial^2 \varphi}{\partial z^2} = 0 \qquad (3.2\text{-}3)$$

并满足下列边界条件。

(1) 自由表面的边界条件

设自由表面可表示为：

$$z = \eta(x,y,t) \tag{3.2-4}$$

处于自由表面上的水质点，其垂直于该表面的速度等于自由表面在该方向的运动速度，因此，自由表面的运动边界条件为：

$$\left.\frac{\partial \varphi}{\partial z}\right|_{z=\eta} = \frac{\partial \eta}{\partial t} + \left.\frac{\partial \eta}{\partial x}\frac{\partial \varphi}{\partial x}\right|_{z=\eta} + \left.\frac{\partial \eta}{\partial y}\frac{\partial \varphi}{\partial y}\right|_{z=\eta} \tag{3.2-5}$$

此外，自由表面上的压强为常数（通常取相对压强为0），因此，根据贝努利方程，自由表面的动力边界条件为：

$$\left.\frac{\partial \varphi}{\partial t}\right|_{z=\eta} + g\eta + \frac{1}{2}\left[\left(\frac{\partial \varphi}{\partial x}\right)^2 + \left(\frac{\partial \varphi}{\partial y}\right)^2 + \left(\frac{\partial \varphi}{\partial z}\right)^2\right]\bigg|_{z=\eta} = 0 \tag{3.2-6}$$

(2) 海底的运动边界条件

海底上的流动只能沿着海底边界的切线方向，垂直于海底边界的法向速度为零，即：

$$\left.\frac{\partial \varphi}{\partial z}\right|_{z=-d} = 0 \tag{3.2-7}$$

(3) 无穷远处的边界条件

在无穷远处，$\varphi(x,y,z,t)$ 和 $\eta(x,y,t)$ 保持有界。

式(3.2-3)、式(3.2-5)~式(3.2-7)为研究势波问题的基本方程、边界条件。由此可以看出，由于自由表面运动边界条件和动力边界条件都是非线性边界条件，精确求解速度 $\varphi(x,y,z,t)$ 是非常困难的，必须做一定程度的简化。根据对自由表面的运动学和动力学边界方程的处理方式，可以将波浪理论分为线性波理论和非线性波理论，前者得到的方程是线性的，后者得到的方程是非线性的。

2. 线性波理论

假设流体为理想流体，即无黏、无旋并且不可压缩。此外，还假定波浪在传播过程中保持其形态不变，其运动是二维的。如图3.2-2所示，典型的波列一般可用 H、L、d 或 H、T、d 进行描述。其中，H 为波面相邻峰谷之间的垂向距离，称为波高；L 为相邻波峰之间的空间距离，称为波长；T 为相邻波峰经过定点的时间间隔，称为波周期；d 为未扰动水面到海底的垂向距离，称为水深。

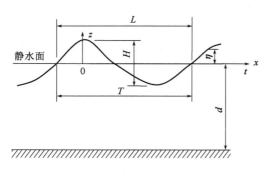

图3.2-2 波浪描述

假设波浪的波高 H 足够小，自由表面边界

条件可以在波浪平均位置 $z=0$ 处满足,自由表面的边界条件可线性化为:

$$\left.\frac{\partial \varphi}{\partial z}\right|_{z=0} - \frac{\partial \eta}{\partial t} = 0 \qquad (3.2\text{-}8)$$

$$\left.\frac{\partial \varphi}{\partial t}\right|_{z=0} + g\eta = 0 \qquad (3.2\text{-}9)$$

由分离变量法,将 $\varphi(x,y,z,t)$ 写成下面的形式:

$$\varphi = Z(z)\phi(x-ct) \qquad (3.2\text{-}10)$$

式中:c——波速。

将其代入 Laplace 方程,得到:

$$-\frac{\phi''(x-ct)}{\phi(x-ct)} = \frac{Z''(z)}{Z(z)} = k^2 \qquad (3.2\text{-}11)$$

式中:k——待定常数。

方程式(3.2-11)的通解为:

$$Z(z) = A_1\cosh(kz) + A_2\sinh(kz) \qquad (3.2\text{-}12)$$

$$\phi(x-ct) = A_3\cos[k(x-ct)] + A_4\sin[k(x-ct)] \qquad (3.2\text{-}13)$$

式中:A_1、A_2、A_3、A_4——积分常数,可通过边界条件确定。

令波峰经过 $x=0$ 为起始时刻 $t=0$,求得积分常数后可得速度势和波面高度为:

$$\varphi = \frac{gH}{2kc}\frac{\cosh[k(z+d)]}{\cosh(kd)}\sin[k(x-ct)] \qquad (3.2\text{-}14)$$

$$\eta = \frac{H}{2}\cos[k(x-ct)] \qquad (3.2\text{-}15)$$

由上式并根据波浪波长和周期的定义,可知波长 $L=2\pi/k$,周期为 $T=2\pi/kc$,圆频率 $\omega=kc$。将式(3.2-14)代入式(3.2-8)和式(3.2-9),可获得 ω 与 k 之间的线性色散关系:

$$\omega^2 = gk\tanh(kd) \qquad (3.2\text{-}16)$$

此外,可得波周期、波长和波速三者之间的关系为:

$$L = \frac{gT^2}{2\pi}\tanh\left(\frac{2\pi d}{L}\right) \qquad (3.2\text{-}17)$$

$$c = \frac{gT}{2\pi}\tanh\left(\frac{2\pi d}{L}\right) \qquad (3.2\text{-}18)$$

对于给定水深 d 和波浪周期 T,利用式(3.2-17)可求得相应的波长 L,进而可以获得波数 $k=2\pi/L$。

求得速度势后,可计算波浪中水质点在水平与垂直方向的运动速度和加速度如下:

$$v_x = \frac{\partial \phi}{\partial x} = \frac{\pi H}{T}\frac{\cosh[k(z+d)]}{\sinh(kd)}\cos(kx-\omega t) \qquad (3.2\text{-}19)$$

$$v_z = \frac{\partial \phi}{\partial z} = \frac{\pi H}{T}\frac{\sinh[k(z+d)]}{\sinh(kd)}\sin(kx-\omega t) \qquad (3.2\text{-}20)$$

$$a_x = \frac{2\pi^2 H}{T^2} \frac{\cosh[k(z+d)]}{\sinh(kd)} \sin(kx - \omega t) \tag{3.2-21}$$

$$a_z = -\frac{2\pi^2 H}{T^2} \frac{\sinh[k(z+d)]}{\sinh(kd)} \cos(kx - \omega t) \tag{3.2-22}$$

任一点的波压强为：

$$p = -\rho g z + \frac{\rho g H}{2} \frac{\cosh[k(z+d)]}{\cosh(kd)} \cos(kx - \omega t) \tag{3.2-23}$$

从上面的分析可知，波浪的运动特性与水深密切相关，当水深相对较深或者水深相对较浅时，可以对上述表达式进行一定简化。

(1) 深水条件

在深水情况下，即 $kd > \pi (d/L > 1/2)$ 时：

$$\frac{\cosh[k(z+d)]}{\cosh(kd)} \approx e^{kz} \tag{3.2-24}$$

$$\tanh(kd) \approx 1 \tag{3.2-25}$$

将式(3.2-24)、式(3.2-25)代入式(3.2-14)、式(3.2-16)，速度势和色散关系可简化为：

$$\varphi = \frac{\pi H}{kT} e^{kz} \sin(kx - \omega t) \tag{3.2-26}$$

$$\omega^2 = gk \tag{3.2-27}$$

同理，波浪的波长和波速可写为：

$$L = \frac{gT^2}{2\pi} \tag{3.2-28}$$

$$c = \sqrt{\frac{g}{k}} = \frac{gT}{2\pi} \tag{3.2-29}$$

水质点在水平与垂直方向的运动速度和加速度可写为：

$$v_x = \frac{\pi H}{T} e^{kz} \cos(kx - \omega t) \tag{3.2-30}$$

$$v_z = \frac{\pi H}{T} e^{kz} \sin(kx - \omega t) \tag{3.2-31}$$

$$a_x = \frac{2\pi^2 H}{T^2} e^{kz} \sin(kx - \omega t) \tag{3.2-32}$$

$$a_z = -\frac{2\pi^2 H}{T^2} e^{kz} \cos(kx - \omega t) \tag{3.2-33}$$

任一点的波压强可写为：

$$p = -\rho g z + \frac{\rho g H}{2} e^{kz} \cos(kx - \omega t) \tag{3.2-34}$$

(2) 浅水条件

在浅水情况下,即 $kd < \pi/10 (d/L < 1/20)$ 时:

$$\frac{\cosh[k(z+d)]}{\cosh(kd)} \approx 1 \quad (3.2\text{-}35)$$

$$\tanh(kd) \approx kd \quad (3.2\text{-}36)$$

因此,速度势和色散关系可简化为:

$$\varphi = \frac{\pi H}{k^2 T d}\sin(kx - \omega t) \quad (3.2\text{-}37)$$

$$\omega^2 = gk^2 d \quad (3.2\text{-}38)$$

波浪的波长和波速可写为:

$$L = T\sqrt{gd} \quad (3.2\text{-}39)$$

$$c = \sqrt{gd} \quad (3.2\text{-}40)$$

水质点在水平与垂直方向的运动速度和加速度可写为:

$$v_x = \frac{\pi H}{Tkd}\cos(kx - \omega t) \quad (3.2\text{-}41)$$

$$v_z = \frac{\pi H}{T}\left(1 + \frac{z}{d}\right)\sin(kx - \omega t) \quad (3.2\text{-}42)$$

$$a_x = \frac{2\pi^2 H}{T^2 kd}\sin(kx - \omega t) \quad (3.2\text{-}43)$$

$$a_z = -\frac{2\pi^2 H}{T^2}\left(1 + \frac{z}{d}\right)\cos(kx - \omega t) \quad (3.2\text{-}44)$$

任一点的波压强可写为:

$$p = -\rho g z + \frac{\rho g H}{2}\cos(kx - \omega t) \quad (3.2\text{-}45)$$

3. 斯托克斯波理论

在线性波中,由于波高和波长相比(即波陡 H/L)或波高和水深相比(即相对波高 H/d)为无限小,非线性的自由表面的运动条件和动力条件可处理为线性的运动条件和动力条件。但海洋中的波高相对于波长一般是有限的,自由表面的运动条件和动力条件不能处理为线性条件。

目前已有多种非线性波浪理论,常用的有斯托克斯(Stokes)波理论(图3.2-3)、椭圆余弦(Cnoidal)波理论、孤立(Solitary)波理论。斯托克斯波浪理论是斯托克斯于1847年提出。斯托克斯波浪理论也假设流体为理想流体,认为波陡 H/L 是决定波动性质的主要因素。

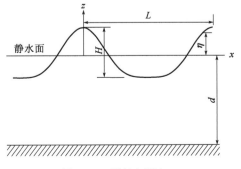

图 3.2-3 斯托克斯波

为解决自由表面边界条件的非线性问题,假定速度势和波面可按某一小参数 ε 展开:

$$\varphi = \varepsilon\varphi_1 + \varepsilon^2\varphi_2 + \cdots \qquad (3.2\text{-}46)$$

$$\eta = \varepsilon\eta_1 + \varepsilon^2\eta_2 + \cdots \qquad (3.2\text{-}47)$$

上式中每一项 φ_i 都满足 Laplace 方程及边界条件:

$$\nabla^2\varphi_i = 0 \qquad (i = 1,2,\cdots) \qquad (3.2\text{-}48)$$

$$\left.\frac{\partial\varphi_i}{\partial z}\right|_{z=-d} = 0 \qquad (i = 1,2,\cdots) \qquad (3.2\text{-}49)$$

由于自由表面总是在静水面附近,因此,将速度势 φ 在静水面附近用 Taylor 级数展开为:

$$\varphi = \varphi|_{z=0} + \eta\frac{\partial\varphi}{\partial z}\bigg|_{z=0} + \frac{\eta^2}{2}\frac{\partial^2\varphi}{\partial z^2}\bigg|_{z=0} + \cdots \qquad (3.2\text{-}50)$$

将上式代入自由表面边界条件,可得自由表面的运动条件和动力条件为:

$$\frac{\partial}{\partial z}\left(\varphi + \eta\frac{\partial\varphi}{\partial z} + \cdots\right) = \frac{\partial\eta}{\partial t} + \frac{\partial\eta}{\partial x}\cdot\frac{\partial}{\partial x}\left(\varphi + \eta\frac{\partial\varphi}{\partial z} + \cdots\right) \qquad (3.2\text{-}51)$$

$$\frac{\partial}{\partial t}\left(\varphi + \eta\frac{\partial\varphi}{\partial z} + \cdots\right) + \frac{1}{2}\left[\frac{\partial}{\partial t}\left(\varphi + \eta\frac{\partial\varphi}{\partial z} + \cdots\right)\right]^2 + \left[\frac{\partial}{\partial z}\left(\varphi + \eta\frac{\partial\varphi}{\partial z} + \cdots\right)\right]^2 + g\eta = 0$$

$$(3.2\text{-}52)$$

将式(3.2-46)和式(3.2-47)代入式(3.2-51)和式(3.2-52),按小参数 ε 的幂次整理合并可得:

$$\varepsilon\left(\frac{\partial\varphi_1}{\partial z} - \frac{\partial\eta_1}{\partial t}\right) + \varepsilon^2\left(\frac{\partial\varphi_2}{\partial z} - \frac{\partial\eta_2}{\partial t} + \eta_1\frac{\partial^2\varphi_1}{\partial x^2} - \frac{\partial\eta_1}{\partial x}\cdot\frac{\partial\varphi_1}{\partial x}\right) + \cdots = 0 \qquad (3.2\text{-}53)$$

$$\varepsilon\left(\frac{\partial\varphi_1}{\partial t} + g\eta_1\right) + \varepsilon^2\left[\frac{\partial\varphi_2}{\partial t} + g\eta_2 + \eta_1\frac{\partial^2\varphi_1}{\partial t\partial z} + \frac{1}{2}\left(\frac{\partial\varphi_1}{\partial x}\right)^2 + \frac{1}{2}\left(\frac{\partial\varphi_1}{\partial z}\right)^2\right] + \cdots = 0$$

$$(3.2\text{-}54)$$

上式当且仅当 ε^i 的各项系数为零才成立。于是产生一系列独立于 ε 的偏微分方程组。

一阶:

$$\frac{\partial\varphi_1}{\partial z} - \frac{\partial\eta_1}{\partial t} = 0 \qquad (3.2\text{-}55)$$

$$\frac{\partial\varphi_1}{\partial t} + g\eta_1 = 0 \qquad (3.2\text{-}56)$$

二阶:

$$\frac{\partial\varphi_2}{\partial z} - \frac{\partial\eta_2}{\partial t} + \eta_1\frac{\partial^2\varphi_1}{\partial x^2} - \frac{\partial\eta_1}{\partial x}\cdot\frac{\partial\varphi_1}{\partial x} = 0 \qquad (3.2\text{-}57)$$

$$\frac{\partial\varphi_2}{\partial t} + g\eta_2 + \eta_1\frac{\partial^2\varphi_1}{\partial t\partial z} + \frac{1}{2}\left(\frac{\partial\varphi_1}{\partial x}\right)^2 + \frac{1}{2}\left(\frac{\partial\varphi_1}{\partial z}\right)^2 = 0 \qquad (3.2\text{-}58)$$

可以看出,斯托克斯一阶波即为线性波。在求解一阶波的 φ_1 和 η_1 后,将结果代入二阶边界条件,可求得二阶波的 φ_2 和 η_2。依次类推,由低阶到高阶逐步求解出各阶的近似解 φ_i 和 η_i。目前,已经获得了二阶近似(Miche,1945)、三阶近似(Skjelbreia,1959)和五阶近似(Skjelbreia,1961)的斯托克斯波。

斯托克斯二阶波的速度势和波面高度为:

$$\varphi = \frac{HL}{2T}\frac{\cosh[k(z+d)]}{\sinh(kd)}\sin(kx-\omega t) + \frac{3\pi H^2}{16T}\frac{\cosh[2k(z+d)]}{\sinh^4(kd)}\sin[2(kx-\omega t)] \tag{3.2-59}$$

$$\eta = \frac{H}{2}\cos(kx-\omega t) + \frac{H^2 k}{16}\frac{\cosh(kd)[\cosh(2kd)+2]}{\sinh^3(kd)}\cos(2kx-2\omega t) \tag{3.2-60}$$

水质点的运动速度和加速度为:

$$v_x = \frac{\partial \phi}{\partial x} = \frac{\pi H}{T}\frac{\cosh[k(z+d)]}{\sinh(kd)}\cos(kx-\omega t) +$$
$$\frac{3\pi k H^2}{8T}\frac{\cosh[2k(z+d)]}{\sinh^4(kd)}\cos(2kx-2\omega t) \tag{3.2-61}$$

$$v_z = \frac{\partial \phi}{\partial z} = \frac{\pi H}{T}\frac{\sinh[k(z+d)]}{\sinh(kd)}\sin(kx-\omega t) +$$
$$\frac{3\pi k H^2}{8T}\frac{\sinh[2k(z+d)]}{\sinh^4(kd)}\sin(2kx-2\omega t) \tag{3.2-62}$$

$$a_x = \frac{2\pi^2 H}{T^2}\frac{\cosh[k(z+d)]}{\sinh(kd)}\sin(kx-\omega t) +$$
$$\frac{3\pi^2 k H^2}{2T^2}\frac{\cosh[2k(z+d)]}{\sinh^4(kd)}\sin(2kx-2\omega t) \tag{3.2-63}$$

$$a_z = -\frac{2\pi^2 H}{T^2}\frac{\sinh[k(z+d)]}{\sinh(kd)}\cos(kx-\omega t) -$$
$$\frac{3\pi^2 k H^2}{2T^2}\frac{\sinh[2k(z+d)]}{\sinh^4(kd)}\cos(2kx-2\omega t) \tag{3.2-64}$$

任一点的波压强为:

$$p = -\rho g z + \frac{\rho g H}{2}\frac{\cosh[k(z+d)]}{\cosh(kd)}\cos(kx-\omega t) +$$
$$\frac{3\rho g k H^2}{8}\frac{1}{\sinh(2kd)}\left[\frac{\cosh[2k(z+d)]}{\sinh^2(kd)} - \frac{1}{3}\right]\cos(2kx-2\omega t) -$$
$$\frac{\rho g k H^2}{8}\frac{1}{\sinh(2kd)}[\cosh[2k(z+d)] - 1] \tag{3.2-65}$$

当摄动函数展开的阶数越多,求得的非线性波浪的阶数越高。Skjelbreia 及 Hendrickson 于1961年给出了斯托克斯五阶波的结果。斯托克斯五阶波可由如下五阶求和式表示:

$$\frac{k\varphi}{c} = \sum_{i=1}^{5} \varphi_i \cosh[ik(z+d)]\sin(ikx - iwt) \qquad (3.2\text{-}66)$$

$$k\eta = \sum_{i=1}^{5} \eta_i \cos(ikx - iwt) \qquad (3.2\text{-}67)$$

$$c^2 = \frac{g}{k}\tanh(kd)(1 + \lambda^2 C_1 + \lambda^4 C_2) \qquad (3.2\text{-}68)$$

式中：φ_i、η_i——参数 λ 及一组系数 A_{ij}、B_{ij} 的函数。

$$\begin{cases} \varphi_1 = \lambda A_{11} + \lambda^3 A_{13} + \lambda^5 A_{15} \\ \varphi_2 = \lambda^2 A_{22} + \lambda^4 A_{24} \\ \varphi_3 = \lambda^3 A_{33} + \lambda^5 A_{35} \\ \varphi_4 = \lambda^4 A_{44} \\ \varphi_5 = \lambda^5 A_{55} \\ \eta_1 = \lambda \\ \eta_2 = \lambda^2 B_{22} + \lambda^4 B_{24} \\ \eta_3 = \lambda^3 B_{33} + \lambda^5 B_{35} \\ \eta_4 = \lambda^4 B_{44} \\ \eta_5 = \lambda^5 B_{55} \end{cases} \qquad (3.2\text{-}69)$$

系数 A_{ij}、B_{ij} 和 C_i 为波数 k 的函数，具体表达式见本章参考文献。

参数 λ 和波数 k 可由下式确定：

$$\begin{cases} H = \frac{2}{k}[\lambda + B_{33}\lambda^3 + (B_{35} + B_{55})\lambda^5] \\ \dfrac{4\pi^2}{T^2} = gk\tanh(kd)(1 + c_1\lambda^2 + c_2\lambda^4) \end{cases} \qquad (3.2\text{-}70)$$

其中，

$$B_{33} = \frac{3(8\text{ch}^6 + 1)}{64\text{sh}^6} \qquad (3.2\text{-}71)$$

$$B_{35} = \frac{(88\,128\text{ch}^{14} - 208\,224\text{ch}^{12} + 70\,848\text{ch}^{10} + 54\,000\text{ch}^8 - 21\,816\text{ch}^6 + 6\,264\text{ch}^4 - 54\text{ch}^2 - 81)}{12\,288\text{sh}^{12}(6\text{ch}^2 - 1)}$$

$$(3.2\text{-}72)$$

$$B_{55} = \frac{(192\,000\text{ch}^{16} - 262\,720\text{ch}^{14} + 83\,680\text{ch}^{12} + 20\,160\text{ch}^{10} - 7\,280\text{ch}^8 + 7\,160\text{ch}^6 - 1\,800\text{ch}^4 - 1\,050\text{ch}^2 + 225)}{12\,288\text{sh}^{10}(6\text{ch}^2 - 1)(8\text{ch}^4 - 11\text{ch}^2 + 3)}$$

$$(3.2\text{-}73)$$

$$C_1 = \frac{8\text{ch}^4 - 8\text{ch}^2 + 9}{8\text{sh}^4} \qquad (3.2\text{-}74)$$

$$C_2 = \frac{3\,840\text{ch}^{12} - 4\,096\text{ch}^{10} + 2\,592\text{ch}^8 - 1\,008\text{ch}^6 + 5\,944\text{ch}^4 - 1\,830\text{ch}^2 + 147}{512\text{sh}^{10}(6\text{ch}^2 - 1)}$$

(3.2-75)

$$\text{ch} = \cosh\left(\frac{2\pi d}{L}\right) \tag{3.2-76}$$

$$\text{sh} = \sinh\left(\frac{2\pi d}{L}\right) \tag{3.2-77}$$

具体计算时,首先根据设计要求的水深 d、波高 H 及波周期 T,由式(3.2-70)迭代求解确定参数 λ 及波数 k,然后计算系数 A_{ij}、B_{ij} 和 C_i,得到速度势 φ 和波面升高 η,求得速度势 φ 后即可确定波浪水质点的速度和加速度表达式为:

$$\begin{aligned}
v_x = c\Big\{ &(\lambda A_{11} + \lambda^3 A_{13} + \lambda^5 A_{15})\cosh[k(z+d)]\cos(kx - wt) + \\
&2(\lambda^2 A_{22} + \lambda^4 A_{24})\cosh[2k(z+d)]\cos(2kx - 2wt) + \\
&3(\lambda^3 A_{33} + \lambda^5 A_{35})\cosh[3k(z+d)]\cos(3kx - 3wt) + \\
&4\lambda^4 A_{44}\cosh[4k(z+d)]\cos(4kx - 4wt) + \\
&5\lambda^5 A_{55}\cosh[5k(z+d)]\cos(5kx - 5wt) \Big\}
\end{aligned}$$

(3.2-78)

$$\begin{aligned}
v_z = c\Big\{ &(\lambda A_{11} + \lambda^3 A_{13} + \lambda^5 A_{15})\sinh[k(z+d)]\sin(kx - wt) + \\
&2(\lambda^2 A_{22} + \lambda^4 A_{24})\sinh[2k(z+d)]\sin(2kx - 2wt) + \\
&3(\lambda^3 A_{33} + \lambda^5 A_{35})\sinh[3k(z+d)]\sin(3kx - 3wt) + \\
&4\lambda^4 A_{44}\sinh[4k(z+d)]\sin(4kx - 4wt) + \\
&5\lambda^5 A_{55}\sinh[5k(z+d)]\sin(5kx - 5wt) \Big\}
\end{aligned}$$

(3.2-79)

$$\begin{aligned}
a_x = \frac{2\pi}{T}c\Big\{ &(\lambda A_{11} + \lambda^3 A_{13} + \lambda^5 A_{15})\cosh[k(z+d)]\sin(kx - wt) + \\
&2^2(\lambda^2 A_{22} + \lambda^4 A_{24})\cosh[2k(z+d)]\sin(2kx - 2wt) + \\
&3^2(\lambda^3 A_{33} + \lambda^5 A_{35})\cosh[3k(z+d)]\sin(3kx - 3wt) + \\
&4^2\lambda^4 A_{44}\cosh[4k(z+d)]\sin(4kx - 4wt) + \\
&5^2\lambda^5 A_{55}\cosh[5k(z+d)]\sin(5kx - 5wt) \Big\}
\end{aligned}$$

(3.2-80)

$$\begin{aligned}
a_z = -\frac{2\pi}{T}c\Big\{ &(\lambda A_{11} + \lambda^3 A_{13} + \lambda^5 A_{15})\sinh[k(z+d)]\cos(kx - wt) + \\
&2^2(\lambda^2 A_{22} + \lambda^4 A_{24})\sinh[2k(z+d)]\cos(2kx - 2wt) + \\
&3^2(\lambda^3 A_{33} + \lambda^5 A_{35})\sinh[3k(z+d)]\cos(3kx - 3wt) + \\
&4^2\lambda^4 A_{44}\sinh[4k(z+d)]\cos(4kx - 4wt) + \\
&5^2\lambda^5 A_{55}\sinh[5k(z+d)]\cos(5kx - 5wt) \Big\}
\end{aligned}$$

(3.2-81)

4. 其他波浪理论

波浪运动与波陡 H/L 和相对水深 d/L 密切相关，为表示上述两参数相对大小，引入 Ursell 参数：

$$U = \frac{(H/d)^3}{(H/L)^2} = \frac{HL^2}{d^3} \tag{3.2-82}$$

当 $U \ll 1$ 时，斯托克斯波理论是可行的；当 $U \gg 1$ 时，波浪在传播过程中发生变形，不存在稳定的波；当 U 接近 1 时，存在稳定波，椭圆余弦波浪理论可得到较好的结果。

由于波剖面是用雅克比(Jacobian)椭圆余弦函数表示的，故称为椭圆余弦波。椭圆余弦波的推导极为复杂，此处不再列出，感兴趣的读者可以参考相关书籍。

前面介绍的波浪理论，所描述的波浪运动是周期的或者近似周期的运动，水质点具有水平和垂直的速度分量，各质点基本上是围绕其静止位置沿某一轨迹运动，经过一个周期后，水质点没有显著的向前位移。在自然界还观测到另外一类波动现象，即水质点沿波浪传播方向运动，这种波浪称为移动波。孤立波属于这种类型。纯粹的孤立波的全部波剖面在静水面以上，波长为无限。孤立波可作为椭圆余弦波的一种极端情况，可从椭圆余弦波理论求得。

Dean 于 1965 年提出一种估算二维波浪特征的数值计算方法。该方法根据流函数的概念，用数值迭代求解。如上所述的斯托克斯波浪理论并不能充分满足自由面的边界条件，而流函数波浪理论对整个深水、过渡水深及部分浅水都提供了最好的边界条件拟合和最好的试验可靠性，具有待定系数少和容易扩展到任意阶数的优点，在工程计算中逐步得到应用。

5. 各种波浪理论适用范围

上述提到的各种波浪理论都是在一定的假设条件下简化得到的，具体应用时必须了解它们各自的适用范围。

美国 API 标准以无量纲波陡 $\frac{H}{gT_{app}^2}$ 与无量纲相对水深 $\frac{d}{gT_{app}^2}$（H 为波高，d 为水深，T_{app} 为波周期，g 为重力加速度）给出了图 3.2-4 所示的线性波浪理论、斯托克斯五阶波和流函数波浪理论的适用范围。

竺艳蓉根据对桩柱建筑物所受波浪破前的波浪力分析，建议线性波、斯托克斯五阶波和椭圆余弦波理论的适用范围如表 3.2-4 所示。

波浪理论适用范围　　　　　　　　　　　　　表 3.2-4

波浪理论	使用条件
线性波浪理论	$\frac{H}{d} \leq 0.2, T\sqrt{\frac{g}{d}} < 6.0$（相当 $\frac{d}{L} > 0.2$）
斯托克斯五阶波理论	$T\sqrt{\frac{g}{d}} \leq 10.0$（相当 $\frac{d}{L} \geq 0.1$）
椭圆余弦波理论	$T\sqrt{\frac{g}{d}} \geq 10.0$（相当 $\frac{d}{L} \leq 0.1$）

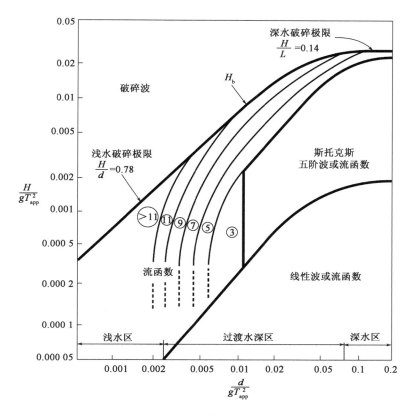

图 3.2-4 各种波浪理论的适用范围

注：H_b 为破碎波高。

从上面的研究成果来看，深水区完全可以由线性波和斯托克斯波理论进行计算；浅水区主要由椭圆余弦波和孤立波理论来计算；过渡水深区是一个复杂区域，各种波浪理论的适用范围错综交叉，其界限不完全确定。流函数波浪理论适用浅水区、过渡水深区和深水区。

3.2.3 随机波浪理论

前几节中提出的线性波、斯托克斯波、椭圆余弦波、孤立波和流函数波浪理论都把波浪看成是一种理想的规则波动，波浪的波高、周期、波长和波速等是固定不变的，这种理想化的波浪称为规则波。实际上，海洋中的波浪是不规则的、随机的。开阔海区的波浪，一般是由风生成的，在风成浪的区域上，海浪的不规则性尤其明显。对海浪的长期观测研究表明，任何一点的海浪记录永不重复，即说明海浪是随机的。

目前常采用海浪谱对随机波浪进行描述。海浪谱不仅提供了波浪要素的统计特征，而且分析了海浪的内部结构，即其能量相对于不同频率组成波的分布。

设某固定点的波面升高 $\eta(t)$ 是由许多振幅不等、频率不等、相位不等的余弦波组成：

$$\eta(t) = \sum_{i=1}^{\infty} a_i \cos(\omega_i t + \theta_i) \tag{3.2-83}$$

式中:a_i——各组成波的振幅;

ω_i——各组成波的圆频率;

θ_i——各组成波的初始相位,θ_i 为在 $0 \sim 2\pi$ 范围内满足均匀分布的随机变量。

如果把频率位于 $\omega_i \sim \omega_i + \delta\omega$ 范围内的各组成波的振幅平方之半叠加起来,并除以包含所有这些组成波的频率范围 $\delta\omega$,所得的值将是一个 ω_i 的函数,令其为 $S(\omega_i)$,则:

$$\sum_{\omega_i}^{\omega_i+\delta\omega} \frac{1}{2}a_i^2 = S(\omega_i)\delta\omega \tag{3.2-84}$$

由于波能 $E = 0.5\rho g a^2$,因此上式左边项的含义即在 $\delta\omega$ 间隔内全部组成波的能量和,而 $S(\omega)$ 即在单位频率间隔内波浪的平均能量,也即能量密度相对于组成波频率的分布函数,这个函数称为谱。

至今已提出了许多风浪频谱,其中相对大一部分具有劳曼(Neumann)于 1953 年提到的一般形式:

$$S(\omega) = \frac{A}{\omega^p \exp\left(-B\frac{1}{\omega^q}\right)} \tag{3.2-85}$$

这种谱中包含了四个变量 A、B、p、q 可供调整。量 A 和 B 包含风要素(风速、风时、风距)和波要素(波高、周期)作为参量。由于 $\frac{1}{\omega^p}$ 随频率增大而减小,谱的高频部分主要由它控制,指数函数部分随频率由零迅速增大,在 $\omega = 0$ 处,$S(\omega) = 0$。这种谱的谱型见图 3.2-5。

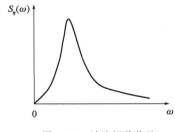

图 3.2-5 波浪频谱谱型

谱的各阶矩的表达式为:

$$m_r = \int_0^{\infty} \omega^r S(\omega) \mathrm{d}\omega \tag{3.2-86}$$

对于式(3.2-85)所示的谱,可求得各阶矩为:

$$m_r = AB^{\frac{r-p+1}{q}} \frac{1}{q} \Gamma\left(\frac{p-r-1}{q}\right) \tag{3.2-87}$$

式中:Γ——伽马函数。

上述谱的 4 个变量 A、B、p、q 与平均波频率 $\bar{\omega}$、经验谱矩 m_0、m_2、谱峰值 $S_{\max}$ 和谱峰频率 ω_m 存在如下关系:

$$\frac{\omega_{\max}}{\bar{\omega}} = \frac{(q/p)^{\frac{1}{q}}}{\sqrt{\Gamma\left(\frac{p-3}{q}\right)/\Gamma\left(\frac{p-1}{q}\right)}} \tag{3.2-88}$$

$$\frac{S_{\max}\omega_{\max}}{m_0} = q\left(\frac{p}{q}\right)^{\frac{p-1}{q}} \frac{\exp\left(-\frac{p}{q}\right)}{\Gamma\left(\frac{p-1}{q}\right)} \qquad (3.2\text{-}89)$$

$$A = m_0 q \omega_{\max}^{p-1} \frac{\left(\frac{p}{q}\right)^{\frac{p-1}{q}}}{\Gamma\left(\frac{p-1}{q}\right)} \qquad (3.2\text{-}90)$$

$$B = \frac{p}{q}\omega_{\max}^q \qquad (3.2\text{-}91)$$

因此,根据实测资料进行波浪谱拟合时,可以采用如下步骤:①根据实测资料计算平均波频率 $\bar{\omega}$、经验谱矩 m_0、m_2、谱峰值 $S_{\max}$ 和谱峰频率 ω_{m};②根据式(3.2-88)和式(3.2-89)计算 p、q;③根据式(3.2-90)和式(3.2-91)计算 A、B。

常用的波浪频谱包括如下几种。

1. Pierson-Moscowitz 谱(PIMO 谱,单参数谱)

根据北大西洋的实测资料(Moscowitz,1964),通过筛选,挑出属于充分成长的 54 个谱,又依风速分成 5 组,风速从 20kn(约 0.512 5m/s)到 40kn,每组求一平均谱,再加以无因次化,得无因次谱表达式为:

$$S_\eta(\omega) = \frac{0.78}{\omega^5}\exp\left[-1.25\left(\frac{\omega_{\mathrm{m}}}{\omega}\right)^4\right] \qquad (3.2\text{-}92)$$

$$\omega_{\mathrm{m}} = \frac{1.253}{\sqrt{H_{\mathrm{s}}}} \qquad (3.2\text{-}93)$$

式中:H_{s}——有效波高;

ω_{m}——谱峰频率。

2. 改进 JONSWAP 谱(JONS 谱,三参数谱)

在 1968—1969 年间,由英、荷、美、德等国家的有关单位进行了"联合北海波浪计划"(Joint North Sea Wave Project,简称 JONSWAP),由测得的 2 500 个谱导出有限风距的风浪谱,经合田良实(Coda,1999)改进后,其表达式为:

$$S_\eta(\omega) = \beta H_{\mathrm{s}}^2 \frac{\omega_{\mathrm{m}}^4}{\omega^5}\exp\left[-\frac{5}{4}\left(\frac{\omega_{\mathrm{m}}}{\omega}\right)^4\right]\gamma^{\exp[-(\omega-\omega_{\mathrm{m}})^2/2\sigma^2\omega_{\mathrm{m}}^2]} \qquad (3.2\text{-}94)$$

其中:

$$\beta = \frac{0.062\,38}{0.230 + 0.033\,6\gamma - 0.185(1.9+\gamma)^{-1}} \cdot (1.094 - 0.019\,15\ln\gamma) \qquad (3.2\text{-}95)$$

$$\omega_{\mathrm{m}} = \frac{2\pi}{T_{\mathrm{s}}}\left[1 - 0.132(\gamma + 0.2)^{-0.559}\right] \qquad (3.2\text{-}96)$$

$$\sigma = \begin{cases} \sigma_a = 0.07 & (\omega \leqslant \omega_m) \\ \sigma_b = 0.09 & (\omega > \omega_m) \end{cases} \quad (3.2\text{-}97)$$

式中：γ——谱峰升高因子；

T_s——波浪有效周期。

3. 布—光易谱（BBMM 谱，两参数谱）

在布氏谱的基础上，日本光易恒（Mitsuyasu，1980）建议采用下式表示布氏谱：

$$S_\eta(\omega) = 400.5 H_s^2 \frac{1}{T_s^4 \omega^5} \exp\left(-1\,605 \frac{1}{T_s^4 \omega^4}\right) \quad (3.2\text{-}98)$$

式中：H_s、T_s——波浪有效波高和有效周期。

4. 文圣常谱（WENS 谱，两参数谱）

我国学者文圣常等分析了各种谱的优缺点，给出了如下形式的谱。

（1）对于深水（$H^* \leqslant 0.1$ 且 $1.54 \leqslant P < 6.77$）

① 当 $0 \leqslant \omega \leqslant 6.58/T_s$

$$S_\eta(\omega) = 0.011\,1 H_s^2 T_s P \cdot \exp\left[-95\left(\ln\frac{P}{1.522 - 0.245P + 0.002\,92P^2}\right)(0.177\omega T_s - 1)^{\frac{12}{5}}\right]$$
$$(3.2\text{-}99)$$

② $\omega > 6.58/T_s$

$$S_\eta(\omega) = 20.8 \frac{H_s^2}{T_s^3}(1.522 - 0.245P + 0.002\,92P^2)\frac{1}{\omega^4} \quad (3.2\text{-}100)$$

（2）对于浅水（$0.1 < H^* \leqslant 0.5$ 且 $1.27 \leqslant P < 6.77$）

① 当 $0 \leqslant \omega \leqslant 6.58/T_s$

$$S_\eta(\omega) = 0.011\,1 H_s^2 T_s P \cdot \exp\{-95\{\ln[P(5.813 - 5.137H^*)/$$
$$(6.77 - 1.088P + 0.013P^2)/(1.307 - 1.426H^*)]\}/$$
$$(0.177\omega T_s - 1)^{\frac{12}{5}}\} \quad (3.2\text{-}101)$$

② $\omega > 6.58/T_s$

$$S_\eta(\omega) = 0.011\,1 H_s^2 T_s \frac{(6.77 - 1.088P + 0.013P^2)(1.307 - 1.426H^*)}{5.813 - 5.137H^*}\left(\frac{6.58}{T_s \omega}\right)^{(4-2H^*)}$$
$$(3.2\text{-}102)$$

式中：P——尖度因子，$P = 95.3 H_s^{1.35}/T_s^{2.7}$；

H^*——水深因子，$H^* = 0.626 H_s/d$；

d——水深；

其他符号意思同前。

3.3 海 流 场

3.3.1 海流分类

海流为海水水平地或垂直地从一个海区流向另外一个海区的流动现象。海流的速度和方向随时间和空间转移而发生不断的变化。实际的海流流动可看成为潮流和余流两部分之和。潮流主要是月球和太阳引潮力所引起的海水水平运动,一般是周期性变化的。潮流可分为半日潮流、混合潮流和全日潮流三大类;余流是去掉了周期性的潮流后所剩下的部分,它包括风海流、地形所引起的潮汐回流、密度流、径流等,是一种流向相对稳定的流动。

3.3.2 海流特征值计算

近岸海流随海区的水位、地形、波浪、风系等条件而时时发生变化。为了确定设计所必需的海流特征值,目前一般采用根据当地实测资料进行必要而简单计算的方法。

当缺乏统计数据时,在开阔海域风生流在静水面的流速可按如下取值:

$$V_w = KU \tag{3.3-1}$$

$$\theta_w = \beta \tag{3.3-2}$$

式中:V_w、θ_w——风海流的流速和流向;

　　　U——风速;

　　　β——等深线方向;

　　　K——风因子,$0.024 \leqslant K \leqslant 0.05$,一般取 $K = 0.03$。

潮流的可能最大流速可按下列规定计算。在潮流的推算中,首先需确定当地的潮流性质。

1. 当前国内外普遍采用的潮流可能最大流速判别式

(1)规则半日潮流

在一个太阳日(约24h50min)内,有两次涨潮和两次落潮,而且两次相邻涨潮流或落潮流的最大流速大致相等,两次相邻涨潮流或落潮流的最大流速发生时刻的时间间隔约为12h25min,其判别式为:

$$\frac{\vec{W}_{O_1} + \vec{W}_{K_1}}{\vec{W}_{M_2}} \leqslant 0.5 \tag{3.3-3}$$

(2)不规则半日潮流

在一个太阳日内也有两次涨潮和两次落潮,但两次相邻涨潮流或落潮流的最大流速大致不相等,涨潮流和落潮流的时间也不相等,其判别式为:

$$0.5 < \frac{\vec{W}_{O_1} + \vec{W}_{K_1}}{\vec{W}_{M_2}} \leq 2.0 \qquad (3.3\text{-}4)$$

(3)不规则全日潮流

在一个太阳日内,有时是两次涨潮和两次落潮,有时是一次涨潮和一次落潮。出现一次涨、落潮的天数,随以下比值增大而增多,其判别式为:

$$2.0 < \frac{\vec{W}_{O_1} + \vec{W}_{K_1}}{\vec{W}_{M_2}} \leq 4.0 \qquad (3.3\text{-}5)$$

(4)规则全日潮流

大部分天数是一日一次涨潮和落潮,少部分天数是一日两次涨潮和落潮,其判别式为:

$$4.0 < \frac{\vec{W}_{O_1} + \vec{W}_{K_1}}{\vec{W}_{M_2}} \qquad (3.3\text{-}6)$$

式中:$\vec{W}_{M_2}$——主太阴半日分潮流的椭圆长半轴矢量;

$\vec{W}_{K_1}$——太阴太阳赤纬日分潮流的椭圆长半轴矢量;

$\vec{W}_{O_1}$——主太阴日分潮流的椭圆长半轴矢量。

$\vec{W}_{M_2}$、$\vec{W}_{K_1}$、$\vec{W}_{O_1}$具体值可向海洋局有关部门索取,流速单位为 cm/s,流向单位为度。

2. 潮流最大可能流速计算公式

(1)对规则半日潮流海区可按下式计算:

$$\vec{V}_{\max} = 1.295\vec{W}_{M_2} + 1.245\vec{W}_{S_2} + \vec{W}_{K_1} + \vec{W}_{O_1} + \vec{W}_{M_4} + \vec{W}_{MS_4} \qquad (3.3\text{-}7)$$

式中:$\vec{V}_{\max}$——潮流的可能最大流速;

$\vec{W}_{M_4}$——太阴四分之一日分潮流的椭圆长半轴矢量;

$\vec{W}_{MS_4}$——太阴—太阳四分之一日分潮流的椭圆长半轴矢量。

$\vec{W}_{S_2}$、$\vec{W}_{M_4}$ 和 $\vec{W}_{M_4}$ 具体值可向海洋局有关部门索取,流速单位为 cm/s,流向单位为度。

(2)对规则全日潮流海区可按下式计算:

$$\vec{V}_{\max} = \vec{W}_{M_2} + \vec{W}_{S_2} + 1.600\vec{W}_{K_1} + 1.450\vec{W}_{O_1} \qquad (3.3\text{-}8)$$

(3)对不规则半日潮流海区和不规则全日潮流海区,应采用式(3.3-7)和式(3.3-8)中的大值。

3. 海流随深度变化

当没有详细的流场测量值时,流速随水深的变化可取为:

$$V_z = V\left(\frac{z}{d}\right)^{\frac{1}{7}} \tag{3.3-9}$$

式中：V_z——海底以上高度 z 处的流速；

V——海面流速；

d——水深。

3.4 风-浪-流耦合场

本章 3.1 节、3.2 节和 3.3 节中分别介绍了风场、波浪场和海流场的基本概念和基本理论。在本书的第 1 章 1.1 节中也阐述过，在实际海洋环境中，风、波浪和海流之间是相互影响的，因此，实际海洋环境不是风、波浪和海流的单一场，也不是多个场的简单叠加，而是风-浪-流耦合场。准确地讲，应该建立描述风-浪-流耦合场的基本理论，但基于问题的复杂性，目前还不能建立直接针对风-浪-流耦合场的基本理论，实际工程计算中，比较可行的方式还是将风-浪-流耦合场分解为风场、波浪场和海流场，但是在确定风场、波浪场和海流场的特征设计参数时，必须考虑三者之间的相关性和耦合性（图 3.4-1）。

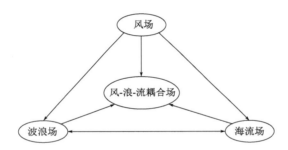

图 3.4-1 风-浪-流耦合场与风场、波浪场和海流场的关系示意图

本章参考文献

[1] 李国豪. 桥梁结构稳定与振动[M]. 北京：中国铁道出版社，1992.

[2] 项海帆，等. 现代桥梁抗风理论与实践[M]. 北京：人民交通出版社，2005.

[3] Blair Kinsman. Wind Waves:Their Generation and Propagation on the Ocean Surface[M]. Dover Publications, Inc, Mineola, New York, 2012.

[4] Skjelbreia L, Hendrickson J. Fifth order gravity wave theory[C]. Proc. 7th Coastal Engrg. Conf., 1961, 1: 184-196.

[5] Wiegel R L. A presentation of cnoidal wave theory for practical application[J]. J. Fluid Mech., 1960, 7: 273-286.

[6] Lee J J, Skjelbreia J E, Raichlen F. Measurement of velocities in solitary waves[J]. J. Waterw. Port Cost. Ocean

Eng. -ASCE. 1982,108：200-218.

[7] Dean R G. Relative validities of water wave theories[C]. Proc,ASCE,1970,96(ww1)：105-119.

[8] API Task Group. Recommended Practice for Planning, Designing and Constructing Fixed Offshore Platforms-Working Stress Design[S]. American Petroleum Institute,2002：13-14.

[9] 竺艳蓉.几种波浪理论适用范围的分析[J].海岸工程,1983,2(2)：11-27.

[10] 俞聿修.随机波浪及其工程应用[M].大连：大连理工出版社,2000.

[11] 竺艳蓉.海洋工程波浪力学[M].天津：天津大学出版社,1991.

[12] 邱大洪.波浪理论及其在工程中的应用[M].北京：高等教育出版社,1986.

[13] Moscowitz L. Estimates of the power spectrums for fully developed seas for wind speeds of 20 to 40 knots[J]. J. Geophys. Res. ,1964,69(24):5161-5179.

[14] Mitsuyasu H,et al. Observations of the power spectrum of ocean waves using a cloverleaf buoy[J]. J. Phys. Oceanogr. ,1980,10(2):286-296.

[15] Goda. A comporative review on the functional forms ofdirectional wave spectrum. Coastal Eng[J]. J. ,1999,41(1):1-20.

[16] 文圣常,张大错,等.改进的理论风浪频谱[J].海洋水报,1990,12(3):271-283.

第 4 章　风-浪-流耦合场现场观测方法与耦合特性分析

风、波浪、海流和潮位等现场观测数据是对跨海大桥环境荷载进行评估的第一手资料。目前,对于特大型桥梁工程,一般都需要进行多年的现场风观测,并结合桥位附近气象观测站数据推算风设计参数;一般较少开展桥位现场波浪观测,大多是参考桥位附近的水文观测站的数据,结合数值模拟方法推算波浪设计参数;水流或者是潮流大多也是参考桥位附近的水文观测站的数据,结合大、小潮期间的短期观测推算潮流设计参数。对于跨海特大型桥梁,风、浪和流存在耦合性,获得桥梁附近的风、波浪、海流和潮位同步观测数据是合理确定桥梁风-浪-流耦合场设计参数的前提。本章主要论述了风-浪-流耦合场观测方法和风-浪-流耦合场观测数据分析方法,给出了琼州海峡海域风-浪-流耦合场统计特征参数和风-浪-流耦合场耦合特性,并结合现场观测分析结果对现行规范相关条文的适用性进行了讨论。

4.1　风-浪-流耦合场现场观测方法

4.1.1　风-浪-流耦合场观测基本原则

对于风的观测站布置,《海滨观测规范》(GB/T 14914—2006)中规定风观测场应设在四周空旷平坦、气流畅通并避免局部地形和障碍物影响的地方。观测场的大小为 25m×25m(海岛或平台上受条件限制可适当减小)。对于工程现场波浪测站布置,《海滨观测规范》中规定波浪测站处海面应开阔,无岛屿、暗礁、沙洲和水产养殖、捕捞区等障碍物影响,并尽量避开陡岸。测站位置水深一般不小于 10m,海底平坦,尽量避开急流区。《水运工程波浪观测和分析技术规程》(JTJ/T 277—2006)规定,波浪观测点布设应保证对工程有重要影响波向的大浪观测。水下的波浪观测点应布设在底床较为平坦、冲淤相对较小的水域。浮式测波仪的观测点应便于锚系的投放及固定,水域的最大水流速度宜小于 2m/s,最小水深宜大于 5m。对于波浪测站的布设,当结构物对波浪有反射影响时,宜考虑增设波浪观测点。对于海流观测站的布设,以上两规范均没有明确规定。

综合来看,风、波浪、海流单因素观测的观测站位的布设应该满足一般原则:

(1) 代表性

观测记录不仅要反映测点的状况,而且要反映测点周围一定范围内的平均状况。

(2) 准确性

观测记录要真实地反映实际状况。

(3) 比较性

一是不同测站同一时刻取得的同一要素值能够相互比较,并经过比较能够显示出这个要素空间分布的正确特征;二是同一测站不同时刻的同一要素值也要求能够进行比较,用以说明要素随时间的变化特点。

上述基本原则对于特大型桥梁风-浪-流耦合场现场观测站的布设具有十分重要的指导作用。除此以外,对于特大型桥梁风、波浪、海流观测站的布设还应结合跨海特大桥梁工程本身的特点进行考虑,具体而言,应满足以下几个原则:

(1) 同步、连续观测原则

跨海桥梁上部结构受到风作用的同时,下部结构受到波浪和水流作用,而风、波浪和水流都随时间变化,且其各自的周期并不相同。海洋环境中的风、波浪和海流具有较大的相关性,同时也具有随机性。相关性体现在海洋中的波浪由风直接或间接作用产生,往往风大的时候浪也很大。而随机性表现为,在同一时空点上,风速取得最大值时,波浪波高未必取得最大值。可见,要正确评价风、波浪和海流对结构的作用,需要进行风、波浪和海流同步、连续观测,掌握同一时间点的风、波浪和海流特征参数取值。

(2) 代表性和空间相关性原则

跨海桥梁长度往往长达几十公里,从经济角度考虑,观测站点不可能在整个桥位沿线上分布,要充分利用有限的观测站点,必须考虑代表性。这里的代表性是从桥梁自身角度来分析的。跨海桥梁往往由跨度很大的少数几座通航孔桥和跨度较小数量众多的非通航孔桥组成,通航孔桥技术难度高,更加关注结构安全,非通航孔桥对整个工程造价影响较大,从整个工程的经济性和安全性角度考虑,需要对他们都予以关注,因此在跨海桥梁的通航孔桥位置和非通航孔桥位置都需要设置观测站点。

此外,由于针对工程的现场观测站一般为临时观测站,观测时间在 1~3 年,观测时距对于工程应用而言还是比较短的,仅仅依靠现场观测数据不能确定工程区域的风、波浪和海流设计参数。因此,工程现场观测站的布设应考虑与长期测站有良好的相关性,以便与长期测站资料建立相关关系,插补延长工程区资料序列。

(3) 多点布设原则

跨海桥梁跨越的空间范围较大,桥位附近的风-浪-流耦合场在空间上存在一定差异,单个站点不可能全面反映整个风-浪-流耦合场的特征,无论是观测数据直接应用,还是后期风-浪-流耦合场数值反演,从站点的代表性和空间相关性角度考虑,至少需要两个及以上的风、波浪和海流观测站。

4.1.2 风-浪-流耦合场观测系统

根据风-浪-流耦合场现场观测站位布设原则的要求,综合风、波浪和海流单因素现场观测技术与设备,作者提出了如图4.1-1所示的风-浪-流耦合场观测技术系统。

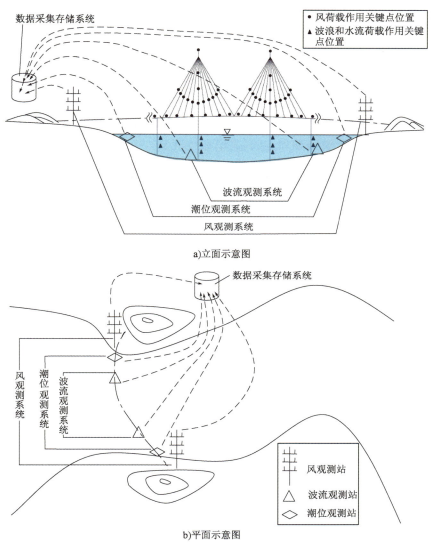

图 4.1-1 跨海桥梁风-浪-流耦合场观测技术系统示意

跨海桥梁风-浪-流耦合场观测技术系统包括风观测系统、波流观测系统、潮位观测系统和数据采集存储系统。

风观测系统由多个风观测站组成。风观测站设于桥位附近水域或两岸陆地的开阔地带上,风观测站可进行多站同步沿高度的梯度风观测。

波流观测系统由多个波流观测站组成。波流观测站设于桥位附近具有代表性的水域,波流观测站可进行水深大于50m深海海域的多站同步的波面和分层流速观测。

潮位观测系统由多个潮位观测站组成。潮位观测站设于桥位附近临岸水域,潮位观测站可进行多站同步潮位观测。

数据采集存储系统,通过有线或无线方式连接于风观测系统、波流观测系统和潮位观测系统,实时或不定期采集并保存风观测系统、波流观测系统和潮位观测系统对风、波浪、海流和潮位的观测数据。

风观测系统、波流观测系统和潮位观测系统用以实现台风期和非台风期风、波浪、海流和潮位的多点空间相关、时间同步和连续观测,获得风场参数、波浪场参数、流场参数和潮位的观测数据,实时或不定期传送并保存在数据采集存储系统,其中风场参数至少包括风速和风向,波浪场参数至少包括波高、波周期和波向,流场参数至少包括分层流速和流向。

综上所述,风-浪-流耦合场观测系统中用于数据采集的主要组成单元是梯度风观测站与波流观测站,下面对这两个组成单元进行详细论述。

1. 梯度风观测站

为准确获知跨海大桥桥位附近具有代表性的风场参数,在桥址处进行现场风观测是最理想的方式。根据桥梁所处的位置走向、附近地区地形特点、已有气象站分布和工程建设的需求,进行风场观测站选址,并设立梯度风观测站或单层气象自动站等进行平均风速和脉动风速的现场观测。

(1) 观测站场地选择

现场风观测气象站四周应当开阔,保持气流通畅。周围的建筑物、作物、树木等障碍物和其他对气象探测有影响的各种源体,与气象观测场围栏必须保持一定距离。观测场必须符合观测技术上的要求。

①地面气象观测场应设在能较好地反映本地较大范围的气象要素特点的地方,避免局部地形的影响。观测场四周必须空旷平坦,避免设在陡坡、洼地或邻近有丛林、铁路、公路、工矿、烟囱、高大建筑物的地方。避开地方性雾、烟等大气污染严重的地方。

②在城市区,观测场应选择在城市最多风向的上风方。

③观测场的周围环境应符合《中华人民共和国气象法》以及有关气象观测环境保护的法规、规章和规范性文件的要求。

④观测场周围观测环境发生变化后要进行详细记录。新建、迁移观测场或观测场四周的障碍物发生明显变化时,应测定四周各障碍物的方位角和高度角,绘制地平圈障碍物遮蔽图。

⑤风速仪与任何障碍物之间的距离至少是障碍物高度的10倍,测风仪器的标准安置高度是地面以上10m,不能在任何障碍物的直接尾流中进行风的观测。

⑥在沿海站,要求有开阔的海面视野,但又不应太接近悬崖边缘,避免悬崖引发的气流漩涡。

⑦要测定观测场的经纬度(精确到分)和海拔高度(精确到0.1m)。

⑧观测场必须设置防雷装置设施,且防雷设施必须符合气象行业规定的防雷技术标准的要求。

(2)测风仪器选型

观测站的仪器设施布置要注意互不影响,便于观测操作。目前常用的平均风和脉动风观测仪器有螺旋桨式和超声式风向风速仪。

①螺旋桨式风向风速传感器

螺旋桨式风向风速传感器主要由螺旋桨、机头组件、风速感应线圈、线圈座、固定机身组件、尾翼平衡组件、风向电位器、安装紧固件、风向机械传导组件、接线盒和电路板等组成。风速传感器位于头部,是一组螺旋桨叶片。风向传感器位于尾部,是一个牢固且重量轻的风向标,外形与飞机机身相似,具有很好的流线型(图4.1-2)。

主要参数:风速0~100m/s,分辨率0.3m/s以上;风向0~360°,分辨率3°以上。

②超声风速仪

三维超声波风向风速仪(图4.1-3)能应用于湍流、地面能量平衡和标量通量的研究。

主要参数:风速0~100m/s,分辨率0.01m/s以上;风向0~359.9°,分辨率1°以上;U、V、W 矢量输出,输出频率>20Hz(可根据桥梁结构振动频率选定)。

图4.1-2 RM.YANG 螺旋桨风传感器

图4.1-3 三维超声风向风速仪

(3)梯度风观测站建站方法

风速沿高度分布是桥梁风观测的一个重要内容,为实现梯度风观测,建立梯度风观测站是实现跨海桥梁风-浪-流耦合场观测的重要一环。图4.1-4为梯度风观测站的一种实现方式。梯度风观测站由测风塔、风速传感器和数据采集和临时存储设备组成。沿测风塔不同高度位置布置多层风速传感器;在测风塔的底部安装数据采集和临时存储系统;风速传感器可采用超声风速传感器或机械式风速传感器;数据采集和临时存储设备安装在测风塔上距离地面一定高度的采集平台上,并做好防雨防潮等防护措施;测风塔可采用气象观测中常用的桅杆塔结构,测风塔的基础应该采用重力式扩大基础,并保证足够的入土深度,以避免潮汐作用对基础冲刷,降低基础承载能力;在测风塔的顶部应安装有效的避雷设备,避免风速传感器、数据采集和临时存储设备遭受雷击;测风塔的钢结构构件要做好防腐措施;要提前购买备用的风速传感器,以便能够及时更换受损风速传感器,尽可能减少风速观测中断时间。风速传感器进行连续的梯度风观测,获得连续的风观测数据,保存在数据采集和临时存储设备中,同时将观测数据发送至数据存储系统或者安排专职人员不定期拷贝数据存储在数据存储系统。

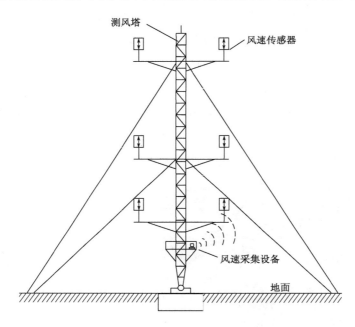

图 4.1-4　梯度风观测塔

2. 深水海域波流观测站

(1)波浪与海流现场观测技术与设备

对于近海工程来说,波浪、海流是影响工程结构安全和造价的主要因素之一。合理确定设计波浪要素首先需要掌握波浪、海流的现场观测资料,波浪观测资料的精度和可靠性在很大程度上依赖于观测方法的可靠性和观测仪器的性能。因此,在开展工程海域波浪和海流现场观测之前,需要结合工程特点选择适合的观测方法和观测仪器。

波浪观测按仪器布设的空间位置主要分为水上(航空测波、雷达测波等)、水面(测波杆式测波、光学测波、浮标重力式测波等)、水下(水压式测波、坐底式声学测波等)等测波方式。目前,在进行近岸海洋工程波浪观测时,使用较多的方法主要有水面浮标重力式测波、水下坐底式声学测波。

①水面浮标重力式测波

该测波方式通过测量浮标自身的加速度,经过积分后计算出浮标的升沉位移,进而利用浮标在不同频率波浪作用下的响应函数,得出波浪频谱和响应的时间序列,再通过测量可反映浮标在两个正交方向的倾角或水平速度变量,最终计算出波向。目前,主要发展了两类测波浮标,一类称作表面坡度跟踪浮标(Pitch-Roll Heave Buoys,P-R-H);另一类是跟随水表面水质点运动浮标(Particle-Following Buoys,P-F-B)。P-R-H 浮标常用于深水,要保证精确测量波浪,需要浮标随水面运动且加速度计要保持垂直。P-F-B 浮标其外形常为球形,将浮标设计成随水质点运动,测量其在三个正交方向的加速度来确定浮标运动的方向,因此称作三轴加速度计浮标。P-F-B 浮标经济,锚系简单,浮标可靠,更小,易抛设,具有更好的高频响应,不易在陡波情况下倾覆。

目前,P-R-H 型浮标主要产品有荷兰 Datawell 公司的波浪骑士、美国 ENDECO/YSI 公司的 1156 波浪方向轨迹浮标、挪威 Fugro Oceanor 的 Wacescan 浮标。P-F-B 型浮标主要产品有加拿大 AXYS 公司的 TRIAXYS 波浪方向浮标。

荷兰 Datawell 公司的波浪骑士是目前最广泛使用和被世界广泛认可的一种波浪浮标,该公司推出的 Directional Waverider DWR-G 型号波浪浮标(图 4.1-5)的部分详细参数指标为:

a. 基于 GPS 的波动传感器;

b. 测量波浪方向;

c. 波浪周期测量范围为 1.6~100s;波高测量精度 1cm;

d. 外形尺寸直径 0.9m(0.7m 可选);

e. 电池供电可达 2 年(1 年可选);

f. 高频传输范围可达 50km;

g. 可选太阳能供电模式;

h. 数据通信传输使用 GSM 网络。

该公司推出的 Directional Waverider DWR4/ACM 型号波浪浮标(图 4.1-6)还可以测量表面流速,其主要参数指标为:

a. 基于陀螺稳定平台、加速度计和电磁罗盘;

b. 测量波浪方向;

c. 波浪周期测量范围为 1.0~30s;波高测量精度为测量值的 0.5%;

d. 外形尺寸直径 0.9m;

e. 蓄电池供电可达 1.3 年;

f. 高频传输范围可达 50km;

g. 可选太阳能供电模式。

图 4.1-5　Directional Waverider DWR-G 波浪浮标

图 4.1-6　Directional Waverider DWR4/ACM 波浪浮标

　　加拿大 AXYS 公司研发的 TRIAXYS 系列波浪浮标(图 4.1-7)在业界也比较知名,该设备针对海洋的恶劣环境与复杂情况,采用了防震传感器,而且对于浮标采用了新型材料,使得浮标的抗击能力更强。观测数据能够被存储在浮体内部的数据存储器上或者通过遥报通信系统传输到陆地船上的数据接收机上。还可选择添加 GPS 接收机模块和浮标锚系 Watchcircle 报警系统来监测浮标的位置,防止锚链断裂导致的浮标丢失。部分详细参数如下:

a. 外壳直径为 0.91m;

b. 波高范围为 0~20m,分辨率 0.01m,精度 <2%;

c. 波周期范围为 1.5~33s,分辨率 0.1s,精度 <2%;

d. 波向范围为 0~360°,分辨率 1°,精度为 3°;

e. 采样频率为 4Hz(最高 50Hz);

f. 采样时长为 1~34min 可设置;

g. 采样间隔为 5~1 440min 可设置;

h. 数据存储量为 8GB,大于 5 年存储时间(可扩展至 32GB)。

图 4.1-7 TRIAXYS 浮标

中国海洋大学研制生产的 SZF 型波浪浮标目前也已广泛地在我国海洋监测站及近海海洋工程勘察中使用,其工作原理与波浪骑士相似。可以测量波高、周期、浮标倾斜和方位等四组原始采样数据。部分详细参数如下:

a. 波高范围为 0~20m,分辨率 0.3m,精度 ±(0.3+5%H),H 为实测波高值;

b. 波周期范围为 2.0~20s,精度 ±0.5s;

c. 波向范围为 0~360°,精度 ±10°;

d. 采样间隔为 3h 或者 1h 可设置;

e. 数据存储量为 64M,1 年存储量;

f. VHF 无线数据通信传输,工作频段 150MHz,通信距离 10km。

山东省科学院海洋仪器仪表研究所近年研制的 SBF3-1 型测波浮标,为国内唯一采用最先进的三轴加速度计与数字积分算法的波浪传感器,具有可靠性高、精度高、测量稳定的特点,主要用于沿岸海洋环境监测台站中对常规波浪观测工作和近海海洋环境工程的监测工作中,同时也可在海洋调查船上随船使用。其主要技术指标为:

a. 波高范围为 0.2~25m,分辨率 0.1m,精度 ±(0.1+10%H),H 为实测波高值;

b. 波周期范围为 2.0~30s,分辨率 0.1s,精度 ±0.25s(采样频率为 4Hz 时)、±0.5s(采样频率为 2Hz 时);

c. 波向范围为 0~360°,分辨率 1°,精度 ±10°;

d. 采样频率为 2Hz 或 4Hz;

e. HF 或 CDMA/GPRS 3 种通信方式可选。

水面浮标重力式测波也存在不足,它置于水面上,极易受到过往船只的碰撞,极端恶劣海况时,经常会出现浮标锚链断裂导致浮标丢失的情况,致使数据缺失。另外,在特定波浪作用下,浮标可能发生共振,从而大大超估量测的波浪,降低波浪数据的质量。此外,由于浮标属于接触性测量,其本身对波浪运动就存在干扰,因此并不适应于波浪破碎等强非线性波的测量。

②水下坐底式声学测波

水下坐底式声学测波采用基于声学多普勒(Doppler)原理的声学仪器 ADCP(Acoustic Doppler Current Profiler,ADCP)测量波浪。ADCP 可以观测不同水层的流速剖面,同时可以记录自由表面的波动。ADCP 利用三种方法同时观测波浪,第一种方法为压力测量法,即由高精度的压电电阻元件测量得到压力,假定现场波浪变化遵循线性波理论,由压力过程换算为波面过程;第二种方法为表面波跟踪方法,即由 ADCP 的传感器测量到水体表面的距离(即波面高度)获得波面过程;第三种方法为流速单元法,通过不同传感器测量的波浪表面轨迹速度换算得到波面过程。

美国 Teledyne RDI 公司是全球最大和最早的 ADCP 生产厂家,该公司开发出的 ADCP 波列阵(Waves Array),是波浪方向谱测量领域的重大突破,硬件部分和其成熟产品"骏马"系列 ADCP(工作频率即声学频率有三个:1 200kHz、600kHz 和 300kHz)相同,只是增加了波浪数据采集和处理的固化件,并配备了压力探头和方向谱实时分析软件。工作频率为 300kHz 的 AD-CP 波列阵的主要技术指标为:

a. 测量水深为 10~80m;

b. 流速剖面范围为 110m,层宽≤8m;最大层数 255,采用频率 10Hz;

c. 测速范围为 ±20m/s;测速精度为所测流速的 0.5% ±0.5cm/s;

d. 采样频率为 2.0Hz;

e. 波高精度为小于测量值的 1%;

f. 波向分辨率/精度为 0.5°/2°;

g. 最小量测波周期为 1.0s;

h. 最小量测波高为 0.4m。

挪威 Nortek 公司生产的声学多普勒剖面流速及海浪测量仪 AWAC(Acoustic Wave and Current,中文名为"浪龙")在换能器阵的设计上,不同于传统的 ADCP 采用的 JANUS 配置,其采用独特"3 +1"配置(见图 4.1-8 和图 4.1-9),即用 3 个倾斜的发射波束测量流剖面的流场信息,用一个垂直的发射波束直接测量波面的高度(声学波面跟踪法,英文为 Acoustic Surface Tracking,AST)。现有的 AWAC 可供选择的工作频率即声学频率有三个:1MHz、600kHz 和 400kHz,工作频率为 400kHz 的 AQWC 其主要技术指标为:

a. 测量水深为 100m;

b. 流速剖面范围为 50m,层宽 1.5~8m;最大层数 128,采用频率 1Hz;

c. 测速范围为水平 ±10m/s;精度为所测流速的 1% ±0.5cm/s;

d. AST 采样频率为 1.5Hz;

e. 波高范围为 0~15m;

f. 波高分辨率/精度为 1cm/小于测量值的 1%;

g. 波向分辨率/精度为 0.1°/2°;

h. 波周期范围为 1.5~50s。

 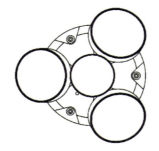 

图 4.1-8　AWAC(400kHz)外形

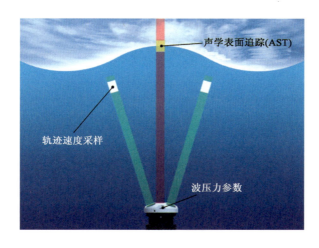

图 4.1-9　AWAC 波高测量示意图

与压力式相比,坐底式声学测波仪可以放在较大水深处而不存在水体滤波问题,同时可测量断面的平均流速,其缺陷主要在于恶劣气候(如暴风雨)和波况(如破波)条件下,在气水交界处边界面并不十分清晰,导致波浪记录产生较为严重的噪声,从而增加资料分析的难度,甚至无法分析,而这两种条件下的波浪特性正是工程研究特别感兴趣的。

(2)深水水域波流观测站建站方法

跨海桥梁设计需要确定桥位附近的波浪波高、周期等设计参数,需要获得桥位所在海域在强台风等恶劣气象条件下的波浪参数,通过对现有波浪和水流观测技术的调研可知,作为跨海桥梁波流和海流的短期观测,从观测费用和观测精度和可靠性角度考虑,采用波浪和海流的水下观测方式更为适合。

图 4.1-10 给出了一种深水水域波流观测站的实现方式:波流观测站由观测底座、波浪和海流观测仪、浮子、释放器、重力块和缆绳组成。波浪和海流观测仪固定于观测底座上并放置于海底,观测底座与浮子通过缆绳相连;浮子下方通过释放器连接重力块,浮子位于水面下一定深度。波浪和海流观测仪同时进行波浪和海流的连续观测,获得连续的波浪和海流观测数据,保存在观测设备的存储卡中,观测一段时间后打捞观测设备将数据取出并传送给数据存储系统。为保证观测数据的质量,观测底座应尽可能地放置在平坦海底上或者保证底座水平放置,同时观测底座应该做好防腐措施;为避免波浪和海流观测活动受捕鱼作业的干扰,可在观测区域附近水面放置警示标志;提取观测数据时,先触发释放器使得浮子与重力块之间的连接断开,浮子在浮力的作用下浮出水面,拖拽缆绳将观测底座和波浪和海流观测仪提出水面,将存储卡中的观测数据取出,然后检查观测底座、波浪和海流观测仪的完好性,确保完好的情况下,将释放器连接新的重力块,再将观测底座、波浪和海流观测仪、浮子连同重力块投放在原观测位置;要提前购买备用的波浪和海流观测仪,以便能够及时更换受损的波浪和海流观测仪,尽可能减少波浪和海流观测中断时间。

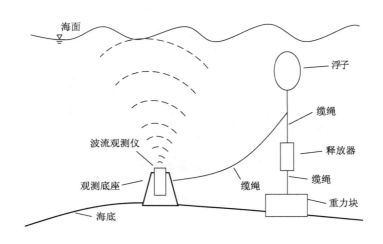

图 4.1-10　波浪和海流观测系统

4.2 风-浪-流耦合场观测数据分析方法

4.2.1 风观测数据处理分析方法

1. 风场数据可靠性影响因素及判别

风观测数据的可靠性影响因素包括观测仪器的性能(数据采样的方式、分辨率、量程以及跟踪能力等)、安装方式和观测运行管理等,而对基础数据质量的有效控制技术则是判别数据可靠性的关键;风观测数据代表性的主要影响因素包括观测位置的区域(或下垫面)代表性以及因天气系统结构的不同而导致的测风数据的代表性问题,如季风和锋面天气系统的风场大体呈带状分布,而台风、龙卷风等涡旋型天气系统的风场呈不规则的"环状"分布,两种不同环流结构天气系统的测风数据所能够代表的空间范围以及对平均风况和脉动风况的代表性等均差异很大。

超大型工程特别是柔性结构对脉动风的作用十分敏感,目前能够达到工程抗风研究要求的精度并可以较准确地测量强风条件下脉动风况的仪器主要是超声波测风仪。超声测风仪是利用超声波传播路径上的时间差来确定气流速度的,其数据采样频率越高,对环境的敏感度也越高,气流中的雨滴、尘埃、飞虫等都会干扰声波对风速的响应,同时,仪器任一部件在响应和传输过程中的短暂故障都会带来信号错误,从而产生"野点"数据。对台风进行风观测的最大困扰是降水,并且往往越靠近台风中心强风区,降雨强度越大,从而降低了获取可靠的强风数据的机会。另外,在实际观测中还常存在如下几类无法避免的误差:①实测中缺乏真正各向同性的场地以及恒定粗糙度的试验条件;②不存在完全中性的大气层结条件;③不同的信号处理技术以及湍流参数的计算方法产生的误差;④湍流本身的随机性。所有这些误差最终都将影响台风条件下平均和脉动风特性的计算及反演。

综合分析各类误差来源以及特征,可将其划分为如下三类:①显著误差,这类误差主要由强降雨或风致飞射物的干扰、电压的不稳定性造成的,基本上用肉眼就能识别出来,通常称为"野点";②趋势误差,这类误差主要由于在测试中采样频率的限制,以及与电源频率重合产生"折叠效应",测试时长没有经历所有大涡运动的特性等导致;③随机误差,这类误差主要是由试验条件和湍流信号本身的随机性导致。

针对以上实测数据误差,许多文献提出了不同的处理方法,如"子样本分割法""绝对均值法"等,但是都没有系统地对数据样本进行检测处理。根据对大量实测台风数据的分析经验,提出如下系统的数据检测处理方法:

(1)选用具备有效数据自动识别功能的仪器来协助判别由于降水等的影响而产生的无效数据。

(2)采用可靠的机械式测风仪进行平行观测,以其风速极值和风速、风向台风过程变化模态作为超声测风"野点"数据的判别依据。

(3)进行子样本分割,根据需要分割长度为 L(通常为 10min)的子样本,绘制风速时程,找出其中的"野点",采取多倍截断方差法对原始数据做进一步处理,采用五点三次插值法进行替换。

对原始时间序列 $x(i)(i=1,2,\cdots,n)$,根据下式构建其差分时间序列 $\mathrm{d}x$:

$$\mathrm{d}x(i) = x(i+2) - x(i) \qquad (i=1,2,\cdots,n-2) \tag{4.2-1}$$

根据下式计算序列 $\mathrm{d}x(i)$ 和 $\mathrm{d}x(i)^2$ 的平均值:

$$\overline{\mathrm{d}x} = \frac{1}{n-2}\sum_{i=1}^{n-2}\mathrm{d}x(i),\ \overline{\mathrm{d}x^2} = \frac{1}{n-2}\sum_{i=1}^{n-2}\mathrm{d}x(i)^2 \tag{4.2-2}$$

式中:n——数据序列的样本数。

再根据下式计算截断方差:

$$\sigma = \overline{\mathrm{d}x^2} - \overline{\mathrm{d}x}^2 \tag{4.2-3}$$

然后对"野点"进行判断:

$$\Delta = c\sigma^{0.5} \tag{4.2-4}$$

当 $|\mathrm{d}x(i)| > \Delta$ 或 $|\mathrm{d}x(i+2)| > \Delta$ 时,则将 $x(i+2)$ 视作"野点",对于矢量序列取 $c=4$。对被剔除的"野点",采用五点三次插值法进行插补。

(4)针对后两类误差导致的不合理点,采用一个长度为 L(通常为 1min 或 30s)的矩形窗,以一个数据为单位进行滑移,然后计算每一个矩形窗的均值和标准差,如果某个值与均值差的绝对值大于 4 倍标准差,则认为其为不合理点,采用五点三次插值法进行替换,这个过程一直重复,直到没有不合理点检测出来为止。当不合理点数量超过总点数的 1% 时,认为数据样本不合理。

(5)大气湍流谱分析理论建立在自然界风过程是平稳各态遍历的随机过程的假定基础上,而实测台风过程中风时程具有非平稳和非高斯特性,因此在计算湍流参数时,应尽可能地减少非平稳特性的影响,需进行去除趋势项处理。

(6)对子样本进行平稳性检验,检测数据合理性。

通过上述数据质量控制之后,样本可以用于风特性研究及谱分析研究。

2. 大风样本的筛选

近地层风的微观结构(包括垂直变化、阵性和脉动特征等)在很大程度上左右着构筑物的安全性设计和投资成本。大量观测事实证明:近地层大风和小风状况的微观结构十分不同,由于工程抗风设计主要关注大风状况,为了避免因为小风条件下的近地层风况特征不同于大风而带来的混淆和误差,需要从观测数据中筛选大风过程的样本。

通常认为绝大多数大风过程为中性层结状态,现行国家规范推荐的描述风廓线的指数或对数模型的适用条件也为中性大气层结,因而以中性层作为大风样本的筛选基本条件。从 Pasquill 大气边界层的稳定性分级标准(表 4.2-1)中可以看出,大气稳定(E、F 类)和不稳定(A、B、C 类)时,其对应的风速均较小,而当 10m 高平均风速大于 6m/s 时,只有在强太阳辐射出现时,大气层结才为 C 类(弱不稳定)状态,其他情况均为中性层结。以此类推可以认为,当 10m 高平均风速大于 6m/s 时,近地层通常可以达到中性大气层结要求。综合考虑观测场地的大风气候状况和现场观测资料条件,并要满足研究需要的样本长度,在此选观测塔 10m 高平均风速大于等于 6m/s 作为强风分析样本的筛选依据。

大气边界层稳定性 Pasquill 法分级　　　　　　　表 4.2-1

10m 高度平均风速 (m/s)	白天				日落、日出后 1 小时内	夜晚,云层量(oktas)		
	太阳辐射收入(W/m²)							
	强(>600)	中(300~600)	弱(<300)	乌云		0~3	4~7	8
<2	A	A-B	B	C	D	F	F	D
2~3	A-B	B	C	C	D	F	E	D
3~5	B	B-C	C	C	D	E	D	D
5~6	C	C-D	D	D	D	D	D	D
>6	C	D	D	C	D	D	D	D

注:A、B、C、D、E、F 分别为表大气层结为强不稳定、不稳定、弱不稳定、中性、弱稳定、稳定等状态。

3. 风特性参数计算过程

风场观测数据处理计算过程主要包括下列各个阶段和内容。

(1)样本分割。将所有原始记录数据按 10min 平均时距分割成子样本。

(2)样本点修正。根据风场数据可靠性判断技术和处理方法,进行原始样本的修正和补充,并根据以下原则剔除无效的子样本:①修正样本点个数超过全部子样本的 1%;②主方向平均风速小于 1.5m/s;③紊流特征量明显不合理者。

(3)确定子样本水平平均风向角 Φ,并定义风速仪探头的 x 轴向为 $\Phi=0$,则 $\Phi=\arctan(\bar{u}_y/\bar{u}_x)$。

(4)将实测的风速数据换算到以水平风向角为主轴的坐标系下,并得到纵向风速序列 $u=u_x\cos\Phi+u_y\sin\Phi$,横向风速序列 $v=u_y\cos\Phi-u_x\sin\Phi$ 和垂直风速序列 $w=u_z$。

(5)计算纵向平均风速 U、横向平均风速 V 和垂直平均风速 W,并求出三个对应方向的脉动风速:$u'=u-U, v'=v$,和 $w'=w-W$。

(6)计算三维脉动风速的均方根 σ_u、σ_v、σ_w,紊流强度 $I_u=\sigma_u/U$、$I_v=\sigma_v/U$、$I_w=\sigma_w/U$ 以及摩擦速度 $u_*^2=\sqrt{(\overline{u'w'})^2+(\overline{v'w'})^2}$。

(7)计算阵风因子 $G_u=\dfrac{U+u_{\max}}{U}$、$G_v=\dfrac{v_{\max}}{U}$、$G_w=\dfrac{w_{\max}}{U}$。

(8) 根据 Taylor 假设,紊流积分尺度 $L_u^x = \dfrac{1}{\sigma_u^2}\int_0^{\tau_{0.05}} R(\tau)\mathrm{d}\tau$,其中 $\tau_{0.05}$ 表示自相关函数 $R(\tau)$ 单调减小至 $0.05\sigma_u^2$ 对应的延迟时间,同理可以求出 L_v^x 和 L_w^x。

(9) 对脉动风速 u'、v'、w' 数据直接进行快速傅里叶变换,从而得到三维紊流功率谱密度函数 S_u、S_v、S_w,而功率谱密度函数在频域内的积分应等于对应方向脉动风速的紊流能量总和。

4.2.2 波浪水流观测数据处理分析方法

1. 异常数据的判别处理

在海洋观测资料中,会发现少数比正常数值大得多或者小得多的所谓异常数据,通常称为异常值。这些异常值按其性质可分为两类:一是正确的异常值,它是被测要素在海况急剧变化的真实记录,如强台风期的波高数据。这类数据对合理确定工程海洋环境设计参数具有重要意义,不可把它们在总资料中删除。二是由于仪器失灵、环境干扰等原因造成的错误记录值,这类数据应该从资料中删除。

鉴于目前观测资料数据量极大,因此常采用计算机进行异常值的判别,常用的判别方法和准则主要有如下几种。

(1) 用海洋要素的正常取值范围判别异常值。根据经验,每一个海洋要素都有一个正常取值的范围,若超出这一范围,则认为是异常值,否则是正常值。如对于波高观测数据,如波高值超过 40m,则该数据应该删除。

(2) 莱茵达准则。根据误差理论,一般情况下随机误差服从正态分布。随机误差落在 $\pm 3\sigma$(σ 为标准差)以外的概率只有 0.27%,因此可认为这是不可能发生的事件。因此,莱茵达认为观测数据 x_j 满足下式时,可认为该观测数据为异常值。

$$|x_j - \bar{x}| > 3\sigma \tag{4.2-5}$$

式中:

$$\bar{x} = \dfrac{1}{N}\sum_{j=1}^{N} x_j \tag{4.2-6}$$

实际判别时,标准差 σ 可用其估计值 S 替代,即:

$$S = \sqrt{\dfrac{\sum_{j=1}^{N}(x_j - \bar{x})^2}{N-1}} \tag{4.2-7}$$

(3) 肖维勒准则。莱茵达判别准则与观测的次数无关,当取样个数较少时,莱茵达判别准则过于保守。肖维勒提出了一种适合于观测次数较少时判别过失误差的准则,即:

$$|x_j - \bar{x}| > z_N S \tag{4.2-8}$$

式中：z_N——肖维勒准则的过失误差系数,与观测次数 N 相关,可由下式解出。

$$\frac{1}{2}\left(1-\frac{1}{2N}\right)=\frac{1}{\sqrt{2\pi}}\int_{-0}^{z}e^{-\frac{t^2}{2}}dt \quad (4.2\text{-}9)$$

(4)其他方法。设波面高度或流速的观测值为 x_j,其平均振幅和平均周期分别为 $\overline{X}$ 和 $\overline{T}$,则 x_j 可近似表示为：

$$x_j=\overline{X}\sin\left(\frac{2\pi}{\overline{T}}t_j\right) \quad (4.2\text{-}10)$$

式中：$t_j=j\Delta t$,Δt 为采用时间间隔。

因此,可通过检验 x_j 的绝对值,一阶和二阶差分是否满足下列各式来确定实测值 x_j 是否异常。

$$|x_j|<c_1\overline{X} \quad (4.2\text{-}11)$$

$$\left|\frac{x_{j+1}-x_j}{\Delta t}\right|<c_2\frac{2\pi}{\overline{T}}\overline{X} \quad (4.2\text{-}12)$$

$$\left|\frac{x_{j+1}-2x_j+x_{j-1}}{(\Delta t)^2}\right|<c_3\left(\frac{2\pi}{\overline{T}}\right)^2\overline{X} \quad (4.2\text{-}13)$$

式中：c_1、c_2、c_3——经验系数。

日本气象厅用计算机处理超声波型流速计观测资料时采用了该判别方法。

对于采用上述方法识别的异常数据,一般将其删除,然后用内插法补上一个正常值。内插法常采用三点抛物线插值法。设 y_0、y_1 和 y_2 为海洋要素在 x_1、x_2 和 x_3 处的观测值,待插值点 x 位于 x_0 和 x_2 之间,则 x 点的插值应用三点抛物线插值公式可表示为：

$$y=\frac{(x-x_1)(x-x_2)}{(x_0-x_1)(x_0-x_2)}y_0+\frac{(x-x_0)(x-x_2)}{(x_1-x_0)(x_1-x_2)}y_1+\frac{(x-x_0)(x-x_1)}{(x_2-x_0)(x_2-x_1)}y_2 \quad (4.2\text{-}14)$$

2. 波面记录去潮位分析

如图 4.2-1 所示,坐底式观测获得的原始波高数据(如采用 AWAC 获得的 AST 数据)是瞬时波面至海底的距离,为获得波面升高过程,需要分离平均水深。由于水深随时间变化比较缓慢,可采用移动平均法对原始数据进行处理。将原始波高数据减去该时刻的移动平均值即得到处理后的波面过程,移动平均值即平均水深,处理后的结果见图 4.2-2。

3. 波浪特征值分析

对如图 4.2-3 所示的随机波浪波面过程,波幅随时间变化,波动的周期也时长时短,对于这样的波形如何定义其波高和周期呢？目前常采用上跨零点法。取平均水位为零线,把波面上升与零线相交的点作为一个波的起点,波面下降到零线以下后接着又上升再次与零线相交的点作为这个波的终点和下一个波的起点。若横坐标代表时间,则起点和终点之间的时间间隔即为这个波的周期,若横坐标是距离,则此间距是这个波的波长。起点和终点间的波峰最高点和波谷最低点的垂直距离定义为波高。

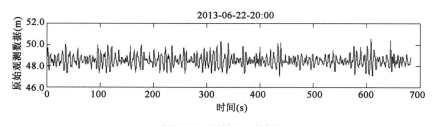

图 4.2-1 原始观测数据

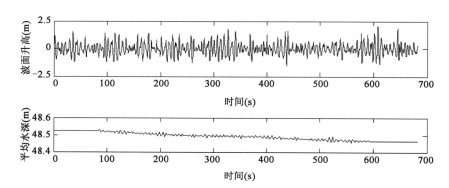

图 4.2-2 波面过程及水深

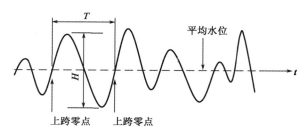

图 4.2-3 随机波浪波面过程示意

对于每一条观测记录,都可以采用上跨零点法得到一系列的波高和周期。如果采用这一系列的波高和周期来表征这个波系的话将非常不方便。通常采用两种方法来表征不规则波,一种是对波高、周期进行统计分析,采用具有某种统计特征值的波作为代表波(特征波),另一种方法是用频谱。

对于特征波的定义有两种,一种是采用部分大波的平均值,另一种是采用超值累积率法。

(1)按部分大波平均值定义的特征波

①最大波

波列中波高最大的波浪。该波浪的波高用 $H_{\max}$ 表示,周期用 $T_{H_{\max}}$ 表示。

②十分之一大波

波列中各波浪按波高大小排列后,前面 1/10 个波的平均波高用 $H_{1/10}$ 表示,平均周期用 $T_{H_{1/10}}$ 表示,假想一个波高为 $H_{1/10}$,周期为 $T_{H_{1/10}}$ 的规则波作为特征波,称为十分之一大波。

③有效波(三分之一大波)

波列中各波浪按波高大小排列后,前面 1/3 个波的平均波高用 $H_{1/3}$ 表示,平均周期用 $T_{H_{1/3}}$ 表示,假想一个波高为 $H_{1/3}$,周期为 $T_{H_{1/3}}$ 的规则波作为特征波,称为有效波。

④平均波

波列中所有波浪的平均波高用 $\overline{H}$ 表示,平均周期用 $\overline{T}$ 表示,假想一个波高为 $\overline{H}$,周期为 $\overline{T}$ 的规则波作为特征波,称为平均波。

(2)按超值累积率定义的特征波

常用的有 $H_{1\%}$、$H_{5\%}$ 和 $H_{13\%}$。以 $H_{1\%}$ 为例,其定义是指在波列中超过此波高的累积概率为 1%。其他特征波的定义可以类推。

采用上跨零点法对图 4.2-1 记录的波面过程进行处理,该记录共有 127 个波,其中前 44 个波浪的波高和周期见表 4.2-2。根据上述定义,计算得到各特征波高和周期分别为:$H_{max} = 3.48\text{m}$;$T_{H_{max}} = 6.18\text{s}$;$H_{1/10} = 2.75\text{m}$;$T_{H_{1/10}} = 5.83\text{s}$;$H_{1/3} = 2.18\text{m}$;$T_{H_{1/3}} = 6.24\text{s}$;$\overline{H} = 1.30\text{m}$;$\overline{T} = 5.36\text{s}$。

上跨零点法识别的波高和波周期 表 4.2-2

序号	波高(m)	周期(s)	序号	波高(m)	周期(s)	序号	波高(m)	周期(s)
1	3.48	6.18	16	2.24	5.71	31	1.86	7.62
2	3.17	6.01	17	2.24	7.51	32	1.84	6.03
3	2.93	6.50	18	2.24	4.47	33	1.83	6.19
4	2.85	4.61	19	2.16	4.99	34	1.82	6.53
5	2.75	6.55	20	2.15	7.35	35	1.79	4.45
6	2.74	6.30	21	2.01	5.30	36	1.79	7.08
7	2.71	6.14	22	1.99	7.11	37	1.78	6.63
8	2.67	5.38	23	1.99	6.59	38	1.74	7.60
9	2.56	6.67	24	1.98	5.69	39	1.71	6.84
10	2.55	5.57	25	1.97	7.03	40	1.69	8.27
11	2.49	5.62	26	1.95	7.24	41	1.68	5.71
12	2.45	5.03	27	1.92	7.26	42	1.68	7.83
13	2.44	5.18	28	1.89	5.40	43	1.62	7.45
14	2.37	5.47	29	1.87	5.63	44	1.61	7.32
15	2.35	5.58	30	1.87	6.14			

(3)特征波高之间的换算

假设海浪为平稳随机过程,波高分布的概率密度函数可表示为:

$$f(H) = \frac{H}{4m_0}\exp\left[-\frac{H^2}{8m_0}\right] \quad (4.2\text{-}15)$$

式中：m_0——海浪过程的方差（也即海浪谱的零阶谱矩）。

根据式(4.2-15)，波高 H_F 对应的超值累积概率为：

$$F(H > H_F) = \int_{H_F}^{\infty} f(H)\mathrm{d}H = \exp\left[-\frac{H_F^2}{8m_0}\right] \quad (4.2\text{-}16)$$

由此可得平均波高和均方波高：

$$\overline{H} = \int_0^{\infty} Hf(H)\mathrm{d}H = \sqrt{2\pi m_0} \quad (4.2\text{-}17)$$

$$H_{\mathrm{rms}} = \sqrt{\int_0^{\infty} H^2 f(H)\mathrm{d}H} = \sqrt{8m_0} \quad (4.2\text{-}18)$$

累积概率为 F 的波高 H_F：

$$H_F = \sqrt{8m_0 \ln(1/F)} \quad (4.2\text{-}19)$$

根据式(4.2-19)可得常用累积概率波高与谱矩 m_0 的关系，见表4.2-3。

按累积概率定义的特征波高　　　　　　　　　　　表4.2-3

$F\%$	1	3.9	5	13	13.5	45.5
$H_{F\%}/\sqrt{m_0}$	6.08	5.09	4.89	4.04	4.00	2.51

根据式(4.2-17)和式(4.2-19)，各累积概率波高可用平均波高表示为：

$$\begin{cases} H_{1\%} = 2.42\overline{H} \\ H_{5\%} = 1.95\overline{H} \\ H_{13\%} = 1.61\overline{H} \end{cases} \quad (4.2\text{-}20)$$

为求 $1/p$ 大波的平均波高，先求累积概率为 $1/p \times 100\%$ 的波高，以 H_p 表示，然后计算大于 H_p 部分的波高的平均值，即：

$$H_{1/p} = \frac{\int_{H_p}^{\infty} Hf(H)\mathrm{d}H}{\int_{H_p}^{\infty} f(H)\mathrm{d}H} = p\int_{H_p}^{\infty} \frac{H}{4m_0}\exp\left[-\frac{H^2}{8m_0}\right]\mathrm{d}H \quad (4.2\text{-}21)$$

式(4.2-21)最终可以表示为：

$$H_{1/p} = \sqrt{8m_0 \ln p} + p\sqrt{2\pi m_0}\left[1 - \mathrm{erf}(\sqrt{\ln p})\right] \quad (4.2\text{-}22)$$

根据式(4.2-22)，可以得到特征波高与谱矩 m_0 的关系，见表4.2-4。

部分大波的平均波高　　　　　　　　　　　　表4.2-4

p	100	10	3	1
$H_{1/p}/\sqrt{m_0}$	6.67	5.09	4.00	2.51

根据式(4.2-17)和式(4.2-22),对于常见的 $1/p$ 大波的平均波高和均方根波高可用平均波高表示:

$$\begin{cases} H_{1/100} = 2.66\,\overline{H} \\ H_{1/10} = 2.03\,\overline{H} \\ H_{1/3} = 1.60\,\overline{H} \\ H_{\mathrm{rms}} = 1.13\,\overline{H} \end{cases} \quad (4.2\text{-}23)$$

4. 波浪频谱分析

根据谱密度函数的定义:

$$S_{xx}(\omega) = \lim_{T\to\infty} \frac{1}{2\pi T} |X(\omega)|^2 \quad (4.2\text{-}24)$$

式中:$X(\omega)$——随机过程 $X(t)$ 的傅里叶变换;

$S_{xx}(\omega)$——$X(t)$ 的功率谱密度函数。

由式(4.2-24)可计算波高功率谱密度函数。此外,还可以根据维纳-辛钦(Wiener-Khintchine)定理估算波高谱密度函数。

若随机过程 $X(t)$ 是弱平稳的,则其自相关函数和谱密度函数之间存在傅里叶变换关系,即:

$$R_{xx}(\tau) = \int_0^\infty S_{xx}(\omega)\cos(\omega\tau)\,\mathrm{d}\omega \quad (4.2\text{-}25)$$

$$S_{xx}(\omega) = \frac{2}{\pi}\int_0^\infty R_{xx}(\tau)\cos(\omega\tau)\,\mathrm{d}\tau \quad (4.2\text{-}26)$$

式中:$R_{xx}(\tau)$——随机过程 $X(t)$ 自相关函数。

采用式(4.2-24)或式(4.2-26)计算粗谱密度后,一般需要进行平滑处理。

(1)当采用 Hanning 或 Hamming 窗平滑时:

$$S(\omega_k) = \alpha \hat{S}_{k+1} + (1-2\alpha)\hat{S}_k + \alpha \hat{S}_{k-1} \quad (4.2\text{-}27)$$

$$S(\omega_0) = (1-2\alpha)\hat{S}_k + 2\alpha \hat{S}_1 \quad (4.2\text{-}28)$$

$$S(\omega_n) = 2\alpha \hat{S}_{n-1} + (1-2\alpha)\hat{S}_n \quad (4.2\text{-}29)$$

式中:$S(\omega_k)$——对应 ω_k 的平滑后的谱密度;

$\hat{S}_k$——对应 ω_k 的粗谱密度;

ω_k——第 k 个圆频率;

ω_0、ω_n——起始和最后两端点的圆频率;

α——Hanning 和 Hamming 窗系数,分别为 0.25 和 0.23。

(2)当采用矩形窗平滑时:

$$S(\omega_k) = \frac{1}{2p+1}\sum_{i=-m}^{m}\hat{S}_{k+i} \quad \left(m = \frac{N}{160} \sim \frac{N}{80}\right) \quad (4.2\text{-}30)$$

式中:N——样本总数。

图 4.2-4 为图 4.2-1 记录的波面过程所对应的功率谱密度函数及其与上述常用海浪频谱(包括:文圣常谱,简称 WENS 谱;改进 JONSWAP 谱,简称 JONS 谱;布-光易谱,简称 BBMM 谱;Pierson-Moscowitz 谱,简称 PIMO 谱)的对比,从图中可以看出,该波面过程的波谱与文圣常谱和改进 JONSWAP 谱($\gamma = 2.0$)比较接近。

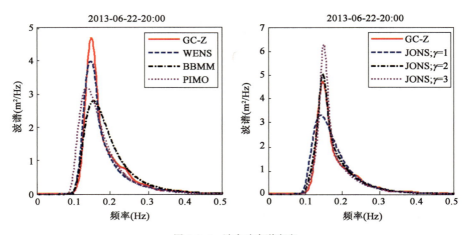

图 4.2-4 波高功率谱密度

5. 方向谱分析

(1)波浪方向谱模式

现有的波浪方向谱一般可表示为波浪频率 $S(\omega)$ 和方向分布函数 $G(\omega,\theta)$ 的乘积形式:

$$S(\omega,\theta) = S(\omega) \cdot G(\omega,\theta) \quad (4.2\text{-}31)$$

式中:ω——圆频率;

θ——方向角。

确定方向谱,主要是确定方向分布函数。由于方向分布函数表示波浪能量在平面上不同角度的分布状态,因此方向分布函数应满足三个条件:

①任何频率的波能沿方向分布是对称的。

②任何频率和方向上都没有负谱值,即:

$$G(\omega,\theta) > 0 \quad (4.2\text{-}32)$$

③根据波浪能量守恒原理,有:

$$\int_{-\pi}^{\pi} G(\omega,\theta)\,\mathrm{d}\theta > 0 \quad (4.2\text{-}33)$$

Longuet-Higgins(1963)把方向分布函数表示为:

$$G(\omega,\theta) = \frac{2^{2s-1}}{\pi} \frac{\Gamma^2(s+1)}{\Gamma(2s+1)} \cos^{2s}\frac{\theta-\theta_0}{2} \tag{4.2-34}$$

式中:s——波浪方向分布集中度参数;

θ_0——波浪传播方向与主波向的夹角;

Γ——伽马函数。

s、θ_0 都是 ω 的函数。

(2)波浪方向谱估计

现有多种分析方向谱的方法。其中较通用的有以下几种:一是参量化法(Longuet-Higgins,1961),把方向谱展开成傅里叶级数,其系数由方向谱与互谱间的关系确定;二是最大似然法(MLM)(Capon,1969);三是贝叶斯法(Hashimoto 等,1987);四是最大熵法(MEM)。他们多通过测得的各个波浪特性(波面高程、波面垂直速度、波面坡度、水质点速度等)间的互谱来推算方向谱。

假定波浪振幅很小且可由多数组成波叠加而成,可推导出任意两个波浪特性间的互谱等于相应波浪特性与波面间的传递函数的乘积的傅里叶变换,即:

$$S_{mn}(\omega) = \int_{-\pi}^{\pi} H_m(\omega,\theta)\overline{H}_n(\omega,\theta)[\cos(kx_{mn}\cos\theta + ky_{mn}\sin\theta) - \\ i\sin(kx_{mn}\cos\theta + ky_{mn}\sin\theta)]S(\omega,\theta)d\theta \tag{4.2-35}$$

式中:m、n——测点。

$x_{mn} = x_m - x_n$,$y_{mn} = y_m - y_n$,传递函数可表示成下列形式

$$H_m(\omega,\theta) = h_m(\omega)\cos^{\alpha_m}\theta\sin^{\beta_m}\theta \tag{4.2-36}$$

式中:$h_m(\omega)$、α_m、β_m——可根据线性波浪理论导出。

1964年,Nagata 提出同步观测波面高程和两个正交方向上的质点水平速度来估算波浪方向谱,该方法称为 ηuv 方法。

根据不规则线性波理论,波面方程可以表达为:

$$\eta(t) = \sum_{j=1}^{M} a_j\cos[k_j(x\cos\theta_j + y\sin\theta_j) - \omega_j t + \varepsilon_j] \tag{4.2-37}$$

式中:$\eta(t)$——波动水面相对于静水面的瞬时高度;

a_j——第 i 个组成波的幅值;

k_j、ω_j——第 j 个组成波的波数和圆频率;$k_j = 2\pi/L_j$;$\omega_j = 2\pi/T_j$;

L、T——波长、周期;

x、y、t——位置和时间;

θ_j——波浪的入射方向与整体坐标系 x 轴的夹角;

ε_j——第 j 个组成波的初相位,为在(0,2π)范围内均匀分布的随机数。

因此,根据线性波浪理论,水质点的速度和加速度的表达式为:

$$u(t) = \sum_{j=1}^{M} a_j \omega_j \cos\theta_j \frac{\cosh k_j(d+z)}{\sinh k_j d} \cos[k_j(x\cos\theta + y\sin\theta) - \omega_j t + \varepsilon_j] \quad (4.2\text{-}38)$$

$$v(t) = \sum_{j=1}^{M} a_j \omega_j \sin\theta_j \frac{\cosh k_j(d+z)}{\sinh k_j d} \cos[k_j(x\cos\theta + y\sin\theta) - \omega_j t + \varepsilon_j] \quad (4.2\text{-}39)$$

可以得到 η、u、v 相应的自谱和互谱:

$$S_{uu}(\omega,\theta) = K_u^2(\omega,\theta) S_{\eta\eta}(\omega,\theta) \quad (4.2\text{-}40)$$

$$S_{vv}(\omega,\theta) = K_v^2(\omega,\theta) S_{\eta\eta}(\omega,\theta) \quad (4.2\text{-}41)$$

$$S_{\eta u}(\omega,\theta) = K_u(\omega,\theta) S_{\eta\eta}(\omega,\theta) \quad (4.2\text{-}42)$$

$$S_{\eta v}(\omega,\theta) = K_v(\omega,\theta) S_{\eta\eta}(\omega,\theta) \quad (4.2\text{-}43)$$

$$S_{uv}(\omega,\theta) = K_u(\omega,\theta) K_v(\omega,\theta) S_{\eta\eta}(\omega,\theta) \quad (4.2\text{-}44)$$

式中:K_u、K_v——速度传递函数,其表达式为:

$$K_u(\omega,\theta) = \omega \frac{\cosh kd}{\sinh kd} \cos\theta = K_0 \cos\theta \quad (4.2\text{-}45)$$

$$K_v(\omega,\theta) = \omega \frac{\cosh kd}{\sinh kd} \sin\theta = K_0 \sin\theta \quad (4.2\text{-}46)$$

为导出方向分布函数 $G(f,\theta)$ 的表达式,将 $G(f,\theta)$ 展开成傅里叶级数:

$$G(\omega,\theta) = \frac{1}{\pi}\left[\frac{1}{2} + \sum_{j=1}^{\infty} A_j(\omega)\cos(j\theta) + \sum_{j=1}^{\infty} B_j(\omega)\sin(j\theta)\right] \quad (4.2\text{-}47)$$

式中:

$$A_j(\omega) = \int_{-\pi}^{\pi} G(\omega,\theta)\cos(j\theta)\mathrm{d}\theta \quad (4.2\text{-}48)$$

$$B_j(\omega) = \int_{-\pi}^{\pi} G(\omega,\theta)\sin(j\theta)\mathrm{d}\theta \quad (4.2\text{-}49)$$

因此:

$$\begin{aligned} A_1(\omega) &= \int_{-\pi}^{\pi} G(\omega,\theta)\cos\theta\mathrm{d}\theta = \int_{-\pi}^{\pi} \frac{S_{\eta\eta}(\omega,\theta)}{S_{\eta\eta}(\omega)}\cos\theta\mathrm{d}\theta \\ &= \int_{-\pi}^{\pi} \frac{S_{\eta u}(\omega,\theta)}{K_u(\omega,\theta) S_{\eta\eta}(\omega)}\cos\theta\mathrm{d}\theta \\ &= \frac{1}{K_0 S_{\eta\eta}(\omega)} \int_{-\pi}^{\pi} S_{\eta u}(\omega,\theta)\mathrm{d}\theta = \frac{S_{\eta u}(\omega)}{K_0 S_{\eta\eta}(\omega)} \end{aligned} \quad (4.2\text{-}50)$$

又由于:

$$S_{uu}(\omega,\theta) + S_{vv}(\omega,\theta) = K_0^2 S_{\eta\eta}(\omega,\theta) \quad (4.2\text{-}51)$$

因此:

$$S_{uu}(\omega) + S_{vv}(\omega) = K_0^2 S_{\eta\eta}(\omega) \quad (4.2\text{-}52)$$

所以：

$$A_1(\omega) = \frac{S_{\eta u}(\omega)}{\sqrt{S_{\eta\eta}(\omega)[S_{uu}(\omega)+S_{vv}(\omega)]}} \tag{4.2-53}$$

同理可得：

$$A_2(\omega) = \frac{S_{uu}(\omega)-S_{vv}(\omega)}{S_{uu}(\omega)+S_{vv}(\omega)} \tag{4.2-54}$$

$$B_1(\omega) = \frac{S_{\eta v}(\omega)}{\sqrt{S_{\eta\eta}(\omega)[S_{uu}(\omega)+S_{vv}(\omega)]}} \tag{4.2-55}$$

$$B_2(\omega) = \frac{2S_{uv}(\omega)}{S_{uu}(\omega)+S_{vv}(\omega)} \tag{4.2-56}$$

（3）方向分布参数确定

式（4.2-34）所表示的 Longuet-Higgins 模式应该与式（4.2-47）相等，结合式（4.2-34）、式（4.2-48）和式（4.2-49），可得：

$$\begin{cases} A_j(\omega)+iB_j(\omega) = \dfrac{2^{2s-1}}{\pi}\dfrac{\Gamma^2(s+1)}{\Gamma(2s+1)}\int_{-\pi}^{\pi}\cos^{2s}\dfrac{\theta-\theta_0}{2}e^{j\theta}d\theta & (j=1,2,3,\cdots)\\ A_0(\omega) = 1 \end{cases}$$

$$(4.2\text{-}57)$$

如果取 $j=1$，此时的方向分布参数以 s_1 表示，平均方向以 θ_{01} 表示，可得：

$$\left.\begin{array}{l} r_1 = \dfrac{\sqrt{A_1^2+B_1^2}}{A_0^2} \\ s_1 = \dfrac{r_1}{1-r_1}, \theta_{01} = \arctan\left(\dfrac{B_1}{A_1}\right) \end{array}\right\} \tag{4.2-58}$$

如果取 $j=2$，此时的方向分布参数以 s_2 表示，平均方向以 θ_{02} 表示，可得：

$$\left.\begin{array}{l} r_2 = \dfrac{\sqrt{A_2^2+B_2^2}}{A_0^2} \\ s_1 = \dfrac{1+3r_2+\sqrt{1+14r_2+r_2^2}}{2(1-r_2)}, \theta_{02} = \dfrac{1}{2}\arctan\left(\dfrac{B_2}{A_2}\right) \text{或} \theta_{02} = \dfrac{1}{2}\arctan\left(\dfrac{B_2}{A_2}\right)+\pi \end{array}\right\}$$

$$(4.2\text{-}59)$$

一些学者指出：与 s_1 相比，s_2 对噪声干扰的敏感性要小一些，把 s_2 用于 ηuv 方法时，能给出比 s_1 好的结果。

6. 波浪分频分级分析

波浪玫瑰图表示某海域某时间段内各方位波浪的大小及频率的统计图，故可形象地显示该海区的强浪向和常浪向,是海洋工程规划、设计中所必需的海况统计资料。

波浪玫瑰图可分为波高玫瑰图和波周期玫瑰图,按年、季或月绘制。绘制波浪玫瑰图时,应将波高和周期的观测值分级,一般波高可每隔0.5m为一级,周期每隔1s为一级,统计各自的出现次数,并除以统计期间的总观测次数,即得频率。

以琼州海峡2013年6月1~30日主通航孔观测数据为例,波浪有效波高的分频分级见表4.2-5,得到的波高玫瑰图见图4.2-5。

波浪分频(%)分级　　　　　　　　　　　　　　　　　　　　　　表4.2-5

方向	0.0~0.5m	0.5~1.0m	1.0~1.5m	1.5~2.0m	>2.0m	合计
N	1.94	0.14	0	0	0	2.08
NNE	2.08	0.28	0.14	0.14	0	2.64
NE	4.17	0.42	0	0.27	0.13	4.99
ENE	9.17	1.94	0.42	0.42	0.14	12.09
E	11.25	2.36	0.14	0.28	0.42	14.45
ESE	6.53	0.83	0.28	0	0	7.64
SE	3.05	0.28	0	0	0	3.33
SSE	2.08	0.28	0	0	0	2.36
S	2.36	0	0	0	0	2.36
SSW	0.97	0	0	0	0	0.97
SW	2.22	0.14	0	0	0	2.36
WSW	4.03	0.69	0	0	0	4.72
W	6.53	7.64	2.36	0	0	16.53
WNW	5.69	5.42	1.39	0	0	12.50
NW	3.05	1.53	2.78	0.14	0	7.50
NNW	2.92	0.56	0	0	0	3.48
合计	68.04	22.51	7.51	1.25	0.69	100.0

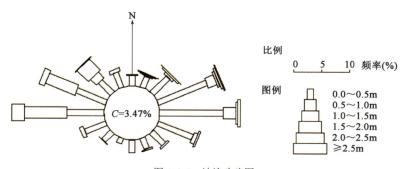

图4.2-5　波浪玫瑰图

7. 潮余流分离及垂向分布分析

实际的海流流动可看成为潮流和余流两部分之和。潮流主要是月球和太阳引潮力所引起的海水水平运动,一般是周期性变化的;余流是去掉了周期性的潮流后所剩下的部分,它包括风海流、地形所引起的潮汐回流、密度流、径流等,是一种流向相对稳定的流动。根据潮汐理论,月球和太阳的引潮力可以看成许多周期和相位不等的引潮力的叠加,因此总流动可表示为如下形式:

$$u(t) = U(t) + \sum_j D_j X_j \cos(\sigma_j t + \gamma_j - \phi_j) \quad (4.2\text{-}60)$$

$$v(t) = V(t) + \sum_j D_j Y_j \cos(\sigma_j t + \gamma_j - \theta_j) \quad (4.2\text{-}61)$$

式中:u、v——总流动的南北分量和东西分量;

U、V——余流的南北分量和东西分量;

j——分潮;

σ——分潮的角速度;

D、γ——天文参数,是时间和地点的函数;

X、Y——各分潮南北、东西分量的振幅;

ϕ、θ——各分潮南北、东西分量的迟角。

根据潮汐理论,对潮流影响较大的分潮是有限的(工程中常用的有:O_1 为主太阳日分潮流;K_1 为太阴太阳赤纬日分潮流;M_2 为主太阴半日分潮流;S_4 为主太阳半日分潮流;M_4 为太阴四分之一日分潮流;M_{s4} 为太阴太阳四分之一分潮流),因此,根据实测海流资料,对主要分潮进行最小二乘拟合,即可获得各分潮的调和常数 X、Y、ϕ 和 θ,该分析过程即为潮流的调和分析。当获得了调和常数后,即可由式(4.2-62)和式(4.2-63)计算任意时刻的潮流:

$$u^*(t) = \sum_j^M D_j X_j \cos(\sigma_j t + \gamma_j - \phi_j) \quad (4.2\text{-}62)$$

$$v^*(t) = \sum_j^M D_j Y_j \cos(\sigma_j t + \gamma_j - \theta_j) \quad (4.2\text{-}63)$$

式中:M——调和分析中采用的分潮数。

观测期间的余流可采用式(4.2-64)和式(4.2-65)计算得到。

$$U(t) = u(t) - u^*(t) \quad (4.2\text{-}64)$$

$$V(t) = v(t) - v^*(t) \quad (4.2\text{-}65)$$

图4.2-6和图4.2-7为根据琼州海峡2013年6月1~30日主通航孔海流观测数据分析得到的潮流和水流随时间变化过程。从图中可以看出,琼州海峡地区的海流以潮流为主,余流较小,潮流流向主要为东西方向。

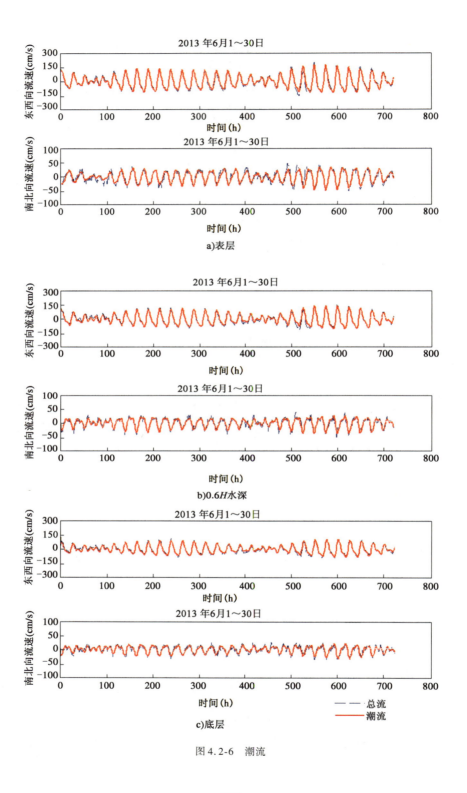

图 4.2-6　潮流

第4章 风-浪-流耦合场现场观测方法与耦合特性分析

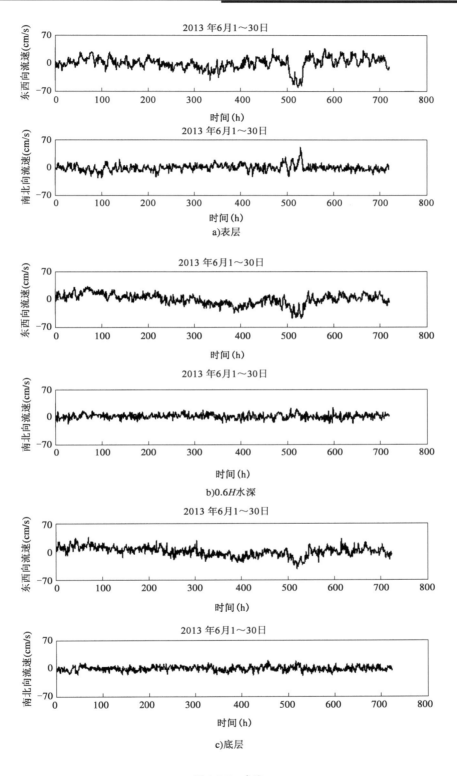

图 4.2-7 余流

图 4.2-8 为部分潮流峰值时刻潮流流速沿垂向分布（图例说明：如 09-21，表示 6 月 9 日 21 时）。从图中可以看出东西向潮流垂向分布形态比较一致，大致为指数分布。此外该月份大潮大多发生在晚上的 21 时左右。南北向流速垂向分布形态不同时刻有所差别，这可能是由于南北向流速本身的数值较小，误差相对较大。

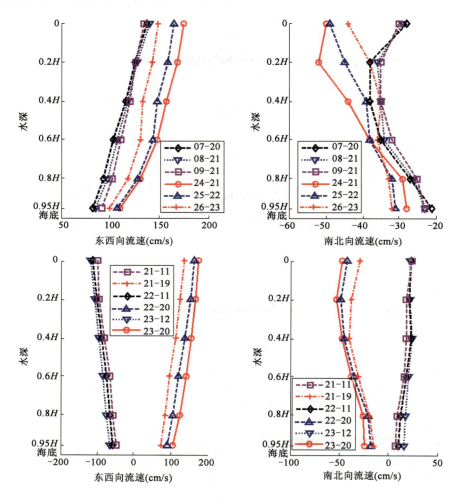

图 4.2-8　潮流流速沿垂向分布

4.3　琼州海峡海域风-浪-流耦合场观测及耦合特性

4.3.1　琼州海峡海域风-浪-流耦合场观测系统

作者在琼州海峡海域建立了风-浪-流耦合场观测系统，从 2012—2015 年开展了风、浪、流的同步连续观测，捕获了"威马逊""海鸥"等 12 场台风期和季风期琼州海峡海域的风-浪-流耦合场多点空间相关、时间同步及连续的现场观测数据,为琼州海峡跨海工程设计及建设环境荷载参数的确定提供了宝贵资料。

琼州海峡工程海域风-浪-流耦合场观测系统布设在琼州海峡西线桥位附近,其中风观测系统由南、北两个风速观测站组成,南岸观测站设在海南省澄迈县雷公岛顶端的滩涂上,位于西线桥轴线的西侧,北岸观测站设在广东省徐闻县境内北部湾和琼州海峡分水岭处一个灯塔上;波流观测系统由主、辅两个波流观测站组成,主观测站布设于西线桥位主通航孔附近,副观测站布设在西线桥位南侧辅通航孔附近,两个观测站点的水深分别为47.6m、40.7m;潮位观测系统由1个临时验潮站组成,临时验潮站设在玉包港。风、波浪和海流、潮位站的经纬度坐标见表4.3-1。

风-浪-流耦合场观测系统各观测站站位　　　　表4.3-1

站　位	WGS-84 坐标		备　注
	北　纬	东　经	
北岸风观测站	20°13′18″	109°55′27″	
南岸风观测站	19°59′05″	109°53′16″	
主通航孔波流观测站	20°06′25″	109°50′18″	水深47.6m
辅通航孔波流观测站	20°02′50″	109°51′02″	水深40.7m
验潮站	19°59′37″	109°56′26″	

北岸风观测站配备1个超声风传感器,1个机械风传感器,1个雨量桶,1套高速数据采集存储及发射平台和太阳能供电子系统;南岸风观测站为65m高梯度风观测塔,见图4.3-1。在该塔10m、20m、40m、60m高度处分别设置1台超声波风速仪和1台机械式风速仪,此外还配备1个雨量桶,1套高速数据采集存储及发射平台和太阳能供电子系统。两个风观测站配备的机械风传感器为 RM. YANG 螺旋桨风传感器(海用型),其主要技术指标为:风速0~100m/s,分辨率0.3m/s;风向0~360°,分辨率3°。配备的超声风传感器为 GILL 三维超声风传感器,其主要技术指标为:风速0~65m/s,分辨率0.01m/s;风向0~359.9°,分辨率1°;U、V、W 矢量输出,输出频率16Hz、20Hz、32Hz。

主、辅通航孔波流观测站采用挪威 Nortek 公司生产的声学多普勒波浪海流剖面仪 AWAC(简称"浪龙"),型号分别为400Hz和600Hz,见图4.3-2。其主要精度指标为:波高测量精度为测量值的±1%;波向误差±2°;周期范围1.5s(400Hz)或1.0s(600Hz)~50s;流速精度为测量值的1%±0.5cm/s;流速测量范围为0.01~10m/s,流向误差±2°。

潮位观测站采用瑞士 KELLER 公司生产的 DCX-22 潮位仪,见图4.3-3。该仪器是一款自容式感压验潮仪,产品精度高,耗电量小,体积也很小(长250mm,直径22mm),能方便地安装于各种水下物体上,广泛应用于海洋学研究、海洋工程勘察、港口监测、水利大坝监测等。该仪器测量精度为满量程的±0.05%,分辨率能达到满量程的0.0025%。

图 4.3-1　南岸风观测塔全景

a)400Hz AWAC　　　　　　　　b)600Hz AWAC

c)AWAC 投放过程

图 4.3-2　AWAC 安装投放

风-浪-流耦合场观测系统于 2012 年 6 月～2015 年 7 月期间在琼州海峡西线桥位附近开展了现场观测。其中风观测系统为连续不间断观测,获得了 3 年多的原始风观测数据(南岸风观测塔:10m、20m、40m、60m 高度处的顺风向、横风向和竖向的风速、风向时程;北岸风观测站:10m 处的风速、风向时程),波流观测系统和潮位观测系统受观测经费制约,于

图 4.3-3　DCX-22 潮位仪

2012—2014 年每年的 6～11 月、2015 年 1～7 月进行观测并获得原始观测数据[波面升高、波向、分层(表层,$0.2H$,$0.4H$,$0.6H$,底层)流速和流向时程;连续潮位过程]。特别要说明的是,通过琼州海峡风-浪-流耦合场观测系统,捕获了 12 场台风期的风-浪-流耦合场多点空间相关、时间同步及连续的现场观测数据,为跨海桥梁设计提供了宝贵的资料(表 4.3-2)。

获得风-浪-流耦合场观测数据的台风过程　　　　表 4.3-2

序号	台风编号	台风名	发 生 时 间	途径琼州海峡附近时风力等级
1	1213	启德	2012 年 8 月 16～18 日	13 级
2	1223	山神	2012 年 10 月 27～29 日	12 级
3	1305	贝碧嘉	2013 年 6 月 22～24 日	9 级
4	1306	温比亚	2013 年 7 月 1～3 日	11 级
5	1309	飞燕	2013 年 8 月 2～4 日	10 级
6	1311	尤特	2013 年 8 月 13～15 日	14 级
7	1321	蝴蝶	2013 年 9 月 28～30 日	13 级
8	1329	罗莎	2013 年 11 月 3～5 日	9 级
9	1330	海燕	2013 年 11 月 9～11 日	13 级
10	1405	威马逊	2014 年 7 月 17～19 日	17 级
11	1415	海鸥	2014 年 9 月 15～17 日	13 级
12	1508	鲸鱼	2015 年 6 月 23～25 日	8 级

4.3.2　风、波浪、海流特性分析

1.风观测数据统计分析

(1)平均风速、风向

图 4.3-4 给出了琼州海峡观测点处 2013 年春季(3 月)和秋冬季(11 月)的风速-风向分布结果。

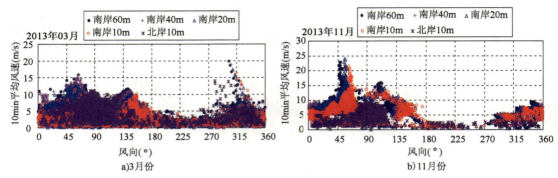

图 4.3-4 风速-风向关系图

(2) 平均风攻角

通过对 2012 年 6 月～2014 年 6 月期间的风速观测样本进行计算分析,得到了琼州海峡海峡观测塔位置处的风攻角统计结果,其中部分结果如图 4.3-5 所示。从结果可知:①在低风速时,由于气流自身的不稳定性和受近地面垫层影响,使得风攻角分布呈离散状态;②随着风速的增大,风攻角绝对值逐渐变小,并在一个稳定区间分布;③当风速大于 17m/s 时(8 级),风攻角在 ±5° 之间;当风速大于 32.6m/s 时(13 级),风攻角在 ±3° 之间;④同时可以发现,离地面较高测点的风攻角要小于离地较低的测点。

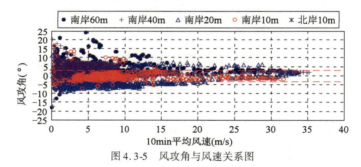

图 4.3-5 风攻角与风速关系图

(3) 风剖面

根据琼州海峡南塔 10m、20m、40m 和 60m 高度的 10min 平均风速观测计算结果,拟合得到了不同风速子样本对应的风剖面指数值,如图 4.3-6 所示。

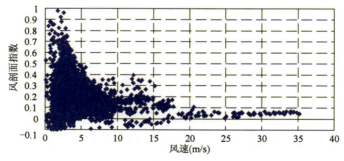

图 4.3-6 风剖面指数与风速关系图

从结果可知:①在低风速时,风剖面指数呈较大的离散型分布,这主要是由于地表粗糙垫层对低速度风的扰动较大,使得在近地表层的风速沿高度分布没有明显的规律;②随着风速的增大,风剖面指数随风速增大而逐渐收敛于一个稳定区间;③当风速大于32.6m/s时(13级),风速剖面指数平均值为0.08。

(4)阵风因子

通过对琼州海峡海峡风速观测样本进行计算分析,得到观测塔位置处的阵风因子计算结果,其中部分结果如图4.3-7所示。

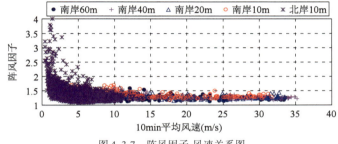

图 4.3-7 阵风因子-风速关系图

从结果可知:①在低风速时,由于气流自身的不稳定性和受近地面垫层影响,使得阵风因子呈离散性分布,最大值超过6;②随离地面位置增高,其阵风因子呈减小趋势;③随着风速的增大,阵风因子逐渐收敛于一个稳定区间,且随高度增大而减小;当风速大于32.6m/s时(13级),阵风因子平均值为1.2。

(5)紊流强度

利用对琼州海峡风速观测样本,计算得到紊流强度部分结果如图4.3-8所示。从结果可知,紊流度在低风速区分布非常离散,但是随着风速增大,紊流度逐渐变小,表明高风速时的脉动成分在减小;根据2012年6月~2014年6月现场风场实测样本分析得到,当风速大于17m/s时,I_u、I_v 和 I_w 的平均值分别为13.3%、9.1%和5.1%,紊流度之间的比值关系为$I_u:I_v:I_w=1:0.7:0.4$。

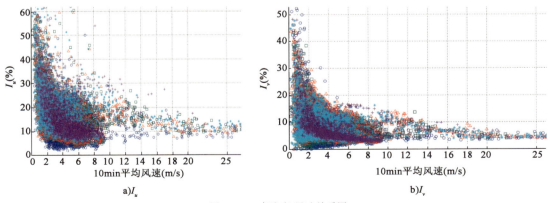

图 4.3-8 紊流度-风速关系图

(6) 紊流积分尺度

取 10min 为基本时距,采用自相关函数积分法计算桥址区长期的紊流积分尺度,得到桥址区基于长期观测数据的顺风向脉动风速 u、水平横风向脉动风速 v 和竖向脉动风速 w 沿顺风向 x 轴的积分尺度,部分结果如图 4.3-9 所示。

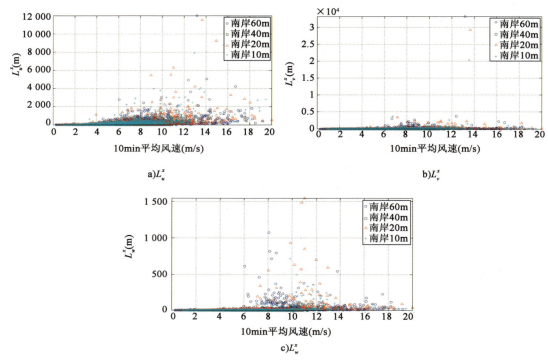

图 4.3-9 紊流积分尺度

(7) 自功率谱密度函数

以 2013 年 11 月的超强台风"海燕"为例,对台风期间的风谱进行拟合,风谱模型采用第 3 章的式(3.1-12)~式(3.1-14)。首先分析了海燕台风的风速变化过程,在 2013 年 11 月 10 日的 12:00~13:00 期间,台风强度在观测塔处达到最大;然后从 13:00~15:00 期间,风速发生了快速衰减。通过对这段时间的风速样本时程进行频谱分析,进行风谱模型待定参数拟合,得到相应的实测台风模型,如图 4.3-10 所示。

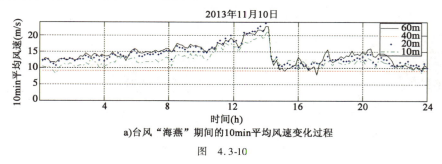

a) 台风"海燕"期间的10min平均风速变化过程

图 4.3-10

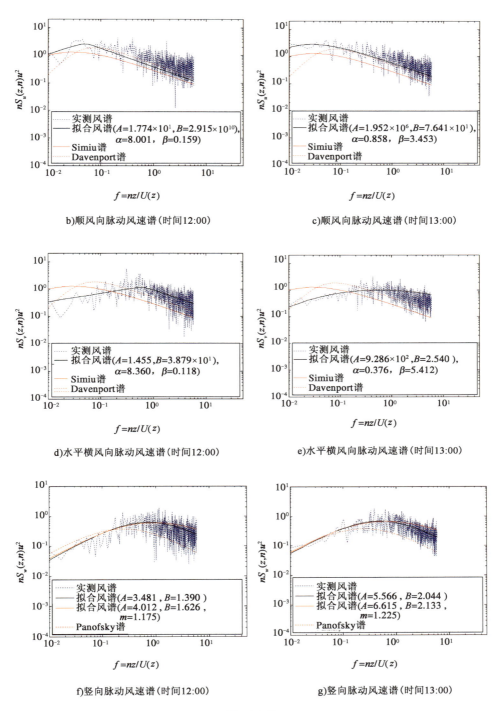

图 4.3-10

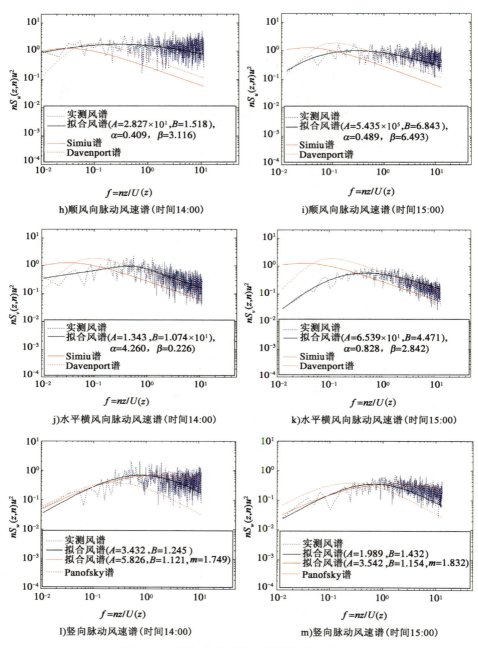

图 4.3-10 台风"海燕"期间实测风谱及其变化过程

2. 波浪观测数据统计分析

(1) 波浪分频分级

2012—2015 年度主通航孔波浪玫瑰图见图 4.3-11,辅通航孔波浪玫瑰图见图 4.3-12。

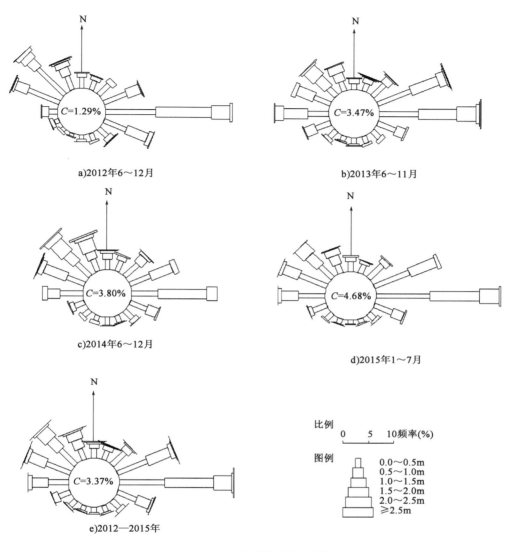

图 4.3-11 主通航孔波浪玫瑰图

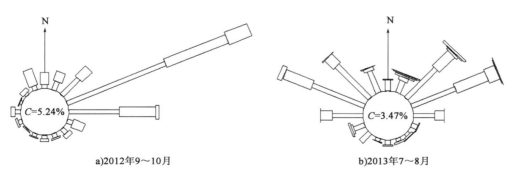

图 4.3-12

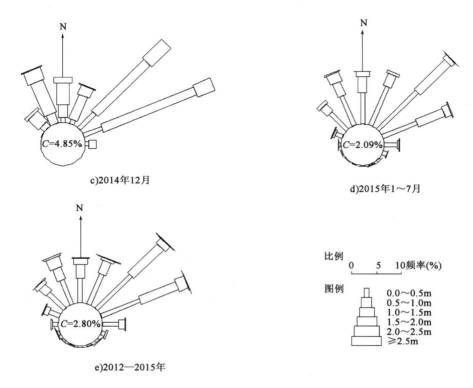

图 4.3-12 辅通航孔波浪玫瑰图

2012—2015 年度实测最大有效波高(波向)、常浪向和次常浪向的分布情况见表 4.3-3 和表 4.3-4。

主通航孔波浪有效波高和浪向统计分析结果　　　　　　表 4.3-3

年度	月份	有效波高		常浪向		次常浪向	
		最大值(m)	方向	方向	频率(%)	方向	频率(%)
2012	6	1.77	ENE	E	10.4	W	8.8
	7~8	2.05	NW	NW	30.8	WNW	30.3
	9	1.54	NW	E	28.0	ESE	19.4
	10	2.00	NNW	E	54.3	ENE	11.6
	11~12	2.19	NW	E	45.3	ESE	15.7
	6~12	2.19	NW	E	26.2	NW	12.5
2013	6	2.23	E	W	16.5	E	14.4
	7	1.63	NW	WNW	14.0	W	13.0
	8	4.12	ENE	W	20.1	WSW	10.2
	9	1.90	E	E	24.7	ENE	19.3
	11	4.15	E	E	39.0	ENE	21.8
	6~11	4.15	E	E	20.0	ENE	14.8

续上表

年度	月份	有效波高		常浪向		次常浪向	
		最大值(m)	方向	方向	频率(%)	方向	频率(%)
2014	6	1.46	W	WNW	16.5	W	14.7
	7	7.29	NW	WNW	12.5	W	9.4
	12	2.01	N	E	37.55	NW	15.07
2015	1	1.60	E	E	45.76	ENE	13.46
	2	1.41	NW/WNW	E	33.78	ENE	23.81
	3	1.54	E	E	34.64	ENE	18.19
	4	1.30	NNW/NW	ENE	21.42	E	20.03
	6	1.97	E	W	27.22	WNW	23.33

辅通航孔波浪有效波高和浪向统计分析结果　　　　表 4.3-4

年度	月份	有效波高		常浪向		次常浪向	
		最大值(m)	方向	方向	频率(%)	方向	频率(%)
2012	9(18日)~10(12日)	1.27	E/ENE	ENE	42.9	E	19.5
2013	7(8日)~8(10日)	3.72	ENE	ENE	18.5	WNW	18.0
2014	12	2.10	NNW	ENE	371.05	NE	37.69
2015	1	1.55	NE	ENE	34.05	NE	30.42
	2	1.57	ENE	NE	39.94	ENE	22.8
	3	1.45	N	NE	30.96	ENE	21.13
	4	1.31	NW	NE	29.49	ENE	19.05
	6	2.07	NE	NW	20.69	NNW	20.14
	7	1.93	NNW	NNW	31.90	NW	22.50
	8	1.55	NE	ENE	34.05	NE	30.42

(2)特征波要素

2012—2015 年度主通航孔测点各月逐时特征波高和特征周期最大值见表 4.3-5,2015 年度辅通航孔测点各月逐时特征波高和特征周期最大值见表 4.3-6,其中特征波高包括有效波高、最大波高、平均波高和十分之一波高,特征周期包括平均周期、最大周期和三分之一周期。

主通航孔特征波高和波周期　　　　表 4.3-5

年度	月份	波高 (m)				波周期 (s)		
		有效波高	最大波高	平均波高	1/10 波高	平均周期	最大周期	1/3 周期
2012	6	1.77	2.96	1.02	2.25	8.73	10.50	10.01
	8	2.05	3.41	1.22	2.51	5.69	8.66	7.19
	9	1.54	2.24	0.90	1.76	4.67	8.66	6.04
	10	2.00	3.09	1.16	2.34	4.83	8.66	6.15
	11	2.19	4.21	1.24	2.75	5.00	9.00	6.78

续上表

年度	月份	波高（m）				波周期（s）		
		有效波高	最大波高	平均波高	1/10 波高	平均周期	最大周期	1/3 周期
2012	12	1.97	3.56	1.18	2.48	4.67	7.50	6.08
2013	6	2.23	3.42	1.41	2.68	5.37	8.00	7.26
	7	1.63	2.32	1.02	1.94	4.33	7.33	6.97
	8	4.12	5.47	2.57	4.91	5.43	8.00	7.51
	9	1.90	2.77	1.11	2.21	4.94	7.33	6.13
	11	4.15	5.12	2.42	4.98	5.76	8.66	7.73
2014	6	1.46	2.24	0.85	1.72	4.70	8.00	6.98
	7	7.29	12.18	3.78	9.26	6.39	10.00	8.30
	12	2.01	3.38	1.17	2.46	4.99	9.33	6.49
2015	1	1.60	2.59	0.99	1.97	4.60	9.33	7.50
	2	1.41	2.38	0.84	1.72	4.79	9.33	7.09
	3	1.54	2.57	0.96	1.96	4.87	7.33	6.47
	4	1.30	2.15	0.80	1.58	4.77	7.33	6.34
	6	1.97	3.14	1.21	2.51	5.20	8.66	7.82
	7	1.67	2.81	0.99	1.91	4.65	7.33	6.83

辅通航孔特征波高和波周期 表 4.3-6

年度	月份	波高（m）				波周期（s）		
		有效波高	最大波高	平均波高	1/10 波高	平均周期	最大周期	1/3 周期
2015	1	1.55	2.54	0.94	1.89	4.16	8.00	5.66
	2	1.57	2.70	0.87	1.96	3.95	7.00	5.94
	3	1.45	2.20	0.92	1.71	4.25	7.00	3.53
	4	1.31	2.10	0.79	1.57	4.31	8.00	6.06
	6	2.07	3.46	1.30	2.63	3.83	7.50	8.04
	7	1.93	3.16	1.10	2.43	3.63	7.50	5.61

(3) 2012—2015 年度琼州海峡波浪总体特征

根据对观测数据的统计分析可知,2012—2015 年度琼州海峡波浪总体特征为:

①最大波高在 2.24～12.18m 之间,最大周期在 7.33～10.50s 之间。

②有效波高在 1.46～7.29m 之间,有效周期在 6.04～10.01s 之间。

③海域常浪向为 E 向。

④较大的波浪均为台风影响产生。

3. 海流统计特征

(1) 流速

表 4.3-7 给出了主通航孔 2012—2015 年度各个月份不同层流速的最大值。

主通航孔不同层流速最大值(单位:m/s)　　　　　表 4.3-7

时间	表层	$0.2H$	$0.4H$	$0.6H$	$0.8H$	底层	平均
2012-06	2.17	1.90	1.71	1.64	1.41	1.01	1.48
2012-07	1.13	1.09	1.01	0.97	0.94	0.90	0.98
2012-08	1.39	1.30	1.25	1.16	1.10	0.92	1.14
2012-09	1.32	1.28	1.25	1.20	1.15	1.03	1.18
2012-10	1.23	1.38	1.30	1.29	1.28	1.05	1.21
2012-11	1.44	1.43	1.45	1.36	1.30	1.03	1.32
2012-12	1.29	1.32	1.29	1.23	1.11	0.97	1.17
2013-06	2.10	1.75	1.68	1.59	1.39	1.18	1.54
2013-07	1.53	1.55	1.47	1.41	1.40	1.08	1.39
2013-08	1.44	1.44	1.35	1.30	1.19	1.05	1.25
2013-09	2.21	2.12	1.75	1.29	1.04	0.95	1.51
2013-10	1.03	0.97	0.86	0.84	0.74	0.65	0.82
2013-11	1.47	1.39	1.42	1.38	1.36	1.26	1.35
2014-07	1.47	1.39	1.42	1.38	1.36	1.26	1.35
2014-12	1.75	1.81	1.70	1.50	1.44	1.22	1.55
2015-01	1.21	1.46	1.44	1.37	1.32	1.14	1.32
2015-02	1.39	1.43	1.43	1.33	1.21	1.16	1.27
2015-03	1.12	1.24	1.21	1.18	1.19	0.98	1.12
2015-04	0.98	1.28	1.26	1.28	1.17	0.97	1.12
2015-06	1.56	1.51	1.40	1.35	1.24	1.16	1.30
最大值	2.21	2.12	1.75	1.64	1.44	1.26	1.55

根据观测结果,琼州海峡地区海流流速具有以下特征:

①海流表层流速通常大于同时刻断面平均流速。

②流速的变化周期性特征明显,其反映了潮汐和潮位的变化规律。初步分析可得,潮汐的周期约为 25h,有明显的半日潮特征。

③根据流速统计值,表层流速最大值为2.21m/s,发生在2013年9月份;断面平均流速最大值为1.55m/s,发生在2014年12月份;2012—2015年所测月份中,表层流速最大值在0.98~2.21m/s之间,断面平均流速最大值在0.82~1.55m/s之间。

④2012—2015年各月底层流速的最大值相差最小,在所测月份中,底层流速的最大值变化范围为0.65~1.26m/s。

⑤在流速的垂向分布上,比较各个月份各层流速的最大值,总体上各层最大流速随水深的增大而减小。但根据海流月报表,某时刻各层流速比较,表层流速不一定是最大的。

(2)流向

图4.3-13为2012年8月主通航孔测点表层流向和断面平均流向的逐时变化过程,其他时段的海流流向随时间变化的规律基本相同,这里不再给出。

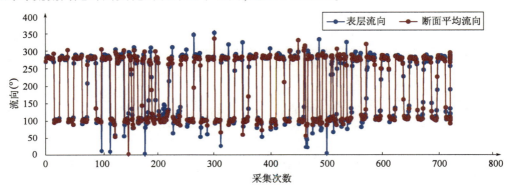

图4.3-13 海流流向随时间变化过程

根据观测结果,琼州海峡地区海流流向具有以下特征:

①海流流向有周期性变化,呈往复特征,其流向主要为100°和280°,对应方向约为E向和W向。

②表层的水流流向与断面平均流向变化趋势是一致的,说明水体是呈整体性流动。但在风场等因素的影响下,表层流向有时会偏离断面平均流向。

4.3.3 风-浪-流耦合场耦合特性分析

对2012—2014年琼州海峡台风期间的现场观测数据进行分析,包括特征参数的相关性分析及其波浪频谱特征分析,得到了风-浪-流耦合场相关特征参数的耦合特性。

1. 台风中的风速、波高、流速

风-浪-流耦合场中的平均风速、有效波高和表层流速随时间变化过程见图4.3-14。

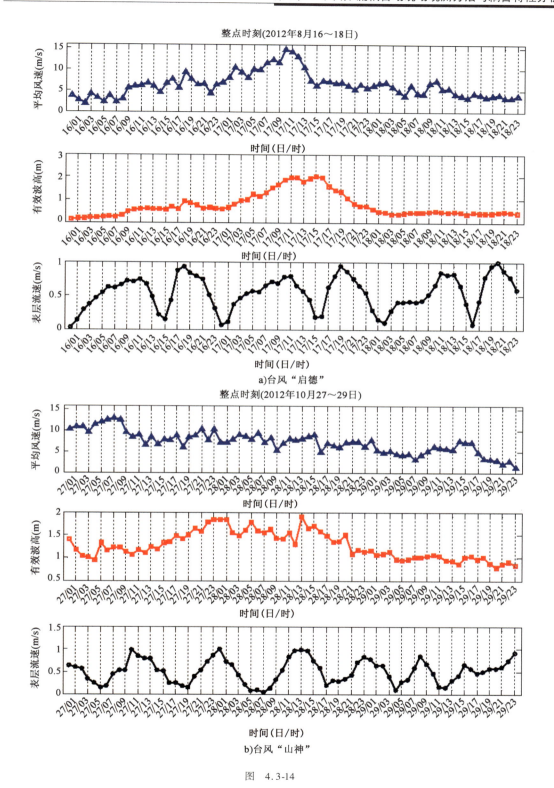

a) 台风"启德"

b) 台风"山神"

图 4.3-14

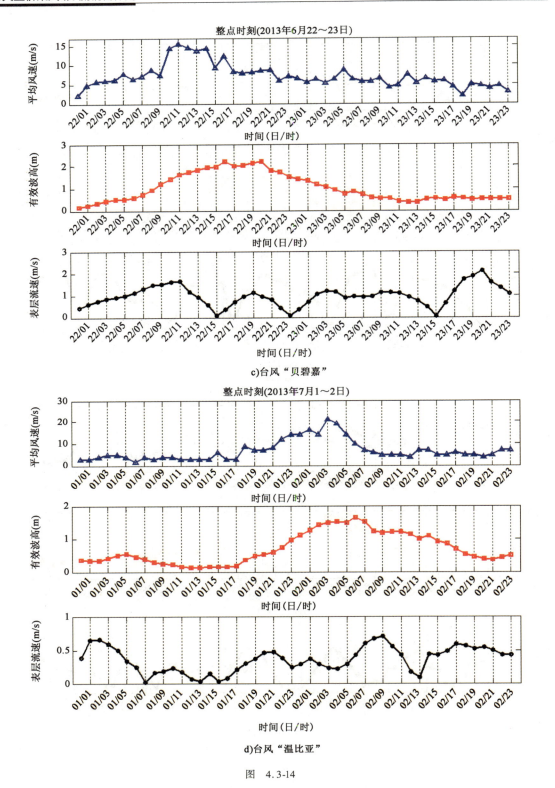

c) 台风"贝碧嘉"

d) 台风"温比亚"

图 4.3-14

第4章 风-浪-流耦合场现场观测方法与耦合特性分析

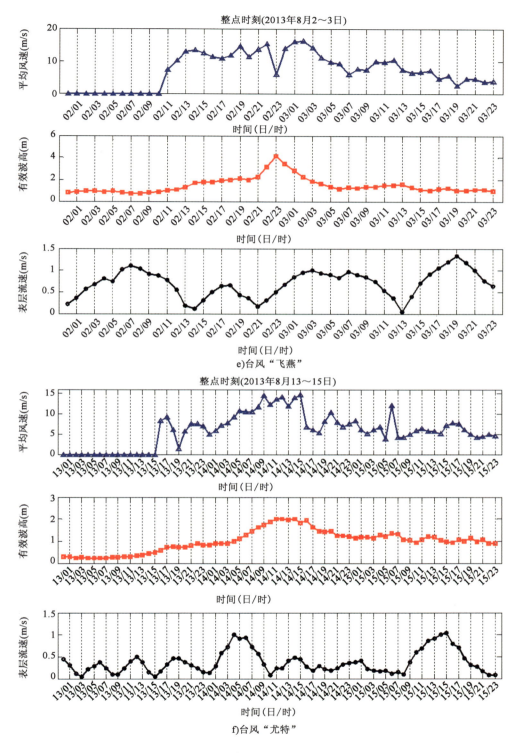

图 4.3-14

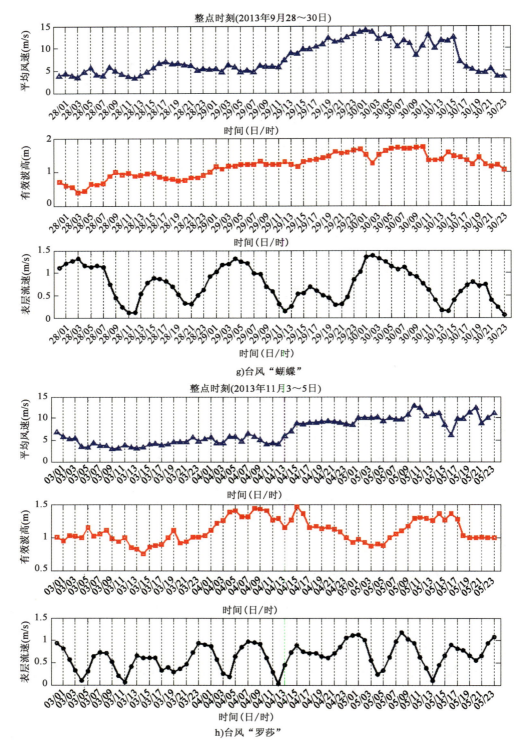

g)台风"蝴蝶"

h)台风"罗莎"

图 4.3-14

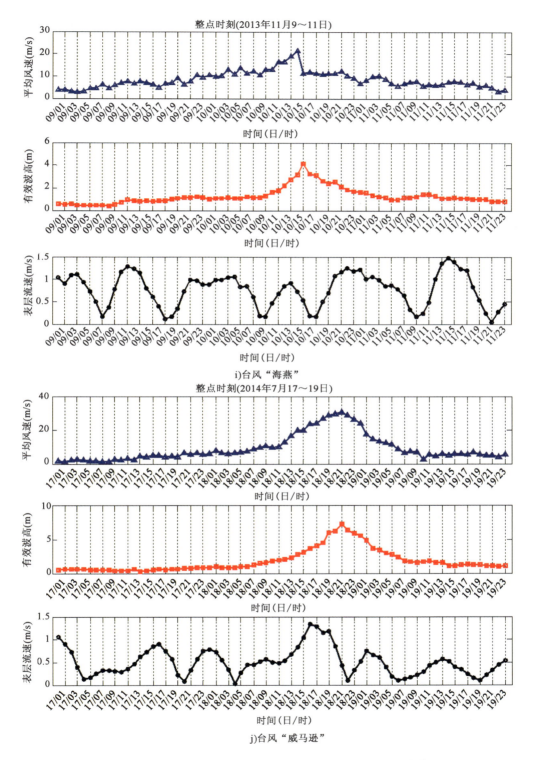

图 4.3-14 风-浪-流耦合场中的平均风速、有效波高和表层流速随时间变化过程

2. 风速、波高、流速相关性

为分析台风过程中的风速、波高和流速随时间变化规律,将台风期间(2~3天)整点时刻的风速、波高和流速除以台风期间各自的最大值进行归一化处理后置于同一坐标系下,图4.3-15给出了台风"贝碧嘉"期间的结果。从图4.3-15可以看出,台风过程中的风速和波高有较大的相关性,绝大部分情况下,风速取最大值时,波高值也位于最大值附近;流速与风速、流速与波速的相关性很小,流速随时间大致呈周期性变化。

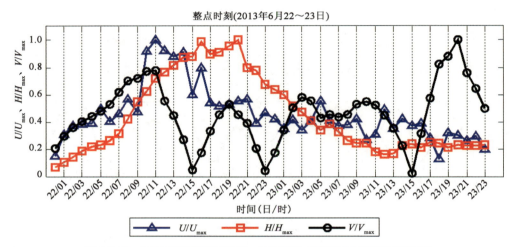

图4.3-15 台风"贝碧嘉"期间的归一化的风速、波高和流速随时间变化过程

为进一步分析风速与波高、流速的相关程度,计算台风过程中风速最大值时刻的波高和流速与台风过程中的最大波高和最大流速的比值,计算结果见图4.3-16。从图中可以看出大部分台风过程中,风速取最大值时刻的波高与台风过程中的最大波高的比值位于0.80左右,这说明风速和波高相关程度很高,但其极值不同步;风速取最大值时刻的流速与台风过程中的最大流速比值分布比较分散,这说明风速和流速的相关程度不高。

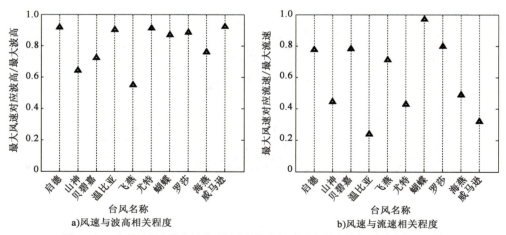

图4.3-16 台风过程中最大风速时刻对应的波高、流速与最大波高、最大流速的比值

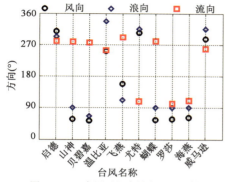

图 4.3-17 台风过程中最大风速时刻
对应的风向、浪向和流向

3. 风向、波向、流向相关性

图 4.3-17 为台风过程中风速取得最大值时刻的风向、波向和流向。从图 4.3-17 和图 4.3-18 可以看出：风向和浪向的相关性比较高，但风向和浪向不一致。流向与风向、波向的相关性不高，且流向主要分布在 90°或者 270°附近，即琼海海峡地区的流向大致为东西方向。

4. 台风对余流垂向分布的影响

图 4.3-19 为台风贝碧嘉发生前后和发生期间部分时刻余流流速沿垂向分布（图例说明：如 09-21，表示 6 月 9 日 21 时）。从图中可以看出，非台风期，余流流速沿垂向分布相对均匀，台风期余流流速沿垂向逐渐递减，表层、0.2H 层的余流流速明显增大，0.4H 层以下趋向均匀。可见，台风期余流中存在比较大的风生海流，但风生海流流速比潮流流速小很多。

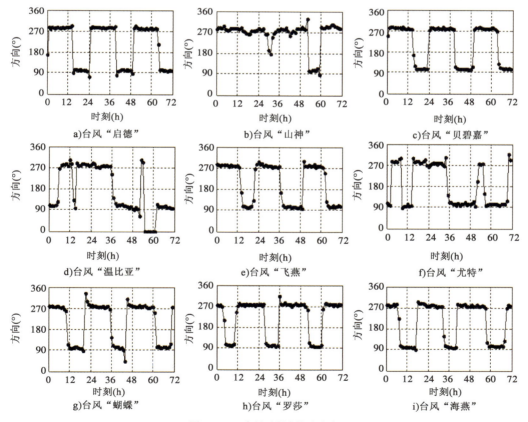

图 4.3-18 台风过程中海流流向

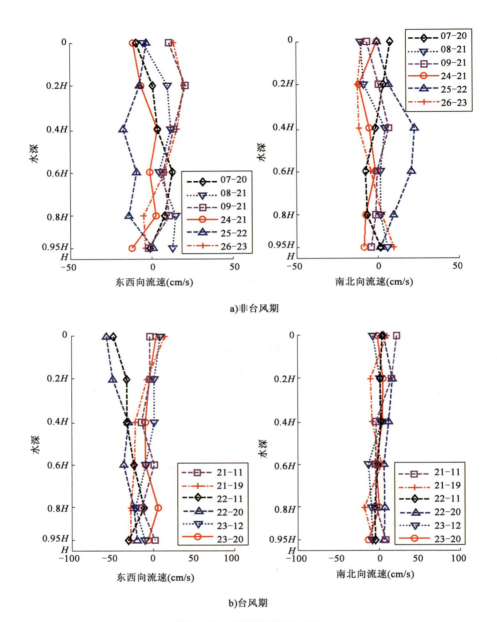

图 4.3-19 余流流速沿垂向分布

5. 台风对波浪频谱形态的影响

由 4.2 节可知,台风和波浪存在极大相关性。台风过程中,随着风速的逐渐增大,波高也逐渐增大达到峰值,之后随着风速减小,波高也逐渐减小,这其实也说明了台风发生期间和台风过后波浪能量先增强而后逐渐减小的过程。波浪谱是波浪能量的反映形式,波浪频谱形态在整个台风过程中存在典型的变化过程。如图 4.3-20 所示,波浪的频谱特征随时间变化特征可分为3个阶段,即台风发生前、台风发生期间和台风过后。台风发生前,波浪场主要受局部风场影响,波浪谱形宽,谱峰值较小,波浪周期较短;台风发生期间,随着台风逐渐增强,波浪谱形变窄,波浪能量更加集中,谱峰周期变长;台风过后,随着台风作用慢慢消失,波浪谱形变宽,谱峰周期变短。

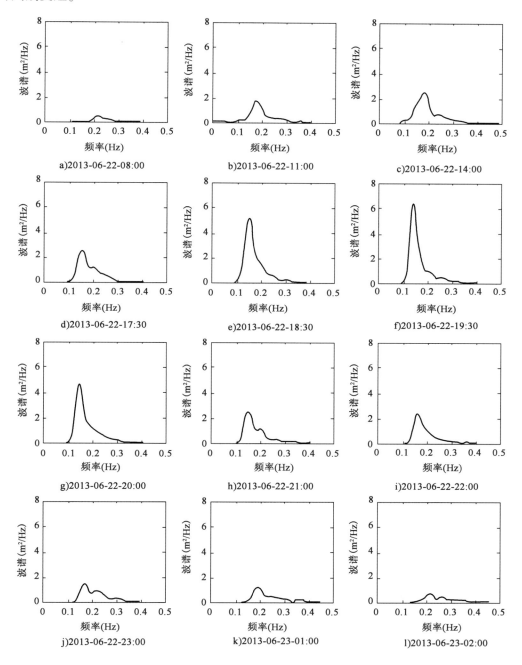

图 4.3-20　台风期波浪频谱

4.3.4 对现行规范的讨论

1. 桥梁设计风参数

根据我国《桥梁抗风设计规范》(JTG/T D60-01—2004)(简称《风规》)第3.2.2条关于工程场地地表类型的分类情况,地表类型A类的地表特征状况为海面、海岸、开阔水域和沙漠,地表类型A类的地表粗糙度系数 $\alpha = 0.12$。近地层风速剖面采用指数律模型计算公式,即:

$$u(z) = u_0 \left(\frac{z}{z_0}\right)^{\alpha} \quad (4.3\text{-}1)$$

式中:$u(z)$——高度为 z 处的风速;

α——风速高度变化风剖面指数(或称为幂指数)。

根据琼州海峡地区的风场现场观测实测结果可知:①在低风速小于17.2m/s(8级)时,风剖面指数呈较大的离散型分布,在近地表层的风速沿高度分布没有明显的规律;②随着风速的增大,风剖面指数随风速增大而逐渐收敛于一个稳定区间;当风速大于32.6m/s时(13级),风速剖面指数平均值为0.08。

对于海区工程场地,根据《风规》计算出的桥梁设计风速结果将比观测结果偏大,即设计可能偏于保守。

2. 有效波高与平均波高、有效周期与平均周期的比值

根据《海港水文规范》(JTS 145-2—2013)(简称《海规》)第4.1.4条和第4.2.4条,有效周期 T_s 与平均周期 $\overline{T}$、有效波高 H_s 与平均波高 $\overline{H}$ 可按下式计算:

$$T_s = 1.15\overline{T} \quad (4.3\text{-}2)$$

$$H_s = 1.6\overline{H} \quad (4.3\text{-}3)$$

根据琼州海峡地区2012—2015年台风过程中波浪场的统计分析结果,在平均周期和平均波高比较小的情况下,上述公式计算得到的有效周期和有效波高偏小;在平均周期和平均波高比较大的情况下,上述公式计算得到的有效周期和有效波高偏大(图4.3-21)。

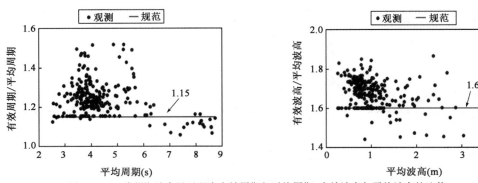

图4.3-21 琼州海峡台风过程中有效周期与平均周期、有效波高与平均波高的比值

3. 台风过程中的波浪频谱

将台风过程中波浪场达到充分成长(波高接近到达最大值)状态时的观测波浪频谱与常用谱(包括《海规》中推荐的谱型之一:文圣常谱,简称 WENS 谱;《海规》中推荐的谱型之二:改进 JONSWAP 谱,简称 JONS 谱;布-光易谱,简称 BBMM 谱;Pierson-Moscowitz 谱,简称 PIMO 谱)进行对比,见图 4.3-22,结果表明,多数情况下,观测波浪频谱与改进的 JONSWAP 谱(谱峰因子 γ 取 2.0~3.0 之间)比较接近。

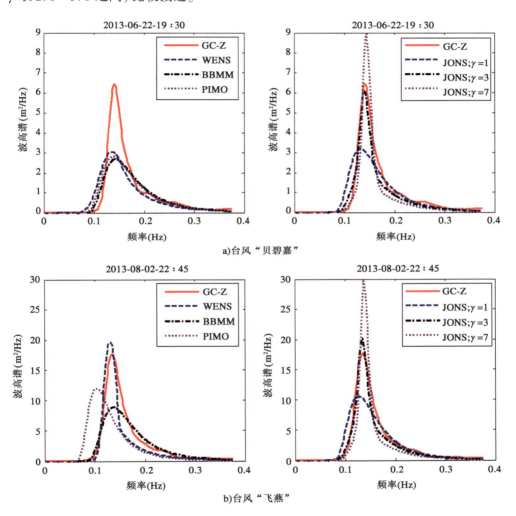

图 4.3-22 琼州海峡台风过程中观测的海浪频谱与常用谱的对比

4. 风浪的波高与周期的关系

根据《海规》第 4.3.2.1 条,当地大的波浪主要为风浪时,可由风浪的波高与周期的相关关系外推与该设计波高相对应的周期,或按表 4.3-8 确定相应的周期。

风浪的波高与周期的近似关系　　　　　　表 4.3-8

$H_{1/3}$(m)	2	3	4	5	6	7	8	9	10
T_s(s)	6.1	7.5	8.7	9.8	10.6	11.4	12.1	12.7	13.2

根据琼州海峡的现场观测分析结果,当有效波高较大时,表中对应的有效周期偏大,取值结果偏保守(图 4.3-23)。

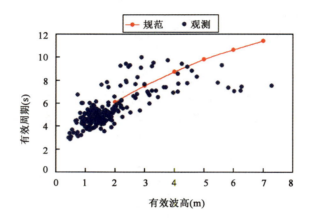

图 4.3-23　琼州海峡现场观测的有效波高与有效周期分布

本章参考文献

[1] 刘高,张喜刚,等."十二五"交通运输重大科技专项项目《特大型桥梁风-浪-流耦合作用研究》项目研究报告[R].2015,9.

[2] 左其华.现场波浪观测技术发展和应用[J].海洋工程,2008,26(2):124-139.

[3] 曾志,陈智杰,郑斌鑫,等.AWAC 在海洋波浪观测应用中若干问题的探讨[A].第十六届中国海洋(岸)工程学术讨论会论文集[C].大连:2013,467-472.

[4] 刘在科,李家钢,雷方辉.不同波浪观测技术在南海海上油气平台的应用[J].中国造船,2014,55(2):309-315.

[5] 朱文文.我国海洋探测技术五十年发展的回顾与展望(一)[J].海洋技术,1999,18(2):1-16.

[6] 高艳波,朱光文,白毅平,等.美国国家业务化海浪观测计划及其对我们的启示[J].海洋技术,2011,30(4):118-122.

[7] 毛祖松.我国近海波浪浮标的历史、现状与发展[J].海洋技术,2007,26(2):23-27.

[8] 尧怡陇.海洋波浪-潮汐和水位测量技术及其现状思考[J].中国测试,2013,39(1):31-35.

[9] 蔡树群.海洋环境观测技术研究进展[J].热带海洋学报,2007,26(3):76-81.

[10] http://www.datawell.nl/products/buoys.aspx.

[11] http://www.rdinstruments.com/waves.aspx.

[12] http://www.nortek-as.com/en/products/wave-systems/awac.

[13] 方国洪,郑文振,陈宗镛,等.潮汐与潮流的分析和预报[M].北京:海洋出版社,1986.

[14] 俞聿修.随机波浪及其工程应用[M].大连:大连理工出版社,2000.

[15] 竺艳蓉.海洋工程波浪力学[M].天津:天津大学出版社,1991.

[16] 邱大洪.波浪理论及其在工程中的应用[M].北京:高等教育出版社,1986.

[17] Moscowitz L. Estimates of the power spectrums for fully developed seas for wind speeds of 20 to 40 knots[J]. J. Geophys. Res., 1964, 69(24):5161-5179.

[18] Mitsuyasu H, et al. Observations of the power spectrum of ocean waves using a cloverleaf buoy[J]. J. Phys. Oceanogr., 1980, 10(2):286-296.

[19] Goda. A comporative review on the functional forms of directional wave spectrum[J]. Coastal Eng. J., 1999, 41(1):1-20.

[20] 文圣常,张大错,等.改进的理论风浪频谱[J].海洋水报,1990,12(3):271-283.

[21] 耿宝磊,文先华.台风作用下琼州海峡海域波浪特征分析[J].海洋工程,2013,31(6):59-67.

[22] 刘高,张喜刚,陈上有,等.一种跨海桥梁风-浪-流耦合场观测和模拟系统:中国,ZL 2015 1 0579241.0[P].2018-01-19.

第 5 章 风-浪-流耦合场数值模拟方法及设计参数

推算风-浪-流耦合场设计参数一般要求有 20 年的同步观测资料，但实际上工程区域很难有 20 年的同步历史观测资料，特别是波浪和水流的观测资料比较缺乏。为获得 20 年以上的同步连续资料，可利用风-浪-流耦合场现场短期观测数据，结合已有的历史气象水文资料，采用风-浪-流耦合场数值模拟分析系统数值后报方法，获得超过 20 年的风-浪-流耦合场中风速、波高和流速等设计参数的同步连续极值序列样本，用于推算风-浪-流耦合场设计参数。

本章主要介绍基于考虑地形影响的三维风场数值模拟模块、SWAN 波浪场数值模拟模块和风暴潮数值模拟模块的风-浪-流耦合场数值模拟技术，通过数值分析模型后报反演得到长周期的风速、波高和流速等同步连续参数信息，进一步建立风速、波高和流速等设计参数极值多维联合概率模型，基于联合概率模型给出桥梁风速、波高和流速等设计参数的取值。

5.1 风-浪-流耦合场模拟方法

5.1.1 概述

第 4 章提出了风-浪-流耦合场观测系统，但仅仅设立少数几个站位获得的观测数据仍然无法全面反映出桥位沿线各位置的风、波浪和海流特征。为准确获取跨海桥梁各位置的时间同步、连续和空间相关的风-浪-流耦合场特征参数，作者将第 4 章所述的观测系统与风-浪-流耦合场数值模拟系统相结合。风-浪-流耦合场数值模拟系统由考虑地形影响的三维风场数值模拟模块、SWAN 波浪场数值模拟模块、风暴潮数值模拟模块构成，可进行桥位附近工程区域风-浪-流耦合场的数值模拟。

风-浪-流耦合场数值模拟系统首先采用考虑地形影响的三维风场数值模拟模块，建立包含两岸地形的风场模型（图 5.1-1），利用风观测数据对模型进行数值模拟及验证校准后，模拟得到包含桥梁各位置的桥位附近区域的风场；然后采用 SWAN 波浪场数值模拟模块、风暴潮数值模拟模块，建立包含桥梁各位置的桥位附近工程区域的风-浪-流耦合场数值模拟模型（图 5.1-2），利用模拟得到的风场以及观测得到的波浪、海流和潮位观测数据对模型进行数值模拟及验证校准，最后结合历史观测数据，得到桥梁各位置（图 5.1-1）的时间同步、连续和空间相关的风-浪-流耦合场特征参数。

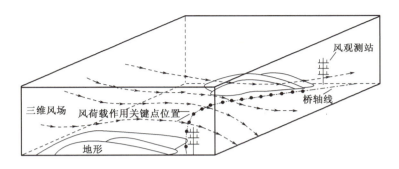

图 5.1-1　风-浪-流耦合场数值模拟系统中风场模拟范围示意图

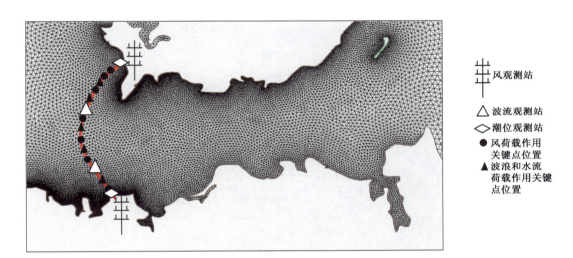

图 5.1-2　风-浪-流耦合场数值模拟系统采用的网格模型示意图

结合风-浪-流耦合场观测系统和耦合场数值模拟系统获得的时间同步、连续和空间相关的风-浪-流耦合场特征参数,对于最终桥梁风-浪-流耦合场设计参数的确定是非常有用处的。同时,在风-浪-流耦合场设计参数的确定过程中,应考虑风速、波高和流速等特征参数的相关性,推荐基于联合概率的方法确定风-浪-流耦合场设计参数。

在海洋工程中特别是海洋石油工程中,联合概率的重要性已得到越来越多的认同。美国石油协会(API)、挪威船级社(DNV)等都在其规范中推荐使用基于联合概率的方法确定石油平台的设计水平。例如国际惯用的规范 API 针对固定式平台的极端设计条件提出了三条建议:①一百年重现期波高及相应的风和海流速度的组合;②风速、波高和海流速度的任何"合理"组合,其结果是得到一百年重现期的组合平台响应,如基底剪力或倾覆力矩;③一百年重现期风速和一百年重现期海流速度以及一百年重现期波高进行组合。其中,建议①和②都具有联合概率的思想。这种联合概率的思想也是值得我们在跨海桥梁结构设计中借鉴使用的。

为获取桥梁风-浪-流耦合场设计参数，首先由验证后的风-浪-流耦合场数值分析模型，根据气象机构发布的历史台风路径、气压、风速、潮位等资料，进行长周期的工程海域风-浪-流耦合场数值后报模拟，获得多年的风速、波高和流速等特征参数同步数据样本资料，作为建立能反映风速、波高和流速相关性的联合概率分布数据样本，进一步由多维联合概率模型建立工程海域风速、波高和流速等同步特征参数极值的联合概率分布，基于联合概率分布给出设计者关注的风速、波高和流速等特征参数设计值，如一百年重现期风速及对应的波高和流速设计参数，或者一百年重现期波高及对应的风速和流速设计参数，或者能导致一百年重现期的桥梁关键结构响应的风速、波高和流速的合理组合。

综上所述，风-浪-流耦合场数值模拟及设计参数计算分析流程如图 5.1-3 所示。

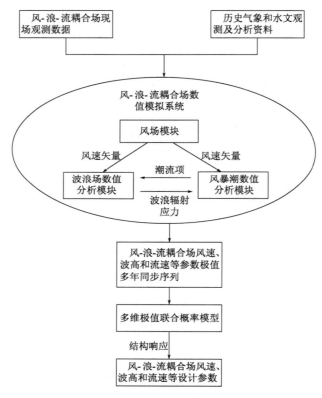

图 5.1-3　风-浪-流耦合场数值模拟及设计参数计算分析流程

5.1.2　台风场模拟

在气象与海洋科学领域，有两类常用的台风场模拟方法。一类是中尺度参数化台风场模型，主要是在已知的台风路径和台风要素基础上，利用经验公式或理论模型分别对气压场、静止旋转风场和移行风场进行独立计算，矢量叠加得到完整的台风分布信息。参数化风场模型能反映台风风场基本特征，计算较为简便，能取得较为精确的模拟效果，在工程抗风设计以及风暴潮模拟等领域应用广泛。另一类是复杂中尺度三维大气数值模式,如 MM5(Mesoscale Model5)、WRF(Weather Research Forecast Model)等,也可以模拟海上的气压场与风场,其动力学机制描述清晰,能够考虑诸如环境风场、背景场和复杂下垫面条件的影响,但它往往需要给定高质量的三维初始场,并且计算量较大,洋面上的台风风速模拟效果较好,陆上模拟精度尚需要改进。

鉴于中尺度参数化台风场模型不能考虑两岸地形的影响,不能准确反映由于地形因素导致的沿桥轴线的风速差异,以及复杂中尺度三维大气数值模式用于大规模的长周期历史后报数值模拟,计算量巨大。采用中尺度参数化台风场模型同时结合计算流体力学(CFD)模式,考虑两岸地形对风场的影响,进行跨海桥梁台风场数值模拟,相比于普通中尺度风场模式能够在小尺度范围内得到分辨率更高且更为准确的近地层风场模拟结果。

台风场模拟的技术路线如图 5.1-4 所示。

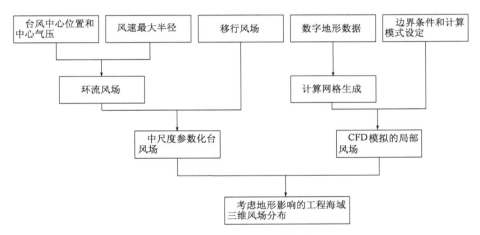

图 5.1-4 台风场模拟技术路线图

1. 中尺度参数化台风场模型

在一个完整构建的参数化台风场模型中,应包含气压分布模型、环流风速模型和移行风速模型的合理组合。

(1)气压分布模型

常见的台风海面气压分布模型有 V. Bjerknes(1921)模型、高桥(Takaasni,1939)模型、藤田(Fujita,1952)模型、Myers(1954)模型、Jelesnianski(1965)模型和 Holland(1980)气压场模型。

V. Bjerknes 模型、高桥模型和藤田模型可用下式表示:

$$\frac{P(r) - P_0}{P_\infty - P} = 1 - \left[1 + \frac{1}{C}\left(\frac{r}{R}\right)^B\right]^{-C} \tag{5.1-1}$$

式中:r——计算点与台风中心的距离;

$P(r)$——计算点处的气压;

P_∞——台风外围气压,一般取 1 013.3hPa;

P_0——台风中心气压;

R——台风最大风速半径;

B、C——形状参数,不同取值构成不同气压分布模型:$B=2$,$C=1$ 时为 V. Bjierknes 模型;$B=1$,$C=1$ 时为高桥模型;$B=2$,$C=0.5$ 时为藤田模型。

Holland 气压场模型可用下式表示:

$$\frac{P(r)-P_0}{P_\infty-P} = \exp\left[-\left(\frac{R}{r}\right)^B\right] \quad (5.1\text{-}2)$$

式中:B——气压剖面参数,是 Holland 在 1980 年通过对台风实测数据进行拟合分析得到的一类参数,Holland 建议的取值范围为 0.5 ~ 2.5。Myers 模型就是 $B=1$ 时的特例。

Jelesnianski 模型可用下式表示:

$$\begin{cases} \dfrac{P(r)-P_0}{P_\infty-P} = \dfrac{1}{4}\left(\dfrac{r}{R}\right)^3 & (0 \leqslant r < R) \\ \dfrac{P(r)-P_0}{P_\infty-P} = 1 - \dfrac{3R}{4r} & (R \leqslant r < \infty) \end{cases} \quad (5.1\text{-}3)$$

王喜年等(1991)采用无因次分析方法对 5 个应用较为广泛的台风域中的气压场分布公式 V. Bjerknes 模型、高桥模型、藤田模型、Myers 模型、Jelesnianski 模型进行了比较,结果表明,当 $0 \leqslant r < 2R$ 时,藤田公式能够更好地反映台风气压变化;当 $r=2R$ 时,藤田公式与高桥公式计算值相等;当 $r > 2R$ 时,高桥公式比其他 4 种方法更具代表性,因此选用了高桥公式和藤田公式嵌套来计算同一台风域中的气压场分布。

(2)环流风速模型

根据气压场分布可以通过梯度风关系计算环流风场。梯度风风速 W_1 可由梯度风公式(Gradient Wind Equation)计算:

$$W_1 = \sqrt{\frac{f^2 r^2}{4} - \frac{r}{\rho_a}\frac{\partial P}{\partial r}} - \frac{fr}{2} \quad (5.1\text{-}4)$$

式中:f——科氏力参数;

ρ_a——空气密度;

r——计算点与台风中心的距离。

(3)移行风速模型

台风移行风速 W_2 的计算一般采用经验模型,宫崎正卫(Miyazaki,1962)模型,上野武夫(Veno Takeo,1981)模型,Jelesnianski(1965)模型,陈孔沫(1992)模型等。

本书采用应用广泛的上野武夫(Veno Takeo,1981)模型,其表达式为:

$$\vec{W_2} = V_x \exp\left(-\frac{\pi}{4}\frac{|r-R|}{R}\right)\vec{i} + V_y \exp\left(-\frac{\pi}{4}\frac{|r-R|}{R}\right)\vec{j} \quad (5.1\text{-}5)$$

式中：V_x、V_y——台风中心移行风速在 x 和 y 方向的分量；

　　　r——计算点与台风中心的距离；

　　　R——台风最大风速半径。

在气压分布模型和移行风速模型中，都涉及台风的最大风速半径 R。最大风速半径是指台风云墙附近最大风速出现处与台风中心的径向距离，是台风气压场、风场模型中最关键的参数之一，最大风速半径的选取直接影响风场的尺度和风速（气压）的分布，亦即影响风场的真实性。即使一个很好的风场模式，假如最大风速半径的值选取不当，也会造成不好的结果；反之，即使风场模式不太好，通过适当调整最大风速半径的值，也会使结果得到改善。

计算最大风速半径多采用经验公式，本书采用 Graham 和 Numm(1959)提出的经验公式，其表达式见(5.1-6)。该公式除考虑台风中心气压外，还考虑地理纬度及台风中心移动速度对风速最大半径的影响，模拟较为精确，适用性广，被广泛应用。

$$R = 28.52\tanh[0.0873(\varphi - 28°)] + 12.22\exp\left(\frac{P_0 - 1013.2}{33.86}\right) + 0.2V + 37.22$$

(5.1-6)

式中：R——最大风速半径；

　　　φ——地理纬度；

　　　V——台风中心移动速度；

　　　P_0——台风中心气压。

综合上述模型，选用高桥公式和藤田公式嵌套来计算同一台风域中的气压场分布，根据气压场分布可以通过梯度风关系计算环流风场，采用 Veno Takeo 模型计算移行风速。综合可得台风场模型表达式为：

$$W = C_1 W_1 \begin{bmatrix} -\sin(\phi + \theta) \\ \cos(\phi + \theta) \end{bmatrix} + C_2 \vec{W}_2 = \frac{C_1 W_1}{r}\begin{bmatrix} -(x - x_0)\sin\theta - (y - y_0)\cos\theta \\ (x - x_0)\cos\theta + (y - y_0)\sin\theta \end{bmatrix} + C_2 \vec{W}_2$$

(5.1-7)

式中：　　　　　W_1、W_2——环流风速和移行风速；

　　　　　　　　ϕ——计算点(x, y)和台风中心(x_0, y_0)的连线与 x 方向的夹角；

　　　$r = \sqrt{(x-x_c)^2 + (y-y_c)^2}$——计算点到台风中心的距离；

　　　　　　　　θ——流入角，一般取 20°；

　　　　　　　　C_1、C_2——修订系数，实现梯度风向海面风或岸边实测风的转换，C_2 一般取 1.0，C_1 的取值具有不确定性，经验性取值一般为 0.5～0.8。

若将坐标原点取在固定计算域，则台风域中的中心对称风场分布取以下形式。

当 $0 \leqslant r \leqslant 2R$ 时：

$$W_x = C_1 V_x \exp\left(-\frac{\pi}{4} \cdot \frac{|r-R|}{R}\right) - C_2 \left\{-\frac{f}{2} + \sqrt{\frac{f^2}{4} + 10^3 \frac{2\Delta P}{\rho_a R^2}\left[1 + 2\left(\frac{r^2}{R^2}\right)\right]^{-\frac{3}{2}}}\right\} \cdot$$

$$[(x-x_0)\sin\theta + (y-y_0)\cos\theta] \tag{5.1-8a}$$

$$W_y = C_1 V_y \exp\left(-\frac{\pi}{4} \cdot \frac{|r-R|}{R}\right) + C_2 \left\{-\frac{f}{2} + \sqrt{\frac{f^2}{4} + 10^3 \frac{2\Delta P}{\rho_a R^2}\left[1 + 2\left(\frac{r^2}{R^2}\right)\right]^{-\frac{3}{2}}}\right\} \cdot$$

$$[(x-x_0)\cos\theta - (y-y_0)\sin\theta] \tag{5.1-8b}$$

当 $2R < r < \infty$ 时：

$$W_x = C_1 V_x \exp\left(-\frac{\pi}{4} \cdot \frac{|r-R|}{R}\right) - C_2 \left\{-\frac{f}{2} + \sqrt{\frac{f^2}{4} + \frac{\Delta P}{\rho_a \left(1 + r/R\right)^2 Rr}}\right\} \cdot$$

$$[(x-x_0)\sin\theta + (y-y_0)\cos\theta] \tag{5.1-9a}$$

$$W_y = C_1 V_y \exp\left(-\frac{\pi}{4} \cdot \frac{|r-R|}{R}\right) + C_2 \left\{-\frac{f}{2} + \sqrt{\frac{f^2}{4} + 10^3 \frac{\Delta P}{\rho_a \left(1 + r/R\right)^2 Rr}}\right\} \cdot$$

$$[(x-x_0)\cos\theta - (y-y_0)\sin\theta] \tag{5.1-9b}$$

式中：W_x、W_y——风速在 x 和 y 方向的分量；

$\Delta P = P_\infty - P_0$——台风外围气压和中心气压的气压差；

x_0、y_0——台风中心位置；

ρ_a——空气密度；

f——地转科氏系数。

2. 考虑海峡两岸地形影响的局部风场模拟方法

模拟复杂地形上的风场结构，也一直是大气科学中的一项重要研究课题。许多学者已经针对大气环境评价、风能评估等不同方面的需求，从不同角度展开研究，并取得了丰硕的成果。这些研究主要基于中尺度模式展开，通常采用地形追随坐标，通过方程组的坐标变换来描述复杂地形，在数值计算方法上以差分格式为主。中尺度模式的空间分辨率最高可达到 100m 量级，且在模拟的前处理阶段需要对地形进行不同程度的平滑，以获得计算上的稳定性。对于中尺度模式而言，当遇到极为陡峭的地形时，有可能出现积分溢出的情况。

近年来，计算流体力学 (CFD) 模式在气象领域的应用正在得到越来越多的关注，尤其是在城市微尺度风场及污染扩散研究中已经得到了较广泛的应用。CFD 模式处理复杂几何体的能力引起了一些气象学者的注意，逐渐尝试将其应用到复杂地形的风场模拟中。例如，程雪玲等 (2006) 尝试利用地形高程的格点数据建立地形的计算网格模型，为 CFD 模拟复杂地形的风场做前期准备。相对于中尺度模式而言,CFD 模式的空间分辨率较高(水平格距最小可达到 10m 量级),可以更为精细地描述真实地形。目前,国内在这方面的研究还相对较少,相关方面的研究亟须加强。本节在建立跨海桥梁所在海域及岸边地形的三维 CFD 计算区域基础上,开展局部风场 CFD 数值模拟研究,探讨桥梁工程设计中两岸和海上风速的差异及转化问题。

(1)数字地形模型

获取计算区域的地形数据有航拍、现场测绘及参照共享数据库等方法。其中,航拍可获取大范围高精度数据,但成本较高,现场测绘适用于小范围高精度数据的获取,精度要求不高的大范围数据获取则可参照免费共享数据库。

高程数据采用 SRTM 共享数字高程数据。SRTM 全称为 Shuttle Radar Topography Mission,是由美国太空总署(NASA)和国防部国家测绘局(NIMA)以及德国与意大利航天机构共同合作,并由美国"奋进"号航天飞机上搭载 SRTM 系统完成。该系统获取了北纬 60°至南纬 60°之间的雷达影像数据,进一步处理制成了数字地形高程模型(DEM),即现在的 SRTM 地形产品数据。

SRTM 地形数据主要包含两类数据:SRTM3 和 SRTM1。SRTM3 精度为 3 弧秒,即 90m 一个点,包括非洲、北美、南美、欧亚、澳大利亚以及部分岛屿;SRTM1 精度为 1 弧秒,即 30m 一个点,仅限美国地区。可通过查询所研究区域的经纬度,下载 SRTM 数据,为真实地形网格生成提供 GIS 数据来源。

本书的计算区域范围为北纬 19.8°~20.4°,东经 109.5°~110.5°,包括 865 921 个格点数据。下载的 SRTM 数据可通过一些 GIS 软件进行提取、转化以及生成图像、等高线等操作,如 Global Mapper 软件。Global Mapper 是一款地图绘制软件,不仅能够将数据(例如 SRTM 数据)显示为光栅地图、高程地图、矢量地图,还可以对地图进行编辑、转换、打印。

如图 5.1-5 所示就是所选取的计算区域及地形示意图。

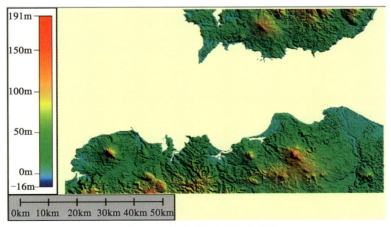

图 5.1-5　计算区域的地形示意图

(2)网格生成

计算流体力学的本质就是对控制方程在所规定的区域上进行点离散(有限差分法)或区域离散(有限元法与有限体积法),从而转变为在各网格点或子区域上定义的代数方程(如果是非线性方程组还要进行线性化),然后用线性代数的方法迭代求解,所以网格生成是其中的一个关键步骤。

本书利用 CFD 前处理器 Gambit 软件生成 FLUENT 网格。要得到能够导入 CFD 前处理器 Gambit 的数据,需通过编程处理实现格式转换,转变为 Gambit 能够识别的所研究区域的长(x)、宽(y)、高(z)坐标。选取海拔最低点为坐标原点(0,0,0),转化下载的用经纬度表示的高程信息,即可获取 Gambit 所能识别的三维坐标。

为生成所需的计算空间并进行网格划分,还需以地面为底面构建一个包含上部空间的体,具体包括构建体的几何体、面的修剪和体的生成 3 个阶段。

①构建体的几何体。根据底面在 xy 平面投影的大小确定建体所需长宽,高度的设定要考虑最低点和最高点的海拔,也要保证 CFD 计算所需的上部空间,本书例设定高度为 1km。

②面的修剪。通过构建地面的原理可知,由于地球表面为球面,则在将其展开为平面的过程中会使位于计算区域最外侧经线上点的 x 坐标随着纬度值的增大而逐渐变小,地面在 xy 平面上的投影成为梯形,由于地面与体最外侧相交,为方便生成体和网格,需对地面进行修剪。采用 Gambit 的 Unite faces 功能对地面进行修剪,计算区域最右侧的面对所有与之相交的地面进行 Unite face 运算,再将突出体之外的部分删除,即可完成对地面的修剪。

③虚面、虚体的生成。Gambit 中虚面(Virtual Face)和虚体(Virtual Volume)的概念使得 Gambit 的建模和网格生成的灵活性大大增加。为提高地面网格的划分精度和效率,可将地面上所包括的所有的矩形小面整合为一个虚面。生成虚面后,将虚面与体的每个侧面进行分割,将高度低于虚面以下的部分删除,将高于虚面以上的部分,生成封闭的虚体,作为 CFD 计算区域,完成了真实地形 CFD 计算空间的构建,为网格划分奠定了基础。

为保证网格质量,需对近地面网格加密,采用等比数列分布节点的方法对竖直边进行网格划分,然后对竖直面进行网格生成,最后实现体的网格自动生成。调整网格生成中的参数可生成不同疏密程度的网格系列,针对已生成的网格有必要进行优化处理,常用方法包括质量检查、网格依赖分析及多面体网格转换(Polyhedra)等。本书采用结构化网格划分方法,检查结果表明网格质量较好。

5.1.3 波浪场模拟

波浪向近岸海域传播的过程中,由于地形和近岸边界的影响,波浪发生破碎、演化等现象,使得近岸区域成为动力因素相对复杂的区域。目前,近岸波浪模拟的模型主要有三类。

第一类是基于 Boussinesq 方程的计算模型,它是直接描述海浪波动过程水质点运动的模型。从方程本身来看,Boussinesq 方程精度较高,然而其对物理过程的处理较为复杂,计算量较大,仅适用于近岸小范围的波浪计算。

第二类是基于缓坡方程的计算模型,它基于海浪要素在海浪周期和波长的时空尺度上缓变的事实,描述海浪波动能量、波高、波长、频率等要素的变化。相对于 Boussinesq 方程,缓坡方程则比较适合于中尺度范围。

第三类是基于波作用量守恒方程的计算模型,主要应用于深海和陆架海的风浪计算。波作用量守恒方程通过引入浅水作用项,在近岸较大范围波浪计算中也具有很大优势。

Boussinesq 方程和缓坡方程不能方便地考虑多种波浪影响因素,因此不能合理地描述风浪的成长和变化。而波作用量守恒方程模型能较好地用于风浪的预报和模拟,且从方程对物理过程的处理和计算量来看,也适合于大范围风浪计算,虽然近岸浅水局部区域计算精度不高,但是应用于深水桥梁工程研究中,模拟台风过程中的风浪演变及波流相互作用是适宜的。

基于能量平衡理论的波作用量守恒方程,能有效简化海岸波浪场的动力作用过程,通过在方程中加入源项能综合考虑各种复杂的物理过程,能广泛应用于大范围海域的风浪成长演变模拟。

波作用量守恒的研究主要集中在物理源项的改进和研究,基于波作用量守恒方程的海浪模式的发展按时间先后可分为 3 个时期:第一代海浪模式中没有独立的非线性相互作用项,非线性项包含在风能量输入项和耗散项里。第二代海浪模式中的非线性相互作用项以参数化方式表达,例如使用不同的参考谱利用正态分布的频率来分析能量转变。第三代海浪模式开始以波浪非线性相互作用方式进行计算,能量平衡方程的计算不再局限于海浪谱的形状。

第三代海浪数学模型的代表主要有:WAM 模型、HJ 模型、WAVEWATCH 模型等。目前,在中、大型波浪的研究领域中主要是运用第三代波浪模型。在对大多数参数,如波高、峰值周期、平均波向的对比都可以发现这些模型总体上模拟较精确。WAM 波浪模型和 WAVEWATCH 波浪模型主要用于全球尺度的波浪计算。后来,荷兰 Delft 理工大学(Delft University of Technology)针对近岸波浪计算的应用,总结了历年波浪能量的输入、耗散和转化的研究成果,对已有的第三代波浪模型,特别是基于 WAM 模型,进行了修改,建立了适用于海岸和河口地区的浅水波浪数值预报的 SWAN 模型(Simulating Wave Nearshore)。SWAN 模型通过在谱波浪能量平衡方程源项中计入能量输入和损耗项(底摩擦、破碎、白浪)、波与波之间非线性相互作用,可以比较全面合理地描述强风过程中风浪从生成、成长直至大风过后衰减的全过程,这一计算模型越来越多地开始在工程中得到应用。

SWAN 是专为浅水海浪模拟开发的数值模式,目前已被广泛应用于水库、河口、港口工程等海浪模拟,美国海军推荐其作为主要模式用于军事目的的海浪模拟。为了尽可能了解台风天气条件下海峡区域的波浪状况,为有针对性的特大型跨海大桥提供波要素设计参数,可以选取使用 SWAN 海浪模式。

SWAN 模式采用基于能量守恒原理的平衡方程,除了考虑第三代海浪模式共有的特点处,它还充分考虑了模式在浅水模拟的各种需要。首先,SWAN 模式选用了全隐式的有限差分格式,无条件稳定,使计算空间网格和时间步长上不会受到牵制;其次在平衡方程的各源项中,除了风输入、四波相互作用、破碎和摩擦项等,还考虑了深度破碎(Depth-induced Wave Breaking)的作用、三波相互作用和波浪绕射作用。

在考虑有流场影响时,谱能量密度不守恒,但波作用量 $N(\sigma,\theta)$ 守恒,即能量密度 $E(\sigma,\theta)$ 与相对波频率 σ 之比守恒。波作用量随时间、空间而变化,在笛卡尔坐标系下,波作用量 $N(\sigma,\theta)$ 平衡方程可表示为:

$$\frac{\partial}{\partial t}N + \frac{\partial}{\partial x}C_x N + \frac{\partial}{\partial y}C_y N + \frac{\partial}{\partial \sigma}C_\sigma N + \frac{\partial}{\partial \theta}C_\theta N = \frac{S}{\sigma} \tag{5.1-10}$$

式中: $\frac{\partial}{\partial t}N$——$N$ 随时间的变化率;

$\frac{\partial}{\partial x}C_x N$、$\frac{\partial}{\partial y}C_y N$——$N$ 在空间 x 和 y 方向上的传播;

$\frac{\partial}{\partial \sigma}C_\sigma N$——由于流场和水深所引起的 N 在 σ 空间的变化;

$\frac{\partial}{\partial \theta}C_\theta N$——$N$ 在 θ 空间的传播,亦即水深及流场所引起的折射;

S——以谱密度表示的源汇项,包括风能输入、波与波之间非线性相互作用和由于底摩擦、白浪、破碎等引起的能量损耗;

C_x、C_y、C_σ、C_θ——在 x、y、σ、θ 空间的波浪传播速度。

平衡方程的右端源汇项可表示为:

$$S = S_{\text{wind}}(\sigma,\theta) + S_{ds} + S_{nl} \tag{5.1-11}$$

式中: $S_{\text{wind}}(\sigma,\theta)$、$S_{ds}$、$S_{nl}$——风输入项、耗散项、非线性波-波相互作用项。这几个源项所代表的物理机制并不是影响风浪成长演变的全部物理机制,但显然是影响波浪能量传递的主要机制。从应用角度来看,在现有的理论范围内,通过合理调整公式和参数,利用这些机制无疑能较好地描述波浪的成长演变。

1. 风输入项 $S_{\text{wind}}(\sigma,\theta)$

风能向波浪转移的机制,是一个极其复杂的过程,目前的认识和研究仍然是粗糙和不全面的。目前的风能输入模型,均是半理论半经验模型,虽说不能完整地反映风向波浪传递能量的过程,但是从模型应用角度来看,还是可信的。

有关波浪的成长机制,通常区分为空气湍动和波动共振机制所产生的线性成长和由于波和风相互作用(反馈机制)引起的指数成长。线性成长仅适用于波浪成长的初期阶段,如果波浪成长起来,指数成长很快就起到主要作用。

若用 $S_{wind}(\sigma,\theta)$ 代表风对浪的作用,则风输入源函数可表示为线性增长部分和指数增长部分,即:$S_{wind}(\sigma,\theta) = A + BE(\sigma,\theta)$,其中 A 与 B 依赖于波的频率、方向以及风的大小和方向,系数 A、B 的选取直接影响着海浪的模拟结果。

SWAN 中,系数 A 采用了 Cavaleri 与 Malanotte-Rizzoli 的表达式:

$$A = \frac{1.5 \times 10^{-3}}{g^2 2\pi} \{U_* \max[0,\cos(\theta - \theta_w)]\}^4 H \quad (5.1\text{-}12)$$

式中:U_*——风的摩阻速度;

θ——风向;

H——滤波因子。滤波因子的存在避免了低于 Pierson-Moskowitz 谱峰频率部分的波浪成长过快。

对于风引起的指数成长,在 SWAN 模型中有两个表达式可以选用,一种由 Komen(1984)等提出:

$$B = \max\left\{0, 0.25 \frac{\rho_a}{\rho_w}\left[28 \frac{U_*}{C_{ph}}\cos(\theta - \theta_w) - 1\right]\right\}\sigma \quad (5.1\text{-}13)$$

第二种基于准线性风浪理论,由 Janssen(1989,1991)提出,其表达式为:

$$B = \beta \frac{\rho_a}{\rho_w}\left(\frac{U_*}{C_{ph}}\right)^2 \max[0,\cos(\theta - \theta_w)]^2 \sigma \quad (5.1\text{-}14)$$

式中:C_{ph}——相速度;

ρ_a、ρ_w——大气和海水的密度;

β——Miles 常数,可以通过无量纲临界高度来估计:

$$\beta = \frac{1.2}{\kappa^2}\lambda \ln^4 \lambda \quad (\lambda \leq 1) \quad (5.1\text{-}15)$$

$$\lambda = \frac{gZ_e}{C_{ph}^2}e^r \quad (r = \kappa C/[U_*\cos(\theta - \theta_w)]) \quad (5.1\text{-}16)$$

式中,κ 为卡曼常数,一般取 0.41;Z_e 称为有效海表粗糙长度,依赖于粗糙长度及由于海表波浪的存在而引起的波诱导应力和海表风引起的湍流风应力,因此,该方案综合考虑了包含海、气边界层及海面粗糙度在内的风、浪之间的相互作用。

2. 耗散项 $S_{ds} = S_{ds,\text{white}} + S_{ds,\text{bottom}} + S_{ds,\text{breaking}}$

海浪成长、消亡过程中,耗散机制起着至关重要的作用。该模式主要考虑三种耗散机制:白浪耗散(Whit Ecapping)、底摩擦作用(Bottom Friction)及深度诱导破碎(Depth-induced Breaking)所引起的能量耗散。

(1) 白浪耗散 $S_{ds,\text{white}}$

风浪过程中,能量不断地从风传递到波浪,风浪持续产生、成长,波高不断增大,这一过程一直进行到波浪变得不稳定并破碎。区别于浅滩上由于水深限制引起的波浪破碎,这一过程定义为白浪破碎,白浪破碎引起的耗散在海-气交换中起着重要作用。

白浪耗散的源函数最早由 Hasselmann 提出,为了使之能应用于有限水深,WAMDI group (1988)根据波陡重新确定了白浪耗散源函数的计算公式:

$$S_{ds,\text{white}}(\sigma,\theta) = -\Gamma\tilde{\sigma}\frac{k}{\tilde{k}}E(\sigma,\theta) \tag{5.1-17}$$

式中:$\tilde{\sigma}、\tilde{k}$——分别表示平均频率和平均波数;

Γ——与波陡相关的系数,依赖于所有波的波陡。

这个波陡系数由 WAMDI group 给出,基于 Janssen 的表达式,Gunther 等提出了其表达式:

$$\Gamma = \Gamma_{KJ} = C_{ds}\left[(1+\delta) + \delta\frac{k}{\tilde{k}}\right]\left(\frac{\tilde{S}}{\tilde{S}_{PM}}\right)^P \tag{5.1-18}$$

式中: $\tilde{S}$——总波陡;

$\tilde{S}_{PM}$——对应于 P-M 谱的值;

$C_{ds}、\delta、P$——可调系数,可通过闭合深水中理想化波浪成长条件下的波能平衡方程得出,因此,系统 Γ 与风的输入公式有关。

对应于 Komen 风成长公式:$C_{ds} = 2.36 \times 10^{-5}$;$\delta = 0$,$P = 4$ 对应于 Janssen 风成长公式:$C_{ds} = 4.1 \times 10^{-5}$,$\delta = 0.5$,$P = 4$。

关于白浪破碎的另一种表达式是累积波陡的方法,由 Alkyon 等提出,其认为由于白浪现象引起的耗散主要决定于低于某一特定频率波谱的波陡。

(2) 底摩擦作用 $S_{ds,\text{bottom}}$

由于底部摩擦引起的波能耗散的源函数形式可写为:

$$S_{ds,\text{bottom}} = -C_{\text{bottom}}\frac{\sigma^2}{g^2\sinh^2(kd)}E(\sigma,\theta) \tag{5.1-19}$$

式中:C_{bottom}——底摩擦系数。

在 SWAN 中,关于这个系数的确定,底摩擦项根据 JONSWAP 的 JONSWAP 试验、Collins 的拖曳理论和 Madsen 的涡黏理论分别得到三种不同的模型。

①JONSWAP 的经验系数。根据 JONSWAP 试验确定了 $C_{\text{bottom}} = C_{\text{JON}}$,对于涌浪取为 $0.038\text{m}^2/\text{s}^3$,浅水中充分成长的波浪取为 $0.067\text{m}^2/\text{s}^3$;

②Collins 摩阻系数模型。根据传统的波周期公式,对随机波浪进行适当的参数修正,提出了底摩阻系数计算公式:$C_{\text{bottom}} = C_F g U_{rms}$,其中 $C_F = 0.015$,U_{rms} 为底部轨迹运动均方根速度;

③Madsen 等认为底摩阻系数是底部粗糙度与实际波浪条件的函数,导出了如下的公式:
$C_{\text{bottom}} = f_w g U_{rms}/\sqrt{2}$,其中 f_w 为无量纲摩阻系数,采用 Jonsson 公式进行估算:

$$\frac{1}{4\sqrt{f_w}} + \log_{10}\left(\frac{1}{4\sqrt{f_w}}\right) = m_f + \log_{10}\left(\frac{\alpha_b}{K_N}\right) \tag{5.1-20}$$

式中:K_N——底部粗糙度,当 $\alpha_b/K_N < 1.75$ 时,$f_w = 0.30$;

α_b——近底水质点偏移振幅。

研究人员一般根据波浪的发展状态(成长或者充分发展)、波浪类型(风浪、涌浪与混合浪)来选择模型。SWAN 中的底摩擦模式主要针对具有沙质海底的陆架区,模式中默认采用 JONSWAP 经验模型,并且取系数为 0.067。

(3)深度诱导破碎($S_{ds,\text{breaking}}$)

当波浪由深水向浅水传递时,水深变浅,波浪发生变形并将产生破碎,这个过程对于沿岸的建筑物、港口码头、水流泥沙运动都具有很重要的影响。对于水深变化导致的波浪破碎,过去知之甚少,鲜应用于波浪的模拟。但是随着波浪理论的完善,研究者意识到波浪破碎对于波浪在近岸区域的演进具有比较重要的意义。而研究破浪破碎指标成为重要的课题。目前,有三种方式来判断波浪是否破碎:几何学指标、运动学指标、动力学指标。几何学指标物理意义比较明确,比较适合于工程中的应用,SWAN 判断波浪破碎亦是采用几何学指标。

Battjes 和 Janssen 将基于涌潮的耗散模式应用于 SWAN 中来模式化此物理过程。单位时间内每个谱分量由于浅水波浪破碎引起的耗散的源函数形式可写为:

$$S_{ds,\text{breaking}}(\sigma,\theta) = D_{tot}\frac{E(\sigma,\theta)}{E_{tot}} \tag{5.1-21}$$

式中:E_{tot}——总能量;

D_{tot}——波浪破碎引起的单位面积上波能耗散率,其表达式为:$D_{tot} = \dfrac{E(\sigma,\theta)}{E_{tot}} - \dfrac{1}{4}\alpha_{BJ}Q_b\left(\dfrac{\tilde{\sigma}}{2\pi}\right)H_m^2$,依赖于最大的破碎波高的确定。Battjes 和 Stive 通过对大量的试验数据及现场资料的研究,认为在浅水区域不同类型的地貌,随机波的最大破碎波高 H_m 与水深 d 的关系可表示为:$H_m = \gamma d$,其中 γ 为破碎系数。

3. 非线性波-波相互作用项(S_{nl})

波浪从风中获得能量后成长,其能量又在不同频率之间再分配。因此,波-波相互作用,是海浪生成、成长的重要机制。研究发现:在深水情形,四波共振相互作用控制着海浪波谱的发展,它把一部分能量从高频转移到低频,使峰频逐渐向低频移动;在浅水中,三波相互作用起主要作用,将低频的能量向高频转换。在近岸浅水区,由于海底地形复杂多变,因此一般须考虑三波和四波之间的相互作用。四波共振相互作用的计算较为复杂,SWAN 采用 Hasselmann

(1985)所提出的方案,并用 DIA(Discrete Interaction Approximation)的方法求解,而三波相互作用则根据 Eldeberky(1996)的方案获得并利用 LTA(Lumped Triad Approximation)的方法求解。

对四相波作用模拟的 DIA 方法中,在深水条件下,源项中的描述为:

$$S_{nl4}(\sigma,\theta) = S_{nl4}^{*}(\sigma,\theta) + S_{nl4}^{**}(\sigma,\theta) \tag{5.1-22}$$

$$S_{nl4}^{*}(\sigma,\theta) = 2\delta S_{nl4}(\alpha_1\sigma,\theta) - \delta S_{nl4}(\alpha_2\sigma,\theta) - \delta S_{nl4}(\alpha_3\sigma,\theta) \tag{5.1-23}$$

式中:$S_{nl4}^{*}(\sigma,\theta)$、$S_{nl4}^{**}(\sigma,\theta)$——第一和第二次相互作用,且两者的表达式相同,但是方向互为镜像;

$\alpha_1 = 1, \alpha_2 = 1 + \lambda, \alpha_3 = 1 - \lambda, \lambda$ 为常数,取 0.25。

$$\delta S_{nl4}(\alpha_i\sigma,\theta) = C_{nl4}(2\pi)^2 g^{-4}\left(\frac{\sigma}{2\pi}\right)^{11}\left\{\begin{array}{l} E^2(\alpha_i\sigma,\theta)\left[\dfrac{E(\alpha_i\sigma^+,\theta)}{(1+\lambda)^4} + \dfrac{E(\alpha_i\sigma^-,\theta)}{(1+\lambda)^4}\right] \\ -2\dfrac{E(\alpha_i\sigma,\theta)E(\alpha_i\sigma^+,\theta)E(\alpha_i\sigma^-,\theta)}{(1+\lambda)^4} \end{array}\right\} \quad (i=1,2,3) \tag{5.1-24}$$

其中,$C_{nl4} = 3 \times 10^7$。在有限水深的条件下,四波相互作用的源函数表达式与深水情况下相差一个系数 R:

$$S_{nl4,\text{finitedepth}} = R(k_p d) S_{nl4,\text{deepwater}} \tag{5.1-25}$$

$$R(k_p d) = 1 + \frac{c_{sh1}}{k_p d}(1 - c_{sh2} k_p d)\exp(1 - c_{sh3} k_p d) \tag{5.1-26}$$

式中:k_p——依赖于 JONSWAP 谱的谱峰波的最大波数,各个系数的设置:$c_{sh1} = 5.5, c_{sh2} = 6/7, c_{sh3} = 1.25$。

三波相互作用进行计算时采用的是 DTA 方法。研究者在进行关于自由波在水下障碍物和封闭的海滩区上的破碎试验时,对此方法的适用性进行了验证。发现此方法相当成功地描述了能量从谱峰到高次谐波的转移。DTA 方法的表达式为:

$$S_{nl3}(\sigma,\theta) = S_{nl3}^{-}(\sigma,\theta) + S_{nl3}^{+}(\sigma,\theta) \tag{5.1-27}$$

$$S_{nl3}^{+}(\sigma,\theta) = \max\{0, \alpha_{EB} 2\pi cc_g J^2 |\sin\beta|[E^2(\sigma/2,\theta) - 2E(\sigma/2,\theta)E(\sigma,\theta)]\} \tag{5.1-28}$$

$$S_{nl3}^{-}(\sigma,\theta) = 2S_{nl3}^{+}(2\sigma,\theta) \tag{5.1-29}$$

$$J = \frac{k_{\sigma/2}^2(gd + C_{\sigma/2}^2)}{k_\sigma d\left(gd + \dfrac{2}{15}gd^3 k_\sigma^2 - \dfrac{2}{5}\sigma^2 d^2\right)} \tag{5.1-30}$$

$$\beta = -\frac{2}{\pi} + \frac{2}{\pi}\tanh\left(\frac{0.2}{U_r}\right) \tag{5.1-31}$$

其中,Ursell 数表达式为 $U_r = gH_s \overline{T}^2/8\sqrt{2}\pi^2 d^2, \overline{T} = 2\pi/\overline{\sigma}$,当 $0.1 < U_r < 10$ 时才计算。

SWAN 模型的控制方程采用全隐式有限差分格式求解。时间离散方面采用等时间微小量 Δt 做积分处理,波浪传播和源函数项的离散时间步长一致;空间的离散采用等间距网格,在地理空间 x、y 方向步长分别为 Δx、Δy;波谱空间的方向变化则采用等角度 $\Delta\theta$ 离散,由于谱的方向分布在 360°范围内不同,但绝大部分能量分布在 $\theta_{\min}\sim\theta_{\max}$ 之间,因此可以在 $\theta_{\min}\sim\theta_{\max}$ 之间将谱方向离散为等角度方向步长,一般在风浪情形下方向步长可选的大一些,为 5°~10°,涌浪情形下方向步长要小一些,可以取 2°~5°;频率的离散采用对数频率分布,离散的频率定义在最大截断频率 $f_{\max}$ 和最小截断频率 $f_{\min}$ 之间,离散频率的份数由下式确定:

$$\text{msc} = \frac{\lg(f_{\max}/f_{\min})}{\lg(1+\Delta f/f)} \tag{5.1-32}$$

式中:Δf——频率分辨率;

msc——离散频率的份数,比离散频率的个数少一。

模型中,当频率小于自定义的 $f_{\min}$ 时,就假设其波谱密度为零,当频率大于自定义的 $f_{\max}$ 时,则应用 Phillips 提出的 f^{-m} 来代替其波谱能量密度分布,其中 m 值介于 4~5 之间。在 SWAN 模型中,如果采用 Komen 等提出的风能输入形式,则 m 值取为 4;如果采用 Janssen 提出的风能输入形式,则 m 值取为 5。采用全隐式有限差分格式,计算是无条件稳定的,即使在很浅的水域,也能取较大的时间步长。

为了适用于不同的应用情况,SWAN 模型提供了以下 3 种方程的离散格式。

(1)一阶的时间向后空间向后格式(简称为 BSBT 格式),这实际上是典型的一阶迎风格式,应用于稳态和非稳态的小范围计算。

(2)带二阶离散的二阶迎风格式(简称为 SORDUP 格式),为稳态的大范围计算的默认格式。

(3)带三阶离散的二阶迎风格式(简称为 S&L 格式),为非稳态的大范围计算的默认格式。

若采用 BSBT 格式对控制方程进行离散,得:

$$\left[\frac{N^{i_t,n}-N^{i_t-1,n}}{\Delta t}\right]_{i_x,i_y,i_\sigma,i_\theta} + \left[\frac{(C_xN)_{i_x}-(C_xN)_{i_x-1}}{\Delta x}\right]_{i_y,i_\sigma,i_\theta}^{i_t,n} + \left[\frac{(C_xN)_{i_y}-(C_yN)_{i_y-1}}{\Delta y}\right]_{i_x,i_\sigma,i_\theta}^{i_t,n} +$$

$$\left[\frac{(1-v)(C_\sigma N)_{i_\sigma+1}+2v(C_\sigma N)_{i_\sigma}+(1+v)(C_\sigma N)_{i_\sigma-1}}{2\Delta\sigma}\right]_{i_x,i_y,i_\theta}^{i_t,n} +$$

$$\left[\frac{(1-\eta)(C_\theta N)_{i_\theta+1}+2\eta(C_\theta N)_{i_\theta}+(1+\eta)(C_\theta N)_{i_\theta-1}}{2\Delta\theta}\right]_{i_x,i_y,i_\sigma}^{i_t,n} = \left[\frac{S_{\text{total}}}{\sigma}\right]_{i_x,i_y,i_\sigma,i_\theta}^{i_t,n^*} \tag{5.1-33}$$

式中: i_t——时间层标号;

i_x、i_y、i_σ、i_θ——x、y、σ、θ 方向响应的网格标号;

Δt——时间步长;

Δx、Δy——地理空间 x、y 方向步长;

$\Delta \sigma$、$\Delta \theta$——谱空间相对频率 σ 和方向分布 θ 的步长;

n——每时间层的迭代次数;

方程右边源汇项中的 n^* 也是迭代次数,通常相当于 n 或 $n-1$,根据源汇项的处理做选择;

$\upsilon \in [0,1], \eta \in [0,1]$,系数 υ 和 η 的取值大小决定了谱空间的差分格式是偏于迎风格式还是偏于中心差分格式,因此决定了在频谱空间和方向空间的数值离散程度和收敛性强弱,当 $\upsilon = 0$ 及 $\eta = 0$ 时,在波谱空间的计算是最大精度的中心差分格式,数值离散趋于 0,当 $\upsilon = 1$ 及 $\eta = 1$ 时,在波谱空间的计算则变成迎风差分格式,数值离散程度最大,但收敛性最好。计算时采用一次迭代四次扫描技术。

采用二阶迎风格式(SORDUP 格式)进行稳态计算时,式(5.1-10)中代表地理空间的离散项 $\left(\frac{\partial}{\partial x}C_x N + \frac{\partial}{\partial y}C_y N\right)$ 用下面的表达式代替:

$$\left[\frac{1.5(C_x N)_{i_x} - 2(C_x N)_{i_x-1} + 0.5(C_x N)_{i_x-2}}{\Delta x}\right]_{i_y,i_\sigma,i_\theta}^{i_t,n} +$$

$$\left[\frac{1.5(C_y N)_{i_y} - 2(C_y N)_{i_y-1} + 0.5(C_y N)_{i_y-2}}{\Delta y}\right]_{i_x,i_\sigma,i_\theta}^{i_t,n} \quad (5.1\text{-}34)$$

采用二阶迎风格式(S&L 格式)进行稳态计算时,式(5.1-10)中代表地理空间的离散项 $\left(\frac{\partial}{\partial x}C_x N + \frac{\partial}{\partial y}C_y N\right)$ 用下面的表达式代替:

$$\left[\frac{\frac{5}{6}(C_x N)_{i_x} - \frac{5}{4}(C_x N)_{i_x-1} + \frac{1}{2}(C_x N)_{i_x-2} - \frac{1}{12}(C_x N)_{i_x-3}}{\Delta x}\right]_{i_y,i_\sigma,i_\theta}^{i_t,n} +$$

$$\left[\frac{\frac{5}{6}(C_y N)_{i_y} - \frac{5}{4}(C_y N)_{i_y-1} + \frac{1}{2}(C_y N)_{i_y-2} - \frac{1}{12}(C_y N)_{i_y-3}}{\Delta y}\right]_{i_x,i_\sigma,i_\theta}^{i_t,n} +$$

$$\left[\frac{\frac{1}{4}(C_x N)_{i_x+1} - \frac{1}{4}(C_x N)_{i_x-1}}{\Delta x}\right]_{i_y,i_\sigma,i_\theta}^{i_t-1} + \left[\frac{\frac{1}{4}(C_y N)_{i_y+1} - \frac{1}{4}(C_y N)_{i_y-1}}{\Delta y}\right]_{i_x,i_\sigma,i_\theta}^{i_t-1} \quad (5.1\text{-}35)$$

模型计算域的边界或是陆地或是水边界,陆地边界不产生波浪,认为能将入射波吸收而不产生边界;对于水边界而言,迎浪水边界条件一般可根据现场观测得到或者通过其他波浪模型模拟得到,通常现场观测能获得各别点的波浪数据,其他大尺度波浪模型能得到粗网格边界波浪数据，在可以接受的误差范围内，计算精度可以得到保证。

大多数近岸水域边界均只有一个或两个迎浪边界，其边界波浪要素能较准确确定，而另外的横向边界条件未知或为陆地边界，此时 SWAN 模型假定没有波浪从其传入计算域，但波浪可以从该边界自由离开计算域，这样的假定明显会将误差传入模型的计算水域。因此，横向边界的选择要距工程感兴趣区域足够远，才能保证计算的精度。可通过改变这个边界的位置来检查这种变化对结果的影响来确定横向边界的位置。

5.1.4 风暴潮数值模拟

风暴潮的形成主要是由于强烈的大气扰动，如热带气旋、温带气旋以及寒潮等。风暴潮往往伴有狂风巨浪，如果与天文大潮相叠加，会造成潮水暴涨从而酿成巨大灾害。风暴潮的巨大致灾性，已经引起许多国家和学者的重视，开展了风暴潮数值预报模拟的研究。

强烈的风暴潮受到风应力、气压、波浪辐射应力、地转柯氏力、地形等影响，在传播到近岸区域的时候发生与成长起来。浅水风暴潮的一个本质特征是：与影响风暴潮的各个因素相比较，风应力是风暴潮最主要的强迫力。但是，其他因素也不可以忽略，例如风暴潮传播至近岸区随着水深变浅，波浪破碎引起波浪增减水现象导致的波浪辐射应力变化对风暴潮位与潮流的影响不容忽略。风暴潮本质上是一种非线性的湍流现象，风暴潮的运动规律可以用流体动力学的连续方程与运动方程来描述。

风暴潮是自然界的一种非线性现象，一般是风暴潮、波浪、天文潮非线性耦合的结果。非线性的重要与否可用波幅和水深之比来衡量。当波幅与水深比值量阶为 1 时，非线性效应是十分明显的；当波幅远小于水深时，非线性效应是可以略去的。一般来说，在浅海区域这种非线性效应是比较明显的，由于建立的模型主要适用于水深只有几十米的浅海水域，浅水风暴潮的问题用基于浅水动力学方程组来解决的。结合上述的非线性耦合效应推导二维风暴潮控制方程。

1. 连续方程的推导

质量守恒定律表明，同一流体的质量在运动过程中是保持不变的。首先从质量守恒定律出发来推导连续性方程。描述流体运动最普遍的形式是空间运动，在流场中截取边长为 dx、dy、dz 的微元控制体，推导得：

$$\frac{\partial(\rho v_x)}{\partial x} + \frac{\partial(\rho v_y)}{\partial y} + \frac{\partial(\rho v_z)}{\partial z} + \frac{\partial \rho}{\partial t} = 0 \qquad (5.1\text{-}36)$$

对于不可压缩流体 $\frac{\partial \rho}{\partial t} = 0$，上式简化为：

$$\frac{\partial(\rho v_x)}{\partial x} + \frac{\partial(\rho v_y)}{\partial y} + \frac{\partial(\rho v_z)}{\partial z} = 0 \qquad (5.1\text{-}37)$$

分别用 u、v、w 分别表示 x,y,z 的速度分量，那么上式可以改写为：

$$\frac{\partial u}{\partial x} + \frac{\partial v}{\partial y} + \frac{\partial w}{\partial z} = 0 \qquad (5.1\text{-}38)$$

2. 运动方程的推导

根据动量定理 $\delta F = \delta m \dfrac{\mathrm{d}V}{\mathrm{d}t}$，$\delta m$ 为常数。在描述水体受力时，δF 包括表面力 δF_S 和质量力 δF_B，上式中的各项表达为：

$$\delta F_B = \rho g \delta x \delta y \delta z \qquad (5.1\text{-}39)$$

$$\delta F_{Sx} = \left(\frac{\partial \tau_{yx}}{\partial y} + \frac{\partial \tau_{zx}}{\partial z} + \frac{\sigma_{xx}}{\partial x}\right)\delta x \delta y \delta z \qquad (5.1\text{-}40)$$

$$\delta F_{Sy} = \left(\frac{\partial \tau_{xy}}{\partial x} + \frac{\partial \tau_{zy}}{\partial z} + \frac{\sigma_{yy}}{\partial y}\right)\delta x \delta y \delta z \qquad (5.1\text{-}41)$$

$$\delta F_{Sz} = \left(\frac{\partial \tau_{xz}}{\partial x} + \frac{\partial \tau_{yz}}{\partial y} + \frac{\sigma_{zz}}{\partial z}\right)\delta x \delta y \delta z \qquad (5.1\text{-}42)$$

$$\frac{\mathrm{d}V}{\mathrm{d}t} = \frac{\partial V}{\partial t} + u\frac{\partial V}{\partial x} + v\frac{\partial V}{\partial y} + w\frac{\partial V}{\partial z} \qquad (5.1\text{-}43)$$

$$\delta m = \rho \delta x \delta y \delta z \qquad (5.1\text{-}44)$$

将以上各项代入到动量定理表达式中：

$$\frac{\partial u}{\partial t} + u\frac{\partial u}{\partial x} + v\frac{\partial v}{\partial y} + w\frac{\partial w}{\partial z} = \frac{1}{\rho}\left(\frac{\partial \tau_{yx}}{\partial y} + \frac{\partial \tau_{zx}}{\partial z} + \frac{\sigma_{xx}}{\partial x}\right) \qquad (5.1\text{-}45)$$

$$\frac{\partial v}{\partial t} + u\frac{\partial v}{\partial x} + v\frac{\partial v}{\partial y} + w\frac{\partial v}{\partial z} = \frac{1}{\rho}\left(\frac{\partial \tau_{xy}}{\partial x} + \frac{\partial \tau_{zy}}{\partial z} + \frac{\sigma_{yy}}{\partial y}\right) \qquad (5.1\text{-}46)$$

$$\frac{\partial w}{\partial t} + u\frac{\partial w}{\partial x} + v\frac{\partial w}{\partial y} + w\frac{\partial w}{\partial z} = g + \frac{1}{\rho}\left(\frac{\partial \tau_{xz}}{\partial x} + \frac{\partial \tau_{yz}}{\partial y} + \frac{\sigma_{zz}}{\partial z}\right) \qquad (5.1\text{-}47)$$

3. 沿水深平均的二维流动基本方程

假定沿水深方向的动水压强分布是符合静水压强分布规律的。那么将三维流动的基本方程沿水深积分后平均可以得到沿水深平均的二维流动的基本方程。

在垂向积分过程中，采用以下定义和公式。

（1）定义水深：

$$H = h + \xi \qquad (5.1\text{-}48)$$

式中：H——水深；

h、ξ——分别表示某一基准面下的水底高程和自由面水位。

(2) 定义沿水深平均流速和时均流速之间的关系为:

$$\bar{u} = \frac{1}{H}\int_{-h}^{\xi} u \mathrm{d}z \tag{5.1-49}$$

$$\bar{v} = \frac{1}{H}\int_{-h}^{\xi} v \mathrm{d}z \tag{5.1-50}$$

(3) 引用莱布尼兹公式:

$$\int_{-h}^{\xi} \frac{\partial f(x,y,z,t)}{\partial x} \mathrm{d}z = \frac{\partial}{\partial x}\int_{-h}^{\xi} f(x,y,z,t) \mathrm{d}z - f(x,y,\xi,t)\frac{\partial \xi}{\partial x} + f(x,y,-h,t)\frac{\partial(-h)}{\partial x} \tag{5.1-51}$$

(4) 自由表面及底部运动学条件:

$$w\Big|_{z=\xi} = \frac{D\bar{\xi}}{Dt} = \frac{\partial \xi}{\partial t} + \frac{\partial \xi}{\partial x}u\Big|_{x=\xi} + \frac{\partial \xi}{\partial y}v\Big|_{y=\xi} \tag{5.1-52}$$

$$w\Big|_{z=-h} = \frac{D\overline{(-h)}}{Dt} = \frac{\partial\overline{(-h)}}{\partial t} + \frac{\partial\overline{(-h)}}{\partial x}u\Big|_{x=-h} + \frac{\partial\overline{(-h)}}{\partial y}v\Big|_{y=-h} \tag{5.1-53}$$

用上述定义公式对连续性方程式沿水深平均得:

$$\int_{-h}^{\xi}\left(\frac{\partial u}{\partial x} + \frac{\partial v}{\partial y} + \frac{\partial w}{\partial z}\right)\mathrm{d}z$$

$$= \frac{\partial}{\partial x}\int_{-h}^{\xi} u\mathrm{d}z - \frac{\partial \bar{\xi}}{\partial x}u\Big|_{z=\xi} + \frac{\partial\overline{(-h)}}{\partial x}u\Big|_{z=-h} + \frac{\partial}{\partial y}\int_{-h}^{\xi} v\mathrm{d}z - \frac{\partial \bar{\xi}}{\partial x}v\Big|_{z=\xi} + \frac{\partial\overline{(-h)}}{\partial y}v\Big|_{z=-h} + w\Big|_{z=\xi} - w\Big|_{z=-h}$$

$$= \frac{\partial H\bar{u}}{\partial x} + \frac{\partial H\bar{v}}{\partial y} + \frac{\partial \xi}{\partial t} - \frac{\partial(-h)}{\partial t}$$

$$= 0 \tag{5.1-54}$$

最后整理得:

$$\frac{\partial H}{\partial t} + \frac{\partial H\bar{u}}{\partial x} + \frac{\partial H\bar{v}}{\partial y} = 0 \tag{5.1-55}$$

沿水深平均的运动方程以 x 方向为例,水流运动方程沿水深平均为:

$$\frac{1}{H}\int_{-h}^{\xi}\frac{\partial u}{\partial t}\mathrm{d}z + \frac{1}{H}\int_{-h}^{\xi}\frac{\partial(uu)}{\partial x}\mathrm{d}z + \frac{1}{H}\int_{-h}^{\xi}\frac{\partial(uv)}{\partial y}\mathrm{d}z + \frac{1}{H}\int_{-h}^{\xi}\frac{\partial(uw)}{\partial z}\mathrm{d}z$$

$$= -\frac{1}{\rho}\frac{1}{H}\int_{-h}^{\xi}\frac{\partial p}{\partial x}\mathrm{d}z + \frac{1}{\rho}\frac{1}{H}\int_{-h}^{\xi}\left(\frac{\partial \tau_{xx}}{\partial x} + \frac{\partial \tau_{yx}}{\partial y} + \frac{\partial \tau_{zx}}{\partial z}\right)\mathrm{d}z + \frac{1}{\rho}\frac{1}{H}\int_{-h}^{\xi}\left(\frac{\partial S_{xx}}{\partial x} + \frac{\partial S_{xy}}{\partial y}\right)\mathrm{d}z \tag{5.1-56}$$

其中,非恒定项积分为:

$$\int_{-h}^{\xi}\frac{\partial u}{\partial t}\mathrm{d}z = \frac{\partial}{\partial t}\int_{-h}^{\xi}u\mathrm{d}z - \frac{\partial \bar{\xi}}{\partial x}u\bigg|_{z=\xi} + \frac{\partial \overline{(-h)}}{\partial x}u\bigg|_{z=-h} = \frac{\partial H\bar{u}}{\partial t} - \frac{\partial \bar{\xi}}{\partial t}u\bigg|_{z=\xi} + \frac{\partial \overline{(-h)}}{\partial t}u\bigg|_{z=-h}$$

(5.1-57)

对流向积分,首先将时均流速分解为 $u = \bar{u} + \Delta u$,Δu 为时均流速与水深平均流速的差值,利用底部及自由表面运动学条件,可得:

$$\int_{-h}^{\xi}\left[\frac{\partial u}{\partial t} + \frac{\partial(uu)}{\partial x} + \frac{\partial(uv)}{\partial y} + \frac{\partial(uw)}{\partial z}\right]\mathrm{d}z = \frac{\partial H\bar{u}}{\partial t} + \frac{\partial H\bar{u}\bar{u}}{\partial x} + \frac{\partial H\bar{u}\bar{v}}{\partial y}$$

(5.1-58)

压力项积分为:

$$\int_{-h}^{\xi}\frac{\partial p}{\partial x}\mathrm{d}z = \frac{\partial}{\partial x}\int_{-h}^{\xi}\bar{p}\mathrm{d}z - \frac{\partial \bar{\xi}}{\partial x}\bar{p}\bigg|_{z=\xi} + \frac{\partial \overline{(-h)}}{\partial x}\bar{p}\bigg|_{z=\xi} = \rho g H\frac{\partial H}{\partial x} + \rho g H\frac{\partial \overline{(-h)}}{\partial x} = \rho g H\frac{\partial \bar{\xi}}{\partial x}$$

(5.1-59)

风应力项的积分为:

$$\int_{-h}^{\xi}\left(\frac{\partial \tau_{xx}}{\partial x} + \frac{\partial \tau_{yx}}{\partial y} + \frac{\partial \tau_{zx}}{\partial z}\right)\mathrm{d}z = \left[\frac{\partial(H\overline{\tau_{xy}})}{\partial x} + \frac{\partial(H\overline{\tau_{yy}})}{\partial y}\right] + H(\tau_{zys} - \tau_{zyb})$$

(5.1-60)

式中:τ_{zyb}——水底摩阻在 y 方向的分量,根据谢才假设有 $\tau_{zyb} = \rho g \dfrac{v\sqrt{u^2+v^2}}{c^2}$,其中,$c$ 为谢才系数,$c = \dfrac{h^{\frac{1}{6}}}{n}$,$n$ 为糙率;

τ_{zys}——水面风应力,为本书风暴潮模拟中海面作用的主要应力。

波浪辐射应力项的积分为:

$$\int_{-h}^{\xi}\left(\frac{\partial S_{xx}}{\partial x} + \frac{\partial S_{xy}}{\partial y}\right)\mathrm{d}z = \frac{\partial(HS_{xy})}{\partial x} + \frac{\partial(HS_{xy})}{\partial y}$$

(5.1-61)

式中:S_{xx}、S_{xy}——辐射应力在 x 方向上的主分量与切向分量。

4. 二维风暴潮数学模型的控制方程

假设海水是不可压缩的,并仅限于正压海洋范围内,即密度为常数的海洋。采用直角坐标系作为风暴潮运动的参考系,由于模型应用的海域一般水平尺度为上百公里,而垂直尺度仅在几十米量级,流速在垂直方向的变化远小于水平方向上的变化,因此一般都近似地采用沿水深方向积分取平均,在上一节中得到在风应力、波浪辐射应力作用下沿水深积分平均的平面二维风暴潮数学模型的控制方程。

在平面二维简化过程中，通常采用以下基本假定和近似方法。

（1）均质不可压假定

海区水体受径流、盐度、温度、含沙量等影响，其密度略有变化，本书暂不考虑其密度变化，仍假定密度为常数。

（2）静水压假定

在海区浅水域，垂线加速度远小于重力加速度，因此在垂向动量方程中往往忽略垂向加速度而近似采用静水压强公式。

（3）Boussinesq 假定

将紊动应力类比于黏性应力建立起紊动应力与时均流速梯度之间的如下关系式：

$$-\rho \overline{u'_i u'_j} = \mu_t \left(\frac{\partial u_i}{\partial x_j} + \frac{\partial u_j}{\partial x_i} \right) \tag{5.1-62}$$

由此，得到二维风暴潮数学模型的基本方程为：

$$\frac{\partial \xi}{\partial t} + \frac{\partial}{\partial x}[(\xi+h)u] + \frac{\partial}{\partial y}[(\xi+h)v] = 0 \tag{5.1-63}$$

$$\frac{\partial u}{\partial t} + u\frac{\partial u}{\partial x} + v\frac{\partial u}{\partial y} - fv + g\frac{\partial \xi}{\partial x} + \frac{gu\sqrt{u^2+v^2}}{(\xi+h)C^2} - \frac{1}{\rho H}(\tau_{x,s} + F_x) = 0 \tag{5.1-64}$$

$$\frac{\partial v}{\partial t} + u\frac{\partial v}{\partial x} + v\frac{\partial v}{\partial y} + fu + g\frac{\partial \xi}{\partial y} + \frac{gv\sqrt{u^2+v^2}}{(\xi+h)C^2} - \frac{1}{\rho H}(\tau_{y,s} + F_y) = 0 \tag{5.1-65}$$

式中：$H = h + \xi$——水深；

f——柯氏系数；

g——重力加速度；

$\tau_{x,s}$、$\tau_{y,s}$——x、y 方向的海面风应力；

F_x、F_y——x、y 的波浪辐射应力梯度；

C——谢才系数。

5.1.5 风-浪-流耦合场模型的建立

在第三节对波浪场的模拟中，没有考虑风暴潮产生的流场的影响，同样在第 5.1.4 节风暴潮的数值模拟中，没有考虑波浪辐射应力的影响。本节考虑波流相互作用，建立台风过程中的风-浪-流耦合场模型，具体过程如图 5.1-6 所示。

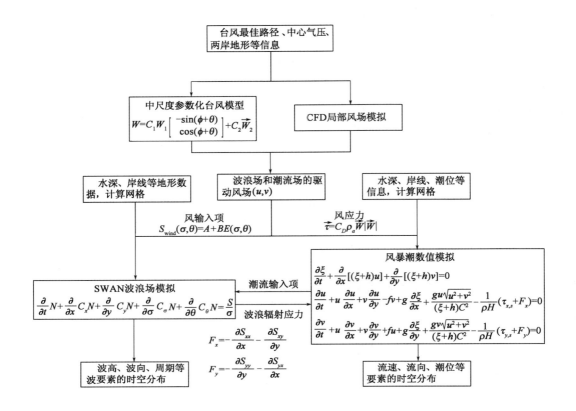

图 5.1-6　风-浪-流耦合场模型示意图

风-浪-流耦合场数值模型的具体实现方法为:驱动风场为波浪计算模式 SWAN 提供风速矢量,同时为风暴潮提供风应力值;风暴潮数值模型通过考虑风应力值后将模型计算区域的潮流值作为输入条件代入 SWAN 模型中;SWAN 考虑了海洋潮流的影响,计算得到波浪辐射应力梯度,输入风暴潮数值预报模型中去;风暴潮计算模型在受风应力与波浪辐射应力耦合作用下计算得到的潮流场继续反馈给 SWAN 模式,进行双向耦合的循环计算。

5.2　琼州海峡海域风-浪-流耦合场数值模拟

1. 琼州海峡中尺度台风场模拟

琼州海峡属热带季风气候,利用欧洲中长期气象预报中心(ECMWF)的再分析资料,发现该海域常风向为 NE 向,出现频率为 16.11%;次常风向为 ENE 向,出现频率为 13.6%;强风向为 N 向,最大风速为 22.9m/s;次强风向为 NNW 向,最大风速为 21.7m/s。本海区东北季风强度大于西南季风。统计的工程海域 2012—2013 全年风速分频分级如表 5.2-1 所示,风玫瑰如

图 5.2-1 所示。

2012—2013 年各向各级风频率统计结果(%)　　　　表 5.2-1

级　　数	0~3	3~6	6~9	9~12	12~15	15~18	合计
N	0.46	1.41	1.19	0.48	0.05	0	3.59
NNE	1.41	4.22	5.84	1.05	0.02	0.02	12.56
NE	1.53	5.34	4.36	0.41	0.02	0.02	11.68
ENE	1.94	7.12	3.33	0.43	0.09	0	12.91
E	1.89	6.91	1.92	0.11	0.05	0.02	10.9
ESE	2.42	6.75	0.68	0.05	0	0	9.9
SE	2.76	3.54	0.14	0.07	0.05	0	6.56
SSE	2.08	3.76	0.25	0.07	0.05	0	6.21
S	1.57	3.1	1.07	0.09	0.02	0	5.85
SSW	1.55	2.99	1.69	0.18	0	0	6.41
SW	0.89	2.12	1.07	0.34	0	0	4.42
WSW	0.84	1.23	0.14	0.09	0	0	2.3
W	0.59	0.64	0.07	0	0	0	1.3
WNW	0.55	0.46	0.05	0.02	0	0	1.08
NW	0.64	0.27	0	0.02	0	0	0.93
NNW	0.98	1.55	0.68	0.11	0.07	0	3.39
合计	22.1	51.41	22.48	3.52	0.42	0.06	100

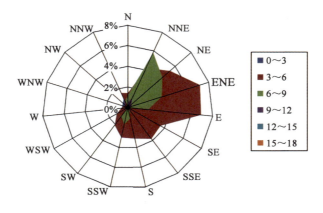

图 5.2-1　工程海域附近 2012—2013 年风玫瑰图

工程海域台风频繁，年内影响时间跨度大，从每年的 6 月一直可延续至 11 月，伴随台风而来的往往有暴雨和大浪，对工程的施工和运营有较大影响。因此研究该海域台风所引起的台风浪及预测对该海域影响最大的可能台风路径是一项重要内容。

目前台风数据的发布有多种途径，其中包括美国联合台风警报中心（Jiont Typhone Warning Center, JTWC）、日本气象厅（Japan Meteorological Agency, JMA）和中国气象局（China Meteorological Adminstration, CMA）等发布的数据，这些气象部门或机构所提供的台风数据相似并存在差异性，主要表现在台风中心经纬度、台风圈、最大风速的计算方面。经过分析对比，采用 CMA 提供的最佳台风路径数据，该数据包含了台风中心经纬值、中心最大风速值（2min 平均最大风速）、中心气压等要素。

工程海域设置了风-浪-流耦合场观测系统，对风-浪-流耦合场相关特征参数进行了同步观测，具体详见第 4 章对风-浪-流耦合场观测系统的介绍。

2012—2014 年的现场观测捕捉到了多场台风，如 1213 号"启德"台风、1309 号"飞燕"台风和 1409 号"威马逊"台风等，利用这些台风过程中的现场实测数据对台风场模型模拟风场的风速和风向进行验证，调整风场模拟关键参数，使得模拟结果与实测结果吻合良好。

其中，在计算风与实测风的对比验证过程中，会有一个梯度风沿高度的修订系数 C_1，以便与海上风或岸边观测风吻合。日本港湾协会编写的《港口建筑设计标准》中就给出了海上风和梯度风的关系，梯度风转化成海上风的修订系数随纬度的不同存在差异，北纬 10°～50°之间取 0.5～0.7。日本学者堀口孝男（1984）取这个修订系数为 0.6，而上野武夫（1981）对非常强的台风取这个系数为 0.7～0.8。Powell（1980）在文献中建议台风计算中取 0.8，国内很多学者如王喜年等也经验性地取 0.8。可以看出这个修订系数的取值具有一定的不确定性，对于不同地形条件、不同地理位置、不同台风强度可能会存在不同。

本书通过风-浪-流耦合场观测系统成功获取了多场台风过境琼州海峡时的岸边风速数据，可以作为修订系数取值的依据。选取对工程海域影响较大的 6 场台风过程，调整梯度风修订系数取值，在不考虑其他风速影响因素的条件下使得计算风与南岸观测风极值吻合，此时梯度风系数的取值如表 5.2-2 所示。

典型台风过程中的梯度风修订参数 C_1 的取值　　　　表 5.2-2

台风编号	1213 号"启德"	1223 号"山神"	1305 号"贝碧嘉"	1309 号"飞燕"	1330 号"海燕"	1409 号"威马逊"
梯度风修改系数	0.75	0.73	0.68	0.70	0.84	0.78

从表 5.2-2 中可以看出，梯度风修订系数的取值在 0.68～0.84 之间，取值具有一定的不确定性。实际上，台风模拟风速还会受到其他输入参数、台风路径等的影响，但就这 6 场台风修订系数取值的相对关系，可以看出强度较大的台风梯度风修订系数一般相对较大。途经工程海域时的 1213 号"启德"为台风级，1223 号"山神"为强热带风暴级，1305 号"贝碧嘉"为热

带风暴级,1309 号"飞燕"为强热带风暴级,1330 号"海燕"为强台风级,1409 号"威马逊"为超强台风级。

当途经工程海域台风级别为台风级以上时修订系数约在 0.8 左右,台风级以下时修订系数约在 0.7 左右。本书的后续长周期历史台风模拟过程中,选取的台风多为对工程海域影响较大的较强台风,所以后续计算中此修订系数统一取 0.8。

以 2012 年的 1213 号"启德"台风的数值后报为例,根据 CMA 发布的热带气旋最佳路径数据集数据,提取了"启德"台风的最佳路径数据,时间为 2012 年 8 月 12 日 0:00 ~ 18 日 18:00(世界时),时间间隔为 6h。"启德"台风在菲律宾以东洋面形成,2012 年 8 月 15 日在菲律宾吕宋岛帕拉南附近沿海登陆,在掠过吕宋岛期间完全没有减弱,一进入南海便再继续增强,之后向西北偏西移动,2012 年 8 月 17 日在广东省湛江市沿海登陆,18 日开始减弱并逐渐消散。

风场模拟时间为 2012 年 8 月 16 日 0:00 ~ 18 日 0:00。以南岸风观测点的风速观测数据验证模拟风场,南岸风速观测点位于海南省澄迈县雷公岛的滩涂上,风速和风向的验证如图 5.2-2 和图 5.2-3 所示。风速为海平面 10m 高处平均风速,风向以北为 0°按顺时针方向旋转取值。

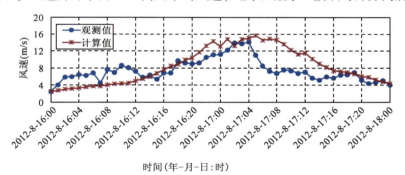

图 5.2-2　1213 号"启德"台风过程风速验证

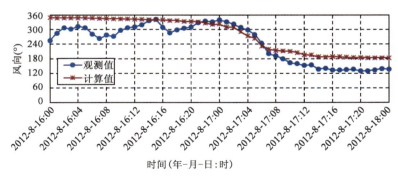

图 5.2-3　1213 号"启德"台风过程风向验证

从图中可以看出,风速计算值与观测值的最大值和变化趋势的吻合较好,工程海域的风向在台风中心经过后由 N 方向转变为 W 方向,这与台风路径和台风在赤道以北的北半球按逆时针转动有关。

经验证后的台风场模型，可计算得到模型计算范围内的台风场分布情况。"启德"台风过程中4个典型时刻的台风风场分布如图5.2-4所示，台风在移动过程中，同时按逆时针方向转动，会出现明显的风眼区，且风速沿台风运动路径左右存在偏差，由于南海台风通常受副热带高压影响，气压梯度右侧偏大，所以通常台风路径右侧风速大于左侧风速。

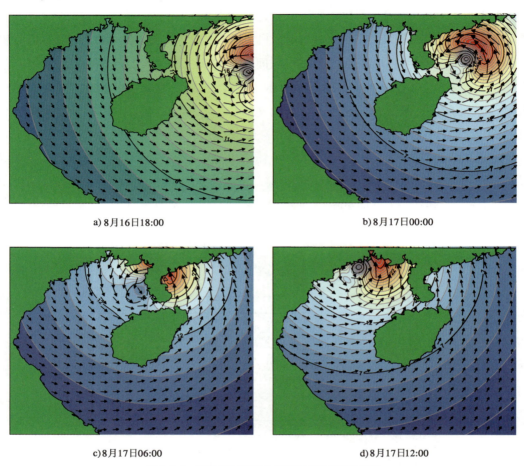

a) 8月16日18:00 b) 8月17日00:00

c) 8月17日06:00 d) 8月17日12:00

图5.2-4　1213号"启德"台风期间的风场变化过程

2. 考虑琼州海峡两岸地形影响的局部风场模拟

风场数值计算采用基于有限体积法的FLUENT软件在高性能计算机上进行。计算区域划分为3 085 000个单元。为了考察不同方向来流对桥位风场的影响，计算中来流取8个方向，入口处来流风速30m/s。

在琼州海峡大桥西线桥位轴线上取11个风场参数计算点为监测点，各计算点坐标如表5.2-3所示，计算点高程分别为距离海面20m和100m。

通过数值计算得到了琼州海峡工程海域的风场模拟结果，其中东-西向风速模拟结果如图5.2-5所示。从计算结果可知：琼州海峡海中测点的风速相对于海岸边上的测点风速相差较小,这是由于本海区中两侧海岸没有高海拔的突变地形,使得风场在空间分布上变化较小。

计算模型中桥位沿线风场监测点布置　　　　表 5.2-3

位　　置	计 算 点	东经(°)	北纬(°)
北航道桥	P1	109.856 9	20.204 8
	P2	109.852 8	20.190 9
	P3	109.848 7	20.177 0
中航道桥	P4	109.840 3	20.141 4
	P5	109.838 4	20.122 0
	P6	109.836 4	20.102 7
南航道桥	P7	109.845 1	20.060 9
	P8	109.852 6	20.048 3
	P9	109.860 1	20.035 7
主通航孔	M10	109.838 3	20.106 9
南副通航孔	M11	109.850 6	20.047 2

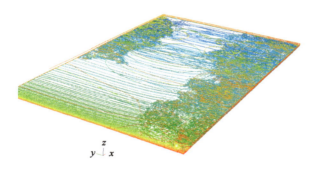

a) 整体风场分布

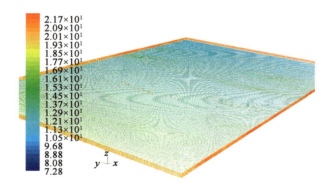

b) 风速场分布矢量图

图 5.2-5

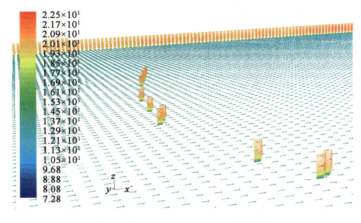

c)桥位沿线监测点位置风速矢量沿高度分布

图 5.2-5 琼州海峡工程海域局部风场精细化模拟结果(西-东风向)

3. 琼州海峡波浪场模拟

以台风场模型输出的风速矢量作为驱动,采用海浪模式 SWAN 模拟研究工程海域的波浪场。

计算区域包括了工程海域以及海南岛附近的海域(北纬 6°~16°,东经 105.5°~113°)。为了较好地描述岸线及近岸地形变化,利用三角形非结构网格对计算区域进行网格划分,计算网格由 74 516 个结点和 39 285 个三角形单元组成,最大三角形单元尺寸达 20km,位于模型边界处,最小三角形单元尺寸为 20m,位于工程海域研究点附近。整个计算区域的网格如图 5.2-6 所示,重点研究区域的加密网格如图 5.2-7 所示。

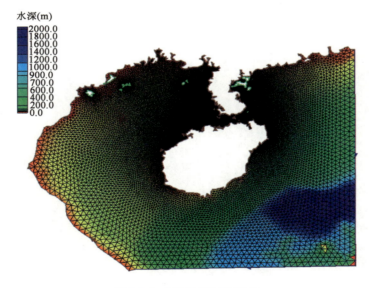

图 5.2-6 网格划分及区域地形

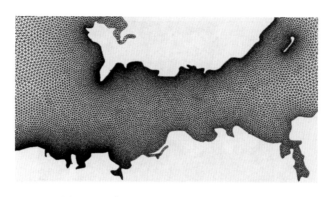

图 5.2-7　琼州海峡工程海域的局部加密网格

SWAN 波浪场模式的主要计算参数设置如表 5.2-4 所示。

SWAN 模型的计算参数设置　　　　　　　　　　　表 5.2-4

计算区域		北纬 6°~16°，东经 105.5°~113°
计算网格及分辨率		非结构网格（分辨率 20m~20km）
计算时间步长		15min
输出时间步长		1h
物理过程参数	风输入项	线性增长部分：Cavaleri 和 Malanotte Rizzoli 指数成长：Komen 等（1984）
	白浪耗散	Komen 等（1984）
	深度诱导破碎	参数 gamma = 0.73
	底摩擦	Hasselmann 等（1973，JONSWAP）
	非线性波-波相互作用	四波相互作用
衍射效应		光滑参数 smpar = 0.2
输出参数		有效波高，平均波向和平均周期

由于特大型跨海桥梁一般跨越海峡，长度较长，沿桥轴线不同位置处的水深地形不同，对应的波要素也会存在差异。针对跨海桥梁桥轴线的位置以及与观测结果验证的需要，在波浪场模拟分析中，设置了 6 个计算输出点，其中 P4 和 P5 点分别位于主通航孔和南副通航孔处。各点的地理坐标和对应的海底高程分别如表 5.2-5 所示。各点在海峡内的位置示意图如图 5.2-8 所示。

各计算点位置地理坐标及底高程　　　　　　　　　表 5.2-5

计算点	东经（°）	北纬（°）	底高程（m）
P1	109.8569	20.2048	-25.13
P2	109.8487	20.1770	-27.67
P3	109.8403	20.1414	-39.84
P4	109.8383	20.1069	-43
P5	109.8506	20.0472	-33.6
P6	109.8601	20.0357	-31

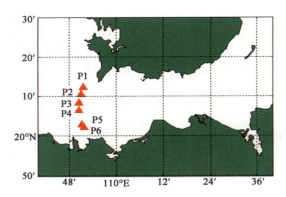

图 5.2-8　琼州海峡工程海域的计算输出点位置示意图

利用 2012—2014 年现场观测得到的多场台风过程中观测点波高、波向和周期实测数据，校核、验证通过 SWAN 波浪场模拟得到的工程海域波浪场分布。以 2012 年 1213 号"启德"台风为例，波浪场数值模拟时间从 2012 年 8 月 16 日 0:00~8 月 18 日 0:00。以主通航孔处观测的波高、波向和周期验证 SWAN 模拟的波浪场，如图 5.2-9、图 5.2-10 和图 5.2-11 所示。其中，波高、波向和周期分别指的是有效波高、平均波向和平均周期，波向以正北为 0°，按顺时针旋转取值。

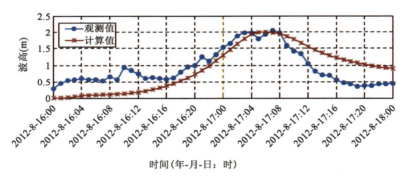

图 5.2-9　1213 号"启德"台风过程波高验证

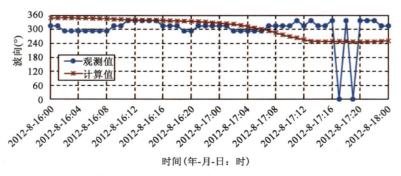

图 5.2-10　1213 号"启德"台风过程波向验证

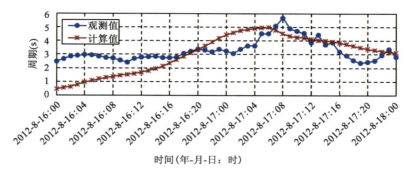

图 5.2-11 1213 号"启德"台风过程波周期验证

"启德"台风期间,主通航孔处波高的计算值和观测值相关系数为 0.95,均方根误差为 0.29m,观测最大波高 2.05m,计算最大波高 2m,无论波高极值还是变化趋势性,计算值和实测的吻合度较好。平均波向在 N~NW 之间变化,实测最大平均周期 5.69s,计算最大平均周期 4.99s。

可以进一步提取沿桥轴线设置的计算输出点的波高、波向和周期结果,以 8 月 17 日 6:00 为例,该时刻各计算输出点波要素结果如表 5.2-6 所示。

台风启德过程中计算输出点波要素提取结果　　表 5.2-6

计算输出点	有效波高（m）	平均周期（s）	平均波向（°）
P1	2.08	5.04	302.38
P2	2.05	5.03	305.96
P3	2.11	5.07	309.04
P4	2.00	4.95	324.09
P5	2.03	5.00	313.66
P6	2.01	4.99	315.21

"启德"台风过程的琼州海峡四个典型时刻的波高分布如图 5.2-12 所示,相应的琼州海峡的波浪场波向分布如图 5.2-13 所示。

4. 琼州海峡风暴潮模拟

首先利用研发的风暴潮数值模拟程序模拟潮流场,计算模型范围涵盖整个海南岛周边海域,采用四边形网格构成的模型空间步长为 10km,网格数是 78×63。计算范围如图 5.2-14 所示。水边界设定在越南岘港与西沙群岛,下川岛与西沙群岛之间,模型的计算结果包括计算模型范围内的潮流与潮位过程。

图 5.2-15 为三个潮位站(越南岘港、西沙群岛和下川岛)在 2012 年 8 月 15 日~18 日期间的天文潮过程。

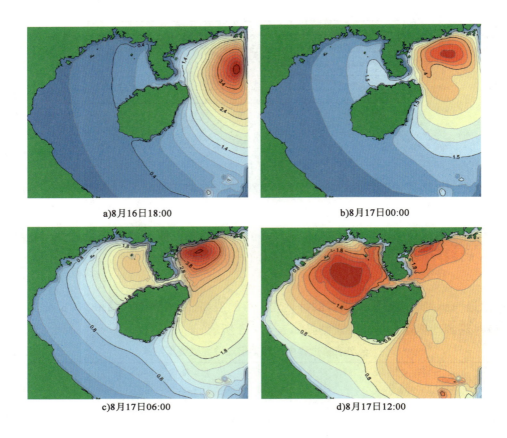

图 5.2-12　1213 号"启德"台风期间的波高变化过程

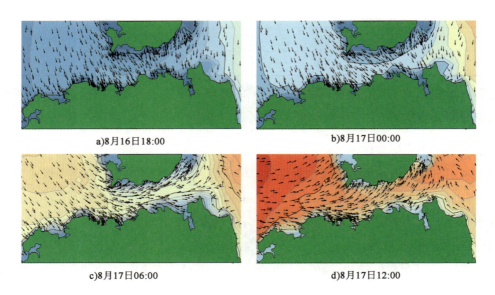

图 5.2-13　1213 号"启德"台风期间海峡内波向变化过程

第5章 风-浪-流耦合场数值模拟方法及设计参数

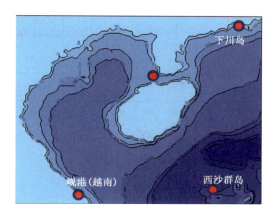

图 5.2-14　计算范围

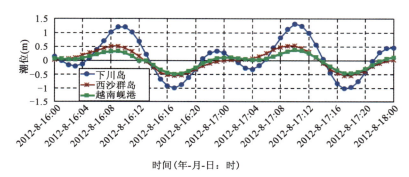

图 5.2-15　三个潮位站的天文潮过程图

天文潮过程是没有考虑大风、波浪辐射应力等因素的影响而得到的海域原始潮位,天文潮发生时会出现大潮与小潮的过程,当天文大潮与风暴潮发生共振时导致该海域的潮位将会有一个大的抬升。

以 2012 年的 1213 号"启德"台风为例,通过风暴潮数值分析程序可以模拟得到工程海域的流场分布。图 5.2-16 和图 5.2-17 表示台风"启德"期间主通航孔处流速和流向的验证过程。从图中可以看出,流速大小基本符合,流向基本是保持一致的。

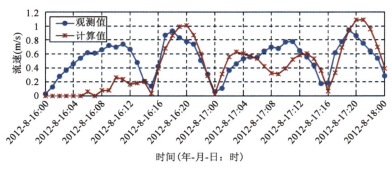

图 5.2-16　1213 号"启德"台风过程流速验证

179

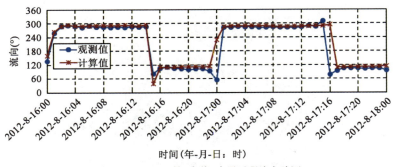

图 5.2-17　1213 号"启德"台风过程流向验证

5. 琼州海峡风-浪-流耦合场数值模拟

根据建立的风-浪-流耦合场数学模型,研发对应的风-浪-流耦合场数值模拟技术,并通过实测数据进行验证。研究方法为:①根据欧洲中长期气象预报中心的历史再分析天气资料与中国气象局提供的最佳台风路径信息对依托工程琼州海峡海域的风况与波浪条件进行定性分析;②选取台风过程,分析台风路径,利用台风场模式模拟台风过程,准确模拟不同时刻台风场分布情况;③利用国际上通用的浅水海浪模式 SWAN,建立风浪计算模型,模拟不同时刻台风作用下,工程海域波浪分布情况以及风速与波浪同步变化关系;④利用研发的风暴潮数值预报模型,计算工程海域的潮流分布,以此作为 SWAN 模型的一个驱动条件,计算风与潮流联合作用下,工程海域波浪分布情况以及风速与波浪同步变化关系。

以 1213 号台风"启德"为例,将风-浪-流耦合作用下工程海域主通航孔处的计算波高、台风浪作用下的计算波高进行对比分析,考察风暴潮对台风期间的波高影响大小,同时与实测的波高进行对比分析,结果见图 5.2-18。

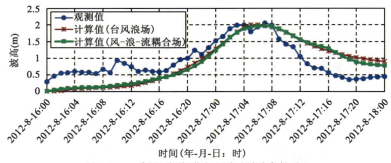

图 5.2-18　台风"启德"期间风浪流波浪条件对比

台风"启德"期间主通航孔处有效波高在 2012 年 8 月 17 日 7:00 达到最大值 2.05m。只考虑台风情况下,8 月 16 日 0:00～17 日 4:00 计算有效波高均小于实测有效波高,8 月 17 日 5:00 计算有效波高达到最大值 1.98m,8 月 17 日 7:00～18 日,计算有效波高均大于现场观测有效波高。考虑台风与风暴潮共同影响时,8 月 16 日 0:00～17 日 4:00 计算有效波高均小于实测有效波高,8 月 17 日 7:00 计算有效波高达到最大值 2m,8 月 17 日 8:00～18 日,计算有效波高均大于现场观测有效波高,该阶段比只考虑台风影响的模拟结果偏小。对于"启德"台风过程,风暴潮对波高表现出一定的影响但并不显著。

对其他台风过程如1309号"海燕"台风以及1409号"威马逊"台风做了类似的模拟研究。研究发现,受潮流场影响,海峡外深水区波高整体抬高了30~50cm,而受浅水变形作用这种影响在靠近海岸区减弱。总体研究结果显示,采用风-浪-流耦合场模式能够提高波浪场和流场的模拟精度,且台风与风暴潮的耦合作用对波浪场的分布具有一定的影响。

此外,风-浪-流耦合场数值模拟时应考虑风暴潮位等对模拟区域波浪场的影响。特别是近岸区的波浪演变过程中,受风暴潮位及海平面上升等综合因素影响时,近岸波浪受到的浅水变形及低摩阻效应会减弱,在过渡区深水及浅水区域,高潮位与低潮位作用下波高变化幅值可达50cm以上。潮流场由于波浪辐射应力作用会受波浪场的影响,初步研究发现受波浪辐射影响作用下近岸流速大小变化明显,尤其在岸边界处潮流流速加快。针对不同的台风过程,潮位变化幅值小于10cm。需进一步研究给出确切结论。

对于不同水深、地形条件下,不同台风过程中,波浪场和流场相互影响程度会存在差异。

5.3 琼州海峡历史台风过程的数值后报模拟

5.3.1 工程海域历史台风过程的选取

琼州海峡地处北热带季风海洋气候区,极端天气频繁,特别是对跨海工程影响很大的热带气旋(台风)过程。台风引起琼州海峡工程海域的大风、大浪是影响跨海工程的关键因素。

选择1949—2014年间距离琼州海峡工程海域250km范围内的,对琼州海峡工程海域有可能造成较大影响的台风,共计113场台风,其中台风的最佳路径和相关资料取自中国气象局热带气旋资料中心提供的热带气旋最佳路径数据集。

计算中所选取的113场台风路径图,其中1949—1959年间15场,1960—1969年间13场,1970—1979年间21场,1980—1989年间19场,1990—1999年间17场,2000—2014年间28场。根据国家标准《热带气旋等级》(GB/T 19201—2006)关于热带气旋的分级,选取的113场台风中,包含超强台风级16场,强台风级17场,台风级44场,强热带风暴级27场,热带风暴级8场。

从这些历史台风的路径图中,可以看出琼州海峡工程海域是台风活动较为频繁的海区。从台风生成地来说,一般可以将这些台风分为两类:一类是在菲律宾以东的西北太平洋生成,然后移入南海,在登陆前途经工程海域;另一类是在南海海域本地生成。在一些文献中,研究人员形象地比喻两种台风分别为"洋台风"和"土台风"。在西北太平洋生成的"洋台风"一般成长时间长,有很多发展成为对工程海域产生强烈影响的超强台风,如2005年18号台风"达维",登陆海南岛时台风中心最低气压达到930hPa,2014年9号台风"威马逊"则恰好经过琼州海峡,在琼州海峡海域时台风中心最低气压更是达到了910hPa。

5.3.2 工程海域主要台风路径及影响分析

根据工程海域影响较大的113场历史台风移动路径,提出五类途经琼州海峡工程海域且有较大影响的台风。对于特定的台风路径,可以根据风速风向特性以及工程海域周围的地理环境,分析波浪的方向变化特征。

(1)第Ⅰ类台风,在工程海域以北自E向W或SE向NW通过,一般从广东省的雷州半岛登陆,如1213号台风"启德"。这类台风过程中,主通航孔的主波向一般自N或NNW沿逆时针演变为W或WNW方向。

(2)第Ⅱ类台风,直接从琼州海峡穿过,一般自E向W或自偏SE向NW方向穿过海峡的台风,如1409号台风"威马逊"。这类台风过程中,主通航孔的主波向一般自NNE演变为WSW方向。

(3)第Ⅲ类台风,直接从工程海域南边的海南岛自E向W或自偏SE向NW穿过,如1305号台风"贝碧嘉"。这类台风途经工程海域,主通航孔的主波向自N或NNE向E或ESE方向演变。

(4)第Ⅳ类台风,从海南岛的东南部进入北部湾,然后登陆广西,即在工程海域的西边自S向N经过,如1330号台风"海燕"。这类台风途经工程海域,主通航孔的主波向自NEN向WSW方向演变。

(5)第Ⅴ类台风,从海南岛和琼州海峡的东部海域经过,自S向N然后登陆广东省,如0801号台风"浣熊"。这类台风途经工程海域,主通航孔的主波向自NE向NW方向演变。

统计所选取的对工程海域影响较大的113场台风中,类似于这五类台风的相对出现概率,如图5.3-1所示。可以看出第Ⅳ类台风出现概率最高,达到45%。其次是第Ⅰ类和第Ⅱ类,分别为22%和24%。最低的是第Ⅲ类和第Ⅴ类,分别为3%和5%。

历史上有多场横穿琼州海峡且对工程海域影响较大的第Ⅰ类台风,在五类台风中所占的比例也较高,近65年来有25场。下面以能在工程海域达到百年一遇风速51.6m/s的第Ⅰ类超强台风为例,计算分析该类台风的台风浪场分布。超强台风主要参数信息见表5.3-1。

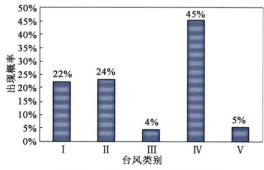

图5.3-1 五类台风的相对出现概率

超强台风主要参数信息　　　　　　　　表 5.3-1

时间(h)	纬度(°)	经度(°)	中心气压(hPa)
0	19.6	114.3	888
6	19.8	113.4	874
12	19.9	112.3	865
18	20.3	111.3	851
24	20.2	110.3	846
30	20.1	109.5	874
36	20.3	108.4	893
42	20.4	107.3	907
48	20.7	106.3	921

由 SWAN 波浪场模块进行台风浪场模拟，风速和波高、风向和波向分别如图 5.3-2 和图 5.3-3 所示，风速为海平面 10m 高处的 10min 平均风速，波高取 $H_{1\%}$，整个台风过程中的最大波高达到 14.78m，风向以正北方向为 0°，按顺时针旋转，风向和波向在台风中心经过工程海域时，会有明显的转向过程。

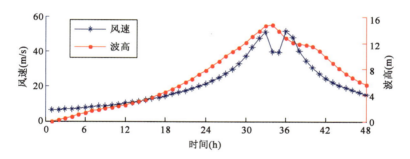

图 5.3-2　第Ⅰ类路径超强台风过程的风速和波高变化过程

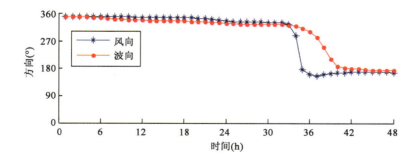

图 5.3-3　第Ⅰ类路径超强台风过程的风向和波向变化过程

由于台风中心经过工程海域,当工程海域位于台风眼区内时,从图中可以看出风速有明显的减小,台风眼区离开工程海域时,风速又有相对增大的过程。台风眼的发生,是由于台风的逆时针方向吹动使中心空气发生旋转,而旋转时所发生的离心力,与向中心旋转吹入的风力互相平衡抵消而成,因此形成台风中心数十公里范围内的无风现象,而且因为有空气下沉增温现象,导致云消雨散而成为台风眼。

以同等强度的台风参数信息,分别以其他4类台风路径经过工程海域,进行台风浪场数值模拟,风速、风向、波高和波向图分别如图5.3-4~图5.3-11所示。

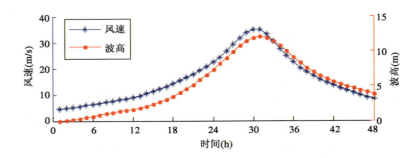

图5.3-4 第Ⅱ类路径超强台风过程的风速和波高变化过程

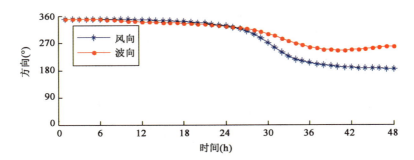

图5.3-5 第Ⅱ类路径超强台风过程的风向和波向变化过程

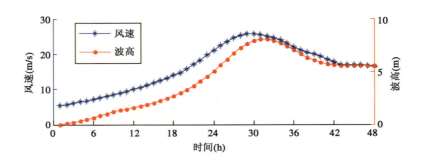

图5.3-6 第Ⅲ类路径假想超强台风过程的风速和波高变化过程

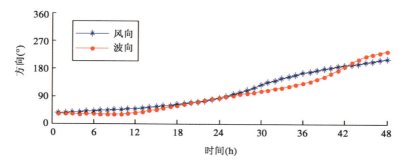

图 5.3-7　第Ⅲ类路径假想台风过程的风向和波向变化过程

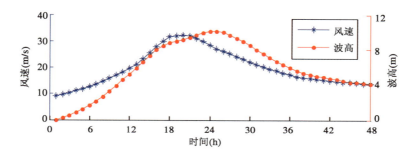

图 5.3-8　第Ⅳ类路径假想台风过程的风速和波高变化过程

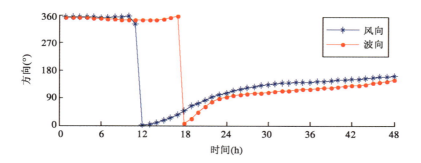

图 5.3-9　第Ⅳ类路径假想台风过程的风向和波向变化过程

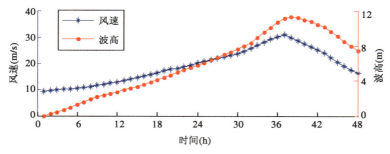

图 5.3-10　第Ⅴ类路径假想台风过程的风速和波高变化过程

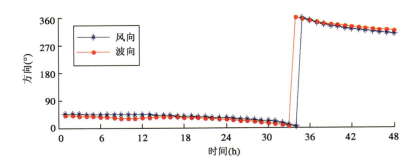

图 5.3-11　第 V 类路径假想台风过程的风向和波向变化过程

统计五类台风过程中主通航孔处的最大风速及对应时刻的风向、最大波高及对应时刻的波向,如表 5.3-2 所示。可以看出第 I 类台风对工程海域的影响相对其他台风较为显著,各类台风过程中最大风速对应时刻的风向和最大波高对应时刻的波向存在差异,但影响最大的第 I 类台风最大风速对应时刻的风向和最大波高对应时刻的波向差别较小。

五类台风过程中的风速和波高最大值及对应的方向统计　　　表 5.3-2

台风分类	最大风速 (m/s)	对应风向 (°)	最大波高 (m)	对应波向 (°)	方向差 (°)
I 类	51.64	325	14.78	318	7
II 类	34.99	270	12.60	332	62
III 类	25.77	126	8.37	160	34
IV 类	30.20	81	10.58	173	92
V 类	32.90	340	11.83	291	49

继续统计五类台风过程中主通航孔处的最大风速及对应时刻的波高、最大波高及对应时刻的风速,如表 5.3-3 所示。可以看出台风过程中风速和波高极值一般并不是同时出现,最大风速对应时刻的波高一般小于最大波高,同样最大波高对应时刻的风速也小于最大风速,最大风速对应时刻的波高与最大波高、最大波高对应时刻的风速与最大风速的相关系数大约在 0.9 左右。

五类台风过程中的风速和波高极值相关性　　　表 5.3-3

台风分类	最大风速 (m/s)	对应波高 (m)	最大波高 (m)	对应风速 (m/s)
I 类	51.64	12.71	14.78	39.98
II 类	34.99	11.91	12.60	34.86
III 类	25.77	7.93	8.37	25.38
IV 类	30.20	9.11	10.58	28.32
V 类	32.90	11.15	11.83	30.75

5.4 风-浪-流耦合场特征参数极值的联合概率模型

风、浪、流等海洋环境要素之间存在一定程度的相关性,推算特大型跨海桥梁风、浪、流等海洋环境要素设计参数时,如果不考虑这些要素之间的相关性,按传统单因素推算方法确定设计参数,并用作跨海桥梁设计标准,往往会过高地估计环境条件设计标准,提高了工程造价,使工程建造难度加大甚至难以实施。因此,在特大型跨海桥梁设计中,确定风-浪-流耦合场中风速、波高和流速等设计参数时,应考虑它们之间的相关性,建立风-浪-流耦合场中相关特征参数极值的联合概率模型,基于联合概率的思想去推算风-浪-流耦合场中的相关设计参数,供特大型跨海桥梁设计参考使用。

5.4.1 多维联合概率理论模型

在海岸及近海工程设计中,单因素设计方法无法反映海洋环境对工程结构的综合影响,这一问题在设计中逐渐凸显。因此,人们越来越关注多种环境要素联合概率分布的研究。本节主要介绍多元极值理论、Copula 函数理论以及复合极值理论。

1. 多元极值理论

多元极值理论是 20 世纪 90 年代后期有关数学家研究发展的新成果。20 世纪 50 年代 Gumbel 初次提出多元极值理论时,因其复杂性未能引起足够的重视。20 世纪 90 年代以后由于近代工程规模日趋庞大,亟须充实发展多元极值理论,简化其计算,并使之真正具有实际应用价值,已变成理论界及工程界普遍关心的课题之一。因此,多元极值理论得到了迅速发展,其中以 Coles 和 Tawn 等的研究方法尤为突出,他们一直从各个不同的角度研究多种最不利荷载组合理论——多元极值理论,其研究一直受到海洋工程界的广泛关注。

多元极值理论旨在研究多个相关总体极值联合分布的问题。多变量极值分布建立在多变量随机点过程理论基础上,通过分别建立各变量的边缘分布和建立描述各变量之间相关性的相关性模型将它们联系起来,得到多变量极值的联合概率分布。在直观反映变量间相关关系的基础上,求解多元极值联合分布的问题,是目前理论界和工程界都很活跃的课题。海洋环境要素极值联合概率分布给出了它们之间极值发生随机性和相关性的最完整的概率信息,是结构可靠度分析和设计最合理的荷载概率模型,特别在短时间的连续观测资料情况下,也能给出较为合理的海洋环境极值要素的估计结果。

但由于多元极值之间相关结构的复杂性,多元极值模型的表达式多为隐式形式,只能经过复杂的迭代求解,因此不便于工程应用。对此问题,许多研究工作者提出了不同的方法,可以归纳为两大类,即参数法和非参数法。其中,参数法给出具体的多元极值分布表达式,令人一目了然,具有较大的推广价值。但由于大自然的复杂多变,不同工程环境和不同因素的组合,其相关结构也变化多端,所以建立适用于所有情况的多元极值模型非常困难。目前,国际上也已提出多种相关结构表达式及与之对应的多元极值模型,如对称 Logistic 模型、非对称 Logistic 模型、负非对称 Logistic 模型、Dirichlet 模型、Bilogistic 模型、嵌套 Logistic 模型等。

其中,对称 Logistic 模型要求各变量之间的相关性完全对称,实际情况却不一定满足这一点。McFadden(1978)提出了一种嵌套 Logistic 模型,较对称 Logistic 模型更加灵活,更具广泛性。假设三维随机变量 (X_1, X_2, X_3),随机变量 X_i 的边缘分布为 $F_{X_i}(x_i)$,则三维嵌套 Logistic 模型的一般表达式为:

$$F(x_1, x_2, x_3) = \exp\left\{-\left[\left((-\ln F_{X_1}(x_1))^{\frac{1}{\alpha\beta}} + (-\ln F_{X_2}(x_2))^{\frac{1}{\alpha\beta}}\right)^\beta + (-\ln F_{X_2}(x_3))^{\frac{1}{\alpha}}\right]^\alpha\right\}$$
(5.4-1)

式中:α、β ($0 \leq \alpha \leq 1, 0 \leq \beta \leq 1$)——相关参数。

若随机变量 X_i 的边缘分布 $F_{X_i}(x_i)$ 均为广义极值分布,即:

$$G(x;\mu,\sigma,\xi) = \exp\left\{-\left[1 + \xi\left(\frac{x-\mu}{\sigma}\right)\right]^{-\frac{1}{\xi}}\right\}$$
(5.4-2)

式中,随机变量的定义域为 $\{x: 1+\xi(x-u)/\sigma > 0\}$,其中 ξ、μ 和 σ 分别为形状参数、位置参数和尺度参数,$\xi \in R, \mu \in R, \sigma > 0$。

则可以得到边缘分布为广义极值分布的三维嵌套 Logistic 模型,其表达式为:

$$\begin{aligned}
&G(x_1, x_2, x_3) \\
&= P(X_1 < x_1, X_2 < x_2, X_3 < x_3) \\
&= \exp\left[-\left\{\left[\left(1+\xi_1\frac{x-\mu_1}{\sigma_1}\right)^{-\frac{1}{\alpha\beta\xi_1}} + \left(1+\xi_2\frac{y-\mu_2}{\sigma_2}\right)^{-\frac{1}{\alpha\beta\xi_2}}\right]^\beta + \left(1+\xi_3\frac{x-\mu_3}{\sigma_3}\right)^{-\frac{1}{\alpha\xi_3}}\right\}^\alpha\right]
\end{aligned}$$
(5.4-3)

式中:ξ_i、μ_i、σ_i ($i=1,2,3$)——随机变量 X_1、X_2、X_3 边缘分布的形状参数、位置参数和尺度参数;

α、β ($0 \leq \alpha \leq 1, 0 \leq \beta \leq 1$)——相关参数。$\alpha = 1$ 时,上式即转化为 Logistic 模型下的二元极值分布函数形式;$\beta = 1$ 时,上式即转化为普通的三元 Logistic 模型;α 和 β 均为 0 时,随机变量 X_1、X_2、X_3 完全相关;α 和 β 均为 1 时,随机变量 X_1、X_2、X_3 互相独立。

史道济(2001)通过矩估计法,给出了上式中相关参数 α 和 β 的显式表达式:

$$\alpha = \frac{\sqrt{1-r_{13}} + \sqrt{1-r_{23}}}{2}$$
(5.4-4)

$$\beta = \frac{\sqrt{1-r_{12}}}{\alpha} \qquad (5.4\text{-}5)$$

式中：r_{12}、r_{13}、r_{23}——由原始数据 x_1、x_2、x_3 转换成服从 Fréchet 分布的变量取对数所得新变量的线性相关系数。

2. Copula 函数理论

Copula 函数是将随机变量联合分布与一维边缘分布连接在一起的函数，因此也称为连接函数。Copula 的概念是由 Sklar 提出的，但是有关 Copula 函数的基础研究工作可以追溯到 Wassily Hoeffding，他研究了多维联合分布与多维均匀分布的转化。

由 Sklar 定理，对于具有一元边缘分布函数 $F_1, F_2, \cdots, F_n$ 的联合分布函数 F，一定存在 Copula 函数 C，满足：

$$F(x_1, x_2, \cdots, x_n) = C[F_1(x_1), F_2(x_2), \cdots, F_n(x_n)] \qquad (5.4\text{-}6)$$

若边缘分布函数 $F_1, F_2, \cdots, F_n$ 连续，则 C 唯一确定。

作为一个新的概率分布和统计推断方法，Copula 函数为描述多变量之间的相关结构提供了一个新技术手段而得到广泛应用。Nelsen 曾系统地总结了 Copula 函数的性质和主要研究成果。

Copula 函数较多，一般常用的有：①椭圆形 Copula，如 Normal Copula、Student T-Copula 等；②阿基米德型（Archimedean）Copula，如 Gumbel-Hougaard Copula、Clayton Copula、Frank Copula、AMH Copula 等；③Plackett Copula；④FGM Copula；⑤极值 Copula；⑥混合 Copula。按 Copula 函数的可交换性，又可分为对称和非对称 Copula。

其中，Archimedean Copula 函数是在水文频率分析、海洋环境条件联合概率设计中最常用的连接函数，也是本书采用的 Copula 函数类型。二维和三维 Archimedean Copula 函数共有二十余种，分对称型和非对称型。目前比较常用的有 Gumbel-Hougaard（Gumbel）、Ali-Mikhail-Haq（AMH）、Clayton 和 Frank Copula 函数等。

对称 Copula 函数最大的特点是只有一个参数，计算简单，要求变量为对称相依，具有可互换性，能够有效地描述二维联合分布，但是对于高维（三维及以上）分布，由于各变量间的相依性是不对等的，一个参数的 Copula 函数不足以完整地描述变量间的相依性，对水文变量相关性的描述存在一定的局限。

经过 Joe、Nelsen、Embrechts、Lindskog 和 Mcneil 等人的发展，提出了一种基于二维 Archimedean Copula 的完全嵌套 Copula，称之为非对称型 Archimedean Copula，常见的三元非对称型 Archimedean Copula 函数有 M3、M4、M5、M6 和 M12 Copula 函数。此外，利用二参数的生成元函数，也可以构建其他多维的二参数 Archimedean Copula 函数。

实际上，对于一个 n 维变量，一般存在 $n(n-1)/2$ 个两变量的配对组合，非对称 Archimedean Copula 函数就是一种分级组合，将多变量联合密度分解为若干个二维 Copula 密度函数的层叠形式,包括嵌套 Archimedean Copula(NAC)函数、层次 Archimedean Copula 函数(HAC)和配对 Copula 函数(PPC)等。

根据嵌套 Archimedean Copula(NAC)函数的构造思路(Joe,1997;宋松柏,2012),很容易从二维 Coplua 构造出高维 Coplua,图 5.4-1 表示从二维 Copula 构造四维 Copula 的两种思路。

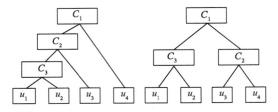

图 5.4-1　非对称嵌套 Archimaedean Copula 函数的构造

四维 Copula 由二维 Copula C_1、C_2 和 C_3 组成,具有生成函数 φ_1、φ_2 和 φ_3,其分布表达式分别为:

$$\begin{aligned} C(u_1,u_2,u_3,u_4) &= C_1\{u_4,C_2[u_3,C_3(u_2,u_1)]\} \\ &= \varphi_1^{-1}\{\varphi_1(u_4)+\varphi_1[\varphi_2^{-1}(\varphi_2(u_3)+\varphi_2(\varphi_3^{-1}(\varphi_3(u_2)+\varphi_3(u_1))))]\} \end{aligned}$$
(5.4-7)

或:

$$\begin{aligned} C(u_1,u_2,u_3,u_4) &= C_1(C_3(u_2,u_1),C_2(u_3,u_4)) \\ &= \varphi_1^{-1}\{\varphi_1[\varphi_3^{-1}(\varphi_3(u_2)+\varphi_3(u_1))]+\varphi_1[\varphi_2^{-1}(\varphi_2(u_2)+\varphi_2(u_1))]\} \end{aligned}$$
(5.4-8)

上式表明四维变量间的相依结构可以通过四个二维 Copula 描述。一般来说 n 维变量可用 $n(n-1)/2$ 个二维具有 $n-1$ 个生成函数的 Copula 描述,而且满足参数条件 $\theta_{n-1} \geqslant \cdots \geqslant \theta_2 \geqslant \theta_1$(Berg and Aas,2007)。

3. 复合极值理论

复合极值理论是同时考虑了台风(或飓风)发生次数及风暴影响下的环境因素如风、浪、暴雨量、风暴增水等的出现概率,将一个离散型分布与连续型的极值分布组合在一起构成一种新的分布形式。

复合极值理论中最早出现的是一元复合极值分布。Liu 和 Ma(1979)推导了一元复合极值分布的显性表达式,同时考虑了台风(或飓风)发生次数及风暴影响下的环境因素如风、浪、暴雨量、风暴增水等的出现概率,将一个离散型分布与连续型的极值分布组合在一起构成一种新的分布形式,并先后完成了适用于台风影响海域的 Poisson-Gumbel 复合极值分布,用于推算多年一遇设计波高、多年一遇设计风速、多年一遇 24h 暴雨量,以及适用于美国墨西哥湾、大西洋沿岸飓风海域的 Poisson-Weibull 复合极值分布,用于飓风风速、波高、风暴增水、中心气压差等的长期极值预测。

复合极值分布理论提出后,在工程界得到了普遍重视。Muir 和 El-Shaarawi(1986)对比了包括该模式在内的国际海洋工程界广泛应用的六种概率分布模式,认为复合极值分布具有与实测资料符合好、预测结果合理的优点。

由于海洋工程结构一般会受到风、浪、流等多种荷载的联合作用,因此在复合极值理论的基础上发展多维极值分布是一种必然。刘德辅等利用台风过程中主极值下的伴随数据,将一维复合极值分布推广到二维、三维甚至更高的有限多维。其特点是台风发生次数均服从某一维的离散型分布(一般取泊松分布或二项分布),而海洋环境要素(如风速、波高、流速等)在主极值下的伴随数据服从二维或高维的连续性分布。之后,人们陆续利用二维或高维复合极值分布的特例,如 Poisson-二维混合 Gumbel 分布、Poisson-二维 Gumbel Logistic 分布、Poisson-二维对数正态分布、Poisson-三维嵌套 Logistic 分布、Poisson-三维对称 Gumbel 分布等,对海洋环境要素进行了联合概率分析。

设随机变量$(\xi_1^*,\xi_2^*,\cdots,\xi_n^*)$和$(\xi_1,\xi_2,\cdots,\xi_n)$的分布函数分别为$Q(x_1,x_2,\cdots,x_n)$和$G(x_1,x_2,\cdots,x_n)$。$G(x_1,x_2,\cdots,x_n)$的联合概率密度函数存在且为$g(x_1,x_2,\cdots,x_n)$,将随机变量$\xi_1$的第$i$次观测值及其伴随的其余随机变量记作$(\xi_{1i},\xi_{2i},\cdots,\xi_{ni})$。$N$ 为与$(\xi_1^*,\xi_2^*,\cdots,\xi_n^*)$、$(\xi_1,\xi_2,\cdots,\xi_n)$皆独立且取值范围为非负整数的随机变量,其概率分布为:

$$\begin{cases} P\{n=i\} = P_i & (i=0,1,2,\cdots) \\ \sum P_i = 1 \end{cases} \quad (5.4\text{-}9)$$

定义随机变量:

$$(X_1,X_1,\cdots,X_n) = \begin{cases} (\xi_{1i}^*,\xi_{2i}^*,\cdots,\xi_{ni}^*) & (N=0) \\ (\xi_{1i},\xi_{2i},\cdots,\xi_{ni}) \Big| \xi_{1i} = \max_{1\leq j\leq N}(\xi_{1j}) & (N=1,2,\cdots) \end{cases} \quad (5.4\text{-}10)$$

则$(X_1,X_1,\cdots,X_n)$的联合分布函数为:

$$F(x_1,x_2,\cdots,x_n) = p_0 Q(x_1,x_2,\cdots,x_n) + \sum_{i=1}^{\infty} p_i \cdot i \cdot \int_{-\infty}^{x_n}\cdots\int_{-\infty}^{x_2}\int_{-\infty}^{x_1} G_1^{i-1}(u)f(u_1,u_2,\cdots,u_n)\mathrm{d}u_1\mathrm{d}u_2\cdots\mathrm{d}u_n \quad (5.4\text{-}11)$$

式中:$G_1(u)$——$G(x_1,x_2,\cdots,x_n)$的边缘分布。

设有一种离散型随机变量的概率分布:

$$\begin{cases} P\{n=i\} = P_i & (i=0,1,2,\cdots) \\ \sum P_i = 1 \end{cases} \quad (5.4\text{-}12)$$

设有一种多维连续型随机变量分布$G(x_1,x_2,\cdots,x_n)$,其联合概率密度函数存在且为$g(x_1,x_2,\cdots,x_n)$,$G_1(u)$是其边缘分布,记:

$$F_0(x_1,x_2,\cdots,x_n) = p_0 + \sum_{i=1}^{\infty} p_i \cdot i \cdot \int_{-\infty}^{x_n} \cdots \int_{-\infty}^{x_2} \int_{-\infty}^{x_1} G_1^{i-1}(u) f(u_1,u_2,\cdots,u_n) \mathrm{d}u_1 \mathrm{d}u_2 \cdots \mathrm{d}u_n$$

(5.4-13)

称 $F_0(x_1,x_2,\cdots,x_n)$ 为这两种分布构成的多维复合极值分布。式中 p_i、$G_1(u)$ 和 $g(x_1,x_2,\cdots,x_n)$ 分别取不同的具体形式和不同的维数，则得到不同维数复合极值分布模型的不同表达式。

Poisson 分布是离散型随机变量中最常见的分布，经常用来描述某种极端天气过程（如热带风暴、寒潮大风）发生的频次。即某种极端天气过程发生的频次 n 服从泊松分布：

$$P_i = \frac{\mathrm{e}^{-\lambda}\lambda^i}{i!}$$

(5.4-14)

假定此极端天气过程中导致的海洋环境要素，如风速、波高和流速为三维连续型分布，其分布函数为 $G(x,y,z)$，联合概率密度函数存在且为 $g(x,y,z)$，$G_1(u)$ 是 $G(x,y,z)$ 的边际分布。则这两种分布构成的三维复合极值分布记作：

$$F_0(x,y,z) = P_0 + \sum_{k=1}^{\infty} P_k \cdot k \cdot \int_{-\infty}^{z}\int_{-\infty}^{y}\int_{-\infty}^{x} G_1^{k-1}(u) g(u,v,\cdots,w) \mathrm{d}u\mathrm{d}v\mathrm{d}w$$

(5.4-15)

令 $m = k-1$，则有：

$$\begin{aligned}F_0(x,y,z) &= \mathrm{e}^{-\lambda} + \int_{-\infty}^{z}\int_{-\infty}^{y}\int_{-\infty}^{x}\sum_{m=0}^{\infty}\frac{\mathrm{e}^{-\lambda}\lambda^m}{m!}G_1(u)^m k g(u,v,w)\mathrm{d}u\mathrm{d}v\mathrm{d}w \\ &= \mathrm{e}^{-\lambda}\left(1+\lambda\int_{-\infty}^{z}\int_{-\infty}^{y}\int_{-\infty}^{x}\mathrm{e}^{\lambda G_1(v)}g(u,v,w)\mathrm{d}u\mathrm{d}v\mathrm{d}w\right)\end{aligned}$$

(5.4-16)

其概率密度函数可表示为：

$$f_0(x,y,z) = \lambda \mathrm{e}^{-\lambda[1-G_1(u)]}g(x,y,z)$$

(5.4-17)

当其中的联合概率密度函数 $g(x,y,z)$ 为嵌套 Logistic 分布时，即可构成 Poisson-Nested-Logistic 三维复合极值分布。

5.4.2 特征参数极值的联合概率分布

根据建立的风-浪-流耦合场数值模型，计算选取的 113 场台风过程中的台风场、波浪场和潮流场的时空分布。台风过程是引起大浪的主要因素，特别是所研究的南海海域，其大风和大浪基本可以认为由台风引起，不同于渤海等高纬度海域很可能存在寒潮大风的影响。以计算的历史台风风场作为驱动风场，进一步进行风-浪-流耦合场数值模拟，得到耦合场中相关参数极值样本，建立其对应的联合概率模型。这里主要给出数值模拟分析得到的每场台风过程中同步的风速、波高和流速参数极值，其中风速取海平面以上 10m 高的 10min 平均风速（m/s），波高取有效波高（m），流速取表层流速（m/s），下文中统一简称为风速、波高和流速。

需要指出的是，风速、波高和流速之间存在不同的相关性，在台风过程中不一定同时取得极值。可以考虑选取几组不同的同步数据，如每场台风过程中的风速极值及伴随的波高和流速,即以风速作为主极值,或者每场台风过程中的波高极值及伴随的风速和流速,即以波高作为主极值,还可以考虑每场台风过程中的风速极值、波高极值和流速极值,即分别取过程极值。

以风速极值、波高极值及流速极值的过程极值序列为例,基于三维嵌套 Logistic 模型和 Copula 函数,分别建立风速极值、波高极值及流速极值三维联合概率分布模型,根据拟合优度评价,优选最终描述风速、波高和流速参数极值的联合概率模型。进一步基于每年台风对工程海域影响频次所构成的离散型分布,建立风速、波高和流速参数极值的复合极值分布。

1. 三维嵌套 Logistic 模型拟合的概率分布

三维嵌套 Logistic 模型先假定各个变量符合广义极值分布,经检验通过后,对样本数据做适当变换,根据由矩估计得到的相关参数显性表达式,进行相关分析,计算相关参数,建立嵌套 Logistic 模型的概率表达式。

(1)边缘分布

用极大似然法估计广义极值分布的参数,则风速极值、波高极值、流速极值的各边缘分布形状参数、位置参数和尺度参数如表 5.4-1 所示。

广义极值分布参数 表 5.4-1

海洋环境参数	边缘分布参数		
	形状参数	尺度参数	位置参数
风速	0.108 2	3.908 5	14.847 3
波高	0.086 9	0.753 7	1.971 9
流速	−0.556 7	0.268 8	1.512 5

采用 K-S 检验拟合优度,如表 5.4-2 所示,D_n 为 K-S 检验统计量,$D_{n,0.05}$ 表示 0.05 置信水平下各变量边缘分布的 K-S 检验临界值,结果均满足临界值的要求,表明用广义极值分布来拟合变量的概率分布是可行的。

K-S 检验统计量和临界值 表 5.4-2

海洋环境参数	统计量 D_n	临界值 $D_{n,0.05}$
风速	0.085 8	0.194 2
波高	0.068 2	0.194 2
流速	0.077 7	0.194 2

(2)相关分析

嵌套 Logistic 模型相对于对称 Logistic 模型,可以反映各变量间不对称的相关性。嵌套 Logistic 模型的内层两变量间具有较高的相关性,因此首先需要确定相对的内外层变量。

针对这两组数据,通过计算线性相关系数可以判断风速 x_1 和波高 x_2 的相关性较强,作为内层变量;流速与风速、波高的相关性很弱,流速 x_3 作为外层变量。由矩估计法计算相关参数 α 和 β,各参数如表 5.4-3 所示。

相关系数及相关参数　　　　　　　　　　　表 5.4-3

风速与波高 r_{12}	风速与流速 r_{13}	波高与流速 r_{23}	相关参数 α	相关参数 β
0.891 4	0.004 0	0.001 9	0.987 8	0.333 5

将边缘分布中的广义极值分布参数及相关分析得到的相关参数代入三维嵌套 Logistic 模型表达式：

$$G(x_1,x_2,x_3) = P(X_1<x_1,X_2<x_2,X_3<x_3)$$

$$= \exp\left\{-\left\{\left[\left(1+\xi_1\frac{x-\mu_1}{\sigma_1}\right)^{-\frac{1}{\alpha\beta\xi_1}}+\left(1+\xi_2\frac{y-\mu_2}{\sigma_2}\right)^{-\frac{1}{\alpha\beta\xi_2}}\right]^{\beta}\right.\right.$$
$$\left.\left.+\left(1+\xi_3\frac{x-\mu_3}{\sigma_3}\right)^{-\frac{1}{\alpha\beta\xi_3}}\right\}^{\alpha}\right\} \quad (5.4\text{-}18)$$

可以得到风速、波高和流速的三维嵌套 Logistic 联合概率分布。

2. Copula 函数拟合的联合概率分布

Copula 函数较多，其中 Archimedean Copula 函数是在水文频率分析、海洋环境条件联合概率设计中最常用的连接函数，Archimedean Copula 函数又分为对称型和非对称型。

针对风速、波高和流速极值序列，先分别选用常见的 Gumbel-Hougaard Copula 函数、Clayton Copula 函数和 Frank Copula 函数分别去拟合风速和波高、风速和流速、波高和流速的二维联合分布，选择各组最佳的拟合 Copula 函数，进一步基于非对称嵌套 Archimedean Copula 函数构造风速极值、波高极值和流速极值的三维联合概率分布。

(1) 边缘分布优选

应用 Copula 函数拟合变量的联合分布对每个变量的边缘分布没有限制，可从常用的一维概率模型中择优选取。分别用 Gumbel 分布、Weibull 分布、广义极值分布和对数正态分布对风速、波高和流速进行拟合，通过 K-S 检验统计量、均方根误差 RMSE、AIC 和 BIC 法检验，择优选取风速、波高和流速的边缘分布，如表 5.4-4 所示，这里不再具体列出。

一维概率分布的拟合检验　　　　　　　　　　　表 5.4-4

海洋环境参数	分布类型	Dmax	RMSE	AIC	BIC	优选排序
极值风速	Gumbel	0.178 2	0.082 1	−230.99	−227.29	4
	Weibull	0.124 5	0.054 5	−269.45	−265.75	3
	GEV	0.085 8	0.034 1	−311.68	−306.12	1
	Lognormal	0.091 9	0.038 8	−301.33	−297.63	2

续上表

海洋环境参数	分布类型	Dmax	RMSE	AIC	BIC	优选排序
极值波高	Gumbel	0.2170	0.1098	−203.68	−199.98	4
	Weibull	0.1025	0.0529	−272.27	−268.57	3
	GEV	0.0682	0.0243	−343.43	−337.88	1
	Lognormal	0.0735	0.0259	−339.34	−335.64	2
极值流速	Gumbel	0.0781	0.0299	−325.90	−322.20	2
	Weibull	0.0963	0.0410	−296.20	−292.50	3
	GEV	0.0777	0.0330	−314.61	−309.06	1
	Lognormal	0.0799	0.0519	−233.56	−229.86	4

表 5.4-4 中根据拟合的 K-S 统计量 Dmax、RMSE、AIC 和 BIC 值,给出各个参数的一维概率分布优选排序,即 K-S 统计量 Dmax、RMSE、AIC 和 BIC 值越小,拟合效果越好。最终统一选取拟合程度最佳的广义极值分布作为风速极值、波高极值和流速极值的边缘分布,概率图如图 5.4-2 所示。

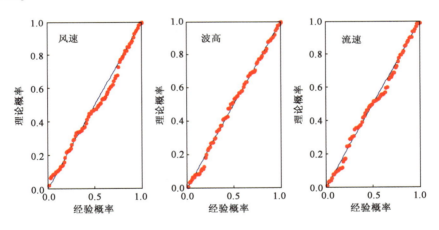

图 5.4-2 风速、波高和流速的边缘分布概率图

(2) 二维 Copula 函数拟合及优选

二维 Archimedean Copula 函数共有二十余种,选用目前比较常用的 Gumbel-Hougaard、Clayton 和 Frank Copula 三种函数分别去拟合风速、波高和流速两两之间的联合分布。这三种二维 Archimedean 型 Copula 函数表达式如下,式中 u 和 v 分别代表边缘分布函数。

①Clayton Copula 函数

$$C(u,v) = \max\left[\left(u^{-\theta} + v^{-\theta} - 1\right)^{-\frac{1}{\theta}}, 0\right] \quad (\theta \in [-1,\infty]/\{0\}) \quad (5.4\text{-}19)$$

其生成元函数为 $\varphi(t) = (t^{-\theta} - 1)/\theta$,Clayton Copula 函数适用于描述正相关性的随机变量,主要用来描述联合分布中随机变量的下尾相关性。

②Gumbel-Houggard Coplua 函数

$$C(u,v) = e^{-[(-\ln u)^\theta + (-\ln v)^\theta]^{\frac{1}{\theta}}} \quad (\theta \in [-1, \infty)) \quad (5.4\text{-}20)$$

其生成元函数为 $\varphi(t) = (-\ln t)^\theta$，GH Copula 函数适用于描述正相关性的随机变量，主要用来描述联合分布中随机变量的上尾相关性。

③Frank Coplua 函数

$$C(u,v) = -\frac{1}{\theta}\ln\left[1 + \frac{(e^{-\theta u} - 1)(e^{-\theta v} - 1)}{(e^{-\theta} - 1)^2}\right] \quad (\theta \in [-\infty, \infty)/\{0\}) \quad (5.4\text{-}21)$$

其生成元函数为 $\varphi(t) = -\ln[(e^{-\theta t} - 1)(e^{-\theta} - 1)]$，Frank Copula 函数能描述正或负相关性的随机变量，且对相关程度没有限值。函数结构具有对称性，即在分布的上尾和下尾，变量的相关性呈对称增长。

采用最大似然法分别估计风速与波高、风速与流速、波高和流速间的三种 Copula 函数参数，如表 5.4-5 所示。拟合优度评价采取常用的均方根误差法（RMSE）、AIC 法和 BIC 法。根据样本的联合经验概率与理论概率，选取 AIC、BIC 和 RMSE 最小值对应的 Copula 函数为拟合度较好的函数，如表 5.4-6 所示。

二维 Copula 函数的参数估计 表 5.4-5

函数类型	Copula 参数		
	风速与波高	风速与流速	波高与流速
G-H Copula	2.957 8	1.000	1.000
Clayton Copula	2.459 1	$1.450\ 9 \times 10^{-6}$	$1.450\ 9 \times 10^{-6}$
Frank Copula	11.441 0	−0.069 1	−0.776 7

二维 Copula 函数的拟合评价 表 5.4-6

函数类型	RMSE			AIC			BIC		
	风速与波高	风速与流速	波高与流速	风速与波高	风速与流速	波高与流速	风速与波高	风速与流速	波高与流速
G-H Copula	0.040 8	0.029 8	0.031 7	−298.74	−328.32	−322.57	−296.89	−326.47	−320.72
Clayton Copula	0.040 1	0.029 8	0.031 7	−300.40	−328.32	−322.57	−298.55	−326.47	−320.72
Frank Copula	0.033 7	0.029 7	0.027 5	−316.76	−328.45	−335.90	−314.91	−326.61	−334.05

从表 5.4-5 和表 5.4-6 中可以看出，对于风速和波高、风速和流速以及波高和流速的联合分布，Frank Copula 函数拟合的 RMSE、AIC 和 BIC 值最小，拟合优度最佳。风速与波高、风速和流速、波高和流速的二维联合分布如图 5.4-3 所示。

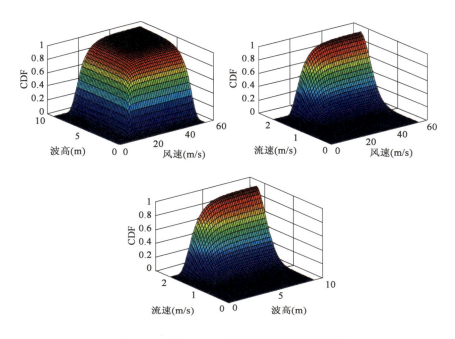

图 5.4-3 二维 Copula 函数拟合的联合概率分布图

（3）三维嵌套 Archimedean Copula 函数的构建

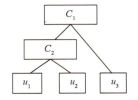

图 5.4-4 三维嵌套 Archimaedean Copula 函数的构建

从二维 Copula 构建三维 Copula，可先通过节点 u_1 和 u_2 连接形成 Copula $C_2(u_1,u_2)$，u_3 和 $C_2(u_1,u_2)$ 连接形成 Copula $C_1[u_3,C_2(u_1,u_2)]$，如图 5.4-4 所示。三维 Copula 由二维 Copula C_1 和 C_2 组成，具有生成函数 φ_1 和 φ_2，具体采用何种 Archimedean Copula 进行分层构建，则需要分析和优选。

在三维 Copula 的第二层函数选择中，一般以 Copula 参数最大的变量组合为最优组合，即取相关性较强的组合。从表 5.4-5 可以看出风速和波高的组合对应的 3 种 Copula 函数的参数均较大，所以采用风速和波高的组合作为构建三维 Copula 的第二层函数，再将风速和波高的连接函数 Copula C_2 与流速连接形成 Copula C_1。

进一步分析 Copula C_2 和 Copula C_1 的函数选择。根据表 5.4-6 的拟合评价结果，对于风速和波高的联合分布，Frank Copula 函数拟合优度最佳，Clayton Copula 函数次之，所以第二层风速和波高的连接函数 Copula C_2 选用 Frank Copula 函数；对于风速和流速、波高和流速的联合分布，也是 Frank Copula 函数拟合优度最佳，所以第一层连接函数 Copula C_1 也选用 Frank Copula 函数。最终选择三维 Copula 的构建方式是两层连接函数都采用 Frank Copula 函数，即为 M3 型非对称 Archimedean Copula（Joe，1997），其联合概率表达式为：

$$C(u_1,u_2,u_3;\theta_1,\theta_2) = C_1[u_3,C_2(u_1,u_2;\theta_2);\theta_1]$$

$$= -\frac{1}{\theta_1}\ln\left\{1 - \frac{1-e^{-\theta_1 u_3}}{1-e^{-\theta_1}} \times \left[1 - \left(1 - \frac{(1-e^{-\theta_2 u_1})(1-e^{-\theta_2 u_2})}{1-e^{-\theta_2}}\right)^{\frac{\theta_1}{\theta_2}}\right]\right\} \quad (5.4\text{-}22)$$

对构建的三维 M3 Copula 函数分别用极大似然法进行参数估计，第一层和第二层参数结果如表 5.4-7 所示。

三维 Copula 参数估计   表 5.4-7

函数类型	第一层参数 θ_1	第二层参数 θ_2
Frank/Frank（M3） Copula	-0.413 5	11.441 0

3. 特征参数极值联合概率分布模型的优选

近年来，三维 Nested-Logistic 模型较多用于描述海洋环境参数联合概率分布，已有很多的工程实践。Copula 理论作为一个新的概率分布和统计推断方法，广泛应用于构造多变量极值事件的相关结构和联合分布函数，但在海洋环境极值参数多维联合分布中的应用还较少。

基于这两种联合概率模型分别建立了两种风速、波高和流速极值参数联合概率分布，即 Nested – Logistic 联合概率模型和 Frank/Frank（M3）Copula 联合概率分布。用均方根误差法（RMSE）、AIC 法和 BIC 法对这两种联合概率分布的拟合优度进行评价，如表 5.4-8 所示。

三维联合概率分布函数的拟合评价   表 5.4-8

函数类型	RMSE	AIC	BIC
Nested-Logistic	0.029 1	-330.61	-324.90
Frank/Frank（M3）Copula	0.025 9	-339.50	-335.80

从表中可以看出，对于极值风速、波高和流速的三维联合概率分布，Frank/Frank（M3）Copula 函数拟合的 RMSE、AIC 和 BIC 值最小，拟合优度最佳。所以最终选用 Frank/Frank（M3）Copula 函数来建立风速、波高和流速极值的三维联合概率分布，表示其联合概率分布的四维切片如图 5.4-5 所示。

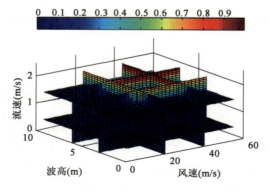

图 5.4-5 风速、波高和流速三维联合概率分布的四维切片图

4. 特征参数极值的复合极值分布

基于 M3 Copula 函数建立了风速、波高和流速极值的三维联合概率分布,对于每年台风对工程海域影响频次所构成的离散型分布,进一步用 Possion 分布来拟合,Poisson 分布 λ 参数为 1.712。

则考虑台风频次的风速、波高和流速的三维复合极值概率分布表达式为:

$$\begin{aligned} F_0(x_1, x_2, x_3) &= \mathrm{e}^{-\lambda} + \int_{-\infty}^{x_3} \int_{-\infty}^{x_2} \int_{-\infty}^{x_1} \sum_{m=0}^{\infty} \frac{\mathrm{e}^{-\lambda} \lambda^m}{m!} C_1(u_1)^m \lambda c(u_1, u_2, u_3) \mathrm{d}u_1, \mathrm{d}u_2, \mathrm{d}u_3 \\ &= \mathrm{e}^{-\lambda} \left(1 + \lambda \int_{-\infty}^{x_3} \int_{-\infty}^{x_2} \int_{-\infty}^{x_1} \mathrm{e}^{\lambda C_1(u_1)} c(u_1, u_2, u_3) \mathrm{d}u_1, \mathrm{d}u_2, \mathrm{d}u_3 \right) \end{aligned} \quad (5.4\text{-}23)$$

式中:$c(u_1, u_2, u_3)$——风速、波高和流速联合分布的概率密度函数,如为 M3 Copula 函数,则可以通过对联合概率分布函数求导得到,其表达式为:

$$\begin{aligned} c(u_1, u_2, u_3) &= \frac{\partial^3 C(u_1, u_2, u_3)}{\partial u_1 \partial u_2 \partial u_3} \\ &= \frac{\partial^3 \left\{ -\frac{1}{\theta_1} \ln \left\{ 1 - \frac{1 - \mathrm{e}^{-\theta_1 u_3}}{1 - \mathrm{e}^{-\theta_1}} \times \left[1 - \left(1 - \frac{(1 - \mathrm{e}^{-\theta_2 u_1})(1 - \mathrm{e}^{-\theta_2 u_2})}{1 - \mathrm{e}^{-\theta_2}}\right)^{\frac{\theta_1}{\theta_2}} \right] \right\} \right\}}{\partial u_1 \partial u_2 \partial u_3} \end{aligned}$$

(5.4-24)

式中:$C(u_1, u_2, u_3)$——风速、波高和流速联合概率分布函数;

θ_1、θ_2——Copula 参数;

u_1、u_2、u_3——风速、波高和流速的边缘分布函数。

5. 风-浪-流耦合场设计参数

风-浪-流耦合场设计参数的最终确定需要基于风速、波高和流速特征参数的联合概率模型。多维联合概率的求解,实际上就是求解下式:

$$P_f = \iint_{G(x)<0} \cdots \int f(x_1, x_2, \cdots, x_n) \mathrm{d}x_1 \mathrm{d}x_2 \cdots \mathrm{d}x_n \quad (5.4\text{-}25)$$

式中: P_f——失效概率;

$G(x) < 0$——失效域;

$f(x_1, x_2, \cdots, x_n)$——联合概率密度函数。

式(5.4-25)通常具有复杂的数学表达式,且只能在随机变量均符合高斯过程时求解。求得式(5.4-25)的解析解非常困难,因此需要借助随机模拟法,即蒙特卡洛法来获得其模拟解。针对式(5.4-25),可以构造 N 组 $x_1, x_2, \cdots, x_n$,记录所得极限方程的样本组数 M,则式(5.4-25)可以近似等于:

$$\widetilde{F}(x_1, x_2, \cdots, x_n) = \lim_{x \to \infty} \frac{M}{N} \quad (5.4\text{-}26)$$

通常，在工程和气象问题的长期概率分析中，所求的概率值往往非常小，为了取得足够大符合要求的样本数 M，必须令抽样总次数 N 尽量大，否则计算精度很低。为解决这一问题，一些降低方差的抽样技术被开发出来，例如分层抽样法、样本抽样法、对偶变量法、重点抽样法等。

同时，由于随机模拟技术求解多维、非高斯过程，不同相关性的联合概率具有非单一解的缺点，实际工程中可以把随机模拟技术和极值响应、结构形式和抽样方法相结合，求得随机模拟的单一解。

根据三维复合极值分布的原理，对本书建立的复合极值分布进行抽样的方法如下所示：

(1) 产生服从 Poisson 分布的随机数 k。

(2) 如果 $k>0$，则表示该年有 k 次台风发生，产生 k 组服从三维海洋环境要素联合概率分布的随机数 $(\xi_j, \eta_j, \gamma_j)$，$N=1,2,\cdots,k$。

(3) 从 k 组数据中挑出 $(X,Y,Z)=(\xi_j,\eta_j,\gamma_j)\mid \xi_j=\max\limits_{1\leq j\leq N}(\xi_j)$，则 (X,Y,Z) 为多次台风影响下每年的海洋环境要素极值。

(4) 如果 $k=0$，定义一组较小的 (X,Y,Z) 值。因为 $k=0$ 意味着本年度无台风发生，所以其所能产生的环境要素值小于有台风发生时产生的各要素的极值，其导致的结构响应值也小于有台风发生时的情况。

(5) 重复第 (1)~(4) 步 N 次，可产生 N 年的样本，其分布服从复合极值分布。

整个抽样过程如图 5.4-6 所示。

由对复合极值分布进行抽样的方法可见，要得到该复合极值分布的随机数，首先要先产生 Poisson 分布随机数以及三维海洋环境要素联合概率分布随机数。

其中对于 Poisson 分布随机数，很容易生成。对于 M3 Copula 分布随机数 u_1、u_2 和 u_3，可由 CPI Rosenblatt 转换法（条件逆函数法 Conditional Inverse method）和 Marshal-Olkin 法（Marshal-Olkin method）随机模拟得到。采用 CPI Rosenblatt 转换法，其基本流程如下：

(1) 随机模拟生成服从 $[0,1]$ 均匀分布的随机数 v_1，v_2 和 v_3。

(2) 令 $u_1=v_1$。

(3) 令 $v_2=C_1(u_2\mid u_1)=\dfrac{\partial^2 C_1(u_1,u_2)}{\partial u_1}$，解此非线性方程得到 u_2。

(4) 令 $v_3=C_2(u_3\mid u_1,u_2)=\dfrac{\partial^2 C_2(u_1,u_2,u_3)/\partial u_1\partial u_2}{\partial^2 C_1(u_1,u_2)/\partial u_1\partial u_2}$，解此非线性方程得到 u_3。

重复步骤 (1)~(4)，即可得到给定序列长度的模拟样本 u_1、u_2 和 u_3。

以琼州海峡工程海域为例，基于风-浪-流耦合场中风速、波高和流速特征参数的相关性，初步给出特定重现期风速（100 年、200 年）及对应的波高和流速设计参数、特定重现期波高（100 年、200 年）及对应的风速和流速设计参数，以及这些设计值相对于单因素设计值的折减系数。这里的风速取海平面 10m 高的 10min 平均风速，波高为最大波高，流速为平均流速，如表 5.4-9 和表 5.4-10 所示,可供跨海桥梁设计参考使用。

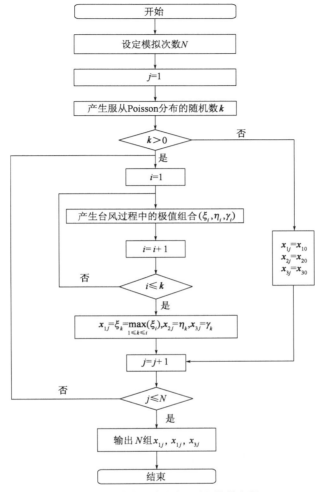

图 5.4-6 复合极值分布的随机抽样流程

风-浪-流耦合场设计参数(100 年重现期)　　　　　　　　　　表 5.4-9

设 计 参 数	风速(m/s)	波高 $H_{1\%}$(m)	流速(m/s)
耦合场设计值(风速最大)	51.75	14.74	1.71
折减系数(风速最大)	1	0.89	0.58
耦合场设计值(波高最大)	47.61	16.56	1.82
折减系数(波高最大)	0.92	1	0.62

风-浪-流耦合场设计参数(200 年重现期)　　　　　　　　　　表 5.4-10

设 计 参 数	风速(m/s)	波高 $H_{1\%}$(m)	流速(m/s)
耦合场设计值(风速最大)	56.10	15.58	1.83
折减系数(风速最大)	1	0.88	0.59
耦合场设计值(波高最大)	51.05	17.71	1.92
折减系数(波高最大)	0.91	1	0.62

从表中的耦合场设计参数取值可以明显看出,流速与风速、波高的相关性相对较弱,这一点同现场观测结果也是吻合的,主要是由于台风期间的流速包括潮流流速和风生海流流速,风生海流流速相对潮流流速较小,而潮流流速受台风影响很小。所以在推算风-浪-流耦合场设计参数时,考虑到计算的高效及便捷性,可以主要针对风速和波高两个特征参数,建立二维联合概率分布模型,推算耦合场设计参数。

5.5 风-浪-流耦合场设计参数

1. 设计参数及分类

风-浪-流耦合场设计参数包括设计风参数、设计波浪参数、设计海流参数和设计水位参数。其中,设计风参数主要包括风速、风向、风攻角、风剖面指数、阵风因子、紊流度、风谱;设计波浪参数主要包括波高、波周期、波向、波浪谱;设计海流参数主要包括流速、流向和流速垂向分布;设计水位参数主要包括设计高水位、设计低水位、极端高水位、极端低水位。

根据设计参数的确定方法,风-浪-流耦合场设计参数可以大致分为两类,一类是风速、波高、波周期、流速和水位等直接表征环境条件强度的极值类参数;另一类是结构设计中需要用到的方向、分布和频谱类参数。

2. 极值类设计参数

风速、波高、波周期、流速和水位等极值类设计参数采用 5.4.2 节所述方法计算,计算中设计参数重现期的取值与桥梁结构设计基准期和结构状态(施工阶段和使用阶段)有关。

根据《公路桥涵设计通用规范》(JTG D60—2015)的规定:公路桥涵结构的设计基准期为 100 年。一些社会、政治、经济影响巨大的特大型桥梁工程,其设计基准期取 120 年,如港珠澳大桥。因此,当验算结构使用阶段的承载力极限状态和正常使用极限状态时,风速、波高、流速、水位等设计参数的重现期不小于 100 年。

当验算使用阶段行车安全性能时,波高、流速、水位等设计参数的重现期水平应该与可行车风速的重现期水平一致。

对于施工阶段,设计参数重现期不应小于 25 年,具体取值与工程规模、重要性和计划施工年限有关。杭州湾大桥施工阶段风速重现期取 30 年一遇;对于预制基础的浮运和沉放阶段,应结合施工设备的能力和施工工期来确定设计参数的重现期。

3. 方向、分布和频谱类参数

方向、分布和频谱类参数需要综合现场观测结果、历史气象水文资料和相关规范直接推算。

应根据观测资料和风-浪-流耦合场数值模拟分析结果,统计分析工程区域的风向、浪向和流向分布,包括:①盛行风向,特别是热带气旋大风、冷空气大风以及龙卷风等强对流天气大风;②常浪向、次常浪向、强浪向的分布特点;③潮汐类型及流向分布特点。通过绘制风向玫瑰图和浪向玫瑰图,结合工程区域流向分布,给出工程区域风、浪、流的主方向。对于台风影响较大的工程区域,应分析不同台风路径下的风向与波向的相关性及分布规律。

风攻角、风剖面指数、阵风因子、紊流度、风谱、波浪谱等设计参数根据观测资料的统计分析,并参考相关规范直接推算。

4. 极端条件下的风-浪-流耦合场设计参数

全球变暖和热带海表温度升高,可能对全球台风活动产生显著影响。已有观测证据表明,近年来全球部分海域的强台风活动趋于活跃。因此,对于特别重大的桥梁工程,可考虑采用不小于100年重现期的风参数(台风风速),并按历史上最不利台风路径进行风-浪-流耦合场数值模拟分析,获得极端天气条件下的风速、风向、波高、波向、流速、流向等,作为验算极端条件下结构安全的风-浪-流耦合场设计参数。

5. 琼州海峡的风-浪-流耦合场设计参数建议

(1)参考日本明石海峡大桥,琼州海峡大桥的设计使用寿命建议取为200年。

(2)根据表5.4-9和表5.4-10给出的风速、波高和流速设计参数,并根据《海港水文规范》(JTS 145-2—2013)的相关规定[式(4.1.4-2)、式(4.2.3-1)、式(4.2.4-3)和4.3.2.1款],由设计波高推算设计波周期,最终得到不同重现期的风速、波高、波周期和流速设计参数,见表5.5-1和表5.5-2。表中风速指海平面10m高的10min平均风速,波高指累积频率为1%的波高,波周期指平均波周期,流速指平均流速。

风速、波高、波周期和流速设计参数(100年重现期)　　　　表5.5-1

选取原则	风速(m/s)	波高(m)	波周期(s)	流速(m/s)
风速最大	51.75	14.74	10.43	1.71
波高最大	47.61	16.56	11.10	1.82

风速、波高、波周期和流速设计参数(200年重现期)　　　　表5.5-2

选取原则	风速(m/s)	波高$H_{1\%}$(m)	波周期(s)	流速(m/s)
风速最大	56.10	15.58	10.79	1.83
波高最大	51.05	17.71	11.64	1.92

(3)根据1951—2015年琼州海峡风-浪-流耦合场数值后报结果,部分设计参数建议取值如下。

①风向:取历史最大台风的,垂直于桥梁轴线方向。

②根据大波波向统计分析,设计波浪的波向为:NW或WNW。

(4)根据2012—2014年琼州海峡风-浪-流耦合场观测分析结果,部分设计参数建议取值

如下:

①风攻角:±3°。

②风剖面指数:0.08。

③阵风因子:1.2。

④紊流度:I_u、I_v 和 I_w 分别取为 13.3%、9.1% 和 5.1%。

⑤水平风谱:Simiu 谱;竖向风谱:Lumley-Panofsky 谱。

⑥海浪谱:改进的 JONSWAP 谱,谱峰因子取 3.0。

⑦流向:东西方向。

本章参考文献

[1] 中交公路规划设计院有限公司,中交公路长大桥建设国家工程研究中心,交通运输部天津水运工程科学研究所,等.特大型桥梁风-浪-流耦合作用研究[R].2015.

[2] 陈联寿,丁一汇.西太平洋台风概论[M].北京:科学出版社,1979.

[3] 王喜年,尹庆江,张保明.中国海台风风暴潮预报模式的研究与应用[J].水科学进展,1991,2(1):1-10.

[4] 关芬呈,于斌,林少奕,等.南海北部风暴潮数值计算中的圆对称台风风场模式[J].广东气象,2000,22(1):44-49.

[5] 李小莉,潘增弟.一种调整台风参数的方法[J].海洋科学进展,1995,(2):11-15.

[6] 江志辉,华锋,曲平.一个新的热带气旋参数调整方案[J].海洋科学进展,2008,26(1):1-7.

[7] 陈超辉,谭言科,李琳,等.藤田公式改进及其在台风预报中的应用[J].气象科技,2011,39(1):1-8.

[8] 方伟华,林伟.面向灾害风险评估的台风风场模型研究综述[J].地理科学进展,2013,32(6):852-867.

[9] Holland G J. An analytic model of the wind and pressure profiles in hurricanes[J]. Monthly weather review,1980,108(8):1212-1218.

[10] Anthes R A. Tropical cyclones:their evolution, structure and effects[M]. Boston:American Meteorological Society,1982.

[11] Willoughby H E,Rahn M E. Parametric representation of the primary hurricane vortex. Part I:Observations and evaluation of the Holland(1980)model[J]. Monthly Weather Review,2004,132(12):3033-3048.

[12] Willoughby H E,Darling R W R,Rahn M E. Parametric representation of the primary hurricane vortex. Part II:A new family of sectionally continuous profiles[J]. Monthly weather review,2006,134(4):1102-1120.

[13] Ou S H,Liau J M,Hsu T W,et al. Simulating typhoon waves by SWAN wave model in coastal waters of Taiwan[J]. Ocean Engineering,2002,29(8):947-971.

[14] Phadke A C,Martino C D,Cheung K F,et al. Modeling of tropical cyclone winds and waves for emergency management[J]. Ocean Engineering,2003,30(4):553-578.

[15] Thompson E F,Cardone V J. Practical modeling of hurricane surface wind fields[J]. Journal of Waterway, Port, Coastal,and Ocean Engineering,1996,122(4):195-205.

[16] Holland G J. An analytic model of the wind and pressure profiles in hurricanes[J]. Monthly weather review,1980,108(8):1212-1218.

[17] Komen G J, Hasselmann K, Hasselmann K. On the existence of a fully developed wind-sea spectrum[J]. Journal of physical oceanography, 1984, 14(8):1271-1285.

[18] Young I R. Wind generated ocean waves[M]. Elsevier, 1999.

[19] Powell M D. Evaluations of diagnostic marine boundary-layer models applied to hurricanes[J]. Monthly weather review, 1980, 108(6):757-766.

[20] Ochi M. Hurricane generated seas[M]. Elsevier, 2003.

[21] 朱良生,宋运法,邱章,等. Computation of wave, tide and wind current for the South China Sea under tropical cyclones[J]. 中国海洋工程:英文版, 2003(4):505-516.

[22] Cheng Q, Xu Y N, Liu G, et al. Numerical Simulation of Typhoon Waves in Water of Qiongzhou Strait[A]. The Twenty-fifth International Offshore and Polar Engineering Conference[C]. International Society of Offshore and Polar Engineers, 2015.

[23] Xu Yanan. A Numerical model for the Temperate storm surge in Bohai Bay of China[A]. Proceedings of the 25th International Offshore (Ocean) and Polar Engineering Conference[C]. Kona, Big Island, Hawaii, USA, 2015:1150-1153.

[24] 陈希,闵锦忠. 近岸海浪模式在中国东海台风浪模拟中的应用—数值模拟及物理过程研究[J]. 海洋通报, 2003, 22(2):9-16.

[25] 李岩,杨支叶,沙文钰,等. 台风的海面气压场和风场模拟计算[J]. 海洋预报, 2003, 20(1):6-13.

[26] 徐福敏,张长宽,陶建峰. 浅水波浪数值模型SWAN的原理及应用综述[J]. 水科学进展, 2004, 15(4):538-542.

[27] 闻斌,汪鹏,万雷,等. 中国近海海域台风浪模拟试验[J]. 海洋通报, 2008, 27(3):1-6.

[28] 贾晓,潘军宁. SWAN模型风能输入项的改进与验证[J]. 河海大学学报:自然科学版, 2010, 38(5):585-591.

[29] 黄虎. 海岸波浪场模型研究进展[J]. 力学进展, 2001, 31(4).

[30] 杨洋,朱志夏,周科. 西北太平洋台风浪数值模拟[J]. 海洋科学, 2010, 34(2):62-67.

[31] 王殿志,张庆河,时钟. 渤海湾风浪场的数值模拟[J]. 海洋通报, 2004, 23(5):10-17.

[32] 陈洁,汤立群,申锦瑜,等. 台风气压场与风场研究进展[J]. 海洋工程, 2009, 27(3):136-142.

[33] 蒋小平,钟中,张金善,等. 台风浪模拟预报中的风场比较研究[J]. 海洋通报, 2007, 26(2):11-19.

[34] 黄文锋. 台风数值模拟及其作用下大跨桥梁非平稳抖振响应分析[D]. 哈尔滨:哈尔滨工业大学, 2012.

[35] 徐亚男. 风暴潮与波浪耦合数值预报模型的研究[D]. 天津:天津大学, 2012.

[36] 郑立松. 风暴潮—天文潮—波浪耦合模型及其在杭州湾的应用[D]. 北京:清华大学, 2010.

[37] 邱大洪. 工程水文学[M]. 北京:人民交通出版社, 2011.

[38] 陈上及,马继瑞. 海洋数据处理分析方法及其应用[M]. 北京:海洋出版社, 1991.

[39] 秦振江,孙广华,闫同新,等. 基于Copula函数的联合概率法在海洋工程中的应用[J]. 海洋预报, 2007, 24(2):83-90.

[40] 仇学艳,王超. 多元概率分析方法在海洋工程中的应用现状[J]. 海洋工程, 2001, 19(3):91-95.

[41] Joe H. Multivariate models and multivariate dependence concepts[M]. CRC Press, 1997.

[42] Nelson R B. An Introduction to copulas[M]. NewYork, Springer, 1999.

[43] Danae Politou P G. Modeling Operational Risk Losses with Graphical Models and Copula Functions[J]. Meth-

odol Comput Appl Probab,2008,(5):1-29.

[44] Faver A C,Eladlouni S,Perreaultl,et al. Multivariate hydrological frequency analysis using copulas[J]. Water Resources Research,2004,40(1):1-12.

[45] De Michele C,S alvadori G,Canossi M,et al. Bivariate statistical approach to check adequacy of dam spillway [J]. Journal of Hydrologic Engineering,2005,10(1):50-57.

[46] Genest C,Favre A C. Everything you always wanted to know about copula modeling but were afraid to ask[J]. Journal of Hydrologic Engineering,2007,12(4):347-368.

[47] 刘德辅,王莉萍,宋艳,等.复合极值分布理论及其工程应用[J].中国海洋大学学报:自然科学版,2004,34(5):893-902.

[48] 马逢时,刘德辅.复合极值分布理论及其应用[J].应用数学学报,1979,2(4):366-375.

[49] 宋艳.多维联合概率的随机模拟技术及其工程应用[D].青岛:中国海洋大学,2004.

[50] 史道济.实用极值统计方法[M].天津:天津科学技术出版社,2006.

[51] 史道济,阮明恕,王毓娥.多元极值分布随机向量的抽样方法[J].应用概率统计,1997,13(1):75-80.

[52] 周道成,段忠东.耿贝尔逻辑模型在极值风速和有效波高联合概率分布中的应用[J].海洋工程,2003,21(2):45-51.

[53] 欧进萍,肖仪清,段忠东,等.基于风浪联合概率模型的海洋平台结构系统可靠度分析[J].海洋工程,2004,21(4):1-7.

[54] 中华人民共和国行业标准. JTG/T D60-1—2004 公路桥梁抗风设计规范[S].北京:人民交通出版社,2004.

[55] 中华人民共和国行业标准. JTS 145-2—2013 海港水文规范[S].北京:人民交通出版社,2013.

[56] 金伟良.工程荷载组合理论与应用[M].北京:机械工业出版社,2006.

第 6 章 桥梁风-浪-流耦合作用弹性模型试验方法

桥梁风-浪-流耦合作用是复杂的气-固耦合和液-固耦合问题。一方面,桥梁结构及其运动将改变风浪流场;另一方面,风浪流场的变化将导致其对桥梁结构的作用效应发生改变。因此,传统采用分别计算风、浪、流单因素作用然后进行叠加的方法,不能够准确反映桥梁在风浪流耦合作用下的受力性能。为准确评估跨海桥梁在风、浪和流环境下的动态响应特征,需要考虑桥梁风-浪-流动力系统之间的耦合效应。传统的刚性模型试验方法和测试装置无法获得桥梁在波浪作用下的动力响应,不能反映波浪对桥梁的动力作用,因此,对大跨桥梁在波浪作用下的受力性能采用弹性模型更为合理。弹性模型试验对于细长、柔性的动力敏感结构尤其重要,此类结构容易发生气弹/水弹效应。气弹/水弹效应是结构本身的运动,会增加或改变流体作用力,或者结构的振动模态具有强烈的三维效应且弹性模态力难以估计。为了能够准确地再现原型结构的风浪流作用响应,气弹/水弹模型必须模拟自然风-浪-流特性、结构外形的关键流体动力信息以及结构系统的刚度、质量和阻尼特性。在试验室中同时对风、浪和流进行模拟并测试在耦合场中的桥梁结构响应,将能更逼真地模拟结构受力状态。

6.1 桥梁风-浪-流耦合作用弹性模型试验相似理论

6.1.1 桥梁风-浪-流耦合作用场的流动相似理论

物理模型试验由于试验条件限制往往无法采用足尺模型来实现,对原型结构的缩尺是不可避免的,这要求结构物理模型以及所遇到的风、浪、流环境因素与原型具有相似性。

对于结构动力模型试验相似问题,国内外学者进行了总结和归纳。17~19 世纪欧洲学者从理论和实践两方面为相似理论的建立进行了许多先驱的工作。A. L. 柯西(1823 年)提出弹性体和声学现象的相似准数 $\rho V^2/E$,贝尔特朗(1848 年)提出相似准数 $FL/(MV^2)$,弗洛德(1872 年)由船模试验提出相似准数 $V^2/(gL)$,法格在 1875 年前后进行了动床模型试验,莱特兄弟(1900 年)首次进行了风洞试验。随着基础科学及试验技术的不断发展,相似理论逐步完善。国内相似理论的研究工作开展相对较晚,林皋(1958 年)在水利学报上发表了关于模型试验的模拟与相似问题的研究成果,随后的几十年中,大量的学者对模型试验相似问题进行了系统的研究,并取得了丰硕的研究成果。由于结构试验的复杂性,要做到结构原型和模型的完全相似是不可能的,因此需要根据研究的目的对结构响应的原理进行研究,保证主要的物理量和相似准则满足要求。

几何相似要求结构模型试验中的线性几何尺度都采用同一比尺,即模型的长、宽、高以及所遇到海况的水深、波高等都按统一的比尺,它是结构相似理论中最重要的相似条件。假定模型的线性几何比尺为:

$$\lambda_l = \frac{l'}{l} \tag{6.1-1}$$

式中:λ_l——模型缩尺比;

l——结构的特征长度;

l'——结构模型的长度。

桥梁风-浪-流耦合作用弹性响应试验关键是模拟结构与风、重力水波及水流的相互作用。由理论分析可知,该作用的求解需要满足流体运动基本方程,即不可压缩黏性流体的运动方程(Navier-Stokes 方程)和连续方程(Cermak,1975;Tanaka,1998)

$$\frac{\partial v_i}{\partial t} + u\frac{\partial v_i}{\partial x} + v\frac{\partial v_i}{\partial y} + w\frac{\partial v_i}{\partial z} = f_i - \frac{1}{\rho}\frac{\partial p}{\partial x_i} + \upsilon\nabla^2 v_i \tag{6.1-2}$$

$$\frac{\partial u}{\partial x} + \frac{\partial v}{\partial y} + \frac{\partial w}{\partial z} = 0 \tag{6.1-3}$$

其中,u、v 和 w 是速度向量 v_i 在三个方向上的分量,i 取 x,y,z。

若两体系相似,各物理量之间应成比例,将长度比尺 $\lambda_l = \frac{l'}{l}$,速度比尺 $\lambda_v = \frac{v'_i}{v_i}$,时间比尺 $\lambda_t = \frac{t'}{t}$,重力加速度比尺 $\lambda_g = \frac{g'}{g}$,密度比尺 $\lambda_\rho = \frac{\rho'}{\rho}$,压力比尺 $\lambda_p = \frac{p'}{p}$,运动黏性比尺 $\lambda_\upsilon = \frac{\upsilon'}{\upsilon}$ 代入式(6.1-2)和式(6.1-3),以 z 方向为例得:

$$\frac{\lambda_v}{\lambda_t}\frac{\partial v_i}{\partial t} + \frac{\lambda_v^2}{\lambda_l}\left(u\frac{\partial u}{\partial x} + v\frac{\partial v}{\partial y} + w\frac{\partial w}{\partial z}\right) = -\lambda_g g - \frac{1}{\rho}\frac{\lambda_p}{\lambda_\rho \lambda_l}\frac{\partial p}{\partial z} + \frac{\lambda_\upsilon \lambda_v}{\lambda_l^2}\upsilon\nabla^2 w \tag{6.1-4}$$

$$\frac{\lambda_v}{\lambda_l}\left(\frac{\partial u}{\partial x} + \frac{\partial v}{\partial y} + \frac{\partial w}{\partial z}\right) = 0 \tag{6.1-5}$$

可见连续方程相似公式(6.1-5)不提出任何限制条件,只要式(6.1-4)成立,流体就符合相似性。在 N-S 方程中,各项都乘以一个系数,方程仍成立,则这些系数必须相等,故有:

$$\frac{\lambda_v}{\lambda_t} = \frac{\lambda_v^2}{\lambda_l} = \lambda_g = \frac{\lambda_p}{\lambda_\rho \lambda_l} = \frac{\lambda_\upsilon \lambda_v}{\lambda_l^2} \tag{6.1-6}$$

式(6.1-6)除以 $\frac{\lambda_v^2}{\lambda_l}$,得:

$$\frac{\lambda_l}{\lambda_t \lambda_v} = 1 = \frac{\lambda_g \lambda_l}{\lambda_v^2} = \frac{\lambda_p}{\lambda_\rho \lambda_v^2} = \frac{\lambda_\upsilon}{\lambda_l \lambda_v} \tag{6.1-7}$$

在不考虑流体表面张力与弹性力时,可以得到不可压缩黏性流体的相似准则。

斯特哈尔数相似准则:

$$\frac{\lambda_l}{\lambda_t \lambda_v} = 1 \tag{6.1-8}$$

弗洛德数相似准则:

$$\frac{\lambda_g \lambda_l}{\lambda_v^2} = 1 \tag{6.1-9}$$

雷诺数相似准则:

$$\frac{\lambda_v}{\lambda_l \lambda_v} = 1 \tag{6.1-10}$$

欧拉数相似准则:

$$\frac{\lambda_p}{\lambda_\rho \lambda_v^2} = 1 \tag{6.1-11}$$

在保证以上相似参数和无量纲边界条件下,所有能通过上述方程组描述的流体运动,均可由同样能用上述方程组描述的另一组流体流动来模拟。然而,在风-浪-流耦合作用桥梁结构弹性响应物理模型试验中,要满足上述所有相似准则是不现实的。若两系统中加速度 g 和运动黏度 v 相同,则只有当两个系统具有相同的流动速度和模型几何尺寸 L 时才能同时满足雷诺数相似和弗洛德数相似要求。但由于试验室的空间尺度和试验设备的模拟能力等限制,雷诺数相似和弗洛德数相似要求同时满足就存在矛盾。

桥梁结构在风-浪-流耦合作用下的运动和受力,重力和惯性力是决定其受力的主要因素。因此必须保证满足弗洛德数相似准则和斯特罗哈数准则,也即是实型和模型之间的弗洛德数(Froude Number)和斯特罗哈数(Strouhal Number)相等,实质是满足两者之间的重力相似和惯性力相似。

根据弗洛德数相似可得:

$$\frac{v_p}{\sqrt{g_p L_p}} = \frac{v_m}{\sqrt{g_m L_m}} \tag{6.1-12}$$

式中:v——运动速度;

g——重力加速度。

整理可得:

$$\frac{v_p}{v_m} = \frac{\sqrt{L_p}}{\sqrt{L_m}} = \lambda_l^{1/2} \tag{6.1-13}$$

根据斯特罗哈数相似可得:

$$\frac{L_p}{v_p T_p} = \frac{L_m}{v_m T_m} \tag{6.1-14}$$

整理可得：

$$\frac{T_p}{T_m} = \frac{L_p v_m}{L_m v_p} = \lambda_l^{1/2} \tag{6.1-15}$$

式中：T——运动周期。

通过式(6.1-12)~式(6.1-15)来换算模型试验的流场参数，可以使试验流场满足流动相似。

6.1.2 桥梁风-浪-流耦合作用动力相似模拟理论

除了自然风-浪-流作用场的模拟，弹性模型试验中还需要模拟结构的一些无量纲参数，如几何比例、结构阻尼比、特征频率比、模态形状等。此外，还要模拟由于流固耦合作用而要求的相似参数。

考虑弹性动力学平衡方程(忽略阻尼项，且取 x 方向为例说明)：

$$\frac{\partial \sigma_x}{\partial x} + \frac{\partial \tau_{yx}}{\partial y} + \frac{\partial \tau_{zx}}{\partial z} + f_x = \rho \frac{\partial^2 u}{\partial t^2} \tag{6.1-16}$$

几何方程：

$$\varepsilon_x = \frac{\partial u}{\partial x} \tag{6.1-17}$$

$$\gamma_{xy} = \frac{\partial v}{\partial x} + \frac{\partial u}{\partial y} \tag{6.1-18}$$

应力与应变关系的物理方程：

$$\varepsilon_x = \frac{1}{E}[\sigma_x - \mu(\sigma_y + \sigma_z)] \tag{6.1-19}$$

$$\gamma_{yz} = \frac{2(1+\mu)}{E}\tau_{yz} \tag{6.1-20}$$

应力与面力的应力边界条件：

$$\overline{X} = \sigma_x \cdot l + \tau_{yx} \cdot m + \tau_{zx} \cdot n \tag{6.1-21}$$

将应力比尺 $\lambda_\sigma = \sigma'/\sigma = \tau'/\tau$，长度比尺 $\lambda_l = l'/l$，密度比尺 $\lambda_\rho = \rho'/\rho$，时间比尺 $\lambda_t = t'/t$，应变比尺 $\lambda_\varepsilon = \varepsilon'/\varepsilon = \gamma'/\gamma$，重力加速度比尺 $\lambda_g = g'/g$（令 x 方向为重力方向），弹性模量比尺 $\lambda_E = E'/E$，泊松比比尺 $\lambda_\mu = \mu'/\mu$，面力比尺 $\lambda_{\overline{\mu}} = \overline{\mu}'/\overline{\mu}$ 代入上述方程得：

$$\frac{\lambda_\sigma}{\lambda_l}\left(\frac{\partial \sigma_x}{\partial x} + \frac{\partial \tau_{yx}}{\partial y} + \frac{\partial \tau_{zx}}{\partial z}\right) + \lambda_g \lambda_\rho \rho g = \frac{\lambda_\rho \lambda_l}{\lambda_t^2}\rho \frac{\partial^2 u}{\partial t^2} \tag{6.1-22}$$

$$\lambda_\varepsilon \varepsilon_x = \frac{\partial u}{\partial x} \tag{6.1-23}$$

$$\lambda_\varepsilon \gamma_{xy} = \frac{\partial v}{\partial x} + \frac{\partial u}{\partial y} \tag{6.1-24}$$

$$\lambda_\varepsilon \varepsilon_x = \frac{\lambda_\sigma}{\lambda_E} \frac{1}{E} [\sigma_x - \lambda_\mu \mu(\sigma_y + \sigma_z)] \tag{6.1-25}$$

$$\lambda_\varepsilon \gamma_{yz} = \frac{\lambda_\sigma}{\lambda_E} \frac{2(1+\lambda_\mu \mu)}{E} \tau_{yz} \tag{6.1-26}$$

$$\lambda_{\bar{X}} \bar{X} = \lambda_\sigma (\sigma_x \cdot l + \tau_{yx} \cdot m + \tau_{zx} \cdot n) \tag{6.1-27}$$

若使上述各式均成立，则：

$$\frac{\lambda_\sigma}{\lambda_l} = \lambda_g \lambda_\rho = \frac{\lambda_\rho \lambda_l}{\lambda_t^2} \tag{6.1-28}$$

$$\lambda_\varepsilon = 1 \tag{6.1-29}$$

$$\lambda_\sigma = \lambda_\varepsilon \lambda_E = \lambda_E \tag{6.1-30}$$

$$\lambda_\mu = 1 \tag{6.1-31}$$

$$\lambda_{\bar{X}} = \lambda_\sigma \tag{6.1-32}$$

通常需要考虑的结构主要相似关系：

$$\lambda_E = \lambda_\sigma = \lambda_l \lambda_\rho \tag{6.1-33}$$

$$\lambda_t = \lambda_l \sqrt{\frac{\lambda_\rho}{\lambda_E}} \tag{6.1-34}$$

式(6.1-34)表示的弹性相似关系需满足柯西准则，即：

$$\frac{\rho_p V_p^2 L_p^2}{E_p L_p^2} = \frac{\rho_m V_m^2 L_m^2}{E_m L_m^2} \tag{6.1-35}$$

整理后得：

$$\lambda_E = \lambda_l \lambda_\rho \tag{6.1-36}$$

由于结构试验是在水中进行的，因此流体密度比尺 $\lambda_{\rho w}=1$，结构的等效密度比尺也应该满足 $\lambda_{\rho s}=1$，也即是满足惯性参数相似，模型的密度和原型的密度一致，即：

$$\lambda_\rho = \frac{(\rho_s/\rho)_{\text{model}}}{(\rho_s/\rho)_{\text{proto}}} = 1 \tag{6.1-37}$$

式中：ρ_s——结构的等效密度；

ρ——流体密度。

这样就可得到：

$$\lambda_E = \lambda_l \tag{6.1-38}$$

惯性参数相似可以通过配重满足。在等效模型试验中，为了保持弹性恢复力的相似，不必严格保持几何相似关系（但是截面外形尺寸满足几何相似关系），而可以采用更为灵活的处理办法。对构件的截面形状相似的要求可以放松，只要保持截面的刚度相似，从而得出以下相似关系。

刚度相似公式为：

$$\lambda_{EI} = \lambda_E \lambda_I \tag{6.1-39}$$

由几何相似准则及截面惯性矩计算理论可得：

$$\lambda_I = \lambda_l^4 \tag{6.1-40}$$

将式(6.1-38)和式(6.1-40)代入式(6.1-39)可得：

$$\lambda_{EI} = \lambda_E \lambda_I = \lambda_l \lambda_I = \lambda_l^5 \tag{6.1-41}$$

只要模型构件提供刚度的截面满足式(6.1-41)，同时提供形状的截面外形尺寸满足几何相似，则可认为构件的截面满足相似关系。

在一般的风洞试验中都放弃了雷诺数相似性要求，通过采取模型表面粗糙化等手段来改变物体表面附近绕流的性质，在一定程度上弥补雷诺数失真对试验结果造成的影响。钝体断面的气弹研究可以提供直接且较为可靠的预测结果，而对于对雷诺数较为敏感的断面，需对预测结果进行必要的修正。

6.1.3 桥梁风-浪-流耦合作用弹性试验的相似参数

在风-浪-流耦合作用桥梁结构弹性响应物理模型试验中，要满足上述所有相似准则是不现实的。若两系统中加速度 g 和运动黏度 v 相同，则只有当两个系统具有相同的流动速度和模型几何尺寸 L 时才能同时满足雷诺数相似和弗洛德数相似要求。但由于试验室的尺度和试验设备的模拟能力等限制，雷诺数相似和弗洛德数相似要求同时满足就存在矛盾。桥梁结构在风-浪-流作用下的运动和受力中，重力和惯性力是决定其受力的主要因素。因此必须保证满足弗洛德相似准则和斯特罗哈数准则，实质是满足两者之间的重力相似和惯性力相似。这样，可以根据研究对象的特性，忽略较为次要的因素，做出一定的取舍，使试验结果带来的误差在可接受范围内。表6.1-1给出了具体的模型相似律指标。其中：ρ 表示空气/水质量密度；U 表示来流速度；L 表示结构特征尺寸，桥塔弹性模型试验一般取用结构迎风面投影宽度；μ 表示空气/水黏系数；g 表示重力加速度；f 表示结构振动频率；E 表示结构材料弹性模量；ρ_s 表示结构材料质量密度；ξ 表示结构阻尼对数衰减率。

无量纲参数的相似要求　　　　　　　　　　　表6.1-1

无量纲参数	表达式	物理意义
柯西数	$E/\rho V^2$	气动惯性力/空气黏力
密度比	ρ_s/ρ	结构物重力/气动惯性力
弗洛德数	V^2/gL	时间尺度
斯特罗哈数	fL/V	结构物弹性力/气动惯性力
阻尼比	ξ	结构物惯性力/气动惯性力

考虑上述准则，模型与原型各种物理量之间的相似比如表6.1-2所示，根据其相似比、原型结构的参数和选用的模型结构材料，可确定模型结构参数。

桥梁风-浪-流耦合作用弹性模型试验相关参数的相似比　　　　表6.1-2

相 似 参 数	相 似 比	相 似 参 数	相 似 比
几何尺寸	λ_l	单位长度质量惯矩	$\lambda_{J_m} = \lambda_l^4$
时间	$\lambda_t = \lambda_l^{1/2}$	弯曲刚度	$\lambda_{EI} = \lambda_l^5$
速度	$\lambda_V = \lambda_l^{1/2}$	扭转刚度	$\lambda_{GJ_d} = \lambda_l^5$
频率	$\lambda_l^{-1/2}$	轴向刚度	$\lambda_{EA} = \lambda_l^3$
加速度	$\lambda_g = 1$	力	λ_l^3
阻尼比	$\lambda_\xi = 1$	矩	λ_l^4
单位长度质量	$\lambda_m = \lambda_l^2$	压力	$\lambda_p = \lambda_l$

6.2　桥梁风-浪-流耦合作用弹性模型试验模拟系统

6.2.1　试验模拟系统构成

为研究风-浪-流耦合场的耦合效应及其与桥梁弹性响应之间的耦合效应,迫切需要研发桥梁全桥弹性模型风-浪-流耦合作用动力响应试验系统,为桥梁全桥风-浪-流耦合作用研究提供必要的风-浪-流耦合场模拟技术、全桥弹性模型实现技术和风-浪-流耦合效应试验测试技术。本文针对桥梁施工和成桥状态风-浪-流耦合作用模型试验中不能准确模拟考虑时间同步、空间相关和地形影响的风-浪-流耦合场、桥梁弹性模型及其测试动态响应等问题,提出了桥梁风-浪-流耦合场模拟、风-浪-流耦合场中桥梁施工和成桥状态弹性模型模拟和动态响应试验测试分析系统,如图6.2-1所示。

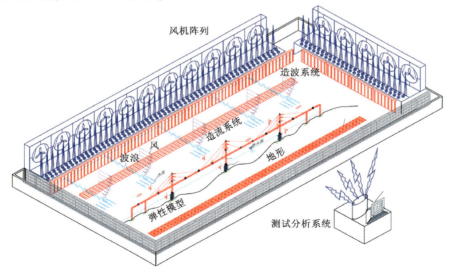

a) 风-浪-流耦合作用试验系统架构——三维示意图

图 6.2-1

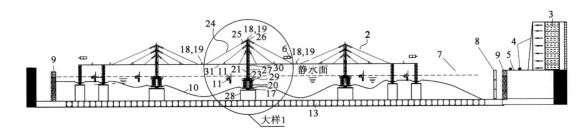

b) 风-浪-流耦合作用试验系统剖面示意图一

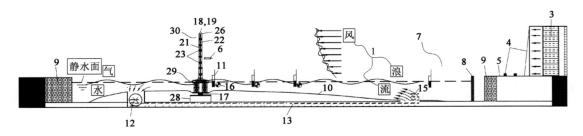

c) 风-浪-流耦合作用试验系统剖面示意图二

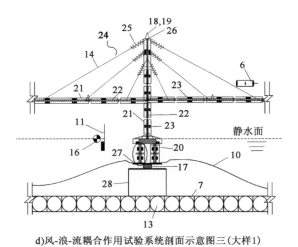

d) 风-浪-流耦合作用试验系统剖面示意图三(大样1)

图 6.2-1　桥梁风-浪-流耦合作用试验系统示意图

1-风-浪-流耦合场模拟系统;2-桥梁全桥弹性模型;3-L形排列移动式风机阵列;4-紊流发生装置;5-风场模拟装置平台;6-三维风速仪;7-水池;8-L形排列吸收式造波机;9-消波器;10-海底地形模拟装置;11-波高仪;12-造流泵;13-导流管;14-铜丝;15-分层水流整流器;16-流速仪;17-防水六分量测力天平;18-位移传感器;19-加速度传感器;20-动水压力传感器;21-节段外衣;22-弹性骨架;23-质量配件;24-缆索;25-弹性弹簧;26-阻尼模拟装置;27-模型底座;28-模型基座;29-基础;30-桥塔;31-主梁

试验模拟系统的主要构成包括:① 风-浪-流耦合场模拟系统,用于通过模拟-反馈-控制的机制生成目标风-浪-流耦合场;② 桥梁弹性模型,用于模拟桥梁施工及成桥状态下全桥的弹性结构外形、刚度、质量及阻尼特性;③ 弹性响应及耦合场试验测试分析系统,用于采集和分析风-浪-流耦合场参数以及桥梁弹性模型在风-浪-流耦合场作用下的位移、加速度、水下基础表面动水压力分布、基底六分力的动态响应。

1. 风-浪-流耦合场模拟系统

在桥梁风-浪-流耦合作用试验模拟系统中,风-浪-流耦合场由考虑风、浪、流时间同步、空间相关的风-浪-流耦合场模拟系统产生。风-浪-流耦合场模拟系统,包括风场模拟(L形排列移动式风机阵列、紊流发生装置、风场模拟装置平台、三维风速仪)、波浪场模拟(水池、L形排列吸收式造波机、L形排列消波器、海底地形模拟装置、波高仪)、流场模拟(造流泵、导流管、整流器和流速仪)。

风-浪-流耦合场模拟系统通过"模拟-反馈-控制"生成风-浪-流耦合场,通过大量的试验研究得到了风-浪-流耦合场参数的实现流程。① 流场模拟:由造流泵、导流管和整流器生成流场,并达到稳定的目标流速;② 风场模拟:由风机阵列、紊流发生装置、风场模拟装置平台生成风向在0°~90°范围任意可调的风场,并达到稳定的风速和风剖面;③ 波浪场模拟:由造波机生成波向在0°~90°范围任意可调的入射波波浪场,并经过海底地形模拟装置改变其水质点运动形态,传播到桥梁全桥弹性模型位置处达到稳定的目标波高和波周期,从而获得空间相关、时间同步和连续的目标风-浪-流耦合场,能够考虑桥位处地形、基础局部冲刷对风-浪-流耦合场的影响。

风速、风剖面和风向利用L形排列移动式风机阵列和紊流发生装置在风场模拟装置平台进行模拟,利用三维风速仪对风速、风剖面和风向进行测试,并与L形排列移动式风机阵列和风场紊流发生装置共同形成"反馈-控制"来调试获得目标风场。风速仪均匀布置在全桥弹性模型的迎风方向前方,距离静水面的垂直高度为桥塔高度的65%或与主梁高度一致。

波浪波高、波周期和波向利用L形排列吸收式造波机、消波器和海底地形模拟装置在水池中进行模拟;入射波波向通过L形排列吸收式造波机协同控制生成,入射波波向在0°~90°范围任意可调;L形排列吸收式造波机能够生成稳定的规则波浪系列和满足目标波浪谱的随机波浪系列;波高仪对波高时程进行实时测试,并与L形排列吸收式造波机和试验测试系统形成"反馈-控制"而获得满足目标波高和波周期的波浪场;波高仪布置安装在桥梁全桥弹性模型基础所在中心侧边2~4倍基础宽度处和前方1~4倍波长范围内。

利用造流泵、导流管、分层水流整流器构成的闭环造流系统进行水流流速和流向的模拟;通过控制造流泵驱动水流沿导流管至分层水流整流器均匀喷射出来,形成流场;通过调节造流泵的驱动方向,形成顺流向和逆流向的流场;利用流速仪对水流流速进行实时测试,并与造流泵和试验测试系统形成流量的"反馈-控制"而获得目标水流流速;流速仪布置安装在桥梁全桥弹性模型基础侧边 2~5 倍基础宽度处和桥梁全桥弹性模型的迎流方向前方 1~4 倍波长范围内。

2. 桥梁弹性模型

桥梁弹性模型包括节段外衣、弹性骨架、质量配件、外衣密封带、缆索丝、弹性弹簧、阻尼模拟装置和模型底座;桥梁全桥弹性模型布置安装固定在水池试验段位置,在风-浪-流耦合场中实现对桥梁施工状态及成桥状态弹性结构外形、刚度、质量、阻尼等特性的模拟。

3. 试验测试分析系统

试验测试分析系统由防水六分量测力天平、位移传感器、加速度传感器、动水压力传感器、传输导线、信号采集处理器和动态响应采集软件组成。试验测试分析系统对桥梁全桥弹性模型的动态响应、水下基础表面动水压力分布、基底六分力以及风-浪-流耦合场环境参数实现空间相关、时间连续及同步的测量和分析。

防水六分量测力天平用于测量桥梁弹性模型在风-浪-流耦合作用下的水平力和弯矩动态响应;若干个防水六分量测力天平安装固定在水池的底板和桥梁弹性模型底座的中间;防水六分量测力天平的卓越频率高于桥梁全桥弹性模型的卓越频率,采样频率设定范围为 10~100Hz。

位移传感器和加速度传感器布置安装在桥塔顶端截面和桥塔中部截面的横桥向和顺桥向上,以及主梁跨中截面、主梁 1/4 跨截面、主梁 3/4 跨截面的横桥向、竖桥向上,用于测量桥梁弹性模型的动态响应信息。

信号采集处理器和动态响应采集软件能够集成风-浪-流耦合场参数和桥梁弹性模型动力响应信号,实现多变量、多通道的时间连续同步采集、存储和分析;信号采集处理器与 L 形排列移动式风机阵列、L 形排列吸收式造波机、造流泵、三维风速仪、波高仪、流速仪、位移传感器、加速度传感器、动水压力传感器、防水六分量测力天平等测试传感器之间通过无线传输或有线连接进行实时通信和交互,各变量通道数据采样频率可在 1~100Hz 之间根据模型系统频率和环境要素频率来确定选用采样频率;动态响应采集软件自动生成的采集数据文件,具有实时数据统计与处理功能;采集系统能够同局域网内的其他计算机上的采集、数据处理系统进行通信和协调工作。

6.2.2 风场要素模拟

根据对桥址处风环境的分析,获得桥位处的风场特性参数,以此为目标进行试验室风场的模拟。在风场模拟中,需通过风洞模拟均匀流场和大气边界层风场。其中大气边界层风场的模拟主要考虑以下几方面的相似:风速剖面、紊流度剖面和脉动风谱。利用造风机产生均匀来流风场,然后采用尖劈、格栅和粗糙元等紊流发生装置对均匀来流风进行人为扰动,并通过调整紊流发生装置的几何形状及布置形式,利用风速仪对风速 $V_w(x,y,z,t)$ 进行测试反馈,从而产生符合目标的紊流风场。

在大气边界层模拟风场的调试中风速特性采用三维脉动风速测量仪及其配套的数据采集系统来测量,获得风洞中模拟流场的平均风速剖面、紊流强度(湍流度)剖面以及脉动风的功率谱等流场数据。

1. 定常风模拟

所谓定常风是指平均风速恒定不变的风,试验任务中一般需要给定桥梁成桥状态和施工状态的风速和若干风向。平均风一般指水面或地面上方 10m 高度处的 10min 平均风速,试验室模拟中应将风速仪按照缩尺比设置在水面以上对应的实体 10m 高度处测量模拟风;当由于距离水面太近造成测量困难时,可以根据风剖面分布规律将 10m 高度处的风速推算到桥面高度或桥塔 65% 高度处的风速,并在该高度位置设置风速仪。

根据《公路桥梁抗风设计规范》和《建筑结构设计规范应用图示》的推荐,近地层风速剖面采用指数律模型计算公式,即:

$$u(z) = u_0 \left(\frac{z}{z_0}\right)^\alpha \qquad (6.2\text{-}1)$$

式中: $u(z)$ ——高度为 z 处的风速;

α ——风速高度变化风剖面指数(或称为幂指数)。

该模型适用于大多数平缓地形的中性大气层结(大风)条件风场。风剖面指数 α 值需要根据风速观测塔在不同高度处的风速进行非线性拟合得到,或根据规范按不同地表类型来选取。

风向的模拟可以通过移动调整风机阵列的方向或置于规定的不同位置来实现。

风速测量是模拟风场的重要内容,用于检验稳定的造风区域是否足以覆盖试验中模型的运动区域,一般采用皮托管风速传感器来测量即可。测试内容包括沿风来流方向和垂直风向(横向宽度范围和高度范围)的若干空间点处所测试的风速,并与模拟目标风速进行比较,在测试区域内两者的误差应小于 5%。

2. 非定常风的模拟

在重大桥梁工程项目中,模型试验要求模拟非定常风。所谓非定常风(或紊流风场)是指风速时刻变化的随机风,一般用风谱来描述,如 API 谱、NPD 谱、Simu 谱、Davenport 谱、Profskey 谱等。非定常风的模拟主要考虑以下几方面的相似:风速剖面、紊流度剖面和脉动风谱。

非定常风的模拟比较复杂,风场测量需要采用高灵敏度的三维脉动风速仪(如热线风速仪)、PC 机和专用分析软件组成的测量系统来实现。该系统可以用来测量风洞中模拟流场的平均风速剖面、紊流强度(湍流度)剖面以及脉动风的功率谱等流场数据。

非定常风的模拟途径包括主动模拟方式和被动模拟方式。

(1) 主动模拟

主动模拟需要在高性能多风扇阵列模拟系统中进行,在计算机控制系统中输入目标风谱、平均风控制参数和脉动控制参数,控制程序分析生成实时系列控制信号,利用此电压信号来控制风机阵列中不同风扇的转速,并通过实时"测量-反馈-控制"进行调试稳定,最终生成符合目标风谱的实时非定常风场。主动模拟方法对风场模拟系统的测控系统和机械自动化性能要求很高,模拟系统也比较复杂、造价昂贵。

(2) 被动模拟

被动模拟方式主要是通过设置辅助措施或装置对来流均匀风场造成扰动,使得经扰动后的风场参数满足目标紊流风场要求。一般是在风机阵列来流风场区域,通过安装经过设计的扰动装置(如尖劈、格栅和粗糙元)来实现流场的扰动,并通过反复调整扰动装置和调试流场获得满足目标参数的非定常风场。被动模拟方法具有造价较低、实施简单方便等特点,是大气边界层风场模拟的有效途径。

6.2.3 波浪场要素模拟

波浪场的模拟采用专门的造波系统来实现,包括造波机、消波装置和测量及控制系统。在模拟浪和流之前,应先调节好水池中的试验水深。根据实测得到的耦合波浪场波谱、波高等输入参数,通过造波机将计算机模拟信号转换为电信号推动机械造波板运动,并利用放置在边界处的消波器来实现导波和消波,以减少边界对模拟波浪场的反射影响。通常推板式或摇板式造波机能生成单方向的规则波和不规则波,多单元蛇形造波机能制造出多方向的波浪场。利用波高仪对特定位置的波高和周期进行测量,通过模拟值与目标值的对比分析,调整模拟参数和造波机电信号进行反馈控制,从而产生符合目标波浪场指标的波浪场,误差值控制在 ±5% 以内。

1. 规则波浪场模拟

桥梁结构所在的实际海况都为不规则波海况,但是规则波理论成熟、简单,桥梁结构通常采用"代表波"法进行结构设计和计算分析。因此规则波作用下桥梁结构的试验将为结构设计和计算分析结果检验提供重要的基础,规则波作用下桥梁结构试验也是波浪作用下桥梁结构试验的重要内容。

规则波的模拟相对来说比较简单,产生一规则波时造波机的造波信号可以写成 $\xi(t) = E\cos(\omega t)$,其中: $\omega = 2\pi/T$ 为波浪的频率, T 为波浪的周期, t 为时间; E 为造波机推板的振幅, $E = A/Q(f)$,其中 A 为产生波浪的振幅, $Q(f)$ 为造波机与产生波浪之间的传递函数

$Q(f) = 2(\cosh 2kd - 1)/\sinh 2kd - 2kd$。造波时按照规则波造波信号控制造波机即可产生不同周期和波高的规则波。规则波模拟的实现过程如下:

(1)根据给定规则波的波高和周期,设定造波机造波条件,造波机造波计算机控制程序将产生造波机控制信号的时间序列,以此控制造波推板的运动幅值和频率,从而在水槽中产生规则的波浪。

(2)根据波高仪测量的水槽中实际生产的规则波的波高和周期,判断在水槽中产生的规则波是否满足规定;如不满足精度,根据生成规则波的波高和周期修正造波机的造波条件,造波机造波计算机控制程序重新产生造波机控制信号的时间序列,控制造波推板的运动幅值和频率,在水槽中产生新的规则波浪。

(3)根据波高仪测量的水槽中模拟产生的规则波的波高和周期,判断在水槽中产生的规则波是否满足规定;如不满足精度,则根据给定规则波的波高和周期和生成的波浪的波高和周期,重新设定造波机造波条件,重复步骤(1)~(3),直到水槽中产生的规则波的特征参数满足精度。

2. 不规则波浪场模拟

不规则波的特征参数主要为波谱、有效波高和有效周期。根据线性叠加理论,海面上任一点处波面 η 可表示成不同频率规则波线性叠加的结果,即 $\eta(x,t) = \sum_{i=1}^{M}\sqrt{2S(f_i)\Delta f}\cos(k_i x - \omega_i t + \varepsilon_i)$,其中:$t$ 为时间,$S(f)$ 为波浪的频谱,M 为组成波的个数,ε_i 为 $[0, 2\pi]$ 均匀分布的随机数,$\omega_i = 2\pi f_i$ 和 k_i 分别为波浪的频率和波数。利用线性叠加原理,可得到产生不规则波的造波板控制信号为 $\xi(t) = \sum_{i=1}^{M} E_i \sin(\omega_i t + \varepsilon_{ij})$。不规则波模拟流程如图6.2-2所示。

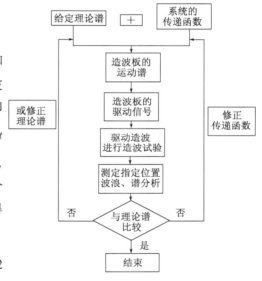

图 6.2-2 造波机产生波浪的流程

(1)根据给定不规则波的波谱、有效波高和周期,设定造波机造波条件,造波机造波计算机控制程序将产生造波机控制信号的时间序列,以此控制造波推板的运动幅值和频率,从而在水槽中产生不规则的波浪。

(2)根据波高仪测量的水槽中实际生产的不规则波的数据,进行谱分析后得到模拟的波谱。判断在水槽中产生不规则波的波谱是否满足规定特征参数的不规则波目标谱;如不满足精度,根据生成不规则波谱的造波条件和目标谱,造波机造波计算机控制程序重新产生修正的造波机控制信号的时间序列,控制造波推板的运动幅值和频率,在水槽中产生新的不规则波浪。

(3) 根据波高仪测量的水槽中模拟生产的不规则波的信息,进行谱分析后得到模拟的波谱。判断在水槽中产生不规则波的波谱是否满足规定的特征参数的不规则波目标谱;如不满足精度,重复步骤(1)~(3),直到水槽中产生的不规则波谱满足精度要求。

不规则波模拟结果要满足以下要求:模拟的测量波浪谱与目标谱谱形基本吻合;有效波高和谱峰周期的测量值与目标值误差小于5%。此外,要对模拟谱和目标谱进行谱分析特征参数比较,主要参数的误差一般不超过5%。

3. 波浪方向模拟

跨海桥梁结构会受到不同方向波浪的侵袭,因此在模型试验研究中需要考虑不同方向的波浪作用。浪向是描述波浪传播方向与桥梁结构坐标系之间的相对夹角。

在模拟试验研究中,浪向的模拟与造波系统的功能关系密切。对于水池中两侧配置L形造波机,且一侧配置多单元蛇形造波机,则可以生成任意方向的波浪。对于水池中只有一侧配置造波机且只能产生单一方向的波浪,则只能通过调整桥梁模型的角度和位置来考虑浪向的影响,或移动造波机位置来实现浪向的变化,这时会对试验进度和结果稳定性产生一定影响,且工作量较大。

在桥梁弹性模型风-浪-流作用试验中,需要模拟风、浪、流不同方向组合的海况,这些组合一般以波浪方向为标准,因此需要变换造风系统、造波机和造流系统的相对位置来满足风、浪、流不同方向之间的组合。

6.2.4 水流场模拟

风-浪-流耦合场的水流场利用专门的造流系统来模拟。模型试验中要求模拟的水流场包括均匀流(即规定表层流速和流向)和分层流(即规定流速随水深而变的流速分布和流向)。在试验室模拟中,通常采取整体造流和局部造流相结合的方法,以满足流场模拟的需要。

整体造流系统采用内循环方式,通过轴流泵将水池中的水从均匀排列的吸水孔吸入管路中,经水泵加压后从安装在水池另一端均匀排列的喷水孔均匀喷射出水流,使水槽/水池中的水流按导流堤设定的方向流动,调节流向和波浪之间的夹角,并通过控制轴流泵的流量来实现对流速大小的调节控制,从而实现目标水流流速的模拟。要形成均匀、稳定的流场,需要采取整流和循环等措施。整体造流系统的优点是模拟的水流比较均匀和稳定,其局限性是:造流能力有限,能够产生的最大流速一般在0.3m/s以内。

局部造流系统是通过控制水泵电机的转速来调节水流速度,利用布置在水底的管路将水输送到水池中需要模拟水流的位置,并从均匀布设的喷水管中喷出,从而在局部范围产生一定流向和流速的水流。局部造流系统的优点是:具有产生较高流速的能力;布置比较灵活,能够任意调节流向和波浪之间的夹角;采用多层局部喷管进行分层水流控制,可以形成随水深按一定规律分布的水流。其不足之处是:产生的水流速度均匀性和稳定性较差;受到区域限制,需要反复测试调整。

对于只要求平均流速的测量,一般采用叶轮流速仪读取平均数值即可。如果需要考察流速的稳定程度和要求实时测量数据,需要采用高灵敏度的流速仪(如多普勒流速仪)进行测量,通过 AD 转换得到流速随时间的变化规律和某一指定时刻的瞬时流速。

在均匀流模拟中,利用流速仪测量模型试验区域的平均流速,如果测得的平均流速大于或小于要求模拟的目标流速值,则通过调节水泵电机转速来调整流速。流速平均值与目标值之间的误差应小于 10%。具体水流模拟的实现过程如下:

(1)给定电压,启动造流泵,当流速稳定后测量采用多普勒流速仪测量流速。

(2)根据给定流速和模拟流速反馈分析,调整控制轴流泵输入电压,当流速稳定后采用多普勒流速仪测量流速。根据给定流速和模拟流速的差别判断是否满足精度要求。如精度满足则得到给定流速的电机分频器的电压设值;如不满足则进行第(3)步。

(3)根据两次模拟测量的流速与给定流速进行内插或外插分析,反馈控制造流机的输入电压值,重复步骤(2)和(3),直到模拟的流速满足精度要求。

6.2.5 工程场地模拟

桥梁基础局部冲刷和桥位区域的海底地形利用海底地形模拟装置来模拟,局部冲刷坑形状及其大小通过基础局部冲刷模型试验获得或根据桥梁基础局部冲刷经验模型计算确定;桥梁弹性模型下部区域的海底地形模拟装置设置在活动式转盘上,能够根据风场、波浪场和流场的方向进行水平转动;在风-浪-流耦合场模拟中,海底地形模拟装置将改变流场和波浪场的水质点运动速度及其方向,从而模拟桥位处的波-流场流态分布。

6.3 桥梁风-浪-流耦合场试验模拟

6.3.1 风-浪耦合场特征要素模拟

如何在试验室根据相似比要求实现目标风场和波浪场特征要素,是结构试验开展前需要解决的重要问题。根据上节建立的风-浪-流耦合场模拟方法原理,在风洞-浪槽基础上建立了风-浪场模拟系统,如图 6.3-1 所示。风-浪耦合场上层风场模拟试验段尺寸为 6.0m×3.6m×50m,下层波浪场模拟试验段尺寸为 5.0m×4.5m×50m。

为了测试试验室条件下的平均风剖面、湍流度剖面以及在水槽不同位置的波高,建立了波浪场和风场要素的校正系统,如图 6.3-1 所示。其中,波浪场波高采用电容式波高仪进行测试,测试分辨率为 0.3mm,误差为 ±2%,波高仪(s_1、s_2、…、s_7)安装在水槽试验段;风场风速的测量采用三维热线仪或皮托探头进行,并通过对风速时程信号的计算获得风向和湍流度等指标。

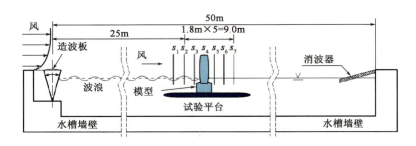

图 6.3-1 风-浪耦合场模拟系统示意图

1. 风场要素的试验模拟

通过对原风浪试验段的风场进行测试发现,风场模拟品质很差,风剖面测试结果表明在 0.5~1.0m 高度范围内风速出现转折,不能满足规范要求的指数率和对数率的风剖面要求。产生该现象的主要原因在于上部风洞与下部浪槽所组成的横断面呈倒凸形,断面交界处产生流场突变,从而导致了风剖面的局部变异。为了获得风-浪耦合试验需要的风场,对风场模拟系统进行了多项改造试制,如图 6.3-2 所示。包括:① 在大试验段的出风口设置坡度为 1:6 风场导流板,用于减小在风入口地板和水面之间存在的高度差对风场的影响;② 在测试段水槽与风洞断面宽度变化处,设置长度为 8.4m 的侧面导流板,使风洞与水槽具有相同宽度,从而减小断面突变带来的风剖结构畸形;③ 在风洞出风口等间距设置 7 个尖劈,用于调整平均风速剖面的指数。

a)风场模拟装置(导流板和尖劈装置)

b)试验段风场导流装置

图 6.3-2 风场模拟系统试制改造示意图

根据目标工程海域、海峡、海洋环境条件,风剖面指数以 0.12 为目标进行模拟。在几何相似比 1∶150 的条件下测到的对应原型 $U_{10}=45.4$m/s 和 $U_{10}=51.6$m/s 的风速时程曲线和风速剖面分别如表 6.3-1 和图 6.3-3 所示,其中风速剖面指数模拟结果与目标值吻合良好。

试验条件下的风场剖面指数模拟与目标值的比较 表 6.3-1

风速工况	原型状态		试验应有状态		试验实际状态	
	U_{10}(m/s)	α_0	U_2(m/s)	α_m	U_2(m/s)	α_m
工况 1	45.4	0.12	5.57	0.12	5.43	0.119
工况 2	51.6	0.12	6.33	0.12	6.20	0.123

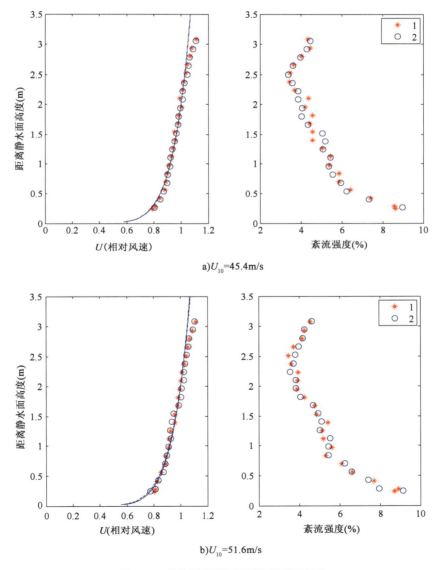

a) U_{10}=45.4m/s

b) U_{10}=51.6m/s

图 6.3-3 风速剖面及紊流强度试验模拟结果

2. 风-浪耦合场要素模拟方法

水体在风的剪切应力作用下,会引起水体表面的扰动,随着风速的增大,水体扰动变得强烈而形成风生波浪。在试验模拟中,风生波浪统计特征受风速作用影响的变化情况如图 6.3-4 所示。从试验模拟结果可知:风生波浪的平均波高及平均周期均随送风长度的增大而增大(沿测点号 1、2、…、6);随着风速的增大,波浪的统计特性也逐渐增大。

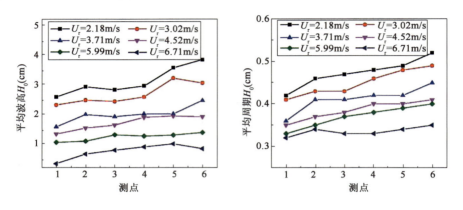

图 6.3-4　风生波浪统计特征值随风送长度的变化

在风-浪耦合场模拟中,风要素由于波浪的存在可能会与单风状态的风要素有差别,但仅发生于靠近水面区域小范围内,随高度增加的其他区域受波浪影响微小。但是,对于波浪场而言,由于试验室水槽受到尺度限制,无法模拟足够长的送风长度,仅靠风生浪无法获得较大波高和特定周期的目标波浪场,还需要辅以造波机的机械运动来获得目标波浪场。因此,风-浪耦合作用下,风、浪要素的变化较为复杂,主要体现在风浪场时空发展的复杂性。本研究将从风-浪耦合场的试验模拟稳定性和可靠性方面,探讨风浪耦合场的模拟过程方法。

风-浪耦合试验中,按照先造浪后吹风的加载过程,较长时间的风-浪耦合作用后,一些波高较高的波浪已发生变形甚至改变其主导频率。根据 S3 号和 S4 号浪高仪的记录数据,以波高 $H_s=4\text{cm}$ 的规则波为例,风场存在对已经生成波浪的统计特性的影响如表 6.3-2 所示。

风场对风成规则波浪统计特性的影响　　　　　　　　　　　表 6.3-2

波　参　数		风-浪相互作用对波高 H 的影响		风-浪作用对波周期 T 的影响	
波高(cm)	波周期(s)	$U_r=2.18\text{m/s}$	$U_r=5.24\text{m/s}$	$U_r=2.18\text{m/s}$	$U_r=5.24\text{m/s}$
$H_s=4$	$T_p=0.8$	-11.88%	-0.95%	0.00%	0.00%
	$T_p=1.0$	-35.82%	9.34%	-2.50%	-1.50%
$H_s=6$	$T_p=0.8$	-14.75%	20.96%	22.50%	7.50%
	$T_p=1.0$	31.36%	-8.42%	0.00%	0.00%
$H_s=8$	$T_p=0.8$	-23.50%	-10.08%	1.25%	3.75%
	$T_p=1.0$	4.81%	-0.27%	-0.50%	0.00%

续上表

波　参　数		风-浪相互作用对波高 H 的影响		风-浪作用对波周期 T 的影响	
波高(cm)	波周期(s)	$U_r = 2.18$ m/s	$U_r = 5.24$ m/s	$U_r = 2.18$ m/s	$U_r = 5.24$ m/s
$H_s = 10$	$T_p = 0.8$	-25.46%	-5.63%	3.12%	0.00%
	$T_p = 1.0$	-13.24%	-18.93%	1.50%	3.50%

鉴于随着风吹时间加长会导致规则波的统计特性不断变化，风浪场的实现将寻求于以下方法：先吹风造成稳定风生波浪场，在此基础上机械造波并不断增加波高（周期一定）以使最终试验时间内的统计波高与目标波高参数匹配。这种方式的优点在于既能保证风吹波浪发展稳定，又能调整造波时长以保持波形。图 6.3-5 为试验室中仅利用造波机实现的单浪数据及利用先吹风后造浪的方法得到的风浪场下的波浪数据。

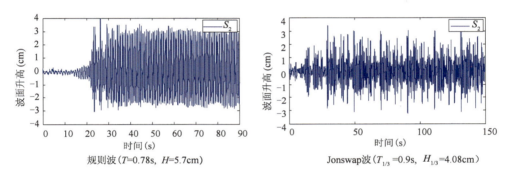

a) 单浪状态下波浪测试及校准数据

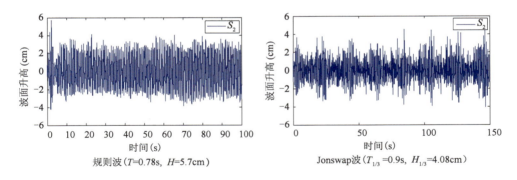

b) 风-浪耦合作用试验波浪测试数据

图 6.3-5　风-浪作用试验波浪波高测试结果比较

风-浪耦合场中的造波参数由于风生波浪的影响，与单独波浪工况下波浪要素存在一定差别，且在风速较大及不规则波时表现更为明显。基于以上原因，对风-浪耦合场要素的试验模拟，需要多次矫正和调整以获得所需要的造波文件。

试验研究结果表明：在风-浪耦合试验过程中采取先吹风后造浪的方式，既能保证风吹波浪发展稳定，又能调整造波时长以保持波形。

6.3.2 浪-流耦合场特征要素模拟

水槽中高精度地模拟浪-流耦合场的特征参数,是浪-流耦合场中桥梁结构弹性响应试验获得可靠试验结果的重要前提。为此,依托大连理工大学非线性波浪水槽系统开展浪-流耦合作用模拟技术研究和试验设备系统研制,如图6.3-6所示。浪-流模拟系统水槽长60.0m,宽4.0m,深2.5m,工作水深0.2~2.0m;配备液压伺服推波板不规则波造波系统、微机控制及数据采集系统;轴流泵的双向流场模拟系统;在造波机的对岸设有消波滩和消波板,借以吸收波能而防止产生反射波。

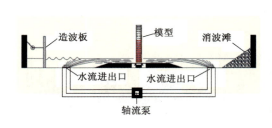 

a)浪-流耦合场模拟水槽系统示意图　　　　b)浪-流非线性波浪试验水槽系统装置

图6.3-6　浪-流耦合作用试验模拟系统

波浪与水流共存的波流场对结构物的作用有别于纯波浪场或水流场的作用。这种差别主要源于波浪与水流的作用影响各自的传播特性,波要素将产生变化,水流的流速分布也会发生变化。综合形成的波流场并不是纯波动场与纯水流场的简单叠加,而是一个复杂的相互作用过程。在浪-流耦合特性的理论分析研究方面,李玉成基于波浪作用的通量守恒原则,在稳态条件下不计能量耗损得到了波浪作用的通量守恒方程如下式所示:

$$\frac{E}{\omega_r}(U + C_{gr}) = \frac{E_s}{\omega_s} \cdot C_{gs} \tag{6.3-1}$$

式中:E、ω、C_g——波能量、波浪圆频率和波群速;

r、s——以水流流速移动坐标系中的量和静水中的有关量。

基于线性波理论及上式可得:

$$\frac{L}{L_s} = \left(1 - \frac{U}{C}\right)^{-2} \frac{\tanh kd}{\tanh k_s d} \tag{6.3-2}$$

$$\frac{H}{H_s} = \left(1 - \frac{U}{C}\right)^{\frac{1}{2}} \left(\frac{L_s}{L}\right)^{\frac{1}{2}} \left(\frac{A_s}{A}\right)^{\frac{1}{2}} \left[1 + \frac{U}{C}\left(\frac{2-A}{2}\right)\right]^{-\frac{1}{2}} \tag{6.3-3}$$

式中:$A = 1 + \frac{2kd}{\sinh 2kd}$;$A_s = 1 + \frac{2k_s d}{\sinh 2k_s d}$;

L、H、k、C——波长、波高、波数和波速；

　　　U——流速，顺流为正，逆流为负；

　　　d——水深。

用以上方法计算波高和波长的变化时，没有考虑非线性的影响。研究表明：线性理论的计算结果已经具有较好的精度，当波-流同向作用时，对波形具有"拉伸"作用，使得波高变低，随流速的增加这种作用增强；当波-流相向作用时，对波形具有"挤压"作用，使得波高变高，随流速的增加这种作用增强。

在浪-流耦合场模拟时，通过控制造波机条件来模拟实现给定目标特征参数的波浪场，同时通过控制轴流泵电机分频控制器的电压可以模拟实现给定特征参数的海流场，根据浪-流特征参数的记录是否分离耦合数据对浪-流耦合进行分类模拟。

试验室在实现浪-流耦合场特征参数时分两种情况考虑，一是浪-流自由耦合场模拟，二是浪-流强制耦合场模拟。

1. 浪-流自由耦合场特征参数模拟过程

（1）根据波浪场特征参数实现方法确定给定波浪特征参数对应的造波机控制条件。

（2）根据海流场特征参数实现方法确定给定海流特征参数对应的轴流泵控制条件。

（3）根据给定海流特征参数对应的轴流泵控制条件生成海流场，在流场稳定后根据给定波浪场特征参数对应的造波机控制条件生成波浪场。

（4）采用波高仪和流速仪分别测量水槽中浪-流自由耦合实际生产的波浪特征参数和流速特征参数，得到浪-流自由耦合场特征参数。

2. 浪-流强制耦合场特征参数模拟过程

（1）根据海流场特征参数实现方法确定给定海流特征参数对应的轴流泵控制条件。

（2）根据给定海流特征参数对应的轴流泵控制条件生成海流场，等流场稳定后根据波浪场特征参数实现方法确定给定波浪特征参数对应的造波机控制条件；根据造波机控制条件则可以在流场中给定波浪特征参数。

根据上述波浪和水流特征参数实现方法进行了目标规则波、随机波和均匀流的特征参数的模拟。图6.3-7给出了规则波浪参数的模拟结果，相应的参数误差结果如表6.3-3所示，根据试验模拟结果可知，规则波要素模拟值与目标值吻合良好。

规则波浪要素模拟精度分析　　　　表6.3-3

组号	测量参数		目标参数		参数误差	
	波高(m)	波周期(s)	波高(m)	波周期(s)	波高	波周期
1	8.58	9.63	8.5	9.6	0.9%	0.3%
2	6.25	9.62	6.2	9.6	0.8%	0.2%

a) 波高8.5m，周期9.6s

b) 波高6.2m，周期9.6s

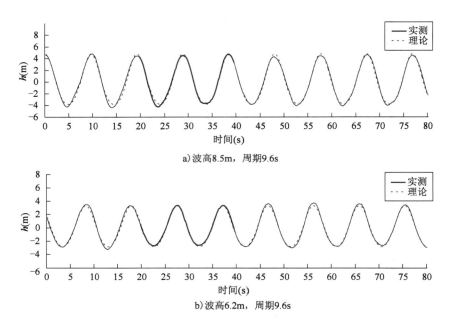

图 6.3-7　规则波浪时程模拟结果与理论结果对比

图 6.3-8 和表 6.3-4 给出了部分不规则波特征参数模拟结果和模拟精度，根据试验模拟结果可知，不规则波要素模拟值与目标值吻合良好。

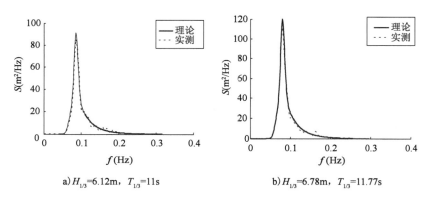

a) $H_{1/3}$=6.12m，$T_{1/3}$=11s

b) $H_{1/3}$=6.78m，$T_{1/3}$=11.77s

图 6.3-8　不规则波浪谱密度模拟结果对比

不规则波浪要素模拟精度分析　　表 6.3-4

组号	测量参数		目标参数		参数误差	
	有效波高(m)	有效周期(s)	有效波高(m)	有效周期(s)	有效波高	有效周期
1	6.20	11.12	6.12	11	1.3%	1.1%
2	6.89	11.9	6.78	11.77	1.6%	1.1%

图 6.3-9 和表 6.3-5 给出了部分水流场特征参数模拟结果和模拟精度，根据试验模拟结果可知，流速模拟值与目标值吻合良好。

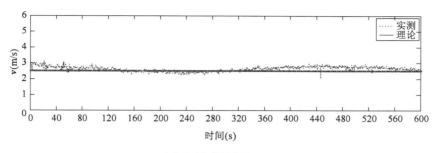

a) 流速时程模拟结果(2.56m/s)

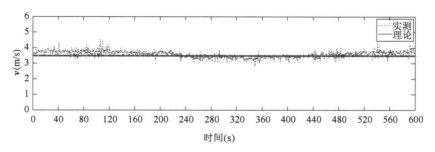

b) 流速时程模拟结果(3.5m/s)

图 6.3-9　流速模拟与目标对比结果

流速模拟精度分析　　　　　　　　　　　　　　　　　　　　　表 6.3-5

组　号	测量流速(m/s)	目标流速(m/s)	误差(%)
1	2.62	2.5	4.8
2	3.58	3.5	2.3

表 6.3-6 和表 6.3-7 给出了部分规则波-流自由耦合场的环境条件参数和模拟结果。根据试验结果可知：对于正向波-流自由耦合场，规则波-流同向自由耦合后的波高变小，波周期变化不大；对于逆向波-流自由耦合场，规则波-流相向自由耦合后的波高变大，波周期变化不大。

规则波-流同向自由耦合的环境条件参数(正向流，原型值)　　表 6.3-6

自由耦合前环境条件				自由耦合后波浪要素试验值		自由耦合后波浪要素理论值	
周期(s)	波高(m)	水深(m)	流速(m/s)	周期(s)	波高(m)	周期(s)	波高(m)
9.6	8.6	50	2.16	9.49	5.82	9.77	7.06
9.6	8.6	50	2.56	9.43	3.35	9.84	6.81
9.2	7.0	50	2.56	9.37	3.29	9.44	5.52
9.2	7.0	50	1.76	9.25	4.47	9.32	5.95
8.7	6.2	50	1.76	8.77	3.81	8.82	5.26
8.1	5.4	50	0.96	8.12	5.01	8.14	4.94

规则波-流对向自由耦合的环境条件参数（逆向流，原型值）　　　表 6.3-7

自由耦合前环境条件				自由耦合后波浪要素试验值		自由耦合后波浪要素理论值	
周期(s)	波高(m)	水深(m)	流速(m/s)	周期(s)	波高(m)	周期(s)	波高(m)
9.6	8.6	50	2.16	9.77	8.95	9.88	10.17
9.6	8.6	50	2.56	9.70	9.29	10.02	10.38
9.4	7.8	50	1.36	9.97	7.85	9.50	9.47
9.2	7.0	50	2.56	9.51	8.23	9.65	8.42
9.2	7.0	50	1.76	9.32	7.82	9.38	8.06
8.7	6.2	50	1.76	8.92	7.24	8.89	7.13
8.1	5.4	50	0.96	8.21	7.34	8.16	5.86

6.3.3　风-浪-流耦合场特征要素模拟

基于交通运输部天津水运科学研究院的波-流耦合作用模拟水池，进行了风-浪-流耦合作用试验模拟系统的试制研发。风-浪-流耦合作用模拟系统主要由造风、造流、造波系统以及数据采集分析系统组成，如图 6.3-10 所示。

a)风机阵列风场模拟　　　b)多向吸收式造波机阵列　　　c)局部水流模拟

图 6.3-10　风-浪-流耦合作用试验模拟系统

风-浪-流耦合场模拟系统通过"模拟-反馈-控制"生成风-浪-流耦合场，通过大量的试验研究得到了风-浪-流耦合场参数的实现流程：① 首先启动造流系统，并使得模型试验区域水流达到稳定的目标流速，并调节水位使其达到要求；② 启动造风系统进行风场模拟，由风机阵列、紊流发生装置、风场模拟装置平台生成风向在 0°~90° 范围任意可调的风场，并达到稳定的风速和风剖面；③ 启动造波机，由造波机生成波向在 0°~90° 范围任意可调的入射波波浪场，并经过海底地形模拟装置改变其水质点运动形态，传播到桥梁全桥弹性模型位置处达到稳定的目标波高和波周期，从而获得空间相关、时间同步和连续的目标风-浪-流耦合场。其中：造风系统包括轴流风机组、数字变频仪、测量风速的仪器（热线风速仪）以及计算机数据采集系统。造风系统是可移动式，风场稳定区域覆盖桥梁结构模型试验的运动范围，模拟风速范围为 0~10m/s。

水流的模拟是由专门的造流系统来实现的。通过在水池中设置导墙作为模型边界,在模型尾部安装潜水泵,由潜水泵抽水在导墙外形成水流并从两边导墙形成的入口流入模型试验区域形成循环水流。水流的速度通过控制潜水泵电机的转速调节。采用该系统产生水流时,会产生水面的迫降导致模型试验区域水位下降,此时需要向水池中补充试验用水来达到要求的水位。

利用试验水池中配置的专门造波机和消波装置进行波浪场的模拟。造波机通常能制造单方向传播的长波峰规则波和不规则波,有些特殊的造波机(多单元蛇形造波机)还能制造多方向的长峰波和短峰波。为了消除波浪到达池壁的反射作用,在水池的池壁前设置专门的消波装置,使造波机在水池中产生的波浪能稳定地满足试验要求。模拟不规则波的具体步骤如下:

(1)选择波浪类型,通常利用造波机对已有的波谱进行模拟,例如 B-M 谱、P-M 谱、JON-SWAP 谱、Wollaps 谱、规范谱等;设置造波参数,包括波高、周期、水深、波个数、种子数、时间步长、谱峰因子、谱形参数等。

(2)计算理想波谱 $S_{\eta\eta}(\omega)$,作为目标谱。

(3)根据造波机系统的传递函数 Q,计算造波机的驱动信号谱 $S_V(\omega)$。

$$S_V(\omega) = S_{\eta\eta}(\omega)/|Q|^2$$

(4)由造波板驱动信号谱导得造波板驱动信号(时间序列)。

$$V(n\Delta t) = \sum_{i=1}^{M} \sqrt{2S_V(\hat{\omega}_i)\Delta\omega_i} \cos(\tilde{\omega}_i n\Delta t + \varepsilon_i)$$

(5)通过 D/A 卡输出驱动信号驱动造波机造波,同时利用波高传感器实时采样板前波面过程并反馈回计算机,根据造波控制原理重新修正推波板的运动位移。

对于不规则波模拟结果的一般要求:

(1)波能谱总能量的允许偏差为 ±10%;

(2)峰频模拟值的允许偏差为 ±5%;

(3)在谱密度大于或等于 0.5 倍谱密度峰值的范围内,谱密度分布的允许偏差为 ±15%;

(4)有效波高、有效波周期或谱峰周期的允许偏差为 ±5%;

(5)模拟的波列中 1% 累积频率波高、有效波与平均波高比值的允许偏差为 ±15%。

通过试验调试获得了单浪、单风、风-浪耦合、浪-流耦合以及风-浪-流耦合模拟规则波和不规则波的波浪要素,如表 6.3-8 所示,不规则波作用的模拟波谱如图 6.3-11 所示。当波流同向时,从试

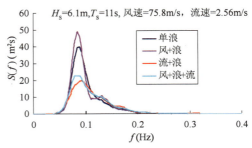

图 6.3-11 风-浪-流耦合场中波谱模拟结果
(风、浪、流同向)

验现象分析,水流能把波形拉长,波高相应的有所降低,波谱密度也减小,此时若加入风的因素,波谱密度稍有增大,但与单浪相比还是减小的。

风-浪-流耦合场中波浪要素模拟结果　　　　　　　　　　　　　　表 6.3-8

风、浪、流目标参数	工　况	波高(m)	周期(s)
规则波: $H=8.6m, T=9.6s$; 风速 75.8m/s; 流速 2.56m/s,波流同向	单浪	8.30	9.6
	风+浪	8.45	9.6
	流+浪	6.29	9.3
	风+浪+流	6.38	9.3
规则波: $H=10.5m, T=11.0s$; 风速 83.3m/s; 流速 2.56m/s,波流同向	单浪	9.75	11.0
	风+浪	10.47	11.0
	流+浪	5.06	10.8
	风+浪+流	5.40	10.8
规则波: $H=7.1m, T=8.7s$; 风速 66.7m/s; 流速 2.56m/s,波流同向	单浪	6.23	8.7
	风+浪	6.39	8.7
	流+浪	5.21	8.5
	风+浪+流	5.30	8.6

6.4　桥梁弹性模型的物理模拟

6.4.1　弹性模型的类型

实践中常用的弹性模型有复制模型、连续或离散参数的等效模型。前者一般用于细长烟囱、管状结构物的研究,后者则有选择地模拟原型结构中与风-浪-流振动直接相关的模态动力特性。全面掌握原型结构的动力特性是选择和设计弹性模型的基本前提。

1. 复制模型

实际应用中,缩尺的复制模型仅用于弹性特性集中于几何外形的结构。对于自立结构,通常采用放松 Froude 数的模拟,结构刚度的模拟则基于一致的柯西数。对于严格的模拟,结构各个方向的尺度均一致地用几何缩尺比缩尺,模型的速度比则通过维持原型和模型一致的柯西数得到。

复制模型的设计关键在于找到一种模型材料,具有可接受的质量及阻尼特性,以及足够低的弹性模量,以便在风洞中能检验足够范围的风速区间。此外,对于一个严格的复制模型,还有必要维持泊松比的一致性。然而,对于大多数弹性试验模型设计,由于缺乏合适的材料,Replica model 仍然难以应用。

2. 等效模型

等效弹性模型是一种力学模拟,一般设计为仅模拟原型结构动力特性的若干方面。通常,此类模型使用不提供刚度的外衣来维持几何外形的相似以达到气动力的相似;使用一些内置的,通常称为"骨架"或"脊柱"的等效结构系统来模拟结构的刚度、质量和阻尼特性。等效弹性模型使得弹性模型设计及模型材料的选择上具有更大的灵活可变性。然而,不像复制模型能直接进行原结构动力特性的全面模拟,等效模型只能模拟我们所关注的结构行为。因此,原型结构的刚度特性及重要的振动模态特性必须事先确定。等效气弹/水弹模型包括连续和离散的结构模型模拟。

6.4.2 桥梁结构弹性模型物理模拟系统

结构动力特性模拟是弹性模型的一个重要方面,主要涉及弹性模型结构参数的模拟,包括结构质量、刚度和阻尼比等。

在桥梁结构的风-浪-流动力作用中,风致振动一般集中在结构的低阶模态,波浪作用引起的动力响应也集中在一定的频率范围内,因此在设计桥梁结构缩尺弹性模型时可以有选择地模拟原型结构那些与环境振动直接相关的模态动力特性。这样,就可以设计一种仅模拟原型结构特定动力特性的等效弹性模型。

以下以桥塔结构为对象来论述等效弹性模型的物理模拟方法,设计的桥塔弹性模型结构如图 6.4-1 所示,主要由几何外形模拟系统、刚度模拟系统、质量模拟系统、阻尼模拟系统和防水结构构成。

1. 几何外形模拟

桥梁结构弹性模型的几何外形模拟系统主要由模型外衣构成,用于模拟桥梁结构的几何外形。根据原型桥梁结构与缩尺模型之间的几何长度相似比 λ_l,计算出缩尺模型外衣的几何尺寸。模型外衣可用木材、ABS 板、PVC 板等轻型材料制成,模型外衣分段加工制作,装配时每段外衣之间需要留有 1~2mm 的空隙,避免外衣相互咬合形成整体。预留的节段空隙可用高弹性橡胶进行填充。

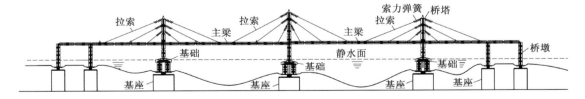

a)全桥弹性模型示意图

图 6.4-1

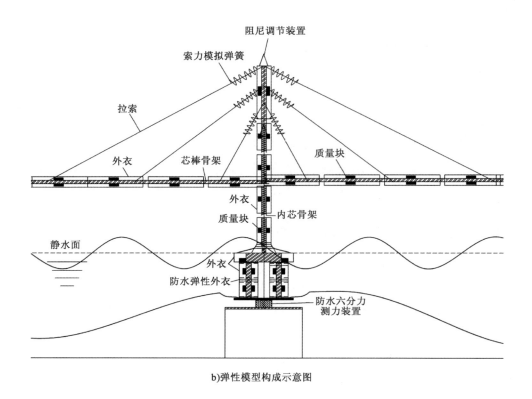

图 6.4-1　桥梁结构弹性模型模拟系统示意图

2. 弹性模型的刚度模拟系统

缩尺弹性模型的刚度模拟系统由钢芯骨架制作而成,并根据桥梁结构原型刚度与缩尺模型刚度之间的相似关系,计算出缩尺模型钢芯骨架的几何尺寸和材料特性。由于桥塔轴向刚度对桥塔低阶固有频率影响微小,因此在桥塔缩尺模型设计中仅模拟侧弯刚度和扭转刚度。

当抵抗变形的抗力主要是弹性力作用,且本质上同重力效应或自重独立时,可以通过保持模型和原型相同的柯西数 C_a 来实现刚度和流动惯性力一致的缩尺这要求(Cermak,1999)。

$$\left(\frac{E_{\text{eff}}}{\rho V^2}\right) = 常数 \tag{6.4-1}$$

式中：E_{eff}——等效弹性模量,取 EA/L^2 或 EI/L^4,其中 E、ρ、V、A、I 和 L 分别表示杨氏模量、流体密度、特征流速、横断面面积、惯性矩或扭力常数、结构特征尺寸。

当结构抵抗变形的抗力会受重力影响时,如缆索承重桥梁、用牵索加固的结构和重力波等,保持模型和原型相同的弗洛德数变得很有必要,即要求：

$$\left(\frac{V^2}{gL}\right) = 常数 \tag{6.4-2}$$

由于重力加速度在缩尺模型和原型中相等,因此流体速度缩尺比等于长度缩尺比的平方根,这对于小缩尺比模型是重要的实践限制,这样风洞则必须在低风速下运行,此时雷诺数的独立性可能是要考虑的一个问题。

在柔性桥塔结构的风浪流作用中,弹性力和重力都对刚度有贡献,在这种情况下,速度缩尺比由弗洛德数的相似性决定,且是长度缩尺比的平方根。基于相同柯西数 C_a 的弹性力缩尺则变换成:

$$\left(\frac{E_{\text{eff,model}}}{E_{\text{eff,prototype}}}\right) = \frac{(\rho L)_{\text{model}}}{(\rho L)_{\text{prototype}}} = 常数 \tag{6.4-3}$$

对于适当缩尺下气弹模型的特定振动模态,长度、时间和风速之间的关系是基于模型和真实尺寸下折减风速的一致性,可以表示为:

$$\left(\frac{f_0 L}{V}\right) = 常数 \tag{6.4-4}$$

式中:f_0——振动模态的固有频率。

模型的钢芯骨架可由钢、合金或复合材料等制成。为了方便模型的加工和制作,钢芯骨架可由若干离散单元段通过焊接加工制成,钢芯骨架的加工可采用线切割方式,拼接时保持钢骨架的轴线与实际桥塔轴线一致。

3. 弹性模型的质量模拟系统

为了建立原型结构与缩尺模型之间的频率相似性,除满足结构刚度和几何外形的相似性要求之外,还要对结构的质量系统(质量和质量惯性矩)进行严格模拟。结构质量的模拟是由结构和流体惯性力具有一致的缩尺比例这一要求来确定的。惯性力的相似则通过使结构物的有效体积密度同空气密度的比值保持常量来达到。表现密度缩尺的一个等式为:

$$\left(\frac{\rho_s}{\rho}\right)_{\text{model}} = \left(\frac{\rho_s}{\rho}\right)_{\text{prototype}} \tag{6.4-5}$$

式中:ρ_s、ρ——结构体积密度和流体密度。这里的 ρ_s 并不一定是结构材料的密度,而是结构作为一个整体的表观密度。特定振动模态的总质量和总质量惯性矩的模拟则变成:

对于质量缩尺

$$\frac{M_m}{M_p} = \frac{\rho_m}{\rho_p} \frac{L_m^3}{L_p^3} \tag{6.4-6}$$

对于质量惯性矩缩尺

$$\frac{I_{\mathrm{Mm}}}{I_{\mathrm{Mp}}} = \frac{\rho_{\mathrm{m}}}{\rho_{\mathrm{p}}} \frac{L_{\mathrm{m}}^5}{L_{\mathrm{p}}^5} \qquad (6.4\text{-}7)$$

根据原型结构与缩尺模型之间的质量相似律，计算出缩尺模型的质量和质量惯性矩，再扣除钢芯骨架和外衣所提供的质量和质量惯性矩，剩余部分的质量和质量惯性矩可通过合理布置附加质量块来补偿。附加质量块可由铜片（块）或铅片（块）等制成，质量块可通过螺栓或高黏胶呈分布式安装在模型外衣内侧或钢芯骨架上，并通过调节质量块距离断面形心的距离来满足质量惯性矩的相似比要求。

4. 弹性模型的阻尼模拟系统

阻尼力的相似性是通过要求特定振型的阻尼比在模型和原型中相同来维持。当结构动力响应有明显的谐振分量以及气动阻尼可能很小或为负值时，结构阻尼的模拟特别重要。根据原型桥梁结构与缩尺模型之间的阻尼相似比 $\lambda_\xi = 1$，可确定缩尺模型的阻尼比。当由钢芯骨架、外衣、质量系统和防水构件构成的缩尺模型原始阻尼比不满足相似比要求时，需要对缩尺模型的阻尼比进行人为修正，可采用阻尼棒、黏性胶带、弹性橡胶、TMD、TLD 等构件装置安装在缩尺模型上。

5. 弹性模型的防水结构

对于桥梁塔柱和基础结构，淹没段的桥梁模型外衣表面采用防水措施构件和防水措施，具体为：在模型外衣表面涂装防水涂层；利用具有可张拉性能的弹性、轻质薄膜整体张贴在塔柱和基础结构的外衣外表面，该弹性材料应具有良好的防水密实性和弹性，且仅提供有限的刚度、阻尼和质量。弹性薄膜材料可用高弹性的橡胶或复合材料等。

6.4.3　模型缩尺比确定

正确选择合适的模型缩尺比是桥梁风-浪-流耦合作用弹性模型试验的重要问题，如果考虑不周，会影响试验成果的准确性和可靠性。模型几何缩尺比的选择需要考虑模型大小、试验平台的主要尺度和试验平台的风、浪、流模拟能力。

（1）模型的大小是考虑模型缩尺比的首要因素。过小的模型会造成尺度效应问题突出，模型制作和模拟精度降低，试验测量数据相对误差增大。模型过大则会受到水池大小限制，引起阻塞产生壁面效应。

（2）试验平台的主要尺度包括工作水深、水池长度和宽度等，从试验平台的主要尺度可以初步确定模型缩尺的上限。

（3）试验平台造风、造波、造流系统的功能都存在一定的极限。根据试验任务中实际要求的最高风速、流速、波高和波周期等参数，即可从试验平台的模拟能力初步确定模型缩尺的上限。通常造流能力是主要瓶颈。

造波能力包括造波系统能产生的最大波高和波长范围,根据试验研究要求的最高波浪和造波系统的最大波高模拟能力,可以确定模型缩尺比的上限;试验研究的波浪作用往往包含较宽的频段范围,但是受造波机的机械和控制性能限制,造波系统的高频造波能力往往确定了缩尺比的下限。缩尺比越大,造成的高频截断试验误差就越大。

(4)确定动态测试系统的测量功能。由于试验用到的各类型测量仪器都有一定的量程范围和精度要求,在选择模型缩尺比时需要考虑测量系统的测量能力范围,以保证模型试验中能够正确获得各项数据。

6.4.4 弹性试验模型设计原则与过程

为了达到研究风-浪-流耦合作用下桥梁结构弹性响应测试的试验目的,模型设计满足如下原则:

(1)桥梁模型与桥梁原型外形几何相似;
(2)弹性相似,即流体重力相似和惯性力相似;
(3)结构相似,即满足刚度分布相似、质量分布相似、自振频率相似;
(4)结构约束边界条件相似。

根据上述原则和方法,模型设计和制作的基本过程如下:

(1)确定模型相似准则及几何相似比,根据相似准则确定其他物理量的相似比,设计几何外形模拟系统;
(2)按照原型材料和几何信息,建立原型桥塔结构的有限元模型,计算结构的自振频率,进行弹性模型刚度模拟系统设计;
(3)按照质量相似准则,进行弹性模型的质量模拟系统设计;
(4)根据设计的弹性模型刚度系统和质量系统,利用有限元法分析弹性模型的自振频率及振型,并使得弹性模型频率与原型结构频率满足结构动力相似准则要求;
(5)根据以上确定的刚度模拟系统、几何外形模拟系统和质量模拟系统,加工制造弹性模型构件,进行弹性模型拼装和调试;
(6)设计弹性模型阻尼系统,使弹性模型的阻尼比满足原型桥梁结构阻尼比要求;
(7)进行弹性模型防水结构设计和制作,并进行防水测试;
(8)进行弹性模型动力特性的检验和修正。

6.5 弹性模型试验动态测试

桥梁结构弹性模型在试验中有关运动及受力等数据的测量属于非电量的电测。非电量电测仪器的特点是由仪器本身测得非电量数据(如位移、加速度和受力)的变化导致电阻、电容、电压等电量的变化,两者之间存在唯一稳定的对应关系,在仪器的量程范围内呈线性关系或按照一定的曲线规律单值变化。仪器所测量的数据基本上都是微电量的变化,需要通过放大器将信号放大,然后再接至记录仪表或采集设备中。放大器和记录仪表的反应是否灵敏,零点是否漂移等都会影响到测量数据是否真实地反映了实际情况。仪器仪表的标定要求记录仪器所显示的结果与测量数据稳定唯一,而且不允许有零点漂移。各类测量仪器仪表的稳定性、可靠性及精度水平将直接影响试验研究能否获得正确的科学结论。

此外,海洋环境弹性模型在静水中的有关特性、动力特性和单因素作用下的受力特性,将会影响弹性模型在风、浪、流场中的运动及受力情况,并且这些特性参数对试验数据分析、理论研究和数值计算等有重要参考作用。因此,在弹性模型正式开始风-浪-流作用模拟试验之前,必须进行有关测试与校验工作。

6.5.1 测试系统构成

由于桥梁结构弹性模型风-浪-流作用试验的具体内容和需要测试的物理量复杂多样,所以相应的测试仪器的种类也较多。按照安装仪器功能分,主要有如下几类测量仪器:

(1)海洋环境条件测量仪器,包括风速仪、波高仪和流速仪。

(2)运动测量仪器,包括位移计、加速度传感器、高速摄像机等。

(3)荷载测量仪器,包括三分力、六分力、单分力等各类测力传感器,水压传感器。

1. 海洋环境条件测量仪器

试验室模拟的海洋环境条件主要是风、浪、流,采用的测量仪器分别为风速仪、浪高仪和流速仪。

(1)风速仪,是用于测量风速的设备,见图6.5-1。根据测量原理分为两种:机械式叶轮风速仪、热线风速仪。前者用于测量平均风速,后者可以实时测量瞬时风速。

(2)浪高仪,用于测量波浪的波形、波幅、波周期、结构物的波浪拍击和上浪的测试仪器。通过连续记录,可以得到某一定点处的波形随时间的变化曲线,从而获得波高、波长、波周期等有关参数。浪高仪的类型包括电阻式、电容式和超声波式等多种电测形式,各种类型各有千秋,试验室常用电阻式和电容式。

(3)流速仪,用于测量水流速度和方向,从而掌握水流特性,研究其在时间上的变化和空间上的分布情况,见图6.5-2。流速仪种类一般包括机械式、电磁式和声学式。试验中采用机械式叶轮流速仪来测量平均水流的流速。声学多普勒流速仪可以测量弱流/强流、平均流/瞬时流。其中,点式流速仪可用测量单个空间位置的流速和流向,剖面流速仪可以同时测量一个剖面的流速和流向信息,特别适合于深水流的测量。

第6章 桥梁风-浪-流耦合作用弹性模型试验方法

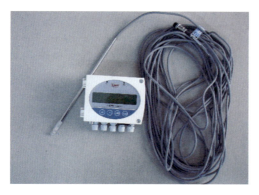

图 6.5-1 风速仪(风杯、热线仪)

图 6.5-2 流速仪(多普勒流速仪)

2.荷载测量仪器

桥梁结构在风、浪、流作用下受到的流体动力荷载种类繁多,在模型试验中需要用各种测力传感器测量相应的荷载。

(1)测力传感器

与6个自由度运动相对应,桥梁模型在风-浪-流作用下会受到6个方向的力和力矩的作用,包括纵向、横向、垂向的3个分力和3个分力矩。这些力和力矩存在于结构与结构之间、局部结构之间的连接处。对于这些力和力矩的测量,可以按需要采用三分力、四分力或六分力等不同类型的测力传感器。

用于测量模型受力的传感器一般都是根据电阻应变仪的基本原理制作而成的,在测力元件上贴上电阻应变片,测力元件受力后会使电阻丝拉长或缩短,改变了电阻的性能,电阻数值的变化信号通过放大器输入记录采集仪器,根据记录采集仪器数据与受力的关系,便可以测得受力的大小。

对于桥塔基底及全桥结构的测力,采用六分力传感器天平(图 6.5-3),该天平由4个三分力测力传感器组成。测试过程中各测力传感器通过12个独立通道分别测试各测力传感器3

 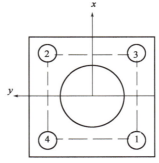

图 6.5-3 六分力测力传感器安装及计算示意图

个方向的力,作用在结构上的6个自由度上的总荷载可通过将同方向4个测力传感器的力相加,或通过力乘以相应的力臂确定。

图6.5-3为六分力计算示意图,试验数据采集一共包括12个分量的力,在此基础上可以换算得到六分力,每一个六分力分量计算表达式为:

$$F_x = \sum F_x(i) \quad i = 1:4$$
$$F_y = \sum F_y(i) \quad i = 1:4$$
$$F_z = \sum F_z(i) \quad i = 1:4$$
$$M_x = [F_z(2) + F_z(4) - F_z(1) - F_z(3)]\Delta/2$$
$$M_y = [F_z(1) + F_z(4) - F_z(2) - F_z(3)]\Delta/2$$
$$M_z = [F_x(1) + F_x(3) - F_x(2) - F_x(4)]\Delta/2 \cdots +$$
$$[F_y(2) + F_y(3) - F_y(1) - F_y(4)]\Delta/2$$

式中: Δ——x 或 y 向相邻两天平之间的距离;

F_x、F_y、F_z、M_x、M_y、M_z——3个方向的总力和总力矩;

$F_x(i)$、$F_y(i)$、$F_z(i)$——第 i 个天平上3个方向的分力。

图6.5-4 结构表面水压力传感器

(2)水压力传感器

对于结构表面压力分布的测量,可通过在结构表面沿周向和水深方向布置一定数量的动水压力传感器来实现,如图6.5-4所示。

3.运动量测量仪器

(1)加速度传感器,见图6.5-5a),用于测量弹性模型运动加速度的仪器,包括线加速度传感器和角加速度传感器。运动速度往往是衡量桥梁结构或海洋平台上人和设备在作业和运营时适应能力的重要指标,因此在风-浪-流弹性模型试验中,特别是对于施工作业海况试验测量时,需要在结构或施工仪器的重要部位测量各个方向的运动加速度。

(2)激光位移计,见图6.5-5b)。对于模型物体运动或相对运动位移量的测量,可以采用光学六自由度运动测量仪、线位移激光位移计、角度电位器等。对于桥塔和主梁结构位移量的测量,可以采用激光线位移传感器来测量单个方向的线位移,并用多个线位移组合测量出角位移。

(3)高速摄像机,有时也在试验中得到应用,可用于观测结构上浪水的运动演化情况,在柔性构件的涡激振动或主梁及桥塔的抖振试验中用于观测结构的振动情况。

上述风浪流环境参数测量仪器和模型测力传感器是桥梁结构水动力弹性模型试验中最常用的测量仪器。这些仪器的精度水平高低,直接体现了试验系统的测试能力和研究水平。

a)加速度传感器　　　　　　　　　　　b)激光位移计

图 6.5-5　激光位移计、加速度传感器

6.5.2　试验测量仪器的标定

试验测量仪器的标定是桥梁及海洋工程水动力弹性模型试验过程中的重要环节,目的在于确定仪器模拟电信号和数据采集数字信号之间的比例关系(或系数)。这种关系既与仪器本身的特性有关,也与实际模型试验中的多种具体因素有关,如仪器的连接、安装、布置、环境温度和湿度、磁场、接地、信号放大器的参数设置等。因此,在原则上所有测量仪器在使用之前都必须进行标定工作。

1. 风速仪的标定

叶轮风速仪的标定主要是确定风速与叶轮转速之间的关系,一般这种机械风速仪在出厂前都已经在风洞中经过了仔细的标定,根据仪器性能的稳定性情况,半年或一年标定一次即可。热线风速仪在出厂前也已经进行过风速与读数之间的关系标定,由于其受温度等环境影响较大,在每次项目试验之前也需要进行标定。简单的办法是将叶轮风速仪和热线风速仪放在同一位置进行相互校正,用稳定性高的叶轮式风速仪来校正标定热线风速仪。

2. 流速仪标定

流速仪的标定主要是确定水流流速与叶轮转速或声波多普勒效应之间的关系。流速仪在出厂前都已经在拖拽水池或空泡水筒中经过仔细的标定,而且标定系数比较稳定,一般每半年标定一次即可。标定时将流速仪安装在行进速度稳定的水池拖车上,将测量流速的方向与拖车行进方向保持一致,然后以若干个不同的速度开动拖车,等速度稳定后,记录流速仪读数与拖车速度之间的关系,从而标定和校正流速仪的转换系数。

3. 浪高仪标定

电阻式浪高仪的标定主要是确定浪高与模拟信号电压之间的关系。浪高仪的静态标定在静水中进行,采用升降浪高仪的方法间接模拟波面的起伏,浪高仪下沉的标定相对于测量波面抬高,上升的标定相对于测量波面下降。标定时先将浪高仪的中间部位置于静水面处,调整二次仪表读数至零位,将采集系统得到的电压数据作为零位,然后依次将浪高仪上升或下沉至设定的距离(如 2cm、5cm、10cm 等),由采集得到的仪表输出电压数据与浪高仪的升降距离建立对应的标定曲线,两者之间的数据应该大致呈线性变化关系,通过线性回归后得到浪高仪电压值与浪高之间的标定系数,用于各项试验的数据采集和处理。若标定发现测量数据关系的线性度较差,不符合要求,则需要寻找原因,重新标定,甚至更换维修仪器。

4. 测力传感器的标定

测力传感器的响应特性与试验时的传感器安装、接线、信号放大器参数设置、环境等都有直接关系。因此,每次试验前都需要对所使用的每个测力传感器进行标定,以确定输出电压和实际受力之间的比例关系(系数)。标定方法如下:

(1)单向测力传感器标定

对于拉力、压力的静态标定可以用挂砝码的方法确定力与输出电压数据的关系。具体为:根据传感器量程和精度确定在传感器上施加单位力,如 0.1kg、0.5kg、1kg、2kg 等,待稳定后采集响应的电压数据,然后将电压值与砝码重量之间进行线性回归得到两者之间的标定系数,该系数将在后续试验的数据采集和处理中使用。

(2)多分力传感器标定

多分力传感器的标定相对复杂,各个分力之间存在相互干扰。标定一个方向的受力时,会干扰其他 2 个方向的受力和 3 个方向的力矩记录,标定相对困难。在设计和组装六分力传感器时,需要考虑和消除各个分力之间的相互干扰效应。因此在试验前,只需要用挂砝码的方法对每个分力分别进行静态标定即可,具体标定过程和单向传感器标定类似。标定过程中,要严格保持砝码作用力的方向与所标定的分力方向一致,并顺便检查各分力之间是否存在干扰现象。如标定某一分力时,其他分力是否为零。同样,将标定测量的电压值与砝码重量之间建立线性关系,获得标定系数。标定过程中应该注意以下事项:①静态标定应从零点开始,分若干点直至仪器的满量程为止,设定各标定量(力或力矩)并通过采集系统获得相应的数据;反复 2~3 次,检查测量仪器是否存在零点漂移现象和标定量与记录数据是否确定有稳定唯一的关系,否则,需要查找原因并予以纠正;②确定各标定量与相应记录电压数据的比例关系,即标定系数,用于后续模型试验的数据分析和处理。

6.5.3 测试系统的布置与安装

在桥梁弹性模型风、浪、流作用试验中所要用到的测试仪器种类和数量繁多。以全桥弹性模型风-浪-流耦合作用试验为例(图 6.5-6),需要用到的仪器包括 5 种,超过 60 套。

(1)3 台热线风速仪,3 台流速仪用于测量试验流场中的风速和流速。

第6章　桥梁风-浪-流耦合作用弹性模型试验方法

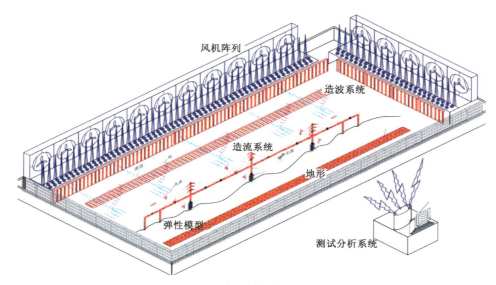

a) 仪器布设示意图1

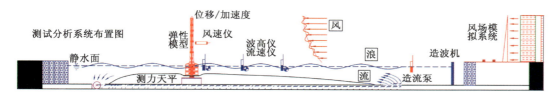

b) 仪器布设示意图2

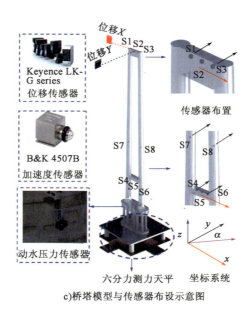

c) 桥塔模型与传感器布设示意图

图 6.5-6　全桥弹性模型风浪流耦合作用试验的模型与传感器布设示意图

(2) 9个浪高仪用于测量入射波和模型周围的波高。

(3) 27个激光位移传感器,用于测量桥塔和主梁结构关键位置在主要方向上的运动位移。

(4) 6个加速度传感器,用于测量桥塔和主梁结构关键位置的主要方向的加速度。

(5) 3个六分力测力传感器,由12个三分力传感器组装而成,用于测量桥梁结构在风浪流作用下桥梁基础底部的剪力和弯矩。

(6) 若干水压力传感器,用于测量桥梁基础的波压力分布和波浪砰击压力。

(7) 2台水上摄像机,用于拍摄桥塔和主梁结构在试验中的运动情况。

测试仪器在试验前标定后,需要逐一安装布置到正确的位置,并且确保每台仪器或传感器工作正常、测量数据正确。

风速仪、流速仪的布置与其在环境模拟不同阶段的布置有着不同要求。在环境模拟阶段,风速仪和流速仪布置在模型所在的中央位置,用于测量和标定桥梁耦合作用试验中需要的目标风场和流场。在桥梁风-浪-流作用试验阶段,风速仪和流速仪一般安装在模型的一侧或两侧,距离模型大约3倍宽度的地方,以实时监控和测量试验中的风速和流速参数。

浪高仪的布置也需要根据环境模拟阶段来确定和调整。在环境模拟阶段,将3个以上的浪高仪分别布置在模型所在的中心位置、前方3~4倍模型长度距离、一侧5~6倍模型宽度距离,用于测量和标定结构作用试验所需的波浪参数。在结构作用试验阶段,在模型前方和侧面安装波高仪用于实时监测试验中的波浪情况。另外,为了测量桥梁模型在风-浪-流作用下的上部结构上浪情况,需要在模型的一些关键位置安装布置若干个浪高仪。

位移传感器和加速度传感器的安装布置需要根据桥梁结构弹性模型试验的目的和任务来进行。

测力传感器一般在安装模型之前先安装布置到位,然后再在传感器上安装桥梁基础模型。值得注意的是,在安装模型过程中为了避免对测力传感器的损坏,需要采取一定的保护措施,并且在模型安装完成后,需要再次检查测力传感器是否工作正常,必要时进行水平方向受力和弯矩的标定。

为了直观记录模型在风-浪-流作用下的运动姿态等情况,需要布置若干台摄像机以及相应的灯光照明。

6.5.4 测试实时同步采集系统

在桥梁弹性模型动力响应试验中,每个试验项目要求同步测量的数据较多,大致可分为3个部分:

(1) 风、浪、流环境条件数据;

(2) 桥梁弹性模型关键位置的运动相对位移、加速度等数据;

(3)受力(荷载)数据,包括模型关键位置的分力和分力矩,模型表面压力及其分布等。

为了研究环境条件的风-浪-流耦合效应以及桥梁结构的风-浪-流耦合作用效应,要求这些测试数据需要实现空间相关、时间连续及同步的测量。为此,将安装布置好的测试仪器用专用信号线连接至相应的信号放大器或二次仪表中,然后用专用信号线或数据线通过数据采集箱把信号采集到计算机,这样各类数据有专用通道进入数据采集箱和计算机,从而实现用采集软件对所有信号数据进行时间连续和同步采集、存储。

桥梁风-浪-流耦合作用试验过程中弹性模型的动力响应及荷载要素测量内容包括结构底部轴力、弯矩和剪力,水面上桥梁结构加速度和位移,水下基础加速度和水压力,风速、波高和流速。对于这种多变量、多通道测试情况,如何保证各变量的同步测量和数据实时采集是动态测试系统实现的关键问题。本项目采用数据采集硬件系统和多任务集成软件进行同步测试,测试系统如图6.5-7所示。

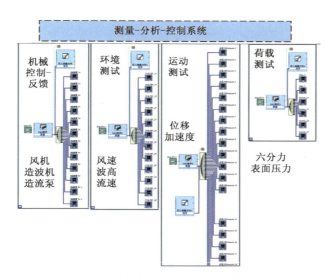

图6.5-7　动态响应实时同步采集系统拓扑图

试验数据实时同步采集系统是进行桥梁风-浪-流耦合作用模型试验的测试手段,有硬件和专用软件组成一体的系统。

采集系统的具体功能如下:

(1)数据采集的通道数为128,试验中可以任意选用1~128通道进行数据采集。当数据采集通道要求大于128时,可增加通道数以满足试验需要。

(2)每个通道的数据采样频率为1 000Hz,试验中可在1~1 000Hz之间任意选用采样频率,实际试验中一般使用的采用频率为20Hz、30Hz、40Hz、50Hz、100Hz,可根据模型系统频率和环境要素频率来确定选用。

(3)系统总的数据采集时间仅受计算机硬盘容量的限制。

（4）采用基于 windows 操作系统的可视化、集成化专用软件，兼顾了实时数据的显示速度和数据的采集能力。

（5）软件自动生成的采集数据文件，可以以试验特定的二进制数据格式存储，也可以转换为 ASCII 码文本格式进行存储，文件命名方式可以自主设计，一般默认按月、日、时、分、秒为标准命名方式。

（6）数据采集系统具有实时数据统计与处理功能，每个单项试验的数据采集结束后，可以列表给出所有通道采集数据的基本统计量，如最大值、最小值、平均值和均方差等。

（7）采集系统能够同局域网内的其他计算机上的数据采集、数据处理系统进行通信和协调工作。

本章参考文献

［1］李玉成，滕斌. 波浪对海上建筑物的作用［M］. 北京：海洋出版社，2002.

［2］邱大洪. 波浪理论及其在工程上的应用［M］. 北京：高等教育出版社，1985.

［3］李玉成. 水流中波浪谱变形的理论分析与试验研究［J］. 水动力学研究与进展，1987，2(2)：66-80.

［4］Cermak J E. Wind tunnel studies of buildings and structures［J］. Aerospace Engineering，1996，1：19-36.

［5］Holmes J D. Wind loading of structures［M］. London and New York：Spon Press（Taylor & Francis Group），2001.

［6］Li Y C. Velocity field under the action of wave and current［J］. Ocean engineering，1983，4：12-23.

［7］Murakoshi J, Fumoto K, Nagata S, et al. Experimental study on motions of an elastic floating bridge in waves and winds［C］. Proc. of 3rd International Conference on Advances in Structural Engineering and Mechanics，2004.

［8］Qiu D H. Science and technology problems in coastal and offshore engineering［J］. Dalian Univ. Tech.，2000，40(6)：1-6，631-637.

［9］Simiu E, Scanlan R H. Wind effects on structures［M］. 3rd ed. New York：Wiley，1996.

［10］Tanaka H. Similitude and modeling in bridge aerodynamics［C］. Proc. Int. Symp. On Aerodynamics of Large Bridges，Copenhagen，Feb.，1992：83-94.

［11］Xiang H F. Prospect of world's bridge projects in 21st century［J］. China Civil Engineering，2000，33(3)：1-6.

［12］Xiang H F. Modern theory and practice on bridge wind resistance［M］. Beijing：China Communications Press，2005.

［13］Ueda S, Maruyama T, Ikegami K, et al. Experimental study on the elastic response of a movable floating bridge in waves［C］. Proc. of the 3th International Workshop on Very Large Floating Structures，1999，2：766-775.

［14］ Liu Gao, Liu Tiancheng, Guo Anxin, etal. Dynamic elastic response testing method of bridge structure under wind-wave-current action［A］. The 25rd International Offshore (Ocean) and Polar Engineering Conference［C］. Kona, Hawaii, USA, June 21-26, 2015.

［15］ Liu Tiancheng, Liu Gao, Chen Shangyou, etal. Numerical study of wave-current coupling action on bridge structure［A］. The 23rd International Offshore (Ocean) and Polar Engineering Conference［C］. Anchorage Convention Center, Anchorage, Alaska, USA, June 30-July 5, 2013.

［16］ Liu Haiyuan, Geng Baolei, Peng Cheng. Experimental study on elastic model of bridge tower under wind, wave and current［A］. The 25rd International Offshore (Ocean) and Polar Engineering Conference［C］. Kona, Big Island, Hawaii, USA, June 21-26, 2015.

［17］ 陈汉宝,刘海源,徐亚男,等.风浪与涌浪相互影响的实验［J］.天津大学学报,2013,46(12):1122-1126.

［18］ Liu J B, Guo A X, Liu G, et al. Effects of wind and wave coupling actions on the dynamic response of free-standing bridge tower［C］. 3rd Symposium on FSSIC.

［19］ 唐筱宁.波浪物理模型试验中风速比尺确定方法初探［J］.海岸工程,2006,25(1):1-5.

［20］ 中国船级社.海上移动平台入级与建造规范［M］.北京:人民交通出版社,2005.

［21］ 肖京平.水中兵器风洞试验技术［J］.国防工业出版社,2008,1.

［22］ 杨建民,肖龙飞,盛振邦.海洋工程水动力学试验研究［M］.上海:上海交通大学出版社,2008.

［23］ 中华人民共和国行业标准.JTJ 215—98 港口工程荷载规范［S］.北京:人民交通出版社,1998.

［24］ 刘高,张喜刚,刘天成,等.一种桥梁全桥弹性模型风浪流耦合作用动力响应试验系统:中国,ZL 2015 1 0600041.9［P］.2017-08-15.

第 7 章　桥梁风-浪-流耦合作用弹性模型试验及响应特性

本章从桥梁风-浪-流耦合作用试验技术层面,结合关键技术的桥梁工程化需求,开展了典型桥梁结构施工状态和成桥状态的风、浪、流单独作用及风-浪、浪-流、风-浪-流耦合作用下典型桥塔基础结构的风-浪-流耦合作用弹性响应模型试验,实现了风-浪-流耦合作用下桥梁结构弹性模型试验模拟,分析大桥风-浪-流耦合作用弹性响应特性及规律。

跨海桥梁长期处于海洋环境中,会遇到千变万化的风、浪、流海洋环境条件。其中两种环境最为重要,一是极端环境,跨海桥梁要能够抵挡这种风、浪、流侵袭而不致毁坏;二是正常使用环境,跨海桥梁能够在这种环境中正常运营,不会导致行车安全问题。因此,跨海桥梁风-浪-流耦合作用模型试验主要针对以上海况进行。在桥梁结构弹性模型试验中,极端海洋环境条件的选取应包括风、浪、流单因素作用和多因素耦合作用,且应考虑风、浪、流各单因素之间的不同方向组合。极限海洋环境条件的选取包括:①采用百年一遇的风、百年一遇的波浪和流速进行组合,以同一方向作用于桥梁结构;②采用百年一遇的风、百年一遇的波浪和流速进行组合,选择若干不同方向的组合作用于桥梁结构;③采用百年一遇的波浪及其伴随的风和流进行组合;④采用百年一遇的风及其伴随的浪和流进行组合。正常使用环境条件是桥梁在建设和运营阶段,施工人员、设备、行车等能坚持正常作业和使用的最高环境状况。正常用环境条件的风、浪、流恶劣程度远低于极限环境条件。在桥梁结构弹性模型试验中,正常用环境条件宜根据桥梁工程的规模和建设条件特点,采用考虑风-浪-流耦合效应的重现期。

7.1　群桩基础索塔自立状态弹性模型试验

本节以智利查考大桥主跨 1 040m + 1 090m 三塔悬索桥方案为对象,进行群桩基础索塔结构的风-浪-流耦合作用弹性模型试验研究,如图 7.1-1 所示。

7.1.1　试验模型设计及制作

1. 智利查考大桥方案

查考大桥群桩基础索塔原型结构方案如图 7.1-2 所示,为高桩承台群桩基础 + 门形混凝土桥塔结构,塔柱采用类圆形截面形状。桥塔顶端高程 206.95m,高桩承台顶端高程 3m,平均海平面高程 −0.11 m,海床高程 −27m,设计水位 +2.5m。

图 7.1-1　智利查考大桥

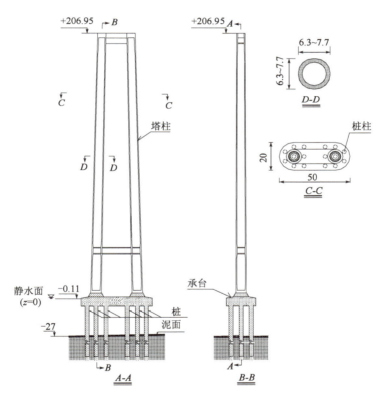

图 7.1-2　群桩基础索塔结构原型图(尺寸单位:m)

2. 结构动力特性分析

采用空间有限元方法建立桥梁的三维计算模型,进行结构动力特性分析。桥塔和基础结构离散为空间梁单元进行模拟。试验中考虑基础局部冲刷影响,并在冲刷坑底部设置弹性固端约束。利用 Block Lanczos 方法进行结构动力特性求解,得到自立状态桥塔的动力特性分析结果如表 7.1-1 所示,主要振型如图 7.1-3 所示。

群桩基础索塔原型结构动力特性计算结果　　　　　　表 7.1-1

阶数	频率(Hz)	周期(s)	振型特点	阶数	频率(Hz)	周期(s)	振型特点
1	0.127 3	7.86	一阶顺桥向弯曲	3	0.656 7	1.52	一阶桥塔扭转
2	0.264 3	3.78	一阶横桥向弯曲	4	0.719 6	1.39	二阶顺桥向弯曲

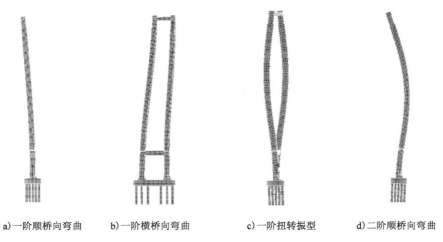

a) 一阶顺桥向弯曲　　b) 一阶横桥向弯曲　　c) 一阶扭转振型　　d) 二阶顺桥向弯曲

图 7.1-3　群桩基础索塔结构振型图

对于波浪振动作用,由于桥位处波浪环境的周期在 5～12s 之间变化,因此在弹性模型试验模拟中需要考虑在该波浪周期范围的结构固有振动周期,即一阶顺桥向弯曲振动周期 7.86s。对于风致振动,一般发生在桥塔结构低阶周期,因此需要考虑桥塔一阶顺桥向弯曲振型和一阶横桥向弯曲振型,其周期分别为 7.86s、3.78s。这样,对于该群桩基础桥塔结构,缩尺弹性模型主要模拟前二阶结构振动频率。

3. 弹性模型设计、安装及检验

根据第 6 章的弹性模型相似理论和模型设计制作原则方法,利用结构设计图纸和结构动力特性计算结果,进行弹性模型的设计、加工和安装。

考虑模型的大小、试验平台的主要尺度和试验平台风、浪、流模拟能力,该模型几何缩尺比采用 1∶100。

桥塔弹性模型的刚度模拟是否正确直接影响结构的动力特性。桥塔刚度模拟包括轴向刚度 EA、弯曲刚度 EI_y、EI_z 和扭转刚度 GJ_d 四个相似条件。从构造来看,弹性模型由芯梁骨架、外衣、配重、超弹防水材料等构成。模型安装在六分量应变测力天平上,模型实景如图 7.1-4 所示。芯梁采用优质钢材制作,模拟结构刚度;外衣由优质木材或有机玻璃制作,中间分节断缝,模拟结构流动外形;配重可用铜块或铅块等制成,安装在外衣内侧,模拟结构质量和质量惯性矩。群桩结构内芯由 16 根直径为 6.4mm 的钢棒组成,通过焊接固定在承台上,桩基外壳采用有机玻璃管(外径 30mm,内径 20mm),有机外壳与内芯采用防水泡沫填充,以起到隔水作用。群桩底部设置模型底盘,从而便于模型的整体固定安装。索塔塔柱结构和承台外壳采用铝材,根据模型外表几何特征加工,并在模型表面设置2‰粗糙度的纹理来模拟高雷诺数效应。

a)内芯骨架及质量分布　　　　b)外衣　　　　c)安装后的模型图

图 7.1-4　群桩基础索塔的缩尺弹性模型

桥塔模型安装在测力天平上面,可以测量结构在 x、y、z 三个方向的力和绕 x、y、z 轴的力矩,模型的重心与天平坐标原点在同一直线上。弹性模型安装调试完成后,采用初始脉冲激励自由衰减法进行桥塔弹性模型模态的测试,重点测量模型第一阶顺桥向弯曲和第一阶横桥向弯曲的自振特性,并基于振动位移信号分析了结构各阶固有模态的阻尼比,从而检验模型的动力特性和阻尼比。模型动力特性测试结果如表 7.1-2 所示,由测试结果可知:自振频率的模型实测值与期望值之间的相对误差不超过 ±5%,可以满足弹性试验的精度要求,通过在塔顶安装硅油阻尼调节装置,将结构阻尼比控制在 1%。

群桩基础索塔弹性模型动力特性检验　　　　表 7.1-2

阶数	振型特点	设计目标值		模型实测值		误差	阻尼比
		频率(Hz)	周期(s)	频率(Hz)	周期(s)	(%)	(%)
1	一阶顺桥向弯曲	1.273	0.786	1.268	0.789	-0.4	1.04
2	一阶横桥向弯曲	2.643	0.378	2.722	0.361	3.1	0.75

7.1.2　试验方案设计

本研究的主要目的是通过桥塔弹性模型试验,测定风、浪、流单独及风-浪-流耦合等不同环境条件下,桥塔弹性模型的动力响应和结构荷载,从而获得桥塔结构的风-浪-流耦合作用振动响应、风-浪-流耦合作用效应影响及规律,为大桥风浪流作用设计提供依据。主要包括以下试验内容:①风-浪耦合作用下结构响应;②浪-流耦合作用下结构响应;③风-浪-流耦合作用下结构响应。结合试验内容要求、气象水文条件和弹性模型结构动力特性，确定模型试验中的风、浪、流作用环境参数，如表7.1-3所示。

群桩基础索塔弹性模型风、浪、流作用环境参数　　表7.1-3

参数	原 型 值	模 拟 值
规则波	周期 $T_{mean}=7.0\sim30s$ 波高 $H_{1\%}=3.0\sim8.6m$	周期 $T_{mean}=0.7\sim3.0s$ 波高 $0.03\sim0.086m$
随机波	①有效周期 $T_s=8.1s$，有效波高 $H_{1/3}=2.9m$ ②有效周期 $T_s=10.0s$，有效波高 $H_{1/3}=5.0m$	①有效周期 $0.81s$，有效波高 $0.029m$ ②有效周期 $1.0s$，有效波高 $0.050m$
风速	$V_{10m,p}=0\sim47m/s$，风剖面指数 $\alpha=0.124$	$V_{0.1m,m}=0\sim4.7m/s$
流速	$U_{c,p}=2\sim3.5m/s$	$U_{c,m}=0.2\sim0.35m/s$
水深	$Deep_p=26m$	$Deep_m=0.26m$

试验工况：考虑0°（顺桥向）、45°、67.5°和90°（横桥向）5种来流角度的影响；波浪考虑了规则波和随机波两种类型，进行不同波高和周期的组合；波浪考虑规则波和随机波两种类型，进行不同波高和周期的组合；耦合效应包括风-浪耦合效应、浪-流耦合效应、风-浪-流耦合效应。

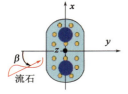

图7.1-5　模型坐标系定义示意图

桥塔模型弹性响应主要测试参数包括：结构位移、加速度、基底剪力和弯矩响应。结构响应及受力的坐标系定义如图7.1-5所示，y轴为顺桥向，x轴为横桥向，z轴为沿塔高方向；β为入射波和风来流方向角，从顺桥向为0°起点，沿逆时针旋转为正。

以上试验内容分别在风-浪耦合作用试验系统、浪-流耦合作用试验系统、风-浪-流耦合试验系统中进行，试验场景如图7.1-6所示。

a)风-浪耦合作用

b)浪-流耦合作用

c)风-浪-流耦合作用

图7.1-6　群桩基础索塔风-浪-流耦合作用弹性模型试验场景

7.1.3 风-浪-流耦合作用试验结果及分析

1. 风-浪耦合振动响应

在单风、单浪、风-浪耦合场作用下,获得了不同风速、波高、波周期作用下的桥塔结构弹性动力响应位移和荷载结果。下面仅讨论 $\beta = 0°$ 时沿顺桥向工况的试验结果。

塔顶位移结果表明,当波浪周期为结构共振周期时,风和浪对结构作用相互抑制,抑制程度随着风速的增高而先增加后减小。波浪周期为非结构共振周期时,在低风速下风-浪耦合作用放大,然而在该部分波浪和风引起的振动均较小;在高风速下,风-浪耦合作用相互抑制,该部分与共振工况相同。

在单风、单浪和风-浪耦合作用下,桥塔塔顶顺桥向位移(Disp$y$)时程曲线如图 7.1-7 所示。其中,试验中的波浪周期为 0.78s(与桥塔自振频率 0.788s 耦合)、波高为 47mm;离水面 2m 高参考点的风速为 Uref_2m = 2.1m/s、3.86m/s 和 4.93m/s。从试验结果可知:①单浪作用时,波浪在静水状态从造波机处生成后往桥塔位置传播,当波浪到达桥塔位置时激起了桥塔结构的大幅振动;②当风速较低时,风-浪耦合作用中波浪效应占据主导成分,如图 7.1-7a)所示,可以认为是波浪控制;③当风速逐步增大时,结构风效应增强,如图 7.1-7b)所示,风-浪耦合作用的衰减段和加强段分别代表着波浪控制区间的振动模式和风控制区间的振动模式;④当风速较高时,风-浪耦合作用中风效应占据了主导成分,如图 7.1-7c)所示。

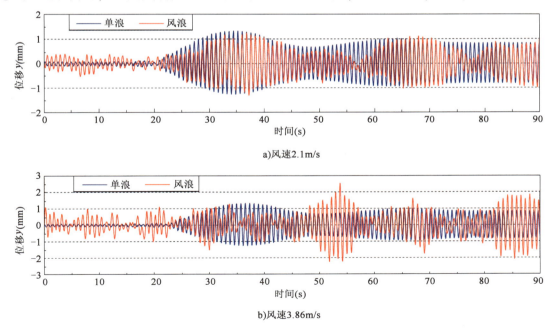

a) 风速2.1m/s

b) 风速3.86m/s

图 7.1-7

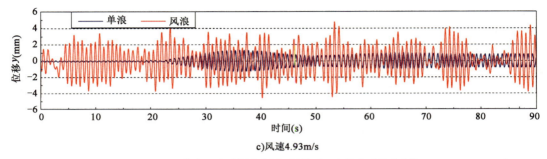

c)风速4.93m/s

图7.1-7　单浪和风-浪耦合作用下的塔顶 Y 向位移时程试验值

为进一步分析风-浪耦合效应,进行了一系列风速组合下的风-浪耦合场对桥塔结构的作用试验。图7.1-8给出了桥塔在不同风-浪耦合场作用和单独风作用的塔顶顺桥向位移动态响应方差值(STD)。在这里,为直观比较,将试验结果和参数根据相似准则换算为原型值,其中风速参考值为原型10m高度处的风速($H_{\text{wave,prot}}$),原型波高和周期分别用 $H_{\text{wave,prot}}$ 和 $T_{\text{wave,prot}}$ 表示。从试验结果可知:①当波浪周期与桥塔结构固有周期耦合时,如图7.1-8a)所示,桥塔在波浪作用下会发生大幅共振现象;在风速较小时,结构振动的幅值主要由波浪引起;随着风速的增大,风对波浪波形会造成一定的破坏,导致风-浪耦合作用效应呈"抑制"效应;随着风速的进一步增大,由于风致效应明显而使得风-浪耦合作用效应逐渐增强;②当波浪周期与结构固有周期分离时,如图7.1-8b)所示,波浪引起的塔顶振动远小于共振波浪所引起的塔顶振动,风-浪耦合结果值随着风速的增加而增加,桥塔动力响应以风致振动效应为主。

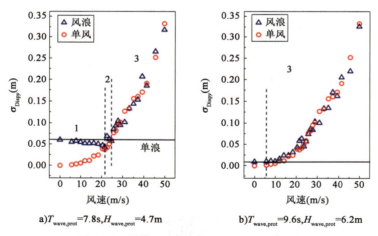

a)$T_{\text{wave,prot}}$=7.8s,$H_{\text{wave,prot}}$=4.7m　　b)$T_{\text{wave,prot}}$=9.6s,$H_{\text{wave,prot}}$=6.2m

图7.1-8　桥塔风-浪耦合作用振动响应试验结果

2. 风-浪耦合作用荷载

群桩基础索塔在不同周期和波高的波浪循环荷载作用下,将承受不同大小的荷载。以下给出了结构在波浪周期分别为7.8s、9.6s和15s的规则波浪作用荷载变化情况,如图7.1-9所示。从试验结果可知:群桩基础索塔在基础底部位置的水平剪力随波高的增加呈增加趋势,但趋势逐渐减缓;由于波浪的基底剪力主要作用在承台结构,而承台高达7m,当波高逐渐增大会出现波浪越过承台的现象,此时波浪作用产生的基底剪力增加减缓。

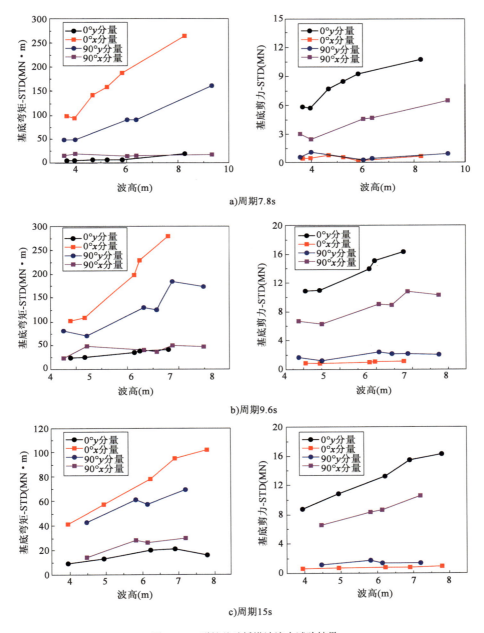

图7.1-9 群桩基础桥塔波浪试验结果

单风、单浪和风-浪耦合作用下的桥塔基底剪力试验结果如图7.1-10所示,图中结果为转换后的结构原型值。从试验结果可知:①由于波浪作用在桥塔基础上没有发生显著的旋涡脱离现象,使得沿波浪传播方向(顺桥向)的桥塔基底剪力(F_y)要普遍大于横桥向基底剪力(F_x,升力);②顺桥向的单浪作用力始终要大于单风作用力;③共振周期波浪作用下,风-浪耦合作用力要普遍大于单风+单浪作用力的线性叠加之和,因此风-浪耦合效应对结构受力有显著影响。

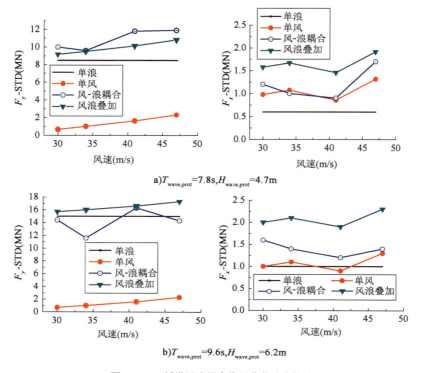

图 7.1-10 桥塔风浪耦合作用荷载试验结果

3. 波浪入射角对结构作用力的影响

桥塔结构在不同来流入射角的规则波作用下,其所受的荷载将发生较大变化。下面以共振周期波浪(波周期为7.8s)为例,分析不同入射角下的结构荷载变化情况。图7.1-11显示了结构的受力和位移随攻角变化的曲线图。从试验结果可知:①随着角度从0°~90°的增加,顺桥向水平力F_y逐渐下降;横桥向水平力F_x在0°攻角下呈现风作用特性,在90°呈现为单浪与单风叠加特性;②在0°~90°的来流偏角中,风致结构水平荷载占比较小,但是基础底部的风致弯矩M_y占主要成分。

4. 风-浪耦合效应分析

为了探究通过叠加单风单浪作用效应来计算风-浪耦合作用效应的安全性,定义风-浪耦合作用的影响系数γ_{ww}:

$$\gamma_{ww} = \frac{R_{wind\_wave} - (R_{wind} + R_{wave})}{R_{wind} + R_{wave}} \times 100$$

式中:R_{wind}、R_{wave}——单风和单浪的结构动力响应值;

R_{wind_wave}——相应的风-浪耦合结果,反映风-浪耦合作用影响。

第7章 桥梁风-浪-流耦合作用弹性模型试验及响应特性

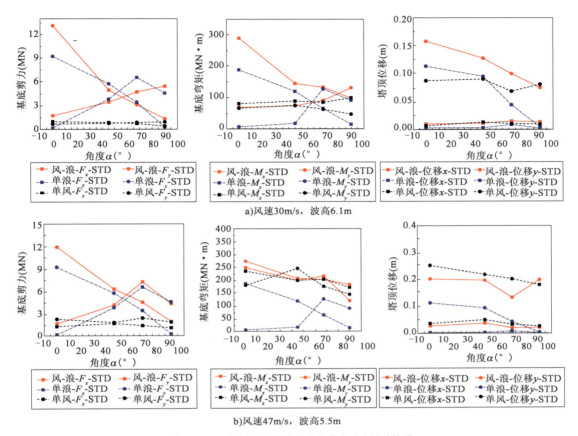

a) 风速30m/s，波高6.1m

b) 风速47m/s，波高5.5m

图 7.1-11　不同角度下桥塔结构的荷载响应试验结果

图 7.1-12 为塔顶位移风-浪耦合作用系数，当风速小于 3.5m/s 时，波浪周期 0.78s 工况的风-浪耦合作用系数随着风速的提高而降低，并且均小于 0；波浪周期 0.96s 工况的风-浪耦合作用系数在该区域内大于 0，并且具有较大波动。当风速提高达到 4m/s 后，4 种工况的影响系

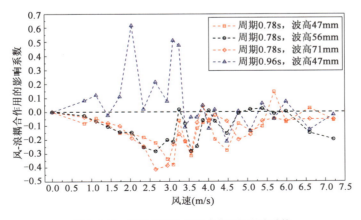

图 7.1-12　塔顶位移风-浪耦合作用的影响系数

257

数值在趋势和大小范围方面均相同,绝大多数数值处于 0 以下和 0 附近。针对塔顶位移,该图表明当波浪周期为结构共振周期时,风和浪对结构作用相互抑制,抑制程度随着风速的增高而先增加后减小。波浪周期为非结构共振周期时,在低风速下风-浪耦合作用放大,然而在该部分波浪和风引起的振动均较小;在高风速下,风-浪耦合作用相互抑制,该部分与共振工况相同。

5. 浪-流耦合作用动力响应

在波浪、水流单因素和浪-流耦合场作用下,获得了不同波、流参数组合条件下的桥塔结构弹性动力响应位移和荷载结果。在结构共振波浪周期作用下的桥塔结构响应时程如图 7.1-13 所示。从试验结果可知,桥塔在共振周期波浪作用下发生了显著的振动效应。在不规则波浪作用下的桥塔结构响应如图 7.1-14 所示,桥塔结构在不规则波作用下的响应也呈现为随机状态,引起的结构振动效应小于共振周期规则波作用结果,这是由于不规则波浪系列的各个子波周期之间存在耦合干扰效应,使得结构失去了发生共振的条件。

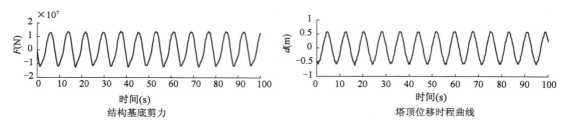

a) 规则波浪单因素作用结构响应时程(波高4.7m,周期7.8s,$\beta=0°$)

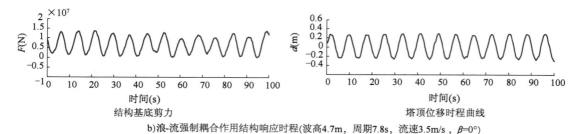

b) 浪-流强制耦合作用结构响应时程(波高4.7m,周期7.8s,流速3.5m/s,$\beta=0°$)

图 7.1-13 群桩基础索塔结构规则浪-流作用响应时程试验结果

群桩基础桥塔结构在规则浪-流耦合作用下水平作用力(基底剪力)荷载如图 7.1-15 所示,其中,"强制耦合"表示在结构周围监测基准点位置的波浪参数和水流流速满足模拟目标值,"简单叠加"表示结构所受单独波浪作用荷载和单独水流作用荷载的直接累加之和,而没有考虑波浪和水流之间的耦合效应。根据试验结果可知:

(1) 浪-流强制耦合场作用引起的结构基底剪力总体比波浪和流单独作用力简单叠加之和增大,这是由于在顺流向流场作用下,波浪要素要达到无流条件下的目标波要素,必然要产出更多的能量来平衡顺流流场的作用,并且顺流水流对波浪传播起到了驱动作用,增加了水质点运动速度,从而导致浪-流强制耦合作用下结构所受荷载将显著增大。

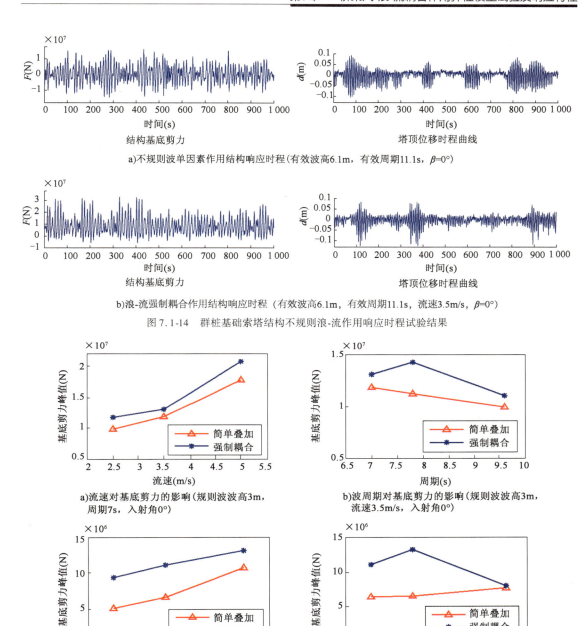

图 7.1-14 群桩基础索塔结构不规则浪-流作用响应时程试验结果

图 7.1-15 群桩基础桥塔在规则浪-流耦合作用荷载试验结果

(2) 在试验流速范围内,浪-流耦合作用荷载效应随流速增大而增大。

(3) 结构的浪-流耦合作用荷载与波浪周期关系密切,随波浪周期变化而变化。

在孤立波模拟的海啸与顺流强制耦合场作用引起的桥塔基底剪力比孤立波和流单因素作

用力之和总体增大60%,如图7.1-16所示。

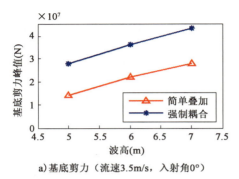
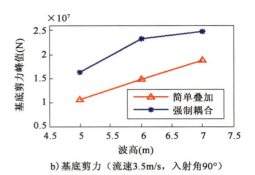

a) 基底剪力（流速3.5m/s，入射角0°）　　b) 基底剪力（流速3.5m/s，入射角90°）

图 7.1-16　群桩基础桥塔孤立浪-流耦合作用荷载试验结果

进一步分析波浪和水流要素组合的结构响应耦合作用效应,如表7.1-4和表7.1-5所示,其中桥塔基地剪力浪-流耦合系数为结构浪-流耦合场作用力与浪、流单因素作用力之和的比值。从试验结果可知,群桩基础桥塔结构在浪-流耦合场(顺流)作用下,水平作用荷载基地剪力浪-流耦合系数普遍大于1.10,表明浪-流耦合作用荷载效应显著。

规则浪-流耦合作用下群桩桥塔耦合效应试验结果　　　　表7.1-4

波高 (m)	周期 (s)	流速 (m/s)	0°入射角 水平剪力浪-流耦合系数	90°入射角 水平剪力浪-流耦合系数
4.7	7.0	2.5	1.19	1.90
4.7	7.0	3.5	1.10	1.71
4.7	7.0	5.0	1.16	1.22
4.7	7.8	3.5	1.27	2.00
4.7	7.8	5.0	1.29	1.59
3.0	15	3.5	1.90	1.22
6.0	孤立波	3.5	1.63	—
7.0	孤立波	3.5	1.54	1.32
5.0	孤立波	3.5	1.95	1.54

不规则浪-流耦合作用下群桩桥塔耦合效应试验结果　　　　表7.1-5

波高 (m)	周期 (s)	流速 (m/s)	0°入射角 水平剪力浪-流耦合系数	90°入射角 水平剪力浪-流耦合系数
2.9	8.1	3.5	1.38	1.58
6.1	11.1	3.5	1.57	1.32

6. 风-浪-流耦合作用动力响应

为了分析风-浪-流耦合作用桥塔结构的耦合效应,从风-浪-流耦合作用桥塔结构受力以及位移响应两个方面进行,对比分析风-浪-流耦合作用下桥梁结构受力、位移响应与单风、单浪和单流作用以及三者线性叠加后的关系。为了便于比较风-浪-流耦合作用下相对于单风、单浪、单流作用下的桥梁结构动力响应的变化规律,定义风-浪-流耦合系数 γ：

$$\gamma = \frac{\text{风-浪-流耦合}}{\text{单风} + \text{单浪} + \text{单流}}$$

当耦合系数大于1时,说明风-浪-流耦合作用要比单风、单浪、单流作用的线性叠加还要大,这种情况对于结构设计而言必须予以足够的重视。以下为本次研究桥塔结构风-浪-流耦合作用作用力和位移响应的相关结果与耦合效应分析。

顺桥向0°和横桥向90°波浪入射角单风、单浪、单流作用以及风-浪-流耦合作用桥塔最大作用力、最大位移响应以及对应耦合系数结果如表7.1-6和表7.1-7所示。从试验结果可知:对于桥塔结构而言,当风、浪、流单独作用时,结构受力以波浪作用为主,塔顶的位移主要控制因素为风;当波浪的周期与结构的自振周期接近时,桥塔振动加强,塔顶位移相对于远离结构自振周期的波浪作用下的结果要大得多;风-浪-流的耦合作用与单风、单浪和单流相比,出现了部分风-浪-流耦合作用大于单风、单浪和单流作用的线性叠加情况。分析其原因可能是由于桥塔结构的基底反力主要是由水体冲击结构所引起。当风-浪-流耦合作用时,水质点的运动速度在沿水深方向要比单浪作用时大,加之风的作用产生的风生流,增大了波浪表面的水质点速度,并对波浪的形态产生一定的影响,从而使风-浪-流耦合作用时水体对结构所产生的冲击作用加大,而这种冲击往往是非线性的,因而会出现结构基底反力比单风、单浪和单流作用线性叠加还要大的情况。对于塔顶的位移而言,风的作用起主导作用,浪流的贡献较小,在保持风速不变的情况下,风-浪-流耦合作用大都比单风、单浪、单流作用的线性叠加要小,亦即耦合系数是小于1的。

7.1.4 海啸作用试验模拟及分析

由火山爆发、海底地震引起海底大面积升降,以及沿海地带山崩和滑坡等造成的巨浪,称为地震海啸。海啸是一种频率介于潮波和涌浪之间的重力长波,其波长为几十至几百公里,周期为2~200 min,最常见的是2~40 min。在地震或扰动源的强迫力作用下,海啸的传播可分为3个阶段:①源地附近的传播;②大洋中的自由传播;③近岸带中的传播。海啸在传播过程中,如果不发生反射、绕射和摩擦等现象,则两波线之间的能量与波源的距离无关。在水深急剧变化或海底起伏很大的局部海区,会出现海啸波的反射现象。在大陆架或海岸附近,海啸在传播过程中遇到海岸边界、海岛、半岛和海角等障碍物时,还会产生绕射。海啸进入大陆架后,因深度急剧变浅,能量集中,引起振幅增大,并能诱发出以边缘波形式传播的一类长波。当海啸进入海湾以后波高骤然增大,特别是在V形(三角形或漏斗形)的海湾口处更是如此。这时湾顶的波高通常为海湾入口处的3~4倍。在U形海湾,湾顶的波高约为入口处的2倍。在袋状的湾口,湾顶的波高可低于平均波高。海啸波在湾口和湾内反复发生反射时,往往诱发出湾内海水的固有振动,使波高激增。这时可出现波高为10~15 m的大波和波峰倒卷,甚至发生水滴溅出海面的现象。从海面到海底,海啸的流速几乎是一致的。当它传播到近岸处时,海水的流速很大(若波高为10 m,流速也大致为10 m/s),骤然形成"水墙",冲击海岸和桥梁时,

表 7.1-6 0°入射角单风、单浪、单流、单流及风浪流的结构基底最大反力及位移

风-浪-流参数	工况	F_y-STD (MN)	F_y-MAX (MN)	M_x-STD (MN·m)	M_x-MAX (MN·m)	D_y-STD (mm)	D_y-MAX (mm)	D_x-STD (mm)	D_x-MAX (mm)
波高 H=4.7m 周期 T=7.0s 风速 46.8m/s 流速 2.50m/s	单风	0.25	0.92	43.84	142.62	55.48	156.26	34.25	140.08
	单浪	5.98	14.70	19.22	69.04	7.36	23.81	8.26	22.84
	单流	0.43	1.24	18.37	200.09	1.19	6.30	1.14	3.78
	风-浪-流耦合	7.72	14.81	43.28	121.53	57.92	160.81	46.69	133.92
	耦合系数	1.2	0.9	0.5	0.3	0.9	0.9	1.1	0.8
波高 H=4.7m 周期 T=7.8s 风速 46.8m/s 流速 2.50m/s	单风	0.25	0.92	43.84	142.62	55.48	156.26	34.25	140.08
	单浪	9.83	16.09	29.65	88.28	61.26	100.09	16.23	33.67
	单流	0.43	1.24	18.37	200.09	1.19	6.30	1.14	3.78
	风-浪-流耦合	8.19	18.28	44.55	187.75	69.55	184.19	51.94	144.54
	耦合系数	0.8	1.0	0.5	0.4	0.6	0.7	1.0	0.8
波高 H=4.7m 周期 T=9.6s 风速 46.8m/s 流速 2.50m/s	单风	0.25	0.92	43.84	142.62	55.48	156.26	34.25	140.08
	单浪	9.65	16.54	28.49	89.51	4.85	13.80	5.10	12.42
	单流	0.43	1.24	18.37	200.09	1.19	6.30	1.14	3.78
	风-浪-流耦合	9.06	14.99	58.33	174.50	57.88	182.97	47.00	145.80
	耦合系数	0.9	0.8	0.6	0.4	0.9	1.0	1.2	0.9
不规则波波高 $H_{1/3}$=2.9m 周期 T_s=8.1s 风速 46.8m/s 流速 2.50m/s	单风	0.25	0.92	43.84	142.62	55.48	156.26	34.25	140.08
	单浪	3.55	12.00	17.32	58.29	13.69	29.97	15.31	26.95
	单流	0.43	1.24	18.37	200.09	1.19	6.30	1.14	3.78
	风-浪-流耦合	3.69	13.01	50.37	173.89	57.75	299.41	36.64	145.03
	耦合系数	0.9	0.9	0.6	0.4	0.8	1.6	0.7	0.8

90°入射角单风、单浪、单流及风浪流的结构基底最大反力及位移

表 7.1-7

风-浪-流参数	工况	F_x-STD (MN)	F_x-MAX (MN)	M_x-STD (MN·m)	M_x-MAX (MN·m)	M_y-STD (MN·m)	M_y-MAX (MN·m)	D_y-STD (mm)	D_y-MAX (mm)	D_x-STD (mm)	D_x-MAX (mm)
波高 H=3.0m 周期 T=7.0s 风速 46.8m/s 流速 2.50m/s	单风	0.28	0.96	100.51	374.89	41.96	134.22	83.79	227.33	30.36	121.39
	单浪	2.43	5.10	18.04	68.87	37.14	90.70	2.12	6.31	1.47	3.83
	单流	0.20	0.66	13.01	45.30	41.65	110.07	1.93	5.93	0.77	2.17
	风-浪-流耦合	2.32	4.59	82.07	271.46	63.17	166.77	60.61	152.98	34.11	119.09
	耦合系数	0.8	0.7	0.6	0.6	0.5	0.5	0.7	0.6	1.0	0.9
波高 H=4.7m 周期 T=7.0s 风速 46.8m/s 流速 2.50m/s	单风	0.28	0.96	100.51	374.89	41.96	134.22	83.79	227.33	30.36	121.39
	单浪	3.30	6.49	29.50	114.73	64.49	187.76	2.98	9.40	1.85	5.21
	单流	0.20	0.66	13.01	45.30	41.65	110.07	1.93	5.93	0.77	2.17
	风-浪-流耦合	3.08	5.55	112.23	363.66	69.41	187.46	102.14	222.54	27.78	102.04
	耦合系数	0.8	0.7	0.8	0.7	0.5	0.4	1.2	0.9	0.8	0.8
波高 H=3.0m 周期 T=7.0s 风速 64.6m/s 流速 2.50m/s	单风	0.43	1.50	227.18	620.81	74.15	259.87	197.84	488.19	24.49	84.85
	单浪	2.43	5.10	18.04	68.87	37.14	90.70	2.12	6.31	1.47	3.83
	单流	0.20	0.66	13.01	45.30	41.65	110.07	1.93	5.93	0.77	2.17
	风-浪-流耦合	3.18	7.33	174.94	524.02	93.40	296.68	153.89	415.58	28.39	110.42
	耦合系数	1.0	1.0	0.7	0.7	0.6	0.6	0.8	0.8	1.1	1.2
波高 H=4.7m 周期 T=7.0s 风速 64.6m/s 流速 2.50m/s	单风	0.43	1.50	227.18	620.81	74.15	259.87	197.84	488.19	24.49	84.85
	单浪	3.30	6.49	29.50	114.73	64.49	187.76	2.98	9.40	1.85	5.21
	单流	0.20	0.66	13.01	45.30	41.65	110.07	1.93	5.93	0.77	2.17
	风-浪-流耦合	4.31	8.76	161.01	436.87	122.44	368.19	136.25	364.76	30.07	136.46
	耦合系数	1.1	1.0	0.6	0.6	0.7	0.7	0.7	0.7	1.1	1.5

续上表

风-浪-流参数	工况	F_x-STD (MN)	F_x-MAX (MN)	M_x-STD (MN·m)	M_x-MAX (MN·m)	M_y-STD (MN·m)	M_y-MAX (MN·m)	D_y-STD (mm)	D_y-MAX (mm)	D_x-STD (mm)	D_x-MAX (mm)
波高 H=4.7m 周期 T=7.8s 风速 64.6m/s 流速 2.50m/s	单风	0.43	1.50	227.18	620.81	74.15	259.87	197.84	488.19	24.49	84.85
	单浪	4.91	7.46	35.05	101.46	95.68	163.61	4.93	13.67	7.41	16.90
	单流	0.20	0.66	13.01	45.30	41.65	110.07	1.93	5.93	0.77	2.17
	风-浪-流耦合	4.58	9.67	153.30	478.75	95.34	276.18	135.06	361.24	27.75	111.72
	耦合系数	0.8	1.0	0.6	0.6	0.5	0.5	0.7	0.7	0.8	1.1
波高 H=4.7m 周期 T=9.6s 风速 64.6m/s 流速 2.50m/s	单风	0.43	1.50	227.18	620.81	74.15	259.87	197.84	488.19	24.49	84.85
	单浪	6.66	9.95	18.75	58.50	117.45	183.19	2.40	6.42	2.97	7.10
	单流	0.20	0.66	13.01	45.30	41.65	110.07	1.93	5.93	0.77	2.17
	风-浪-流耦合	7.12	12.05	176.77	592.89	162.57	399.05	173.42	507.26	27.71	131.75
	耦合系数	1.0	1.0	0.7	0.8	0.7	0.7	0.9	1.0	1.0	1.4
不规则波波高 $H_{1/3}$=2.9m 周期 T_s=8.1s 风速 64.6m/s 流速 2.50m/s	单风	0.43	1.50	227.18	620.81	74.15	259.87	197.84	488.19	24.49	84.85
	单浪	2.12	6.24	13.05	49.61	44.19	150.29	2.48	7.51	4.66	9.29
	单流	0.20	0.66	13.01	45.30	41.65	110.07	1.93	5.93	0.77	2.17
	风-浪-流耦合	2.61	9.81	177.89	641.85	116.25	370.08	164.91	543.65	29.58	127.81
	耦合系数	0.9	1.2	0.7	0.9	0.7	0.7	0.8	1.1	1.0	1.3

可以使堤岸决口、桥梁垮塌。若最先到达的是波谷,则水位骤落,可看见从未裸露的水下礁石。

孤立波是浅海水域经常出现的一种波动现象,孤立波的波形和水质点的运动与海啸极为相似,常用来描述海啸和风暴等引起的巨浪及波长较长的表面波的特性,如图7.1-17所示。

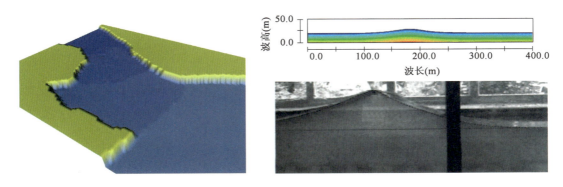

图 7.1-17　海啸及孤立波传播示意图

根据推板造波机的运动条件,通过计算机产生孤立波的控制信号控制推板的运动,从而产生了波形良好的孤立波,如图 7.1-18 所示。

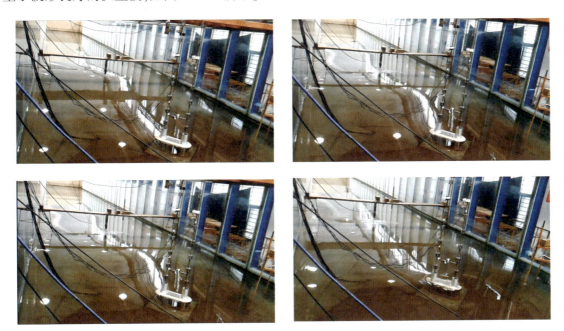

图 7.1-18　模拟海啸的孤立波传播过程

以第 7.2 节的群桩基础索塔自立状态弹性模型为对象,进行其在海啸作用下的响应模拟,得到了模拟海啸的孤立波面时程曲线、桥塔水平作用力、桥塔基底弯矩、桥塔塔顶加速度响应时程曲线,如图 7.1-19 所示。从结果可知:桥塔所受海啸作用时程与海啸波面时程形态非常相似;桥梁振动形式表现为瞬态大冲击荷载作用后的自由振动。

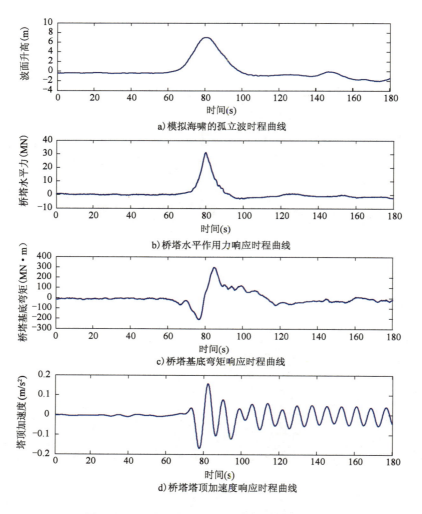

图 7.1-19 海啸对群桩基础结构的作用响应时程曲线

海啸-流耦合作用下的桥塔结构水平作用力如图 7.1-20 和图 7.1-21 所示。从试验结果可知:海啸与顺流耦合场作用引起的耦合基底剪力比规则波和流单独作用引起的结构基底剪力之和总体增大,增大比例为 34%;孤立波模拟的海啸与逆流耦合场作用引起的耦合基底剪力比规则波和流单独作用引起的结构基底剪力之和总体减小,减小比例为 22%,这与规则浪-流耦合场波高的变化与耦合作用力的变化不一致,其作用机理需进一步研究。孤立浪-流强制耦合引起的结构基底剪力总体大于规则波浪和流单独作用简单叠加的结构基底剪力,增大比例为 60%。

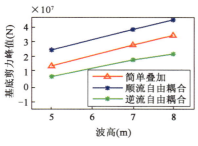
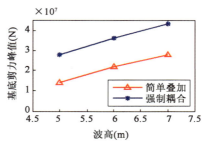

a) 波高与桥塔水平作用力关系(流速2.5m/s)　　b) 波高与桥塔水平作用力关系(流速3.5m/s)

图7.1-20　顺桥向海啸作用桥塔水平作用力结果(0°)

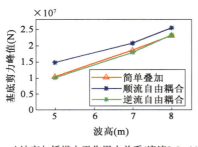
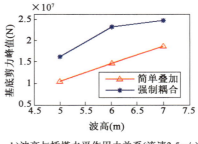

a) 波高与桥塔水平作用力关系(流速2.5m/s)　　b) 波高与桥塔水平作用力关系(流速3.5m/s)

图7.1-21　横桥向海啸作用桥塔水平作用力结果(90°)

7.2　沉箱/沉井基础索塔自立状态弹性模型试验

以琼州海峡跨海大桥主跨 $2\times1500m$ 三塔斜拉桥方案为对象,进行了中塔、边塔和辅助/过渡墩的风-浪-流耦合作用弹性模型试验,如图7.2-1所示。

这里仅讨论中塔结构的风-浪-流作用试验情况。

7.2.1　试验模型设计及制作

1. 原型结构

沉箱基础索塔结构原型方案如图7.2-2所示,桥塔为四塔柱混凝土结构。上塔柱为空心矩形断面,中塔柱和下塔柱为切角空心矩形变截面,桥塔塔顶高程+460m。基础为沉箱+钻孔灌注桩复合基础构造,沉箱顶面高程+6.66m,设计平均水位+1.66m,海床高程-41.74m;圆形混凝土沉箱直径90m,入土深度40m。桥塔采用C50混凝土,沉箱和桩基结构采用C40混凝土。

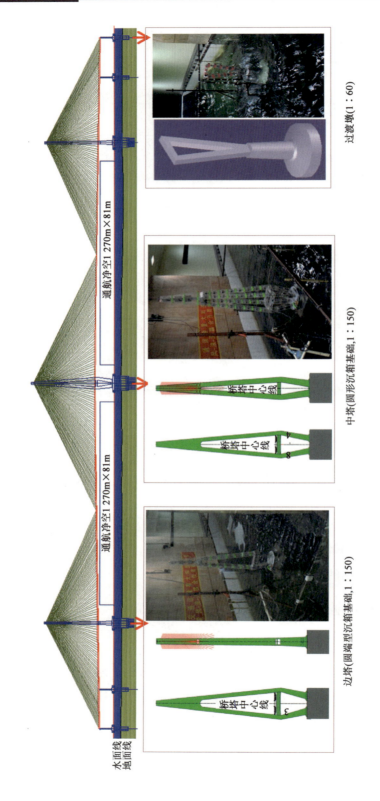

图 7.2-1 自立状态桥塔/桥墩弹性模型试验模型方案

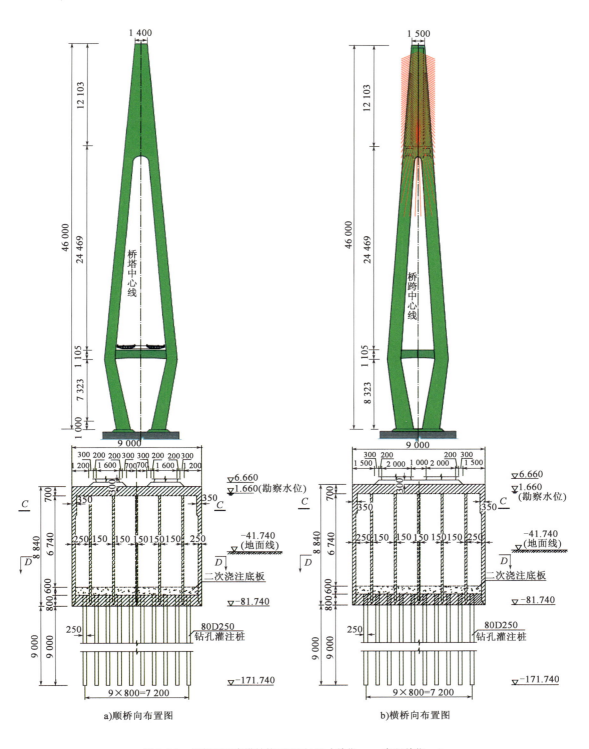

图 7.2-2 沉箱基础索塔结构原型图(尺寸单位:mm;高程单位:m)

2. 结构动力特性分析

采用空间有限元方法建立桥梁的三维计算模型,进行结构动力特性分析。桥塔和基础结构离散为空间梁单元进行模拟。试验中考虑基础局部冲刷影响,在冲刷坑底部为弹性固端约束。利用 Block Lanczos 方法进行结构动力特性求解,得到自立状态桥塔的动力特性分析结果如表 7.2-1 所示,基频振型如图 7.2-3 所示。

沉箱基础索塔原型结构动力特性计算结果　　　表 7.2-1

阶数	频率(Hz)	周期(s)	振型特点	阶数	频率(Hz)	周期(s)	振型特点
1	0.1570	6.369	一阶顺桥向弯曲	3	0.5006	1.997	一阶桥塔扭转
2	0.1681	5.949	一阶横桥向弯曲	4	0.5556	1.800	二阶横桥向弯曲

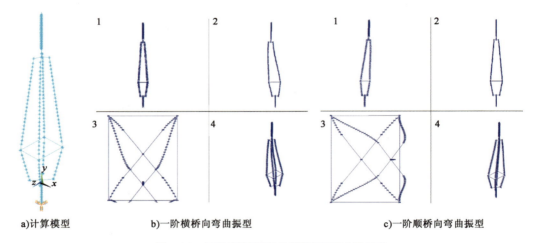

图 7.2-3　沉箱基础索塔结构计算模型及主要振型

从动力特性计算结果可知,本结构的固有频率比较高,基频为 0.1570Hz(6.369s)。根据桥位处波浪环境参数,处于该周期范围的波浪波高相对较小。因此,本试验的重点放在了波浪和风-浪-流耦合场本身对该结构作用力的研究上。

3. 弹性模型设计、安装及检验

根据第 6 章的弹性模型相似理论和模型设计制作原则方法,利用结构设计图纸和结构动力特性计算结果,进行弹性模型的设计、加工和安装。

考虑模型的大小、试验平台的主要尺度和试验平台风、浪、流模拟能力,该模型几何缩尺比采用 1:150。

弹性模型由骨架内芯模型系统、外形模拟系统、配重系统、超弹防水材料等组成,模型安装在六分量应变测力天平上,如图 7.2-4 所示。芯梁采用优质钢材制作,模拟结构刚度;外衣采用机玻璃制作,中间分节断缝,模拟结构流动外形;配重采用铅块制成,安装在外衣内侧,模拟结构质量和质量惯性矩。模型底部设置模型底盘,从而便于模型的整体固定安装。

桥塔模型安装在测力天平上面,可以测量结构在 x、y、z 三个方向的力和绕 x、y、z 轴的力矩,模型的重心与天平坐标原点在同一直线上。弹性模型安装调试完成后,采用初始脉冲激励自由衰减法进行桥塔弹性模型模态的测试,测量模型第一阶顺桥向弯曲和第一阶横桥向弯曲的自振特性,并基于振动位移信号分析了结构各阶固有模态的阻尼比,从而检验模型的动力特性和阻尼比。模型动力特性测试结果如表 7.2-2 所示,由测试结果可知:自振频率的模型实测值与期望值之间的相对误差不超过 ±5%,可以满足弹性试验的精度要求,通过在塔顶安装硅油阻尼调节装置,将结构阻尼比控制在 1%。

a)内芯骨架

b)质量分布

c)外衣

d)安装后的模型图

图 7.2-4　沉箱基础索塔的缩尺弹性模型

沉箱基础索塔弹性模型动力特性检验　　　　表 7.2-2

阶数	振型特点	设计目标值		模型实测值		误差（%）	阻尼比（%）
		频率(Hz)	周期(s)	频率(Hz)	周期(s)		
1	一阶横桥向弯曲	1.923	0.520	2.0	0.500	4.0	1.19
2	一阶顺桥向弯曲	2.058	0.486	2.055	0.487	-0.2	1.02

7.2.2　试验方案设计

试验包括以下内容:①风-浪耦合作用下结构响应;②浪-流耦合作用下结构响应;③风-浪-流耦合作用下结构响应。模型试验中的风、浪、流作用环境参数,如表 7.2-3 所示。

试验工况:考虑 0°(顺桥向)、22.5°、45°、67.5° 和 90°(横桥向)5 种来流角度的影响;波浪考虑了规则波和随机波两种类型,及不同波高和周期的组合;耦合效应包括风-浪耦合效应、浪-流耦合效应、风-浪-流耦合效应,见表 7.2-4。

沉箱基础索塔弹性模型风浪流作用环境参数　　　　　表7.2-3

参数	原 型 值	模 拟 值
规则波	周期 $T_{mean} = 7.0 \sim 30s$ 波高 $H_{1\%} = 3.0 \sim 8.6m$	周期 $T_{mean} = 0.7 \sim 3.0s$ 波高 $0.03 \sim 0.086m$
随机波	①有效周期 $T_s = 8.1s$, 有效波高 $H_{1/3} = 2.9m$ ②有效周期 $T_s = 10.0s$, 有效波高 $H_{1/3} = 5.0m$	①有效周期 $0.81s$, 有效波高 $0.029m$ ②有效周期 $1.0s$, 有效波高 $0.050m$
风速	$V_{10m,p} = 0 \sim 47m/s$, 风剖面指数 $\alpha = 0.124$	$V_{0.1m,m} = 0 \sim 4.7m/s$
流速	$U_{c,p} = 2 \sim 3.5m/s$	$U_{c,m} = 0.2 \sim 0.35m/s$
水深	$Deep\_p = 26m$	$Deep\_m = 0.26m$

沉箱基础索塔弹性模型风-浪-流作用试验工况　　　　　表7.2-4

来流方向	工 况		数 值			备 注
0°, 22.5°, 45°, 67.5°, 90°	单浪	规则波	波高(mm)	周期(s)		
			57	0.78		3 组
			47	0.71		3 组
		长周期波	波高(mm)	周期(s)		
			67	1.224		3 组
			40	2.45		3 组
			60	2.45		3 组
			80	2.45		3 组
		不规则波	波高(mm)	周期(s)		
			40.8	0.90		3 组
			50	0.82		3 组
	风-浪耦合	规则波	波高(mm)	周期(s)	风速(cm/s)	
			57	0.78	2.05	3 组
			47	0.71	1.87	3 组
		不规则波	41	0.90	2.05	3 组
			40	0.88	1.87	3 组
	单风		$2 \sim 4.3m/s$			15 组
	浪-流耦合		波浪:规则波、不规则波 流:$0.2 \sim 0.25m/s$			耦合
	风-浪-流耦合		风速:$2 \sim 4.3m/s$ 波浪:规则波、不规则波 流:$0.2 \sim 0.25m/s$			耦合

桥塔模型弹性响应主要测试参数包括:结构位移、加速度、基底剪力和弯矩响应。结构响应及受力的坐标系定义如图7.2-5所示,y轴为顺桥向,x轴为横桥向,z轴为沿塔高方向;β为入射波和风来流方向角,从顺桥向为0°起点,沿逆时针旋转为正。

以上试验内容分别在风-浪耦合作用试验系统、浪-流耦合作用试验系统、风-浪-流耦合试验系统中进行,试验场景如图7.2-6所示。

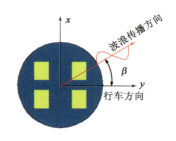

图7.2-5 模型坐标系定义示意图

a)风-浪耦合作用　　　　b)浪-流耦合作用　　　　c)风-浪-流耦合作用

图7.2-6 圆形沉箱基础索塔风-浪-流耦合作用弹性模型试验场景

7.2.3 试验结果及分析

1. 波浪作用试验结果分析

0°攻角状态波周期为9.6s和15s规则波作用下的结构所受波浪作用水平力和基底弯矩及塔顶位移结果如图7.2-7所示。从结果可知:波浪力随波浪周期增大而增大,当波周期为9.6s、波高为11m时的波浪水平作用力为158MN,而相同波高且波周期为15s时的波浪水平力达到420MN,表明结构在代表长周期的涌浪作用下会产生较大的作用力;由于波浪周期与桥塔结构的固有周期没有耦合,波浪引起的结构位移相对较小。

2. 风-浪耦合作用试验结果分析

图7.2-8给出了0°攻角时单风、单浪及风-浪耦合作用下中塔结构基底水平剪力和弯矩响应时程曲线。

单浪状态的位移远比单风和风-浪耦合状态的位移响应小,根方差值均处于0.01m以内;单风和风-浪耦合状态的位移结果相差不大,整体较小且小于0.04m。

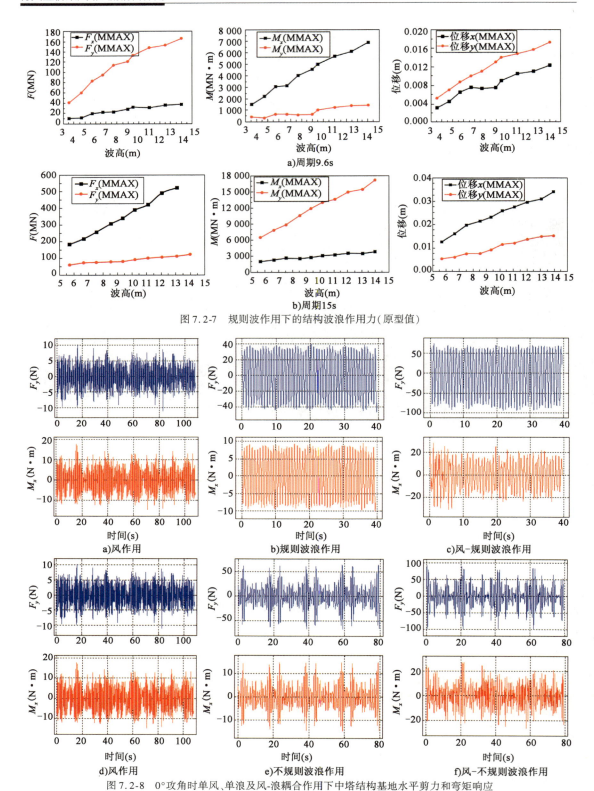

图 7.2-7 规则波作用下的结构波浪作用力(原型值)

图 7.2-8 0°攻角时单风、单浪及风-浪耦合作用下中塔结构基地水平剪力和弯矩响应

风-浪耦合作用的影响系数如图 7.2-9 所示。从试验结果可知：①对于中塔结构，x 轴方向（横桥向）塔顶位移响应的风-浪耦合作用影响系数在规则波状态下处于 $-20\% \sim 20\%$ 之间，而不规则波的影响系数浮动较大处于 $-40\% \sim 40\%$ 之间；y 轴方向（顺桥向）塔顶位移的影响系数均处于 $-20\% \sim 20\%$ 之间；②x 与 y 方向的结构基底剪力（水平波浪力）的影响系数均处于

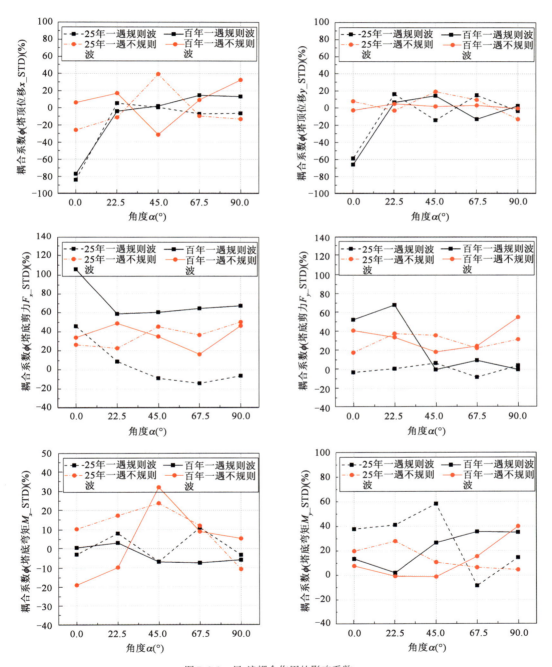

图 7.2-9　风-浪耦合作用的影响系数 γ_{ww}

0~60%之间,其中不规则波结果处于20%~50%之间,存在离散现象;中塔结构受风-浪耦合作用时的基底受力状态较基于单风和单浪结构响应预估值有所增大,增大程度为0~60%。

对于风-浪耦合作用的影响系数结果,虽然位移的影响系数大部分小于0,但基底剪力使用单风、单浪的叠加结果可能会低估风-浪耦合作用结果,如百年一遇的F_x剪力分量的影响系数均大于20%;弯矩的影响系数相对于剪力小,且一般为负值。

3. 浪-流耦合作用试验结果分析

规则浪-流耦合作用下桥塔结构顺桥向和横桥向波浪水平作用力如表7.2-5和表7.2-7所示,相应的浪-流耦合作用的影响系数结果如表7.2-6和表7.2-8所示,其中浪-流耦合作用的影响系数γ = 波 – 流耦合作用响应/(单浪响应 + 单流响应)。根据试验结果可知:

规则浪-流耦合作用下桥塔波浪水平作用力(0°入射角)　　　表7.2-5

耦合前环境条件			自由耦合波高		波浪水平作用力试验结果			
波要素		流要素	顺流	逆流	简单叠加	顺流自由耦合	逆流自由耦合	顺流强制耦合
波高(m)	周期(s)	流速(m/s)	波高(m)	波高(m)	(10^8N)	(10^8N)	(10^8N)	(10^8N)
8.6	9.6	2.85	6.6	5.3	1.51	1.22	8.58	1.53
10.5	11	2.85	7.4	8.9	2.26	1.76	1.45	2.32
10.5	11	3.47	9.1	7.6	2.37	1.60	1.31	2.48
7.1	30	2.85	5.8	6.8	2.18	1.94	2.16	2.51

规则浪-流耦合作用下桥塔波浪水平作用力耦合效应(0°入射角)　　　表7.2-6

波要素		流要素	波高			波浪水平作用力		
波高(m)	周期(s)	流速(m/s)	顺流耦合系数	逆流耦合系数	强制耦合系数	顺流耦合系数	逆流耦合系数	强制耦合系数
8.6	9.6	2.85	0.77	0.62	1.00	0.81	0.57	1.01
10.5	11	2.85	0.71	0.85	1.00	0.78	0.64	1.03
10.5	11	3.47	0.87	0.73	1.00	0.68	0.55	1.05
7.1	30	2.85	0.82	0.96	1.00	0.89	0.99	1.15

规则波和流自由耦合作用下桥塔水平作用力(90°入射角)　　　表7.2-7

波要素		流要素	波浪	流	简单叠加	顺流自由耦合	逆流自由耦合	顺流强制耦合
波高(m)	周期(s)	流速(m/s)	(10^8N)	(10^7N)	(10^8N)	(10^8N)	(10^8N)	(10^8N)
8.6	9.6	2.85	1.67	1.26	1.80	1.76	0.63	1.83
10.5	11	2.20	2.25	0.76	2.33	1.68	1.61	2.21
10.5	11	2.85	2.25	1.26	2.38	1.79	1.00	2.43
10.5	11	3.47	2.25	2.71	2.52	1.87	0.85	2.65
7.1	30	2.85	1.99	1.26	2.12	2.09	2.10	2.44

规则波和流自由耦合作用下桥塔水平作用力耦合效应（90°入射角） 表 7.2-8

波要素		流要素	波 高			基底剪力		
波高(m)	周期(s)	流速(m/s)	顺流耦合系数	逆流耦合系数	强制耦合系数	顺流耦合系数	逆流耦合系数	强制耦合系数
8.6	9.6	2.85	0.77	0.62	1.00	0.98	0.35	1.02
10.5	11	2.20	0.44	0.94	1.00	0.72	0.69	0.95
10.5	11	2.85	0.71	0.85	1.00	0.75	0.42	1.02
10.5	11	3.47	0.87	0.73	1.00	0.74	0.34	1.05
7.1	30	2.85	0.82	0.96	1.00	0.99	0.99	1.15

（1）浪-流自由耦合引起的结构水平作用力总体小于波浪、流单独作用引起的结构水平作用力之和，顺流与波浪耦合场作用引起的水平作用力比波浪、流单独作用引起的水平作用力之和减小18%，逆流与波浪耦合场作用引起的水平作用力比波浪、流单独作用引起的水平作用力之和减小38%。这是在顺流和逆向流场作用下，波浪的波高都变小，周期基本不变，导致波浪作用力降低。

（2）浪-流强制耦合引起的结构水平作用力总体大于波浪、流单独作用简单叠加的结构水平作用力，浪-流强制耦合引起的作用力总体比波浪和流单独作用引起结构作用力之和增大4%，最大增大15%。这是因为在顺流向流场作用下，波浪的波要素要达到静止流场中的波浪的波要素，必然要产出更多的能量来平衡顺利流场的作用，这样相当于波浪的波高增加，因此强制耦合作用下的结构作用力变大。

（3）浪-流自由耦合与强制耦合引起的桥塔作用力之间差别较大，结构设计计算浪-流耦合作用下的桥塔作用力时需考虑不同的耦合方式。

规则浪-流耦合作用下桥塔结构顶点位移部分结果列入表7.2-9和表7.2-10。通过试验结果可知：桥塔结构顺桥向（0°）的位移与桥塔结构横桥向（90°）的位移基本相近且都很小，原因是桥塔结构顺桥向刚度与桥塔结构横桥向的刚度差别不大而且刚度很大，同时波浪周期都与结构的周期差别大。

规则波和流自由耦合作用下桥塔顶点位移（0°入射角） 表 7.2-9

波要素		流要素	波浪(m)	流(m)	简单叠加(m)	顺流自由耦合(m)	逆流自由耦合(m)	顺流强制耦合(m)
波高(m)	周期(s)	流速(m/s)						
8.6	9.6	2.85	0.099	0	0.099	0.084	0.055	0.086
10.5	11	2.20	0.081	0	0.081	0.096	0.068	0.070
10.5	11	2.85	0.081	0	0.081	0.060	0.064	0.065
10.5	11	3.47	0.081	0	0.081	0.069	0.046	0.080
7.1	30	2.85	0.010	0	0.010	0.015	0.043	0.024

规则波和流自由耦合作用下桥塔顶点位移(90°入射角)　　表 7.2-10

波要素		流要素	波浪	流	简单叠加	顺流自由耦合	逆流自由耦合	顺流强制耦合
波高(m)	周期(s)	流速(m/s)	(m)	(m)	(m)	(m)	(m)	(m)
8.6	9.6	2.85	0.068	0	0.068	0.056	0.034	0.077
10.5	11	2.20	0.079	0	0.079	0.089	0.063	0.056
10.5	11	2.85	0.079	0	0.079	0.081	0.040	0.062
10.5	11	3.47	0.079	0	0.079	0.062	0.073	0.064
7.1	30	2.85	0.040	0	0.040	0.021	0.048	0.033

4. 风-浪-流耦合作用试验结果分析

为了分析风-浪-流耦合作用下桥塔结构的耦合效应,定义风浪流耦合系数为 γ_{wwc}:

$$\gamma_{wwc} = \frac{R_{wind\_wave\_current} - (R_{wind} + R_{wave} + R_{current})}{(R_{wind} + R_{wave} + R_{current})} \times 100$$

式中: R_{wind}、R_{wave} 和 $R_{current}$ ——单风、单浪、单流作用下的结构动力响应值;

$R_{wind\_wave\_current}$ ——相应的风-浪-流耦合作用结果。

桥塔结构风-浪-流耦合作用下作用力和位移响应的相关结果见表 7.2-11。从试验结果可知:①桥塔在风-浪-流耦合作用下基底的水平剪力存在大于单风、单浪和单流作用线性叠加的情况。根据试验现象并参照相关的研究成果分析,基底水平剪力主要是由水体冲击结构所引起,试验中顺波浪方向单浪作用产生的基底水平剪力大部分要比单风和单流作用要大也说明了这一点;当浪-流耦合作用时,水质点的运动速度沿水深方向要比单浪作用时大,加之风作用产生的风生流,增大了波浪表面的水质点速度,并对波浪的形态产生一定的影响,从而使风-浪-流耦合作用时水体对结构所产生的冲击作用加大,而这种冲击往往是非线性的,因而会出现结构基底反力会比单风、单浪和单流作用线性叠加还要大的情况。②对于桥塔结构基底弯矩而言,风的作用起主导作用;尽管风-浪-流耦合作用时会使基底的剪力增大,但由于剪力增大主要的贡献是由水体作用结构引起,这种剪力作用点在结构基础部分,对弯矩的贡献并不大,而风的作用由于作用力臂较大,因而风-浪-流耦合作用时基底弯矩不会超过单风、单浪、单流作用的线性叠加值,试验工况中大部分组次弯矩的耦合系数小于1也说明这一点。同样对于塔顶的位移而言,由于本模型的固有周期与波浪周期差别较大,没有引起结构的共振,主要呈随机振动状态;此时,风的作用起主导作用,浪、流的贡献较小,在保持风速不变的情况下,风-浪-流耦合作用要比单风、单浪、单流作用的线性叠加要小。

风-浪-流作用下中塔结构作用力及响应试验结果(0°入射角)　　表 7.2-11

风浪流参数	工况	F_x_max (MN)	F_y_max (MN)	M_x_max (MN·m)	M_y_max (MN·m)	位移 x_max (mm)	位移 y_max (mm)
波高5.56m,周期9.6s, 风速65m/s,流速2.56m/s	风-浪-流耦合	100.8	167	15 904.76	1 776.67	239.67	295.66
	耦合系数	1.16	1.05	0.88	0.68	0.77	0.84

续上表

风浪流参数	工况	F_x_max (MN)	F_y_max (MN)	M_x_max (MN·m)	M_y_max (MN·m)	位移 x_max (mm)	位移 y_max (mm)
波高 4.62m,周期 11s,风速 65m/s,流速 2.56m/s	风-浪-流耦合	141.9	189	17 147.04	2 001.04	279.72	321.42
	耦合系数	1.18	1.14	0.88	0.79	0.85	0.70
波高 3.41m,周期 12s,风速 65m/s,流速 2.56m/s	风-浪-流耦合	116.30	198.64	16 195.15	2 209.44	281.60	383.54
	耦合系数	0.99	1.27	0.84	0.77	0.85	0.82
波高 7.57m,周期 8.7s,风速 65m/s,流速 2.56m/s	风-浪-流耦合	74.17	158.44	9 962.25	1 396.44	187.50	162.35
	耦合系数	1.16	1.09	0.78	0.55	0.70	0.73

7.3 三塔斜拉桥全桥风-浪-流耦合作用弹性模型试验

以琼州海峡跨海大桥主跨 2×1 500m 三塔斜拉桥方案为对象,进行全桥弹性模型风-浪-流耦合作用试验研究。

7.3.1 试验模型设计及制作

1. 原型结构

全桥弹性模型风-浪-流耦合作用试验以琼州海峡跨海大桥主跨 2×1 500m 三塔斜拉桥桥方案为对象进行,该桥具体设计方案参见本书第 2 章。

2. 结构动力特性分析

桥梁结构动力特性分析是研究桥梁振动问题的基础,为了进行风-浪-流作用下的结构振动分析及全桥弹性模型风洞试验,必须首先计算成桥和施工状态下的结构动力特性。

有限元计算模型的总体坐标系以顺桥向为 x 轴,以横桥向为 z 轴,以竖向为 y 轴,如图 7.3-1 所示。其中,主梁、桥塔、桥墩和基础结构采用空间梁单元模拟,拉索采用空间杆单元模拟。主梁通过刚臂连接形成"鱼骨式"力学计算模型,主梁横隔板和桥面系假设均匀分布于主梁上,并考虑其平动质量和质量惯性矩。桥塔与主梁的连接方式为:边塔和主梁,仅横桥向约束,不设置竖向约束;过渡墩和辅助墩仅纵桥向自由,横桥向和竖向位移以及扭转位移均约束;中塔的塔梁,横桥向设置抗风支座,无竖向支座,纵桥向设置四个弹性约束,桥塔和过渡墩及辅助墩底部为固结约束。利用 Block Lanczos 方法进行结构动力特性求解,得到桥梁成桥状态的动力特性分析结果,其中主梁侧弯、竖弯和扭转的前两阶频率结果如表 7.3-1 所示,基频振型如图 7.3-2 所示。

根据斜拉桥施工流程设计方案,确定了施工阶段最不利状态:中塔最大双悬臂状态和边塔最大单悬臂,以此作为施工阶段的试验工况,建立的有限元计算模型如图 7.3-3 所示。其中,桥塔与主梁的连接方式为固结约束,其他同成桥状态。利用 Block Lanczos 方法进行结构动力特性求解,得到相应的动力特性分析结果,其中主梁侧弯、竖弯和扭转的前两阶频率结果如表 7.3-2 所示。

图 7.3-1　主跨 2×1 500m 三塔斜拉桥动力特性分析力学模型

主跨 2×1 500m 三塔斜拉桥成桥状态自振频率及振形特点　　　　表 7.3-1

振　型	频率(Hz)	振　型	频率(Hz)
主梁一阶侧弯	0.081 0	主梁二阶侧弯	0.087 4
主梁一阶竖弯	0.123 5	主梁二阶竖弯	0.128 8
主梁一阶扭转	0.352 3	主梁二阶扭转	0.353 5

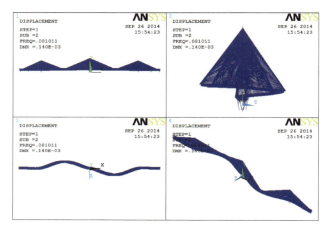

a) 主梁一阶侧弯

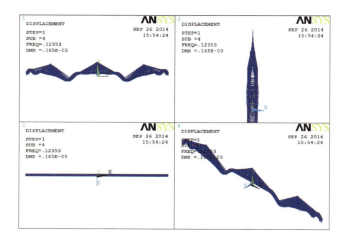

b) 主梁一阶竖弯

图　7.3-2

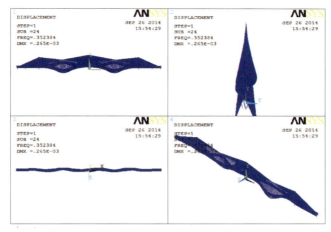

c) 主梁一阶扭转

图 7.3-2　主跨 2×1 500m 三塔斜拉桥成桥状态主要振型

a) 中塔最大双悬臂状态　　　　　　　　　　b) 边塔最大单悬臂状态

图 7.3-3　主跨 2×1 500m 三塔斜拉桥施工状态计算模型

桥梁施工不利状态的结构自振频率及振型　　　　　　　表 7.3-2

中塔最大双悬臂状态				边塔最大单悬臂状态			
主梁振型	频率(Hz)	主梁振型	频率(Hz)	主梁振型	频率(Hz)	主梁振型	频率(Hz)
一阶侧弯	0.039 1	二阶竖弯	0.224 4	一阶侧弯	0.083 5	二阶竖弯	0.257 1
二阶侧弯	0.039 9	一阶扭转	0.367 3	二阶侧弯	0.432 3	一阶扭转	0.432 3
一阶竖弯	0.206 4	二阶扭转	0.379 2	一阶竖弯	0.136 2	二阶扭转	0.531 7

3. 全桥弹性模型设计及安装

根据本项目前述弹性模型相似理论和模型设计制作原则方法,结合设计图纸和结构动力特性分析结果进行主跨 2×1 500m 三塔斜拉桥主桥结构弹性模型的设计、加工和安装,模型几何缩尺比根据试验室场地尺寸采用 1∶160。为了同时满足以上无量纲参数的相似要求,弹性模型设计主要从四方面进行模拟,即弹性刚度、几何外形和质量系统以及边界条件。

主梁模拟要同时满足主梁横向、竖向弯曲刚度和扭转刚度的相似要求。选用两个 T 形脊骨梁,利用横梁芯梁将两个T形脊骨梁连接成分体式双主梁,如图7.3-4所示。通过反复计算,采用合理断面尺寸来满足主梁刚度相似要求。考虑加工性,选用优质钢材或铝合金材料制作。主梁外衣利用泡沫材料制作,外包塑料板,用螺钉将其固定在脊骨梁上。中央分隔带、防撞护栏和人行道栏杆等桥面系细部构造均进行外形的模拟,如图7.3-4所示。

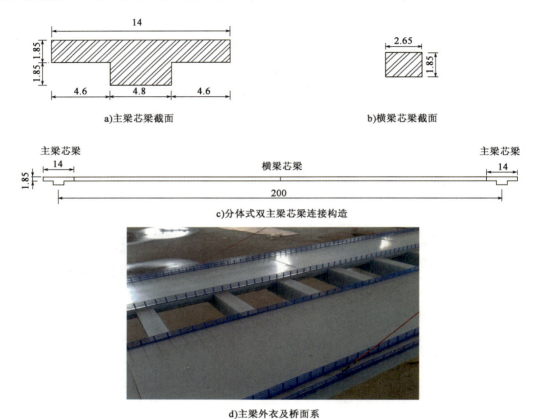

图7.3-4　分体式双主梁模型图(尺寸单位:mm)

斜拉索作为斜拉桥的主要构件之一,由于其质量轻、阻尼小,所以在风的激励作用下容易发生各种不同形式的有害振动。斜拉索模拟原则是满足气动力相似、质量相似和拉索刚度相似。拉索模型由康铜丝、外衣、质量块和弹簧构成。康铜丝和弹簧串联模拟拉索刚度,康铜丝、外衣、质量块和弹簧模拟拉索分布质量,康铜丝、外衣及质量块模拟拉索迎风面积。同时,要考虑实桥和模型拉索阻力系数的区别。拉索配重设计以质量相似为主要控制因素,调节配重的长度和外径以适应气动力的相似。作用在拉索上的索力模拟误差控制在5%以内。

桥塔弹性模型由芯梁骨架、外衣、配重、超弹防水材料等构成。芯梁采用优质钢材制作,模拟结构刚度,桥塔刚度模拟需要满足轴向刚度、弯曲刚度和扭转刚度的相似条件。外衣采用优质木材或有机玻璃制作,中间分节断缝,模拟结构流动外形;配重可用铜块或铅块等制成,安装在外衣内侧,模拟结构质量和质量惯性矩。桥塔模型安装在测力天平上面,可以测量结构在

x、y、z 三个方向的力和绕 x、y、z 轴的力矩,模型的重心与天平坐标原点在同一直线上。

在试验过程中,需要根据试验模拟结构状态,设计采用相应的机械装置模拟全桥模型各个连接部位的约束条件。桥塔基础底部和桥墩底部在考虑冲刷深度后的位置进行固结约束,主梁与桥塔和辅助墩及过渡墩的连接,应根据实际桥梁在不同阶段的具体约束条件用适当的连接装置进行模拟。

全桥模型安装完成后的实景如图 7.3-5 所示。

a)全桥弹性模型全景

b) 中索塔模型

图 7.3-5　全桥弹性模型图

4. 全桥弹性模型检验

由于全桥弹性模型属于等效模型,理论上通过保证模型满足相应的相似准则来确保气弹模型真实反映实际桥梁结构在流体作用中的响应。但是,受模型缩尺比等因素限制,一些特殊结构桥梁在缩尺过程中采用的简化等效并不那么容易满足相似准则。为此,在试验之前进行弹性模型的模态测试分析显得尤为重要。

根据分析方法的不同,结构模态识别方法根据激励方式的不同可以分为持续强迫振动法、多次间断脉冲激励法、初始脉冲激励自由衰减法、初始位移激励自由衰减法和环境随机振动法。大跨度缆索承重桥梁全桥弹性模型的固有模态具有低频、窄带、密集的特点,众多的单元连接节点使模型的模态阻尼比值较为离散。同时,结构柔度大,激励信号和结构响应信号在时间上存在数量级的差异。这些特点给全桥弹性模型的模态测试分析带来很大的困难。为此,采用初始脉冲激励自由衰减法进行全桥弹性模型模态的测试。同时,采用以下措施来提高测试分析精度:①采用非接触式传感器——激光位移计进行信号测试,避免仪器给模型带来附加质量和刚度影响,且其低频性能好、精度高;②采用锤击法进行激振,提高该信号的采用频率和精度;③分振型类型(主梁侧弯、竖弯、扭转和桥塔侧弯)逐次进行模态测试分析,降低激振难度,减小多组激励信号引起的传递函数计算误差。

通过以上方法对全桥弹性模型进行模态测试分析,得到模型主要固有模态测试结果如

表 7.3-3 所示。主梁一阶竖弯振动阻尼比为 0.41%、侧弯振动阻尼比为 0.57%、扭转阻尼比为 0.51%、桥塔振动阻尼比为 0.52%。

全桥弹性模型动力特性检验　　　　　　表 7.3-3

阶数	设计目标值		振型特征描述	模型实际值		误差(%)
	频率(Hz)	周期(s)		频率(Hz)	周期(s)	
2	0.976 7	1.023 9	主梁1阶侧弯	1.14	0.877	16.7
3	0.982 4	1.017 9	主梁2阶侧弯	1.17	0.855	17.1
4	1.549 9	0.645 2	主梁1阶竖弯+中塔顺桥向侧弯	1.599	0.625	3.2
5	1.613 0	0.620 0	主梁2阶竖弯	1.648	0.607	2.2
6	1.677 6	0.596	中塔横桥向侧弯+主梁侧弯	1.699	0.589	−1.3
7	1.884 8	0.530 6	主梁3阶竖弯+边塔顺桥向侧弯	1.848	0.541	−2.0
9	2.115 7	0.472 7	边塔横桥向侧弯+主梁侧弯	2.219	0.451	4.9
27	4.598 0	0.217 5	主梁正对称扭转	4.361	0.229	−5.2

5. 风-浪-流场模拟

根据第6章研发的风-浪-流耦合场模拟系统,建造和试制了全桥模型风浪流耦合作用试验的流场模拟平台,如图 7.3-6 所示。其中,风场采用可移动式风机阵列进行模拟,波浪场采用摇板式造波机进行,流场采用局部造流方法进行。

a) 风-浪流场模拟

b) 局部流场模拟

图 7.3-6　风-浪-流耦合场模拟装置

7.3.2　试验方案设计

通过全桥弹性模型试验,测定在桥梁成桥状态和施工状态全桥弹性模型在风、浪、流单独及风-浪-流耦合等不同环境条件下的动力响应和结构荷载,从而获得全桥结构的风-浪-流耦合作用振动响应、风-浪-流耦合效应影响及规律,为大桥风-浪-流作用设计提供依据。测振试验内容包括:①主梁颤振稳定性试验;②涡振试验;③抖振试验;④流致涡振试验;⑤风-浪-流波浪循环荷载振动试验。

结合试验内容要求、气象水文条件和弹性模型结构动力特性,确定全桥模型试验中的风、浪、流作用环境参数,如表 7.3-4 所示。

全桥弹性模型风、浪、流作用环境参数　　　　　表 7.3-4

参数	原 型 值	模 拟 值
规则波	周期 $T_s = 6.6 \sim 30s$ 波高 $H_{1\%} = 4.8 \sim 12.0m$	周期 $0.52 \sim 2.37s$ 波高 $0.03 \sim 0.075m$
随机波	①有效周期 $T_s = 10s$，有效波高 $H_{1/3} = 6.2m$ ②有效周期 $T_s = 11.8s$，有效波高 $H_{1/3} = 8.6m$	①有效周期 $0.79s$，有效波高 $0.039m$ ②有效周期 $0.93s$，有效波高 $0.054m$
风速	$V_{主梁,p} = 0 \sim 94m$	$V_{主梁,m} = 0 \sim 7.43m$
流速	$U_{c,p} = 2.86m$	$U_{c,m} = 2.86m$
水深	$\text{Deep}_{\_p} = 46 \sim 50m$	$\text{Deep}_{\_m} = 0.288 \sim 0.323m$

试验工况：考虑 0°(横桥向)、22.5°、45°和 90°(顺桥向)4 种来流角度的影响，图 7.3-7 显示了部分工况的试验场景；波浪作用考虑规则波和随机波两种类型，进行不同波高和周期的组合；耦合效应包括风-浪耦合效应、浪-流耦合效应、风-浪-流耦合效应。

a)0°偏角(横桥向)　　　　　　　　　　　　b)22.5°偏角

c)90°偏角(顺桥向)

图 7.3-7　全桥模型风-浪-流耦合作用试验场景

全桥模型弹性响应主要测试参数包括：结构位移、加速度、基底剪力和弯矩响应。

7.3.3　试验结果及分析

全桥弹性模型在风-浪-流耦合作用下表现为不同类型的振动形式，桥梁成桥和施工状态的弹性模型在波浪作用下呈强迫振动状态。当波浪周期与桥塔和主梁固有周期不耦合时,波浪引起桥梁位移较小。当波周期与结构固有周期耦合时,会产生明显的波流共振,振幅大小与波高和结构阻尼关系密切。当风速较小时,波浪激励振动占主导;随风速的增大,呈风-浪-流耦合振动形态。

以下将对 22.5° 偏角来流作用下的结构响应进行详细分析。

1. 成桥状态全桥弹性模型风-浪耦合作用分析

当入射波浪周期为 7.5s,与桥塔固有周期接近时,桥塔和主梁位移如图 7.3-8 所示。从结果可知:桥梁成桥状态发生了共振现象,与主梁振型耦合而引发主梁的共振现象,振幅达到 ±192mm。

全桥弹性模型成桥状态在风-浪耦合作用下,桥塔和主梁位移如图 7.3-9 所示。从结果可知:波浪对主梁横桥向振动起到了显著放大效应,桥塔和主梁发生大幅振动,主梁最大竖向位移振幅达到 624mm,横桥向最大振幅为 211mm。

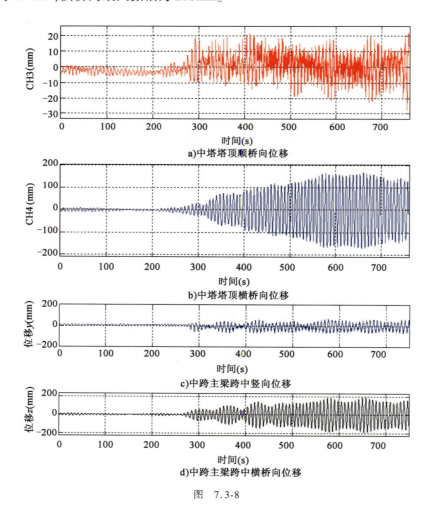

a) 中塔塔顶顺桥向位移

b) 中塔塔顶横桥向位移

c) 中跨主梁跨中竖向位移

d) 中跨主梁跨中横桥向位移

图 7.3-8

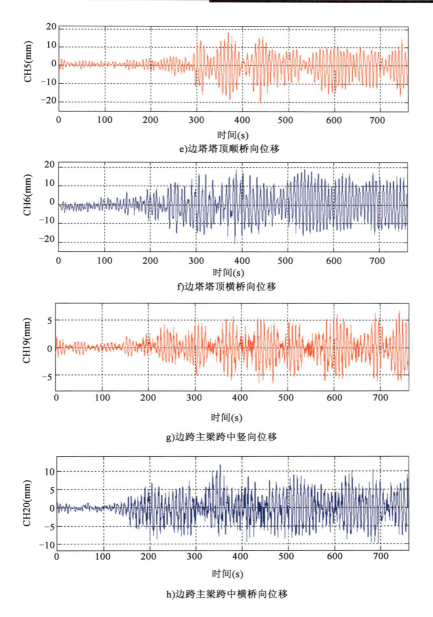

图 7.3-8　全桥模型在单独周期波浪共振试验结果(22.5°)

全桥弹性模型振动响应在风、波浪、风-浪耦合作用下的试验结果如表 7.3-5 所示,其中规则波浪周期 7.5s,波高 7.2m,风速 69m/s。从结果分析可知:①在耦合周期波浪作用下,波浪对主梁和桥塔的横桥向振动贡献度较高,占比达 57% 以上,而对主梁竖向振动贡献相对较低;②风、浪对桥梁动力效应存在显著耦合效应,风-浪耦合动力响应比单风+单浪叠加之和稍小,表明风与浪对结构的作用存在相互抑制效应。

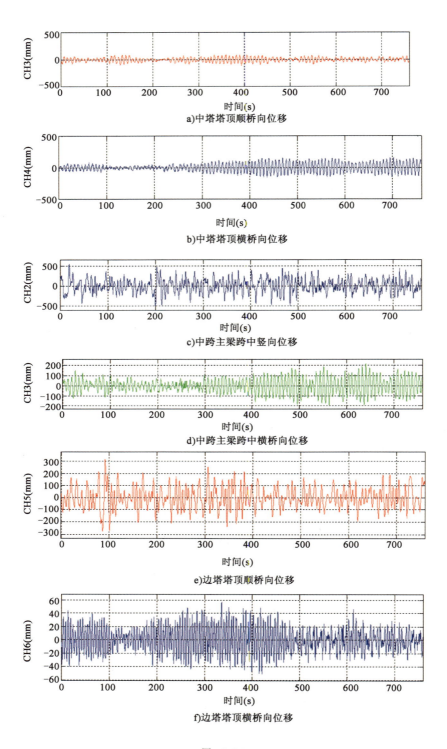

图 7.3-9

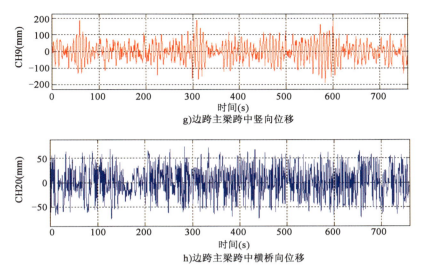

图 7.3-9 全桥模型在风-周期波浪耦合作用下的试验结果

桥梁成桥状态风-浪耦合作用振动响应（波周期 7.5s，波高 7.2m，风速 69m/s）　表 7.3-5

作用类型响应	主梁跨中竖向位移（mm）		主梁跨中横桥向位移（mm）		桥塔塔顶横桥向位移（mm）		桥塔塔顶顺桥向位移（mm）	
	Max	STD	Max	STD	Max	STD	Max	STD
风作用	606	171	146	48	96	29	96	32
波浪作用	67	44	191	127	170	113	22	14
风-浪耦合作用	624	170	211	69	157	64	94	36
风+浪响应叠加	673	215	337	175	266	142	118	46
波浪效应贡献	10%	20%	57%	73%	64%	80%	19%	30%
风-浪耦合效应	−7%	−21%	−37%	−61%	−41%	−55%	−20%	−22%

2. 最大悬臂状态全桥弹性模型风-浪耦合作用分析

当入射波浪周期为 8s 时，与中塔桥塔和主梁固有周期接近时，桥塔和主梁位移如图 7.3-10 所示。从结果可知：桥梁最大悬臂状态发生了共振现象，与主梁振型耦合而引发主梁的共振现象，主梁竖向位移达到 ±470mm。

最大悬臂状态桥梁弹性模型在风-波浪耦合作用下，中塔和中跨主梁位移如图 7.3-11 所示。从结果可知：桥塔和主梁发生大幅振动，主梁最大竖向位移振幅达到 1 036mm，横桥向最大振幅为 787mm。

主梁最大单悬臂状态全桥弹性模型振动响应在风、波浪、风-浪耦合作用下的试验结果如表 7.3-6 所示，其中规则波浪周期 8s，波高 7.2m，风速 63m/s。从结果分析可知：①在耦合周期波浪作用下，波浪作用对主梁顺桥向、桥塔横/顺桥向动力响应贡献都很大，占比达 41% 以上；②风、浪对桥梁动力效应存在显著耦合效应，风与浪对结构的作用存在相互抑制效应。

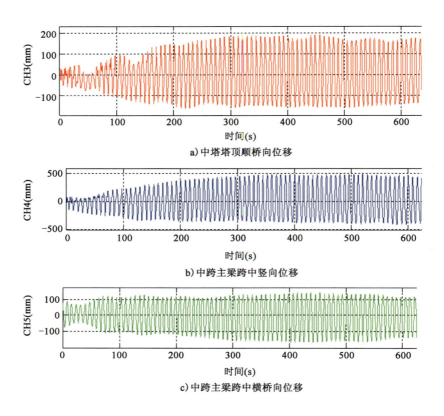

图 7.3-10　最大单悬臂状态全桥弹性模型在单独周期波浪共振试验结果(22.5°)

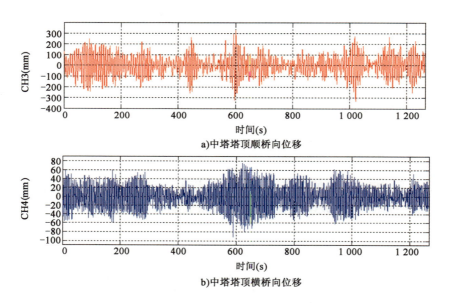

图　7.3-11

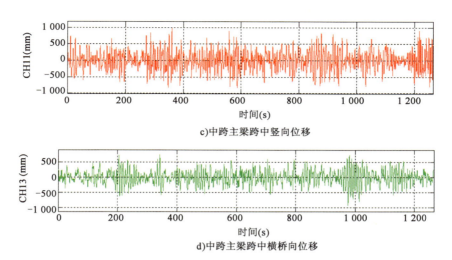

图 7.3-11 最大单悬臂状态全桥弹性模型在风-周期波浪耦合作用下的试验结果(22.5°)

桥梁最大单悬臂状态风-浪耦合作用振动响应(波周期8s,波高7.2m,风速63m/s) 表 7.3-6

作 用 类 型	主梁跨中竖向位移(mm)		主梁跨中横桥向位移(mm)		桥塔塔顶横桥向位移(mm)		桥塔塔顶顺桥向位移(mm)	
	Max	STD	Max	STD	Max	STD	Max	STD
风作用	616	179	711	206	75	25	268	79
波浪作用	544	362	202	146	77	47	222	141
风-浪耦合作用	1 036	207	787	230	78	26	321	91
风+浪响应叠加	1 160	541	913	352	152	72	490	220
波浪效应贡献	47%	67%	22%	41%	51%	65%	45%	64%
风-浪耦合效应	-11%	-62%	-14%	-35%	-49%	-64%	-34%	-59%

本章参考文献

[1] 项海帆,等.现代桥梁抗风理论与实践[M].北京:人民交通出版社,2005.

[2] 邱大洪.海岸和近海工程学科中的科学技术问题[J].大连理工大学学报,2000,40(6):631-637.

[3] 李玉成.水流中波浪谱变形的理论分析与试验研究[J].水动力学研究与进展,1987,2(2):66-80.

[4] 李玉成,滕斌.波浪对海上建筑物的作用[M].北京:海洋出版社,2002.

[5] 邱大洪.波浪理论及其在工程上的应用[M].北京:高等教育出版社,1985.

[6] Cermak J E. Wind tunnel studies of buildings and structures[J]. Aerospace Engineering,1996,1:19-36.

[7] Holmes J D. Wind loading of structures [M]. London and New York: Spon Press (Taylor & Francis Group),2001.

[8] Simiu E,Scanlan RH. Wind effects on structures[M]. 3rd ed. New York:Wiley,1996.

[9] Ueda S,Maruyama T,Ikegami K,et al. Experimental study on the elastic response of a movable floating bridge in

waves[C]. Proc. of the 3th International Workshop on Very Large Floating Structures,1999,2:766-775.

[10] Liu Gao,Liu Tiancheng,Guo Anxin,et al. Dynamic elastic response testing method of bridge structure under wind-wave-current action[C]. The 25rd International Offshore (Ocean) and Polar Engineering Conference,Kona,Hawaii,USA,2015.

[11] Liu Haiyuan,Geng Baolei,Peng Cheng. Experimental study on elastic model of bridge tower under wind,Wave and Current[A]. The 25rd International Offshore (Ocean) and Polar Engineering Conference[C]. Kona,Big Island,Hawaii,USA,June 21-26,2015.

[12] 方庆贺,郭安薪,李惠. 台风波浪对跨海近岸桥梁作用力研究[C]. 第十三届全国水动力学学术会议暨第二十六届全国水动力学研讨会文集[A]:586-591.

[13] Liu J B,Guo A X,Liu G,et al. Effects of wind and wave coupling actions on the dynamic response of freestanding bridge tower[C]. 3rd Symposium on FSSIC.

[14] Guo A X,Liu J B,Chen W L,et al. Experimental study of the dynamic responses of a freestanding bridge tower subjected to coupled actions of wind and wave loads[J]. Journal of Wind Engineering and Industrial Aerodynamics,2016,159:36-47.

[15] 陶建华,刘连武. 波浪和水流对大直径圆柱的共同作用力[J]. 水动力学研究与进展,1993,8(3):265-272.

[16] 中国船级社. 海上移动平台入级与建造规范[M]. 北京:人民交通出版社,2005.

[17] 江宏. 半潜式海上石油平台模型风荷测试[J]. 中国海洋平台,1997,12(2):76-80.

[18] 中华人民共和国行业标准. JTJ 213—98 海港水文规范[S]. 北京:人民交通出版社,1998.

[19] 中华人民共和国行业标准. JTJ 215—98 港口工程荷载规范[S]. 北京:人民交通出版社,1998.

第 8 章 桥梁风-浪-流耦合作用数值水槽模拟技术

试验观测是科学研究中的一个重要环节,它不仅能为科学研究提供真实可靠的物理信息支持,而且也为科学理论的验证提供了最为直观、最为可信的实际资料依据。波浪水槽是最为常见的试验设备之一。通过试验波浪水槽,可以对波浪的产生、传播以及衰减消逝等过程进行细致入微的实测,从而为各种波浪理论研究奠定坚实的物理基础。尽管如此,其高昂的造价、相对固定的功能、复杂的观测流程以及相应的维护、保养等问题,都使波浪试验水槽的使用和发展遇到巨大障碍。相对于物理模型试验,数值波浪水槽具有费用低、无触点流场测量、无比尺效应、消除物理模型试验中由传感器尺寸及模型变形等因素对流场的影响,可获得较为详细的流场信息等优点。在某些特殊的条件下试验,物理波浪水槽是无法实现的,只能够利用数值模拟技术来实现。目前,世界各国的水波动力学研究人员都非常重视波浪数值水槽的开发和应用。

8.1 风-浪-流耦合数值水槽模型

8.1.1 风-浪-流耦合数值水槽架构

与桥梁抗风研究领域中基于计算流体动力学研发的数值风洞类似(刘天成,2010),数值波浪水槽是一种计算机的仿真模拟程序。其目的是用来尽可能逼真地模拟真实的物理试验波浪水槽的各种功能,并最终能够替代试验波浪水槽完成相应的科学研究及工程设计等任务,这就是数值波浪水槽的定义。作为一个数值波浪水槽,其必备的条件是:①必须具有实时模拟能力;②可在有界区域内进行模拟;③能够模拟重力作用下的自由表面波动;④要求在自由面和固体边界上都满足非线性边界条件;⑤包含物理造波机制(运动的边界、变化的压力等)。

从理论上讲,数值波浪水槽和物理试验波浪水槽所实现的功能应当是完全一样的。但是显而易见,数值波浪水槽具有造价低廉、无须维修、使用方便、易于改造、便于普及和测量精确等优势。正因为有如此巨大的优势,世界各国的水波动力学研究人员都非常重视波浪数值水槽的开发和应用。

在海洋工程和水动力工程中,物理波浪水槽试验方法发挥了极其重要的作用,这也是最传统、最常用的研究手段。目前,一系列的相关的试验技术发展到了相当完善的水平,如造波、消波、模型设计方法、试验测试技术等。本文在波浪、水流和风场研究理论及其物理试验方法的基础上,基于计算流体动力学理论建立了数值浪-流水槽模型及其计算方法(Numerical wind-wave-current tank,NWWCT)。与物理试验波浪水槽和风洞类似,风-浪-流数值水槽模型由数值区域浪-流生成器、风场模拟区、风-浪-流耦合演化区、数值消波区和边界条件格式构成,如图8.1-1所示。在数值浪-流水槽模型中建立笛卡尔坐标系(x,y,z):x坐标描述浪-流水槽的长度;y坐标描述水深;z坐标描述浪-流水槽的横向宽度;浪-流沿着x正方向运动。根据工程浪-流耦合作用问题求解需要,分别建立了数值浪-流水槽二维模型(2D)和三维模型(3D)。

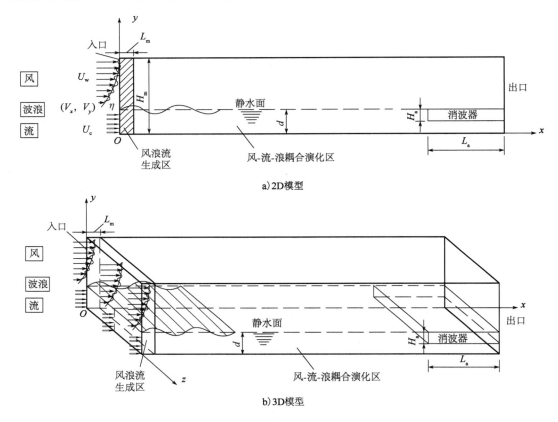

图 8.1-1 风-浪-流数值水槽模型架构

风速生产区域设置在数值水槽的入口边界处。在水相中进行浪流的数值模拟;在自由水面以上,气相流体质点以均匀风或脉动风形式进行运动,如图 8.1-2 所示,风速、水流和波浪传播方向相同。

区域浪-流生成器设置在数值浪-流水槽的入口处,长度×宽度=$L_m \times H_m$,其中,$L_m = 0 \sim 0.2L_{wave}$(L_{wave}为波长),当$L_m = 0$时,区域浪-流生成器就变成边界造波法,可以通过浪-流外推生成技术来实现造波。局部消波器设置在数值浪-流水槽的出口附近位置,消波区域长度$L_a =$

$1\sim2L_{wave}$,高度 $L_a=1\sim1.5H_{wave}$(H_{wave} 为入射波波高),消波器水平中心线设置在静水面位置,从而消除消波器对水流的阻塞影响。

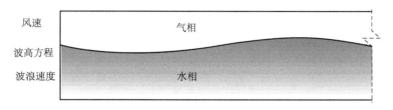

图 8.1-2 风-浪-流耦合作用界面

在桥梁结构风工程研究中,流动介质一般仅局限于常温常压下的空气,可简化为不可压缩牛顿型流体模型。流动中不会出现激波等强间断,一般不考虑传热现象。因此,数值风浪流水槽在数学方法上仍然利用非定常不可压缩黏性流 Navier-Stokes(NS)方程及连续方程来描述,即:

$$\frac{\partial v_i}{\partial x_i} = 0 \tag{8.1-1}$$

$$\frac{\partial v_i}{\partial t} + v_j\frac{\partial v_i}{\partial x_j} = g_i - \frac{1}{\rho}\frac{\partial p_i}{\partial x_i} + \frac{1}{\rho}\frac{\partial \tau_{ij}}{\partial x_j} \tag{8.1-2}$$

式中:$i,j=1,2,3$(三维流体运动);

ρ——流体密度;

p_i——第 i 个分量压力;

v_i、g_i——第 i 个速度向量分量和重力加速度;

τ_{ij}——黏性应力通量。

连续方程描述了流体运动的质量守恒,NS 方程描述了流体的动量守恒。

对于高雷诺数流体运动模拟,可以用直接模拟法(Direct Numerical Simulation,DNS)进行求解。但是对于桥梁结构这种高雷诺数的流体运动模拟,采用直接模拟法求解时需要的巨大网格数量和计算资源已经远远超出了现有的计算能力,因此通常采用间接模拟法来求解。目前常用的间接模拟方法主要有雷诺时均法(Reynolds-Averaged Navier-Stokes Equations,RANS)、大涡模拟法(Large Eddy Simulation,LES)及 RANS/LES 混合阀(即分离涡模拟法,DES)(Spalart P R,2000;Tamura T,2006)。此外,基于分子运动论的完全离散法也在湍流模拟中发挥了有效作用(Liu,2007)。

8.1.2 波浪自由表面的追踪方法

在基于 NS 方程的数值浪-流水槽模拟中进行浪-流模拟时,如何高效、准确地描述和追踪浪-流表面的运动变化过程是浪-流运动模拟的关键问题,这是涉及水和气体两相流计算的问题,即水槽水面属于气、水两相分界面,波浪流动属于水、气分层两相流。自由水面追踪是垂向二维和三维波浪数值模拟成功的关键。在具有自由水面的波浪模拟中,自由表面时刻都在变化,导致计算域时刻发生改变,要在自由面上加上运动学边界条件和动力学边界条件,必须首先确定自由面的位置。

目前主要的自由表面跟踪数值模拟方法可以分为两大类:Lagrange 界面跟踪方法和 Euler 界面捕捉方法。在 Lagrange 界面跟踪方法中主要有 Particle In Cell(PIC)方法、Fluid In Cell(FLIC)方法和 Marker And Cell(MAC)方法,Euler 界面捕捉方法则主要包括有 Volume of Fluid(VOF)流体体积类方法、Level Set 类方法等。VOF 是目前处理带有复杂自由表面问题较为理想的方法,其核心在于引入一个单变量函数,即流体体积函数来跟踪自由表面,可以表述自由表面的各种复杂变化。该方法是由美国 Los Alamos 科学实验室首先提出的一种处理复杂自由表面问题的数值计算方法,现在被广泛应用到许多有关自由面流的流场分析中。

在流体体积法(Volume-of-Fluid,VOF)中,浪-流自由表面运动通过输运方程来描述,即:

$$\frac{\partial F}{\partial t} + \vec{v} \nabla F = 0 \tag{8.1-3}$$

在数值计算中,VOF 引入体积分数 a_q,表示第 q 种物质在该单元格内所占有的体积,$a_q = 0$ 表示空,$a_q = 1$ 表示充满,$0 < a_q < 1$ 表示第 q 种物质在单元格内的体积为 a_q,在该问题中,$q = 1$ 和 2 分别表示气和水。自由表面处 a_q 应满足下列方程和计算控制条件:

$$\frac{\partial a_q}{\partial t} + \vec{v} \nabla a_q = 0 \quad (q = 1,2,\cdots) \tag{8.1-4}$$

$$\sum_{q=1}^{n} a_q = 1 \tag{8.1-5}$$

式中:$\vec{v}$——该流体单元的平均速度。

整个流场中不同部分的密度是不一样的,在两种物质混合的单元内,采用如下算法计算其密度:

$$p = \sum_{q=1}^{n} a_q \rho_q \quad (q = 1,2) \tag{8.1-6}$$

VOF 模型通过求解单独的动量方程和处理穿过区域的每一流体的体积比来模拟两种不能混合的流体,其方程为:

$$\frac{\partial}{\partial t}(\rho \vec{v}) + \nabla(\rho \vec{v} \vec{v}) = - \nabla p + \nabla [\mu(\nabla \vec{v} + \nabla \vec{v})] + \rho \vec{g} + \vec{F} \tag{8.1-7}$$

8.1.3 浪-流耦合场及区域数值造波模型

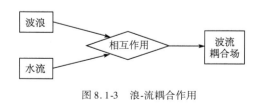

图 8.1-3 浪-流耦合作用

根据线性波浪和浪、流相互作用理论,入口边界处的浪-流耦合作用可以看作是入射波浪和定常流的叠加效应,并在内部浪-流演化流场区能有效捕获到浪-流自由表面运动,如图 8.1-3 所示。这样,入口边界处的水质点速度向量可以通过对定常流速度 U_c 和入射波水质点速度进行线性叠加而得到。考虑均匀流情况，浪-流生成器的水质点速度向量分量可以用下式来描述。

$$\left. \begin{array}{l} U_{x,\mathrm{wc}}(x,y,z,t) = v_{x,\mathrm{w}}(x,y,z,t) + U_c \\ U_{y,\mathrm{wc}}(x,y,z,t) = v_{y,\mathrm{w}}(x,y,z,t) \\ U_{z,\mathrm{wc}}(x,y,z,t) = v_{z,\mathrm{w}}(x,y,z,t) \end{array} \right\} \qquad (8.1\text{-}8)$$

式中： w、c——水体和空气；

$U_{x,\mathrm{wc}}$、$U_{y,\mathrm{wc}}$、$U_{z,\mathrm{wc}}$——浪-流水质点在 x、y 和 z 方向上的速度分量。

在浪-流生成器所在的入口边界处，在定常水流上输送的波浪波面包含了入射波波面 η_{inc} 和反射波波面 η_{ref}，即：

$$\eta_{\mathrm{total}}(t) = \eta_{\mathrm{ref}}(t) + \eta_{\mathrm{inc}}(t) \qquad (8.1\text{-}9)$$

式中：η_{total}——浪-流耦合作用的波面高度。由于反射波波面影响在到达入口边界处时已经衰减到非常弱的状态，因此在数值模拟时对其影响可以忽略不计。

在每个新的时间步中，在浪-流生产区域内，代表水质点的网格单元中心点的速度可以通过波浪质点和水流质点速度叠加得到，从而推动计算区域内部流体的运动。相应也可以计算出浪-流自由表面边界的位置。

1. 规则波浪场的模拟

在数值造波中，存在的关键问题是如何计算得到不同波浪类型的水质点在每一时刻的速度值。以下以二阶 Stokes 波为例讨论规则波的模拟方法和步骤。在海洋工程中，二阶 Stokes 波理论得到了广泛的应用，它能有效描述具有有限波高的深水波浪。在本质上，二阶 Stokes 波是由两列波高、频率和相位各异的线性波叠加而成的，其波面过程和水质点速度可以用下列式来描述。

$$\eta(t) = \frac{H}{2}\cos\theta + \frac{H}{8}\left(\frac{\pi H}{L}\right)\frac{\cosh(kd)}{\sinh^3(kd)}[2 + \cosh(2kd)]\cos 2\theta \qquad (8.1\text{-}10)$$

$$v_x = \frac{\pi H}{T}\frac{\cosh(ks)}{\sinh(kd)}\cos\theta + \frac{3}{4}\frac{\pi H}{T}\left(\frac{\pi H}{L}\right)\frac{\cosh(2ks)}{\sinh^4(kd)}\cos 2\theta \qquad (8.1\text{-}11)$$

$$v_y = \frac{\pi H}{T}\frac{\sinh(ks)}{\sinh(kd)}\sin\theta + \frac{3}{4}\frac{\pi H}{T}\left(\frac{\pi H}{L}\right)\frac{\sinh(2ks)}{\sinh^4(kd)}\cos 2\theta \qquad (8.1\text{-}12)$$

$$\theta = kx - \omega t$$
$$s = y + d$$

式中：T、L、H、d——波浪周期、波长、波高和水深；

　　　k——波数；

　　　ω——波浪频率。

2. 不规则波浪场的模拟

在随机波浪理论中，认为随机波是由许多相互独立的规则波相互作用叠加而成的。对给定波浪能量谱的随机波系列,目标波浪可以通过一系列具有随机变量的规则波线性叠加得到,其中随机变量包括波幅、周期和相位等。在本研究中,采用随机相位谱方法(Random Phase Spectrum Method,RPSM)来模拟随机波浪过程,随机相位在($0\sim 2\pi$)范围内均匀分布。随机波浪谱可以离散为有限数量的规则波浪系列,通过线性叠加得到模拟的目标谱,其中波浪频率步长需要离散为足够小量以达到精确模拟的目标。由于波浪能量的分布具有窄带特点,因此可以假设波能分布主要集中在$\omega_L - \omega_H$范围内,而其他频率范围的波浪能量微小可以忽略。这样就可以将频率在主要能量范围能分为M个小段,从而可以将随机波浪波面描述为下式:

$$\eta(t) = \sum_{i=1}^{M}\sqrt{2S_\eta(\hat{\omega}_i)\Delta\omega_i}\cos[k_i(x\cos\theta + z\sin\theta) - \tilde{\omega}_i t + \varepsilon_i] \tag{8.1-13}$$

$$\Delta\omega_i = \omega_i - \omega_{i-1}, \hat{\omega}_i = (\omega_{i-1} + \omega_i)/2$$

式中:$\eta(t)$——随机波浪波面;

S_η——波谱函数;

M——波浪频率离散的数量;

$\tilde{\omega}_i$——第i个离散的组成波频率,并取为$\omega_i \sim \omega_{i-1}$范围内的随机数;

k_i——波数可以有相关参数计算得到;

x、z——空间位置,t表示时间;

θ——入射波的入射角度,为波浪传播方向与x轴的夹角;

ε_i——第i个离散组成波的随机相位。

与波面方程类似,波浪场中水质点的速度分量也可以离散为下列形式:

$$v_x(t) = \sum_{i=1}^{M}\Phi_i\cosh k_i(d+z)\cos[k_i(x\cos\theta + z\sin\theta) - \tilde{\omega}_i t + \varepsilon_i]\cos\theta \tag{8.1-14}$$

$$v_z(t) = \sum_{i=1}^{M}\Phi_i\cosh k_i(d+z)\cos[k_i(x\cos\theta + z\sin\theta) - \tilde{\omega}_i t + \varepsilon_i]\sin\theta \tag{8.1-15}$$

$$v_y(t) = \sum_{i=1}^{M}\Phi_i\sinh k_i(d+z)\sin[k_i(x\cos\theta + z\sin\theta) - \tilde{\omega}_i t + \varepsilon_i] \tag{8.1-16}$$

$$\Phi = \frac{\sqrt{2S_\eta(\hat{\omega}_i)\Delta\omega_i}}{\sin k_i d}\tilde{\omega}_i \tag{8.1-17}$$

式中:$v_x(t)$、$v_z(t)$、$v_y(t)$——波浪水质点速度在x、y和z方向的分量;

θ——入射波的入射角度。

入射随机波浪通过JONSWAP谱来描述。该波浪谱是通过大量海洋观测资料拟合得到的,Hasselmann等(1973)研究提出了以下波谱表达式:

$$S(f) = \frac{\alpha g^2}{(2\pi)^4 f^5}\exp[-1.25 (f/f_p)^{-4}]\gamma^{\exp[-(f-f_p)^2/2\sigma^2 f_p^2]} \tag{8.1-18}$$

式中:$S(f)$——谱能量;

α——Phillips常数,取值0.008 1;

g——重力加速度；

　　f——波浪频率。

$\sigma = 0.07, f < f_p$，或 $\sigma = 0.09, f \geqslant f_p$，其中 f_p 为对应的谱峰频率。

在一般的 JONSWAP 谱中，系数取值 $\gamma = 3.3$ 或根据实测值确定。

在实际工程应用中，通常采用波浪周期和波高来描述特定的波浪场，为此采用了 JONSWAP 谱的以下修正形式（Goda，1999）：

$$S(f) = \beta_J H_{1/3}^2 T_p^{-4} f^{-5} \exp[-1.25(T_p f)^{-4}] \cdot \gamma^{\exp[-(f/f_p - 1)^2/2\sigma^2]} \tag{8.1-19}$$

其中

$$\beta_J = \frac{0.06238}{0.23 + 0.0336\gamma - 0.185(1.9 + \gamma)^{-1}} \cdot (1.094 - 0.01915\ln\gamma)$$

$$T_p = \frac{T_{H_{1/3}}}{1 - 0.132(\gamma + 0.2)^{-0.559}} \quad \text{或} \quad T_p = \frac{\overline{T}}{1 - 0.532(\gamma + 2.5)^{-0.569}}$$

式中：$S(f)$——谱能量；

　　　f——波浪频率；

　　　$H_{1/3}$、$T_{H_{1/3}}$——有效波高和有效波周期；

　　　$\overline{T}$——平均波周期。

8.1.4　流场区域阻尼消波法

在波浪演化数值计算过程中，从流场计算区域人工边界发生的反射波对模拟结果存在非常大的影响。即从计算区域前端数值造波区域生成的波浪沿程传播到达水槽末端，在没有消波的情况下，计算域的末端边界将对波浪形成反射作用，反射波与入射波的叠加作用将使水槽沿程的波浪运动变得紊乱无序。为了减小这种反射波的影响，计算中最简单的方法就是将计算区域的边界设置到足够远的位置，从而弱化反射波对波浪演化的影响（Li Tingqiu，2007）。但是这种方法会带来流场计算网格数量巨大而无法接受的问题。因此，为了减小边界反射波的影响，通常是参考物理模型试验思路，在计算区域边界附近设置人工阻尼消波层，从而达到消减反射波的影响。

在数学模型上，人工阻尼消波层可以通过适当形式的数值耗散函数来描述，在流体运动控制方程中加入人工阻尼项。对于非定常流，动量输运方程描述了流体运动速度，因此在阻尼消波区域内的动量输运方程中添加阻尼源项，即：

$$\frac{\partial v_x}{\partial t} + v_x \frac{\partial v_x}{\partial x} + v_y \frac{\partial v_x}{\partial y} = -\frac{1}{p}\frac{\partial p}{\partial x} + g_x + \mu\left(\frac{\partial^2 v_x}{\partial x^2} + \frac{\partial^2 v_x}{\partial y^2}\right) - \gamma(x)v_x \tag{8.1-20}$$

$$\frac{\partial v_y}{\partial t} + v_x \frac{\partial v_y}{\partial x} + v_y \frac{\partial v_y}{\partial y} = -\frac{1}{p}\frac{\partial p}{\partial y} + g_y + \mu\left(\frac{\partial^2 v_y}{\partial x^2} + \frac{\partial^2 v_y}{\partial y^2}\right) - \gamma(x)v_y \tag{8.1-21}$$

式中:$\gamma(x)$——阻尼函数,在非消波区域取值为 0。根据本书建立的数值水槽特点,构造了线性阻尼函数表达式,即:

$$\gamma(x) = \frac{\alpha(x - x_s)}{x_e - x_s} \tag{8.1-22}$$

$x_s < x < x_e$——阻尼消波区域;

s、e——消波区的起点和终点。

为了最大限度减小消波区对水流的阻塞影响,通过大量计算分析比较,将消波区域的高度取为 $1 \sim 1.5 H_{wave}$(H_{wave} 为入射波波高),并且消波区水平中心线设置在静水面位置处。由于消波区范围较小,为了达到有效消波的目的,通过引入消波系数 α 来调整消波阻尼函数的消波强度。

8.1.5 空间脉动风速场模拟

为了分析大跨度桥梁结构在自然风速作用下的随机动力响应,Monte Carlo 方法是一种直接有效的方法。对给定谱特性的大气边界层风场,它通过计算机模拟技术生成随机风速样本函数,利用线性或非线性方法分析结构的动力响应。在实际的大气边界层紊流风场中,脉动风速不仅是时间的函数,而且随空间位置 (x,y,z) 而变化,是一个所谓的单变量四维(1V-4D)随机场。根据前人的研究,自然风的脉动可以近似地处理为各态历经的平稳高斯随机过程。若将风场看作是离散空间点处随机风波的总和,则该单变量四维(1V-4D)随机场可以处理为多变量一维(nV-1D)随机过程。运用 Monte Carlo 思想模拟多变量随机过程主要有两类方法。一类是谐波合成法(WAWS 法);另一类是利用线性滤波技术的方法(如 AR,MA,ARMA 等),称为线性滤波法。谐波合成法是一种利用谱分解和三角级数叠加来模拟随机过程样本的传统方法。以下介绍用于模拟多变量平稳随机过程的 Shinozuka′s 谐波合成法和 Deodatis′s 谐波合成法。

1. Shinozuka′s 谐波合成法

考虑一个零均值的一维 n 变量平稳高斯随机过程 $\{f_j^0(t)\}$($j = 1,2,\cdots,n$),其互相关函数矩阵为:

$$\boldsymbol{R}^0(\tau) = \begin{bmatrix} R_{11}^0(\tau) & R_{12}^0(\tau) & \cdots & R_{1n}^0(\tau) \\ R_{21}^0(\tau) & R_{22}^0(\tau) & \cdots & R_{2n}^0(\tau) \\ \vdots & \vdots & \ddots & \vdots \\ R_{n1}^0(\tau) & R_{n2}^0(\tau) & \cdots & R_{nn}^0(\tau) \end{bmatrix} \tag{8.1-23}$$

互谱密度矩阵为:

$$\boldsymbol{S}^0(\omega) = \begin{bmatrix} S_{11}^0(\omega) & S_{12}^0(\omega) & \cdots & S_{1n}^0(\omega) \\ S_{21}^0(\omega) & S_{22}^0(\omega) & \cdots & S_{2n}^0(\omega) \\ \vdots & \vdots & \ddots & \vdots \\ S_{n1}^0(\omega) & S_{n2}^0(\omega) & \cdots & S_{nn}^0(\omega) \end{bmatrix} \tag{8.1-24}$$

且互相关函数矩阵的元素与互谱密度矩阵的元素存在如下 Wiener-Khintchine 关系式：

$$S_{jk}^0(\omega) = \frac{1}{2\pi}\int_{-\infty}^{\infty} R_{jk}^0(\tau)\mathrm{e}^{-\mathrm{i}\omega\tau}\mathrm{d}\tau \tag{8.1-25}$$

$$R_{jk}^0(\tau) = \int_{-\infty}^{\infty} S_{jk}^0(\omega)\mathrm{e}^{\mathrm{i}\omega\tau}\mathrm{d}\omega \tag{8.1-26}$$

按照 Shinozuka 的建议，随机过程 $\{f_j^0(t)\}$ 的样本 $\{f_j(t)\}$ 可以由下式来模拟：

$$f_j(t) = 2\sqrt{\Delta\omega}\sum_{m=1}^{j}\sum_{l=1}^{N}|H_{jm}(\omega_l)|\cos[\omega_l' t - \theta_{jm}(\omega_l) + \phi_{ml}] \tag{8.1-27}$$

式中： N——一充分大的正整数；

$\Delta\omega = \omega_{up}/N$——频率增量，$\omega_{up}$ 为截止频率，即当 $\omega > \omega_{up}$ 时 $S^0(\omega) = 0$；

ϕ_{ml}——均匀分布于 $[0,2\pi)$ 区间的随机相位：

$$\omega_l = \left(l - \frac{1}{2}\right)\Delta\omega, \omega_l' = \omega_l + \delta\omega_l \quad (l = 1,2,\cdots,N) \tag{8.1-28}$$

$\delta\omega_l$——均匀分布于 $(-\Delta\omega'/2, \Delta\omega'/2)$ 的随机频率，$\Delta\omega' \ll \Delta\omega$。$\delta\omega_l$ 的引入是为了消除模拟随机过程的周期性，但它以牺牲效率为代价，因而 Jeffries 建议最好不用随机频率措施。

$H_{jm}(\omega_l)$ 为 $S^0(\omega_l)$ 的 Cholesky 分解矩阵 $\boldsymbol{H}(\omega_l)$ 中的元素，即：

$$\boldsymbol{S}^0(\omega_l) = \boldsymbol{H}(\omega_l)\boldsymbol{H}^{\mathrm{T}*}(\omega_l) \tag{8.1-29}$$

$\theta_{jm}(\omega_l)$ 为 $H_{jm}(\omega_l)$ 的复角，由下式给出：

$$\theta_{jm}(\omega_l) = \tan^{-1}\left\{\frac{\mathrm{Im}[H_{jm}(\omega_l)]}{\mathrm{Re}[H_{jm}(\omega_l)]}\right\} \tag{8.1-30}$$

为了避免模拟结果的失真现象，时间增量必须满足以下关系式：

$$\Delta t \leqslant \frac{2\pi}{2\omega_{up}} \tag{8.1-31}$$

为了运用 FFT 技术，取 $M = \frac{2\pi}{\Delta\omega\Delta t}$ 为整数，则可以将式（8.2-27）改写为如下形式：

$$f_j(p\Delta t) = 2\sqrt{\Delta\omega}\,\mathrm{Re}\left\{G_j(p\Delta t)\exp\left[\mathrm{i}\left(\frac{p\pi}{M}\right)\right]\right\} \quad (p = 0,1,\cdots,M-1;j = 1,2,\cdots,n) \tag{8.1-32}$$

$G_j(p\Delta t)$ 由下式给出，可通过 FFT 进行计算：

$$G_j(p\Delta t) = \sum_{l=0}^{M-1} B_j(l\Delta\omega)\exp\left(\mathrm{i}lp\frac{2\pi}{M}\right) \tag{8.1-33}$$

其中：

$$B_j(l\Delta\omega) = \begin{cases}\sum_{m=1}^{j} H_{jm}(l\Delta\omega)\exp(\mathrm{i}\varphi_{ml}) & (0 \leqslant l < N) \\ 0 & (N \leqslant l < M)\end{cases} \tag{8.1-34}$$

需要说明的是,以上的目标功率谱均为双边功率谱,实际风工程中给出的一般都是单边功率谱。

2. Deodatis's 谐波合成法

根据 Shinozuka 和 Deodatis 的研究,随机过程 $\{f_j^0(t)\}$ 的样本 $\{f_j(t)\}$ 也可以用下式进行模拟:

$$f_j(t) = 2\sqrt{\Delta\omega}\sum_{m=1}^{j}\sum_{l=1}^{N}|H_{jm}(\omega_{ml})|\cos[\omega_{ml}t - \theta_{jm}(\omega_{ml}) + \varphi_{ml}] \quad (8.1\text{-}35)$$

式中:ω_{ml}——双索引频率,定义如下:

$$\omega_{ml} = (l-1)\Delta\omega + \frac{m}{n}\Delta\omega \quad (l = 1,2,\cdots,N) \quad (8.1\text{-}36)$$

同样,为了避免模拟结果的失真现象,时间增量必须满足关系式(8.1-31)。式(8.1-35)模拟的随机过程的周期为:

$$T_0 = \frac{2\pi n}{\Delta\omega} = \frac{2\pi nN}{\omega_{up}} \quad (8.1\text{-}37)$$

类似于前面,模拟随机过程的集综均值为零,集综相关函数和功率谱密度随 $N\to\infty$ 而收敛到目标相关函数和功率谱密度。而且,Deodatis 给出了其均值和相关函数的各态历经性的证明,即当 $T = T_0$ 时,该模拟随机过程的时间均值和时间相关函数分别等于集综均值和集综相关函数。

由于 $\boldsymbol{H}(\omega)$ 是 ω 的函数,对每个频率点 ω_{ml} 都要进行一次 $\boldsymbol{S}^0(\omega)$ 的 Cholesky 分解,其计算量是相当大的,且需要太多的内存。在工程实际中,空间不同点之间的互谱密度通常用实函数来表达,因而互谱密度矩阵 $\boldsymbol{S}^0(\omega)$ 为实对称矩阵。因此,谱分解的下三角矩阵 $\boldsymbol{H}(\omega)$ 也是实数矩阵。通过对 $\boldsymbol{H}(\omega)$ 的分析发现,$\boldsymbol{H}(\omega)$ 的各元素均随频率连续地变化。这样,我们可以通过仅计算少量频率点的 $\boldsymbol{H}(\omega)$,利用插值函数得出其他频率点 ω_{ml} 处 $\boldsymbol{H}(\omega)$ 的近似值。实际应用表明,这种插值近似能够在保证模拟精度的同时,大大提高计算效率,并减少内存花费。这项改进措施同样可以在 Shinozuka's 谐波合成法中应用,以达到提高计算速度的目的。

具体插值方式的应用可以有不同的选择。最常用的两种插值方法是:线性插值和三次拉格朗日多项式插值。线性插值由于其精度相对较差,因而要求更多频率点的谱分解,这就造成更多计算机内存的需要。因此,应用线性插值必须首先考虑内存问题。三次拉格朗日多项式插值的插值方程为:

$$\tilde{H}_{jk}(\omega) = \sum_{l=i-1}^{i+2} H_{jk}(\omega_l)L_l(\omega) \quad (8.1\text{-}38)$$

式中:$L_l(\omega)$——拉格朗日插值函数。

运用 $\boldsymbol{H}(\omega)$ 的插值近似之后,脉动风速样本的模拟公式变为:

$$f_j(t) = 2\sqrt{\Delta\omega}\sum_{m=1}^{j}\sum_{l=1}^{N}\tilde{H}_{jm}(\omega_{ml})\cos(\omega_{ml}t + \varphi_{ml}) \quad (8.1\text{-}39)$$

同样可以证明,用上式模拟的脉动风速样本仍保持各态历经性,且随 $N\to\infty$ 而收敛到目标功率谱。

运用 FFT 技术可以大大减少风场模拟的计算量,进一步提高计算效率。类似于 Deodatis 的推导,我们可以将式(8.2-35)改写为如下形式:

$$f_j(p\Delta t) = \text{Re}\left\{\sum_{m=1}^{j} G_{jm}(q\Delta t)\exp\left[\text{i}\left(\frac{m\Delta\omega}{n}\right)(p\Delta t)\right]\right\} \quad (p = 0,1,\cdots,2N\times n -1; j = 1,2,\cdots,n)$$
(8.1-40)

式中:q——$p/2N$ 的余数,$q = 0,1,\cdots,2N-1$。

$G_{jm}(q\Delta t)$ 由下式给出,可用 FFT 进行计算:

$$G_{jm}(q\Delta t) = \sum_{l=0}^{2N-1} B_{jm}(l\Delta\omega)\exp\left(\text{i}lq\frac{2\pi}{M}\right)$$
(8.1-41)

其中:

$$B_{jm}(l\Delta\omega) = \begin{cases} 2\sqrt{\Delta\omega}\tilde{H}_{jm}\left(l\Delta\omega + \frac{m\Delta\omega}{n}\right)\exp(\text{i}\varphi_{ml}) & (0 \leqslant l < N) \\ 0 & (N \leqslant l < M) \end{cases}$$
(8.1-42)

8.1.6 边界条件和初始条件

按照波浪基本理论,流体运动方程应满足以下边界条件:

(1)在水底 $z = -d$ 处,垂直速度为零,即不可穿透无滑移条件。

(2)波浪表面 $z = \zeta$ 处的动力学边界条件:

$$\left.\frac{\partial\Phi}{\partial z}\right|_{z=\zeta} + \text{g}\xi + \frac{1}{2}\left[\left(\frac{\partial\Phi}{\partial x}\right)^2 + \left(\frac{\partial\Phi}{\partial z}\right)^2\right]\left.\frac{\partial\zeta}{\partial t}\right|_{z=\zeta} + \frac{p}{\rho} = 0$$
(8.1-43)

(3)波浪表面 $z = \zeta$ 处的运动学边界条件:

$$\left.\frac{\partial\Phi}{\partial z}\right|_{z=\zeta} = \frac{\partial\zeta}{\partial t} + \frac{\partial\zeta}{\partial x}\left.\frac{\partial\Phi}{\partial x}\right|_{z=\zeta} + \frac{\partial\zeta}{\partial y}\left.\frac{\partial\Phi}{\partial y}\right|_{z=\zeta}$$
(8.1-44)

式中:$z = \zeta(x,y,t)$——波浪自由面方程。

(4)在无穷远点处势函数 Φ 和波浪表面高度 ζ 应当有界。

按照无旋假设,方程应满足以下初始条件:

$$\begin{cases} \Phi|_{t=0} = f_1(x,y), z = \zeta(x,y,0) \\ \left.\frac{\partial\Phi}{\partial t}\right|_{t=0} = f_2(x,y), z = \zeta(x,y,0) \end{cases}$$
(8.1-45)

在数值计算中,边界条件是数值水槽能否实现其造波功能的决定因素。根据所建立的计算模型,边界造波中需要对边界处速度函数进行定义,故将数值水槽左侧边界设置为速度入口(Velocity-Inlet)。二阶 Stokes 波浪在传播过程中存在质点漂移,在波浪在传播方向上存在着质量的向前传输,故不同于线性波浪在数值模拟中进行封闭的无出水口的边界条件设定,本模型将数值水槽右侧边界设置为压力出口(Pressure-Outlet),以静水自由面位置作为界定气相与水相分界。下边界模拟为数值水槽的池底,设置为无滑移壁面(Wall)。由于计算域上部的气流运动对造波过程的影响较小,所以可以将上边界也设置为无滑移壁面(Wall),这虽然与实际情况中的无限宽广自由大气不符,但在计算域较大的情况下可以近似代替。图8.1-4显示了三维数值水槽模型的边界设定情况。

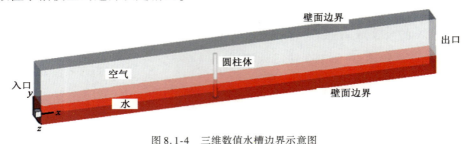

图8.1-4 三维数值水槽边界示意图

8.2 风-浪-流数值水槽模拟方法

8.2.1 基于通用CFD平台的浪-流数值水槽模拟

数值水槽模拟包括几何模型的建立、划分网格、前处理、求解计算和后处理显示几个模块。进行流体运动模拟的大致流程如图8.2-1所示,主要分为4个阶段进行,即计算信息输入、初始化、流场演化和结果输出。

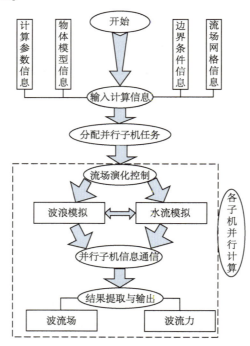

图8.2-1 浪-流耦合作用数值水槽(NWCT)模拟计算流程图

（1）输入的计算信息包括计算参数信息、风场及波浪水流信息、物体模型信息、边界条件信息和网格信息。

（2）初始化主要是根据输入信息对流场网格进行并行分区、建立进程间的信息交换机制（完成 Slaver 进程的任务分配工作）和初始化各个进程子区域的流场属性。

（3）流场演化就是各个进程对本地流场进行演化计算、相邻分区进程之间相互交换信息，按时间步计算物体受到的波浪力、水流力和浪-流耦合场等。

（4）结果输出是指各个进程将其当前流场信息进行提取和输出。

流体运动模拟控制模块负责输入计算参数、初始化流场信息、控制流场演化过程及分析计算结果，掌握了整个流体运动的模拟过程，各部分的具体实现是由不同的软件模块来实现，本研究依托 Fluent 流体力学通用平台来建立三维数值水槽模型。标准的 Fluent 界面并不能满足每个用户的需要，但是它提供了能够修改 Fluent 求解器运算过程和计算变量的一套库函数，即 Fluent 宏。用户可以通过 C 语言和 Fluent 宏混合编程来实现对 Fluent 求解方程的修改和计算过程及变量的干预，从而满足用户特定的需求。

根据三维数值水槽模拟需要，采用 C 语言编写和调试完成了以下关键模块的定制：①规则波浪造波模块；②随机波浪造波模块；③阻尼段消波模块；④入口边界水质点平衡模块；⑤出口边界水质点平衡模块；⑥出口边界压力平衡模块。

以下功能模块可以利用 Fluent 支持的外部 C 语言编译器对程序进行编译和链接，可以动态地链接到 Fluent 求解器上来提高求解器性能和满足用户的特殊需要。数值水槽模块与 C 语言混合编程开发遵循以下基本步骤：

（1）定义用户模型；

（2）利用 C 语言和 Fluent 宏函数混合编程，得到 UDF 源代码；

（3）运行 Fluent，定制 case 文件；

（4）编译数值水槽各个模块源代码，与 Fluent 链接；

（5）在 Fluent 中激活数值水槽各个模块的可执行目标函数；

（6）根据定制的问题进行迭代求解；

（7）计算结果分析。

在求解器求解过程中与数值水槽各个模块调用的关系如图 8.2-2 所示，即：

（1）在迭代循环开始之前执行用户定义的数值水槽各个模块；

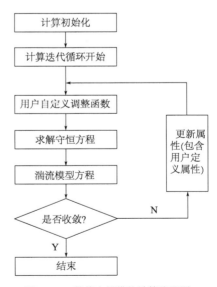

图 8.2-2　数值水槽模块计算流程图

(2) 开始迭代循环;

(3) 根据当前更新数据,执行数值水槽各个模块功能;

(4) 求解守恒方程,包括动量方程、连续方程、能量方程、压力修正方程和其他相关的附加方程;

(5) 求解湍流模型方程,得到湍动能和涡耗散率;

(6) 更新属性(包含用户定义属性);

(7) 进行收敛或者附加要求的迭代检查,决定迭代循环的继续或停止。

8.2.2 非定常不可压缩黏性流求解方法

在桥梁结构风工程研究中,流动介质一般仅局限于常温常压下的空气,可简化为不可压缩牛顿型流体模型。流动中不会出现激波等强间断,一般不考虑传热现象。因此,数值风浪流水槽在数学方法上仍然利用非定常不可压缩黏性流 Navier-Stokes (NS)方程及连续方程来描述。

在桥梁计算风工程中,对湍流问题的准确数值模拟是当前空气动力学需要深入研究以及实际工程应用中都迫切需要解决的前沿问题。当对湍流进行数值模拟时,湍流模拟方式合理选择是一个重要方面。直接数值模拟方法是指直接求解瞬时湍流控制方程,但是直接计算需要巨大的网格数或涡元数,受到计算机硬件的限制,这种方法当前还难以广泛应用。在实现数值风洞技术时常用的湍流模拟方式主要有(图 8.2-3):①雷诺平均模型(RANS),仅表达大尺度涡的运动,将标准 $k\text{-}\varepsilon$ 模型用到计算风工程中预测分离区压力分布不够准确,并过高估计钝体迎风面顶部的湍动能生成。为此,提出了各种修正的 $k\text{-}\varepsilon$ 模型(如 RNG $k\text{-}\varepsilon$ 模型、Realizable $k\text{-}\varepsilon$ 模型、Spalart-Allmaras 模型和标准 $k\text{-}\omega$ 模型改进模型 SST $k\text{-}\omega$ 模型等)以及 RSM 模型等二阶矩通用模型。②大涡模拟,这一模型将 N-S 方程进行空间过滤而非雷诺平均,可较好地模拟结构上脉动风压的分布,但计算量巨大。LES 是近年来计算风工程中最活跃的模型之一。③分离涡模拟(DES),这一新的模拟方法由 Spalart 于 1997 年提出,其基本思想是在流动发生分离的湍流核心区域采用大涡模拟,而在附着的边界层区域采用雷诺平均模型,是 RANS 模型和 LES 模拟的合理综合,计算量相对较小而精度较高。

Reynolds 平均方法是时间平均的方法,将湍流速度、压力和其他物理量的瞬时值表示成时均值与脉动值之和,代入 Navier-Stokes 方程,成为雷诺方程。

$$\frac{D\bar{v}_i}{Dt} = f_i - \frac{1}{\rho}\frac{\partial \bar{p}}{\partial x_i} + v\nabla^2 \bar{v}_i - \frac{\partial \bar{v}'_i \bar{v}'_j}{\partial x_j} \quad (i,j = x,y,z) \tag{8.2-1}$$

用时均值表示的连续方程式:

$$\frac{\partial \bar{v}_x}{\partial x} + \frac{\partial \bar{v}_y}{\partial y} + \frac{\partial \bar{v}_z}{\partial z} = 0 \tag{8.2-2}$$

由于在上述公式中有 10 个未知数:3 个时均流速分量 $\bar{v}_i(i=x,y,z)$,6 个雷诺应力项 $\bar{v}'_i$、$\bar{v}'_j(i,j=x,y,z)$ 和时均压强 p。为使方程组封闭,需对这些未知量建立计算模型,使它们与其他时均值联系起来,这些模型就是所谓的湍流模型。根据对 Reynolds 应力作出的假定或处理方式不同,常用的湍流模型有两大类:Reynolds 应力模型和涡黏模型。

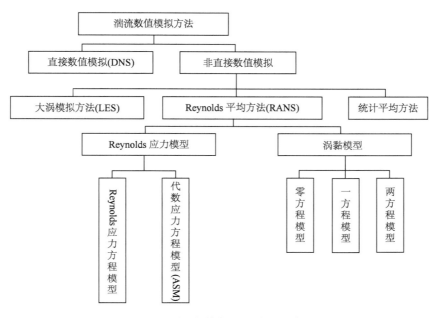

图 8.2-3　湍流数值模拟方法与湍流模型

1. Reynolds 应力模型

雷诺应力模型是考虑所有二阶关联量而建立输运方程,再由雷诺应力方程经张量缩积运算得到脉动动能的输运方程,其中自然地出现了脉动动能的耗散项,为此进一步建立脉动动能耗散率的方程。完整的雷诺应力模型包括平均运动的一个连续方程和三个动量方程,雷诺应力的 6 个方程,k 方程和 ε 方程,总共由包含 12 个未知量的 12 个微分方程构成封闭的方程组。对于一般工程中的湍流问题,计算量过大,难以在工程计算中应用。代数应力模型(ASM)是 RSM 模型在一定条件下的简化表达式,表达式形式随简化条件而异,但需求解的附加微分方程只有两个(即 k 方程及 ε 方程)。

2. 涡黏模型

根据模型中所含湍流统计量的阶次,可以分为一阶封闭模型,二阶封闭模型,根据模型中为了确定湍流黏性系数 μ_t 而引入的输运微分方程的个数,可以分为零方程模型、一方程模型和二方程模型。

零方程模型也就是一阶封闭模型,模型中只考虑了一阶湍流计算统计量的动力学微分方程,没有引进新的高阶统计量的微分方程,它假定雷诺应力只是时均量的函数,仅引入附加的代数关系而不引入附加的微分方程。

在二方程模型中,k-ε 双方程模型的应用及经受的检验最为普遍。在对雷诺应力模型进一步简化过程中,人们放弃给雷诺应力 $\overline{\mu_i\mu_j}$ 或者 $\overline{\mu_i\theta}$ 建立方程的想法,而是回到 Boussinesq 涡黏性模型上来,将它们直接用推广的 Boussinesq 涡黏性模型来表示。

$$-\overline{\mu_i\mu_j} = \mu_t\left(\frac{\partial U_I}{\partial x_j} + \frac{\partial U_I}{\partial x_i}\right) - \frac{2}{3}\delta_{ij}k \tag{8.2-3}$$

$$-\overline{\mu_i\theta} = \frac{\mu_t}{\sigma_T}\frac{\partial T}{\partial x_i} \tag{8.2-4}$$

其中,湍流黏性系数 μ_t 与湍流传热系数 $\frac{\mu_t}{\sigma_T}$ 用 k 和 ε 来表示。根据量纲分析可得:

$$\mu_t = C_\mu \frac{k^2}{\varepsilon} \tag{8.2-5}$$

式中:k——湍流速度尺度,在雷诺应力模型中定义为 $k = \frac{1}{2}\mu'_i\mu'_j$,对于各项同性的 $k\text{-}\varepsilon$ 模型来说,$k = \frac{3}{2}(IU)^2$;

ε——湍流的长度尺度或者时间尺度,经验常数 C_μ 根据试验确定,一般取值 0.09,在选择湍流长度尺度或者时间尺度时,若不取 ε,而取其他标量,如 ω,则可形成 $k\text{-}\omega$ 等其他模型。

k、ε 要用 k 方程和 ε 方程来求解。

大量的数值预测与试验结果的对照表明,$k\text{-}\varepsilon$ 两方程模型可以成功地或基本成功地用于无浮力平面射流、管流、通道流或喷管内流动等情况。RNG $k\text{-}\varepsilon$ 模型在 $k\text{-}\varepsilon$ 模型的基础上,通过修正湍动黏度考虑了平均流动中的旋转及旋转流动情况,并在 ε 方程中增加了反映主流的时均应变率。RNG $k\text{-}\varepsilon$ 模型可以更好地处理高应变率及流线弯曲程度较大的流动,在应用中取得了比较好的效果。

$k\text{-}\varepsilon$ 模型分析钝体绕流存在着一些困难,这主要是由 $k\text{-}\varepsilon$ 模型中采用的紊流模型的基本假定引起的。采用 $k\text{-}\varepsilon$ 模型分析钝体绕流时,在钝体的前角会产生过量的紊流动能,风速和压力计算值和试验结果会有一定差异。RNG $k\text{-}\varepsilon$ 模型的紊流产生和耗散方程与 $k\text{-}\varepsilon$ 模型的一致,也存在这一问题。

$k\text{-}\omega$ 模型是一种基于 Reynolds 平均方法的两方程涡黏模型,该模型对低雷诺数、可压缩和剪力流扩散等情况有较好的适应性,$k\text{-}\omega$ 模型预测的自由剪力流扩散率和平板、圆柱、混合边界层的实测结果非常吻合。SST $k\text{-}\omega$ 模型是计算复杂流场的一种有效模型。SST $k\text{-}\omega$ 模型全称为剪切应力输运(Shear-Stress Transport)模型,是 $k\text{-}\omega$ 模型的改进版本。该模型通过混合函数的概念将 $k\text{-}\omega$ 模型和 $k\text{-}\varepsilon$ 模型结合起来,在近壁面处采用 $k\text{-}\omega$ 模型,而在远壁面处采用 $k\text{-}\varepsilon$ 模型。除此之外,SST 模型还对 ω 方程的扩散项、紊流黏性的定义、模型的常数项做了修正。湍流模型是本书要探讨的气动参数数值识别的基本问题之一。

8.3 风-浪-流场数值水槽模拟

实际海洋环境中,单独存在于自由水面上的波浪运动只是复杂海洋环境的荷载形态之一,在风、浪、流相互交替运动过程中经常发生浪-流耦合作用、风-浪耦合作用甚至风-浪-流耦合作用的荷载形态,较之单独的波浪荷载更为复杂,对海上结构物的作用也更为复杂。以下基于数值风-浪-流水槽进行风-浪-流耦合场的模拟。

8.3.1 风-浪-流耦合场计算模型及参数

以二阶 Stokes 波和 JONSWAP 谱描述的随机波浪为对象进行浪-流场的数值模拟。采用的数值波浪水槽计算模型如图 8.3-1 所示,数值水槽的尺寸为 $x \times y = 100\text{m} \times 15\text{m}$,消波区为 $x \times y = 20\text{m} \times 1.2H_w$;波浪从左边入口起沿 x 轴正方向运动。计算模型网格采用非均匀网格,在圆柱结构附近区域和水面附近区域进行加密,从而保证波浪传播的计算精度,最小网格步长为 0.005m,总网格单元数量为 84 387。

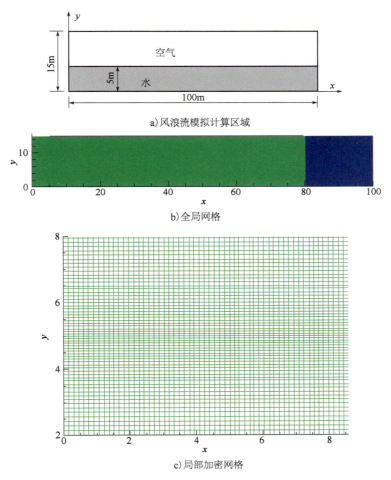

图 8.3-1 风浪流 NWWCT 计算模型

边界条件设置如下:入口为速度边界,采用目标波浪作为入射波,波浪上部采用均匀风作为入口来流;出口为静水压力边界条件、大气风速采用自由出口模式;水槽底面采用无滑移壁面边界,水槽顶部为自由空气压力出口边界。

在风浪流场模拟中,计算输入参数为:波高 $H=0.5m$、$1.0m$ 和 $1.5m$,波周期 $T=3s$、$4s$,水深 $d=5m$;水流流速 $U_c=0.5m/s$、$1.0m/s$、$1.5m/s$;风速 $U_w=12m/s$、$17m/s$、$22m/s$。如波高 $1.0m$、波周期 $4s$、水深 $5m$、风速 $17m/s$ 的输入参数可表示为 $H1T4d5+U_w17$。

8.3.2 风-浪-流耦合场演化及波形分析

通过数值波浪水槽模拟计算,得到了单独波浪作用、浪-流耦合作用和风浪流耦合作用的流场参数,风浪流相互运动的过程中存在着相互的影响,耦合运动过程中波浪、风和流都会改变各自原来的流动形式。图 8.3-2 对风浪流耦合场的波面空间分布进行了可视化显示,图 8.3-3 和图 8.3-4 给出了风场、风浪流耦合作用对波浪波长的改变情况,表 8.3-1 通过具体数值比较了风、流以及风浪流共同作用对波浪波长的改变效果。从模拟结果可知:

(1)入射波随着时间的增加从入口造波区不断向前传播;当波浪传播到达靠近出口处的消波区域时,波浪被 NWWCT 的消波器逐渐吸收消减,并最后达到稳定水面状态。风浪流耦合场在长时间的演化计算过程中能够保持质量和动量的守恒状态,没有出现流场突变的不稳定现象。

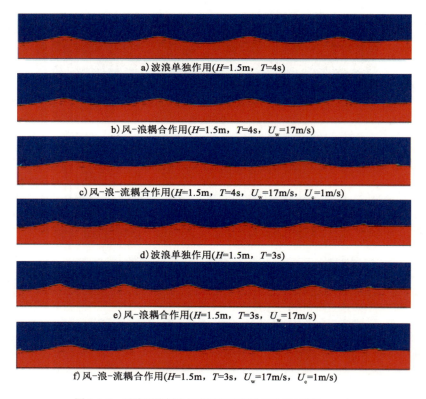

图 8.3-2　风浪流浪耦合场中波形空间分布比较(时间 = 50s)

第8章 桥梁风-浪-流耦合作用数值水槽模拟技术

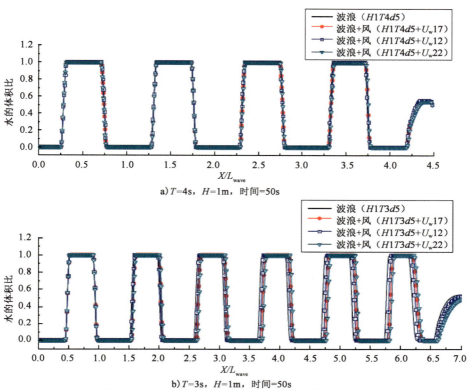

a) $T=4s$，$H=1m$，时间=50s

b) $T=3s$，$H=1m$，时间=50s

图 8.3-3 风-浪耦合场中静水面线（$y=5m$）水体积比分布

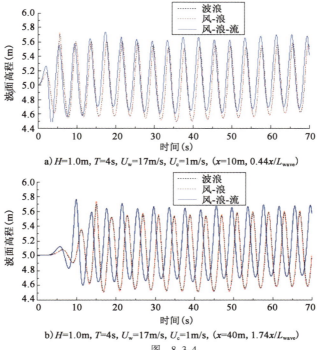

a) $H=1.0m$, $T=4s$, $U_w=17m/s$, $U_c=1m/s$, ($x=10m$, $0.44x/L_{wave}$)

b) $H=1.0m$, $T=4s$, $U_w=17m/s$, $U_c=1m/s$, ($x=40m$, $1.74x/L_{wave}$)

图 8.3-4

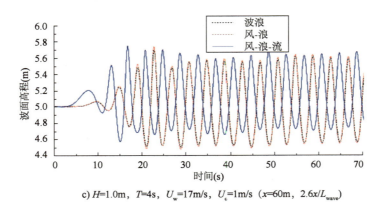

c) $H=1.0$m, $T=4$s, $U_w=17$m/s, $U_c=1$m/s ($x=60$m, $2.6x/L_{wave}$)

图 8.3-4 风浪流耦合场波面变化时间历程

风-浪-流耦合作用对波浪波长的影响($d=5$m)(单位:m)　　表 8.3-1

波高	工况	波浪周期 $T=4$s	波浪周期 $T=3$s
波高 $H=0.5$m	单浪	22.3	13.91
	风-浪,$U_w=17$m/s	22.43	14.1
	浪-流,$U_c=1$m/s	27.2	18.65
	风-浪-流,$U_w=17$m/s,$U_c=1$m/s	27.3	18.68
波高 $H=1.0$m	单浪	22.6	14.55
	风-浪,$U_w=12$m/s	22.73	14.78
	风-浪,$U_w=17$m/s	22.75	14.8
	风-浪,$U_w=22$m/s	22.8	14.96
	浪-流,$U_c=1$m/s	27.7	19.0
	风-浪-流,$U_w=17$m/s,$U_c=1$m/s	27.75	19.13
波高 $H=1.5$m	单浪	23.3	15.54
	风-浪,$U_w=17$m/s	23.63	16.09
	浪-流,$U_c=1$m/s	28.4	19.6
	风-浪-流,$U_w=17$m/s,$U_c=1$m/s	28.73	20.18

（2）风浪流耦合作用对波浪场有显著的改变效果,对波浪具有明显的"拉伸"作用,其中流对波长的增大效果要比风的作用更大。浪、流在相互运动过程中存在明显的耦合效应,耦合运动过程中浪和流都会改变各自原来的流动形式;相对于波浪场,浪-流耦合作用场中的波面较为平缓,波长变长,波陡更小,即顺流使波高减小而波长增长,同向流对整个波形具有"拉伸"作用;随着流速的增大,波长"拉伸"作用更加显著(如表 8.3-1 所示的波长比较结果);均匀水流没有改变波浪的周期;顺流对波面波峰和波谷具有显著的"抬高"效应,增大了波面高度。

(3) 随着入射波波高的增大,风对波浪的影响变得更加明显,随着风浪流耦合场传播距离的增大,耦合效果越明显。

(4) 均匀的顺流和均匀风对波浪的周期影响很小。

8.3.3 风-浪-流耦合场中波面和波高的变化

图 8.3-4 比较了风、浪、流单因素和多因素耦合作用时的波面时程变化;图 8.3-5、图 8.3-6 和图 8.3-7 比较了风、浪、流单因素和多因素耦合作用对波高沿程变化的改变情况。从模拟结果可知:

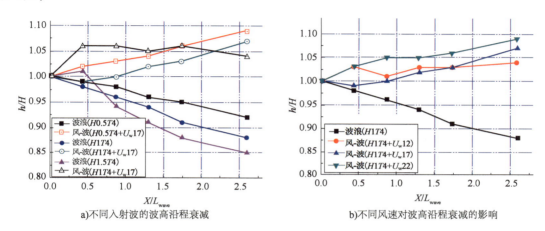

图 8.3-5 风-浪耦合对波高的影响($d=5{\rm m}, T=4{\rm s}$)

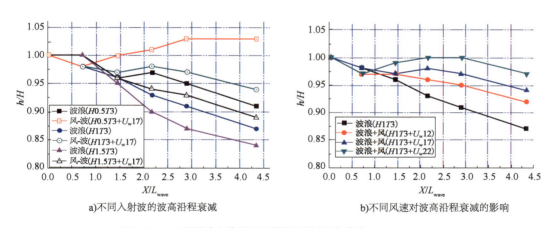

图 8.3-6 风-浪耦合场作用下波高沿程衰减变化曲线($d=5{\rm m}, T=3{\rm s}$)

(1) 数值风浪场中波浪的爬升与降低具有良好的周期性和稳定性,流场模拟能够在长时间的波浪演化过程中保持良好的稳定性。

(2) 风对波高有一定程度的增大作用,波高随着风距的增加而增大;同时,随着风速的增加,波高也相应地增大。

(3）风-浪-流耦合对波高在总体上具有增大的效果，随着流场传播距离的变化呈现出非单调的变化特性。

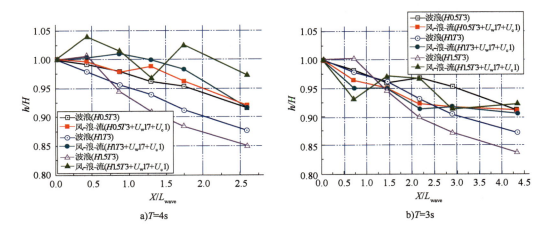

a) $T=4s$

b) $T=3s$

图 8.3-7 风-浪-流耦合场作用下波高沿程衰减变化曲线

8.4 圆柱结构数值水槽模拟

8.4.1 小尺度圆柱结构浪-流耦合作用数值模拟

圆柱形构件是海洋平台、跨海大桥及海上风机等结构普遍应用的支撑构件，对圆柱构件在各种海洋环境荷载作用下的响应进行分析具有普遍意义和重要价值。迄今为止，关于圆柱结构的波浪作用研究，在国内外已经获得了大量的理论分析、物理模型试验和数值模拟等研究成果，可为本项目研究提供可靠的对比和验证。

1. 小尺度圆柱波浪作用计算模型

以小直径的直立圆柱结构为对象，采用三维数值波浪水槽来模拟圆柱的随机波浪作用力。三维数值波浪水槽计算模型如图 8.4-1 所示，计算区域为 $x \times y \times z = 100m \times 15m \times 6m$，消波区为 $x \times y \times z = 20m \times 1.2H_w \times 6m$；波浪从左边入口起沿 x 轴正方向运动；圆柱轴线距离入口边界距离为 45m，直径为 $D=1m$，高度为 12m。计算模型网格划分如图 8.4-2 所示，采用非均匀网格在圆柱结构附近区域和水面附近区域进行加密，从而保证波浪传播的计算精度，圆柱表面最小网格步长为 0.03m，计算网格单元总数为 1 251 240。边界条件设置如下：入口为入射波速度边界，出口为静水压力边界，水槽底面和圆柱结构表面采用无滑移壁面边界，水槽顶面为自由空气压力边界，水槽两侧平面（$z=0m$、$z=6m$）采用对称边界。

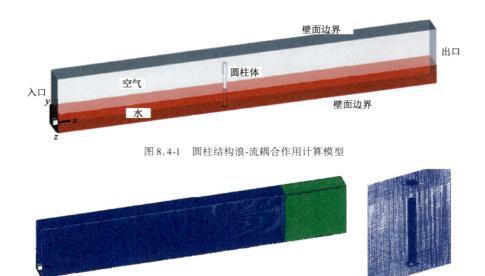

图 8.4-1　圆柱结构浪-流耦合作用计算模型

a)全局网格　　　　　　　　b)局部网格加细

图 8.4-2　圆柱结构浪-流耦合作用计算网格

2. 规则波浪作用下圆柱结构浪-流耦合作用力计算

在规则波浪作用的模拟中,采用 Stokes 二阶波作为入射波,水深为 $d=5\mathrm{m}$,波高 $H=1.0\mathrm{m}$,波周期 $T=3\mathrm{s}$、$4\mathrm{s}$,流速为 $U_\mathrm{c}=1.0\mathrm{m/s}$。通过长时间计算得到稳定的波浪场,图 8.4-3 给出了波浪周期为 $T=3\mathrm{s}$ 的流场波面空间分布形态。从图中可以看出,三维数值浪-流生产器能良好地模拟出目标波浪,三维数值消波器也能有效地将尾部波浪消减,从而避免了反射波浪对流场的干扰。

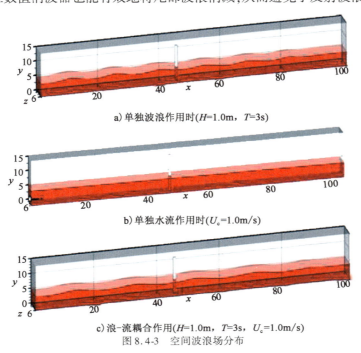

a) 单独波浪作用时(H=1.0m,T=3s)

b) 单独水流作用时(U_c=1.0m/s)

c) 浪-流耦合作用(H=1.0m,T=3s,U_c=1.0m/s)

图 8.4-3　空间波浪场分布

圆柱受到的浪-流耦合作用力如图 8.4-4 所示，包括单独波浪作用、单独水流作用、浪-流耦合作用；同时，将单独波浪作用力和单独水流作用力进行线性叠加。从计算结果可知，当浪-流场达到稳定后，圆柱水平阻力和对应的弯矩值在波浪作用下发生周期波动，圆柱所受的水平作用力的方向与构件所在横截面处流体质点的运动方向相同，波浪在运动过程中内部流体质点发生往返周期性运动，质点水平速度随时间发生正负交替变换，波峰位置时流体质点在正向上达到最大值，波谷位置时流体质点在负向上达到最大值，变换周期为波浪运动周期。当为单独水流作用时，由于流速较小，圆柱波浪力波动幅值微小，可认为是个拟静力作用力。

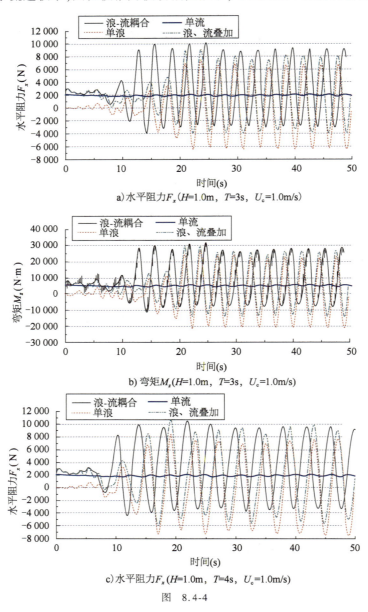

a) 水平阻力 F_x (H=1.0m, T=3s, U_c=1.0m/s)

b) 弯矩 M_z (H=1.0m, T=3s, U_c=1.0m/s)

c) 水平阻力 F_x (H=1.0m, T=4s, U_c=1.0m/s)

图 8.4-4

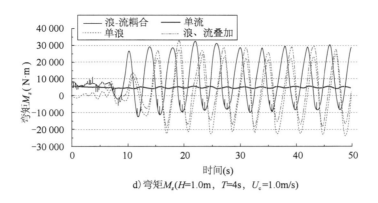

d) 弯矩M_z(H=1.0m，T=4s，U_c=1.0m/s)

图 8.4-4　浪-流耦合作用下小尺度圆柱结构浪-流耦合作用力计算结果比较

浪-流耦合作用的最大浪-流耦合作用力要大于单独波浪和水流作用力的线性叠加值，而浪-流耦合作用的最小浪-流耦合作用力要小于单独波浪和水流的线性叠加值；这是由于当波峰来临时，水流会对圆柱表面处流体质点运动速度起到加速作用，且增大了波浪的波面高度，从而增大了圆柱的正向浪-流耦合作用力；而当波谷来临时，正向水流流速作用又会抵消圆柱表面处流体质点水平负向速度，从而消减了圆柱的负向水平作用力。

在小直径圆柱波浪力计算中，由于圆柱结构相对于波长非常小（圆柱直径/波长 < 0.2），圆柱对波浪场影响非常微小，可以按传统方法利用 Morison 方程进行计算圆柱波浪力。这里圆柱阻力系数和质量系数分别取为 $C_D = 1.2$、$C_M = 2.0$，计算结果如表 8.4-1 所示。从表中结果对比可知，通过数值水槽模拟的水平波浪力和弯矩值与采用 Morison 方程计算结果吻合良好。

圆柱波浪力比较表（Stokes 二阶波，$T = 4s, H = 1.0m, D = 5m$）　　　表 8.4-1

方法	$F_{x,\max}$(N)	$F_{x,\min}$(N)	$M_{\max}$(N·m)	$M_{\min}$(N·m)
数值水槽模拟结果	7 415	-7 382	22 740	-22 323
Morison 方程	7 021	-6 880	21 231	-20 155
误差	5.6%	7.3%	7.1%	10.8%

3. 随机浪-流耦合作用下圆柱结构的浪-流耦合作用力计算

在随机波浪作用模拟中，采用 JONSWAP 谱描述的随机波浪作为入射波，模拟水深为 5m，有效波高 $H_{1/3} = 1.0$m，波浪有效周期 $T_{H_{1/3}} = 4$s，$\gamma = 3.3$，水流流速为 $U_c = 1.0$m/s。

在无流状态下，对水深为 5m 的随机波浪进行模拟和率定，使得模拟波浪频谱满足 JONSWAP 谱，同时波高和周期满足输入条件要求。模拟得到的频谱与理论谱的比较结果如图 8.4-5 所示，模拟波浪频谱与目标谱基本一致。

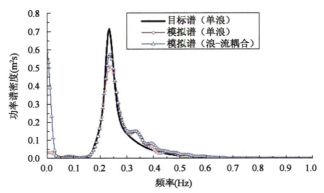

图 8.4-5 浪-流耦合作用时的波谱模拟结果

($H_{1/3} = 1.0\text{m}, T_{H_{1/3}} = 4\text{s}, U_c = 1.0\text{m/s}, D = 5\text{m}, x = 40\text{m}$)

小尺度直立圆柱在随机波浪作用下所受水平浪-流耦合作用力及结构底部弯矩如图 8.4-6 所示。

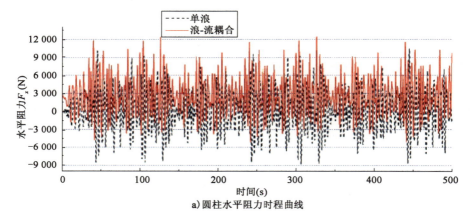

a) 圆柱水平阻力时程曲线

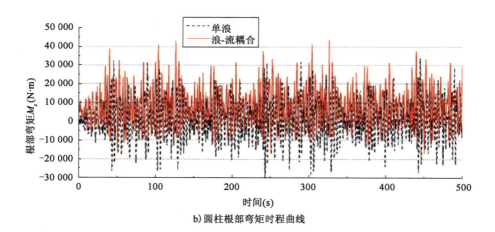

b) 圆柱根部弯矩时程曲线

图 8.4-6 随机波浪作用下小尺度直立圆柱浪-流耦合作用力时程

($T = 4\text{s}, H = 1\text{m}, D = 5\text{m}, U_c = 1.0\text{m/s}$)

图中比较了单独随机波浪作用和波浪-水流共同作用时的水平力变化过程;与规则浪-流耦合作用结果类似,水流的存在使得水平浪-流耦合作用力和弯矩增大。进一步对浪-流耦合作用力时程进行频谱分析,拟合得到相应的水平浪-流耦合作用力谱及弯矩力谱,如图 8.4-7 所示,直立圆柱的浪-流耦合作用力谱谱形与输入的波浪谱谱形一致,水流的存在增大了浪-流耦合作用力谱的峰值大小。

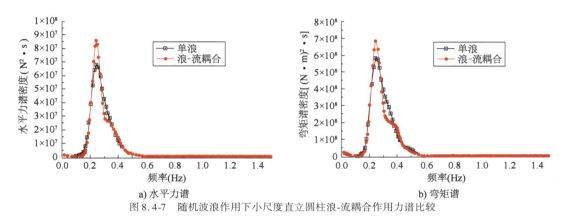

a) 水平力谱　　　　　　　　　　　　b) 弯矩谱

图 8.4-7　随机波浪作用下小尺度直立圆柱浪-流耦合作用力谱比较

8.4.2　大尺度直立圆柱结构数值水槽模拟

对于相对尺度较大的海工结构(即 $D/L>0.2$,D 为结构特征尺度,L 为波长),如大型桥塔沉井基础、重力式平台等,由于结构物的存在对波动场有显著影响,故对入射波浪的散射效应以及自由表面效应必须考虑。此时,Morison 方程依据的基本假定(即结构物的存在对入射波动场无显著影响)不再有效,计算大尺度结构物上的波浪力不能用 Morison 方程。

以大直径直立圆柱结构为对象,进行大尺度结构波浪力的数值计算,并与传统方法典型计算结果进行比较。三维数值波浪水槽计算模型如图 8.4-8 所示,计算区域为 $x \times y \times z = 80\text{m} \times 15\text{m} \times 30\text{m}$,消波区为 $x \times y \times z = 20\text{m} \times 1.2H_w \times 30\text{m}$;波浪从左边入口起沿 x 轴正方向运动;圆柱底面中心点设置在 $(x,y,z)=(30\text{m},0\text{m},15\text{m})$,直径为 $D=5\text{m}$,高度为 10m。边界条件设置如下:入口为入射波速度边界,出口为静水压力边界,水槽底面和圆柱结构表面采用无滑移壁面边界,水槽顶面为自由空气压力边界,水槽两侧平面($z=0\text{m}$、$z=30\text{m}$)采用对称边界。计算波浪输入参数为:波高 $H=1.0\text{m}$,波周期 $T=3\text{s}$、4s,水深 $d=5\text{m}$。

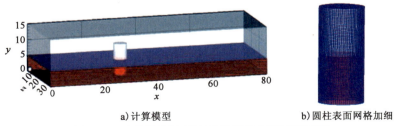

a) 计算模型　　　　　　b) 圆柱表面网格加细

图 8.4-8　大尺度直立圆柱结构浪-流耦合作用计算模型

计算模型网格划分采用非均匀网格在圆柱结构附近区域和水面附近区域进行加密,从而保证波浪传播的计算精度,最小网格步长为 0.004m。计算中采用三种不同密度的网格进行了试算比较,网格总数分别为细网格单元数 593.6922 万、中网格单元数 287.5926 万、粗网格单元数 108.0720 万,最后采用了粗网格方案。

通过计算得到圆柱的水平波浪力及弯矩如表 8.4-2 所示,同时利用"麦克卡姆(MacCamy)和富克斯(Fuchs)(M-F 法)"方程求得了大尺度圆柱结构物波浪力的近似解析值。当浪-流场达到稳定后,圆柱水平力在波浪作用下发生周期性变化;通过结果对比可知,数值模拟结果的正峰值与"M-F 法"解析解的偏差在 5% 以内,负峰值水平力计算结果偏差在 −13.2% 以内。由于解析解计算中采用的波浪计算方法没有考虑结构对波浪场的影响,导致无法准确捕捉波面的回流、绕射和反射等变化,因此两者结果存在偏差属于合理范畴。图 8.4-9 为大尺度直立圆柱波浪力时程,图 8.4-10 显示了最大正、负峰值时刻的波面形态。

大尺度直立圆柱波浪力计算结果比较 表 8.4-2

波参数	方法	$F_{x,\max}$(N)	$F_{x,\min}$(N)	$M_{\max}$(N·m)	$M_{\min}$(N·m)
$T=3$s; $L=13.8$m; $H=1.0$m	数值计算	112 963	−113 955	400 791	−358 482
	近似解析值(M-F)	115 114	−115 114	382 468	−382 468
	偏差	−1.9%	−1.0%	4.8%	−6.3%
$T=4$s; $L=22.3$m; $H=1.0$m	数值计算	159 803	−150 358	466 701	−415 936
	近似解析值(M-F)	162 662	−162 662	479 365	−479 365
	偏差	−1.8%	−7.6%	−2.6%	−13.2%

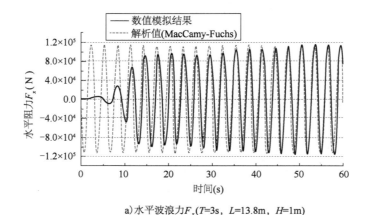

a)水平波浪力 F_x(T=3s,L=13.8m,H=1m)

图 8.4-9

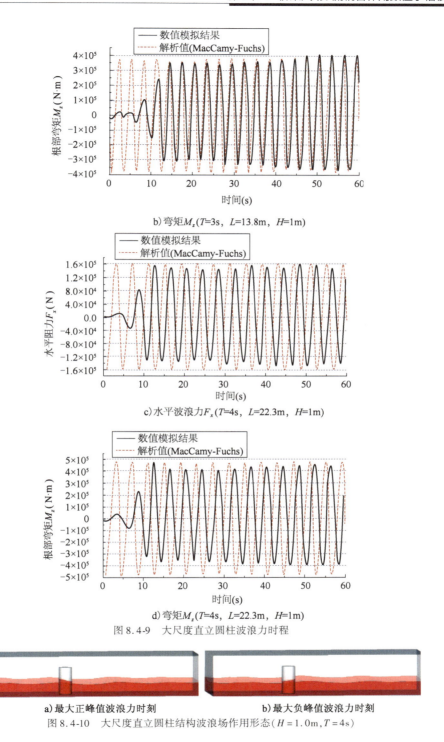

b) 弯矩 M_z (T=3s，L=13.8m，H=1m)

c) 水平波浪力 F_x (T=4s，L=22.3m，H=1m)

d) 弯矩 M_z (T=4s，L=22.3m，H=1m)

图 8.4-9 大尺度直立圆柱波浪力时程

a) 最大正峰值波浪力时刻   b) 最大负峰值波浪力时刻

图 8.4-10 大尺度直立圆柱结构波浪场作用形态（H=1.0m, T=4s）

8.4.3 圆柱结构风-浪-流耦合作用模拟

以小直径圆柱结构算例为基础，采用三维风浪流数值水槽来模拟圆柱在风浪流作用下的荷载效应,计算模型如图 8.4-11 所示,圆柱直径为 $D=1\mathrm{m}$,高度为 12m。边界条件设置如图 8.4-11 所示:入口水体部分为入射波速度边界、气体部分为风速边界;出口水体部分为静水压力边界,出口气体部分为空气压力边界;水槽底面和圆柱结构表面采用无滑移壁面边界,水槽顶面为自由空气压力边界,水槽两侧平面($z=0\mathrm{m}$、$z=6\mathrm{m}$)采用对称边界。

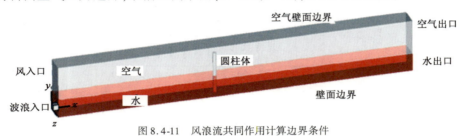

图 8.4-11 风浪流共同作用计算边界条件

计算波浪输入参数为:波高 $H=1.0\mathrm{m}$、周期 $T=3\mathrm{s}$,水深 $d=5\mathrm{m}$,来流平均风速为 $U_\mathrm{w}=17\mathrm{m/s}$、40m/s,来流水流流速为 $U_\mathrm{c}=1.0\mathrm{m/s}$。

1. 风作用下圆柱的风荷载计算

风单独作用下,圆柱的三维绕流流场、风荷载阻力系数、升力系数和弯矩系数时程曲线如图 8.4-12 所示,并与试验结果进行比较,如表 8.4-3 所示,相应的高雷诺数数值模拟得到的阻力系数介于试验结果 0.9~1 之间;同时,根据升力系数时程可以计算出漩涡脱离频率,其无量纲 Strouhal 数与试验结果也吻合一致。

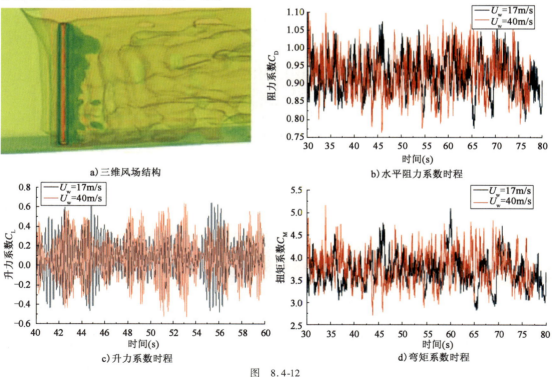

a) 三维风场结构
b) 水平阻力系数时程
c) 升力系数时程
d) 弯矩系数时程

图 8.4-12

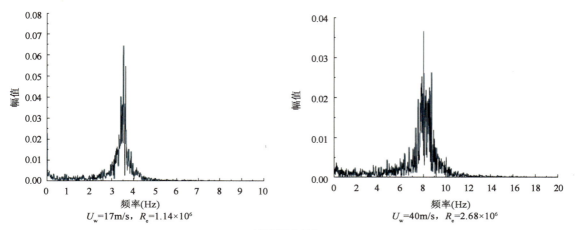

e) 漩涡脱落频率

图 8.4-12　圆柱三维风效应模拟结果

圆柱三维风荷载及 St 数计算结果　　　　　　　　　　　　　　　　　　表 8.4-3

工况	阻力系数 C_D	升力系数 C_L	弯矩系数 C_M	涡脱频率（Hz）	Strouhal 数
$U_w = 17\text{m/s}$	0.928 4	0.219 3	3.754 1	3.552	0.208
$U_w = 40\text{m/s}$	0.926 0	0.209 1	3.781 0	8.056	0.201
试验结果	0.9~1.0	—	—	—	0.20~0.21

2. 风-浪-流耦合作用荷载

在数值水槽中同时模拟风场、波浪场和水流场（图 8.4-13），当耦合场流态达到稳定后，可以获得圆柱结构的水平风浪流作用力及基地弯矩响应曲线（图 8.4-14）。从计算结果可知：①在风-浪-流共同作用下，水平作用力和基地弯矩均随波浪周期发生规律性变化（图 8.4-15）；②风-浪作用下，结构荷载值正峰值相对于单独波浪作用结果发生了上抬，绝对值均呈增大趋势，这主要是由于风的作用会产生风生浪作用，从而对波浪波高和波面产生改变；③风-浪-流作用下，结构荷载正峰值相对于风-浪作用结果又进一步发生了增大，且增加幅值达到 19%，这是由于在风-浪-流强制耦合中，顺流对波浪呈加速作用，使得在结构位置产生了较大的冲击荷载。

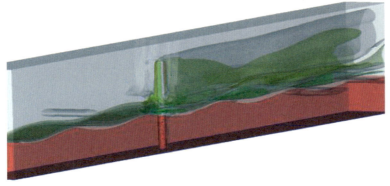

图 8.4-13　风-浪-流耦合场三维空间流态结构

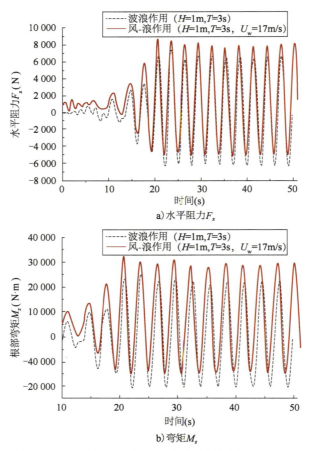

图 8.4-14　风-浪作用下圆柱结构浪-流耦合作用力的比较分析

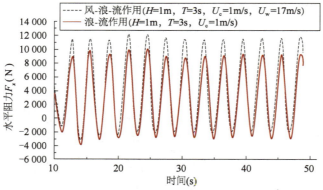

图 8.4-15　风-浪-流耦合作用下圆柱结构浪-流耦合作用力的比较分析

8.5　高桩承台基础浪-流作用模拟

由于波浪对桩基的作用而导致桥梁受损的事故屡见不鲜,当波浪的波峰高程高出桥梁时结构底面将会受到波浪的上托力作用。对于较为简单的结构形式可采用经验公式或建立简单的数学模型进行分析,但对于上部为箱梁结构、桥墩、承台,下部为桩基的组合结构,在地形及模型边界比较复杂的情况下,理论分析和经验公式没有可循依据。本部分将利用数值水槽模拟方法,从完全数值计算角度进行典型桥梁结构的浪-流耦合作用分析,为桥梁设计提供取值依据。

8.5.1 基础局部冲刷效应对基础浪-流作用影响模拟

以典型桥梁高桩承台基础结构为对象,如图8.5-1所示,顺桥向长度为37m(含防撞套箱为41m)、横桥向长度为17.5m(含防撞套箱为21.5m),海床面高程为-6.2m,冲刷后高程为-15.6m,设计水位为+3.47m。考虑局部冲刷坑的影响,高桩承台冲刷模型等如图8.5-2所示。物理模型试验和数值计算中采用实际观测推算的波浪和水流参数,如表8.5-1所示,将给定的波浪和水流参数换算成缩尺模型参数作为输入条件进行模拟。采用随机波浪作为入射波时,采用JONSWAP谱描述的不规则波,$\gamma = 2.0$,有效波高和有效周期按$H_{13\%}$和$T_{H_{1/3}}$进行取值。

根据物理模型试验方案和参数,建立了三维数值波浪水槽计算模型如图8.5-3所示。边界条件设置如下:入口为波浪速度边界,采用JONSWAP谱描述的随机波浪作为入射波;出口为静水压力边界;水槽底面和结构表面采用无滑移壁面边界;水槽顶面采用大气压力边界;水槽侧面$z=-15$m平面和$z=+15$m平面采用对称边界条件。计算模型网格划分如图8.5-3所示,采用非均匀网格在结构附近区域和水面附近区域进行加密,最小网格步长为0.04m。

在无流状态下,对给定水深的随机波浪进行模拟,使得模拟波浪频谱满足JONSWAP谱,同时波高和周期满足输入条件要求。然后,进行基础结构的浪-流耦合作用力计算,得到基础的水平浪-流耦合作用力和相应的弯矩随机变化过程。

首先对桥梁基础没有局部冲刷坑(即水深$D=9.5$m)、考虑局部冲刷坑、完全冲刷(即水深$D=19.5$m)三种情况下的波浪作用进行模拟,图8.5-4给出了相应的桥墩横桥向浪-流耦合作用力时程(已换算为原型结构值)结果,相应的荷载极值如表8.5-2所示,其中水平波浪力分别为6659kN、7154kN和8664kN。从分析结果可知,局部冲刷形式对桥墩浪-流耦合作用力大小有较大影响,在试验和设计分析中应该合理考虑。

进一步对桥墩横桥向、斜向波浪作用下的受力进行了模拟,计算结果如表8.5-3所示。通过与试验结果比较可知:沿着波浪传播方向的水平向浪-流耦合作用力计算结果与试验结果最大偏差为10.7%,桥墩基础底部的弯矩计算结果与试验结果最大偏差为18.3%,垂直方向的上托力最大偏差为12.6%。总体而言,本文数值水槽模拟的水平浪-流耦合作用力、弯矩和上托力与物理水槽试验结果吻合良好。

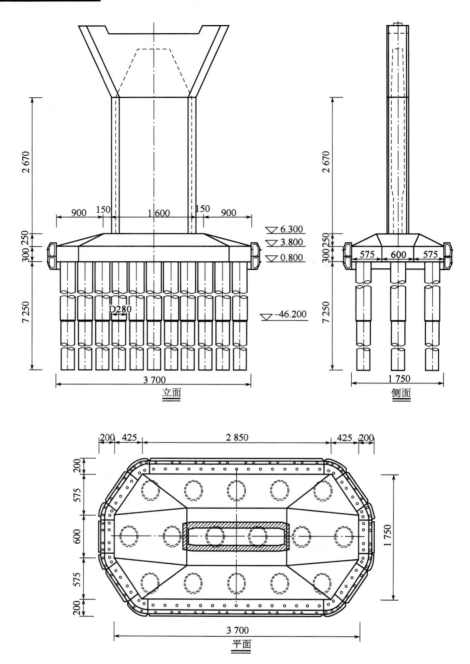

图 8.5-1 典型桥梁高桩承台基础结构(尺寸单位:mm;高程单位:m)

波浪及水流要素

表 8.5-1

入射方向	重现期(年)	$H_{1\%}$(m)	$H_{13\%}$(m)	T_m(s)	水位(m)	流速 U_c(m/s)
横桥向	100	5.22	3.9	10.2	+3.47	1.68
顺桥及斜向	100	4.93	3.65	10.1	+3.47	—

第8章 桥梁风-浪-流耦合作用数值水槽模拟技术

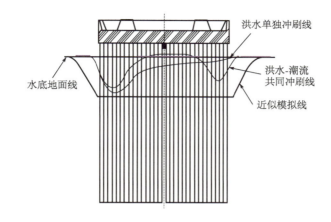

图 8.5-2　高桩承台基础冲刷模型图

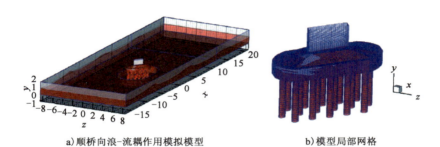

a) 顺桥向浪-流耦作用模拟模型　　　　b) 模型局部网格

图 8.5-3　桥墩基础三维数值水槽计算模型

局部冲刷对桥墩基础浪-流耦合作用力的影响　　　　表 8.5-2

横桥向(随机浪-流耦合)		$F_{x,\max}$(kN)	$+M_{z,\max}$(kN·m)	水平力作用点位置(m)	$+F_{y,\max}$(kN)	$-F_{y,\min}$(kN)
不考虑冲刷($D=9.5\text{m}$)	数值模拟值	6 659	73 356	11	5 163	−3 416
局部冲刷	数值模拟值	7 154	154 341	20.7	5 265	−3 265
完全冲刷($D=19.5\text{m}$)	数值模拟值	8 664	174 534	20.1	5 453	−8 140

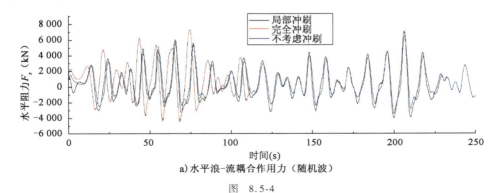

a) 水平浪-流耦合作用力（随机波）

图 8.5-4

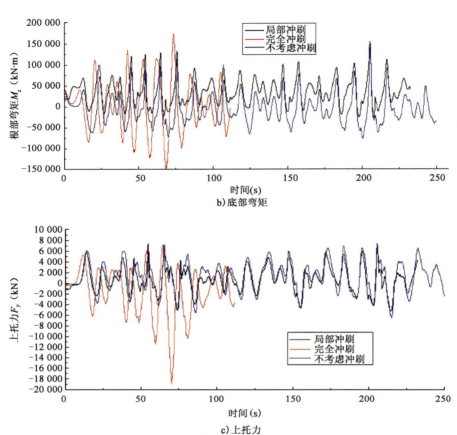

图 8.5-4　考虑不同冲刷影响的桥墩基础浪-流耦合作用力
时程(原型值,横桥向,随机波)

桥墩基础浪-流耦合作用力极值试验及计算结果比较　　表 8.5-3

结构状态及工况		$+M_{z,max}$ (kN·m)	$F_{z,max}$ (kN)	水平力作用点位置(m)	$+F_{y,max}$ (kN)	$-F_{y,min}$ (kN)
横桥向(随机波-流耦合)	试验值	6 581	127 887	19.3	4 675	—
	数值模拟值	7 154	151 341	20.7	5 265	-3 265
	偏差	8.7%	18.35	7.2%	12.6%	
斜向(随机波浪)	试验值	5 900	112 690	19.1	5 510	—
	数值模拟值	6 534	127 406	19.5	5 534	-6 047
	偏差	10.7%	13.0%	2.1%	0.435%	

8.5.2　钻石形索塔大型高桩承台群桩基础浪-流作用模拟

以杭州湾大桥通航孔桥钻石形索塔高桩承台群桩基础结构为对象,进行群桩基础的浪-流耦合作用力数值水槽模拟,并与物理波浪水槽试验结果进行比较和验证。钻石形索塔大型群桩基础结构的立面、侧面和平面图如图 8.5-5 所示,桩直径为 2.8m,计算水深考虑冲刷的影响,其中冲刷坑深度为 -29m(高程)。

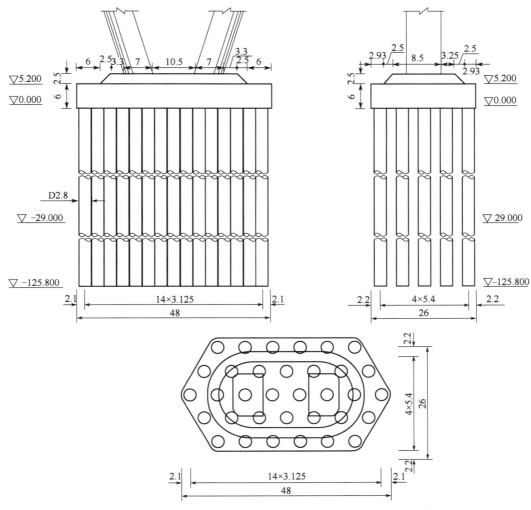

图 8.5-5 钻石形索塔大型高桩承台群桩基础结构图(尺寸单位:m;高程单位:m)

计算中采用的波浪和水流参数与物理水槽模型试验参数保持一致,如表 8.5-4 所示,将给定的波浪和水流参数换算成计算模型参数作为输入条件进行模拟。按照《海港水文规范》换算得到有效波高 $H_{1/3} \approx H_{13\%}$ 和有效周期 $T_{H_{1/3}} = 1.15 T_m$(T_m 为波浪平均周期)。入射波采用 JONSWAP 谱描述的不规则波,$\gamma = 3.3$。

钻石形索塔大型高桩承台基础波浪及水流要素 表 8.5-4

波向	$H_{1\%}$(m)	$H_{13\%}$(m)	T_m(s)	$T_{H_{1/3}}$(s)	水位(m)	流速 U_c(m/s)
横桥向	5.98	4.30	7.85	9.03	+5.8/+2.0	1.93(涨潮)
顺桥向	4.97	3.49	7.04	8.10	+5.8/+2.0	—

为了减小计算规模,采用长度比尺为 1:10 的缩尺模型进行数值模拟。三维数值波浪水槽计算模型如图 8.5-6 所示,波浪从左边入口起沿 x 轴正方向运动。边界条件设置如下:入口为波浪速度边界,采用 JONSWAP 谱描述的随机波浪作为入射波;出口为静水压力边界;水槽底

面和结构表面采用无滑移壁面边界;水槽顶面采用大气压力边界;水槽侧面 $z=0$m 平面和 $z=20$m 平面采用对称边界条件。计算模型网格划分如图 8.5-6 所示(考虑防船撞结构),采用非均匀网格在结构附近区域和水面附近区域进行加密,最小网格步长为 0.06m。计算中采用两种不同密度的网格进行了试算比较,网格总数分别为细网格单元数 140.380 1 万(cell)和粗网格单元数 103.287 9 万(cell)。两套网格的计算结果趋于一致,最终采用粗网格进行计算。

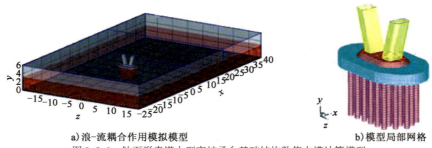

a)浪-流耦合作用模拟模型　　　　　　b)模型局部网格
图 8.5-6　钻石形索塔大型高桩承台基础结构数值水槽计算模型

在无流状态下,对给定水深的随机波浪进行模拟,使得模拟波浪频谱满足 JONSWAP 谱,同时波高和周期满足输入条件要求。然后,进行群桩基础结构的浪-流耦合作用力计算,得到群桩基础的水平浪-流耦合作用力和相应的弯矩随机变化过程,横桥向浪-流耦合作用力时程(已换算为原型结构值,水位为百年一遇高潮位 +5.8m)如图 8.5-7 所示。

对于极值浪-流耦合作用荷载,高桩承台群桩基础结构在不同水深条件下单独波浪、单独水流、浪-流耦合作用时的计算结果如表 8.5-5 和表 8.5-6 所示。

(1)对于横桥向浪-流耦合作用,在百年一遇高潮位 +5.8m 条件下,群桩基础结构的正向水平浪-流耦合作用力计算值为 17 844kN、负向浪-流耦合作用力计算值为 -12 038kN,与物理水槽模型试验结果吻合良好,最大偏差在 -8.19% 以内;群桩基础基底浪-流耦合作用力弯矩值为:正向弯矩为 704 276kN·m、负向弯矩为 -491 156kN·m;群桩基础的竖向向下浪-流耦合作用力 10 249kN(上托力)、竖向向下浪-流耦合作用力为 -42 865kN。

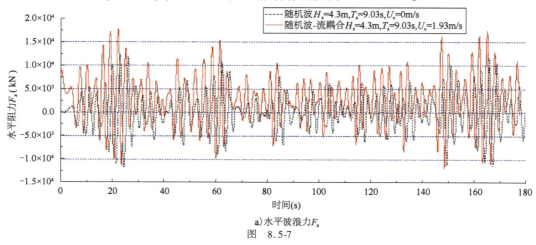

a)水平波浪力 F_x
图　8.5-7

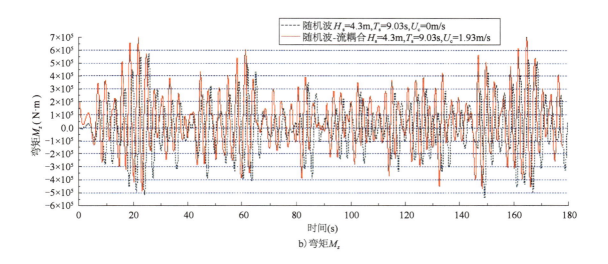

b) 弯矩 M_z

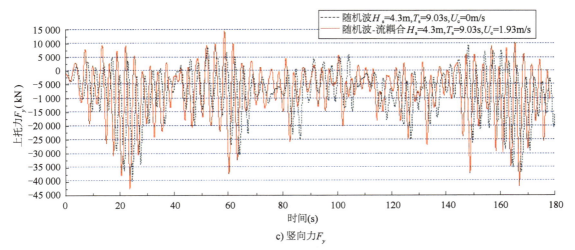

c) 竖向力 F_y

图 8.5-7 随机波作用下高桩承台基础横桥向浪-流耦合作用力时程(原型值,水深 $D=34.8\text{m}$)

大型群桩基础浪-流耦合作用力数值模拟结果——横桥向　　　表 8.5-5

(水位 +5.8m,模拟水深 34.8m)

方法	$+F_{x,\max}$(kN)	$-F_{x,\min}$(kN)	$+F_{y,\max}$(kN)	$-F_{y,\min}$(kN)	$+M_{z,\max}$(kN·m)	$-M_{z,\min}$(kN·m)
计算值	17 844	−12 038	10 249	−42 865	704 276	−491 156
试验值	19 384	−13 112	9 055	−38 043	—	—
误差	−7.9%	−8.2%	13.2%	12.6%	—	—

(2)对于顺桥向波浪作用,在百年一遇高潮位 +5.8m 条件下,群桩基础结构的正向水平浪-流耦合作用力计算值为 16 161kN、负向浪-流耦合作用力计算值为 −18 401kN,与物理水槽模型试验结果最大偏差在 −14.2% 以内;群桩基础基底浪-流耦合作用力弯矩值为:正向弯矩

486 929kN·m、负向弯矩 –550 562kN·m；群桩基础的竖向向上浪-流耦合作用力 10 937kN（上托力）、竖向向下浪-流耦合作用力 –31 846kN。

大型群桩基础波浪力数值模拟结果——纵桥向（水位 +5.8m，模拟水深 34.8m）　表 8.5-6

结构状态/方法	$+F_{x,\max}$ (kN)	$-F_{x,\min}$ (kN)	$+F_{y,\max}$ (kN)	$-F_{y,\min}$ (kN)	$+M_{z,\max}$ (kN·m)	$-M_{z,\min}$ (kN·m)
计算值	16 161	–18 401	10 937	–31 846	486 929	–550 562
试验值	18 836	–21 305	9 173	–38 504	—	—
误差	–14.2%	–13.6%	19.2%	–17.3%		

从计算结果分析可知，数值水槽模拟的水平浪-流耦合作用力和上托力与物理水槽试验结果吻合良好，并获取了基础弯矩值；同时由于物理水槽试验过程中存在环境干扰等因素，导致物理试验参数与模拟计算存在偏差。在物理模型试验中，由于以往浪-流耦合作用试验测试设备的限制，无法通过整体测力方法得到结构所受的浪-流耦合作用力弯矩。

进一步通过可视化手段来分析群桩基础的波浪作用形态，图 8.5-8 显示了波浪场从波谷→波峰→波谷的波面变化过程和群桩结构的波浪越浪变化过程。从图中可知：群桩结构对波动场有显著的影响，使得入射波到达结构附近时产生强烈的散射效应和自由表面效应；由于波高相对于群桩结构整体尺度较小，群桩结构附近的流体仍然贴在结构物表面上，没有形成绕流脱离现象，这时黏性效应较小；波浪对群桩结构作用过程中存在明显的波浪爬升和越浪现象。

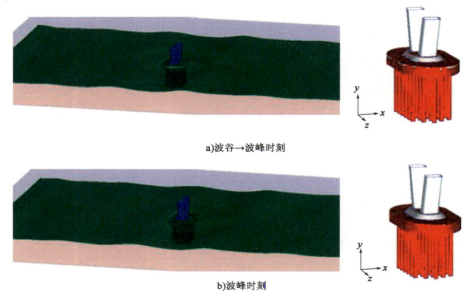

a)波谷→波峰时刻

b)波峰时刻

图 8.5-8

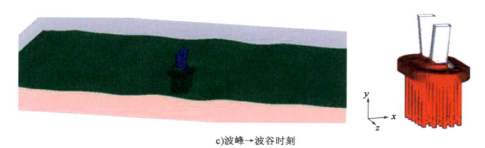

c)波峰→波谷时刻

图 8.5-8　大型群桩基础的随机浪-流耦合作用形态变化及越浪过程

8.5.3　哑铃形高桩承台群桩基础浪-流耦合作用模拟

以港珠澳大桥青州航道桥哑铃形高桩承台群桩基础为对象进行该类结构的浪-流耦合作用模拟。哑铃形高桩承台群桩基础结构如图 8.5-9 所示,顺桥向长度为 36.5m、横桥向长度为 87m,海床面高程为 -6.2m,冲刷后高程为 -18.9m,计算水位为 +3.47m。计算中采用实际观测推算的波浪和水流参数,将给定的波浪和水流参数换算成计算模型参数作为输入条件进行模拟。采用随机波浪作为入射波时,采用 JONSWAP 谱描述的不规则波,$\gamma = 2.0$,有效波高和有效周期按 $H_{13\%}$ 和 $T_{H_{1/3}}$ 进行取值。

根据哑铃形高桩承台群桩基础和环境作用参数,建立了相应的三维数值波浪水槽计算模型如图 8.5-10 所示。计算模型网格划分中采用非均匀网格在结构附近区域和水面附近区域进行加密,最小网格步长为 0.05m。

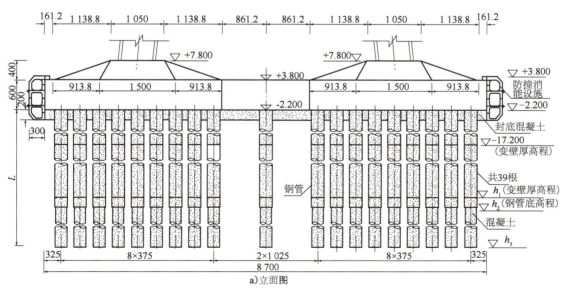

a)立面图

图 8.5-9

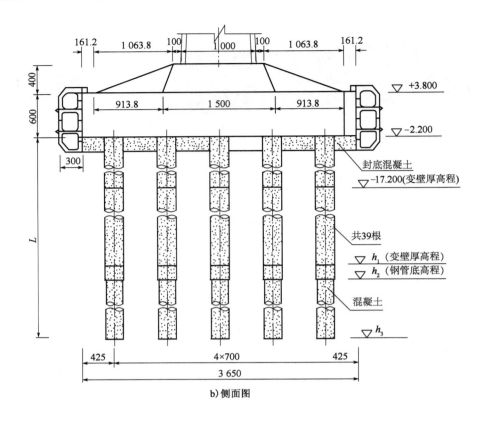

b) 侧面图

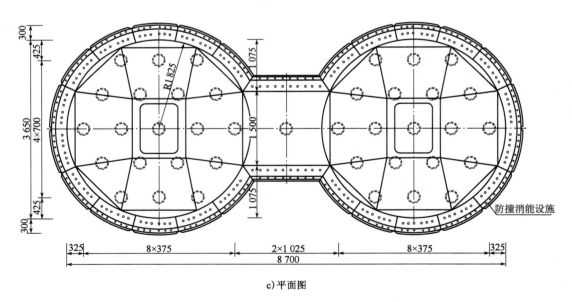

c) 平面图

图 8.5-9 哑铃形高桩承台群桩基础结构(尺寸单位:mm;高程单位:m)

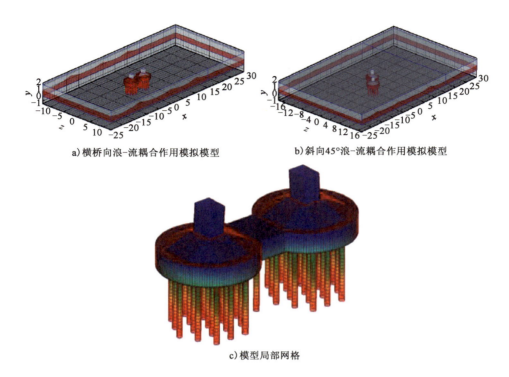

图 8.5-10 哑铃形高桩承台群桩基础数值水槽计算模型

通过数值模拟得到桥墩横桥向、斜向和顺桥向波浪作用下的荷载极值计算结果如表 8.5-7 所示,其中水平波浪力分别为 11 823kN、17 308kN 和 20 709kN。

哑铃形高桩承台群桩基础浪-流耦合作用力极值计算结果　　　　表 8.5-7

结构状态及工况		$F_{x,\max}$(kN)	$+M_{z,\max}$(kN·m)	$+F_{y,\max}$(kN)	$-F_{y,\min}$(kN)
横桥向	随机浪-流耦合	11 823	665 103	6 813	−9 767
斜向	随机波浪	17 308	609 458	30 148	−9 230
顺桥向	随机波浪	20 709	508 812	25 919	−31 767

进一步通过可视化手段来分析索塔的波浪作用过程,图 8.5-11 显示了随机波浪场波面变化过程和群桩基础所受波压力。从图中可知:基础结构对波动场有显著的影响,使得入射波在结构附近时产生强烈的绕射效应,并破坏了入射波的二维特性而呈现显著的三维特性;当波峰到达结构时表现为最大正向水平浪-流耦合作用力,当波峰越过结构后表现为最大负向水平浪-流耦合作用力。

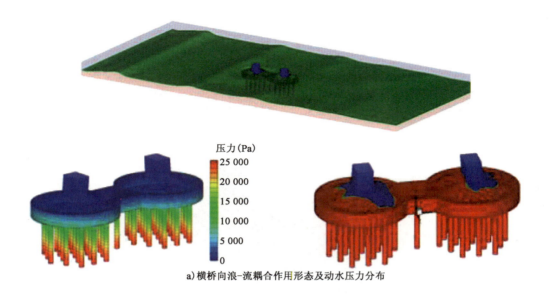

a) 横桥向浪-流耦合作用形态及动水压力分布

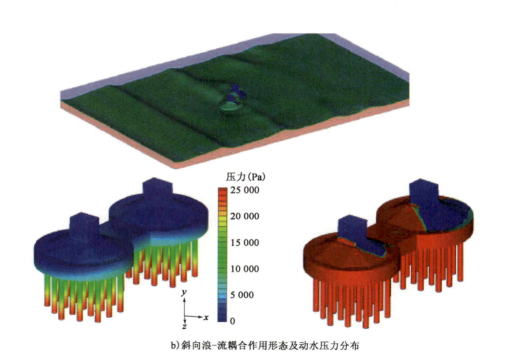

b) 斜向浪-流耦合作用形态及动水压力分布

图 8.5-11　哑铃形高桩承台群桩基础浪-流耦合作用形态及水压力变化过程

8.6 沉箱/沉井基础浪-流作用模拟

以琼州海峡大桥三塔斜拉桥的边塔圆端型沉箱基础为对象,进行大尺度沉箱结构浪-流耦合作用力数值模拟。大型沉箱基础结构如图8.6-1所示,沉箱顺桥向长度为63m、横桥向长度为83m,海床面高程为-46.64m,计算水位为+3.37m。计算中采用实际观测推算的波浪和水流参数,如表8.6-1所示,将给定的波浪和水流参数换算成计算模型参数作为输入条件进行模拟。当采用规则入射波时,按$H_{1\%}$和T_m进行波浪场模拟;当采用随机波浪作为入射波时,采用JONSWAP谱描述的不规则波,$\gamma=3.3$,有效波高和有效周期按$H_{13\%}$和$T_{H_{1/3}}$进行取值。

波浪及水流要素 表8.6-1

$H_{1\%}$(m)	$H_{13\%}$(m)	H(m)	T_m(s)	$T_{H_{1/3}}$(s)	水位(m)	流速U_c(m/s)
8.6	6.12	3.8	9.6	11.04	+3.37	2.56

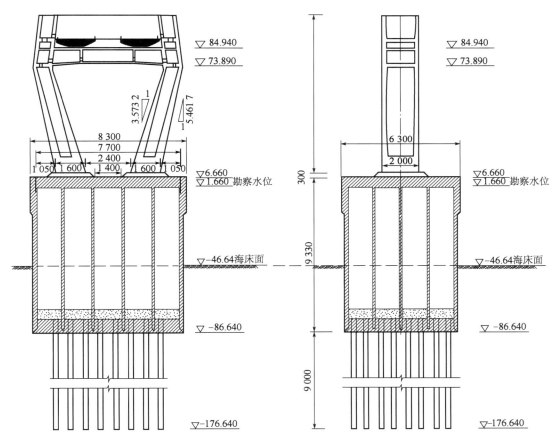

图 8.6-1

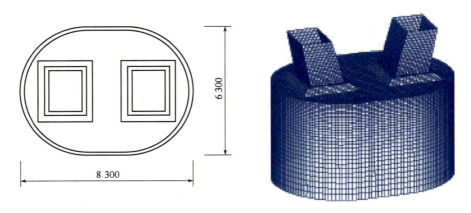

图 8.6-1　圆端型大型沉箱基础结构及网格划分(尺寸单位:mm;高程单位:m)

为了减小计算规模,提高计算效率,采用长度比尺为 1:10 的缩尺模型进行数值模拟。缩尺模型按照相似准则缩尺。三维数值波浪水槽计算模型如图 8.6-2 所示,波浪从左边入口起沿 x 轴正方向运动,圆端形沉箱横桥向宽度为 $B=6.3\mathrm{m}$,纵桥向宽度为 $L=8.3\mathrm{m}$,计算模型高度为 $7.5\mathrm{m}$。边界条件设置如下:入口为波浪速度边界,采用 JONSWAP 谱描述的随机波浪作为入射波;出口为静水压力边界;水槽底面和结构表面采用无滑移壁面边界;水槽顶面采用大气压力边界;水槽侧面 $z=22.5\mathrm{m}$ 平面和 $z=-22.5\mathrm{m}$ 平面采用对称边界条件。计算模型网格划分,采用非均匀网格在结构附近区域和水面附近区域进行加密,从而保证波浪传播的计算精度,最小网格步长为 $0.05\mathrm{m}$。计算中采用两种不同密度的网格进行了试算比较,最终采用的网格单元数 133.839 万(cell)。流体运动按非定常流计算,计算时间步长为 $0.01\mathrm{s}$。

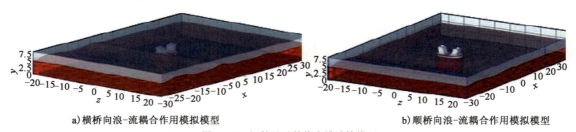

a)横桥向浪-流耦合作用模拟模型　　　　　　　b)顺桥向浪-流耦合作用模拟模型

图 8.6-2　沉箱基础数值水槽计算模型

在无流状态下,对给定水深的规则波和随机波浪进行模拟,使得模拟波浪谱满足目标波浪要求;然后,进行沉箱结构的浪-流耦合作用力模拟。通过计算得到沉箱的水平浪-流耦合作用力和相应的弯矩时程,其中顺桥向入射波作用下的计算结果如图 8.6-3 所示(图中结果已换算为原型结构值,水位为百年一遇高潮位 $+3.7\mathrm{m}$)。对于规则波作用,在经过 6 个波左右的演化后流场趋于稳定;在规则波和水流强制耦合场作用下,沉箱所受的正向水平浪-流耦合作用力和对应的弯矩值要大于单纯波浪作用时的受力;对于随机波浪场存在同样的结果。对于极值浪-流耦合作用荷载,沉箱结构在不同浪-流条件作用下的计算结果如表 8.6-2、表 8.6-3 和表 8.6-4 所示。

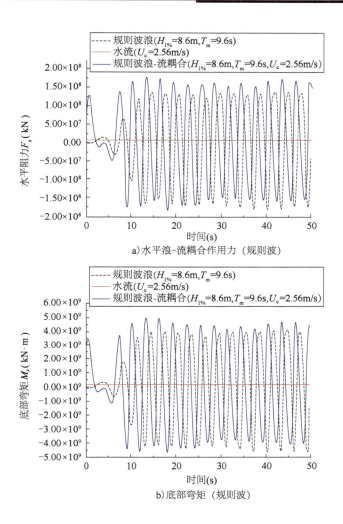

a) 水平浪-流耦合作用力（规则波）

b) 底部弯矩（规则波）

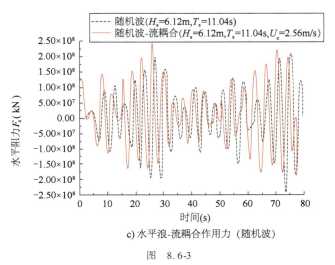

c) 水平浪-流耦合作用力（随机波）

图 8.6-3

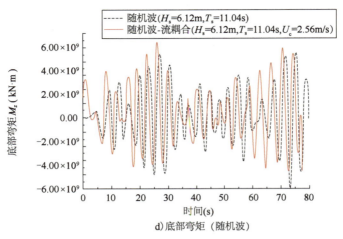

d) 底部弯矩（随机波）

图 8.6-3　圆端型沉箱浪-流耦合作用力时程（原型值，顺桥向）

沉箱基础浪-流耦合作用力极值计算结果——顺桥向　　表 8.6-2

结构状态及工况		$+F_{x,\max}$ (kN)	$-F_{x,\min}$ (kN)	$+M_{z,\max}$ (kN·m)	$-M_{z,\min}$ (kN·m)	$+F_{y,\max}$ (kN)	$-F_{y,\min}$ (kN)
顺桥向	随机波浪	214 336	−243 993	5 756 274	−5 841 513	16	−19 242
	随机浪-流自由耦合	243 737	−179 174	6 549 354	−4 413 166	14	−51 374
	规则波	139 586	−186 705	4 186 377	−4 697 894	−8 075	−35 712
	规则浪-流自由耦合	178 469	−184 512	5 021 664	−4 762 862	6 710	−36 545

沉箱基础浪-流耦合作用力极值计算结果——横桥向　　表 8.6-3

结构状态及工况		$+F_{x,\max}$ (kN)	$-F_{x,\min}$ (kN)	$+M_{z,\max}$ (kN·m)	$-M_{z,\min}$ (kN·m)	$+F_{y,\max}$ (kN)	$-F_{y,\min}$ (kN)
横桥向	随机波浪	152 319	−173 915	4 010 467	−4 227 913	51.758 7	−11 069
	随机浪-流自由耦合	171 383	−148 835	4 579 624	−3 822 072	24	−24 137
	规则波	105 692	−128 540	3 170 834	−3 324 157	−811	−20 071
	规则浪-流自由耦合	146 746	−154 496	4 115 614	−4 004 693	−623	−22 487

沉箱基础浪-流耦合作用力极值计算结果——入射波角度为 45°　　表 8.6-4

结构状态及工况		$+F_{x,\max}$ (kN)	$-F_{x,\min}$ (kN)	$+M_{z,\max}$ (kN·m)	$-M_{z,\min}$ (kN·m)	$+F_{y,\max}$ (kN)	$-F_{y,\min}$ (kN)
45°入射角	随机波浪	183 974	−204 125	4 907 965	−4 947 032	56	−12 312
	随机浪-流自由耦合	206 186	−156 479	5 503 091	−3 805 846	14	−31 801
	规则波	127 489	−150 471	3 726 437	−3 833 674	−6 573	−24 060
	规则浪-流自由耦合	156 316	−152 309	4 472 336	−3 818 369	−5 716	−28 128

注：规则波浪模拟参数采用 $H_{1\%}=8.6\mathrm{m}$，$T_m=9.6\mathrm{s}$，$U_c=2.56\mathrm{m/s}$；随机波浪模拟采用 JONSWAP 谱，参数为 $H_{13\%}=6.12$，$T_{H_{1/3}}=11.04\mathrm{s}$，$U_c=2.56\mathrm{m/s}$。

进一步通过可视化手段来分析沉箱的波浪作用过程,图 8.6-4 和图 8.6-5 显示了规则波浪和随机波浪场从波峰→波谷的波面变化过程和沉箱所受波压力的变化过程。从图中可知:沉箱对波动场有显著的影响,使得入射波在结构附近时产生强烈的绕射效应,并破坏了入射波的二维特性而呈现显著的三维特性;由于波高相对于沉箱尺度较小,沉箱附近的流体仍然贴在结构物表面上,没有形成绕流脱离现象,这时黏性效应较小;波浪对沉箱作用过程中存在明显的波浪爬升和越浪现象,当波峰到达沉箱时表现为最大正向水平浪-流耦合作用力,当波峰越过沉箱后表现为最大负向水平浪-流耦合作用力。

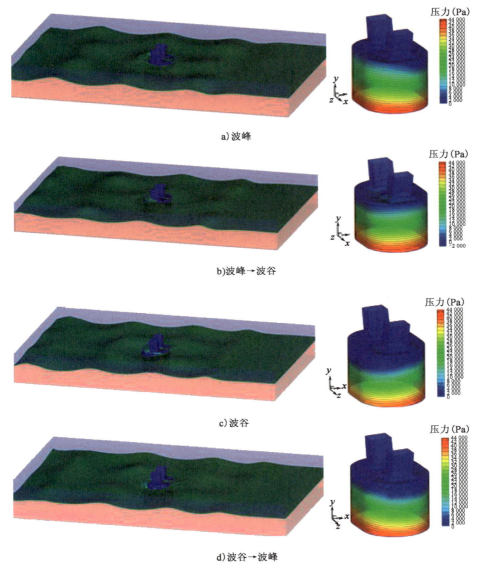

图 8.6-4　大型沉箱基础规则波浪作用形态及水压力变化过程(顺桥向)

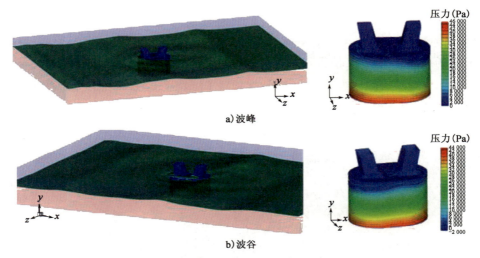

图 8.6-5 大型沉箱基础随机浪-流耦合作用形态及水压力变化过程(横桥向)

8.7 风暴潮对桥梁上部结构作用模拟

跨海桥梁在高潮大浪时波浪对桥梁上部结构的作用力是影响桥梁安全的重要内容。波浪作用下箱梁受力主要分为淹没、半淹没、露出水面三种工况。由于波浪运动时水质点会上下运动,梁板底部有时全部或部分露出水面,除了受到波浪浮托力及侧压力作用外还会受到水流和空气的冲击力,动力条件复杂。根据以往物理模型试验研究结果,波浪上托力具有明显的随机特性,水面较低时,结构物下部不同部分的上托力无明显区别,当波高加大时,迎浪部分上托力大于后方。波浪作用下结构物侧面受到的波浪力可根据经验公式进行计算,但对结构物形状变化和波浪破碎等情况目前尚无较好的经验公式,尤其在浮托力和侧向力共同作用下桥梁的稳定性较难用经验公式进行估算。

本部分以港珠澳大桥西人工岛岛桥结合部的桥梁方案为对象,进行风暴潮对桥梁上部结构的影响研究。

8.7.1 岛-桥过渡区域波浪场的数值模拟

港珠澳大桥西人工岛岛桥过渡段的人工岛形式、桥梁布置方案如图 8.7-1 所示。

根据工程海域的波浪条件及西人工岛的位置,选取最不利波浪入射方向和波要素进行模拟。首先针对岛-桥过渡区域波浪场分布情况进行分析,从而确定人工岛对波浪的影响规律。数值模拟中,选取最不利波浪作用工况为对象进行模拟,即 S 和 SSW 方向入射波,采用规则波作为输入入射波,波浪平均波高为 $H=4.09\text{m}$,平均周期 $T=10.5\text{s}$,水位为 $+3.82\text{m}$。计算模型如图 8.7-2 所示,计算区域为 $x \times y \times z$,浪-流从入口起沿 x 轴正方向运动。边界条件设置如

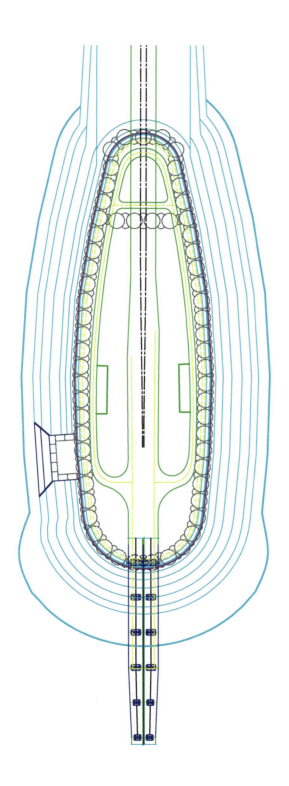

a) 人工岛总体布置图

图 8.7-1

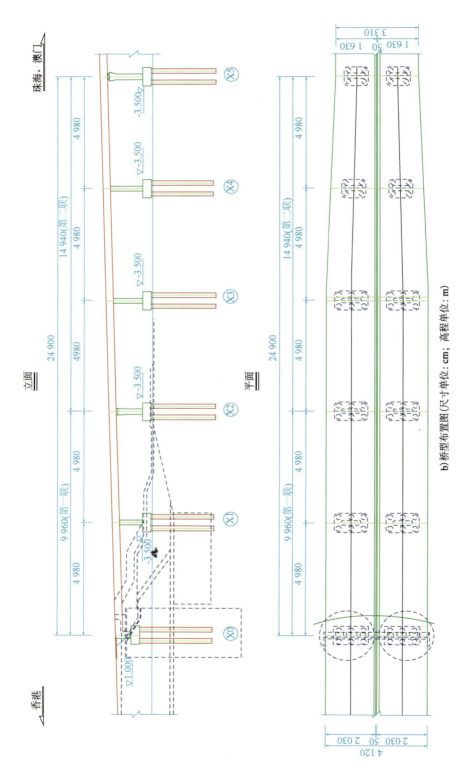

b) 桥型布置图 (尺寸单位：cm；高程单位：m)

图 8.7-1 岛-桥过渡区域布置图

下:入口为波浪速度边界,采用规则波作为入射波;出口为静水压力边界;水槽底面和人工岛结构表面采用无滑移壁面边界;水槽顶面采用大气压力边界;水槽侧面采用对称边界条件。计算模型网格划分采用非均匀网格在结构附近区域和水面附近区域进行加密,最小网格步长为0.05m,网格总数为243万。

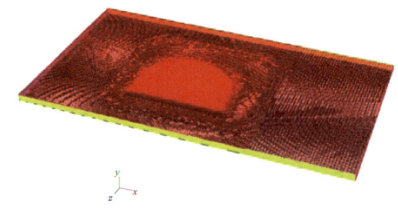

图8.7-2 岛-桥过渡区域波浪场计算模型

通过数值水槽模拟得到岛桥过渡区域的流场空间波面分布如图8.7-3所示。从图中可知:波浪在入口处生成后沿 x 方向传播演化,并在人工岛附近发生了三维波形变化,人工岛及其岸坡防护结构对波浪传播有明显的影响,人工岛护坡对波浪波高有一定的消减作用。

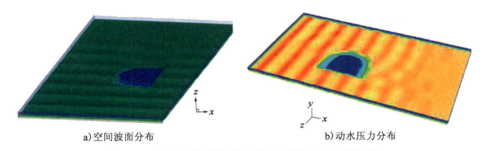

a) 空间波面分布　　　　　　　　　　b) 动水压力分布

图8.7-3 岛-桥过渡区域波浪流场分布情况(S向波浪作用)

在模拟计算中,通过在人工岛附近设置波高监测点进行波高统计分析。波高监测点布置如图8.7-4所示,模拟得到的沿 x 方向(沿波浪传播方向、横桥向)、沿 z 方向(沿顺桥向)的波浪波高分布及相应的波高衰减率分布如图8.7-5、表8.7-1和表8.7-2所示。其中,波浪衰减率定义为流场位置平均波高相对于入口入射波高的减小百分比,从模拟结果可知:

(1)波浪沿传播方向存在较大的衰减现象,当波浪传播到人工岛附近时,由于人工岛周边的多级台阶构成的斜坡护坡对波浪的影响,使得波浪波高发生起伏变化(图8.7-5),并在护坡台阶的坡顶位置形成较大的浪高,然后又迅速衰减。

(2)在人工岛附近的垂直于波浪传播方向上(z 向、顺桥向),人工岛护坡同样对波高存在显著的影响,在护坡最外侧的台阶顶部位置处,由于台阶阻挡效应使得波高明显增大;但是随着位置越来越靠近人工岛,护坡防护作用使得波浪能量逐渐衰减,波高随之变小,在第一桥跨范围内波高衰减了 –26.9% 以上,第二桥跨范围内波高衰减了 –11.5% 以上。

(3)由于波浪的越浪作用,使得在人工岛顶部(高程 +7.6m 处)存在一些上水现象,如图 8.7-6 所示。

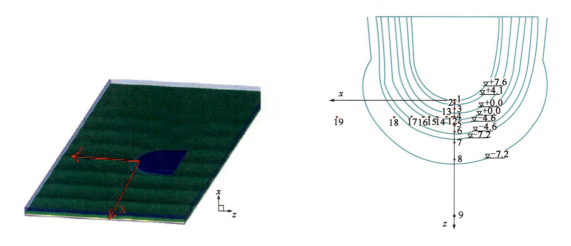

图 8.7-4 人工岛附近波高监测点布置如图

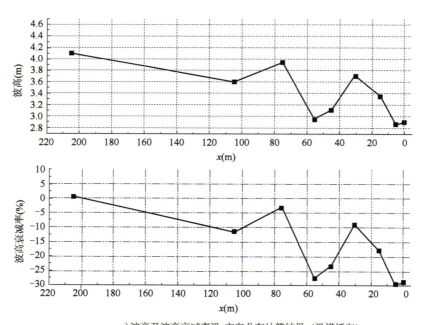

a)波高及波高衰减率沿 x 方向分布计算结果(沿横桥向)

图 8.7-5

第8章 桥梁风-浪-流耦合作用数值水槽模拟技术

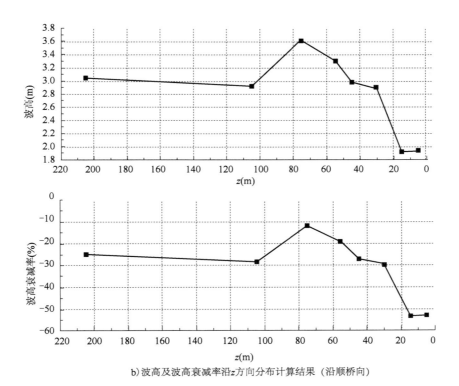

b) 波高及波高衰减率沿z方向分布计算结果（沿顺桥向）

图 8.7-5 岛桥过渡区域的波高分布及其衰减率计算结果

人工岛附近的波高沿 x 方向分布计算结果（300 年一遇水位下 S 向波浪） 表 8.7-1

测点位置	平均波高		海底高程(m)	备注
	数值(m)	衰减律(%)		
点 4, $x=0$m, $z=30$m	2.9	-29.1	+7.6	
点 12, $x=5$m, $z=30$m	2.87	-29.8	+0	坡台
点 13, $x=15$m, $z=30$m	3.36	-17.8	+0	坡台
点 14, $x=30$m, $z=30$m	3.72	-9.0	+0	坡顶
点 15, $x=45$m, $z=30$m	3.12	-23.7	-2.0	坡斜面
点 16, $x=55$m, $z=30$m	2.94	-28.1	-4.0	坡前
点 17, $x=75$m, $z=30$m	3.96	-3.2	-4.0	坡顶
点 18, $x=105$m, $z=30$m	3.61	-11.7	-7.2	海床面
点 19, $x=205$m, $z=30$m	4.11	0.5	-7.2	海床面

人工岛附近的波高沿 z 方向分布计算结果（300 年一遇水位下 S 向波浪）　表 8.7-2

测点位置		平均波高		海底高程(m)	备注
		数值(m)	衰减律(%)		
点 1, $x=0$m, $z=0$m	第一跨	0.29	-92.9	+7.6	越浪
点 2, $x=0$m, $z=5$m		1.931	-52.8	+3.1	坡顶
点 3, $x=0$m, $z=15$m		1.918	-53.1	+1.6	坡斜面
点 4, $x=0$m, $z=30$m		2.90	-29.1	+0	坡顶
点 5, $x=0$m, $z=45$m		2.99	-26.9	-4.0	坡前沿
点 6, $x=0$m, $z=55$m	第二跨	3.31	-19.1	-4.0	坡顶
点 7, $x=0$m, $z=75$m		3.62	-11.5	-7.2	坡前
点 8, $x=0$m, $z=105$m	第三跨	2.93	-28.4	-7.2	海床面
点 9, $x=0$m, $z=205$m		3.06	-25.2	-7.2	海床面

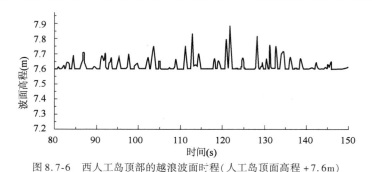

图 8.7-6　西人工岛顶部的越浪波面时程（人工岛顶面高程 +7.6m）

8.7.2　岛-桥过渡区桥梁主梁波浪作用数值模拟

以桥梁工程中常用的箱梁结构为对象（主梁断面结构如图 8.7-7 所示），利用数值水槽对其在浪-流耦合作用下所受的水平力和浮托力进行模拟，并分析波浪的运动形态和波爬越浪现象。

建立数值波浪水槽计算模型如图 8.7-8 所示，考虑主梁桥面栏杆影响，采用缩尺比为 1:10 模型，数值水槽的尺寸为 $x \times y = 40\text{m} \times 3.5\text{m}$，消波区为 $x \times y = 10\text{m} \times 3.5\text{m}$；波浪从左边入口起沿 x 轴正方向运动。计算模型网格划分如图 8.7-8b）所示，在箱梁周围区域和水面附近区域进行加密，从而保证波浪传播的计算精度，最小网格步长为 0.002m，总网格单元数量为 120 365。

根据桥梁布置图可知，桥跨方向不同位置的主梁距离静水面的高度以及水深均为变化的。考虑主梁沿桥跨方向不同位置高程的变化，为便于波浪对不同高度主梁作用的模拟，主梁梁底距离静水面的距离为 h，分别设置为 $h=0.3\text{m}$、0.2m、0.15m 和 0.1m（原型值 3m、2m、1.5m 和 1m），模拟水深分别为 1.2m、1.3m、1.35m、1.4m（原型值为 12m、13m、13.5m、14m）。主梁在计算流场中的布置如图 8.7-8 所示，主梁中心距离入口距离大于 2.0 个波长。模拟入射波的波高区间范围为 $H=0.35 \sim 0.55\text{m}$（原型值为 3.5~5.5m），平均周期为 $T=3.32\text{s}$（原型值 10.5s），并以 Stokes 波作为入射波进行规则波浪场作用模拟。

第8章 桥梁风-浪-流耦合作用数值水槽模拟技术

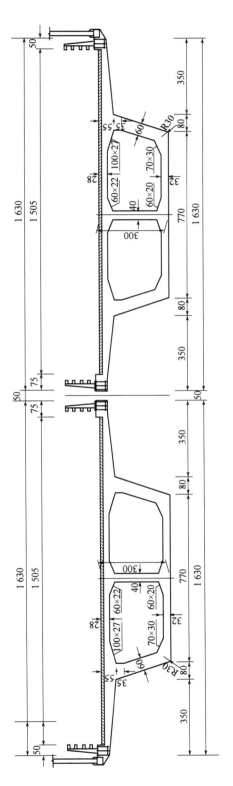

图 8.7-7 主梁断面结构形式(尺寸单位: cm)

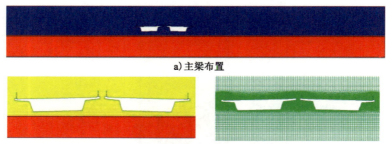

a) 主梁布置

b) 主梁+栏杆模型及其局部网格划分

图 8.7-8　主梁波浪作用计算模型

通过计算得到主梁水平波浪力（以沿波浪传播方向为正）和垂向浮托波浪力（以向上为正）的时程曲线，这里仅以受力较不利的上游迎浪主梁为对象进行分析，部分结果如图 8.7-9 所示。不同高程主梁在不同波高波浪作用下的水平波浪力和垂向浮托波浪力如表 8.7-3 ~ 表 8.7-5 所示，绘制成随波高变化的受力曲线如图 8.7-10 所示。从计算结果可知：流场在经过 3 ~ 4 个波浪周期演化后流场趋于稳定，对于同样高程的主梁，其所受波浪力随波高增加而增大；主梁所受波浪力大小与主梁到静水面（即潮位）的距离大小关系密切。

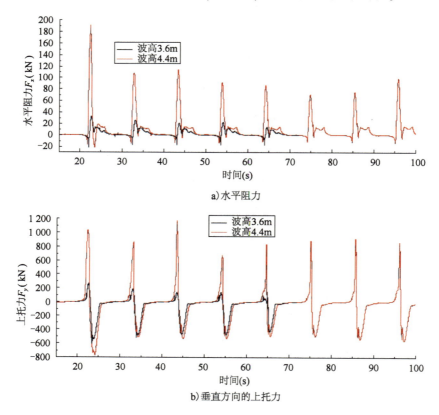

a) 水平阻力

b) 垂直方向的上托力

图 8.7-9　不同波高作用下的波浪力时程（主梁底面距离静水面距离 $h=2\mathrm{m}$）

主梁波浪作用力计算结果(静水面至梁底距离为 $h=3$m)   表 8.7-3

规则波浪参数	波浪力	最大值(kN)	最小值(kN)
波高 $H_{1\%}=3.4$m 周期 $T=10.5$s	上托力	5.9	-9.7
	横桥向力	2.3	-3.6
波高 $H_{1\%}=4.3$m 周期 $T=10.5$s	上托力	22.3	-16.6
	横桥向力	15.9	-10.9
波高 $H_{1\%}=5.1$m 周期 $T=10.5$s	上托力	174	-358
	横桥向力	90.1	-21.3

主梁波浪作用力计算结果(静水面至梁底距离为 $h=2$m)   表 8.7-4

规则波浪参数	波浪力	最大值(kN)	最小值(kN)
波高 $H_{1\%}=3.36$m 周期 $T=10.5$s	上托力	32.2	-78
	横桥向阻力	16.8	-4.9
波高 $H_{1\%}=3.5$m 周期 $T=10.5$s	上托力	146	-167
	横桥向阻力	25	-15
波高 $H_{1\%}=4.15$m 周期 $T=10.5$s	上托力	338	-228
	横桥向阻力	71.4	-19
波高 $H_{1\%}=4.4$m 周期 $T=10.5$s	上托力	452	-371
	横桥向阻力	93	-18
波高 $H_{1\%}=4.7$m 周期 $T=10.5$s	上托力	731	-663
	横桥向阻力	134	-28
波高 $H_{1\%}=4.9$m 周期 $T=10.5$s	上托力	1043	-843
	横桥向阻力	238	-41
波高 $H_{1\%}=5.4$m 周期 $T=10.5$s	上托力	1 306	-1 058
	横桥向阻力	776	-139

主梁波浪作用力计算结果(静水面至梁底距离为 $h=1$m)   表 8.7-5

规则波浪参数	波浪力	最大值(kN)	最小值(kN)
波高 $H_{1\%}=3.5$m 周期 $T=10.5$s	上托力	522	-283
	横桥向阻力	67	-6
波高 $H_{1\%}=4$m 周期 $T=10.5$s	上托力	1 165	-420
	横桥向阻力	305	-49
波高 $H_{1\%}=4.6$m 周期 $T=10.5$s	上托力	1 375	-467
	横桥向力	347	-152

当桥面高程距离水面过低,波浪波高较大时,桥面存在波浪越浪现象。例如:当主梁至静水面距离为 2m 时,在波高大于 4.5m 的波浪作用下,桥面会发生越浪现象,越浪过程如图 8.7-11 所示。从模拟结果可知,桥面的越浪途径为:主梁前挑臂翻越、两幅桥面中间沿主梁挑臂翻越。如果桥面存在严重的越浪现象,会引起桥面的湿滑,从而导致行车安全问题;另外,由于主梁结构长期处于海水浸泡或浪溅状态,容易引起结构的腐蚀而导致耐久性问题。因此,在实际工程

中应该尽量避免主梁结构的越浪或浪溅现象。

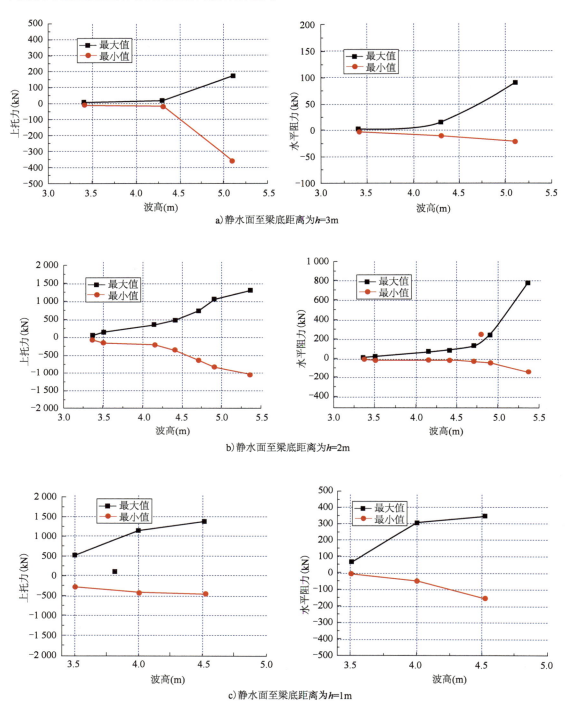

图 8.7-10 主梁波浪作用力计算结果

为了防止主梁桥面的波浪越浪现象,增加主梁的高程来避免越浪是最彻底和有效的措施。但是,增加主梁高程往往也会带来工程造价的增大,或由于客观条件限制无法提高主梁高程。对于本项目,由于受到人工岛宽度和线形纵坡条件的限制,无法通过提高主梁高程来避免波浪的爬越。因此,结合工程特点,提出了防止桥面越浪的途径和措施,主要包括:①在桥底海床周围逐级抛置消浪块,从而消减波浪能量,降低波高;同时消除由于消浪块对波浪的突然阻挡作用激起的大浪花;②在桥面两侧设置一定高度的防浪屏障,消除波浪上溅水花。

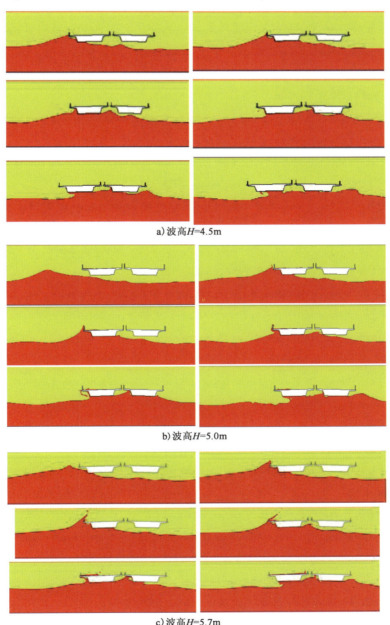

a) 波高 H = 4.5m

b) 波高 H = 5.0m

c) 波高 H = 5.7m

图 8.7-11　波浪作用形态变化过程(主梁梁底至静水面距离为 h = 2m)

本章参考文献

[1] 李玉成.水流中波浪谱变形的理论分析与试验研究[J].水动力学研究与进展,1987,2(2):66-80.

[2] 邱大洪.海岸和近海工程学科中的科学技术问题[J].大连理工大学学报,2000,40(6):631-637.

[3] Tiancheng Liu,Gao Liu,Shangyou Chen,Hongbo Wu. Numerical Study of Wave-Current Coupling Action on Bridge Structure[A]. The 23rd International Offshore (Ocean) and Polar Engineering Conference[C]. Anchorage Convention Center,Anchorage,Alaska,USA,June 30-July 5,2013.

[4] Choi J,Yoon S B. Numerical simulations using momentum source wave-maker applied to RANS equation model [J]. Journal of Coastal Engineering,2009,Vol 56,pp 1043-1060.

[5] Goda. A comparative review on the functional forms of directional wave spectrum[J]. Journal of Coastal Engineering,1999,Vol 41,No 1,pp 1-20.

[6] Ha Taemin,Lee J W,Cho Y S. Internal wave maker for Navier-Stokes equations in a three-dimensional numerical model[J]. Journal of Coastal research,2011,Vol 64,pp 511-515.

[7] Hasselmann K,et al. Measurements of wind wave growth and swell decay during the joint north sea wave project (JONSWAP) [J]. DeutschesHydrographischesInstitut,1973,Vol 12,pp 95.

[8] Lin Pengzhi,Philip L F Liu. A numerical study of breaking waves in the surf zone [J]. Journal of Fluid Mechanics,1998,Vol 359,pp239-264.

[9] Lin Pengzhi,Philip L F Liu. Internal wave-maker for Navier-Stokes equations models [J]. Journal of Waterway Port Coastal & Ocean Engineering,1999,Vol 4,pp 207-215.

[10] Liu Shuxue,Li Yucheng,Li Guangwei. Wave current forces on the pile group of base foundation for the east sea bridge,China [J]. Journal of Hydrodynamics.,2007,Vol 19,No 6,pp 661-670.

[11] Li Tingqiu,Troch,Peter,De Rouck,Julien. Wave overtopping over a sea dike[J]. Journal of Computational Physics.,2004,Vol 198,pp 686-726.

[12] Li Tingqiu,Troch,Peter,De Rouck,Julien. Interactions of breaking waves with a current over cut cells [J]. Journal of Computational Physics.,2007,Vol 223,pp 865-897.

[13] Li Y C. Velocity field under the actions of wave and current [J]. Ocean Engineering,1983,No 4,pp 12-23.(in chinese)

[14] Liu G,Huang L J,Guo C. Three highway strait bridges in modern China [C]. Proceeding of the Asia Pacific Conference,pp 4-12.

[15] 刘天成.桥梁结构气动弹性数值计算的Lattice Boltzmann方法[D].上海:同济大学,2008.

[16] Manuel D J,Javier L,Inigo J L. Three-dimensional interaction of waves and porous coastal structures PartI:Numerical model formulation[J]. Coastal Engineering,2012,Vol 64,pp 57-72.

[17] Meng F C,Liu X D,Xu G P,et al. Preliminary Design of the Main Construction of Hong Kong-Zhuhai-Macao Bridge[R]. CCCC Highway Consultants CO. LTD.,China,2009.

[18] Miyata H. Finite-difference simulation of breaking waves[J]. Journal of Computational Physics,1986,Vol 65,

pp 179-214.

[19] Phung D H, Katsutoshi T. Verification of a VOF-based two-phase flow model for wave breaking and wave-structure interactions[J]. Ocean Engineering,2006,Vol 33,pp 1565-1588.

[20] Spalart P R. Strategies for turbulence modeling and simulations[J]. Journal of Heat Fluid Flow,2000,Vol 21, pp 252-263.

[21] Tamura T. Towards practical use of LES in wind engineering[C]. Proceeding of CWE2006,2006,Yokohama,pp 1-8.

[22] Wei G,Kirby J T,Sinha A. Generation of waves in Boussinesq models using a source function method[J]. Coastal Engineering,1999,Vol 36,pp 271-299.

[23] Zouhaier H,Mehdi B H,Hedi L,Khlifa M. Internal inlet for wave generation and absorption treatment[J]. Coastal Engineering,2009,Vol 56,pp 951-959.

[24] 中华人民共和国行业标准. JTJ 215—98 港口工程荷载规范[S].北京:人民交通出版社,1998.

[25] 中华人民共和国行业标准. JTJ 213—98 海港水文规范[S]北京:人民交通出版社,1998.

[26] 方庆贺,郭安新,李惠.台风波浪对跨海近岸桥梁作用力研究[C].第十三届全国水动力学学术会议暨第二十六届全国水动力学研讨会文集,586-591.

第 9 章 风-浪耦合作用下桥梁随机振动频域分析方法

桥梁风-浪耦合作用是复杂的气-液-固耦合作用问题。风、浪之间的耦合作用和风、浪与结构之间的动力耦合作用同时发生,如何准确描述风-浪耦合场及其对桥梁结构的动力效应是桥梁设计必须解决的技术难题。传统桥梁设计中通常只考虑风的静-动力效应、波浪的静力效应,没有考虑风-浪-桥梁结构之间的耦合效应,不能够准确反映桥梁在风-浪耦合作用下的受力性能。在本章中,考虑风-浪耦合场中风和波浪特征参数的相关性,采用随机振动方法来研究特大型桥梁风-浪耦合作用的内力响应。首先建立基于有限元法与边界元法联合分析的特大型桥梁风-浪耦合作用运动方程,然后基于虚拟激励法建立了计算桥梁风-浪耦合作用响应的高效分析方法,最后通过数值算例,分析了琼州海峡跨海特大型桥梁在风-浪耦合作用下的内力响应规律。

9.1 桥梁风-浪耦合作用运动方程

在海洋环境中,特大型桥梁将同时受到风场和波浪场的耦合作用,如图 9.1-1 所示。桥梁上部结构主要承受强风激发的平均风荷载、非定常抖振力和由气弹相互作用产生的自激力,桥梁水中基础主要承受波浪激发的入射波浪力、绕射波浪力和由水弹相互作用产生的辐射波浪

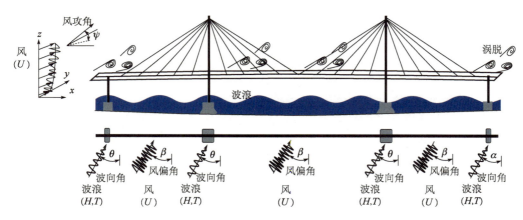

图 9.1-1 桥梁风-浪耦合作用受力图

力。跨海特大型桥梁结构在风-浪耦合作用下的动力响应分析涉及风场与波浪场、风与结构、波浪与结构之间的气-液-固多物理场耦合问题。

根据琼州海峡跨海通道工程海域现场风-浪耦合场观测结果可知:在台风过程中,风场与波浪场之间存在很强的时间相关性和空间相关性,风速和浪高的极值在时间上不同步出现,且风向与波向也不完全一致。因此,在桥梁风-浪耦合作用分析时,首先需要准确描述风-浪耦合场,包括风速 U、风攻角 ψ、风偏角 β 和风谱等风场参数,以及波高 H、波周期 T、波向 θ 和波谱等波浪场参数。为此,作者利用风-浪耦合场现场实测和数值模拟手段,获取工程海域台风过程中的风-浪耦合场时空分布,基于多维极值理论、Copula 函数理论和复合极值理论建立了风速、波高、波浪周期等风-浪耦合场特征参数的联合概率模型,计算得到了不同重现期概率水准下的风、浪特征参数取值。在此基础上,将考虑了风-浪场耦合效应的风特征参数和波浪特征参数作为输入条件,考虑风与结构之间、波浪与结构之间相互作用,计算风-浪耦合作用下的桥梁结构响应。风-浪耦合作用下的桥梁结构运动方程可以表述为:

$$M_s\ddot{Y}(t) + C_s\dot{Y}(t) + K_s Y(t)$$
$$= [F_{st}(Y,t) + F_{ae}(Y,\dot{Y},t) + F_b(U,\psi,\beta,t)] + [F_{hd}(\ddot{Y},\dot{Y},t) + F_h(H,T,\theta,t)] \quad (9.1\text{-}1)$$

式中:M_s、C_s、K_s——结构的质量、阻尼和刚度矩阵;

$\ddot{Y}$、$\dot{Y}$、Y——结构节点的加速度、速度和位移;

F_{st}——平均风荷载;

F_{ae}——气弹相互作用产生的自激力;

F_b——非定常抖振力;

F_{hd}——由水弹相互作用产生的辐射波浪力;

F_h——入射波浪力和绕射波浪力;

t——时间。

桥梁结构运动方程式(9.1-1)通过风、波浪特征参数的相关性考虑了风场和波浪场之间的耦合效应,通过气弹自激力和水弹辐射波浪力考虑了风荷载、浪荷载和结构响应之间的耦合效应。

9.2 桥梁结构有限元建模方法

要开展桥梁在环境激励(风、浪、流等)下的动力分析,必须要合理建立桥梁结构的有限元模型,对大跨度桥梁结构主要承力构件(塔、梁、索)采用合适的单元类型和正确的建模方法。此外,对于大跨度桥梁结构,需要合理考虑结构几何非线性、土-结构相互作用等。

9.2.1 塔梁索建模方法

1. 塔墩

桥塔与桥墩宜采用梁单元模拟,并应考虑桥塔以及桥墩的自由扭转刚度,以及考虑桥塔塔柱与横梁之间的刚域效应。桥塔的模拟应考虑恒载作用下几何刚度与 P-Δ 效应。

2. 主梁

主梁模拟应根据主梁的结构形式选择与之相适应的单梁式、双梁式、三梁式等建模形式。单箱钢箱梁断面主梁应采用单梁式模型模拟,且必须严格考虑主梁 4 个方向的刚度、质量及其质量惯性矩;分离钢箱梁断面主梁应采用双梁式模型模拟,横梁与边主梁的连接应采用刚臂单元(或主从约束)处理,应同时考虑横梁的刚度。桁架形式的主梁应严格模拟每个构件的刚度。

3. 拉索

斜拉索构件结构有限元模拟可用单根杆系单元模拟。索的模拟应考虑拉索的多自由度特性。

9.2.2 几何非线性

大跨度桥梁结构在台风、风-浪-流耦合作用下的变形与内力都具有几何非线性特性,需要精确的几何非线性分析方法。目前,国内外学者提出了多种方法,最常用的方法是以结构变形前为参考建立平衡方程的全拉格朗日法(TL 法)和以结构变形后为参考建立平衡方程的更新拉格朗日法(UL 法)。Bathe(1979 年)建立了三维梁单元大位移、大转动、小应变的 UL 列式和 TL 列式分析方法。陈政清(1992 年)改进了 Bathe 的非线性梁单元,减少了 UL 列式的计算时间。对于大转动问题,CR 列式是近年来发展起来的新的几何非线性计算方法。CR 列式法在参考位形的选取上与 UL 列式法属同一种类型,仅在位移增量的计算上与 UL 列式不同。CR 列式法与 UL 列式法相比,由于扣除了单元的刚体平动和转动,在计算结构大变形、大转动的过程中,收敛速度比 UL 列式法更快。因此,推荐采用 CR 列式法处理大跨度桥梁结构的几何非线性问题。

大跨度桥梁结构的几何非线性因素主要来源于三个方面:缆索垂度效应、结构初始应力和结构大位移的影响。

缆索垂度效应可用 Enrst 公式对弹性模量进行修正来近似考虑,拉索换算弹性模量按下式计算:

$$E = \frac{E_0}{1 + \frac{(\gamma S\cos\alpha)^2}{12\sigma^3}} \tag{9.2-1}$$

式中：E ——考虑垂度影响的拉索换算弹性模量；
　　E_0 ——拉索弹性模量；
　　γ ——拉索换算重度；
　　S ——拉索长度；
　　α ——拉索与水平线的夹角；
　　σ ——拉索应力。

对于梁单元的几何非线性，在应用 UL(或 CR-UL)法时，关键在于由节点位移增量准确地计算出单元的内力增量，其中梁单元的几何刚度矩阵可以采用最常见的形式：

$$\boldsymbol{K}_G^e = \frac{N}{30l} \begin{bmatrix} 0 & 0 & 0 & 0 & 0 & 0 & 0 & 0 & 0 & 0 & 0 & 0 \\ 0 & 36 & 0 & 0 & 0 & 3l & 0 & -36 & 0 & 0 & 0 & 3l \\ 0 & 0 & 36 & 0 & -3l & 0 & 0 & 0 & -36 & 0 & -3l & 0 \\ 0 & 0 & 0 & 0 & 0 & 0 & 0 & 0 & 0 & 0 & 0 & 0 \\ 0 & 0 & -3l & 0 & 4l^2 & 0 & 0 & 0 & 3l & 0 & -l^2 & 0 \\ 0 & 3l & 0 & 0 & 0 & 4l^2 & 0 & -3l & 0 & 0 & 0 & -l^2 \\ 0 & 0 & 0 & 0 & 0 & 0 & 0 & 0 & 0 & 0 & 0 & 0 \\ 0 & -36 & 0 & 0 & 0 & -3l & 0 & 36 & 0 & 0 & 0 & -3l \\ 0 & 0 & -36 & 0 & 3l & 0 & 0 & 0 & 36 & 0 & 3l & 0 \\ 0 & 0 & 0 & 0 & 0 & 0 & 0 & 0 & 0 & 0 & 0 & 0 \\ 0 & 0 & -3l & 0 & -l^2 & 0 & 0 & 0 & 3l & 0 & 4l^2 & 0 \\ 0 & 3l & 0 & 0 & 0 & -l^2 & 0 & -3l & 0 & 0 & 0 & 4l^2 \end{bmatrix} \quad (9.2\text{-}2)$$

编制考虑几何非线性的动力分析程序比较复杂，计算也比较耗时。为简化计算，可在动力分析之前，计算静载(自重和平均风荷载)作用下的几何刚度矩阵，将线性弹性刚度矩阵和几何刚度相加作为动力分析时的总刚度矩阵，再进行线性动力分析。

9.2.3　土-结构相互作用的模拟

自 1936 年 Reissner 研究了均匀半无限弹性体上的圆形刚性基础上下简谐振动以来，迄今为止关于基础与结构相互作用已经做了大量的理论研究，建立了不同形式的基础在复杂地基条件下的振动计算理论。如图 9.2-1 所示，地基的振动特性常用质量-弹簧-阻尼模型来描述。Newmark(1971 年)给出了在半空间表面上的刚性圆板的振动属性，见表 9.2-1。

在半空间表面上的刚性圆板属性　　　　表 9.2-1

方　向	刚　度	阻　尼	质　量
垂直	$K = \dfrac{4Gr}{1-r}$	$1.79\sqrt{K\rho r^3}$	$1.5\rho r^3$
水平	$18.2Gr\dfrac{1-v^2}{(2-v)^2}$	$1.08\sqrt{K\rho r^3}$	$0.28\rho r^3$
扭转	$2.7Gr^3$	$0.47\sqrt{K\rho r^5}$	$0.49\rho r^5$
扭矩	$5.3Gr^3$	$1.11\sqrt{K\rho r^5}$	$0.7\rho r^5$

注：r 为圆板半径；G 为剪切模量；v 为泊松比；ρ 为质量密度。

理论方法计算地基的动力刚度在实际工程中比较困难，实际场地土也不是理想的无限弹性体材料。因此，在工程设计中只能通过数值计算或其他近似的经验算法计算地基的动力刚度。日本桥梁抗震设计规范《道路桥示方书·同解说（耐震设计篇　下部构造篇）》给出了相关算法。

如图 9.2-2 所示的基础结构，其地基动力刚度主要由竖向变形刚度、水平变形刚度和回转变形刚度组成。

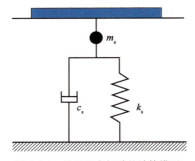

图 9.2-1　地基竖向振动的计算模型

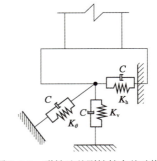

图 9.2-2　弹性地基刚性扩大基础模型

整个基础的各非零项刚度系数为：

$$\begin{cases} K_h = k_{sB} A_v \\ K_v = k_v A_v \\ K_{\theta x} = k_v I_x \\ K_{\theta y} = k_v I_y \end{cases} \quad (9.2\text{-}3)$$

式中：K_h——水平方向地基变形刚度；

K_v——竖直方向地基变形刚度；

$K_{\theta x}$——绕桥轴转动的转动变形刚度；

$K_{\theta y}$——绕横桥轴转动的转动变形刚度；

k_v——地基竖向反力系数,$k_v = k_{v0}(B_v/0.3)^{-3/4}$;

k_{sB}——地基水平剪切反力系数,$k_{sB} = \lambda k_v$,系数 $\lambda = 1/4 \sim 1/3$;

B_v——基础的换算荷载宽度,$B_v = \sqrt{A_v}$(非圆形基础,A_v 为基础底面积)或 $B_v = D$(圆形基础,D 为圆形基础的直径);

I_x——基础底面绕桥轴转动的惯性矩;

I_y——基础底面绕横桥轴转动的惯性矩。

在地基动力刚度计算中,水平方向的地基反力系数基准值为:

$$\begin{cases} k_{h0} = E_D/0.3 \\ k_{v0} = E_D/0.3 \\ E_D = 2(1+\mu_D)G_D \\ G_D = \gamma_t V_{sD}^2/g \end{cases} \quad (9.2\text{-}4)$$

式中:k_{h0}——水平方向地基反力系数的基准值;

k_{v0}——竖直方向地基反力系数的基准值;

μ_D——地基的动力泊松比,在冲积和洪积地层中,地下水位上、下一般分别取 0.45 和 0.5,软、硬岩分别取 0.4 和 0.3;

E_D——地基的动力弹性模量;

G_D——地基的动力剪切模量;

γ_t——地基的单位体积重量;

g——重力加速度;

V_{sD}——地基的剪切波速,i 层土的平均剪切波速 V_{sDi} 与实测平均剪切波速 V_{si} 之间有如下的关系:

$$V_{sDi} = \begin{cases} 0.8 V_{si} & (V_{si} < 300\text{m/s}) \\ 1.0 V_{si} & (V_{si} \geqslant 300\text{m/s}) \end{cases} \quad (9.2\text{-}5)$$

9.3 桥梁大型深水基础波浪荷载

对于结构物上的波浪力,按照其特征尺度 D 的大小,将问题分为与波长 L 相比较小(小尺度)和较大(大尺度)两类来考虑。小尺度结构物波浪力常采用 Morison 方程进行计算;对于大尺度结构,常采用势流理论和边界元方法进行计算,根据计算域不同,又可分为频域方法和时域方法。本节介绍计算大尺度大型深水基础的波浪荷载的频域方法。

9.3.1 频域边界元方法

1. 控制方程及边界条件

假设水体为无黏、不可压缩条件下的理想流体,则可以用势流理论对波动问题进行描述,这时流体的速度向量可由速度势的梯度来表示。对于线性理论,当波浪运动是简谐运动时,可以将时间变量单独分离出来,故总速度势可以写为下列形式:

$$\Phi(x,y,z,t) = \mathrm{Re}\sum_j \phi_j(x,y,z)\mathrm{e}^{-\mathrm{i}\omega_j t} \quad (9.3\text{-}1)$$

式中: (x,y,z) ——固定坐标系下波浪场中任意点坐标;

ϕ_j ——与频率 ω_j 相应的第 j 个组成波的速度势,其与时间无关。

总速度势在整个波动场内应满足拉普拉斯方程,因此每个组成波的速度势 ϕ 也应满足拉普拉斯方程:

$$\nabla^2 \phi = 0 \quad (9.3\text{-}2)$$

以及相应的边界条件。

(1) 自由水面 $z = 0$ 处

$$\frac{\partial \phi}{\partial z} - \frac{\omega^2}{g}\phi = 0 \quad (9.3\text{-}3)$$

(2) 海底面 $z = -d$ 处

$$\frac{\partial \phi}{\partial z} = 0 \quad (9.3\text{-}4)$$

(3) 结构物表面 $S(x,y,z) = 0$ 处

$$\frac{\partial \phi}{\partial \boldsymbol{n}} = 0 \quad (9.3\text{-}5)$$

根据线性波浪理论,波浪场内任一点的总速度势可认为是无任何扰动的入射波速度势 ϕ^I、结构静止不动时对入射波扰动后形成绕射波速度势 ϕ^D 以及物体运动形成的辐射波速度势 ϕ^R 之和。一般假定辐射波浪的运动频率与结构运动频率一致。这样,当结构受到某一圆频率为 ω 的规则波浪激励发生运动时,结构运动和辐射波浪的频率均为 ω。因此,波浪场中物体做六自由度运动(三个平动和三个转动)时的总速度势可以写成:

$$\phi = \phi^\mathrm{I} + \phi^\mathrm{D} + \phi^\mathrm{R} = \phi^\mathrm{I} + \phi^\mathrm{D} + \sum_{k=1}^{6}\phi_k^\mathrm{R}\zeta_k \quad (9.3\text{-}6)$$

式中: ζ_k ——第 k 个自由度方向的运动幅值;

ϕ_k^R ——第 k 个自由度方向单位运动引起的辐射波速度势。

入射波速度势 ϕ^I、绕射波速度势 ϕ^D 和辐射波速度势 ϕ^R 都应满足拉普拉斯方程以及自由面和海底面上的边界条件。

根据定义,ϕ^I 可以直接根据式(9.3-2)~式(9.3-4)求解获得,这里直接给出:

$$\phi^{\mathrm{I}} = -\mathrm{i}\frac{gH}{2\omega}\frac{\cosh k(z+d)}{\cosh kd}\mathrm{e}^{\mathrm{i}k(x\cos\theta+y\sin\theta)} \qquad (9.3\text{-}7)$$

式中：d——水深；

H——波高；

k——波数；

θ——波浪传播方向与 x 轴的夹角。

对于绕射、辐射问题，物面边界方程式(9.3-5)可改写为：

$$\begin{cases}\dfrac{\partial\phi^{\mathrm{D}}}{\partial\boldsymbol{n}} = -\dfrac{\partial\phi^{\mathrm{I}}}{\partial\boldsymbol{n}} \\ \dfrac{\partial\phi^{\mathrm{R}}_q}{\partial\boldsymbol{n}} = -\mathrm{i}\omega\boldsymbol{n}_q \qquad (q=1,\cdots,6)\end{cases} \qquad (9.3\text{-}8)$$

其中：

$$n_4 = (y-y_0)n_3 - (z-z_0)n_2 \qquad (9.3\text{-}9)$$
$$n_5 = (z-z_0)n_1 - (x-x_0)n_3 \qquad (9.3\text{-}10)$$
$$n_6 = (x-x_0)n_2 - (y-y_0)n_1 \qquad (9.3\text{-}11)$$

式中：$\boldsymbol{n}=(n_1,n_2,n_3)$——物面上某一点 (x,y,z) 处的单位法向矢量；

(x_0,y_0,z_0)——物体转动中心，本书中假设指向流体为正；

$\boldsymbol{n}_q(q=4,5,6)$——广义法向矢量。

ϕ^{D} 和 ϕ^{R} 除了满足上述自由水面、海底面、结构物表面等边界条件外，还必须满足离结构物无穷远处的边界条件，即所谓 Sommerfeld 辐射条件，即：

$$\lim_{r\to\infty}\sqrt{r}\left(\frac{\partial\phi^{\mathrm{S}}}{\partial r} - \mathrm{i}k\phi^{\mathrm{S}}\right) = 0 \qquad (9.3\text{-}12)$$

式中：ϕ^{S}——ϕ^{D} 或者 ϕ^{R}_j；

r——径向距离。

2. 边界积分方程

根据第二格林公式，对于流域内二阶可导和边界上一阶可导的两个函数，其满足：

$$\iiint_\Omega (u\nabla^2 w - w\nabla^2 u)\mathrm{d}V = \iint_S \left(w\frac{\partial u}{\partial\boldsymbol{n}} - u\frac{\partial w}{\partial\boldsymbol{n}}\right)\mathrm{d}S \qquad (9.3\text{-}13)$$

式中：S——流域边界，包括物面边界、水面边界、海底边界和无穷远处边界。

令 $u = \phi_S$，$w = G$，G 为格林函数：

$$\nabla^2 G(x,y,z;\xi,\eta,\zeta) = \delta(x-\xi)\delta(y-\eta)\delta(z-\zeta) \qquad (9.3\text{-}14)$$

则可得到边界积分方程为：

$$\alpha(x,y,z)\phi^{\mathrm{S}}(x,y,z) + \iint_S \phi^{\mathrm{S}}(\xi,\eta,\zeta)\frac{\partial G}{\partial\boldsymbol{n}}(x,y,z;\xi,\eta,\zeta)\mathrm{d}S$$

$$= \iint_S G(x,y,z;\xi,\eta,\zeta) \frac{\partial \phi^S}{\partial \boldsymbol{n}}(\xi,\eta,\zeta) \mathrm{d}S \tag{9.3-15}$$

式中：α ——自由项系数。

由于上述积分需要积分到无穷远处，不方便直接应用。一种处理方法是应用满足自由水面条件的格林函数，此时，边界积分方程只需要在物面 S_b 上进行。

$$\alpha(x,y,z)\phi^S(x,y,z) + \iint_{S_b} \phi^S(\xi,\eta,\zeta) \frac{\partial G}{\partial \boldsymbol{n}}(x,y,z;\xi,\eta,\zeta) \mathrm{d}S$$

$$= \iint_{S_b} G(x,y,z;\xi,\eta,\zeta) \frac{\partial \phi^S}{\partial \boldsymbol{n}}(\xi,\eta,\zeta) \mathrm{d}S \tag{9.3-16}$$

考虑物面边界条件即式(9.3-8)，式(9.3-16)可改写为：

$$\alpha(x,y,z)\phi^S(x,y,z) + \iint_{S_b} \phi^S(\xi,\eta,\zeta) \frac{\partial G}{\partial \boldsymbol{n}}(x,y,z;\xi,\eta,\zeta) \mathrm{d}S$$

$$= \begin{cases} -\iint_{S_b} G(x,y,z;\xi,\eta,\zeta) \frac{\partial \phi^I}{\partial \boldsymbol{n}}(\xi,\eta,\zeta) \mathrm{d}S & (\phi^S = \phi^D) \\ -\mathrm{i}\omega \iint_{S_b} G(x,y,z;\xi,\eta,\zeta) n_q \mathrm{d}S & (\phi^S = \phi_q^R, q=1,\cdots,6) \end{cases} \tag{9.3-17}$$

3. 格林函数

1960 年 Wehausen J. V. 和 Laitone E. V. 给出了满足拉普拉斯方程及相应的边界条件要求的格林函数，有积分形式和级数形式两种。

（1）积分形式

$$G(x,y,z;\xi,\eta,\zeta)$$
$$= \frac{1}{R} + \frac{1}{R'} + 2P_0V_0 \int_0^\infty \frac{(\mu+v)\mathrm{e}^{-\mu d}\cosh[\mu(\zeta+d)]\cosh[\mu(z+d)]}{\mu\sinh(\mu d) - v\cosh(\mu d)} J_0(\mu r)\mathrm{d}\mu +$$
$$\mathrm{i}2\pi \frac{(k^2-v^2)\cosh[k(\zeta+d)]\cosh[k(z+d)]}{(k^2-v^2)d+v} J_0(kr) \tag{9.3-18}$$

式中：P_0V_0 ——积分主值。

（2）级数形式

$$G(x,y,z;\xi,\eta,\zeta)$$
$$= \frac{2\pi(v^2-k^2)\cosh[k(\zeta+d)]\cosh[k(z+d)]}{(k^2-v^2)d+v}[Y_0(kr) - \mathrm{i}J_0(kr)] +$$
$$4\sum_{m=1}^\infty \frac{\mu_m^2+v^2}{(\mu_m^2+v^2)d-v}\cos[\mu_m(\zeta+d)]\cos[\mu_m(z+d)]K_0(\mu_m r) \tag{9.3-19}$$

其中：

$$v = \frac{\omega^2}{g} = k\tanh kd \tag{9.3-20}$$

$$r = [(x-\xi)^2 + (y-\eta)^2]^{1/2} \tag{9.3-21}$$

$$R = [r^2 + (z-\zeta)^2]^{1/2} \tag{9.3-22}$$

$$R' = [r^2 + (z+2d+\zeta)^2]^{1/2} \tag{9.3-23}$$

式中：$J_0(kr)$、$Y_0(kr)$——零阶第一类和第二类贝塞尔函数；

$\quad\quad K_0(\mu_m r)$——零阶第二类修正贝塞尔函数；

$\quad\quad \mu_m$——下列方程的第 m 个正实根：

$$\mu_m \tan(\mu_m d) + \upsilon = 0 \tag{9.3-24}$$

关于格林函数的数值计算方法可参考 Newman(1992)、Noblesse(1982)等的文章。

4. 边界离散与数值求解

对于复杂的结构，一般无法获得方程式(9.3-17)的解析解，只能采用"离散化"的办法。目前已提出多种边界离散化方法，其中常数元法是最简单的一种。该方法将结构物表面划分成 N 个小平面单元，并假设在每个单元上速度势为常量。令小平面单元的形心点作为控制点 i ($i=1,2,3,\cdots,N$)，其坐标为 (x_i,y_i,z_i)，其表面为 S_{bi}，则对于每一个控制点 i，积分方程式(9.3-17)可写为：

$$\alpha(x_i,y_i,z_i)\phi^S(x_i,y_i,z_i) + \sum_{j=1}^{N}\phi^S(x_j,y_j,z_j)\iint_{S_{bj}}\frac{\partial G}{\partial \boldsymbol{n}}(x_i,y_i,z_i;\xi,\eta,\zeta)\mathrm{d}S$$

$$= \begin{cases} -\sum_{j=1}^{N}\dfrac{\partial \phi^I}{\partial \boldsymbol{n}}(x_j,y_j,z_j)\iint_{S_{bj}}G(x_i,y_i,z_i;\xi,\eta,\zeta)\mathrm{d}S & (\phi^S = \phi^D) \\ -\mathrm{i}\omega\sum_{j=1}^{N}n_q(x_j,y_j,z_j)\iint_{S_{bj}}G(x_i,y_i,z_i;\xi,\eta,\zeta)\mathrm{d}S & (\phi^S = \phi_q^R, q=1,\cdots,6) \end{cases} \tag{9.3-25}$$

由于将平面单元的形心作为控制点，因此 $\alpha = -2\pi$。于是对于物面边界上的所有控制点，可得到 N 个线性方程组：

$$-\phi_i^S + \sum_{j=1}^{N}a_{ij}\phi_j^S = b_i \quad (i,j=1,2,3,\cdots,N) \tag{9.3-26}$$

其中：

$$\phi_i^S = \phi^S(x_i,y_i,z_i) \tag{9.3-27}$$

$$a_{ij} = \iint_{S_{bj}}\frac{\partial G}{\partial \boldsymbol{n}}(x_i,y_i,z_i;\xi,\eta,\zeta)\mathrm{d}S \tag{9.3-28}$$

$$b_i = \begin{cases} -\sum_{j=1}^{N}\dfrac{\partial \phi^I}{\partial \boldsymbol{n}}(x_j,y_j,z_j)\iint_{S_{bj}}G(x_i,y_i,z_i;\xi,\eta,\zeta)\mathrm{d}S & (\phi^S = \phi^D) \\ -\mathrm{i}\omega\sum_{j=1}^{N}n_q(x_j,y_j,z_j)\iint_{S_{bj}}G(x_i,y_i,z_i;\xi,\eta,\zeta)\mathrm{d}S & (\phi^S = \phi_q^R, q=1,\cdots,6) \end{cases} \tag{9.3-29}$$

也可把式(9.3-26)写成矩阵形式：

$$\begin{cases} -2\pi\phi_1^S + a_{11}\phi_1^S + a_{12}\phi_2^S + \cdots + a_{1N}\phi_N^S = b_1 \\ -2\pi\phi_2^S + a_{21}\phi_1^S + a_{22}\phi_2^S + \cdots + a_{2N}\phi_N^S = b_2 \\ \cdots\cdots \\ -2\pi\phi_N^S + a_{N1}\phi_1^S + a_{N2}\phi_2^S + \cdots + a_{NN}\phi_N^S = b_N \end{cases} \Rightarrow [A - 2\pi I]\{\phi^S\} = B \quad (9.3\text{-}30)$$

式中：I——单位矩阵。

一旦计算出系数矩阵 A 和列矢量 B，就可以由式(9.3-30)求速度势 ϕ^S。

5. 波浪力

物体表面动水压力可表示为：

$$p(\boldsymbol{x}) = -\rho\frac{\partial \Phi}{\partial t}$$
$$= i\rho\omega[\phi^I(\boldsymbol{x}) + \phi^D(\boldsymbol{x}) + \phi^R(\boldsymbol{x})]e^{-i\omega t} \quad (9.3\text{-}31)$$

通常称由入射波和绕射波引起的波浪力为波浪激振力，其幅值为：

$$F_j^{ID} = i\omega\rho\iint_{S_b}[\phi^I(\boldsymbol{x}) + \phi^D(\boldsymbol{x})]n_j\mathrm{d}S \quad (9.3\text{-}32)$$

由 k 方向单位运动引起的辐射波浪力幅值为：

$$F_{jk}^R = i\omega\rho\iint_{S_b}\phi_k^R(\boldsymbol{x})n_j\mathrm{d}S = \omega^2 A_{jk} + i\omega B_{jk} \quad (9.3\text{-}33)$$

式中：A_{jk}——附加质量系数；

B_{jk}——辐射阻尼系数。

6. 静水恢复力

如图 9.3-1 所示，设体坐标系 (x,y,z) 以重心 G 为原点，并假设浮体转动角很小，则浮体上的点在固定坐标系下的坐标可表示为：

$$\boldsymbol{X} = \boldsymbol{X}_G^0 + \boldsymbol{x} + \boldsymbol{\xi} + \boldsymbol{\Omega} \times \boldsymbol{x} \quad (9.3\text{-}34\text{a})$$

或：

$$\begin{Bmatrix} X \\ Y \\ Z \end{Bmatrix} = \begin{Bmatrix} X_G^0 + x \\ Y_G^0 + y \\ Z_G^0 + z \end{Bmatrix} + \begin{Bmatrix} \xi_X \\ \xi_Y \\ \xi_Z \end{Bmatrix} + \begin{Bmatrix} \Omega_X \\ \Omega_Y \\ \Omega_Z \end{Bmatrix} \times \begin{Bmatrix} x \\ y \\ z \end{Bmatrix} \quad (9.3\text{-}34\text{b})$$

式中：$\boldsymbol{X} = [X,Y,Z]^T$——固定坐标系下的坐标；

$\boldsymbol{X}_G^0 = [X_G^0, Y_G^0, Z_G^0]^T$——固定坐标系下浮体运动前的重心坐标；

$\boldsymbol{x} = [x,y,z]^T$——体坐标系下的坐标；

$\boldsymbol{\xi} = [\xi_X, \xi_Y, \xi_Z]^T$——浮体的平动位移；

$\boldsymbol{\Omega} = [\Omega_X, \Omega_Y, \Omega_Z]^T$——浮体绕 X、Y 和 Z 轴的转动角。

浮体湿表面 S 可以表示为：

$$S = \bar{S}_0 + \Delta S \tag{9.3-35}$$

式中：$\bar{S}_0$ ——浮体运动前的浸湿表面 S_0 在运动后的位置；

ΔS ——平面 $Z = 0$ 附近的修正部分。

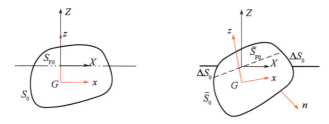

图 9.3-1　浮体运动变形示意图

(1) 力

变形后浮体受到的浮力为：

$$F = \rho g \iint\limits_{S} Z\boldsymbol{n} \mathrm{d}S \approx \rho g \iint\limits_{\bar{S}_0 \cup \bar{S}_{F0}} Z\boldsymbol{n} \mathrm{d}S - \rho g \iint\limits_{\bar{S}_{F0}} Z\boldsymbol{n} \mathrm{d}S = \rho g V \boldsymbol{k} - \rho g \iint\limits_{\bar{S}_{F0}} Z\boldsymbol{n} \mathrm{d}S \tag{9.3-36}$$

由于：

$$Z = Z_G^0 + z + \xi_Z + \Omega_X y - \Omega_Y x \tag{9.3-37}$$

$$\boldsymbol{n} \approx \boldsymbol{k} (S = \bar{S}_{F0}) \tag{9.3-38}$$

因此：

$$F = \left(\rho g V - \rho g \iint\limits_{\bar{S}_{F0}} \mathrm{d}S \xi_Z - \rho g \iint\limits_{\bar{S}_{F0}} y \mathrm{d}S \Omega_X + \rho g \iint\limits_{\bar{S}_{F0}} x \mathrm{d}S \Omega_Y \right) \boldsymbol{k} \tag{9.3-39}$$

由上式可知，由运动引起的垂向恢复力为：

$$\Delta F_Z \approx -\rho g \iint\limits_{S_{F0}} \mathrm{d}S \xi_Z - \rho g \iint\limits_{S_{F0}} y \mathrm{d}S \Omega_X + \rho g \iint\limits_{S_{F0}} x \mathrm{d}S \Omega_Y \tag{9.3-40}$$

(2) 力矩

浮体运动后受到的浮力矩（对重心取矩）为：

$$\boldsymbol{M} = \rho g \iint\limits_{S} Z(\boldsymbol{X} - \boldsymbol{X}_G) \times \boldsymbol{n} \mathrm{d}S$$

$$\approx \rho g \iint\limits_{\bar{S}_0 \cup \bar{S}_{F0}} Z(\boldsymbol{x} + \boldsymbol{\Omega} \times \boldsymbol{x}) \times \boldsymbol{n} \mathrm{d}S - \rho g \iint\limits_{\bar{S}_{F0}} Z(\boldsymbol{x} + \boldsymbol{\Omega} \times \boldsymbol{x}) \times \boldsymbol{n} \mathrm{d}S \tag{9.3-41}$$

式(9.3-41)右端第一项变换为：

$$\rho g \iint\limits_{\bar{S}_0 \cup \bar{S}_{F0}} Z(\boldsymbol{x} + \boldsymbol{\Omega} \times \boldsymbol{x}) \times \boldsymbol{n} \mathrm{d}S = -\rho g \iiint\limits_{\bar{V}_0} \nabla \times [Z(\boldsymbol{x} + \boldsymbol{\Omega} \times \boldsymbol{x})] \mathrm{d}V$$

$$= -\rho g \iiint\limits_{\bar{V}_0} \begin{Bmatrix} -y + \Omega_X z - \Omega_Z x \\ x + \Omega_Y z - \Omega_Z y \\ 0 \end{Bmatrix} \mathrm{d}V$$

$$\approx -\rho g \begin{Bmatrix} -\iiint\limits_{V_0} y \mathrm{d}V \\ \iiint\limits_{V_0} x \mathrm{d}V \\ 0 \end{Bmatrix} - \rho g \begin{Bmatrix} \iiint\limits_{V_0} z \mathrm{d}V \Omega_X - \iiint\limits_{V_0} x \mathrm{d}V \Omega_Z \\ \iiint\limits_{V_0} z \mathrm{d}V \Omega_Y - \iiint\limits_{V_0} y \mathrm{d}V \Omega_Z \\ 0 \end{Bmatrix} \qquad (9.3\text{-}42)$$

式(9.3-41)右端第二项为：

$$-\rho g \iint\limits_{\bar{S}_{F0}} Z(\boldsymbol{x} + \boldsymbol{\Omega} \times \boldsymbol{x}) \times \boldsymbol{n} \mathrm{d}S = -\rho g \iint\limits_{\bar{S}_{F0}} (\xi_X + \Omega_X y - \Omega_Y x)(\boldsymbol{x} + \boldsymbol{\Omega} \times \boldsymbol{x}) \times \boldsymbol{n} \mathrm{d}S$$

$$\approx -\rho g \iint\limits_{\bar{S}_{F0}} (\xi_X + \Omega_X y - \Omega_Y x) \begin{Bmatrix} y \\ -x \\ 0 \end{Bmatrix} \mathrm{d}S$$

$$\approx -\rho g \begin{Bmatrix} \iint\limits_{S_{F0}} y \mathrm{d}S \xi_X + \iint\limits_{S_{F0}} y^2 \mathrm{d}S \Omega_X - \iint\limits_{S_{F0}} xy \mathrm{d}S \Omega_Y \\ -\iint\limits_{S_{F0}} x \mathrm{d}S \xi_X - \iint\limits_{S_{F0}} xy \mathrm{d}S \Omega_X + \iint\limits_{S_{F0}} x^2 \mathrm{d}S \Omega_Y \\ 0 \end{Bmatrix} \qquad (9.3\text{-}43)$$

则由运动引起的恢复力矩为：

$$\Delta \boldsymbol{M} = -\rho g \begin{Bmatrix} \iint\limits_{S_{F0}} y \mathrm{d}S \xi_X + \Big(\iint\limits_{S_{F0}} y^2 \mathrm{d}S + \iiint\limits_{V_0} z \mathrm{d}V\Big) \Omega_X + -\iint\limits_{S_{F0}} xy \mathrm{d}S \Omega_Y - \iiint\limits_{V_0} x \mathrm{d}V \Omega_Z \\ -\iint\limits_{S_{F0}} x \mathrm{d}S \xi_X + -\iint\limits_{S_{F0}} xy \mathrm{d}S \Omega_X + \Big(\iint\limits_{S_{F0}} x^2 \mathrm{d}S + \iiint\limits_{V_0} z \mathrm{d}V\Big) \Omega_Y - \iiint\limits_{V_0} y \mathrm{d}V \Omega_Z \\ 0 \end{Bmatrix} \qquad (9.3\text{-}44)$$

综上所述，浮体运动位移引起的静水恢复力可表示为

$$\begin{Bmatrix} \Delta F \\ \Delta M \end{Bmatrix} = -\boldsymbol{K}^{\mathrm{HS}} \begin{Bmatrix} \boldsymbol{\xi} \\ \boldsymbol{\Omega} \end{Bmatrix} = -\rho g \begin{bmatrix} 0 & 0 & 0 & 0 & 0 & 0 \\ 0 & 0 & 0 & 0 & 0 & 0 \\ 0 & 0 & K_{33}^{\mathrm{HS}} & K_{34}^{\mathrm{HS}} & K_{35}^{\mathrm{HS}} & 0 \\ 0 & 0 & K_{43}^{\mathrm{HS}} & K_{44}^{\mathrm{HS}} & K_{45}^{\mathrm{HS}} & K_{46}^{\mathrm{HS}} \\ 0 & 0 & K_{53}^{\mathrm{HS}} & K_{54}^{\mathrm{HS}} & K_{55}^{\mathrm{HS}} & K_{56}^{\mathrm{HS}} \\ 0 & 0 & 0 & 0 & 0 & 0 \end{bmatrix} \begin{Bmatrix} \xi_X \\ \xi_Y \\ \xi_Z \\ \Omega_X \\ \Omega_Y \\ \Omega_Z \end{Bmatrix} \quad (9.3\text{-}45)$$

式中：$\boldsymbol{K}^{\mathrm{HS}}$——静水恢复力刚度矩阵，其系数为：

$$K_{33}^{\mathrm{HS}} = \iint_{S_{\mathrm{F0}}} \mathrm{d}S \quad (9.3\text{-}46\mathrm{a})$$

$$K_{34}^{\mathrm{HS}} = K_{43}^{\mathrm{HS}} = \iint_{S_{\mathrm{F0}}} y \mathrm{d}S \quad (9.3\text{-}46\mathrm{b})$$

$$K_{35}^{\mathrm{HS}} = K_{53}^{\mathrm{HS}} = -\iint_{S_{\mathrm{F0}}} x \mathrm{d}S \quad (9.3\text{-}46\mathrm{c})$$

$$K_{44}^{\mathrm{HS}} = \iint_{S_{\mathrm{F0}}} y^2 \mathrm{d}S + \iiint_{V_0} z \mathrm{d}V \quad (9.3\text{-}46\mathrm{d})$$

$$K_{45}^{\mathrm{HS}} = K_{54}^{\mathrm{HS}} = -\iint_{S_{\mathrm{F0}}} xy \mathrm{d}S \quad (9.3\text{-}46\mathrm{e})$$

$$K_{46}^{\mathrm{HS}} = -\iiint_{V_0} x \mathrm{d}V \quad (9.3\text{-}46\mathrm{f})$$

$$K_{55}^{\mathrm{HS}} = \iint_{S_{\mathrm{F0}}} x^2 \mathrm{d}S + \iiint_{V_0} z \mathrm{d}V \quad (9.3\text{-}46\mathrm{g})$$

$$K_{56}^{\mathrm{HS}} = -\iiint_{V_0} y \mathrm{d}V \quad (9.3\text{-}46\mathrm{h})$$

9.3.2 桥梁大型深水基础波浪力计算方法

进行桥梁风-浪耦合作用分析时，桥梁结构一般采用三维梁单元进行模拟。针对水中的大型深水基础结构，需要建立结构有限元-边界元联合分析模型，应用有限元计算结构的力学响应，利用边界元法计算大型深水基础结构受到的水动力作用。如图 9.3-2 所示，将静水面以下大型深水基础结构离散为若干个三维结构梁单元（$E_i, i = 1, \cdots, n$），对每个结构梁单元对应的基础边界划分边界元，并将该结构单元内的所有边界单元视为一个边界单元组。这样，结构梁单元受到的水动力实际为其对应的边界单元组受到的水动力。当桥梁大型深水基础的刚度很大时，基础部位的变形非常小，可以忽略由于桥梁基础结构变形引起的静水恢复力和辐射波浪力，从而将桥梁基础波浪作用问题视作固定结构受波浪作用的绕射问题，再根据上述的势流理论和边界元方法计算基础上的水动力效应。

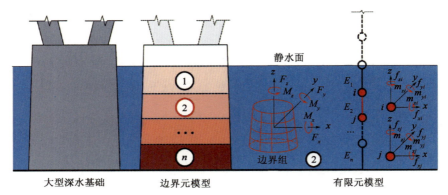

图 9.3-2　大型深水基础结构有限元和边界元联合分析模型

采用高阶边界单元对物体表面进行离散,可将式(9.3-30)表示为以速度势 ϕ^D 为未知量的线性代数方程组,从而求得所有物体表面边界节点上的速度势 ϕ^D,再由伯努利方程获得作用在物体上的波浪力(包括入射波浪力和绕射波浪力)。

$$F_{HY}^{ID} = \frac{2}{H} \boldsymbol{B} e^{i\alpha} = \frac{2}{H} \{B_1 \quad B_2 \quad B_3 \quad B_4 \quad B_5 \quad B_6\}^T e^{i\alpha} \tag{9.3-47a}$$

$$\frac{2}{H} B_j e^{i\alpha} = i\omega\rho \iint_S [\phi^I(\boldsymbol{x}) + \phi^D(\boldsymbol{x})] n_j dS \quad (j = 1, 2, \cdots, 6) \tag{9.3-47b}$$

式中:H——波高;

$\quad \omega$——波浪圆频率;

$\quad \rho$——海水密度;

$\quad \phi^I$——入射波速度势;

$\quad \phi^D$——绕射波速度势;

$\quad \boldsymbol{B}$——单位幅值规则波作用下的波浪力幅值向量;

$\quad \alpha$——波浪力峰值与波面峰值之间的相位角。

9.3.3　桥梁大型深水基础波浪力谱

设 $\boldsymbol{B}_k$ 和 α_k 为规则波浪(频率 ω,幅值 a)作用下的第 k 个单元对应的边界单元组在整体坐标系下的总力幅值向量和相位,则整体坐标系下第 k 个边界单元组的波浪力为:

$$F_k(t) = \boldsymbol{B}_k e^{i\alpha_k} a e^{-i\omega t} \tag{9.3-48}$$

桥梁波浪力向量可表示为:

$$F_h(t) = \boldsymbol{H}(\omega) a e^{-i\omega t} = \boldsymbol{P} [\boldsymbol{Q}_1 e^{i\alpha_1} \quad \cdots \quad \boldsymbol{Q}_k e^{i\alpha_k} \quad \cdots \quad \boldsymbol{Q}_n e^{i\alpha_n}]^T a e^{-i\omega t} \tag{9.3-49a}$$

$$\boldsymbol{P} = [\boldsymbol{P}_1^T \quad \cdots \quad \boldsymbol{P}_k^T \quad \cdots \quad \boldsymbol{P}_n^T] \tag{9.3-49b}$$

$$\boldsymbol{Q}_k = (\boldsymbol{I}_k^T \boldsymbol{N}_k \boldsymbol{T}_k \boldsymbol{B}_k)^T \tag{9.3-49c}$$

$$\boldsymbol{I}_k^T = \mathrm{diag}[\boldsymbol{t}_k^T \quad \boldsymbol{t}_k^T \quad \boldsymbol{t}_k^T \quad \boldsymbol{t}_k^T] \tag{9.3-49d}$$

$$\boldsymbol{T}_k = \mathrm{diag}[\boldsymbol{t}_k \quad \boldsymbol{t}_k] \tag{9.3-49e}$$

式中：$\boldsymbol{H}(\omega)$——桥梁基础波浪力与波面升高之间的传递函数向量，为 $\bar{n} \times 1$ 阶向量，$\bar{n}$ 为结构有限元自由度个数；

$\boldsymbol{P}_k$——转换矩阵，为 $\bar{n} \times 12$ 阶矩阵；

$\boldsymbol{Q}_k$——单元 k 的波浪力幅值向量，为 1×12 阶向量；

$\boldsymbol{N}_k$——12×6 阶形函数矩阵；

$\boldsymbol{t}_k$——整体坐标系到单元局部坐标系的转换矩阵，为 3×3 阶矩阵。

将虚拟激励取为如下形式的简谐激励：

$$\tilde{\eta}(t) = \sqrt{S_{\eta\eta}(\omega)}\, \mathrm{e}^{-\mathrm{i}\omega t} \tag{9.3-50}$$

式中：$S_{\eta\eta}(\omega)$——海浪谱。

由式(9.3-49a)可得虚拟响应为：

$$\tilde{\boldsymbol{F}}_\mathrm{h}(t) = \boldsymbol{P}\,[\boldsymbol{Q}_1 \mathrm{e}^{\mathrm{i}\alpha_1} \quad \cdots \quad \boldsymbol{Q}_k \mathrm{e}^{\mathrm{i}\alpha_k} \quad \cdots \quad \boldsymbol{Q}_n \mathrm{e}^{\mathrm{i}\alpha_n}]^T \sqrt{S_{\eta\eta}(\omega)}\, \mathrm{e}^{-\mathrm{i}\omega t} \tag{9.3-51}$$

因此，作用在结构上的波浪力的谱矩阵为：

$$\boldsymbol{S}_{F_\mathrm{h} F_\mathrm{h}} = \tilde{\boldsymbol{F}}_\mathrm{h}(t)\,\tilde{\boldsymbol{F}}_\mathrm{h}(t)^T = \boldsymbol{P} \begin{bmatrix} \boldsymbol{Z}_{11} & \cdots & \boldsymbol{Z}_{1l} \\ \vdots & \ddots & \vdots \\ \boldsymbol{Z}_{l1} & \cdots & \boldsymbol{Z}_{ll} \end{bmatrix} \boldsymbol{P}^T S_{\eta\eta}(\omega) \tag{9.3-52a}$$

$$\boldsymbol{Z}_{ij} = \boldsymbol{Q}_i^T\, \boldsymbol{Q}_j \mathrm{e}^{\mathrm{i}(\alpha_j - \alpha_i)} \tag{9.3-52b}$$

9.4 桥梁风荷载

9.4.1 桥梁脉动风抖振力

在与主梁轴向正交的正交风作用下（风偏角 $\beta = 0°$），作用在主梁单位长度上的抖振力可描述为：

$$\begin{Bmatrix} L_{\mathrm{b,d}} \\ D_{\mathrm{b,d}} \\ M_{\mathrm{b,d}} \end{Bmatrix} = \boldsymbol{E}_\mathrm{d} \begin{Bmatrix} u(t) \\ w(t) \end{Bmatrix}, \quad \boldsymbol{E}_\mathrm{d} = \frac{\rho U_\mathrm{d} B_\mathrm{d}}{2} \boldsymbol{G}_\mathrm{d} \tag{9.4-1a}$$

$$\boldsymbol{G}_\mathrm{d} = \begin{bmatrix} 2C_{\mathrm{L,d}}\chi_\mathrm{L} & [C'_{\mathrm{L,d}} + (A_\mathrm{d}/B_\mathrm{d})C_{\mathrm{D,d}}]\chi_\mathrm{L} \\ 2(A_\mathrm{d}/B_\mathrm{d})C_{\mathrm{D,d}}\chi_\mathrm{D} & 0 \\ 2B_\mathrm{d} C_{\mathrm{M,d}}\chi_\mathrm{M} & B_\mathrm{d} C'_{\mathrm{M,d}}\chi_\mathrm{M} \end{bmatrix} \tag{9.4-1b}$$

式中：$L_{b,d}$、$D_{b,d}$、$M_{b,d}$——由脉动风引起的作用在主梁上的升力、阻力和俯仰力矩；

ρ——空气密度；

A_d——与风速 U_d 垂直方向上的单位桥长投影面积；

B_d——主梁宽度；

$C_{L,d}(\psi)$、$C_{D,d}(\psi)$、$C_{M,d}(\psi)$——主梁的升力、阻力和俯仰力矩的静力系数；

ψ——平均风速 U_d 的攻角，$(\cdot)' = d/d\psi$；

χ_L、χ_D、χ_M——主梁的气动导纳函数，分别与 $L_{b,d}$、$D_{b,d}$ 和 $M_{b,d}$ 相对应；

$u(t)$、$w(t)$——水平顺风向和竖向脉动风速。

对于索塔和斜拉索，只考虑抖振阻力。

通过组集抖振阻力可形成作用在整个结构上的抖振力列向量，即：

$$\boldsymbol{F}_b(t) = \boldsymbol{R}\{L_1(t) \quad D_1(t) \quad M_1(t) \quad \cdots \quad L_N(t) \quad D_N(t) \quad M_N(t)\}^T \tag{9.4-2}$$

式中：$\boldsymbol{R}$——转换矩阵，为 $\bar{n} \times 3N$ 阶矩阵；

$\{L_i \ D_i \ M_i\}$——作用在结构第 i 节点上的抖振力；

N——结构受风作用的节点总数。

抖振力的谱密度矩阵为：

$$\boldsymbol{S}_{F_b F_b}(\omega) = \boldsymbol{R}\begin{bmatrix} \boldsymbol{S}_{11}(\omega) & \cdots & \boldsymbol{S}_{1N}(\omega) \\ \vdots & \ddots & \vdots \\ \boldsymbol{S}_{N1}(\omega) & \cdots & \boldsymbol{S}_{NN}(\omega) \end{bmatrix}\boldsymbol{R}^T \tag{9.4-3}$$

$$\boldsymbol{S}_{ij}(\omega) = \boldsymbol{E}_i(\omega)\begin{bmatrix} S_{u_i u_j}(\omega) & S_{u_i w_j}(\omega) \\ S_{w_i u_j}(\omega) & S_{w_i w_j}(\omega) \end{bmatrix}\boldsymbol{E}_j(\omega)^T \quad (i=1,2,\cdots,N;j=1,2,\cdots,N) \tag{9.4-4}$$

式中：$S_{u_i u_j}(\omega)$、$S_{u_i w_j}(\omega)$、$S_{w_i u_j}(\omega)$、$S_{w_i w_j}(\omega)$——水平顺风向和竖向脉动风速的互谱；

$\boldsymbol{E}_i(\omega)$——系数矩阵。

在风-浪耦合场中，通常风向与主梁轴向不是正交的（风偏角 $\beta \neq 0°$），一般采用斜风作用下主梁单位长度上的抖振力进行计算。

9.4.2 主梁自激力

桥梁主梁结构有限单元节点上的自激力可以表示为：

$$\begin{Bmatrix} L_{se,d} \\ D_{se,d} \\ M_{se,d} \end{Bmatrix} = \boldsymbol{K}_{ae,d}\begin{Bmatrix} \delta_h \\ \delta_p \\ \delta_\alpha \end{Bmatrix} + \boldsymbol{C}_{ae,d}\begin{Bmatrix} \dot{\delta}_h \\ \dot{\delta}_p \\ \dot{\delta}_\alpha \end{Bmatrix} \tag{9.4-5a}$$

$$\boldsymbol{K}_{\mathrm{ae,d}} = \frac{1}{2}\rho\omega^2 l_{\mathrm{d}} \begin{bmatrix} B_{\mathrm{d}}^2 H_4^*(v) & 0 & B_{\mathrm{d}}^3 H_3^*(v) \\ 0 & B_{\mathrm{d}}^2 P_4^*(v) & B_{\mathrm{d}}^3 P_3^*(v) \\ B_{\mathrm{d}}^3 A_4^*(v) & 0 & B_{\mathrm{d}}^4 A_3^*(v) \end{bmatrix} \tag{9.4-5b}$$

$$\boldsymbol{C}_{\mathrm{ae,d}} = \frac{1}{2}\rho\omega l_{\mathrm{d}} \begin{bmatrix} B_{\mathrm{d}}^2 H_1^*(v) & 0 & B_{\mathrm{d}}^3 H_2^*(v) \\ 0 & B_{\mathrm{d}}^2 P_1^*(v) & B_{\mathrm{d}}^3 P_2^*(v) \\ B_{\mathrm{d}}^3 A_1^*(v) & 0 & B_{\mathrm{d}}^4 A_2^*(v) \end{bmatrix} \tag{9.4-5c}$$

式中：
$L_{\mathrm{se,d}}$——自激升力；
$D_{\mathrm{se,d}}$——自激阻力；
$M_{\mathrm{se,d}}$——自激俯仰扭矩；
$\boldsymbol{K}_{\mathrm{ae,d}}$、$\boldsymbol{C}_{\mathrm{ae,d}}$——单元节点的气动刚度和气动阻尼矩阵；
δ_h——主梁竖向位移；
δ_p——主梁侧向位移；
δ_α——主梁扭转角；
v——折减风速，$v = 2\pi U_{\mathrm{d}}/(B_{\mathrm{d}}\omega)$；
l_{d}——计算节点自激力的有效长度。
$H_i^*(v)$、$A_i^*(v)$、$P_i^*(v)(i=1,\cdots,4)$——颤振导数，折减风速 v 的函数，$H_i^*(v)$ 和 $A_i^*(v)$ 一般通过风洞试验或数值风洞模拟获得，$P_i^*(v)$ 在无风洞试验结果的情况下可采用拟静力理论得到。

9.5 基于虚拟激励法的桥梁风-浪耦合振动内力分析方法

1. 模态空间中的运动方程

通过组集整个主梁上的自激力，并将自激力转移至方程的左端，桥梁结构的运动方程可以表示为：

$$\boldsymbol{M}_{\mathrm{s}}\ddot{\boldsymbol{Y}}(t) + \boldsymbol{C}\dot{\boldsymbol{Y}}(t) + \boldsymbol{K}\boldsymbol{Y}(t) = \boldsymbol{F}_{\mathrm{c}}(t) \tag{9.5-1a}$$

$$\boldsymbol{C} = \boldsymbol{C}_{\mathrm{s}} - \boldsymbol{C}_{\mathrm{ae}}(t); \boldsymbol{K} = \boldsymbol{K}_{\mathrm{s}} - \boldsymbol{K}_{\mathrm{ae}}(t); \boldsymbol{F}_{\mathrm{c}}(t) = \boldsymbol{F}_{\mathrm{b}}(t) + \boldsymbol{F}_{\mathrm{h}}(t) \tag{9.5-1b}$$

$$\boldsymbol{K}_{\mathrm{ae}}(t) = \sum_{i=1}^{N_{\mathrm{b}}} \boldsymbol{L}_i \boldsymbol{K}_{\mathrm{ae},i}(t) \boldsymbol{L}_i^{\mathrm{T}}; \boldsymbol{C}_{\mathrm{ae}}(t) = \sum_{i=1}^{N_{\mathrm{b}}} \boldsymbol{L}_i \boldsymbol{C}_{\mathrm{ae},i}(t) \boldsymbol{L}_i^{\mathrm{T}} \tag{9.5-1c}$$

式中：$\boldsymbol{K}_{\mathrm{ae},i}$、$\boldsymbol{C}_{\mathrm{ae},i}$——第 i 个节点相应的气动刚度矩阵和气动阻尼矩阵，其表达式见式(9.4-5)；
$\boldsymbol{L}_i$——第 i 个节点自激力的转换矩阵，为 $\bar{n} \times 3$ 阶矩阵；
N_{b}——主梁节点个数。

方程式(9.5-1)的阶数很高，为了降阶，将其投影到模态空间，得：

$$\overline{M}\ddot{Q} + \overline{C}\dot{Q} + \overline{K}Q = \overline{F}_c \tag{9.5-2}$$

$$\overline{M} = \Phi^T M_s \Phi$$

$$\overline{C} = \Phi^T (C_s - C_{ae}) \Phi$$

$$\overline{K} = \Phi^T (K_s - K_{ae}) \Phi$$

$$\overline{F}_c = \Phi^T F_c$$

式中：Φ——模态振型矩阵；

Q——模态广义坐标列向量，$Q = \{q_1 \cdots q_m\}^T$，m 为参与计算的模态振型的阶数。

在模态空间，风-浪耦合作用 $\overline{F}_c$ 的谱密度矩阵分别为：

$$S_{\overline{F}_c \overline{F}_c}(\omega) = \Phi^T \{ S_{F_b F_b}(\omega) + S_{F_h F_h}(\omega) \} \Phi \tag{9.5-3}$$

在上式计算中，忽略了风致抖振力和波浪激振力的互谱。

2. 基于虚拟激励法的随机振动分析方法

采用随机振动分析的高效算法——虚拟激励法求解方程式(9.5-2)。采用 Cholesky 方法对由式(9.5-3)计算得到的 $S_{\overline{F}_c \overline{F}_c}(\omega)$ 进行分解，得：

$$\tilde{S}_{\overline{F}_c \overline{F}_c}(\omega) = \tilde{L}^*(\omega) \tilde{L}^T(\omega) \tag{9.5-4}$$

然后，构造虚拟激励矩阵：

$$\tilde{F}_c(\omega, t) = \tilde{L}(\omega) e^{i\omega t} \tag{9.5-5}$$

其中，矩阵 $\tilde{F}_c(\omega, t)$ 由 m 个列向量组成，其中每个列向量相当于一个确定性的激励。

用 $\tilde{F}_c(\omega, t)$ 代替方程式(9.5-2)右端的 $\overline{F}_c(t)$，求解结构的虚拟抖振位移响应矩阵。

$$\tilde{Y}(\omega, t) = \Phi \overline{H}(i\omega) \tilde{F}_c(\omega, t) \tag{9.5-6}$$

式中：$\overline{H}(i\omega)$——方程式(9.5-2)的频率响应传递矩阵，其表达式为：

$$\overline{H}(i\omega) = (\overline{K} - \omega^2 \overline{M} + i\omega \overline{C})^{-1} \tag{9.5-7}$$

根据有限元法，计算单元"e"的虚拟抖振内力响应矩阵：

$$\tilde{f}_e(\omega, t) = k_e T_e G_e \tilde{Y}(\omega, t) \tag{9.5-8}$$

式中：k_e、T_e——单元"e"的单元刚度矩阵和坐标变换矩阵；

G_e——单元"e"的位移提取变换矩阵。

在此基础上，计算单元"e"的抖振内力的谱密度矩阵为：

$$S_{f_e f_e}(\omega) = \tilde{f}_e^*(\omega, t) \tilde{f}_e^T(\omega, t) \tag{9.5-9}$$

式中：$(\cdot)^*$——求共轭算子。

按式(9.5-9)计算 $S_{f_e f_e}(\omega)$ 时,不可能忽略各振型间的相互耦合,这是虚拟激励法的一个特点。

单元"e"的抖振内力标准差列向量为:

$$\sigma_e = \sqrt{\int_0^{+\infty} S_{f_e}(\omega) d\omega} \qquad (9.5\text{-}10)$$

式中:$S_{f_e}(\omega)$ ——由 $S_{f_e f_e}(\omega)$ 的对角线元素组成的自谱密度列向量。

根据 Davenport 峰因子计算公式,计算单元"e"的第 i 个内力的峰因子,其表达式为:

$$g_{e,i} = \sqrt{2\ln(v_{e,i}\overline{T})} + \frac{0.5772}{\sqrt{2\ln(v_{e,i}\overline{T})}} \qquad (9.5\text{-}11)$$

式中:$\overline{T}$——平均时间;

$v_{e,i}$——单元"e"的第 i 个内力以正斜率跨越零水平的平均频率,为:

$$v_{e,i} = \frac{1}{2\pi}\sqrt{\frac{\int_0^{+\infty} \omega^2 S_{f_e,i}(\omega) d\omega}{\int_0^{+\infty} S_{f_e,i}(\omega) d\omega}} \qquad (9.5\text{-}12)$$

9.6 琼州海峡大桥最大双悬臂状态分析

9.6.1 桥梁有限元模型

以琼州海峡跨海大桥主跨 $2\times1\,500\mathrm{m}$ 三塔斜拉桥方案中塔主梁最大双悬臂施工状态为研究对象,建立的结构有限元计算模型如图 9.6-1 所示,其中主梁、桥塔和基础结构采用空间梁单元模拟,拉索采用空间杆单元模拟,桥塔与主梁固结,沉井底部在海床以下20m处固结。结构前 10 阶动力特性分析结果见表 9.6-1。

图 9.6-1 中塔主梁最大双悬臂状态有限元模型

固有频率及振型特征 表 9.6-1

阶 数	频率 ω(rad/s)	振 型 特 征
1	0.4017	主梁横摆
2	0.4411	主梁 1 阶正对称横弯
3	0.8218	主梁竖摆

续上表

阶　　数	频率 ω(rad/s)	振 型 特 征
4	0.9721	主塔1阶侧弯
5	1.6335	主梁1阶正对称竖弯
6	1.6866	主梁1阶反对称竖弯
7	2.0380	主梁2阶正对称竖弯
8	2.0499	主梁2阶反对称竖弯
9	2.3561	主梁1阶扭转+主梁侧弯
10	2.4592	主梁2阶扭转+主梁侧弯

9.6.2　风-浪耦合场参数

采用桥位处风-浪耦合场50年一遇设计值作为计算分析用参数,其中水深为43.4m,有效波高为7.6m,波浪有效周期为11.8s,10min平均风速为47.8m/s。

随机波浪谱采用改进的JONSWAP谱,水平脉动风谱采用Simiu谱,竖向脉动风谱采用Lumley-Panofsky谱,主梁的气动导纳函数选用Sear函数,拉索和桥塔的气动导纳函数均取为1。

9.6.3　边界单元组波浪力传递函数

采用高阶边界单元对水中沉井基础浸湿面进行边界离散,并沿水深等高度分为5个边界单元组,通过求解边界积分方程,最终获得各边界单元组的波浪力传递函数。波浪沿横桥向传播时,式(9.3-47)中水面处边界单元组的波浪力传递函数 B_2、B_4 见图9.6-2,B_1、B_3、B_5、B_6 均为0。

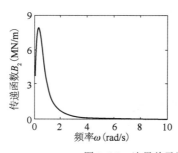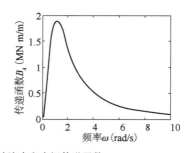

图9.6-2　边界单元组波浪力和力矩传递函数

9.6.4　桥梁结构气动参数

利用主梁节段模型风洞试验,测得主梁静力三分力系数。在风攻角 $\psi=0°$,$\beta=0°$ 时,阻力系数 $C_D=0.886$,风轴坐标系下的升力系数 $C_L=-0.057$,俯仰扭矩 $C_M=0.032$;风攻角 $\psi=0°$,$\beta=5°$ 时,体轴坐标系下的阻力系数 $C_y=0.937$,升力系数 $C_z=-0.037$,俯仰扭矩 $C_{rx}=$

0.034。

采用竖弯和扭转两自由度耦合振动方法对主梁进行颤振导数实验测定,识别出各折减风速下的 8 个颤振导数 A_i^* 和 H_i^* ($i = 1, \cdots, 4$),当风攻角 $\psi = 0°$、$\beta = 0°$ 时的测试结果见图 9.6-3。

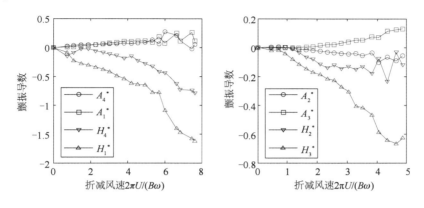

图 9.6-3　主梁气动导数风洞试验结果

9.6.5　桥梁风-浪耦合作用随机振动分析结果

分析工况见表 9.6-2。其中,波向角 θ 和风攻角 ψ 均取为 0°,风偏角 β 考虑 0° 和 5° 两种情况。在计算中,有效积分范围取为 $\omega \in [0.34, 15.335] \text{rad/s}$,$\text{d}\omega = 0.005 \text{rad/s}$,计算采用的模态阶数为 1 200 阶。

分析工况　　　　　　　　　　　　　　　　　表 9.6-2

工况	荷载	风和波浪作用方向
1	波浪	$\theta = 0°$
2	正交风	$\beta = 0°, \psi = 0°$
3	正交风-波浪	$\beta = 0°, \psi = 0°, \theta = 0°$
4	斜风-波浪	$\beta = 5°, \psi = 0°, \theta = 0°$

在波浪、正交风、正交风-浪耦合作用下,桥梁深水基础侧向剪力和侧向弯矩沿高度的变化见图 9.6-4 和图 9.6-5,侧向剪力和侧向弯矩的峰因子沿高度变化见图 9.6-6 和图 9.6-7。结果显示:①在波浪作用下,海床位置处桥梁深水基础的侧向剪力标准差为 90.6MN、侧向弯矩标准差为 3 557.0MN·m,波浪对桥梁深水基础的作用非常显著。②与风致响应相比,风-浪耦合作用下桥梁深水基础的内力显著增大。其中,波浪激发的侧向剪力占主导地位,且其随水深的增加显著增大;波浪激发的侧向弯矩在海床面附近与风效应基本相当,但在海床面以下波浪效应更大。③在正交风-浪耦合作用下,桥梁深水基础的内力峰因子介于风单独作用和波浪单

独作用工况的结果之间,其中侧向剪力峰因子介于 3.00～3.16,侧向弯矩峰因子介于 3.09～3.20,在桥梁设计中可取 3.2 进行结构验算。

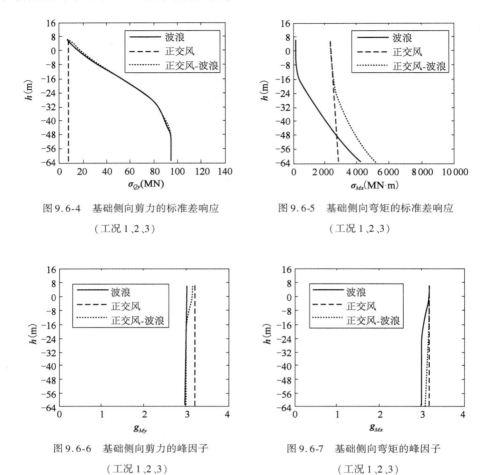

图 9.6-4　基础侧向剪力的标准差响应
（工况 1、2、3）

图 9.6-5　基础侧向弯矩的标准差响应
（工况 1、2、3）

图 9.6-6　基础侧向剪力的峰因子
（工况 1、2、3）

图 9.6-7　基础侧向弯矩的峰因子
（工况 1、2、3）

在正交风-浪耦合作用和斜向风-浪耦合作用下,主梁侧向剪力和侧向弯矩标准差及其峰因子沿桥跨的变化如图 9.6-8～图 9.6-11 所示,基础侧向剪力和侧向弯矩及其峰因子沿高度的变化如图 9.6-12～图 9.6-15 所示。结果显示:①与正交风-浪耦合作用工况相比,斜向风-浪耦合作用下主梁侧向内力响应更大。在这两种工况下,主梁内力峰因子沿桥跨的变化规律基本相同,斜向风-浪耦合作用下主梁侧向内力响应峰因子更大,介于 2.9～3.5 之间,在桥梁设计中可取 3.5 进行结构验算。②与正交风-浪耦合作用工况相比,斜向风-浪耦合作用下桥梁深水基础的侧向剪力和侧向弯矩及其峰因子略有增大,在桥梁设计中需予以重视。

根据上述分析结果可知,风-浪耦合作用对该跨海桥梁方案主梁和深水基础的内力响应影响巨大,在设计中必须详细研究风-浪耦合场特征参数的各种组合,在此基础上分析风-浪耦合作用下桥梁结构的受力行为,根据最不利工况分析结果对结构进行验算。

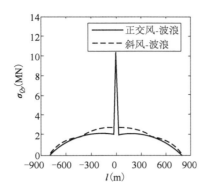

图 9.6-8　主梁侧向剪力的标准差响应
（工况 3、4）

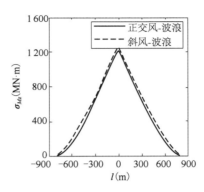

图 9.6-9　主梁侧向弯矩的标准差响应
（工况 3、4）

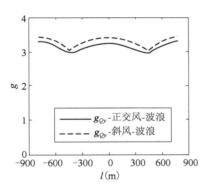

图 9.6-10　主梁侧向剪力的峰因子
（工况 3、4）

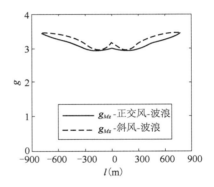

图 9.6-11　主梁侧向弯矩的峰因子
（工况 3、4）

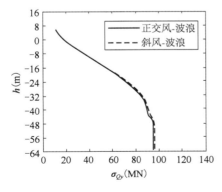

图 9.6-12　基础侧向剪力的标准差响应
（工况 3、4）

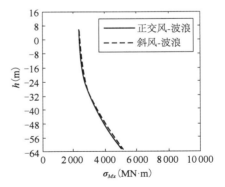

图 9.6-13　基础侧向弯矩的标准差响应
（工况 3、4）

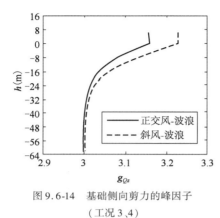

图 9.6-14 基础侧向剪力的峰因子（工况 3、4）

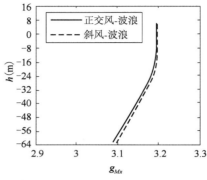

图 9.6-15 基础侧向弯矩的峰因子（工况 3、4）

本章参考文献

[1] 项海帆,葛耀君,陈艾荣,等.现代桥梁抗风理论与实践[M].北京:人民交通出版社,2005.

[2] 唐寰澄.世界著名跨海交通工程[M].北京:中国铁道出版社,2004.

[3] 张喜刚,刘高,马军海,等.中国桥梁技术的现状与展望[J].科学通报,2016:61(4-5),415-425.

[4] 林家浩,张亚辉.随机振动的虚拟激励法[M].北京:科学出版社,2004.

[5] 林家浩,钟万勰.辛数学精细积分随机振动及应用[M].北京:中国科技大学出版社,2008.

[6] 陈政清,曾庆元,颜全胜.空间杆系结构大挠度问题内力分析的 UL 列式法[J].土木工程学报,1992:25(5),34-44.

[7] 刘高,林家浩,王秀伟.考虑全桥耦合的大跨斜拉桥抖振内力分析[J].大连理工大学学报,2004:43(4),479-483.

[8] 刘高,陈上有,刘天成,等.跨海特大型桥梁风-浪耦合作用的随机振动分析[J].应用数学和力学,2017,38(1):75-89.

[9] K J Bathe, S Bolourchi. Large displacement analysis of three dimensional beam structures[J]. International Journal for Numerical Methods in Engineering, 1979, 14(7):961-986.

[10] Newman J N. The approximation of free – surface Green functions. Wave Asymptotics. Cambridge University Press, 1992, 107-135.

[11] Nobless F. The Green function in the theory of radiation and diffraction of regular water waves by a body[J]. J Eng Math, 1982, 16:137-169

[12] Lin J H, Zhang W S, Li J J. Structural responses to arbitrarily coherent stationary random excitations. Comput Struct 1994, 50:629-633.

[13] Zhu L D, Xu Y L. Buffeting response of long-span cable-supported bridges under skew winds. Part 1: theory[J]. Journal of Sound and Vibration, 2005:281(3-5), 647-673.

[14] Reissner E. Stationare Axialsymmetrische Durch Eine Schuttelnde Massee Rtregte Schwinguugen Eines Homeogenen Elastischen Halbraumes[J]. Ingenieur Archiev, 1936, 7(6):381-396.

[15] Liu Gao, Liu Tiancheng, Guo Anxin, Chen Shangyou. Dynamic Elastic Response Testing Method of Bridge Structure under Wind-Wave-Current Action[A]. Proceedings of the Twenty-fifth (2015) International Ocean and Polar Engineering Conference[C]. Kona, Big Island, Hawaii, UAS, 2015:1377-1385.

[16] Chen Shangyou, Liu Gao, Liu Tiancheng, Wu Hongbo, Chen Qian. Dynamic Analysis of Bridge Tower under

Wind and Wave Action[A]. Proceedings of the Twenty-fifth (2015) International Ocean and Polar Engineering Conference[C]. Kona, Big Island, Hawaii, UAS, 2015：1470-1477.

[17] Liu Tiancheng, Liu Gao, Chen Shangyou, Wu Hongbo. Numerical Study of Wave-Current Coupling Action on Bridge Structure[A]. Proceedings of the Twenty – third (2013) International Ocean and Polar Engineering Conference[C]. Anchorage Convention Center, Anchorage, Alaska, USA, June 30-July 5, 2013：1300-1307.

[18] Cheng Qian, Liu Gao, Wu Hongbo, Xia He, Xu Yanan, Shangyou Chen. Numerical Simulation of Typhoon Waves in Waters of Qiongzhou Strait[A]. Proceedings of the Twenty-fifth (2015) International Ocean and Polar Engineering Conference[C]. Kona, Big Island, Hawaii, USA, June 21-26, 2015：1117-1122.

[19] 李玉成，滕斌. 波浪对海上建筑物的作用[M]. 第3版. 北京：海洋出版社, 2015.

[20] 俞聿修，柳淑学. 随机波浪及其工程应用[M]. 大连：大连理工出版社, 2011.

[21] Newmark, N M. Fundamentals of Earthquake Engineering[M]. Prentice – Hall Inc, Englewood Cliffs, New Jersey, 1971, 98.

[22] 日本道路协会. 道路桥示方书·同解说 V 耐震设计篇[R]. 东京：日本道路协会, 1996.

[23] Wehausen J V, Laitone E V. Surface waves[M]. Berlin：Spring-Verlag, 1960.

[24] 柳淑学，李玉成. 杭州湾大桥工程桥梁基础波浪力模型试验研究报告[R]. 大连：大连理工大学海岸和近海工程国家重点实验室, 2003.

[25] 周益人、潘军宁、王登婷. 港珠澳大桥桥梁基础波流力试验专题研究报告[R]. 南京：南京水利科学研究院, 2009.

[26] 刘高, 等. 台风浪耦合作用下跨海峡桥梁动力模拟及防灾减灾技术研究[R]. 国家高技术研究发展计划（863计划）课题, 北京：中交公路规划设计院有限公司, 2010.

[27] 刘高, 等. 特大型桥梁风-浪-流耦合作用研究[R]. 交通运输部科技研发项目, 北京：中交公路规划设计院有限公司, 2015.

[28] 刘高, 等. 琼州海峡主跨 $2 \times 1\,500$m 三塔斜拉桥风洞试验研究[R]. 北京：中交公路规划设计院有限公司, 2015.

第 10 章 风-浪-流耦合作用下桥梁振动时域分析方法

在第 9 章的基础上,考虑海流作用和斜风效应,采用时域分析方法研究桥梁在风-浪-流耦合作用下的振动响应。首先建立了桥梁风-浪-流耦合作用运动方程,其次讨论了基于势流理论的桥梁基础结构浪-流荷载计算方法、考虑斜风效应的桥梁风荷载计算方法,在此基础上给出了浪-流荷载、风荷载的详细表达式,提出了桥梁风-浪-流耦合振动方程的求解算法,介绍了自主研发的桥梁风-浪-流耦合动力作用分析程序;最后分析了琼州海峡跨海特大型桥梁在风-浪-流耦合作用下的振动响应。

10.1 桥梁风-浪-流耦合作用运动方程

如图 10.1-1 所示,位于风-浪-流耦合场中的跨海桥梁,其上部结构(塔、梁、索)受到风的作用,同时下部结构(基础)受到波浪和水流的作用,因此,进行风-浪-流耦合作用下跨海桥梁的时域动力分析时,必须在每个时刻同时计算桥梁上部结构受到的风荷载和下部桥梁基础结构受到的水动力荷载。按照现代桥梁抗风理论,对于桥梁上部结构的主梁,其受到的风荷载主要包括平均风荷载、抖振力和自激力,对于桥塔和拉索可只考虑其受到的平均风荷载、抖振力。对下部结构(基础)浪-流荷载,可采用基于黏性流理论的 CFD 方法或基于势流理论的边界元方法来计算,本章采用后者来计算浪-流荷载,此时,浪-流荷载包括静水恢复力、浪-流激振力和浪-流辐射力。

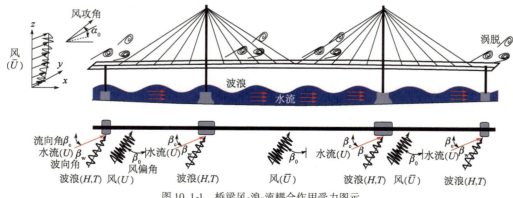

图 10.1-1 桥梁风-浪-流耦合作用受力图示

风-浪-流耦合作用下的桥梁结构运动方程可以表述为：

$$M_S\ddot{X} + C_S\dot{X} + K_S X$$
$$= F_{AE}^{ST}(X,t) + F_{AE}^{BU}(X,t) + F_{AE}^{SE}(\dot{X},X,t) + F_{HY}^{HS}(X,t) + F_{HY}^{ID}(t) + F_{HY}^{R}(\ddot{X},\dot{X},t) \quad (10.1\text{-}1)$$

式中：M_S、C_S、K_S——结构的质量、阻尼和刚度矩阵；

$\quad\quad\ddot{X}$、$\dot{X}$、X——结构节点的加速度、速度和位移；

$\quad\quad F_{AE}^{ST}$——平均风荷载；

$\quad\quad F_{AE}^{BU}$——非定常抖振力；

$\quad\quad F_{AE}^{SE}$——气弹相互作用产生的自激力；

$\quad\quad F_{HY}^{HS}$——静水恢复力；

$\quad\quad F_{HY}^{ID}$——浪-流激振力；

$\quad\quad F_{HY}^{R}$——由水弹相互作用产生的辐射力；

$\quad\quad t$——时间。

10.2 桥梁基础结构浪-流荷载

第 9.3 节介绍了计算大型深水基础（大尺度结构）波浪荷载的频域方法。本节在第 9.3 节的基础上，主要论述计算沉箱和沉井（大尺度结构）的浪-流荷载的频域-时域转换方法和直接时域方法，以及群桩基础（大尺度和小尺度组合结构）的浪-流荷载计算方法。

10.2.1 频域-时域转换方法

大尺度结构物的浪-流荷载的计算与有流速条件下大尺度结构物波浪荷载计算是等价的。

1. 有流速条件下的修正

一般将波浪和均匀水流共同作用下的物体水动力问题，等价于物体在波浪场中以水流流速做反方向匀速移动下的水动力问题。设 $X = (X,Y,Z)$ 为固定坐标系中的坐标；$U = (U_x, U_y, 0)$ 为固定坐标系下的流速；$x = (x,y,z)$ 为随物体运动坐标系中的坐标，物体沿 U 反方向以速度 $U = |U|$ 匀速移动，则随体坐标系和固定坐标系之间的关系为：

$$X = -Ut + x \quad (10.2\text{-}1)$$

总速度势可以分解为与时间无关的稳定势和随时间变化的绕射势和辐射势。

$$\Phi(x,y,z,t) = [U_x x + U_y y + U\chi(x,y,z)] + $$
$$[\phi^{I}(x,y,z) + \phi^{D}(x,y,z) + \sum_{k=1}^{6}\phi_k^{R}(x,y,z)\zeta_k]e^{-i\omega_e t} \quad (10.2\text{-}2)$$

$$\omega_e = \omega + \frac{\omega^2}{g}U\cos\beta \qquad (10.2\text{-}3)$$

式中：ω_e——遭遇频率；

β——浪-流之间的夹角。

自由表面边界条件可表示为：

$$\frac{\partial\phi}{\partial z} + \frac{(-\mathrm{i}\omega_e + \boldsymbol{U}\cdot\nabla)^2\phi - 2\mathrm{i}\omega_e UD(\chi,\phi)}{g} = 0 \qquad (z=0) \qquad (10.2\text{-}4)$$

$$D(\chi,\phi) = -\nabla\chi\nabla\phi - \frac{1}{2}\phi(\chi_{xx} + \chi_{yy}) \qquad (10.2\text{-}5)$$

物面边界条件为：

$$\begin{cases} \dfrac{\partial\phi^{\mathrm{D}}}{\partial\boldsymbol{n}} = -\dfrac{\partial\phi^{\mathrm{I}}}{\partial\boldsymbol{n}} \\ \dfrac{\partial\phi^{\mathrm{R}}_q}{\partial\boldsymbol{n}} = -\mathrm{i}\omega_e n_q - Um_q \qquad (q=1,\cdots,6) \end{cases} \qquad (10.2\text{-}6)$$

其中：

$$\begin{cases} (m_1, m_2, m_3) = -(\boldsymbol{n}\cdot\nabla)\nabla\left(\chi + \dfrac{U_x}{U}x + \dfrac{U_y}{U}y\right) \\ (m_4, m_5, m_6) = -(\boldsymbol{n}\cdot\nabla)\left[\boldsymbol{x}\times\nabla\left(\chi + \dfrac{U_x}{U}x + \dfrac{U_y}{U}y\right)\right] \end{cases} \qquad (10.2\text{-}7)$$

在远离物体处可忽略稳态流场的扰动势，自由表面边界条件可简写为：

$$\frac{\partial\phi}{\partial z} + \frac{(-\mathrm{i}\omega_e + \boldsymbol{U}\cdot\nabla)^2\phi}{g} = 0 \qquad (z=0) \qquad (10.2\text{-}8)$$

满足式(10.2-8)所示的自由表面条件和波浪向外传播的无限远条件的有限水深格林函数仍然非常复杂，计算非常耗时。在流速比较小的情况下，对式(10.2-8)做进一步简化，得到：

$$\frac{\partial\phi}{\partial z} - \frac{\omega_e^2}{g}\phi = 0 \qquad (z=0) \qquad (10.2\text{-}9)$$

同时，物面边界条件也不考虑速度引起扰动势 χ，则物面边界可简化为：

$$\frac{\partial\phi^{\mathrm{R}}_q}{\partial\boldsymbol{n}} = -\mathrm{i}\omega n_q - Um_q \qquad (q=1,\cdots,6) \qquad (10.2\text{-}10)$$

其中：

$$\begin{cases} (m_1, m_2, m_3) = (0,0,0) \\ (m_4, m_5, m_6) = -\dfrac{1}{U}\boldsymbol{U}\times\boldsymbol{n} \end{cases} \qquad (10.2\text{-}11)$$

式(10.2-9)和式(9.3-3)在形式上完全相同，只是有流速情况下将遭遇频率 ω_e 替换为自然频率 ω，这样处理后即可采用第9.3节中介绍的方法求解绕射势和辐射势。

2. 浪-流激振力

物体表面动水压力可表示为：

$$p(\bm{x}) = -\rho \frac{\partial \Phi}{\partial t}$$

$$= -\rho \left\{ (-\mathrm{i}\omega_e + \bm{U}\cdot\nabla)[\phi^{\mathrm{I}}(\bm{x}) + \phi^{\mathrm{D}}(\bm{x})] + (-\mathrm{i}\omega_e + \bm{U}\cdot\nabla)\phi^{\mathrm{R}}(\bm{x}) \right\} \mathrm{e}^{-\mathrm{i}\omega_e t} \quad (10.2\text{-}12)$$

通常称由入射波和绕射波引起的浪-流力为浪-流激振力，其幅值为：

$$F_j^{\mathrm{ID}} = -\rho \iint_{S_b} (-\mathrm{i}\omega_e + \bm{U}\cdot\nabla)[\phi^{\mathrm{I}}(\bm{x}) + \phi^{\mathrm{D}}(\bm{x})] n_j \mathrm{d}S \quad (10.2\text{-}13)$$

由 k 方向单位运动引起的辐射波浪力幅值为：

$$F_{jk}^{\mathrm{R}} = -\rho \iint_{S_b} (-\mathrm{i}\omega_e + \bm{U}\cdot\nabla)\phi_k^{\mathrm{R}}(\bm{x})] n_j \mathrm{d}S = \omega_e^2 A_{jk} + \mathrm{i}\omega_e B_{jk} \quad (10.2\text{-}14)$$

式中：A_{jk}——附加质量系数；

B_{jk}——辐射阻尼系数。

3. 频域-时域转换

式(10.2-13)和式(10.2-14)给出了频域下的激振力和水动力系数。为开展时域分析，Cummins(1962)提出了一种利用频域下激振力、附加质量和辐射阻尼计算时域浪-流力的方法。

（1）激振力

在随机波浪作用下，假设结构物中心处波面的瞬时高度为 $\eta(t)$，那么在整个结构物上的瞬时浪-流力和力矩可通过时域内广义浪-流力的脉冲响应函数与波面高度的卷积求得，即浪-流激振力可表示为：

$$F_i^{\mathrm{ID}}(t) = \int_0^t h_{i(1)}(t-\tau)\eta(\tau)\mathrm{d}\tau \quad (10.2\text{-}15)$$

式中：i——方向，即 x, y, z, r_x, r_y, r_z；

$h_{i(1)}(t)$——时域内一阶脉冲响应函数。

$h_{i(1)}(t)$ 可通过频域内线性传递函数经过傅里叶变换求得：

$$h_{i(1)}(t) = \mathrm{Re}\left\{ \frac{1}{\pi}\int_0^\infty H_{i(1)}(\omega_e)\mathrm{e}^{\mathrm{i}\omega_e t}\mathrm{d}\omega_e \right\} \quad (10.2\text{-}16)$$

式中：$H_{i(1)}(\omega_e)$——频域内线性传递函数，即单位波幅规则波作用下物体上的一阶浪-流激振力，可通过频域方法确定。

（2）辐射力

假定物体做小振幅运动，线性叠加原理成立，物体在 t 时刻第 j 个方向的位移为 $\xi_j(t)$，运动速度为 $\dot{\xi}_j(t)$，则由物体运动产生的总辐射势为：

$$\varPhi^{\mathrm{R}}(x,t) = \sum_{j=1}^{6}\left[\dot{\xi}_j(t)\psi_j + \int_{-\infty}^{t}\dot{\xi}_j(\tau)\chi_j(t-\tau)\mathrm{d}\tau\right] \tag{10.2-17}$$

式中：ψ_j——由物体做 j 方向上单位脉冲运动时所产生的速度势；

$\chi_j(\tau)$——物体做 j 方向上单位脉冲运动 τ 时间后流体中的速度势。

由辐射势产生的浪-流力可写为：

$$\begin{aligned}F_k^{\mathrm{R}}(t) &= -\rho\iint_{S_\mathrm{b}}\frac{\partial\varPhi^{\mathrm{R}}(x,t)}{\partial t}n_k\mathrm{d}S\\ &= -\sum_{j=1}^{6}\left[m_{kj}\ddot{\xi}_j(t) + \int_{-\infty}^{t}\dot{\xi}_j(\tau)Q_{kj}(t-\tau)\mathrm{d}\tau\right]\quad (k=1,2,\cdots,6)\end{aligned} \tag{10.2-18}$$

其中

$$m_{kj} = \rho\iint_{S_\mathrm{b}}\psi_j n_k\mathrm{d}S \tag{10.2-19a}$$

$$Q_{kj}(t) = \rho\iint_{S_\mathrm{b}}\frac{\partial\chi_j(t)}{\partial t}n_k\mathrm{d}S \tag{10.2-19b}$$

式(10.2-18)为描述波浪做任何一种形式的运动时受到的辐射波浪力，同样适用于结构物做简谐运动的情况。

令

$$\xi_j(t) = \zeta_j \mathrm{e}^{-\mathrm{i}\omega_\mathrm{e} t} \tag{10.2-20}$$

将式(10.2-20)代入式(10.2-18)，得：

$$\begin{aligned}F_k^{\mathrm{R}}(t) &= \sum_{j=1}^{6}\left[\omega_\mathrm{e}^2 m_{kj}\zeta_j \mathrm{e}^{-\mathrm{i}\omega_\mathrm{e} t} + \mathrm{i}\omega_\mathrm{e}\int_{-\infty}^{t}Q_{kj}(t-\tau)\zeta_j \mathrm{e}^{-\mathrm{i}\omega_\mathrm{e}\tau}\mathrm{d}\tau\right]\\ &= \sum_{j=1}^{6}\left\{\omega_\mathrm{e}^2\left[m_{kj} - \frac{1}{\omega_\mathrm{e}}\int_0^\infty Q_{kj}(t)\sin(\omega_\mathrm{e} t)\mathrm{d}t\right] + \right.\\ &\quad \left. \mathrm{i}\omega_\mathrm{e}\int_0^\infty Q_{kj}(t)\cos(\omega_\mathrm{e} t)\mathrm{d}t\right\}\zeta_j \mathrm{e}^{-\mathrm{i}\omega_\mathrm{e} t}\end{aligned} \tag{10.2-21}$$

由式(10.2-14)可知，规则波作用下辐射波浪力还可以表示为：

$$F_k^{\mathrm{R}}(t) = \sum_{j=1}^{6}(\omega_\mathrm{e}^2 A_{kj} + \mathrm{i}\omega_\mathrm{e} B_{kj})\zeta_j \mathrm{e}^{-\mathrm{i}\omega_\mathrm{e} t} \tag{10.2-22}$$

对比式(10.2-21)和式(10.2-22)可得：

$$A_{kj}(\omega_\mathrm{e}) = m_{kj} - \frac{1}{\omega_\mathrm{e}}\int_0^\infty Q_{kj}(t)\sin(\omega_\mathrm{e} t)\mathrm{d}t \tag{10.2-23}$$

$$B_{kj}(\omega_\mathrm{e}) = \int_0^\infty Q_{kj}(t)\cos(\omega_\mathrm{e} t)\mathrm{d}t \tag{10.2-24}$$

取式(10.2-24)的傅里叶逆变化，迟滞函数 $Q_{kj}(t)$ 可用阻尼系数表示为：

$$Q_{kj}(t) = \frac{2}{\pi}\int_0^\infty B_{kj}(\omega_\mathrm{e})\cos(\omega_\mathrm{e} t)\mathrm{d}\omega_\mathrm{e} \tag{10.2-25}$$

附加质量系数可表示为：

$$m_{kj} = A_{kj}(\omega_e) - \frac{1}{\omega_e}\int_0^\infty Q_{kj}(t)\sin(\omega_e t)\mathrm{d}t \tag{10.2-26}$$

由于附加质量系数 ω_e 为任意的,若取 $\omega_e = \infty$,可得:

$$m_{kj} = A_{kj}(\infty) \tag{10.2-27}$$

由上可知,如果在频域内求解获得了一系列频率下的水动力系数 $A_{jk}(\omega_e)$ 和 $B_{kj}(\omega_e)$,则可由式(10.2-18)、式(10.2-25)和式(10.2-27)计算时域辐射波浪力。

10.2.2 直接时域边界元方法

上节介绍的线性频域理论在工程上得到了广泛的应用,然而,频域法在处理非线性问题时显得无能为力,而时域分析法则有很大的自由度。完全非线性时域理论最初是由 Longuet-Higgins 和 Cokelet 于 1976 年提出的,该理论要求自由表面边界条件和物面边界条件分别在瞬时自由表面和瞬时物面上满足,这对计算机的计算速度提出了很大挑战。Isaacson 和 Cheung(1992)等应用简单格林函数和摄动展开技术建立了一个新的时域计算方法,目前该方法已经发展到二阶。应用该方法时,计算域为平均物体表面和物面周围有限的平均自由水面,这些边界条件不随时间发生变化,边界积分方程的系数矩阵只需建立和分解一次,计算效率得到了很大提高。下面对波浪和水流作用下的一阶时域理论进行介绍。

1. 控制方程及边界条件

采用势流假定,流体速度势 Φ 满足拉普拉斯方程[式(10.2-28)],以及相应的边界条件。

$$\nabla^2 \Phi(x,y,z,t) = 0 \tag{10.2-28}$$

(1)自由表面边界条件

忽略自由水面的表面张力和黏性效应,则大气压力与自由水面下的大气压力相等,即:

$$\frac{\partial \Phi}{\partial t} + \frac{1}{2}\nabla\Phi\nabla\Phi + g\eta = 0, z = \eta(x,y,t) \tag{10.2-29}$$

式中:η——瞬时波面。

此外,自由面上流体的法向速度必定与自由面的法向速度相同,从而得到:

$$\frac{\partial \eta}{\partial t} + \nabla\Phi\nabla\eta - \frac{\partial \Phi}{\partial z} = 0, z = \eta(x,y,t) \tag{10.2-30}$$

式(10.2-29)和式(10.2-30)称为自由面上的运动学边界条件。

(2)物面及海底边界条件

根据物体表面刚性不透水假定,如果流体运动不脱离物体表面,在瞬时物体表面 S_b 的法线方向上,流体速度等于固定运动速度,即:

$$\frac{\partial \Phi}{\partial \boldsymbol{n}} = \boldsymbol{U}_n \tag{10.2-31}$$

式中:$\boldsymbol{U}_n$——物体表面的法向运动速度。

(3) 远场辐射边界条件

在数值计算中,为保证散射波向外传播而不反射回来,可以在一个有限的计算域内进行模拟,常采用人工阻尼层进行消波。在自由表面运动学和动力学边界条件中均加入阻尼项吸收波浪,这样边界条件式(10.2-29)和式(10.2-30)改写为:

$$\frac{\partial \Phi}{\partial t} = -\frac{1}{2}\nabla\Phi\nabla\Phi - g\eta - v(r)\Phi, z = \eta(x,y,t) \qquad (10.2\text{-}32)$$

$$\frac{\partial \eta}{\partial t} = -\nabla\Phi\nabla\eta + \frac{\partial \Phi}{\partial z} - v(r)\eta, z = \eta(x,y,t) \qquad (10.2\text{-}33)$$

式中:v——阻尼项。

Ferrant(1993)采用的阻尼项的表达式为:

$$v(r) = \begin{cases} \alpha\omega_e \left(\dfrac{r - r_0}{\beta\lambda}\right)^2 & (r_0 \leq r \leq r_0 + \beta\lambda) \\ 0 & (r < r_0) \end{cases} \qquad (10.2\text{-}34)$$

式中:α——阻尼系数;

β——阻尼层宽度系数;

λ——波浪的特征波长,一般取入射波长;

ω_e——遭遇频率;

r——空间距离;

r_0——最近的阻尼层距离物面边界的距离。

2. 泰勒展开和摄动展开

引入摄动展开建立各阶近似下的控制方程和边界条件。一般假定与波陡有关的小参数 $\varepsilon = H/\lambda$(波高/波长),速度势和波面可以进行泰勒展开如下:

$$\Phi(\boldsymbol{x}) = \Phi_{(0)}(\boldsymbol{x}) + \varepsilon\Phi_{(1)}(\boldsymbol{x}) + \cdots \qquad (10.2\text{-}35)$$

$$\eta(\boldsymbol{x}) = \varepsilon\eta_{(1)}(\boldsymbol{x}) + \cdots \qquad (10.2\text{-}36)$$

式中:$\Phi_{(0)}$——零阶稳定绕射势,是由稳定均匀流引起的;

$\Phi_{(1)}$——与时间有关的一阶速度势。

同样采用泰勒级数展开,把瞬时自由表面上的条件变换到平均静水面上,再将速度势和波面表达式代入自由水面边界条件,收集 $O(\varepsilon^0)$ 阶、$O(\varepsilon)$ 阶相关项,最终得到:

$$\frac{\partial \Phi_{(m)}}{\partial z} - \frac{\partial \eta_{(m)}}{\partial t} = F_{1(m)} \qquad (10.2\text{-}37)$$

$$\frac{\partial \Phi_{(m)}}{\partial t} + g\eta_{(m)} = F_{2(m)} \qquad (10.2\text{-}38)$$

其中:

$$F_{1(0)} = 0 \qquad (10.2\text{-}39)$$

$$F_{2(0)} = 0 \qquad (10.2\text{-}40)$$

$$F_{1(1)} = \frac{\partial \Phi_{(0)}}{\partial x}\frac{\partial \eta_{(1)}}{\partial x} + \frac{\partial \Phi_{(0)}}{\partial y}\frac{\partial \eta_{(1)}}{\partial y} + \eta_{(1)}\left(\frac{\partial^2 \Phi_{(0)}}{\partial x^2} + \frac{\partial^2 \Phi_{(0)}}{\partial y^2}\right) \qquad (10.2\text{-}41)$$

$$F_{2(1)} = -\frac{\partial \Phi_{(0)}}{\partial x}\frac{\partial \Phi_{(1)}}{\partial x} - \frac{\partial \Phi_{(0)}}{\partial y}\frac{\partial \Phi_{(1)}}{\partial y} \qquad (10.2\text{-}42)$$

此外，$\eta_{(0)} = 0$，$\dfrac{\partial \Phi_{(0)}}{\partial t} = 0$，$\dfrac{\partial \Phi_{(0)}}{\partial z} = 0$。

波动又分解为入射波浪和散射波浪：

$$\Phi_{(m)} = \Phi_{(m)}^{\mathrm{I}} + \Phi_{(m)}^{\mathrm{S}} \qquad (10.2\text{-}43)$$

$$\eta_{(m)} = \eta_{(m)}^{\mathrm{I}} + \eta_{(m)}^{\mathrm{S}} \qquad (10.2\text{-}44)$$

将式(10.2-43)和式(10.2-44)代入式(10.2-37)和式(10.2-38)并考虑辐射边界条件得到：

$$\frac{\partial \eta_{(m)}^{\mathrm{S}}}{\partial t} = \frac{\partial \Phi_{(m)}^{\mathrm{S}}}{\partial z} + \left[\frac{\partial \Phi_{(m)}^{\mathrm{I}}}{\partial z} - \frac{\partial \eta_{(m)}^{\mathrm{I}}}{\partial t}\right] - F_{1(m)} - v(r)\eta_{(m)}^{\mathrm{S}} \qquad (10.2\text{-}45)$$

$$\frac{\partial \Phi_{(m)}^{\mathrm{S}}}{\partial t} = -g\eta_{(m)}^{\mathrm{S}} - \left[\frac{\partial \Phi_{(m)}^{\mathrm{I}}}{\partial t} + g\eta_{(m)}^{\mathrm{I}}\right] + F_{2(m)} - v(r)\Phi_{(m)}^{\mathrm{S}} \qquad (10.2\text{-}46)$$

采用线性波理论，则入射自由波面和入射速度势的表达式为：

$$\eta_{(1)}^{\mathrm{I}} = \frac{H}{2}\cos\theta \qquad (10.2\text{-}47)$$

$$\Phi_{(1)}^{\mathrm{I}} = -\frac{\omega H}{2k}\frac{\cosh k(z+h)}{\sinh kh}\sin\theta \qquad (10.2\text{-}48)$$

其中：

$$\theta = [Uk\cos(\beta_{\mathrm{c}} - \beta_{\mathrm{w}}) + \omega]t - k(x\cos\beta_{\mathrm{w}} + y\sin\beta_{\mathrm{w}}) \qquad (10.2\text{-}49)$$

式中：ω——频率，$\omega = 2\pi/T$；

k——波数，$k = 2\pi/L$；

H——波高；

h——水深；

U——流速；

β_{w}、β_{c}——浪-流的传播角。

3. 积分方程

在流体域内对速度势应用格林第二定律，可得到边界上的速度势的积分方程为：

$$C(\pmb{x})\varPhi_{(m)}(\pmb{x}) = \iint_S G(\pmb{x},\pmb{x}')\frac{\partial \varPhi_{(m)}(\pmb{x}')}{\partial \pmb{n}}\mathrm{d}S - \iint_S \frac{\partial G(\pmb{x},\pmb{x}')}{\partial \pmb{n}}\varPhi_{(m)}(\pmb{x}')\mathrm{d}S \quad (\forall \pmb{x},\pmb{x}' \in S)$$
(10.2-50)

式中：$C(\pmb{x})$——固角系数，其表达式与格林函数 $G(\pmb{x},\pmb{x}')$ 的选取以及物面法向量 $\pmb{n}(\pmb{x}')$ 选取有关；

S——分析边界，包括自由表面 S_f、物面边界 S_b 和海底边界。

由于通常可以假定海底为平坦的，因此，选取 Rankine 源和它关于海底的像：

$$G(\pmb{x},\pmb{x}') = -\frac{1}{\sqrt{(x'-x)^2+(y'-y)^2+(z'-z)^2}} - \frac{1}{\sqrt{(x'-x)^2+(y'-y)^2+(z'+z+2h)^2}}$$
(10.2-51)

作为格林函数，此时关于海底面上的积分项为 0，可以不考虑。

4. 边界离散与时间积分过程

将物体表面离散为高阶的四边形和三角形曲面等参单元（图 10.2-1），单元内的坐标、速度势等通过高次的形函数表达。

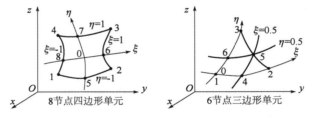

图 10.2-1 四边形和三角形等参单元

采用等参单元，单元内任意点的坐标 $\pmb{x}$、势函数 $\varPhi$ 及其导数 $\dfrac{\partial \varPhi}{\partial \pmb{n}}$ 可由节点坐标 $\pmb{x}_k$、节点上的势函数 $\varPhi_k$ 及其导数 $\dfrac{\partial \varPhi_k}{\partial \pmb{n}}$ 与形函数 $h_k(\xi,\eta)$ 定义，即：

$$\pmb{x}(\xi,\eta) = \sum_{k=1}^{K} h_k(\xi,\eta)\pmb{x}_k \tag{10.2-52}$$

$$\varPhi(\xi,\eta) = \sum_{k=1}^{K} h_k(\xi,\eta)\varPhi_k \tag{10.2-53}$$

$$\frac{\partial \varPhi}{\partial \pmb{n}}(\xi,\eta) = \sum_{k=1}^{K} h_k(\xi,\eta)\frac{\partial \varPhi_k}{\partial \pmb{n}} \tag{10.2-54}$$

式中：k——单元的节点个数；

(ξ,η)——每个单元相联系的规范化的曲线坐标。

引入等参变化后，边界积分方程可以离散为：

$$C(\boldsymbol{x})\boldsymbol{\Phi}_{(m)}(\boldsymbol{x}) = \sum_{i=1}^{N}\sum_{k=1}^{K_i} \frac{\partial \boldsymbol{\Phi}_{(m)ik}(\boldsymbol{x}')}{\partial \boldsymbol{n}}\left\{\iint_{R_i} G[\boldsymbol{x},\boldsymbol{x}'(\xi,\eta)]h_{ik}(\xi,\eta)|J(\xi,\eta)|\mathrm{d}\xi\mathrm{d}\eta\right\} -$$
$$\sum_{i=1}^{N}\sum_{k=1}^{K_i} \boldsymbol{\Phi}_{(m)ik}(\boldsymbol{x}')\left\{\iint_{R_i} \frac{\partial G[\boldsymbol{x},\boldsymbol{x}'(\xi,\eta)]}{\partial \boldsymbol{n}}h_{ik}(\xi,\eta)|J(\xi,\eta)|\mathrm{d}\xi\mathrm{d}\eta\right\} \quad (10.2\text{-}55)$$

式中：N——高阶边界单元的个数；

K_i——第 i 个单元上的节点个数；

R_i——第 i 个单元对应的规范化的面积域。

采用高阶边界单元时，自由项系数 C 随物体表面形状而变化，具体计算方法可以参看 Montic(1993) 的文章。引入等参变化后，边界积分方程中的面积积分可以采用高斯积分方法计算。进行数值积分时，当场点和源点趋近时，关于格林函数和格林函数导数的积分将会出现奇异，对于格林函数的奇异积分通过极坐标变换解决，格林函数导数的奇异积分可以参看滕斌(2006) 的文章。

计算中认为当前时刻物面 S_b 上的速度势法向导数和自由水面 S_f 上的速度势是已知的，根据积分方程式(10.2-55)计算当前时刻物面 S_b 上的速度势和自由水面 S_f 上的速度势法向导数，然后根据自由水面边界条件式(10.2-45)和式(10.2-46)计算下一时刻的水质点位置和自由水面 S_f 上的速度势，重新应用积分方程计算下一时刻物面 S_b 上的速度势和自由水面 S_f 上速度势法向导数。这样周而复始地计算，直到计算结束。

5. 浪-流力

物体表面压力由伯努利方程给出：

$$p = -\rho\left(\frac{\partial \boldsymbol{\Phi}}{\partial t} + \frac{1}{2}|\nabla \boldsymbol{\Phi}|^2 + gz\right) \quad (10.2\text{-}56)$$

对瞬时湿表面 H 压力积分可得结构上的总力：

$$\boldsymbol{F} = \int_H p\boldsymbol{n}'\mathrm{d}S \quad (10.2\text{-}57)$$

其中：

$$\boldsymbol{n}' = (n_1, n_2, n_3, n_4, n_5, n_6) \quad (10.2\text{-}58)$$

力向量在平均物体湿表面上应用泰勒级数展开可得：

$$\boldsymbol{F} = \int_{H_0} p\boldsymbol{n}'\mathrm{d}\Gamma + \frac{1}{2}\int_{w_0}\eta p\boldsymbol{n}'\mathrm{d}l + \cdots = \boldsymbol{F}_{(0)} + \boldsymbol{F}_{(1)} + \frac{1}{2}\int_{w_0}\eta p\boldsymbol{n}'\mathrm{d}l + \cdots \quad (10.2\text{-}59)$$

式中：H_0——平均物体湿表面；

w_0——物体与液面的交接线(简称水线)。

$$\boldsymbol{F}_{(0)} = -\rho\int_{H_0}\left(\frac{1}{2}\nabla \boldsymbol{\Phi}_{(0)} \cdot \nabla \boldsymbol{\Phi}_{(0)} + gz\right)\boldsymbol{n}'\mathrm{d}S \quad (10.2\text{-}60)$$

$$F_{(1)} = -\rho \int_{H_0} \left(\frac{\partial \Phi_{(1)}}{\partial t} + \nabla \Phi_{(0)} \cdot \nabla \Phi_{(1)} \right) n' \mathrm{d}S \qquad (10.2\text{-}61)$$

$$\frac{1}{2} \int_{w_0} \eta p n' \mathrm{d}l = \frac{\rho g}{2} \int_{w_0} (\eta_{(1)})^2 n' \mathrm{d}l \qquad (10.2\text{-}62)$$

10.2.3 高桩承台群桩基础结构浪-流荷载计算方法

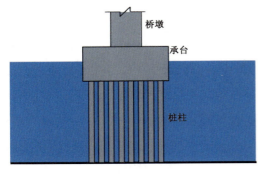

图 10.2-2 典型高桩承台群桩基础结构示意图

如图 10.2-2 所示，对于高桩承台群桩基础结构，其承台部分可视为大尺度构件，而桩柱应视为小尺度构件，此时应该将结构浪-流力计算分为两个部分。对大尺度构件可根据势流绕射理论计算波浪力，对于小尺度构件按照 Morison 公式（考虑黏性）进行计算，但在利用 Morison 公式计算时，采用考虑绕射效应后浪-流场中的水质点的速度和加速度。

1. 绕射场中任意水质点上速度和加速度的求解方法

根据积分方程的物理意义，域内任意一点的速度势通过整个计算边界上的物理量来表达。因此对于域内任意点，固角系数 $C = 4\pi$，则该点的散射速度势可表示为：

$$\Phi^S(x) = \frac{1}{4\pi} \left[\sum_{i=1}^{N} \iint_{S_i} G(x,x') \frac{\partial \Phi^S(x')}{\partial n} \mathrm{d}S - \sum_{i=1}^{N} \iint_{S_i} \frac{\partial G(x,x')}{\partial n} \Phi^S(x') \mathrm{d}S \right] \qquad (10.2\text{-}63)$$

由于自由表面和物面节点上的速度势和速度势的法向导数都是已知量，因此域内任意点 x 的速度势可以看作是位置 x 的函数。速度势在某方向上的导数即为该方向的水质点速度，因此域内任意一点在 x 方向上绕射势引起的水质点速度可以通过下面的式子求得：

$$u_x^S(x) = \frac{\partial \Phi^S(x)}{\partial x} = \frac{1}{4\pi} \left[\sum_{i=1}^{N} \iint_{S_i} \frac{\partial G(x,x')}{\partial x} \frac{\partial \Phi^S(x')}{\partial n} \mathrm{d}S - \sum_{i=1}^{N} \iint_{S_i} \frac{\partial^2 G(x,x')}{\partial n \partial x} \Phi^S(x') \mathrm{d}S \right]$$

$$(10.2\text{-}64)$$

式中：u_x^S——x 方向由绕射势产生的水质点速度，其他方向同理可得。

2. 桩柱波浪力计算

到目前为止，与波长相比尺度较小的细长柱体（例如圆柱体 $D/L < 0.2$）的波浪力计算，在工程设计中仍广泛采用 Morison 方程。它是以绕射理论为基础的半理论半经验公式。

整体坐标系下，考虑流固耦合时，Morison 单元单位长度上的横向（垂直于杆轴方向）波浪力分布表达式：

$$f_{eT} = \frac{1}{2}C_D\rho D(v_{wT} - v_{eT})|v_{wT} - v_{eT}| + (C_A + 1)\rho A \boldsymbol{a}_{wT} - C_A\rho A \boldsymbol{a}_{eT} \quad (10.2\text{-}65)$$

式中：f_{eT}——整体坐标系下单元单位长度上的横向波浪力；

v_{wT}、$\boldsymbol{a}_{wT}$——单元对应位置水质点横向速度和加速度向量；

v_{eT}、$\boldsymbol{a}_{eT}$——单元速度和加速度在v_{wT}和$\boldsymbol{a}_{wT}$方向上的分量；

A——单元附加质量参考面积；

D——单元特征尺度；

C_D——速度力系数，对圆形断面取1.2，对方形或$a/b \leqslant 1.5$的矩形断面取2.0；

C_A——附加惯性力系数，对圆形断面取1.0，对方形或$a/b \leqslant 1.5$的矩形断面取1.2。

10.2.4 沉箱和沉井基础结构单元浪-流荷载计算方法

第9.3.2节中已经介绍，在计算桥梁基础结构水动力时，将静水面以下桥梁基础结构划分为若干个三维梁（杆）单元，对每个梁单元对应的基础边界划分边界单元，并将该单元内的所有边界单元视为一个边界单元组。梁单元受到的水动力实际为其对应的边界单元组受到的水动力。

与第9.3.2节不同之处在于，这里考虑结构运动引起的辐射浪-流力。在求解边界单元组的水动力时，物面边界的运动响应由梁单元节点的运动响应通过几何映射关系换算得到，梁单元节点运动响应通过求解桥梁振动运动方程获得。由于结构变形和结构受力是耦合的，因此，存在一个"假设变形→计算水动力→计算结构变形→判断、更新假设"的迭代过程。

1. 采用频域边界元方法求解桥梁基础结构浪-流荷载

在梁单元划分比较小的情况下，将一个边界单元组视为一个浮体，以单元中心点的运动响应视为相应边界单元组的运动响应，进而计算边界单元组上受到的水动力。当存在多个边界单元组时，某个边界单元组的运动产生的辐射波浪会对其他边界单元组产生附加波浪力。鉴于桥梁基础结构的刚度相对较大，边界单元组可产生的运动幅值较小可忽略不同边界单元组之间的相互作用力（辐射波浪力）。另外，在计算t时刻边界单元上的附加水动力荷载时，理论上应以t时刻边界单元的构形来建立边界元模型求附加水动力，但由于桥梁基础结构的刚度相对较大，边界单元构形在整个分析过程中的变化有限，因此，在整个计算的过程中，都采用静力平衡位置的边界构形来计算水动力，以减小计算的工作量。

波浪和水流对桥梁基础结构的作用力可分为三个部分，即静水恢复力、入射浪-流场和绕射浪-流场对基础的激振力（包括入射力和绕射力）和基础运动产生的辐射浪-流场对基础的辐射波浪力。

桥梁基础受到的静水恢复力向量为：

$$F_{\text{HY}}^{\text{HS}}(X,t) = -\sum_{k=1}^{N_{\text{HY}}} L_k^{\text{T}} P_k K_k^{\text{HS}} P_k^{\text{T}} L_k X(t) = K_{\text{HY}}^{\text{HS}} X(t) \tag{10.2-66}$$

其中：

$$K_{\text{HY}}^{\text{HS}} = -\sum_{k=1}^{N_{\text{HY}}} L_k^{\text{T}} P_k K_k^{\text{HS}} P_k^{\text{T}} L_k \tag{10.2-67}$$

$$K_k^{\text{HS}} = [K_{ij,k}^{\text{HS}}] \quad (i,j = 1,2,\cdots,6) \tag{10.2-68}$$

式中：X——桥梁整体坐标系下的位移向量；

L_k——单元 k 的位置指示矩阵，为 $12 \times n$ 阶矩阵，n 为结构自由度个数；

P_k——单元 k 中心位置荷载转换为单元等效节点荷载的转换矩阵，为 12×6 阶矩阵；

K_k^{HS}——单元 k 对应的边界单元组的静水恢复力刚度矩阵；

N_{HY}——桥梁水动力单元个数。

桥梁基础浪-流激振力向量可表示为：

$$F_{\text{HY}}^{\text{ID}}(t) = \sum_{k=1}^{N_{\text{HY}}} L_k^{\text{T}} P_k F_k^{\text{ID}}(t) \tag{10.2-69}$$

其中：

$$F_k^{\text{ID}} = [F_{Xk}^{\text{ID}}, F_{Yk}^{\text{ID}}, F_{Zk}^{\text{ID}}, F_{R_Xk}^{\text{ID}}, F_{R_Yk}^{\text{ID}}, F_{R_Zk}^{\text{ID}}]^{\text{T}} \tag{10.2-70}$$

式中：F_{rk}^{ID}——单元 k 对应的边界单元组上的第 r ($r = X,Y,Z,R_X,R_Y,R_Z$) 个方向上浪-流激振力。

桥梁基础辐射水动力向量可表示为：

$$F_{\text{HY}}^{\text{R}}(\ddot{X},\dot{X},t)$$

$$= -\sum_{k=1}^{N_{\text{HY}}} L_k^{\text{T}} P_k m_k P_k^{\text{T}} L_k \ddot{X}(t) - \sum_{k=1}^{N_{\text{HY}}} \int_0^t L_k^{\text{T}} P_k Q_k(t-\tau) P_k^{\text{T}} L_k \dot{X}(\tau) d\tau$$

$$= -M_{\text{HY}}^{\text{R}} \ddot{X}(t) + F_{\text{HY-V}}^{\text{R}}(\dot{X},t) \tag{10.2-71}$$

其中：

$$M_{\text{HY}}^{\text{R}} = \sum_{k=1}^{N_{\text{HY}}} L_k^{\text{T}} P_k m_k P_k^{\text{T}} L_k \tag{10.2-72}$$

$$m_k = [m_{ij,k}] \tag{10.2-73}$$

$$Q_k(t) = [Q_{ij,k}(t)] \quad (i,j = 1,2,\cdots,6) \tag{10.2-74}$$

式中：$\ddot{X}$、$\dot{X}$——桥梁整体坐标系下的加速度和速度向量；

$m_{ij,k}$、$Q_{ij,k}(t)$——单元 k 对应的边界单元组的附加质量和迟滞函数。

2. 采用直接时域边界元方法求解桥梁基础结构浪-流荷载

采用直接时域边界元方法计算基础浪-流荷载，由于要考虑基础结构变形对水动力边界的修正,因此,在求解边界积分方程时,边界条件不是固定边界条件,而是运动边界条件。

假设有限元模型中的单元坐标系为 $\bar{x}=(\bar{x},\bar{y},\bar{z})$。空间固定坐标系 $\hat{x}=(\hat{x},\hat{y},\hat{z})$ 的坐标原点设在梁单元 k 的 i 节点上(图 10.2-3),固定坐标系 $\hat{x}$ 与整体坐标系 $X=(X,Y,Z)$ 平行。体坐标系 $x=(x,y,z)$ 固结于单元并随单元运动,初始时刻,体坐标系与固定坐标系重合。

假设梁单元 k 上的点 x 在固定坐标系(或者体坐标系)下的变形量为 u,变形后该点在固定坐标系下的位置为:

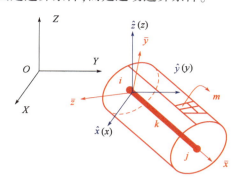

图 10.2-3 梁单元和边界单元相对位置与坐标系统

$$\hat{x} = x + u \tag{10.2-75}$$

采用 Ogilvied 的方法,对物面边界条件进行泰勒级数展开,把瞬时物体表面上的边界条件变换到在平均物体表面 S_b 上满足,即边界条件可写为:

$$\{\nabla\Phi(\hat{x}) + [(\hat{x}-x)\cdot\nabla][\nabla\Phi(\hat{x})] + \cdots\}\cdot\hat{n} = \hat{v}\cdot\hat{n} \tag{10.2-76}$$

引入摄动展开,可得对应的 0 阶和 1 阶边界条件为:

$$\nabla\Phi_{(0)}\cdot n = 0 \tag{10.2-77}$$

$$\nabla\Phi_{(1)}\cdot n = \dot{u}\cdot n - (u\cdot\nabla)(\nabla\Phi_{(0)})\cdot n \tag{10.2-78}$$

作用在物体上的水动力和力矩可以通过瞬时物体湿表面的压力直接积分获得。作用在物体表面的压力分布可以通过非恒定 Bernoulli 方程确定。

$$p = -\rho\left(\frac{\partial\Phi}{\partial t} + \frac{1}{2}|\nabla\Phi|^2 + gz\right) \tag{10.2-79}$$

弹性变形后物体表面的水压力通过泰勒级数展开变换到变形前物体表面上:

$$p = -\rho\left[\frac{1}{2}\nabla\Phi_{(0)}\cdot\nabla\Phi_{(0)} + gz\right] + \left\{-\rho\left[\frac{\partial\Phi_{(1)}}{\partial t} + \nabla\Phi_{(0)}\cdot\nabla\Phi_{(1)}\right] - \rho u(A^U + A^G)\right\} \tag{10.2-80}$$

$$A^U = \begin{Bmatrix} \dfrac{\partial\Phi_{(0)}}{\partial x}\cdot\dfrac{\partial^2\Phi_{(0)}}{\partial x^2} + \dfrac{\partial\Phi_{(0)}}{\partial y}\cdot\dfrac{\partial^2\Phi_{(0)}}{\partial x\partial y} + \dfrac{\partial\Phi_{(0)}}{\partial z}\cdot\dfrac{\partial^2\Phi_{(0)}}{\partial x\partial z} \\ \dfrac{\partial\Phi_{(0)}}{\partial x}\cdot\dfrac{\partial^2\Phi_{(0)}}{\partial x\partial y} + \dfrac{\partial\Phi_{(0)}}{\partial y}\cdot\dfrac{\partial^2\Phi_{(0)}}{\partial y^2} + \dfrac{\partial\Phi_{(0)}}{\partial z}\cdot\dfrac{\partial^2\Phi_{(0)}}{\partial y\partial z} \\ \dfrac{\partial\Phi_{(0)}}{\partial x}\cdot\dfrac{\partial^2\Phi_{(0)}}{\partial x\partial z} + \dfrac{\partial\Phi_{(0)}}{\partial y}\cdot\dfrac{\partial^2\Phi_{(0)}}{\partial y\partial z} + \dfrac{\partial\Phi_{(0)}}{\partial z}\cdot\dfrac{\partial^2\Phi_{(0)}}{\partial z\partial z} \end{Bmatrix} \tag{10.2-81}$$

式中: A^U——与均匀流速度势相关向量;

A^G——重力场列向量,$A^G = [0, 0, g]^T$。

单元坐标系下第 k 个单元所受的等效节点荷载为：

$$\bar{f}_{kE}(t) = \sum_{m=1}^{M_k} \int_{S_{km}} N_{km}^T T_k n p \mathrm{d}S = -\sum_{m=1}^{M_k} \rho g \int_{S_{km}} N_{km}^T T_k n Z_{km} \mathrm{d}S - \sum_{m=1}^{M_k} \frac{\rho}{2} \int_{S_i} N_{km}^T T_k n \nabla \Phi_{(0)} \cdot \nabla \Phi_{(0)} \mathrm{d}S +$$
$$\left\{ -\sum_{m=1}^{M_k} \rho \int_{S_i} N_{km}^T T_k n \left[\frac{\partial \Phi_{(1)}}{\partial t} + \nabla \Phi_{(0)} \cdot \nabla \Phi_{(1)} \right] \mathrm{d}S - \rho \sum_{m=1}^{M_k} \int_{S_i} N_{km}^T T_k n [u \cdot (A^G + A^U)] \mathrm{d}S \right\}$$

(10.2-82)

式中：S_{km}——梁单元 k 上第 m 个边界单元对应的表面；

M_k——梁单元 k 上的边界单元数；

Z_{km}——边界单元上的点在整体坐标下的竖向坐标；

N_{km}^T——形函数矩阵，N_{km} 的转置矩阵为 3×12 阶矩阵；

T_k——梁单元 k 对应的固定坐标系到单元坐标系的转换矩阵，为 3×3 阶矩阵；

n——边界单元法向量。

将单元坐标系下的等效节点荷载转化为整体坐标下：

$$F_{kE}(t) = R_k^T \bar{f}_{kE}(t) = F_{kE}^{ST} + F_{kE}^{IDR}(t) + F_{kE}^{HS}(t) \quad (10.2-83)$$

其中：

$$F_{kE}^{ST} = -R_k^T \left[\sum_{m=1}^{M_k} \rho g \int_{S_{km}} N_{km}^T T_k n Z_{km} \mathrm{d}S - \sum_{m=1}^{M_k} \frac{\rho}{2} \int_{S_{km}} N_{km}^T T_k n \nabla \Phi_{(0)} \cdot \nabla \Phi_{(0)} \mathrm{d}S \right] \quad (10.2-84)$$

$$F_{kE}^{IDR}(t) = -R_k^T \sum_{m=1}^{M_k} \rho \int_{S_{km}} N_{km}^T T_k n \left[\frac{\partial \Phi_{(1)}}{\partial t} + \nabla \Phi_{(0)} \cdot \nabla \Phi_{(1)} \right] \mathrm{d}S \quad (10.2-85)$$

$$F_{kE}^{HS}(t) = -R_k^T \sum_{m=1}^{M_k} \rho \int_{S_{km}} N_{km}^T T_k n [(A^G + A^U) \cdot u(t)] \mathrm{d}S \quad (10.2-86)$$

式中：R_k^T——整体坐标系到单元局部坐标系的转换矩阵，为 12×12 阶矩阵；

F_{kE}^{ST}——单元等效稳态浪-流力；

F_{kE}^{IDR}——一阶动态压强引起的单元等效动态浪-流力；

F_{kE}^{HS}——弹性变形引起的单元等效恢复力。

固定坐标系（或整体坐标系）下第 k 个单元上的任意点的位移可以用单元的位移 X_k 表示为：

$$u = T_k^T N_{km} R_k \hat{x}_k = T_k^T N_{km} R_k X_k \quad (10.2-87)$$

于是，恢复力可以表示为：

$$F_{kE}^{HS} = -R_k^T \rho \left\{ \sum_{m=1}^{M_k} \int_{S_{mk}} N_{km}^T T_k n [(A^G)^T + (A^U)^T] T_k^T N_{km} \mathrm{d}S \right\} R_k X_k^{(1)}$$
$$= -(K_k^G + K_k^U) X_k \quad (10.2-88)$$

其中：

$$\boldsymbol{K}_k^G = \boldsymbol{R}_k^T \sum_{m=1}^{M_k} \rho \Big[\int_{S_{km}} \boldsymbol{N}_{km}^T \boldsymbol{T}_k \boldsymbol{n} (\boldsymbol{A}^G)^T \boldsymbol{T}_k^T \boldsymbol{N}_{km} dS \Big] \boldsymbol{R}_k \quad (10.2-89)$$

$$\boldsymbol{K}_k^U = \boldsymbol{R}_k^T \sum_{m=1}^{M_k} \rho \Big[\int_{S_{km}} \boldsymbol{N}_{km}^T \boldsymbol{T}_k \boldsymbol{n} (\boldsymbol{A}^U)^T \boldsymbol{T}_k^T \boldsymbol{N}_{km} dS \Big] \boldsymbol{R}_k \quad (10.2-90)$$

式中：$\boldsymbol{K}_k^G$、$\boldsymbol{K}_k^U$——恢复力系数矩阵。

因此，桥梁基础结构浪-流力向量可表示为：

$$\boldsymbol{F}_{HY}(\boldsymbol{X},\dot{\boldsymbol{X}},\ddot{\boldsymbol{X}},t) = \sum_{k=1}^{N_{HY}} \boldsymbol{L}_k^T \boldsymbol{F}_{kE}(\boldsymbol{X},\dot{\boldsymbol{X}},\ddot{\boldsymbol{X}},t) = \boldsymbol{F}_{HY}^{ST} + \boldsymbol{F}_{HY}^{IDR}(\dot{\boldsymbol{X}},\ddot{\boldsymbol{X}},t) + \boldsymbol{F}_{HY}^{HS}(\boldsymbol{X},t)$$

$$(10.2\text{-}91)$$

其中：

$$\boldsymbol{F}_{HY}^{ST} = -\rho \sum_{k=1}^{N_{HY}} \Big\{ \boldsymbol{L}_k^T \boldsymbol{R}_k^T \Big[\sum_{m=1}^{M_k} g \int_{S_{km}} \boldsymbol{N}_{km}^T \boldsymbol{T}_k \boldsymbol{n} Z_{km} dS - \frac{1}{2} \sum_{m=1}^{M_k} \int_{S_{km}} \boldsymbol{N}_{km}^T \boldsymbol{T}_k \boldsymbol{n} \nabla \Phi_{(0)} \cdot \nabla \Phi_{(0)} dS \Big] \Big\}$$

$$(10.2\text{-}92)$$

$$\boldsymbol{F}_{HY}^{IDR}(\dot{\boldsymbol{X}},\ddot{\boldsymbol{X}},t) = -\rho \sum_{k=1}^{N_{HY}} \boldsymbol{L}_k^T \boldsymbol{R}_k^T \Big\{ \sum_{m=1}^{M_k} \int_{S_{km}} \boldsymbol{N}_{km}^T \boldsymbol{T}_k \boldsymbol{n} \Big[\frac{\partial \Phi_{(1)}}{\partial t} + \nabla \Phi_{(0)} \cdot \nabla \Phi_{(1)} \Big] dS \Big\} \quad (10.2\text{-}93)$$

$$\boldsymbol{F}_{HY}^{HS}(\boldsymbol{X},t) = -\boldsymbol{K}_{HY}^{HS} \boldsymbol{X}(t) = -(\boldsymbol{K}_{HY}^G + \boldsymbol{K}_{HY}^U) \boldsymbol{X}(t) \quad (10.2\text{-}94)$$

$$\boldsymbol{K}_{HY}^G = \rho \sum_{k=1}^{N_{HY}} \boldsymbol{L}_k^T \Big\{ \boldsymbol{R}_k^T \sum_{m=1}^{M_k} \Big[\int_{S_{km}} \boldsymbol{N}_{km}^T \boldsymbol{T}_k \boldsymbol{n} (\boldsymbol{A}^G)^T \boldsymbol{T}_k^T \boldsymbol{N}_{km} dS \Big] \boldsymbol{R}_k \Big\} \boldsymbol{L}_k \quad (10.2\text{-}95)$$

$$\boldsymbol{K}_{HY}^U = \rho \sum_{k=1}^{N_{HY}} \boldsymbol{L}_k^T \Big\{ \boldsymbol{R}_k^T \sum_{m=1}^{M_k} \Big[\int_{S_{km}} \boldsymbol{N}_{km}^T \boldsymbol{T}_k \boldsymbol{n} (\boldsymbol{A}^U)^T \boldsymbol{T}_k^T \boldsymbol{N}_{km} dS \Big] \boldsymbol{R}_k \Big\} \boldsymbol{L}_k \quad (10.2\text{-}96)$$

式中：$\boldsymbol{F}_{HY}^{ST}$——桥梁基础稳态浪-流力列向量；

$\boldsymbol{F}_{HY}^{IDR}(\ddot{\boldsymbol{X}},\dot{\boldsymbol{X}},t)$——桥梁基础动态浪-流力列向量，为与结构运动的速度 $\dot{\boldsymbol{X}}$ 和加速度 $\ddot{\boldsymbol{X}}$ 相关的隐式表达式；

$\boldsymbol{F}_{HY}^{HS}$——均匀流和重力场引起的桥梁基础浪-流恢复力列向量；

$\boldsymbol{K}_{HY}^{HS}$——恢复力系数矩阵。

10.3 考虑斜风效应的桥梁风荷载

10.3.1 桥梁风致振动形态

桥梁结构的风致振动可大致分为两大类：一类表现为发散振动，如颤振和驰振；另一类表现为限幅振动,如涡激振动和抖振。通常所说的桥梁抖振分析主要是针对由大气紊流引起的抖振所进行的研究。由于抖振发生频度高,有可能引起桥梁构件的强度或疲劳破坏,影响车辆行驶的稳定性和舒适度,因此抖振分析已成为桥梁抗风设计中重要的课题。现代桥梁抖振分析方法都是从20世纪60年代Davenport(1962)、70年代末Scanlan(1978)和Lin(1979)搭建的基础理论框架上发展起来的,目前朝着越来越精细化的方向发展。在大部分的桥梁抖振分析中,假设来流平均风与桥梁主梁正交。然而,在某些情况下上述假设与实际不符,香港青马大桥上的健康监测系统观测发现,大部分台风袭击桥梁时其平均风向都与主梁不正交。朱乐东、徐幼麟、项海帆、刘高(2005)等在频域和时域内建立了斜风作用下大跨桥梁三维抖振响应分析方法,并得到了实测验证,该方法进一步丰富了现代桥梁抗风理论。

在抖振分析中,风荷载通常被分解为平均风速引起的平均风荷载、脉动风引起的抖振力和流固耦合引起的自激力三部分来计算。

10.3.2 坐标系统

如图10.3-1所示,假设 X-Y-Z 为进行有限元分析时所采用的整体结构坐标系,其中 X 轴为沿桥纵轴线方向,Y 轴在水平面内,Z 轴竖直向上。空间中某一点的风速可以看作是沿平均风速方向的平均风速和三个正交的脉动风速分量组成,即任意点 (X,Y,Z) 在时间 t 的瞬时风速 V 由三个部分组成:

$$V(X,Y,Z,t) = \sqrt{[\overline{U}(Z) + u(X,Y,Z,t)]^2 + v^2(X,Y,Z,t) + w^2(X,Y,Z,t)} \quad (10.3\text{-}1)$$

式中:$\overline{U}$——顺风向平均风速;

u——顺风向脉动风速分量;

v——X-Y 水平面内的脉动风速分量;

w——向上的脉动风速分量。

u、v 与 w 之间相互正交。

如图10.3-1所示,定义 X_u-Y_u-Z_u 为整体风轴坐标系,其中 X_u 是沿平均风速 U 方向,Y_u 位于 X-Y 平面内,Z_u 向上。X-Y-Z 和 X_u-Y_u-Z_u 遵循右手螺旋法则。整体风偏角 β_0 定义为垂直于桥纵轴的竖直平面和包含平均风矢量竖直平面之间的夹角。当平均风矢量在 OZX 平面的投影 X 分量为负时,整体风偏角为正值。定义整体风攻角 α_0 为平均风速和水平面之间的夹角,当平均风的竖向风速分量向上时为正值。

为定义结构的气动力系数,需要引进一个局部参考坐标系 q-p-h,q 轴沿单元纵轴,p 轴位于结构横截面,如图10.3-2所示。局部平均风偏角 $\overline{\beta}$ 定义为 ph 平面与投影在 qp 平面上的来流平均风分量 $\overline{U}_{qp}$ 间的夹角。当平均风分量 $\overline{U}_q$ 为负值时夹角 $\overline{\beta}$ 为正值。局部风攻角 $\overline{\theta}$ 定义为来流平均风方向和 q-p 平面间的夹角。当平均风分量 $\overline{U}_h$ 为正时,风攻角 $\overline{\theta}$ 为正值。图

10.3-2 也显示了瞬时风速 $V(t)$ 及其分量以及局部瞬时风偏角 $\tilde{\beta}$ 和局部瞬时风攻角 $\tilde{\theta}$。角度 $\tilde{\beta}$ 和 $\tilde{\theta}$ 的定义规则与局部平均风偏角 $\bar{\beta}$ 和局部平均风攻角 $\bar{\theta}$ 的定义规则相同。

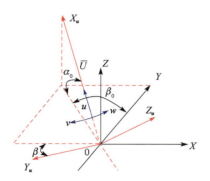

图 10.3-1 整体结构坐标系和整体风轴坐标系

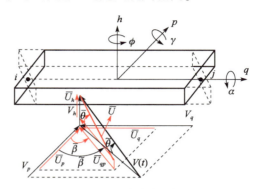

图 10.3-2 局部参考坐标系

通常情况下,可令单元局部坐标系 $x-y-z$ 绕 x 轴旋转角度 γ_0 后的坐标系为局部参考坐标系 $q-p-h$。据上述整体风偏角 β_0 和整体风攻角 α_0 的定义,可以得到整体风轴坐标系 X_u-Y_u-Z_u 到单元局部参考坐标系 $q-p-h$ 的转换矩阵 T_{LrGw} 为:

$$\begin{aligned}
\boldsymbol{T}_{LrGw} &= \boldsymbol{T}_{LrLs}\,\boldsymbol{T}_{LsGs}\,\boldsymbol{T}_{GsGw} \\
&= \begin{bmatrix} 1 & 0 & 0 \\ 0 & \cos\gamma_0 & \sin\gamma_0 \\ 0 & -\sin\gamma_0 & \cos\gamma_0 \end{bmatrix} \boldsymbol{T}_{LsGs} \begin{bmatrix} -\cos\alpha_0\sin\beta_0 & -\cos\beta_0 & \sin\alpha_0\sin\beta_0 \\ \cos\alpha_0\cos\beta_0 & -\sin\beta_0 & -\sin\alpha_0\cos\beta_0 \\ \sin\alpha_0 & 0 & \cos\alpha_0 \end{bmatrix} \\
&= \begin{bmatrix} t_{11} & t_{12} & t_{13} \\ t_{21} & t_{22} & t_{23} \\ t_{31} & t_{32} & t_{33} \end{bmatrix}
\end{aligned} \qquad (10.3\text{-}2)$$

式中:$\boldsymbol{T}_{LrLs}$ ——局部参考坐标系与单元局部坐标系之间的转换矩阵;

$\boldsymbol{T}_{LsGs}$ ——整体结构坐标系与单元局部坐标系之间的转换矩阵;

$\boldsymbol{T}_{GsGw}$ ——整体风轴坐标系与整体结构坐标系之间的转换矩阵。

为了便于描述结构在平均风与瞬时风作用下的气动力,还需引入局部平均风轴坐标系和局部瞬时风轴坐标系。如图 10.3-3 和图 10.3-4 所示,局部平均风轴坐标系 $\bar{q}-\bar{p}-\bar{h}$ 通过首先绕 h 轴旋转局部参考坐标系 $q-p-h$ 一个 $\bar{\beta}$ 角度,然后再绕 $\bar{q}$ 轴旋转一个 $\bar{\theta}$ 角得到。同样,局部瞬时风轴坐标系 $\tilde{q}-\tilde{p}-\tilde{h}$ 可以通过首先将 $q-p-h$ 坐标系绕 h 轴旋转一个 $\tilde{\beta}$ 角度,然后再绕 $\tilde{q}$ 轴旋转一个 $\tilde{\theta}$ 角得到。$\bar{q}$ 轴和 $\tilde{q}$ 轴位于 $q-p$ 平面内。$\bar{p}$ 轴正方向沿来流平均风方向,$\tilde{p}$ 轴正方向沿瞬时风方向。$\bar{q}-\bar{p}-\bar{h}$ 和 $\tilde{q}-\tilde{p}-\tilde{h}$ 坐标系都遵循右手螺旋法则。

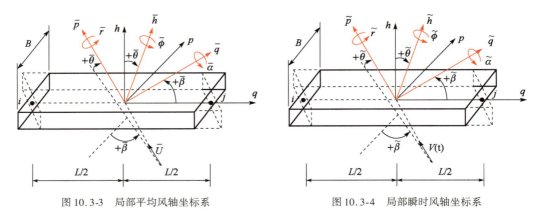

图 10.3-3　局部平均风轴坐标系　　　　图 10.3-4　局部瞬时风轴坐标系

局部参考坐标系下的局部平均风轴坐标系的坐标轴向量 $\bar{p}$、$\bar{q}$ 和 $\bar{h}$ 可表示为：

$$\bar{p} = T_{LrGw} \begin{Bmatrix} 1 \\ 0 \\ 0 \end{Bmatrix} = \begin{Bmatrix} t_{11} \\ t_{21} \\ t_{31} \end{Bmatrix} \tag{10.3-3}$$

$$\bar{q} = \bar{p} \times \begin{Bmatrix} 0 \\ 0 \\ t_{31} \end{Bmatrix} = \begin{Bmatrix} t_{11} \\ t_{21} \\ t_{31} \end{Bmatrix} \times \begin{Bmatrix} 0 \\ 0 \\ t_{31} \end{Bmatrix} = \begin{Bmatrix} t_{21} t_{31} \\ - t_{11} t_{31} \\ 0 \end{Bmatrix} \tag{10.3-4}$$

因此，根据定义可得：

$$\cos\bar{\theta} = \sqrt{t_{11}^2 + t_{21}^2} \tag{10.3-5}$$

$$\sin\bar{\theta} = t_{31} \tag{10.3-6}$$

$$\cos\bar{\beta} = \frac{t_{21}}{\sqrt{t_{11}^2 + t_{21}^2}} \tag{10.3-7}$$

$$\sin\bar{\beta} = \frac{-t_{11}}{\sqrt{t_{11}^2 + t_{21}^2}} \tag{10.3-8}$$

设 $\tilde{p}$、$\tilde{q}$ 和 $\tilde{h}$ 为局部瞬时风轴坐标系的坐标轴在局部参考坐标系下的向量，则有：

$$\tilde{p} = T_{LrGw} \begin{Bmatrix} \bar{U} + u \\ v \\ w \end{Bmatrix} = \begin{Bmatrix} t_{11}(\bar{U}+u) + t_{12}v + t_{13}w \\ t_{21}(\bar{U}+u) + t_{22}v + t_{23}w \\ t_{31}(\bar{U}+u) + t_{32}v + t_{33}w \end{Bmatrix} \tag{10.3-9}$$

$$\tilde{q} = \tilde{p} \times \begin{Bmatrix} 0 \\ 0 \\ t_{31}(\bar{U}+u) + t_{32}v + t_{33}w \end{Bmatrix}$$

$$\approx \overline{U} \left\{ \begin{array}{l} t_{21}t_{31}(\overline{U}+2u) + (t_{21}t_{32}+t_{22}t_{31})v + (t_{21}t_{33}+t_{23}t_{31})w \\ -t_{11}t_{31}(\overline{U}+2u) - (t_{11}t_{32}+t_{12}t_{31})v - (t_{11}t_{33}+t_{13}t_{31})w \\ 0 \end{array} \right\} \quad (10.3\text{-}10)$$

同理可得：

$$\sin\tilde{\theta} = \frac{t_{31}(\overline{U}+u) + t_{32}v + t_{33}w}{\sqrt{[t_{11}(\overline{U}+u)+t_{12}v+t_{13}w]^2 + [t_{21}(\overline{U}+u)+t_{22}v+t_{23}w]^2 + [t_{31}(\overline{U}+u)+t_{32}v+t_{33}w]^2}}$$

$$\approx t_{31} + t_{32}\frac{v}{\overline{U}} + t_{33}\frac{w}{\overline{U}} \quad (10.3\text{-}11)$$

$$\cos\tilde{\theta} = \frac{\sqrt{[t_{11}(\overline{U}+u)+t_{12}v+t_{13}w]^2 + [t_{21}(\overline{U}+u)+t_{22}v+t_{23}w]^2}}{\sqrt{[t_{11}(\overline{V}+u)+t_{12}v+t_{13}w]^2 + [t_{21}(\overline{V}+u)+t_{22}v+t_{23}w]^2 + [t_{31}(\overline{V}+u)+t_{32}v+t_{33}w]^2}}$$

$$\approx \sqrt{t_{11}^2+t_{21}^2} - \frac{t_{31}t_{32}}{\sqrt{t_{11}^2+t_{21}^2}}\frac{v}{\overline{U}} - \frac{t_{31}t_{33}}{\sqrt{t_{11}^2+t_{21}^2}}\frac{w}{\overline{U}} \quad (10.3\text{-}12)$$

$$\cos\tilde{\beta} = \frac{t_{21}t_{31}(\overline{U}+2u) + (t_{21}t_{32}+t_{22}t_{31})v + (t_{21}t_{33}+t_{23}t_{31})w}{\sqrt{\{[t_{21}t_{31}(\overline{U}+2u)+(t_{21}t_{31}+t_{22}t_{31})v+(t_{21}t_{31}+t_{23}t_{31})w]^2 + [-t_{11}t_{31}(\overline{U}+2u)-(t_{11}t_{32}+t_{12}t_{31})v-(t_{11}t_{33}+t_{13}t_{31})w]^2\}}}$$

$$\approx \frac{t_{21}}{\sqrt{t_{21}^2+t_{11}^2}} + \left(\frac{t_{22}}{\sqrt{t_{21}^2+t_{11}^2}} + \frac{t_{21}t_{31}t_{32}}{(t_{21}^2+t_{11}^2)^{\frac{3}{2}}}\right)\frac{v}{\overline{U}} + \left(\frac{t_{23}}{\sqrt{t_{21}^2+t_{11}^2}} + \frac{t_{21}t_{31}t_{33}}{(t_{21}^2+t_{11}^2)^{\frac{3}{2}}}\right)\frac{w}{\overline{U}} \quad (10.3\text{-}13)$$

$$\sin\tilde{\beta} = -\frac{t_{11}t_{31}(\overline{U}+2u) + (t_{11}t_{32}+t_{22}t_{31})v + (t_{11}t_{33}+t_{13}t_{31})w}{\sqrt{\{[t_{21}t_{31}(\overline{V}+2u)+(t_{21}t_{31}+t_{22}t_{31})v+(t_{21}t_{31}+t_{23}t_{31})w]^2 + [-t_{11}t_{31}(\overline{V}+2u)-(t_{11}t_{32}+t_{12}t_{31})v-(t_{11}t_{33}+t_{13}t_{31})w]^2\}}}$$

$$\approx -\frac{t_{11}}{\sqrt{t_{21}^2+t_{11}^2}} - \left(\frac{t_{12}}{\sqrt{t_{21}^2+t_{11}^2}} + \frac{t_{11}t_{31}t_{32}}{(t_{21}^2+t_{11}^2)^{\frac{3}{2}}}\right)\frac{v}{\overline{U}} - \left(\frac{t_{13}}{\sqrt{t_{21}^2+t_{11}^2}} + \frac{t_{11}t_{31}t_{33}}{(t_{21}^2+t_{11}^2)^{\frac{3}{2}}}\right)\frac{w}{\overline{U}} \quad (10.3\text{-}14)$$

考虑脉动风与平均风相比要小得多，因此局部瞬时风攻角 $\tilde{\theta}$ 与局部平均风攻角 $\overline{\theta}$ 的差角 $\Delta\theta$，以及局部瞬时风偏角 $\tilde{\beta}$ 与局部平均风偏角 $\overline{\beta}$ 的差角 $\Delta\beta$ 很小。由式(10.3-5)~式(10.3-8)和式(10.3-11)~式(10.3-14)，$\Delta\theta$ 和 $\Delta\beta$ 可表示为：

$$\Delta\theta \approx \sin(\tilde{\theta}-\overline{\theta}) = \sin\tilde{\theta}\cos\overline{\theta} - \cos\tilde{\theta}\sin\overline{\theta}$$

$$\approx \frac{t_{32}}{\sqrt{t_{11}^2+t_{21}^2}}\frac{v}{\overline{v}} + \frac{t_{33}}{\sqrt{t_{11}^2+t_{21}^2}}\frac{w}{\overline{v}} \quad (10.3\text{-}15)$$

$$\Delta\beta \approx \sin(\tilde{\beta}-\overline{\beta}) = \sin\tilde{\beta}\cos\overline{\beta} - \cos\tilde{\beta}\sin\overline{\beta}$$

$$\approx \frac{-t_{12}t_{21}+t_{22}t_{11}}{t_{21}^2+t_{11}^2}\frac{v}{\overline{v}} + \frac{-t_{13}t_{21}+t_{23}t_{11}}{t_{21}^2+t_{11}^2}\frac{w}{\overline{v}} \quad (10.3\text{-}16)$$

根据定义,单元局部参考坐标系 $q-p-h$ 与局部平均风轴坐标系 $\bar{q}-\bar{p}-\bar{h}$ 之间的转换矩阵 $T_{Lr\bar{Lw}}$,以及单元局部参考坐标系 $q-p-h$ 与瞬时风轴坐标系 $\tilde{q}-\tilde{p}-\tilde{h}$ 之间的转换矩阵 $T_{Lr\tilde{Lw}}$ 可以表示为:

$$T_{Lr\bar{Lw}} = \begin{bmatrix} \cos\bar{\beta} & -\cos\bar{\theta}\sin\bar{\beta} & \sin\bar{\theta}\sin\bar{\beta} \\ \sin\bar{\beta} & \cos\bar{\theta}\cos\bar{\beta} & -\sin\bar{\theta}\cos\bar{\beta} \\ 0 & \sin\bar{\theta} & \cos\bar{\theta} \end{bmatrix} \quad (10.3\text{-}17)$$

$$T_{Lr\tilde{Lw}} = \begin{bmatrix} \cos\tilde{\beta} & -\cos\tilde{\theta}\sin\tilde{\beta} & \sin\tilde{\theta}\sin\tilde{\beta} \\ \sin\tilde{\beta} & \cos\tilde{\theta}\cos\tilde{\beta} & -\sin\tilde{\theta}\cos\tilde{\beta} \\ 0 & \sin\tilde{\theta} & \cos\tilde{\theta} \end{bmatrix} \quad (10.3\text{-}18)$$

瞬时风轴坐标系 $\tilde{q}-\tilde{p}-\tilde{h}$ 与局部平均风轴坐标系 $\bar{q}-\bar{p}-\bar{h}$ 之间的转换矩阵 $T_{\bar{Lw}\tilde{Lw}}$ 可以表示为:

$$T_{\bar{Lw}\tilde{Lw}} = T_{\bar{Lw}Lr} T_{Lr\tilde{Lw}} = (T_{Lr\bar{Lw}})^{\mathrm{T}} T_{Lr\tilde{Lw}} \quad (10.3\text{-}19)$$

由式(10.3-5)~式(10.3-8)以及式(10.3-11)~式(10.3-14),忽略高阶小量后, $T_{\bar{Lw}\tilde{Lw}}$ 可以简化为:

$$T_{\bar{Lw}\tilde{Lw}} \approx I + T_v \frac{v}{U} + T_w \frac{w}{U} \quad (10.3\text{-}20)$$

其中:

$$I = \begin{bmatrix} 1 & 0 & 0 \\ 0 & 1 & 0 \\ 0 & 0 & 1 \end{bmatrix}; T_v = \begin{bmatrix} 0 & -s_1 & s_2 t_{31} \\ s_1 & 0 & -s_3 \\ -s_2 t_{31} & s_3 & 0 \end{bmatrix}; T_w = \begin{bmatrix} 0 & -s_4 & s_5 t_{31} \\ s_4 & 0 & -s_6 \\ -s_5 t_{31} & s_6 & 0 \end{bmatrix} \quad (10.3\text{-}21\mathrm{a})$$

$$s_1 = \frac{t_{22}t_{11} - t_{21}t_{12}}{\sqrt{t_{21}^2 + t_{11}^2}}; s_2 = \frac{t_{22}t_{11} - t_{21}t_{12}}{t_{21}^2 + t_{11}^2}; s_3 = \frac{t_{32}}{\sqrt{t_{11}^2 + t_{21}^2}} \quad (10.3\text{-}21\mathrm{b})$$

$$s_4 = \frac{t_{11}t_{23} - t_{21}t_{13}}{\sqrt{t_{21}^2 + t_{11}^2}}; s_5 = \frac{t_{11}t_{23} - t_{21}t_{13}}{t_{21}^2 + t_{11}^2}; s_6 = \frac{t_{33}}{\sqrt{t_{11}^2 + t_{21}^2}} \quad (10.3\text{-}21\mathrm{c})$$

10.3.3 平均风荷载和抖振力

根据准定常气动理论,由瞬时风引起的瞬时风轴坐标系中的瞬时气动侧风力($C_{\tilde{q}}^{\mathrm{AD}}$)、瞬时气动阻力($D_{\tilde{p}}^{\mathrm{AD}}$)、瞬时气动升力($L_{\tilde{h}}^{\mathrm{AD}}$)、瞬时气动扭转力矩($M_{\tilde{\alpha}}^{\mathrm{AD}}$)、瞬时气动滚动力矩($M_{\tilde{\gamma}}^{\mathrm{AD}}$)和瞬时气动偏转力矩($M_{\tilde{\phi}}^{\mathrm{AD}}$)可以表示为:

$$\tilde{F}^{\mathrm{AD}}(t) = [C_{\tilde{q}}^{\mathrm{AD}}(t), D_{\tilde{p}}^{\mathrm{AD}}(t), L_{\tilde{h}}^{\mathrm{AD}}(t), M_{\tilde{\alpha}}^{\mathrm{AD}}(t), M_{\tilde{\gamma}}^{\mathrm{AD}}(t), M_{\tilde{\phi}}^{\mathrm{AD}}(t)]$$

$$= \frac{1}{2}\rho V^2(t) \boldsymbol{B} \tilde{\boldsymbol{C}}(\tilde{\beta}, \tilde{\theta}) \quad (10.3\text{-}22)$$

其中：

$$\boldsymbol{B} = \mathrm{diag}(B, B, B, B^2, B^2, B^2) \quad (10.3\text{-}23)$$

式中：$\tilde{\boldsymbol{C}}(\tilde{\beta}, \tilde{\theta})$——气动力系数向量，是瞬时风攻角 $\tilde{\theta}$ 和风偏角 $\tilde{\beta}$ 的函数。

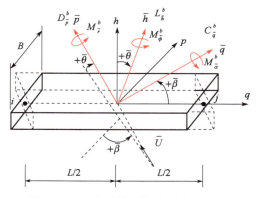

图 10.3-5　局部平均风轴坐标系中的气动力

将系数 $\tilde{\boldsymbol{C}}(\tilde{\beta}, \tilde{\theta})$ 在局部平均风攻角 $\bar{\theta}$ 和局部平均风偏角 $\bar{\beta}$ 附近进行泰勒展开(图 10.3-5)可得：

$$\tilde{\boldsymbol{C}}(\tilde{\beta}, \tilde{\theta}) = \overline{\boldsymbol{C}}(\bar{\beta}, \bar{\theta}) + \overline{\boldsymbol{C}}'_{\beta}(\bar{\beta}, \bar{\theta})\Delta\beta + \overline{\boldsymbol{C}}'_{\theta}(\bar{\beta}, \bar{\theta})\Delta\theta \quad (10.3\text{-}24)$$

$$\overline{\boldsymbol{C}}(\bar{\beta}, \bar{\theta}) = (C_{C_{\bar{q}}}, C_{D_{\bar{p}}}, C_{L_{\bar{h}}}, C_{M_{\bar{\alpha}}}, C_{M_{\bar{\gamma}}}, C_{M_{\bar{\phi}}})^{\mathrm{T}}_{(\bar{\beta}, \bar{\theta})} \quad (10.3\text{-}25)$$

$$\overline{\boldsymbol{C}}'^{\beta}(\bar{\beta}, \bar{\theta}) = \partial \overline{\boldsymbol{C}}(\bar{\beta}, \bar{\theta})/\partial\beta = (C^{\beta}_{C_{\bar{q}}}, C^{\beta}_{D_{\bar{p}}}, C^{\beta}_{L_{\bar{h}}}, C^{\beta}_{M_{\bar{\alpha}}}, C^{\beta}_{M_{\bar{\gamma}}}, C^{\beta}_{M_{\bar{\phi}}})^{\mathrm{T}}_{(\bar{\beta}, \bar{\theta})} \quad (10.3\text{-}26)$$

$$\overline{\boldsymbol{C}}'^{\theta}(\bar{\beta}, \bar{\theta}) = \partial \overline{\boldsymbol{C}}(\bar{\beta}, \bar{\theta})/\partial\theta = (C^{\theta}_{C_{\bar{q}}}, C^{\theta}_{D_{\bar{p}}}, C^{\theta}_{L_{\bar{h}}}, C^{\theta}_{M_{\bar{\alpha}}}, C^{\theta}_{M_{\bar{\gamma}}}, C^{\theta}_{M_{\bar{\phi}}})^{\mathrm{T}}_{(\bar{\beta}, \bar{\theta})} \quad (10.3\text{-}27)$$

式中：$C_{C_{\bar{q}}}$、$C_{D_{\bar{p}}}$、$C_{L_{\bar{h}}}$、$C_{M_{\bar{\alpha}}}$、$C_{M_{\bar{\gamma}}}$、$C_{M_{\bar{\phi}}}$——平均风轴坐标系中的气动侧风力、气动阻力、气动升力、气动扭转力矩、气动滚动力矩和气动偏转力矩的气动力系数；

$\overline{\boldsymbol{C}}(\bar{\beta}, \bar{\theta})$——局部平均风坐标系下的气动力系数向量，是关于 $\bar{\theta}$ 和 $\bar{\beta}$ 的函数；

$(\ )'^{\beta} = \partial(\ )/\partial\beta$、$(\ )'^{\theta} = \partial(\ )/\partial\theta$——对局部平均风偏角和局部平均风攻角的偏导。

因此，由脉动风引起的、沿(绕)局部平均风轴的抖振侧风力($C^{BU}_{\bar{q}}$)、抖振阻力($D^{BU}_{\bar{p}}$)、抖振升力($L^{BU}_{\bar{h}}$)、抖振扭转力矩($M^{BU}_{\bar{\alpha}}$)、抖振滚动力矩($M^{BU}_{\bar{\gamma}}$)和抖振偏转力矩($M^{BU}_{\bar{\phi}}$)可表示为：

$$\begin{aligned}\overline{\boldsymbol{F}}^{\mathrm{BU}}(t) &= [C^{BU}_{\bar{q}}(t), D^{BU}_{\bar{p}}(t), L^{BU}_{\bar{h}}(t), M^{BU}_{\bar{\alpha}}(t), M^{BU}_{\bar{\gamma}}(t), M^{BU}_{\bar{\phi}}(t)]^{\mathrm{T}}\\ &= \boldsymbol{P}_{\overline{Lw}\widetilde{Lw}} \tilde{\boldsymbol{F}}^{\mathrm{AD}}(t) - \overline{\boldsymbol{F}}^{\mathrm{ST}}(t)\\ &= \frac{1}{2}\rho V^2(t) \boldsymbol{P}_{\overline{Lw}\widetilde{Lw}} \boldsymbol{B}[\overline{\boldsymbol{C}}(\bar{\beta}, \bar{\theta}) + \overline{\boldsymbol{C}}'_{\beta}(\bar{\beta}, \bar{\theta})\Delta\beta + \overline{\boldsymbol{C}}'_{\theta}(\bar{\beta}, \bar{\theta})\Delta\theta] - \frac{1}{2}\rho \overline{U}^2 \boldsymbol{B}\overline{\boldsymbol{C}}(\bar{\beta}, \bar{\theta})\end{aligned}$$

$$(10.3\text{-}28)$$

式中：$\overline{\boldsymbol{F}}^{\mathrm{ST}}$——局部平均风轴坐标系下的平均风荷载，由于有效风攻角是随时间变化的，故理论上 $\overline{\boldsymbol{F}}^{\mathrm{ST}}$ 也是随时间变化的。

$\boldsymbol{P}_{\overline{Lw}\widetilde{Lw}}$ 从局部瞬时风轴坐标系到局部平均风轴坐标系的转换矩阵，即：

$$\boldsymbol{P}_{\overline{Lw}\widetilde{Lw}} = \begin{bmatrix} \boldsymbol{T}_{\overline{Lw}\widetilde{Lw}} & 0 \\ 0 & \boldsymbol{T}_{\overline{Lw}\widetilde{Lw}} \end{bmatrix} \quad (10.3\text{-}29)$$

如果忽略式(10.3-28)中关于脉动风速 $u(t)$、$v(t)$ 和 $w(t)$ 之间的交叉项,并考虑气动导纳的影响,式(10.3-28)可简化为:

$$\bar{\boldsymbol{F}}^{\mathrm{BU}}(t) = [\bar{f}_{C_{\bar{q}}}^{\mathrm{BU}}(t), \bar{f}_{D_{\bar{p}}}^{\mathrm{BU}}(t), \bar{f}_{L_{\bar{h}}}^{\mathrm{BU}}(t), \bar{f}_{M_{\bar{\alpha}}}^{\mathrm{BU}}(t), \bar{f}_{M_{\bar{\gamma}}}^{\mathrm{BU}}(t), \bar{f}_{M_{\bar{\phi}}}^{\mathrm{BU}}(t)]^{\mathrm{T}} \quad (10.3\text{-}30)$$

其中:

$$\bar{f}_{C_{\bar{q}}}^{\mathrm{BU}}(t) = \frac{1}{2}\rho \bar{U} B [2C_{C_{\bar{q}}} \chi_{C_{\bar{q}}u} u(t) + (-s_1 C_{D_{\bar{p}}} + s_2 t_{31} C_{L_{\bar{h}}} + s_2 C'^{\beta}_{C_{\bar{q}}} + s_3 C'^{\theta}_{C_{\bar{q}}}) \chi_{C_{\bar{q}}v} v(t) +$$
$$(-s_4 C_{D_{\bar{p}}} + s_5 t_{31} C_{L_{\bar{h}}} + s_5 C'^{\beta}_{C_{\bar{q}}} + s_6 C'^{\theta}_{C_{\bar{q}}}) \chi_{C_{\bar{q}}w} w(t)]_{(\bar{\beta},\bar{\theta})} \quad (10.3\text{-}31)$$

$$\bar{f}_{D_{\bar{p}}}^{\mathrm{BU}}(t) = \frac{1}{2}\rho \bar{U} B [2C_{D_{\bar{p}}} \chi_{D_{\bar{p}}u} u(t) + (s_1 C_{C_{\bar{q}}} - s_3 C_{L_{\bar{h}}} + s_2 C'^{\beta}_{D_{\bar{p}}} + s_3 C'^{\theta}_{D_{\bar{p}}}) \chi_{D_{\bar{p}}v} v(t) +$$
$$(s_4 C_{C_{\bar{q}}} - s_6 C_{L_{\bar{h}}} + s_5 C'^{\beta}_{D_{\bar{p}}} + s_6 C'^{\theta}_{D_{\bar{p}}}) \chi_{D_{\bar{p}}w} w(t)]_{(\bar{\beta},\bar{\theta})} \quad (10.3\text{-}32)$$

$$\bar{f}_{L_{\bar{h}}}^{\mathrm{BU}}(t) = \frac{1}{2}\rho \bar{U} B [2C_{L_{\bar{h}}} \chi_{L_{\bar{h}}u} u(t) + (-s_2 t_{31} C_{C_{\bar{q}}} + s_3 C_{D_{\bar{p}}} + s_2 C'^{\beta}_{L_{\bar{h}}} + s_3 C'^{\theta}_{L_{\bar{h}}}) \chi_{L_{\bar{h}}v} v(t) +$$
$$(-s_5 t_{31} C_{C_{\bar{q}}} + s_6 C_{D_{\bar{p}}} + s_5 C'^{\beta}_{L_{\bar{h}}} + s_6 C'^{\theta}_{L_{\bar{h}}}) \chi_{L_{\bar{h}}w} w(t)]_{(\bar{\beta},\bar{\theta})} \quad (10.3\text{-}33)$$

$$\bar{f}_{M_{\bar{\alpha}}}^{\mathrm{BU}}(t) = \frac{1}{2}\rho \bar{U} B^2 [2C_{M_{\bar{\alpha}}} \chi_{M_{\bar{\alpha}}u} u(t) +$$
$$(-s_1 C_{M_{\bar{\gamma}}} + s_2 t_{31} C_{M_{\bar{\phi}}} + s_2 C'^{\beta}_{M_{\bar{\alpha}}} + s_3 C'^{\theta}_{M_{\bar{\alpha}}}) \chi_{M_{\bar{\alpha}}v} v(t) +$$
$$(-s_4 C_{M_{\bar{\gamma}}} + s_5 t_{31} C_{M_{\bar{\phi}}} + s_5 C'^{\beta}_{M_{\bar{\alpha}}} + s_6 C'^{\theta}_{M_{\bar{\alpha}}}) \chi_{M_{\bar{\alpha}}w} w(t)]_{(\bar{\beta},\bar{\theta})} \quad (10.3\text{-}34)$$

$$\bar{f}_{M_{\bar{\gamma}}}^{\mathrm{BU}}(t) = \frac{1}{2}\rho \bar{U} B^2 [2C_{M_{\bar{\gamma}}} \chi_{M_{\bar{\gamma}}u} u(t) +$$
$$(s_1 C_{M_{\bar{\alpha}}} - s_3 C_{M_{\bar{\phi}}} + s_2 C'^{\beta}_{M_{\bar{\gamma}}} + s_3 C'^{\theta}_{M_{\bar{\gamma}}}) \chi_{M_{\bar{\gamma}}v} v(t) +$$
$$(s_4 C_{M_{\bar{\alpha}}} - s_6 C_{M_{\bar{\phi}}} + s_5 C'^{\beta}_{M_{\bar{\gamma}}} - s_6 C'^{\theta}_{M_{\bar{\gamma}}}) \chi_{M_{\bar{\gamma}}w} w(t)]_{(\bar{\beta},\bar{\theta})} \quad (10.3\text{-}35)$$

$$\bar{f}_{M_{\bar{\phi}}}^{\mathrm{BU}}(t) = \frac{1}{2}\rho \bar{U} B^2 [2C_{M_{\bar{\phi}}} \chi_{M_{\bar{\phi}}u} u(t) +$$
$$(-s_2 t_{31} C_{M_{\bar{\alpha}}} + s_3 C_{M_{\bar{\gamma}}} + s_2 C'^{\beta}_{M_{\bar{\phi}}} + s_3 C'^{\theta}_{M_{\bar{\phi}}}) \chi_{M_{\bar{\phi}}v} v(t) +$$
$$(-s_5 t_{31} C_{M_{\bar{\alpha}}} + s_6 C_{M_{\bar{\gamma}}} + s_5 C^{\beta}_{M_{\bar{\phi}}} + s_6 C'^{\theta}_{M_{\bar{\phi}}}) \chi_{M_{\bar{\phi}}w} w(t)]_{(\bar{\beta},\bar{\theta})} \quad (10.3\text{-}36)$$

式中:χ_{fa}——气动导纳,$\chi_{fa} = \chi(\bar{\beta},\bar{\theta},K)$(下角 $f = C_{\bar{q}}, D_{\bar{p}}, L_{\bar{h}}, M_{\bar{\alpha}}, M_{\bar{\gamma}}, M_{\bar{\phi}}; a = u, v, w$)是折算频率 $K = 2\pi n B/\bar{U}$ 的函数(n 为频率)。气动导纳刻画气动力的非定常性和空间位置的补偿作用。

由于桥梁断面的钝体性质,目前还没有专门针对桥梁主梁截面的气动导纳表达式,桥梁抖振分析中一般采用简化的气动导纳表达式,对于扁平状的桥梁断面,Davenport 认为采用 Sears 函数可能更为合理,Liepmann(1952)给出 Sears 函数的一个简化表达式:

$$\chi_{fa}(\omega) = \frac{1}{1 + \pi \omega B/\bar{U}} \quad (10.3\text{-}37)$$

由于气动导纳是频率的函数,无法在时域分析中直接应用,通常采用等效风谱法模拟的等效风速考虑气动导纳的影响。以气动阻力 $\bar{f}^b_{C_q}(t)$ 为例,与其相关的三个方向的等效脉动风速序列表示为:

$$A_{C_q^-}(t) = [u_1(t), v_1(t), w_1(t), \cdots, u_n(t), v_n(t), w_n(t)]^T \quad (10.3\text{-}38)$$

式中:n——模拟的脉动风速点个数。

随机过程 $A_{C_q^-}$ 的谱密度矩阵可以表示为:

$$S_{C_q^-}(\omega) = \begin{bmatrix} S_{C_q^-11}(\omega) & \cdots & S_{C_q^-1n}(\omega) \\ \cdots & \ddots & \cdots \\ S_{C_q^-n1}(\omega) & \cdots & S_{C_q^-nn}(\omega) \end{bmatrix} \quad (10.3\text{-}39)$$

$$S_{C_q^-jk}(\omega) = \begin{bmatrix} S_{C_q^- u_j u_k}(\omega) & S_{C_q^- u_j v_k}(\omega) & S_{C_q^- u_j w_k}(\omega) \\ S_{C_q^- v_j u_k}(\omega) & S_{C_q^- v_j v_k}(\omega) & S_{C_q^- v_j w_k}(\omega) \\ S_{C_q^- w_j u_k}(\omega) & S_{C_q^- w_j v_k}(\omega) & S_{C_q^- w_j w_k}(\omega) \end{bmatrix} \quad (j = 1, \cdots, n,; k = 1, \cdots, n)$$

$$(10.3\text{-}40)$$

$$S_{C_q^- a_j b_k}(\omega) = |\chi_{C_q^- ab}(\omega)|^2 \sqrt{S_{a_j b_j}(\omega) S_{a_k b_k}(\omega)} R_{a_j b_k}(\omega) \quad (a = u, v, w; b = u, v, w)$$

$$(10.3\text{-}41)$$

$$R_{a_j b_k}(\omega) = [1 - f_{a_j b_k}(\omega)] \exp\{-f_{a_j b_k}(\omega) + i\varphi_{a_j b_k}(\omega)\} \quad (10.3\text{-}42)$$

$$f_{a_j b_k}(\omega) = [f_{a_j a_k}(\omega) + f_{b_j b_k}(\omega)]/2 \quad (10.3\text{-}43)$$

$$f_{a_j a_k}(\omega) = \frac{2n_{xa}\sqrt{[C_X^a(X_j - X_k)]^2 + [C_Y^a(Y_j - Y_k)]^2 + [C_Z^a(Z_j - Z_k)]^2}}{\bar{U}_j + \bar{U}_k} \quad (10.3\text{-}44)$$

$$n_{xa} = \sqrt{n^2 + \frac{1}{70.78}\left(\frac{\bar{V}}{L_a^{xu}}\right)} \quad (10.3\text{-}45)$$

$$\varphi_{a_j b_k}(\omega) = [\varphi_{a_j a_k}(\omega) + \varphi_{b_j b_k}(\omega)]/2 \quad (10.3\text{-}46)$$

式中:$S_{a_j b_j}(\omega)$——点 j 处脉动风速分量 a 和 b 之间的交叉谱;

$R_{a_j b_k}(\omega)$——点 j 处脉动风速分量 a 和点 k 处脉动风速分量 b 之间相关函数;

$\varphi_{a_j b_k}(\omega)$——点 j 处脉动风速分量 a 和点 k 处脉动风速分量 b 之间的相位谱;

X_j、Y_j、Z_j——点 j 在整体坐标系中的坐标值;

$\bar{U}_j$——点 j 处的平均风速;

C_X^a、C_Y^a、C_Z^a——相关函数衰减系数;

n_{xa}——修正频率;

L_a^{xu}——顺风向紊流特征长度。

在已知风谱模型、相关函数和气动导纳的情况下，可采用 Shinozuka 和 Deodatis (1972, 1996) 提出的一维多变量随机风场模拟的谱分解和谐波合成方法模拟得到。

由于作用在单元上的风荷载沿单元长度是变化的，需将局部平均风轴坐标系下的平均风荷载和抖振荷载转换到局部坐标系下，并沿单元长度对形函数积分得到等效节点荷载，再转换得到整体坐标系下桥梁平均风荷载向量和抖振风荷载向量，具体表达见式（10.3-47）和式（10.3-48）。由于桥梁在振动过程中，风对结构的有效攻角也不断发生变化，导致作用在结构上的风荷载与结构运动状态相关，因此平均风荷载和抖振力本质上也是非线性的。

$$F_{AE}^{ST}(X,t) = \sum_{i=1}^{N_{1AE}} L_i^T R_i^T \int_0^{l_i} N_i^T Q_{LsL\bar{w},i} \overline{F}_i^{ST}(t) d\xi \quad (10.3\text{-}47)$$

$$F_{AE}^{BU}(X,t) = \sum_{i=1}^{N_{1AE}} L_i^T R_i^T \int_0^{l_i} N_i^T Q_{LsL\bar{w},i} \overline{F}_i^{BU}(t) d\xi \quad (10.3\text{-}48)$$

式中：L_i——单元位置指示矩阵，为 $12 \times n$ 阶矩阵，n 为结构自由度个数；

R_i——整体坐标系到单元局部坐标系的转换矩阵，为 12×12 阶矩阵；

N_i——单元形函数矩阵，为 6×12 阶矩阵；

$Q_{LsL\bar{w},i}$——局部风轴坐标系到单元局部坐标系的转换矩阵，为 6×6 阶矩阵；

i——风作用单元序号；

N_{1AE}——受风荷载作用的单元总数；

l——单元长度。

N_i 和 $Q_{LsL\bar{w},i}$ 的表示式为：

$$N_i = \begin{bmatrix} N_6 & 0 & 0 & 0 & 0 & 0 & N_5 & 0 & 0 & 0 & 0 \\ 0 & N_1 & 0 & 0 & 0 & -N_2 & 0 & N_3 & 0 & 0 & N_4 \\ 0 & 0 & N_1 & 0 & N_2 & 0 & 0 & 0 & N_3 & -N_4 & 0 \\ 0 & 0 & 0 & N_6 & 0 & 0 & 0 & 0 & 0 & N_5 & 0 & 0 \\ 0 & 0 & -N_7 & 0 & N_8 & 0 & 0 & 0 & N_7 & 0 & N_9 & 0 \\ 0 & N_7 & 0 & 0 & 0 & N_8 & 0 & -N_7 & 0 & 0 & 0 & N_9 \end{bmatrix} \quad (10.3\text{-}49)$$

$$Q_{LsL\bar{w},i} = \begin{bmatrix} T_{LsL\bar{w},i} & 0 \\ 0 & T_{LsL\bar{w},i} \end{bmatrix} \quad (10.3\text{-}50)$$

$$T_{LsL\bar{w},i} = (T_{LrLs,i})^T T_{LrL\bar{w},i} \quad (10.3\text{-}51)$$

其中：

$$N_1 = 1 - 3\frac{\xi^2}{l^2} + 2\frac{\xi^3}{l^3}; N_2 = -\left(\xi - 2\frac{\xi^2}{l} + \frac{\xi^3}{l^2}\right); N_3 = 3\frac{\xi^2}{l^2} - 2\frac{\xi^3}{l^3} \quad (10.3\text{-}52a)$$

$$N_4 = -\frac{\xi^2}{l} + \frac{\xi^3}{l^2}; N_5 = \frac{\xi}{l}; N_6 = 1 - \frac{\xi}{l} \quad (10.3\text{-}52b)$$

$$N_7 = -6\frac{\xi}{l^2} + 6\frac{\xi^2}{l^3}; N_8 = 1 - 4\frac{\xi}{l} + 3\frac{\xi^2}{l^2}; N_9 = -2\frac{\xi}{l} + 3\frac{\xi^2}{l^2} \quad (10.3\text{-}52\text{c})$$

10.3.4 自激力

Scanlan(1978)最早提出 6 个颤振导数表达的钝体自激力公式。近几年来，人们逐渐注意到桥梁断面侧向位移对其气动性能的影响。为此，Sarkar 和 Jones(1994)将 Scanlan 气动力模型予以推广，提出了用 18 个颤振导数表示的气动力公式[20]：

$$L_h^{\text{SE}}(t) = \rho \overline{U}^2 B \Big[KH_1^*(v)\frac{\dot{\delta}_h}{U} + KH_2^*(v)\frac{B\dot{\delta}_\alpha}{U} + K^2 H_3^*(v)\delta_\alpha +$$

$$K^2 H_4^*(v)\frac{\delta_h}{B} + KH_5^*(v)\frac{\dot{\delta}_p}{U} + K^2 H_6^*(v)\frac{\delta_p}{B} \Big] \quad (10.3\text{-}53\text{a})$$

$$D_p^{\text{SE}}(t) = \rho \overline{U}^2 B \Big[KP_1^*(v)\frac{\dot{\delta}_p}{U} + KP_2^*(v)\frac{B\dot{\delta}_\alpha}{U} + K^2 P_3^*(v)\delta_\alpha +$$

$$K^2 P_4^*(v)\frac{\delta_p}{B} + KP_5^*(v)\frac{\dot{\delta}_h}{U} + K^2 P_6^*(v)\frac{\delta_h}{B} \Big] \quad (10.3\text{-}53\text{b})$$

$$M_\alpha^{\text{SE}}(t) = \rho \overline{U}^2 B^2 \Big[KA_1^*(v)\frac{\dot{\delta}_h}{U} + KA_2^*(v)\frac{B\dot{\delta}_\alpha}{U} + K^2 A_3^*(v)\delta_\alpha +$$

$$K^2 A_4^*(v)\frac{\delta_h}{B} + KA_5^*(v)\frac{\dot{\delta}_p}{U} + K^2 A_6^*(v)\frac{\delta_p}{B} \Big] \quad (10.3\text{-}53\text{c})$$

式中： $L_h^{\text{SE}}(t)$、$D_p^{\text{SE}}(t)$——参考坐标系 q-p-h 下沿 h 轴和 p 轴的自激力；

$M_\alpha^{\text{SE}}(t)$——绕 q 轴的自激力力矩；

δ_h、δ_p——沿 h 轴和 p 轴的位移；

δ_α——绕 q 轴的转角；

v——折减风速，$v = 2\pi \overline{U}/(B\omega)$；

$H_i^*(v)$、$P_i^*(v)$、$A_i^*(v)$——颤振导数（$i = 1, \cdots, 6$），它们是折减风速 v、风偏角 $\overline{\beta}$ 和风攻角 $\overline{\theta}$ 的函数。

式(10.3-53)中颤振导数是模型在均匀流中作简谐振动时测定，并以频率的函数形式表现出来的，因而上式只能计算均匀流的情况，且只能在频域内求解。Lin(1979)从脉冲响应函数的概念出发，提出用脉冲响应函数来表示竖弯、侧弯和扭转三个方向的自激力表达式：

$$L_h^{\text{SE}}(t) = f_{L_h}^{\text{SE}}(t) + f_{L_p}^{\text{SE}}(t) + f_{L_\alpha}^{\text{SE}}(t)$$

$$= \int_{-\infty}^{t} h_{L_h}^{\text{SE}}(t-\tau)\delta_h(\tau)\mathrm{d}\tau + \int_{-\infty}^{t} h_{L_p}^{\text{SE}}(t-\tau)\delta_p(\tau)\mathrm{d}\tau + \int_{-\infty}^{t} h_{L_\alpha}^{\text{SE}}(t-\tau)\delta_\alpha(\tau)\mathrm{d}\tau$$

$$(10.3\text{-}54\text{a})$$

$$\begin{aligned}D_p^{SE}(t) &= f_{D_h}^{SE}(t) + f_{D_p}^{SE}(t) + f_{D_\alpha}^{SE}(t) \\ &= \int_{-\infty}^{t} h_{D_h}^{SE}(t-\tau)\delta_h(\tau)\mathrm{d}\tau + \int_{-\infty}^{t} h_{D_p}^{SE}(t-\tau)\delta_p(\tau)\mathrm{d}\tau + \int_{-\infty}^{t} h_{D_\alpha}^{SE}(t-\tau)\delta_\alpha(\tau)\mathrm{d}\tau\end{aligned}$$

(10.3-54b)

$$\begin{aligned}M_\alpha^{SE}(t) &= f_{M_h}^{SE}(t) + f_{M_p}^{SE}(t) + f_{M_\alpha}^{SE}(t) \\ &= \int_{-\infty}^{t} h_{M_h}^{SE}(t-\tau)\delta_h(\tau)\mathrm{d}\tau + \int_{-\infty}^{t} h_{M_p}^{SE}(t-\tau)\delta_p(\tau)\mathrm{d}\tau + \int_{-\infty}^{t} h_{M_\alpha}^{SE}(t-\tau)\delta_\alpha(\tau)\mathrm{d}\tau\end{aligned}$$

(10.3-54c)

式中：$h_{L_r}^{SE}(t)$、$h_{D_r}^{SE}(t)$、$h_{M_r}^{SE}(t)$（$r = h,p,\alpha$）——自激力脉冲响应函数；

$\delta_h(t)$、$\delta_p(t)$——沿 h 轴和 p 轴的位移，$\delta_\alpha(\tau)$ 为绕 q 轴的转角。

由于式（10.3-53）和式（10.3-54）在简谐振动时是等价的，根据这一等价关系可以建立脉冲响应函数和颤振导数之间的关系表达式：

$$H_{L_h}^{SE}(\omega) = \rho B^2 \omega^2 [H_4^*(v) + iH_1^*(v)] \quad (10.3\text{-}55\text{a})$$

$$H_{L_p}^{SE}(\omega) = \rho B^2 \omega^2 [H_6^*(v) + iH_5^*(v)] \quad (10.3\text{-}55\text{b})$$

$$H_{L_\alpha}^{SE}(\omega) = \rho B^3 \omega^2 [H_3^*(v) + iH_2^*(v)] \quad (10.3\text{-}55\text{c})$$

$$H_{D_h}^{SE}(\omega) = \rho B^2 \omega^2 [P_6^*(v) + iP_5^*(v)] \quad (10.3\text{-}55\text{d})$$

$$H_{D_p}^{SE}(\omega) = \rho B^2 \omega^2 [P_4^*(v) + iP_1^*(v)] \quad (10.3\text{-}55\text{e})$$

$$H_{D_\alpha}^{SE}(\omega) = \rho B^3 \omega^2 [P_3^*(v) + iP_2^*(v)] \quad (10.3\text{-}55\text{f})$$

$$H_{M_h}^{SE}(\omega) = \rho B^3 \omega^2 [A_4^*(v) + iA_1^*(v)] \quad (10.3\text{-}55\text{g})$$

$$H_{M_p}^{SE}(\omega) = \rho B^3 \omega^2 [A_6^*(v) + iA_5^*(v)] \quad (10.3\text{-}55\text{h})$$

$$H_{M_\alpha}^{SE}(\omega) = \rho B^4 \omega^2 [A_3^*(v) + iA_2^*(v)] \quad (10.3\text{-}55\text{i})$$

式中：$H_{s_r}^{SE}(\omega)$ —— $h_{s_r}^{SE}(t)$ 的频域表达式（$s = L,D,M$）。

Lin 采用 Roger 形式的有理函数对脉冲响应函数频域表达式进行近似。以 $h_{M_\alpha}^{SE}$ 为例，$H_{M_\alpha}^{SE}$ 可表示为：

$$H_{M_\alpha}^{SE}(\omega) = \rho \overline{U}^2 B^2 \left[C_{M_\alpha,1} + iC_{M_\alpha,2}\frac{2\pi}{v} + \sum_{k=3}^{m_{M_\alpha}} C_{M_\alpha,k} \frac{4\pi^2 + i2\pi d_{M_\alpha,k}v}{v^2 d_{M_\alpha,k}^2 + 4\pi^2} \right] \quad (10.3\text{-}56)$$

式中：$C_{M_\alpha,k}(k = 1,2,3,4)$、$d_{M_\alpha,k}(k = 3,4)$——无量纲的待定系数；

m_{M_α}——用来模拟非线性气动力的线性滤波器数目。

根据式（10.3-55i）和式（10.3-56）的关系，可得：

$$\begin{cases} \dfrac{v^2}{4\pi^2}C_{M_\alpha,1} + \sum_{k=3}^{m_{M_\alpha}} \dfrac{C_{M_\alpha,k}v^2}{v^2 d_{M_\alpha,k}^2 + 4\pi^2} = A_3^*(v) \\ \dfrac{v}{2\pi}C_{M_\alpha,2} + \sum_{k=3}^{m_{M_\alpha}} \dfrac{C_{M_\alpha,k}d_{M_\alpha,k}v^3}{2\pi v^2 d_{M_\alpha,k}^2 + 8\pi^3} = A_2^*(v) \end{cases} \quad (10.3\text{-}57)$$

在模型试验中测定颤振导数后,求解式(10.3-57)即可获得系数 $C_{M_\alpha,k}$ 和 $d_{M_\alpha,k}$。

对式(10.3-56)进行傅里叶变换得到其时域表达式:

$$h_{M_\alpha}^{\mathrm{SE}}(t) = \rho \overline{U}^2 B^2 \left[C_{M_\alpha,1}\delta(t) + C_{M_\alpha,2}\frac{B}{\overline{U}}\dot{\delta}(t) + \delta(t)\sum_{k=3}^{m_{M_\alpha}} C_{M_\alpha,k} - \sum_{k=3}^{m_{M_\alpha}} C_{M_\alpha,k} d_{M_\alpha,k} B \frac{\overline{v}}{\overline{U}}\exp\left(-\frac{d_{M_\alpha,k}\overline{U}}{B}t\right) \right]$$

(10.3-58)

式中:$\delta(t)$ ——狄利克雷函数。

上式与扭转角位移 δ_α 卷积后得到:

$$f_{M_\alpha}^{\mathrm{SE}}(t) = \rho \overline{U}^2 B^2 \left[C_{M_\alpha,1}\delta_\alpha(t) + C_{M_\alpha,2}\frac{B}{\overline{U}}\dot{\delta}_\alpha(t) + \sum_{k=3}^{m_{M_\alpha}} C_{M_\alpha,k}\int_{-\infty}^{t} e^{-\frac{d_{M_\alpha,k}\overline{U}}{B}(t-\tau)}\dot{\delta}_\alpha(\tau)\mathrm{d}\tau \right]$$

(10.3-59)

类似于对 $f_{M_\alpha}^{\mathrm{SE}}(t)$ 的推导,可以得到 $f_{L_h}^{\mathrm{SE}}(t)$、$f_{L_p}^{\mathrm{SE}}(t)$、$f_{L_\alpha}^{\mathrm{SE}}(t)$、$f_{D_h}^{\mathrm{SE}}(t)$、$f_{D_p}^{\mathrm{SE}}(t)$、$f_{D_\alpha}^{\mathrm{SE}}(t)$、$f_{M_h}^{\mathrm{SE}}(t)$、$f_{M_p}^{\mathrm{SE}}(t)$ 的表达式。为了统一它们的表达式,定义函数:

$$F(\boldsymbol{C}_{s_r},\delta_r,\dot{\delta}_r,t) = \rho \overline{U}^2 \left[C_{s_r,1}\delta_r(t) + C_{s_r,2}\frac{B}{\overline{U}}\dot{\delta}_r(t) + \sum_{k=3}^{m_{s_r}} C_{s_r,k}\int_{-\infty}^{t} e^{-\frac{d_{s_r,k}\overline{U}}{B}(t-\tau)}\dot{\delta}_r(\tau)\mathrm{d}\tau \right]$$

(10.3-60)

式中:$\boldsymbol{C}_{s_r}$ ——分力 $f_{s_r}^{\mathrm{se}}$ 表达式中的待定系数,$\boldsymbol{C}_{s_r} = \{C_{s_r,1}, C_{s_r,2}, C_{s_r,3}, d_{s_r,3}, C_{s_r,4}, d_{s_r,4}, \cdots, C_{s_r,m_{s_r}}, d_{s_r,m_{s_r}}\}$。

各待定系数确定后,局部参考坐标下单位长度自激力用向量可表示为:

$$\boldsymbol{f}^{\mathrm{SE}}(t) = [0 \quad D_p^{\mathrm{SE}}(t) \quad L_h^{\mathrm{SE}}(t) \quad M_\alpha^{\mathrm{SE}}(t) \quad 0 \quad 0]^{\mathrm{T}} \quad (10.3\text{-}61)$$

其中:

$$L_h^{\mathrm{SE}}(t) = F(\boldsymbol{C}_{L_h},\delta_h,\dot{\delta}_h,t) + F(\boldsymbol{C}_{L_p},\delta_p,\dot{\delta}_p,t) + BF(\boldsymbol{C}_{L_\alpha},\delta_\alpha,\dot{\delta}_\alpha,t) \quad (10.3\text{-}62\mathrm{a})$$

$$D_p^{\mathrm{SE}}(t) = F(\boldsymbol{C}_{D_h},\delta_h,\dot{\delta}_h,t) + F(\boldsymbol{C}_{D_p},\delta_p,\dot{\delta}_p,t) + BF(\boldsymbol{C}_{D_\alpha},\delta_\alpha,\dot{\delta}_\alpha,t) \quad (10.3\text{-}62\mathrm{b})$$

$$M_\alpha^{\mathrm{SE}}(t) = BF(\boldsymbol{C}_{M_h},\delta_h,\dot{\delta}_h,t) + BF(\boldsymbol{C}_{M_p},\delta_p,\dot{\delta}_p,t) + B^2 F(\boldsymbol{C}_{M_\alpha},\delta_\alpha,\dot{\delta}_\alpha,t) \quad (10.3\text{-}62\mathrm{c})$$

式(10.3-61)还可以表示为如下形式:

$$\boldsymbol{f}^{\mathrm{SE}}(t) = \boldsymbol{k}^{\mathrm{SE}}\boldsymbol{\delta}^{\mathrm{SE}} + \boldsymbol{c}^{\mathrm{SE}}\dot{\boldsymbol{\delta}}^{\mathrm{SE}} + \boldsymbol{f}_{\mathrm{RE}}^{\mathrm{SE}}(t) \quad (10.3\text{-}63)$$

其中:

$$\boldsymbol{\delta}^{\mathrm{SE}}(t) = [0 \quad \delta_p(t) \quad \delta_h(t) \quad \delta_\alpha(t) \quad 0 \quad 0]^{\mathrm{T}} \quad (10.3\text{-}64)$$

$$\boldsymbol{k}^{\mathrm{SE}} = \rho \overline{U}^2 \begin{bmatrix} 0 & 0 & 0 & 0 & 0 & 0 \\ 0 & C_{D_p,1} & C_{D_h,1} & BC_{D_\alpha,1} & 0 & 0 \\ 0 & C_{L_p,1} & C_{L_h,1} & BC_{L_\alpha,1} & 0 & 0 \\ 0 & BC_{M_p,1} & BC_{M_h,1} & B^2 C_{M_\alpha,1} & 0 & 0 \\ 0 & 0 & 0 & 0 & 0 & 0 \\ 0 & 0 & 0 & 0 & 0 & 0 \end{bmatrix} \quad (10.3\text{-}65)$$

$$\boldsymbol{c}^{\mathrm{SE}} = \rho \overline{U} B \begin{bmatrix} 0 & 0 & 0 & 0 & 0 & 0 \\ 0 & C_{D_p,2} & C_{D_h,2} & BC_{D_\alpha,2} & 0 & 0 \\ 0 & C_{L_p,2} & C_{L_h,2} & BC_{L_\alpha,2} & 0 & 0 \\ 0 & BC_{M_p,2} & BC_{M_h,2} & B^2 C_{M_\alpha,2} & 0 & 0 \\ 0 & 0 & 0 & 0 & 0 & 0 \\ 0 & 0 & 0 & 0 & 0 & 0 \end{bmatrix} \quad (10.3\text{-}66)$$

$$\boldsymbol{f}_{\mathrm{RE}}^{\mathrm{SE}}(t) = \rho \overline{U}^2 \left\{ \begin{array}{c} 0 \\ \sum_{k=3}^{m_{D_p}} C_{D_p,k} I_{D_p,k}(t) + \sum_{k=3}^{m_{D_h}} C_{D_h,k} I_{D_h,k}(t) + B\sum_{k=3}^{m_{D_\alpha}} C_{D_\alpha,k} I_{D_\alpha,k}(t) \\ \sum_{k=3}^{m_{L_p}} C_{L_p,k} I_{L_p,k}(t) + \sum_{k=3}^{m_{L_h}} C_{L_h,k} I_{L_h,k}(t) + B\sum_{k=3}^{m_{L_\alpha}} C_{L_\alpha,k} I_{L_\alpha,k}(t) \\ B\sum_{k=3}^{m_{M_p}} C_{M_p,k} I_{M_p,k}(t) + B\sum_{k=3}^{m_{M_h}} C_{M_h,k} I_{M_h,k}(t) + B^2 \sum_{k=3}^{m_{M_\alpha}} C_{M_\alpha,k} I_{M_\alpha,k}(t) \\ 0 \\ 0 \end{array} \right\} \quad (10.3\text{-}67)$$

$$I_{s_r,k}(t) = \int_{-\infty}^{t} \mathrm{e}^{-\frac{d_{s_r,k}\overline{U}}{B}(t-\tau)} \dot{\delta}_r(\tau) \mathrm{d}\tau \quad (s = D, L, M; r = p, h, \alpha) \quad (10.3\text{-}68)$$

将局部参考坐标系下的自激力沿单元长度对形函数积分得到等效节点荷载,再转换到整体坐标系下,得桥梁自激力风荷载向量为:

$$\begin{aligned} \boldsymbol{F}_{\mathrm{AE}}^{\mathrm{SE}}(t) &= \sum_{i=1}^{N_{\mathrm{2AE}}} \boldsymbol{L}_i^{\mathrm{T}} \boldsymbol{R}_i^{\mathrm{T}} \int_0^{l_i} \boldsymbol{N}_i^{\mathrm{T}} (\boldsymbol{Q}_{LrLs,i})^{\mathrm{T}} \boldsymbol{f}_i^{\mathrm{SE}}(t) \mathrm{d}x \\ &= \sum_{i=1}^{N_{\mathrm{2AE}}} \boldsymbol{L}_i^{\mathrm{T}} \boldsymbol{R}_i^{\mathrm{T}} \int_0^{l_i} \boldsymbol{N}_i^{\mathrm{T}} (\boldsymbol{Q}_{LrLs,i})^{\mathrm{T}} [\boldsymbol{k}_i^{\mathrm{SE}} \boldsymbol{\delta}_i^{\mathrm{SE}} + \boldsymbol{c}_i^{\mathrm{SE}} \dot{\boldsymbol{\delta}}_i^{\mathrm{SE}} + \boldsymbol{f}_{\mathrm{RE},i}^{\mathrm{SE}}(t)] \mathrm{d}x \end{aligned} \quad (10.3\text{-}69)$$

式中: i ——单元号;

$\boldsymbol{Q}_{LrLs,i}$ ——单元局部坐标系到局部参考坐标系的转换矩阵,为 6×6 阶矩阵;

N_{2AE} ——受自激力风荷载的单元总数。

单元局部参考坐标系下的位移向量可用桥梁总体位移向量表示为:

$$\boldsymbol{\delta}_i^{\mathrm{SE}} = \boldsymbol{Q}_{LrLs,i} \boldsymbol{N}_i \boldsymbol{R}_i \boldsymbol{L}_i \boldsymbol{X} \quad (10.3\text{-}70)$$

式中: $\boldsymbol{X}$ ——整体坐标系下桥梁总位移向量。

将式(10.3-70)代入式(10.3-69)中可以得到:

$$\boldsymbol{F}_{\mathrm{AE}}^{\mathrm{SE}}(\dot{\boldsymbol{X}}, \boldsymbol{X}, t) = \boldsymbol{K}_{\mathrm{AE}}^{\mathrm{SE}} \boldsymbol{X} + \boldsymbol{C}_{\mathrm{AE}}^{\mathrm{SE}} \dot{\boldsymbol{X}} + \boldsymbol{F}_{\mathrm{AE-RE}}^{\mathrm{SE}}(\dot{\boldsymbol{X}}, t) \quad (10.3\text{-}71)$$

其中:

$$\boldsymbol{K}_{\mathrm{AE}}^{\mathrm{SE}} = \sum_{i=1}^{N_{\mathrm{2AE}}} \boldsymbol{L}_i^{\mathrm{T}} \boldsymbol{R}_i^{\mathrm{T}} \int_0^{l_i} \boldsymbol{N}_i^{\mathrm{T}} (\boldsymbol{Q}_{LrLs,i})^{\mathrm{T}} \boldsymbol{k}_i^{\mathrm{SE}} \boldsymbol{Q}_{LrLs,i} \boldsymbol{N}_i \mathrm{d}x \boldsymbol{R}_i \boldsymbol{L}_i \quad (10.3\text{-}72\mathrm{a})$$

$$\boldsymbol{C}_{\mathrm{AE}}^{\mathrm{SE}} = \sum_{i=1}^{N_{\mathrm{2AE}}} \boldsymbol{L}_i^{\mathrm{T}} \boldsymbol{R}_i^{\mathrm{T}} \int_0^{l_i} \boldsymbol{N}_i^{\mathrm{T}} (\boldsymbol{Q}_{LrLs,i})^{\mathrm{T}} \boldsymbol{c}_i^{\mathrm{SE}} \boldsymbol{Q}_{LrLs,i} \boldsymbol{N}_i \mathrm{d}x \boldsymbol{R}_i \boldsymbol{L}_i \quad (10.3\text{-}72\mathrm{b})$$

$$\boldsymbol{F}_{\text{AE-RE}}^{\text{SE}}(\dot{\boldsymbol{X}},t) = \sum_{i=1}^{N_{\text{2AE}}} \boldsymbol{L}_i^{\text{T}} \boldsymbol{R}_i^{\text{T}} \int_0^{l_i} \boldsymbol{N}_i^{\text{T}} (\boldsymbol{Q}_{LrLs,i})^{\text{T}} \boldsymbol{f}_{\text{RE},i}^{\text{SE}}(t) \,\text{d}x \quad (10.3\text{-}72\text{c})$$

式中:$K_{\text{AE}}^{\text{SE}}$、$C_{\text{AE}}^{\text{SE}}$——附加气动刚度和附加气动阻尼矩阵;

$F_{\text{AE-RE}}^{\text{SE}}$——自激力向量中的卷积积分部分。

10.4 桥梁风-浪-流耦合作用运动方程求解

10.4.1 桥梁风-浪-流耦合作用运动方程

如果桥梁基础的水动力采用频域解的傅式变换法获得,则桥梁风-浪-流耦合作用运动方程可表示为:

$$\boldsymbol{M}_{\text{S}}\ddot{\boldsymbol{X}} + \boldsymbol{C}_{\text{S}}\dot{\boldsymbol{X}} + \boldsymbol{K}_{\text{S}}\boldsymbol{X}$$
$$= \boldsymbol{F}_{\text{AE}}^{\text{ST}}(\boldsymbol{X},t) + \boldsymbol{F}_{\text{AE}}^{\text{BU}}(\boldsymbol{X},t) + \boldsymbol{F}_{\text{AE}}^{\text{SE}}(\dot{\boldsymbol{X}},\boldsymbol{X},t) + \boldsymbol{F}_{\text{HY}}^{\text{HS}}(\boldsymbol{X},t) + \boldsymbol{F}_{\text{HY}}^{\text{ID}}(t) + \boldsymbol{F}_{\text{HY}}^{\text{R}}(\ddot{\boldsymbol{X}},\dot{\boldsymbol{X}},t)$$
$$(10.4\text{-}1\text{a})$$

或:

$$(\boldsymbol{M}_{\text{S}} + \boldsymbol{M}_{\text{HY}}^{\text{R}})\ddot{\boldsymbol{X}} + (\boldsymbol{C}_{\text{S}} + \boldsymbol{C}_{\text{AE}}^{\text{SE}})\dot{\boldsymbol{X}} + (\boldsymbol{K}_{\text{S}} + \boldsymbol{K}_{\text{AE}}^{\text{SE}} + \boldsymbol{K}_{\text{HY}}^{\text{HS}})\boldsymbol{X}$$
$$= \boldsymbol{F}_{\text{AE}}^{\text{ST}}(\boldsymbol{X},t) + \boldsymbol{F}_{\text{AE}}^{\text{BU}}(\boldsymbol{X},t) + \boldsymbol{F}_{\text{AE-RE}}^{\text{SE}}(\dot{\boldsymbol{X}},t) + \boldsymbol{F}_{\text{HY}}^{\text{ID}}(t) + \boldsymbol{F}_{\text{HY-V}}^{\text{R}}(\dot{\boldsymbol{X}},t) \quad (10.4\text{-}1\text{b})$$

求解方程式(10.4-1)前,需要通过数值风洞或者物理风洞获得桥梁上部结构的六分力系数、主梁的颤振导数等参数,以及数值模拟得到桥梁三维风场。还需要通过建立边界元模型,求解得到桥梁基础结构各边界单元组的水动力传递函数、附加质量系数和辐射阻尼系数,以及数值模拟生成三维波浪场。

如果桥梁基础的水动力采用时域边界元方法计算,则桥梁风-浪-流耦合作用运动方程可表示为:

$$\boldsymbol{M}_{\text{S}}\ddot{\boldsymbol{X}} + \boldsymbol{C}_{\text{S}}\dot{\boldsymbol{X}} + \boldsymbol{K}_{\text{S}}\boldsymbol{X} = \boldsymbol{F}_{\text{AE}} + \boldsymbol{F}_{\text{HY}}$$
$$= \boldsymbol{F}_{\text{AE}}^{\text{ST}}(\boldsymbol{X},\text{t}) + \boldsymbol{F}_{\text{AE}}^{\text{BU}}(\boldsymbol{X},\text{t}) + \boldsymbol{F}_{\text{AE}}^{\text{SE}}(\dot{\boldsymbol{X}},\boldsymbol{X},\text{t}) + \boldsymbol{F}_{\text{HY}}^{\text{HS}}(\boldsymbol{X},\text{t}) + \boldsymbol{F}_{\text{HY}}^{\text{IDR}}(\ddot{\boldsymbol{X}},\dot{\boldsymbol{X}},\text{t})$$
$$(10.4\text{-}2\text{a})$$

或:

$$\boldsymbol{M}_{\text{S}}\ddot{\boldsymbol{X}} + (\boldsymbol{C}_{\text{S}} + \boldsymbol{C}_{\text{AE}}^{\text{SE}})\dot{\boldsymbol{X}} + (\boldsymbol{K}_{\text{S}} + \boldsymbol{K}_{\text{AE}}^{\text{SE}} + \boldsymbol{K}_{\text{HY}}^{\text{HS}})\boldsymbol{X}$$
$$= \boldsymbol{F}_{\text{AE}}^{\text{ST}}(\boldsymbol{X},t) + \boldsymbol{F}_{\text{AE}}^{\text{BU}}(\boldsymbol{X},t) + \boldsymbol{F}_{\text{AE-RE}}^{\text{SE}}(\dot{\boldsymbol{X}},t) + \boldsymbol{F}_{\text{HY}}^{\text{IDR}}(\ddot{\boldsymbol{X}},\dot{\boldsymbol{X}},t) \quad (10.4\text{-}2\text{b})$$

10.4.2 桥梁风-浪-流耦合作用运动方程求解方法

方程式(10.4-1)为荷载非线性运动方程,为说明求解流程,将方程(10.4-2)简写为如下形式：

$$M\ddot{X}(t) + C\dot{X}(t) + KX(t) = F(X,\dot{X},\ddot{X},t) \tag{10.4-3}$$

上式可采用增量 Newmark-β 法进行求解，具体求解如下。

t_{k+1} 时刻的系统位移、速度和加速度可用增量位移表示为：

$$X_{k+1} = X_k + \Delta X \tag{10.4-4a}$$

$$\ddot{X}_{k+1} = \frac{1}{\beta \Delta t^2}\Delta X - \frac{1}{\beta \Delta t}\dot{X}_k - \left(\frac{1}{2\beta} - 1\right)\ddot{X}_k \tag{10.4-4b}$$

$$\dot{X}_{k+1} = \frac{\gamma}{\beta \Delta t}\Delta X + \left(1 - \frac{\gamma}{\beta}\right)\dot{X}_k + \left(1 - \frac{\gamma}{2\beta}\right)\Delta t\, \ddot{X}_k \tag{10.4-4c}$$

$$\Delta X = \hat{K}^{-1}\Delta \hat{F} \tag{10.4-4d}$$

其中：

$$\hat{K} = \left(\frac{1}{\beta \Delta t^2}M_S + \frac{\gamma}{\beta \Delta t}C_S + K_S\right) \tag{10.4-5a}$$

$$\Delta \hat{F} = F_{k+1} - F_k + \left(\frac{1}{\beta \Delta t}M_S + \frac{\gamma}{\beta}C_S\right)\dot{X}_k + \left\{\frac{1}{2\beta}M_S + \left(\frac{\gamma}{2\beta} - 1\right)\Delta t\, C_S\right\}\ddot{X}_k \tag{10.4-5b}$$

式中：γ、β——Newmark-β 方法使用的积分常数，一般取 $\gamma = 0.5$，$\beta = 0.25$。

式(10.4-4d)需进行迭代求解。为减少残差累积，迭代时 $\Delta \hat{F}$ 可附加一个残差力向量。迭代具体过程如下。

(1) 假定 $\Delta X^{(i)}$，计算 $\ddot{X}_{k+1}^{(i)}$、$\dot{X}_{k+1}^{(i)}$ 和 $\Delta \hat{F}^{(i)}$（上标 i 表示迭代步）；

$$\ddot{X}_{k+1}^{(i)} = \frac{1}{\beta \Delta t^2}\Delta X^{(i)} - \frac{1}{\beta \Delta t}\dot{X}_k - \left(\frac{1}{2\beta} - 1\right)\ddot{X}_k \tag{10.4-6a}$$

$$\dot{X}_{k+1}^{(i)} = \frac{\gamma}{\beta \Delta t}\Delta X^{(i)} + \left(1 - \frac{\gamma}{\beta}\right)\dot{X}_k + \left(1 - \frac{\gamma}{2\beta}\right)\Delta t\, \ddot{X}_k \tag{10.4-6b}$$

$$\Delta \hat{F}^{(i)} = F\left[\ddot{X}_{k+1}^{(i)}, \dot{X}_{k+1}^{(i)}, X_{k+1}^{(i)}, t_{k+1}\right] + \left\{\left(\frac{1}{2\beta} - 1\right)M_S + \left(\frac{\gamma}{2\beta} - 1\right)\Delta t\, C_S\right\}\ddot{X}_k +$$

$$\left[\frac{1}{\beta \Delta t}M_S + \left(\frac{\gamma}{\beta} - 1\right)C_S\right]\dot{X}_k - K_S X_k \tag{10.4-6c}$$

(2) 计算 $\Delta X^{(i+1)}$ 替换 $\Delta X^{(i+1)} = \hat{K}^{-1}\Delta \hat{F}^{(i)}$；

(3) 重复步骤(1)和步骤(2)，直到满足收敛条件：

$$\|\Delta X^{(i+1)} - \Delta X^{(i)}\|_E \leqslant \varepsilon \cdot \|\Delta X^{(i)}\|_E \tag{10.4-7}$$

式中：ε——精度控制参数；

$\|A\|_E$——向量的范数，即 $\|A\|_E = \sqrt{\sum_{i=1}^{n}A_i^2}$。

方程式(10.4-2)为荷载非线性运动方程，且方程式(10.4-2)右端的水动力在每个时间步都需要通过求解边界积分方程获得。此时,桥梁风-浪-流耦合振动运动方程求解主要涉及用高阶边界元方法求解水动力和用有限元方法求解结构运动响应。水动力求解关键是求解自由表面运动学方程式(10.2-45)、动力学方程式(10.2-46)以及边界积分方程式(10.2-55)。如图 10.4-1 所示,上述耦合运动方程具体求解流程为:

①在时间步 k,结构的位移 X、速度 $\dot{X}$ 和加速度 $\ddot{X}$ 已经求得(由于动力分析一般从一个静平衡位置开始,所以初始时刻的位移和速度可假设为 $X_0 = 0$,$\dot{X}_0 = 0$);

②在时间步 $k+1$,假设结构变形增量 $\Delta X^{(i)}$,由增量 Newmark-β 方法得到此时刻的位移 $X_{k+1}^{(i)}$、速度 $\dot{X}_{k+1}^{(i)}$ 和加速度 $\ddot{X}_{k+1}^{(i)}$;

③更新物面边界条件式(10.2-31),由边界积分方程式(10.2-55)求解物面散射速度势和自由表面散射速度势法向导数,计算桥梁基础结构水动力 F_{HY};

④采用 $X_{k+1}^{(i)}$ 和 $\dot{X}_{k+1}^{(i)}$,计算桥梁上部结构风荷载 F_{AE};

⑤由方程式(10.4-2),计算增量力 $\Delta F^{(i)}$ 和增量位移 $\Delta X^{(i+1)}$;

⑥如果 $\Delta X^{(i+1)}$ 和 $\Delta X^{(i)}$ 不满足收敛关系,则重复②~⑤;

⑦求解自由表面运动学方程式(10.2-45)和动力学方程式(10.2-46),求解时间步 $k+1$ 自由表面速度势和波面;

⑧进入下一个时间步,重复②~⑦。

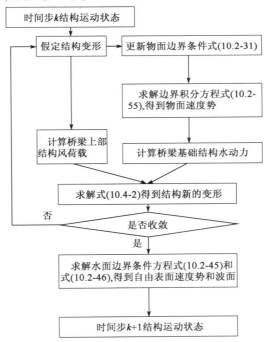

图 10.4-1　桥梁风-浪-流耦合振动分析求解流程

10.4.3 桥梁风-浪-流耦合振动分析程序

根据 10.4 节中建立的运动方程和相应的数值算法,编制了桥梁风-浪-流耦合振动分析程序 ABWW。

程序采用 Fortran95 语言编写,采用文本形式进行程序的输入和输出。如图 10.4-2 所示,本程序具有三个主要分析功能,即①斜风作用下桥梁颤抖振响应分析;②浪-流耦合作用下结构水动力分析;③风-浪-流耦合作用下结构弹性动力响应分析。

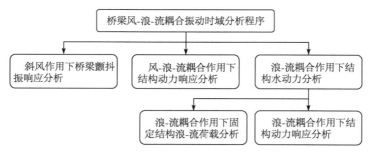

图 10.4-2 软件的主要功能

该程序具有以下特点:①具有较强的模型化能力,可建立梁桥、斜拉桥等桥梁的动力分析有限元模型;可考虑各种风、浪、流等动力环境参数组合作用的工况(包括不同风速、风攻角、风偏角、不同波高、波周期、波向、波谱、流速、流向等);②具有风-浪-流耦合作用下桥梁动力分析功能,还包含静力分析、模态分析等基本分析功能,可作为科研用分析工具,也可作为实际工程计算工具;③计算结果翔实可靠,可控可读性好;程序自动保存整个模拟过程的动力响应信息,包括流场中的波面升高、结构表面压力、结构水动力荷载、结构节点的位移、速度和加速度、结构单元的内力等结果文件,在后处理时可由用户指定输出所关心的分析结果。

程序主要计算输入参数如下。

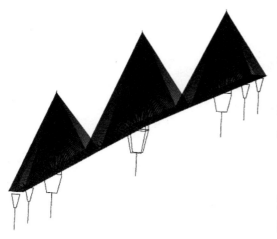

图 10.4-3 桥梁有限元模型

(1)桥梁结构有限元模型

本程序采用空间梁单元和杆单元对结构进行离散,以建立桥梁结构有限元模型。对于结构的各种边界可以通过单元自由度约束和释放来实现。图 10.4-3 为采用程序 ABWW 建立的主跨 2×1500 m 三塔斜拉桥有限元模型。

(2)水动力分析的流域边界模型

本程序采用六节点三角形或者八节点四边形空间等参单元对自由液面和桥梁基础的表面进行离散,以建立结构水动力的边界模型。自由液面和物面的边界单元各自独立建立,即物面与自由液面交接处的水线上角点采用多点技术进行处理。物面边界输入可采用由商业软件剖分生成的数据文件建立。对于关于 X 轴、Y 轴对称的结构,可以只需建立 1/4 或者 1/2 模型的边界网格,从而提高其计算能力。图 10.4-4 为进行截断圆柱模型水动力分析所建立的边界单元网格。

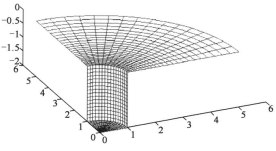

图 10.4-4 桥梁基础水动力分析边界模型示意

(3) 风-浪-流耦合场模型

本程序的风-浪-流耦合场模型指的是风场模型和浪-流耦合场模型。其中风场模型由风谱采用谐波合成法模拟得到的时域空间三维风速场,主要输入参数包括风攻角、风偏角、基准高度风速、风谱类型等。浪-流耦合场模型中,入射波浪主要分为规则波浪和随机波浪。随机波浪的浪高和速度势信息由海浪谱通过谐波合成法模拟得到,主要输入参数包括水深、波高、波周期、波向、流速、流向及波浪谱类型等。

模拟风速时程和风速功率谱密度见图 10.4-5,模拟海浪浪高时程和浪高功率谱密度见图 10.4-6。

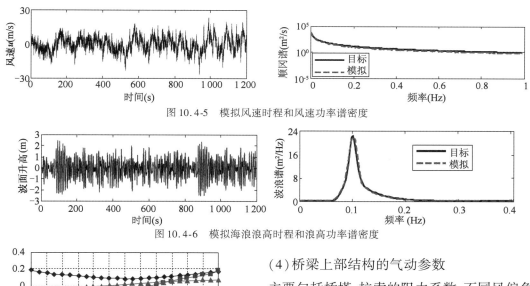

图 10.4-5 模拟风速时程和风速功率谱密度

图 10.4-6 模拟海浪浪高时程和浪高功率谱密度

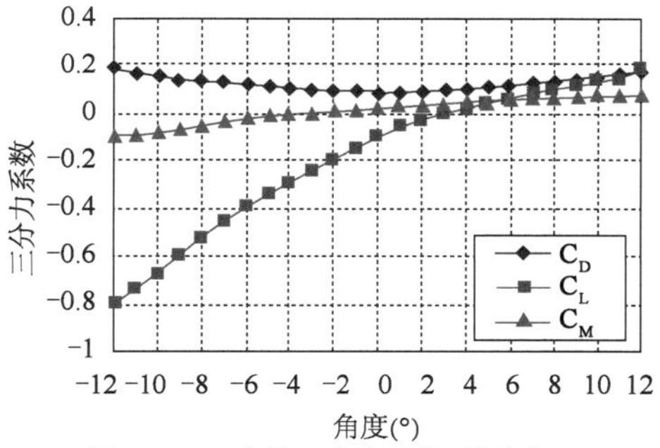

图 10.4-7 主梁三分力系数(风偏角 0°)

(4) 桥梁上部结构的气动参数

主要包括桥塔、拉索的阻力系数,不同风偏角下主梁六分力系数随风攻角变化曲线信息,不同风攻角和风偏角下主梁颤振导数随折减风速变化曲线信息等。

主梁三分力系数见图 10.4-7,主梁颤振导数见图 10.4-8。

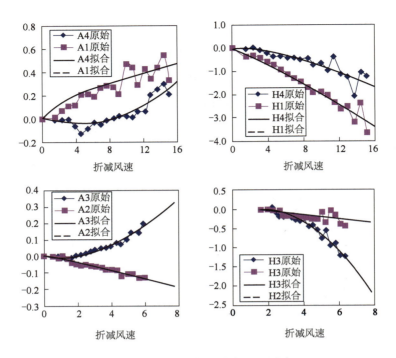

图 10.4-8 主梁颤振导数(风偏角 0°,风攻角 -3°)

主梁气动系数拟合结果见表 10.4-1。

主梁气动系数拟合结果(风偏角 0°,风攻角 -3°)　　　　　表 10.4-1

方向	C_1	C_2	C_3	d_3	C_4	d_4
$H_{L_h}^{SE}$	-0.183	-1.102	-0.097	0.456	-0.097	0.454
$H_{L_\alpha}^{SE}$	-1.426	-0.342	0.087	2.160	0.080	1.995
$H_{M_h}^{SE}$	0.076	0.394	-0.267	1.149	0.000	0.000
$H_{M_\alpha}^{SE}$	0.231	0.061	-0.771	7.253	-0.771	7.252

10.5　琼州海峡大桥风-浪-流耦合振动分析

以琼州海峡主跨 2×1 500m 三塔斜拉桥方案成桥状态为研究对象,重点分析桥梁基础在波浪作用下的水动力和风-浪-流耦合作用下全桥结构的动力响应。

10.5.1　全桥结构动力特性

以琼州海峡主跨 2×1 500m 三塔斜拉桥方案(方案概况参见 3.3.2 节)成桥状态为研究对象,采用 ABWW 计算得到的前 20 阶振型的频率和振型特征列于表 10.5-1。

全 桥 动 力 特 性   表 10.5-1

序号	ABWW计算频率(Hz)	商用软件计算频率(Hz)	振型特征	序号	ABWW计算频率(Hz)	商业软件计算频率(Hz)	振型特征
1	0.052 2	0.052 2	纵漂+正对称竖弯	11	0.225 3	0.225 4	竖弯
2	0.061 4	0.061 4	主梁正对称侧弯	12	0.253 7	0.253 8	正对称竖弯
3	0.089 2	0.089 2	主梁反对称侧弯	13	0.254 7	0.254 7	梁反对称侧弯
4	0.130 0	0.130 0	主梁正对称竖弯	14	0.264 2	0.264 3	竖弯
5	0.132 4	0.133 0	主梁反对称竖弯	15	0.294 3	0.294 6	竖弯
6	0.143 4	0.144 0	主梁正对称竖弯	16	0.311 6	0.312 6	竖弯
7	0.152 8	0.152 8	中塔侧弯	17	0.316 6	0.316 7	竖弯
8	0.180 6	0.180 6	梁塔侧弯	18	0.318 8	0.319 2	竖弯
9	0.181 8	0.181 8	边塔侧弯	19	0.336 4	0.337 2	竖弯
10	0.206 6	0.206 6	梁侧弯	20	0.336 5	0.337 4	竖弯

10.5.2 基础结构水动力分析

定义 X 轴方向为桥轴线方向,Y 轴方向为横桥向,波浪传播方向与 X 轴的夹角为入射角。

分析计算不同周期规则波作用下边索塔基础波浪总力 F、总力矩 M 和合力作用点到泥面的距离,计算结果见图 10.5-1 和图 10.5-2,其中力和力矩为单位波高下的结果。从图中可以看出,随着波浪周期变长,基础结构的波浪力先单调增加后单调减小,波浪力与波浪周期成非线性关系。波浪力合力点到泥面的距离则单调减小,短周期波作用下,波浪力主要集中在近水面位置,长周期波作用下,物面上的压力分布趋于均匀,合力点接近 1/2 水深处。横桥向和顺桥向波浪力随波浪入射角变化情况见图 10.5-3 和图 10.5-4。从图中可见波浪力与波浪入射角成非线性关系。

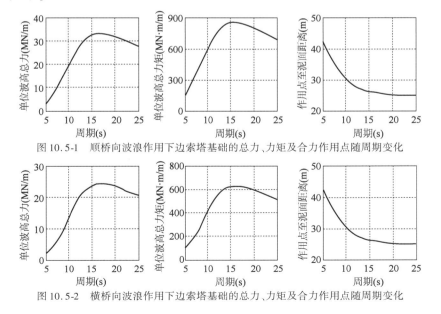

图 10.5-1 顺桥向波浪作用下边索塔基础的总力、力矩及合力作用点随周期变化

图 10.5-2 横桥向波浪作用下边索塔基础的总力、力矩及合力作用点随周期变化

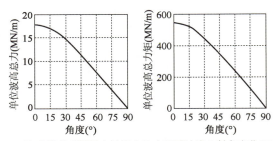

图 10.5-3　边索塔基础顺桥向波浪力和力矩随波浪入射角变化（$T=9.6s$）

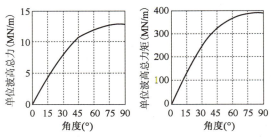

图 10.5-4　边索塔基础横桥向波浪力和力矩随波浪入射角变化（$T=9.6s$）

分析计算不同周期规则波作用下中索塔基础波浪总力 F、总力矩 M 和合力作用点到泥面的距离，计算结果见图 10.5-5。中索塔波浪力随周期变化规律与边索塔的基本相似。另外，不同形式的基础，单位波高波浪力峰值对应的波浪周期差别较大，对于边索塔基础，波周期为 16s 左右对应的波浪力最大，对于中索塔基础，波周期为 19s 左右对应的波浪力最大。

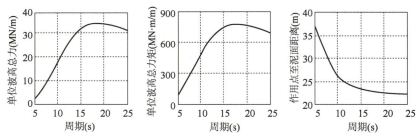

图 10.5-5　中索塔基础的总力、力矩及合力作用点随周期变化

图 10.5-6 给出了边索塔基础和中索塔基础顺桥向波浪力数值计算结果与试验结果的对比情况，从图中可以看出，数值结果与试验结果基本一致，说明数值计算的水动力结果是可靠的。

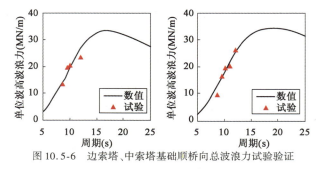

图 10.5-6　边索塔、中索塔基础顺桥向总波浪力试验验证

10.5.3 成桥状态桥梁风-浪-流耦合振动响应

从结构动力特性分析结果可知,常见波浪的周期可能与结构第3阶(主梁反对称侧弯,周期11.2s)和第4阶(主梁正对称竖弯,周期7.7s)自振周期接近,长周期波浪的周期可能与结构第1阶(纵漂+主梁正对称竖弯,周期19.2s)自振周期接近。图10.5-7为波高7.2m的顺桥向规则波作用下桥梁动力响应时程,图10.5-8为波高7.2m的规则波作用下桥梁主梁位移包络图。与上一节分析结论相似,当波浪周期与结构自振周期比较接近时,结构动力响应比较大,波浪动力作用引起的中塔底部弯矩的动内力放大系数达5.0,波浪的动力作用非常明显。

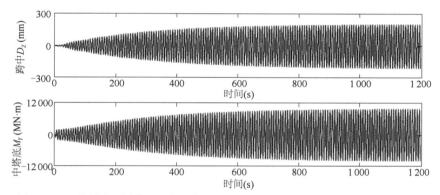

图10.5-7 顺桥向规则波作用下主梁跨中位移和中桥塔内力时程(波高7.2m,周期7.7s)

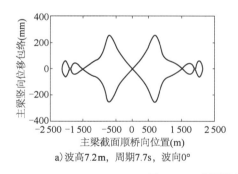
a)波高7.2m,周期7.7s,波向0°

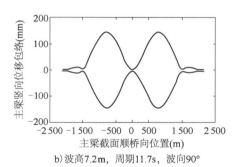
b)波高7.2m,周期11.7s,波向90°

图10.5-8 规则波作用下主梁位移包络

计算分析了风-浪-流耦合($U_{10}=45.4\text{m/s}, a_w=45°; H_s=4.99\text{m}, T_s=10.01\text{s}, \beta_w=45°; U=2.56\text{m/s}, \beta_c=270°$)作用下的桥梁动力响应,部分桥梁动力响应时程见图10.5-9;主梁竖向、横桥向位移包络见图10.5-10;主梁竖向、横桥向位移STD见图10.5-11。风-浪-流耦合作用下整个主梁上横向和竖向位移最大值分别为2633mm和5515mm;中塔顶纵向、横向位移最大值分别为668mm和421mm;边塔顶纵向、横向位移最大值分别为3610mm和350mm;中塔底顺桥向和横向剪力最大值分别为212MN和233MN,中塔横桥向和顺桥向弯矩最大值为44600MN·m和34600MN·m;边塔顺桥向和横桥向剪力最大值分别为133MN和139MN;边塔塔横桥向和顺桥向弯矩最大值为21400MN·m和17900MN·m。

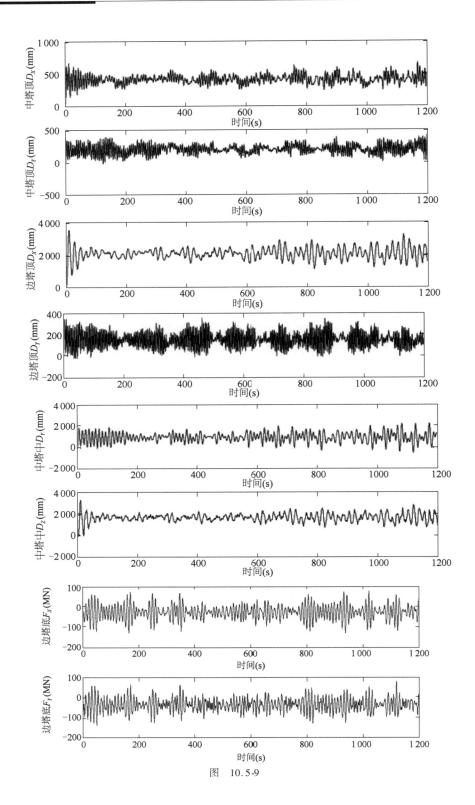

图 10.5-9

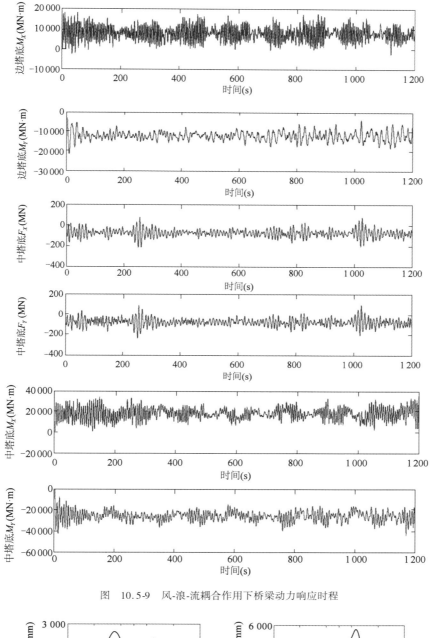

图 10.5-9 风-浪-流耦合作用下桥梁动力响应时程

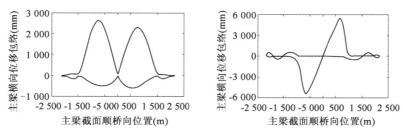

图 10.5-10 风-浪-流耦合作用下主梁位移包络

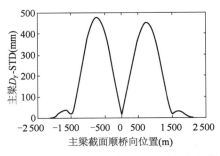
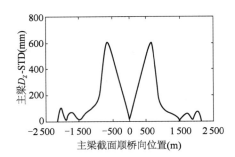

图 10.5-11　风-浪-流耦合作用下主梁位移 STD 值

本章参考文献

[1] 滕斌. 深水中波浪与弱流对结构物的作用[J]. 海洋学报,1996,18(5):117-127.

[2] Cummins W E. The impulse response function and ship motions[J]. Schiffstechnik, 1962, 9:101-109.

[3] Longuet-Higgins M S, Cokelet C D. The deformation of steep surface waves on water: I[C]. A numerical method of computation. Proc. R. Soc., London, 1976, A350, 1-6.

[4] Isaacson M, Cheung K F. Time domain second-order wave diffraction in three dimension[J]. J. Waterway, Port, Coastal and Ocean Eng., ASCE, 1992, 118(5):496-516.

[5] Isaacson M, Cheung K F. Time domain solution for wave-current interactions with two-dimensional body[J]. Applied Ocean Research, 1993,15:39-52.

[6] Cheung K F, Isaacson M, Lee J W. Wave diffraction around a three dimensional body in a current[J]. Journal of Offshore Mechanics and Arctic Engineering 1996, 118(4):247-252.

[7] Ferrant P. Three-dimensional unsteady wave-body interactions by a Rankine boundary element method[J]. Ship Tech. Res., 1993, 40: 165-175.

[8] Montic V. A new formula for the C-matrix in the Somigliana identity[J]. Journal of Elasticity, 1993, 33:191-201.

[9] 李玉成,滕斌. 波浪对海上建筑物的作用[M]. 3 版. 北京:海洋出版社,2015.

[10] 滕斌,勾莹,宁德志. 波浪与结构物作用分析的一种高阶边界元方法——自由项和柯西主值积分的直接数值计算[J]. 海洋学报, 2006, 28(1): 132-138.

[11] Davenport A G. Buffeting of suspension bridge by storm winds[J]. Structural Division, ASCE, 1962, 88(ST3):233-268.

[12] Scanlan R H. The action of flexible bridge under wind, II: Buffeting theory[J]. Journal of Sound and Vibration, 1978, 60(2): 201-211.

[13] Lin Y K. Motion of suspension bridges in turbulent winds[J]. Journal of Engineering Mechanics Division, ASCE, 1979, 105(EM6):921-932.

[14] 项海帆. 现代桥梁抗风理论与实践[M]. 北京:人民交通出版社,2005.

[15] Zhu L D, Xu Y L. Buffeting response of long-span cable-supported bridges under skew winds. Part 1: theory

[J]. Journal of Sound and Vibration, 2005, 281(3-5), 647-673.

[16] Sears W R. Some aspects of non-stationary airfoil theory and its practical application[J]. Journal of Aeronautical Science, 1941, 8(3): 104-108.

[17] Liepmann H W. On the application of statistical concepts to the buffeting problem[J]. Journal of Aeronautical Science, 1952, 19(12): 793-800.

[18] Shinozuka M, Jan C M. Digital Simulation of Random Processes and Its Application[J]. Journal of Sound and Vibration, 1972, 25(1), 111-128.

[19] Deodmis G. Simulation of ergodic multivariate stochastic processes[J]. Journal of Engineering Mechanics, 1996, 122(8): 778-787.

[20] Sarkar P P, Jones N P, Scanlan R H. Identification of Aeroelastic Parameters of Flexible Bridges[J]. Journal of Engineering Mechanics, 1994, 120(8): 1718-1742.

[21] Bucher C G, Lin Y K. Stochastic stability of bridges considering coupled modes[J]. Journal of Engineering Mechanics, 1988, 114(12): 2055-2071.

[22] 刘高, 葛耀君, 朱乐东, 等. 特大型桥梁抗风设计数值化及控制技术[M]. 北京: 人民交通出版社, 2018.

[23] Liu G, Xu Y L, Zhu L D. Time domain buffeting analysis of long suspension bridges under skew winds[J]. Wind and Structures, 2004, 7(6): 421-447.

[24] 刘高,陈上有,王昆鹏,等.跨海公铁两用桥梁车-桥-风浪流耦合振动研究[J].土木工程学报, 2019, 52(4): 72-81

[25] 曹映泓. 大跨度桥梁随机风场的模拟. 土木工程学报, 1998, 3(31): 72-79.

[26] Zhu L D, Xu Y L, Zhang F, Xiang H F. Tsing Ma bridge deck under skew winds--Part I: Aerodynamic coefficients[J]. Journal of Wind Engineering and Aerodynamics, 2002, 90(7): 781-805.

[27] Zhu L D, Xu Y L, Xiang H F. Tsing Ma bridge deck under skew winds--Part II: flutter derivatives[J]. Journal of Wind Engineering and Aerodynamics, 2002, 90(7): 807-837.

[28] Zhu L D, Xu Y L, Zhang F, Xiang H F. Measurement of aerodynamic coefficients of tower components of Tsing Ma Bridge under yaw winds[J]. Wind and Structures, 2003, 6(1): 53-70.

[29] Scanlan R H. Estimates of skew wind speeds for bridge flutter[J]. Journal of Bridge Engineering, 1999, 4(2): 95-98.

[30] Xu Y L, and Zhu L D. Buffeting response of long-span cable-supported bridges under skew winds. Part 2: case study[J]. Journal of Sound and Vibration, 2005, 281(3-5): 675-697.

[31] Xu Y L, Zhu L D, and Xiang H F. Buffeting response of long suspension bridges to skew winds[J]. Wind and Structures, 2003, 6(3):179-196.

[32] Zhu L D. Buffeting Response of Long Span Cable-supported Bridges under Skew Winds: Field Measurement and Analysis[D], Ph. D. Thesis, The Hong Kong Polytechnic University, Hong Kong, 2002.

[33] XU Y L. Wind Effects on Cable-Supported Bridges [M], John Wiley & Sons, Singapore Pte. Ltd., 2013.

[34] 朱乐东,王森,郭震山,丁泉顺.斜风作用下大跨度斜拉桥双悬臂状态抖振性能[J].工程力学,2006,4(23):86-92

[35] 朱乐东,曹映泓,丁泉顺等.斜风作用下大跨度斜拉桥裸塔抖振性能[J].同济大学学报(自然科学版),2005,7:880-884.

[36] 朱乐东,常光照.斜风下扁平箱形截面桥梁颤振性能风洞试验研究[J].桥梁建设,2006,2(169):7-10.

[37] 王淼.斜风作用下大跨度桥梁抖振非线性时域分析及实验验证[D].上海:同济大学,2008.

第11章 车-桥-风浪流耦合系统振动分析方法

对于跨海特大型铁路桥梁和公铁两用桥梁,车辆、桥梁、风浪流耦合场之间的耦合作用同时发生,并相互影响,如何保障桥梁结构自身以及车辆S运行的安全性和舒适性是桥梁设计中面临的新的技术挑战。本章在第9、10章的基础上,基于大系统的思想,建立了车-桥-风浪流耦合动力系统,根据各子系统之间的相互作用力以及车辆子系统与桥梁子系统之间的位移协调关系,建立了车-桥-风浪流耦合动力系统的运动方程,并基于分离迭代法提出了车-桥-风浪流耦合动力系统动态响应的求解流程,从而建立了跨海公铁两用桥梁车-桥-风浪流耦合动力系统的振动分析方法,以琼州海峡主跨1500m公铁两用三塔斜拉桥方案为对象,对风-浪-流耦合作用下桥上列车运行安全性和舒适性进行了探索性研究。

11.1 车-桥-风浪流耦合系统运动方程

对跨海公铁两用桥梁,其受到车辆(包括汽车和列车)和风浪流耦合场(包括风、波浪和水流)的共同作用,如图11.1-1所示。

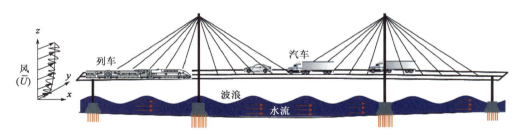

图11.1-1 车-桥-风浪流耦合系统振动分析模型

由于桥梁与车辆之间、桥梁与风浪流耦合场之间存在相互作用,为准确评估桥梁在车辆和风浪流耦合场共同作用下的动力行为,基于大系统的思想,建立车-桥-风浪流耦合动力系统。该系统由车辆子系统、桥梁子系统和风浪流耦合场子系统三部分组成,各系统间的相互作用关系如图11.1-2所示。车辆子系统与桥梁子系统的相互作用包括由桥面不平顺和轨道不平顺引起的不平顺激励力和由桥梁运动引起的耦合作用力;风浪流耦合场子系统对车辆子系统、桥梁子系统的作用包括空气静力、非定常抖振力、气弹自激力和浪-流激振力。其中,作用在主梁上的气弹自激力考虑车辆子系统与主梁二者共同对风场的影响。

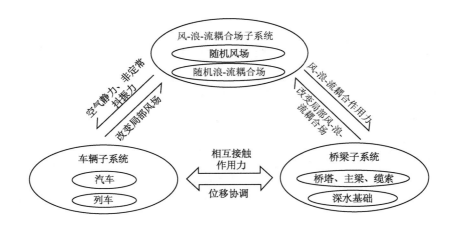

图 11.1-2　车辆子系统、桥梁子系统和风-浪-流耦合场子系统的相互作用关系示意图

根据车辆子系统、桥梁子系统和风浪流耦合场子系统之间的静力和动力相互作用以及位移协调关系,可以建立车-桥-风浪流耦合系统振动方程,即:

$$\begin{bmatrix} M_{cv} & 0 \\ 0 & M_b \end{bmatrix} \begin{Bmatrix} \ddot{X}_{cv} \\ \ddot{X}_b \end{Bmatrix} + \begin{bmatrix} C_{cv} & 0 \\ 0 & C_b \end{bmatrix} \begin{Bmatrix} \dot{X}_{cv} \\ \dot{X}_b \end{Bmatrix} + \begin{bmatrix} K_{cv} & 0 \\ 0 & K_b \end{bmatrix} \begin{Bmatrix} X_{cv} \\ X_b \end{Bmatrix} = \begin{Bmatrix} F_{cv}^b \\ F_b^{cv} \end{Bmatrix} + \begin{Bmatrix} F_{cv}^{wwc} \\ F_b^{wwc} \end{Bmatrix} \quad (11.1-1)$$

式中:cv、b——车辆子系统和桥梁子系统;

　　　wwc——风浪流耦合场子系统;

M、C、K、F——表示质量矩阵、阻尼矩阵、刚度矩阵和力列向量;

　　　X——位移列向量;

F_{cv}^b、F_{cv}^{wwc}——桥梁子系统和风浪流耦合场子系统对车辆子系统的作用力;

F_b^{cv}、F_b^{wwc}——车辆子系统和风浪流耦合场子系统对桥梁子系统的作用力。

11.1.1　车辆-桥梁耦合作用

以公铁交通分层布置的主梁为例,上层公路桥面行驶汽车,下层铁路桥面行驶列车,汽车、列车和桥梁主梁三者之间存在相互作用,如图 11.1-3 所示。

车辆子系统(包括汽车和列车)采用由弹簧、阻尼器相连的多刚体模型模拟,如图 11.1-4 所示。其中,汽车车辆由 1 个车体和 6 个车轮组成,车体具有横摆 Y_c、沉浮 Z_c、侧滚 θ_c、点头 φ_c 和摇头 ψ_c 共 5 个自由度,每个车轮具有横摆 Y_s 和沉浮 Z_s 2 个自由度;列车车辆由 1 个车体、2 台转向

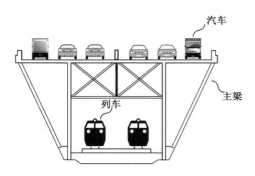

图 11.1-3　汽车、列车和公铁两用桥梁主梁的相对位置

架、4个轮对组成,每个车体有横摆 Y_v、沉浮 Z_v、侧滚 θ_v、点头 φ_v 和摇头 ψ_v 共 5 个自由度,每台转向架有横摆 Y_t、沉浮 Z_t、侧滚 θ_t、点头 φ_t 和摇头 ψ_t 共 5 个自由度,每个轮对有横摆 Y_w、沉浮 Z_w、侧滚 θ_w 和摇头 ψ_w 共 4 个自由度。

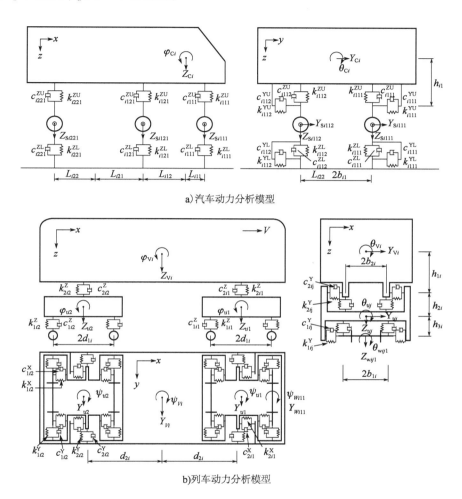

图 11.1-4 车辆动力分析模型

根据车辆动力分析模型,车辆子系统的质量、阻尼和刚度矩阵可根据 Lagrange 方程求得。此外,桥梁子系统采用有限单元方法进行模拟,桥梁子系统的质量、刚度矩阵可通过组集单元质量、刚度矩阵得到,阻尼矩阵采用瑞利阻尼假定由质量矩阵和刚度矩阵计算得到。

假定汽车车轮与公路桥面间为密贴接触,列车轮对与轨道间为竖向密贴、横向蠕滑接触,则车辆子系统和桥梁子系统之间的相互作用力可以表示为:

$$\begin{cases} F_{cb}^Z = k_c^Z (Z_s - Z_{bc}) + c_c^Z (\dot{Z}_s - \dot{Z}_{bc}) + G_c \\ F_{cb}^Y = k_c^Y (Y_s - Y_{bc}) + c_c^Y (\dot{Y}_s - \dot{Y}_{bc}) \end{cases} \quad (11.1\text{-}2a)$$

$$\begin{cases}
F_{vb}^Z = \left(\dfrac{1}{2} + \zeta \dfrac{b_1}{g_0}\right) F_{wtr}^Z + \left(\dfrac{1}{2} - \zeta \dfrac{b_1}{g_0}\right) F_{wtl}^Z - \\
\qquad \zeta \dfrac{I_{\theta w}}{g_0} \ddot{\theta}_{bv} + \dfrac{G_v}{2} - \dfrac{m_w}{2} \ddot{Z}_{bv} \\[4pt]
F_{vb}^X = f_{11} \zeta \dfrac{\dot{\psi}_w g_0}{2V} \\[4pt]
F_{vb}^Y = -f_{22}\left(\dfrac{\dot{Y}_w - \dot{Y}_{bv}}{V} - \psi_w\right) - f_{23}\dfrac{\dot{\psi}_w}{V} \\[4pt]
M_{vb}^Z = f_{23}\left(\dfrac{\dot{Y}_w - \dot{Y}_{bv}}{V} - \psi_w\right) - f_{33}\dfrac{\dot{\psi}_w}{V}
\end{cases} \quad (11.1\text{-}2b)$$

式中： F、M——车辆与桥梁之间的作用力和力矩；

X、Y、Z——纵向、横向和竖向；

c、v——汽车和列车；

cb、vb——汽车与桥梁、列车与桥梁的相互作用；

Z_s、Y_s——汽车轮胎的竖向和横向位移；

Z_{bc}、Y_{bc}——汽车与桥梁接触点的竖向和横向位移；

k、c——汽车轮胎与路面接触的弹性系数和阻尼；

G——汽车轮胎或列车轮对静轴重；

F_{wtr}^Z、F_{wtl}^Z——轮对和转向架之间的右侧和左侧竖向作用力；

Y_{bv}、Z_{bv}、θ_{bv}——列车与桥梁轮轨接触点的横向、竖向和扭转位移；

Y_w、ψ_w——列车轮对的横向和摇头位移；

m_w、$I_{\theta w}$——列车轮对质量和侧滚质量惯性矩；

b_1——列车一系悬挂横向跨距之半；

ζ——轮轨左侧或右侧接触点位置函数；

g_0——轨距；

f_{11}、f_{22}、f_{23}、f_{33}——蠕滑系数；

V——列车速度。

根据式(11.1-2a)和式(11.1-2b)，车辆子系统和桥梁子系统之间的相互作用力与车辆子系统和桥梁子系统各自自身的响应相关，将车辆与桥梁接触点的位移用桥梁位移附加公路桥面不平顺或铁路轨道不平顺表示，则车辆子系统对桥梁子系统的作用力 $\boldsymbol{F}_b^{cv}$ 和桥梁子系统对车辆子系统的作用力 $\boldsymbol{F}_{cv}^b$ 最终可以表示为：

$$\begin{Bmatrix} \boldsymbol{F}_b^{cv} \\ \boldsymbol{F}_{cv}^b \end{Bmatrix} = \begin{Bmatrix} \boldsymbol{F}_{b,cv}^{cp}(\boldsymbol{X}_{cv}, \boldsymbol{X}_b, \dot{\boldsymbol{X}}_{cv}, \dot{\boldsymbol{X}}_b) \\ \boldsymbol{F}_{cv,b}^{cp}(\boldsymbol{X}_{cv}, \boldsymbol{X}_b, \dot{\boldsymbol{X}}_{cv}, \dot{\boldsymbol{X}}_b) \end{Bmatrix} + \begin{Bmatrix} \boldsymbol{F}_{b,cv}^{ir} \\ \boldsymbol{F}_{cv,b}^{ir} \end{Bmatrix} \quad (11.1\text{-}3)$$

式中：$F_{b,cv}^{cp}$、$F_{cv,b}^{cp}$——车辆子系统和桥梁子系统间的耦合作用力，与车辆子系统和桥梁子系统的动力响应相关；

$F_{b,cv}^{ir}$、$F_{cv,b}^{ir}$——车辆子系统和桥梁子系统间的不平顺激励力，与桥面不平顺和轨道不平顺情况相关。

11.1.2 车辆-风浪流耦合作用

一般情况下，大跨度桥梁桥上运行的车辆不会受到波浪、水流直接作用，此时车辆承受的风浪流耦合作用可分解为由平均风引起的静风力、由脉动风引起的抖振风力以及车辆与风相对运动产生的气弹自激力。车辆的气弹自激力相对车辆静风力和抖振力而言要小得多，故在实际计算中将其忽略，只考虑车辆车体的风荷载。

作用在车辆表面形心处的静风力为：

$$F_{cv,i}^{st} = (F_{cv,D}^{st}, F_{cv,L}^{st}, F_{cv,M}^{st})^T = 0.5\rho A(\overline{U}^2 + V^2)(C_D, C_L, HC_M)^T \quad (11.1\text{-}4)$$

式中：$F_{cv,D}^{st}$、$F_{cv,L}^{st}$、$F_{cv,M}^{st}$——作用在车辆形心处的平均风阻力、升力和扭转力矩；

ρ——空气密度；

A——车辆的有效迎风面积；

H——车辆表面形心至桥面的高度；

$\overline{U}$——车辆中心处的顺风向平均风速；

V——列车行驶速度；

C_D、C_L、C_M——车辆的阻力、升力和扭转力矩系数，它们是风偏角 ψ 的函数，见图 11.1-5；

T——矩阵转置符号。

作用在车辆表面形心处的抖振风力为：

$$F_{cv,i}^{bf} = (F_{cv,D}^{bf}, F_{cv,L}^{bf}, F_{cv,M}^{bf})^T = 0.5\rho A(2\overline{U} + u)u(C_D, C_L, HC_M)^T \quad (11.1\text{-}5)$$

式中：$F_{cv,D}^{bf}$、$F_{cv,L}^{bf}$、$F_{cv,M}^{bf}$——作用在车辆表面形心处的抖振风阻力、升力和扭转力矩。

因此，风浪流耦合场子系统对车辆子系统的作用可以表示为：

$$F_{cv}^{wwc} = \{F_{cv,1}^{wwc} \quad F_{cv,2}^{wwc} \quad \cdots \quad F_{cv,n_v}^{wwc}\} \quad (11.1\text{-}6)$$

$$F_{cv,i}^{wwc} = C_{cv,i}^{wwc}(F_{cv,i}^{st} + F_{cv,i}^{bf}) \quad (11.1\text{-}7)$$

式中：$F_{cv,i}^{wwc}$——第 i 辆车辆受到的风荷载；

$C_{cv,i}^{wwc}$——车辆车体风荷载转化为车辆风荷载的位置指示矩阵。

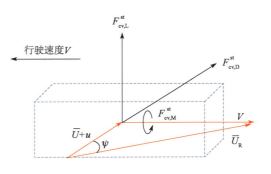

图 11.1-5 车辆相对风速示意图

11.1.3 桥梁-风浪流耦合作用

海洋环境中,桥位处的风向、浪向和流向可能不同向,也不一定沿桥轴法向袭击大桥,因此,在实际工程计算中,除要考虑风浪流耦合场的强度特征,还要考虑风浪流耦合场的方向特征。

风浪流耦合场子系统对桥梁子系统的作用 F_b^{wwc} 由桥梁水中基础的浪-流激振荷载 F_b^{wc} 和桥梁上部结构的风荷载 F_b^w 两部分组成,即:

$$F_b^{wwc} = F_b^{wc} + F_b^w \tag{11.1-8}$$

桥梁水中基础的浪流激振荷载 F_b^{wc} 可采用势流理论和边界元方法进行求解。假设水体为无黏、不可压缩条件下的理想流体,总速度势可以写为下列形式:

$$\Phi(\boldsymbol{x},t) = Re\sum_j \phi_j(\boldsymbol{x}) e^{-i\omega_j t} \tag{11.1-9}$$

式中:$\boldsymbol{x} = (X,Y,Z)$——固定坐标系下波浪场中任意点坐标;

ϕ_j——与频率 ω_j 相应的第 j 个组成波的速度势,其与时间无关。

波浪场内任一点的速度势 ϕ 可认为是无任何扰动的入射波速度势 ϕ^I 和结构静止不动时对入射波扰动后形成绕射波速度势 ϕ^D 之和。ϕ^I 是与结构无关的已知量,ϕ^D 通过求解边界积分方程(11.1-10)获得。方程(11.1-10)满足相应的自由表面边界条件(11.1-11)和物面边界条件(11.1-12)。

$$C(\boldsymbol{x})\phi^D(\boldsymbol{x}) + \iint_S \phi^D(\boldsymbol{\xi})\frac{\partial G(\boldsymbol{x};\boldsymbol{\xi})}{\partial \boldsymbol{n}}dS = -\iint_S G(\boldsymbol{x};\boldsymbol{\xi})\frac{\partial \phi^I}{\partial \boldsymbol{n}}(\boldsymbol{\xi})dS \tag{11.1-10}$$

$$\frac{\partial \phi}{\partial z} - \frac{\omega_e^2}{g}\phi = 0 \quad (z=0) \tag{11.1-11}$$

$$\frac{\partial \phi^D}{\partial \boldsymbol{n}} = -\frac{\partial \phi^I}{\partial \boldsymbol{n}} \tag{11.1-12}$$

$$\boldsymbol{\xi} = (\xi,\eta,\zeta)$$

式中:$\boldsymbol{n}$——表示物面 S 的法向量;

ω_e——遭遇频率,$\omega_e = \omega + \omega^2 U\cos\beta/g$;

C——自由项系数;

G——满足自由水面边界条件的格林函数;

U——水流流速,$U = |\boldsymbol{U}|$;

β——浪向、流向之间的夹角。

物体表面动水压力可表示为:

$$p(\boldsymbol{x}) = -\rho\{(-i\omega_e + \boldsymbol{U}\cdot\nabla)[\phi^I(\boldsymbol{x}) + \phi^D(\boldsymbol{x})]\}e^{-i\omega_e t} = \frac{2}{H}\boldsymbol{H}(\omega_e)e^{-i\omega_e t} \tag{11.1-13}$$

式中：$H(\omega_e)$——浪流耦合作用力传递函数向量。

在随机波浪作用下，假设结构物中心处波面的瞬时高度为$\eta(t)$，那么在整个结构物上的瞬时浪流耦合作用力和力矩可通过时域内广义浪流耦合作用力的脉冲响应函数$h(t)$与波面高度的卷积求得，即：

$$F^{wc,id}(t) = \int_0^t h(t-\tau)\eta(\tau)d\tau \quad (11.1-14)$$

$$h(t) = \text{Re}\left\{\frac{1}{\pi}\int_0^\infty H(\omega_e)e^{i\omega_e t}d\omega_e\right\} \quad (11.1-15)$$

为获得桥梁基础结构单元上的浪流耦合作用力，需采用有限元和边界元联合分析模型，如图9.3-2所示，将静水面以下桥梁基础结构离散为n个三维结构梁单元，将每个单元对应的基础边界划分边界单元并视为一个边界单元组，则风浪流耦合场子系统对桥梁下部结构的浪流耦合作用力F_b^{wc}可以表示为：

$$F_b^{wc} = \sum_{i=1}^n N_i^{wc} F_i^{wc,id}(t) \quad (11.1-16)$$

式中：$F_i^{wc,id}$——第i的基础梁单元所对应的边界单元组受到的浪流耦合作用力；

N_i^{wc}——单元荷载转换矩阵。

风浪流耦合场子系统对桥梁上部结构的风荷载F_b^w包括平均风速引起的平均风荷载F_b^{st}、脉动风引起的抖振力F_b^{bf}和气弹相互作用引起的自激力F_b^{se}三部分[7]，即：

$$F_b^w = F_b^{st} + F_b^{bf} + F_b^{se} \quad (11.1-17)$$

考虑斜风效应的情况下，整体坐标系下的平均风荷载F_b^{st}和抖振力F_b^{bf}由局部平均风轴坐标系（图11.1-6）下的平均风荷载$\overline{F}^{st}$和抖振荷载$\overline{F}^{bf}$经过坐标转换等计算得到，其中$\overline{F}^{st}$和$\overline{F}^{bf}$可表示为：

$$\overline{F}^{st} = 0.5\rho \overline{U}_b^2 B \overline{C} \quad (11.1-18)$$

$$\overline{F}^{bf} = 0.5\rho V_t^2 P_{L\tilde{u}L\tilde{w}} B(\overline{C} + \overline{C}'_\beta \Delta\beta + \overline{C}'_\theta \Delta\theta) - \overline{F}^{st}(t) \quad (11.1-19)$$

$$\overline{C} = (C_{C_{\overline{q}}}, C_{D_{\overline{p}}}, C_{L_{\overline{h}}}, C_{M_{\overline{\alpha}}}, C_{M_{\overline{\gamma}}}, C_{M_{\overline{\phi}}})^T \quad (11.1-20a)$$

$$V_t = \sqrt{[U_b + u(t)]^2 + v^2(t) + w^2(t)} \quad (11.1-20b)$$

$$B = diag(B, B, B, B^2, B^2, B^2) \quad (11.1-20c)$$

式中：
$\overline{C}$——局部平均风坐标系($\overline{q}-\overline{p}-\overline{h}$)下的气动力系数向量；

B——主梁宽度；

V_t——瞬时风速；

$\overline{U}_b$——主梁顺风向平均风速；

u——顺风向脉动风速分量；

v——水平面内的脉动风速分量；

w——向上的脉动风速分量;

$P_{L\bar{w}L\tilde{w}}$——从局部瞬时风轴坐标系到局部平均风轴坐标系的转换矩阵;

$(\ )'_\beta = \partial(\ )/\partial\beta 、(\ )'_\theta = \partial(\ )/\partial\theta$——对局部平均风偏角 $\bar{\beta}$ 和局部平均风攻角 $\bar{\theta}$ 的偏导。

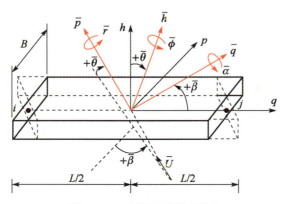

图 11.1-6 局部平均风轴坐标系

整体坐标系下桥梁自激力 $\boldsymbol{F}_b^{se}$ 由主梁局部参考坐标系 $(q-p-h)$ 下的自激升力 L_h^{se}、自激阻力 D_p^{se} 和自激扭转力矩 M_α^{se} 经过坐标变换等计算得到。L_h^{se}、D_p^{se} 和 M_α^{se} 可以表示为:

$$L_h^{se}(t) = F(C_{L_h},\delta_h,\dot{\delta}_h,t) + F(C_{L_p},\delta_p,\dot{\delta}_p,t) + BF(C_{L_\alpha},\delta_\alpha,\dot{\delta}_\alpha,t) \quad (11.1\text{-}21\text{a})$$

$$D_p^{se}(t) = F(C_{D_h},\delta_h,\dot{\delta}_h,t) + F(C_{D_p},\delta_p,\dot{\delta}_p,t) + BF(C_{D_\alpha},\delta_\alpha,\dot{\delta}_\alpha,t) \quad (11.1\text{-}21\text{b})$$

$$M_\alpha^{se}(t) = BF(C_{M_h},\delta_h,\dot{\delta}_h,t) + BF(C_{M_p},\delta_p,\dot{\delta}_p,t) + B^2F(C_{M_\alpha},\delta_\alpha,\dot{\delta}_\alpha,t) \quad (11.1\text{-}21\text{c})$$

其中:

$$F(C_{s_r},\delta_r,\dot{\delta}_r,t) = \rho\bar{U}^2\left[C_{s_r,1}\delta_r(t) + C_{s_r,2}\frac{B}{\bar{U}}\dot{\delta}_r(t) + \sum_{k=3}^{m_{s_r}}C_{s_r,k}\int_{-\infty}^{t}e^{-\frac{d_{s_r,k}\bar{U}}{B}(t-\tau)}\dot{\delta}_r(\tau)\mathrm{d}\tau\right]$$

$$(11.1\text{-}22\text{a})$$

$$\boldsymbol{C}_{s_r} = \{C_{s_r,1},C_{s_r,2},C_{s_r,3},d_{s_r,3},C_{s_r,4},d_{s_r,4},\cdots,C_{s_r,m_{s_r}},d_{s_r,m_{s_r}}\} \quad (11.1\text{-}22\text{b})$$

式中: $s = L,D,M$;

$r = h,p,\alpha$;

$\delta、\dot{\delta}$——主梁局部参考坐标系 $(q-p-h)$ 下的位移和速度;

$\boldsymbol{C}_{s_r}$——与颤振导数相关的拟合系数。

11.2 车-桥-风浪流耦合系统运动方程的求解算法

1. 求解方法

在建立完成车辆子系统模型及桥梁子系统模型以后,需要对各类荷载作用下车辆-桥梁系统的动力响应进行求解,此时就面临着求解方法选择的问题。关于动力系统在时域内的求解问题,一般是采用时域积分的方法,常用的有 Newmark-β 法、Wilson-θ 法等。关于车辆-桥梁系统在求解动力响应时面临的主要问题,则是选择何种方法来处理桥梁子系统和车辆子系统之间的耦合关系,即如何找到一组轮轨间作用力及车辆-桥梁系统的运动状态,使其能够同时满足车辆子系统和桥梁子系统。根据对车辆子系统和桥梁子系统间耦合处理手段的不同,常用的方法有直接耦合法、时间步内迭代法和全过程迭代法。

(1) 直接耦合法

直接耦合法的具体求解思路是通过车辆-桥梁系统采用的轮轨关系将车辆子系统和桥梁子系统的耦联到一起,建立起一个统一的车辆-桥梁系统运动方程。如果轮轨关系满足线性条件,此时建立得到的车辆-桥梁系统运动方程则是一个线性的系统方程,就可以直接利用 Newmark-β 法等数值时程积分方法对其进行求解,直接得到每一时间步内系统的动力响应。

(2) 时间步内迭代法

时间步内迭代方法的具体求解思路是利用车辆-桥梁系统采用的轮轨关系,得到轮轨间作用力与车辆、桥梁运动状态间的函数关系,从而将车辆子系统和桥梁子系统通过轮轨间作用力耦合在一起。在求解过程中的每个时间步内,可利用 Newmark-β 法等数值时程积分方法分别求解车辆子系统和桥梁子系统在该时间步内的动力响应,此时轮轨间作用力被认为是车辆子系统和桥梁子系统的外荷载,由于轮轨间作用力同时又与车辆子系统和桥梁子系统的运动状态相关,因此在求解每一时间步内车辆子系统和桥梁子系统的运动状态时需要进行迭代。由于不需要进行车辆-桥梁系统总运动方程的合成,因此在求解车辆子系统的运动状态时,可以将不同车辆解耦,仅需分别计算每节车辆的动力响应,相比直接耦合法该种方法在很大程度上降低了矩阵求解的运算量。

(3) 全过程迭代法

全过程迭代法的求解思路同样是利用车辆-桥梁系统采用的轮轨关系,得到轮轨间作用力与车辆、桥梁运动状态间的函数关系,从而建立起车辆子系统和桥梁子系统的耦合关系。以列车通过桥梁这一全过程作为迭代部分,分别求解全过程内车辆子系统和桥梁子系统的动力响应,并利用其修正整个过程的轮轨间作用力时程,继续对车辆子系统和桥梁子系统进行求解,直到满足一定的收敛条件。

2. 分离迭代求解流程

采用时间步内分离迭代法求解车-桥-风浪流耦合系统运动方程,将方程(11.1-1)改写为如下形式:

$$\boldsymbol{M}_{cv}\ddot{\boldsymbol{X}}_{cv} + \boldsymbol{C}_{cv}\dot{\boldsymbol{X}}_{cv} + \boldsymbol{K}_{cv}\boldsymbol{X}_{cv} = \boldsymbol{F}_{cv}^{b} + \boldsymbol{F}_{cv}^{wwc} \qquad (11.2\text{-}1a)$$

$$\boldsymbol{M}_{b}\ddot{\boldsymbol{X}}_{b} + \boldsymbol{C}_{b}\dot{\boldsymbol{X}}_{b} + \boldsymbol{K}_{b}\boldsymbol{X}_{b} = \boldsymbol{F}_{b}^{cv} + \boldsymbol{F}_{b}^{wwc} \qquad (11.2\text{-}1b)$$

采用分离迭代法求解方程(11.2-1)的具体步骤如下。

(1)时间步迭代:计算 t 时间步的车辆子系统和桥梁子系统间的不平顺激励力 $F_{b,cv}^{ir}$ 和 $F_{cv,b}^{ir}$,风浪流耦合场子系统对车辆子系统的作用力 F_{cv}^{wwc},风浪流耦合场子系统对桥梁子系统下部结构的浪流耦合作用力 F_b^{wc}。

(2)时间步内的双层迭代:其中外层迭代标识 i,内层迭代标识 j。

①第 i 次外层迭代。

a.第 j 次内层迭代:根据第 $i-1$ 次外层迭代得到的车辆子系统响应 X_{cv}^{i-1}、$\dot{X}_{cv}^{i-1}$、$\ddot{X}_{cv}^{i-1}$ 和第 $j-1$ 次内层迭代桥梁子系统响应 X_b^{j-1}、$\dot{X}_b^{j-1}$、$\ddot{X}_b^{j-1}$,计算车辆子系统对桥梁子系统的耦合作用力 $F_{b,cv}^{cp}$,其中,对于 X_{cv}^{i-1}、$\dot{X}_{cv}^{i-1}$、$\ddot{X}_{cv}^{i-1}$,将时间步 $t-\Delta t$ 的车辆响应作为第1次外层迭代的初始迭代值,在 X_b^{j-1}、$\dot{X}_b^{j-1}$、$\ddot{X}_b^{j-1}$ 中,将第 $i-1$ 次外层迭代得到的桥梁响应作为第1次内层初始迭代值,将 $t-\Delta t$ 时间步的桥梁响应作为第1次外层迭代时的初始迭代值。

b.根据 $j-1$ 次内层迭代桥梁响应 X_b^{j-1},更新桥梁刚度矩阵 K_b^j;计算风浪流耦合场子系统对桥梁子系统上部结构的作用力 F_b^w。

c.计算得到作用在桥梁子系统的外力 $F_b^j = F_{b,cv}^{cp} + F_{b,cv}^{ir} + F_b^w + F_b^{wc}$。

d.根据桥梁子系统的运动方程式(11.2-1b)通过数值积分求解桥梁子系统的响应 X_b^j、$\dot{X}_b^j$、$\ddot{X}_b^j$。

e.重复步骤 a~d,直到本次迭代结果 X_b^j 和上次迭代结果 X_b^{j-1} 相比满足收敛条件;并将收敛解 X_b^j 作为第 i 次外层迭代的解 X_b^i,同时求得 $\dot{X}_b^i$、$\ddot{X}_b^i$。

②根据第 $i-1$ 次外层迭代得到的车辆子系统响应 X_{cv}^{i-1}、$\dot{X}_{cv}^{i-1}$、$\ddot{X}_{cv}^{i-1}$,以及第①步中求解的桥梁子系统响应 X_b^i、$\dot{X}_b^i$、$\ddot{X}_b^i$,计算桥梁子系统对车辆子系统的耦合作用力 $F_{cv,b}^{cp}$,得到车辆子系统的外力 $F_{cv}^i = F_{cv,b}^{cp} + F_{cv,b}^{ir} + F_c^{wwc}$。

③根据车辆子系统运动方程式(11.2-1a),通过数值积分求解车辆子系统响应 X_{cv}^i、$\dot{X}_{cv}^i$、$\ddot{X}_{cv}^i$。

④重复步骤①~③,直到本次迭代结果 X_{cv}^i 和上次迭代结果 X_{cv}^{i-1} 相比满足收敛条件。

(3)重复上述步骤(1)~(2),计算下一时间步 $t = t + \Delta t$ 的车辆子系统动力响应 X_{cv}、$\dot{X}_{cv}$、$\ddot{X}_{cv}$ 和桥梁子系统的动力响应 X_b、$\dot{X}_b$、$\ddot{X}_b$,直到车辆全部驶离桥梁子系统。根据车辆子系统和桥梁子系统的动力响应,计算并评价风浪流耦合作用下车辆子系统中汽车和列车通过公铁两用桥梁时的运行安全性和舒适性的步骤,包括:

①根据汽车的加速度响应 $\ddot{X}_c$,计算汽车4车体的Sperling舒适度指标,判断汽车的运行舒适性。

②根据汽车的动力响应 X_c、$\dot{X}_c$、$\ddot{X}_c$ 和桥梁子系统的动力响应 X_b、$\dot{X}_b$、$\ddot{X}_b$，计算桥梁子系统和三维随机风场对汽车的作用力 F_c^b 和 F_c^{ae}，计算汽车的倾覆系数，判断汽车的运行安全性。

③根据列车的加速度响应 $\ddot{X}_v$，计算列车车体的 Sperling 舒适度指标，利用车体加速度峰值及 Sperling 舒适度指标双标准判断列车的运行舒适性。

④根据列车的动力响应 X_v、$\dot{X}_v$、$\ddot{X}_v$ 和桥梁子系统的动力响应 X_b、$\dot{X}_b$、$\ddot{X}_b$，计算桥梁子系统三维随机风场对列车的作用力 F_v^b、F_v^{ae}，计算列车的轮对横向力、轮重减载率及脱轨系数，判断列车的运行安性。

⑤仅当汽车和列车的运行安全性及舒适性全部满足要求时，判定车辆子系统运行满足要求。

11.3 琼州海峡公铁两用特大桥车-桥-风浪流耦合振动分析

11.3.1 桥梁子系统参数

以琼州海峡主通航孔桥主跨 $2\times1500m$ 的三塔公铁两用斜拉桥方案为对象进行研究，桥梁方案详细介绍见第 2 章。

1. 桥梁有限元模型及动力特性

为提高计算效率，在保证刚度和质量等效的情况下，将桁架主梁用单主梁等效，采用空间梁单元进行模拟，梁单元节点置于桁架主梁截面扭心；主梁质量采用质量单元模拟，质量单元节点置于桁架主梁截面重心；梁单元与质量单元、拉索单元之间采用刚臂单元连接。主梁简化模型示意图见图 11.3-1。

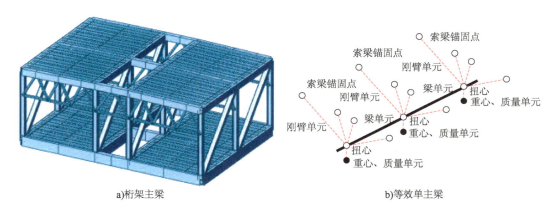

a) 桁架主梁　　　　b) 等效单主梁

图 11.3-1　主梁简化模型示意图

桥塔、桥墩和基础结构采用空间梁单元模拟,拉索采用空间杆单元模拟,主梁与墩、塔之间的支座采用弹性连接模拟,辅助墩和过渡墩边界采用固定约束模拟。

分析中,车辆轮对位置的桥梁响应由单主梁扭心处的横向、竖向和扭转响应考虑线路偏心经过换算得到。

中塔、边塔基础的边界约束考虑土-基础结构相互作用,采用土弹簧进行模拟,考虑土结相互作用的基础边界约束的有限元模型见图11.3-2。针对本方案中的新型复合基础,采用FLAC-3D有限元数值模型及日本桥梁抗震设计规范中地基动力刚度的实用算法计算沉箱基础-土接触土弹簧单元的刚度。计算结果见表11.3-1,取两种方法计算结果中的较小值。

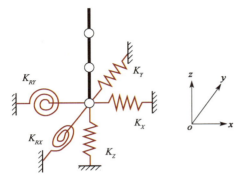

图11.3-2 基础边界约束有限元模型

基础刚度参数   表11.3-1

方法	位置	$K_X, K_Y(\text{kN/m})$	$K_Z(\text{kN/m})$	$K_{RX}, K_{RY}(\text{kN} \cdot \text{m/rad})$
有限元分析	中塔	8.00×10^7	2.60×10^8	6.70×10^{11}
	边塔	6.23×10^7	2.02×10^8	5.22×10^{11}
日本规范中公式	中塔	5.19×10^7	1.73×10^8	2.00×10^{11}
	边塔	4.44×10^7	1.48×10^8	1.33×10^{11}

大桥全桥有限元计算模型见图11.3-3。大桥前10阶动力特性分析结果见表11.3-2。

图11.3-3 桥梁结构有限元模型

固有频率及振形特征   表11.3-2

阶数	频率(Hz)	振型
1	0.045	主梁反对称横弯
2	0.050	主梁正对称横弯
3	0.102	主梁反对称竖弯+边塔纵弯
4	0.112	主梁反对称竖弯+中塔纵弯
5	0.116	边塔横弯+主梁反对称横弯
6	0.119	边塔横弯+主梁正对称横弯

续上表

阶　　数	频率（Hz）	振　　型
7	0.129	边塔横弯 + 主梁反对称横弯
8	0.133	边中塔横弯 + 主梁正对称横弯
9	0.147	梁正对称横弯 + 中塔横弯
10	0.167	梁正对称竖弯 + 边塔纵弯

2. 桥梁主梁气动参数

采用 CFD 方法计算获得了主梁静力三分力系数和颤振导数。当风攻角和风偏角均为 0°时，主梁阻力系数为 0.698，升力系数为 0.002，俯仰扭矩系数为 0.063；主梁颤振导数 A_i^* 和 H_i^*（$i = 1, \cdots, 4$）见图 11.3-4。

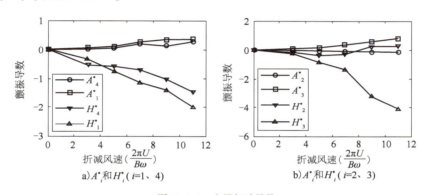

图 11.3-4　主梁气动导数

11.3.2　桥梁基础水动力参数

采用高阶边界单元对水中基础浸湿面进行边界离散，并沿水深不等高度分为 5 个边界单元组，通过求解边界积分方程，最终获得各边界单元组的浪流耦合作用力传递函数。中塔基础水深为 43.4m，水中基础浸湿面边界单元组划分情况见图 11.3-5。波浪沿横桥向传播时，近水面处边界单元组①的横桥向浪流耦合作用力和顺桥向浪流耦合作用力矩的传递函数见图 11.3-6。

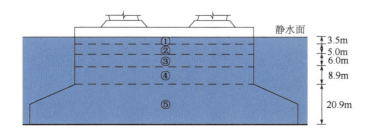

图 11.3-5　中塔基础边界单元组

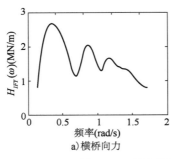
a) 横桥向力

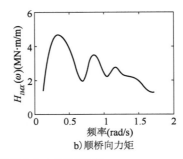
b) 顺桥向力矩

图 11.3-6 浪流耦合作用力和力矩传递函数

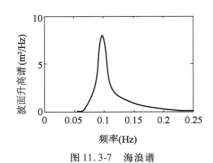

图 11.3-7 海浪谱

11.3.3 风浪流耦合场子系统

本节采用的风浪流耦合场特征参数见表 11.3-3。分析中波浪谱采用改进的 JONSWAP 谱,谱峰因子取 3.0,WWC3 风浪流耦合场条件所对应的波浪谱见图 11.3-7;水平脉动风谱采用 Simiu 谱,竖向脉动风谱采用 Lumley-Panofsky 谱。此外,主梁的气动导纳选取西堠门大桥的实测结果,拉索和桥塔的气动导纳函数均取为 1。本研究中,假定风向、浪向和流向皆为横桥向。

风浪流耦合场特征参数 表 11.3-3

耦 合 场 名	桥面基准风速(m/s)	有效波高(m)	平均波周期(s)	流速(m/s)
WWC0	0.00	0.00	—	0.00
WWC1	15.00	3.43	6.97	2.00
WWC2	20.00	4.31	7.86	2.00
WWC3	25.00	4.86	8.39	2.00
WWC4	30.00	5.26	8.70	2.00
WWC5	35.00	5.71	9.02	2.00
WWC6	40.00	6.66	9.68	2.00

11.3.4 车辆子系统参数

本节重点分析风浪流耦合作用对列车-桥梁系统动力响应的影响规律,分析中只考虑汽车的静力作用和对系统的质量贡献。

基于高速公路管理部门车型划分标准,将车型、轴重、车重、车间距等参数作为随机变量。通过蒙特卡洛方法模拟 20min 随机车流数据,根据模拟结果确定桥上汽车的分布特性,进而确定桥上汽车车辆附加质量的分布规律,通过在有限元模型中添加附加质量的方法考虑汽车质量对桥梁动力特性的影响。

列车采用 8 节编组的 ICE3 高速列车,编组形式为(3 动 + 1 拖)×2,仅考虑 1 线列车过桥,其中 ICE 车辆轴重及轴距见图 11.3-8。当风偏角为 0°时,车辆的阻力系数、升力系数和俯仰扭矩系数分别取为 1.3、0.5 和 0.2。

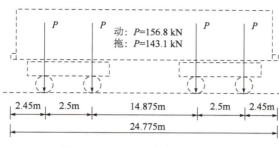

图 11.3-8　ICE3 列车车辆基本参数

11.3.5　车-桥-风浪流耦合振动分析结果

为研究风浪流耦合场对车辆-桥梁系统动力响应的影响规律,选取风浪流耦合场 WWC3,让列车以 200 km/h 速度通过桥梁,分别计算无风浪流作用、单风作用、风浪流耦合作用工况下,车辆-桥梁系统的动力响应。工况信息具体见表 11.3-4,分析中忽略列车承担风荷载及轨道不平顺的影响。

计算工况信息表　　　　　　　　　　　　　　　表 11.3-4

工　况	工况类型	环境场信息
BW	桥-风耦合	桥面基准风速 25m/s
BWWC	桥-风浪流耦合	WWC3
VB	车-桥耦合	—
VBW	车-桥-风耦合	桥面基准风速 25m/s
VBWWC	车-桥-风浪流耦合	WWC3

1. 风浪流耦合场对桥梁的影响

对于工况 BW 和工况 BWWC,主梁沿桥轴向不同截面处的横向、竖向和扭转响应均方根分别见图 11.3-9 ~ 图 11.3-11。

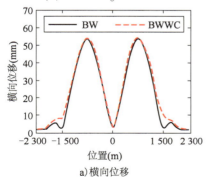
a) 横向位移

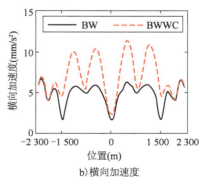
b) 横向加速度

图 11.3-9　主梁横向响应均方根

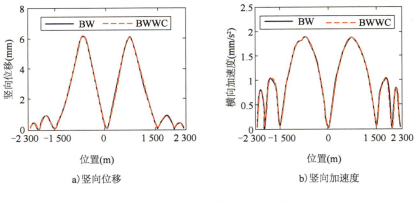

图 11.3-10 主梁竖向响应均方根

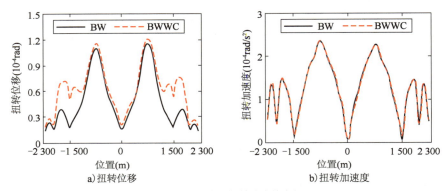

图 11.3-11 主梁扭转响应均方根

从图 11.3-9 中可以看出,风浪流耦合作用时,主梁横向位移和加速度均比单风作用时有所增大,且加速度响应的增大程度更为明显。在主跨跨中处横向位移和加速度均方根增大 0.77% 和 23.12%,在边塔处增大 204.9% 和 167.0%。

从图 11.3-10 中可以看出,风浪流耦合作用时,主梁竖向位移和加速度与单风作用时基本相同。

从图 11.3-11 中可以看出,风浪流耦合作用时,主梁扭转位移比单风作用时有所增大,增大敏感部位与横向响应类似,其中主跨跨中处主梁扭向位移均方根增大 4.9%,边塔处增大 198.7%;风浪流耦合作用时,桥梁扭转加速度响应在桥墩(塔)部位略有增大,其他部位基本相同,其中主跨跨中处主梁扭向加速度均方根增大 0.5%,边塔处增大 314.7%。

上述结果表明:对于边塔处主梁,风浪流耦合作用与单风作用相比,其动力响应明显增大,如不考虑风浪流耦合作用,将高估该位置处桥梁结构、横向抗风支座、竖向支座的安全性能和耐久性能,应引起设计者重视。

为进一步研究单风、风浪流耦合作用对主梁动力响应的影响规律,给出主跨跨中及边塔处的横向及扭转动力响应时程和相应的功率谱,见图 11.3-12 ~ 图 11.3-15(图中剔除了静风荷载引起的平均值分量)。

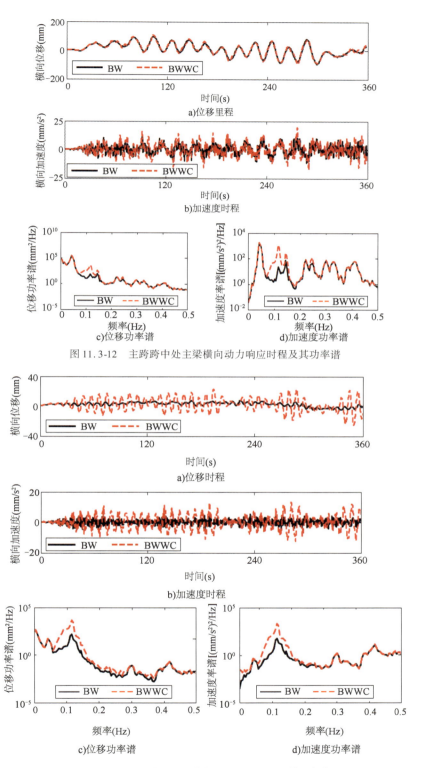

图 11.3-12 主跨跨中处主梁横向动力响应时程及其功率谱

图 11.3-13 边塔处主梁横向动力响应时程及其功率谱

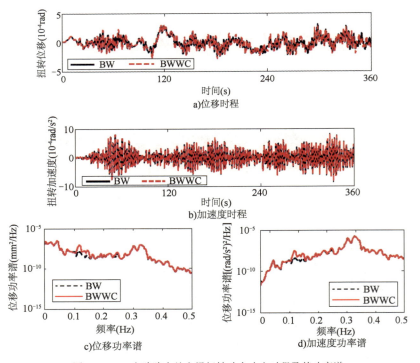

图 11.3-14 主跨跨中处主梁扭转动力响应时程及其功率谱

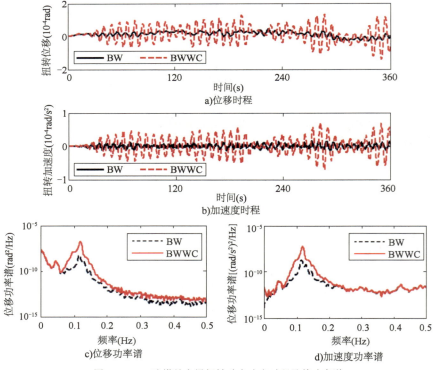

图 11.3-15 边塔处主梁扭转动力响应时程及其功率谱

从图 11.3-12 中可以看出，单风和风浪流耦合作用下，主梁跨中横向动力响应主要集中在 0.045~0.051Hz 和 0.116~0.129Hz 两个频段区间，其中第一频段覆盖以主梁横弯为主的第 1、2 阶振型频率(0.045Hz、0.051Hz)，第二频段覆盖以桥塔横弯+主梁横弯为主的第 5、6、7 阶振型频率(0.116Hz、0.119Hz、0.129Hz)，且第一频段起主导作用。对于风浪流耦合作用，由于浪流作用的激励频率与第二频段比较接近，因此，第二频段对应响应有所增大，但第一频段仍然起主导作用。

从图 11.3-13 中可以看出，单风和风浪流耦合作用下，边塔处主梁横向动力响应也主要集中在上述的两个频段区间，但与主梁跨中响应不同，这两个频段的贡献基本相当。在风浪流耦合作用下，第二频段对应响应大大增强，增大效应明显高于主梁跨中部位。

从图 11.3-14 和图 11.3-15 可以看出，边塔处主梁扭转主要受桥塔横弯变形引起的扭转响应控制，单风和风浪流耦合作用下，边塔处主梁扭转动力响应主要集中在 0.116~0.129Hz 频段区间；而主梁跨中处扭转响应受主梁扭转阵型控制(0.304Hz、0.325Hz、0.334Hz)，单风和风浪流耦合作用下，主梁跨中扭转动力响应仅在 0.116~0.129Hz 频段区间略有增大，扭转阵型频段变化较小。

主梁位移和加速度的响应时程和频谱分析结果表明：由于风浪流耦合场中的浪流作用主要是横桥向作用力和力矩，其激发桥塔横向振动和绕桥轴向扭转，从而引起桥塔相接部位主梁的相应动力响应。此外，对塔梁相接部位的主梁横向响应，其主要是浪流作用下强迫振动引起的，故其位移和加速度响应受浪流作用的影响很大；而扭转响应主要是桥塔在外载激励下的自由振动引发，故其位移响应受浪流作用的影响大，但加速度受浪流作用的影响较小。其中，主梁左半幅关键截面处的动力响应统计见表 11.3-5。

关键截面处主梁动力响应对比　　　　表 11.3-5

位　置	方　向	位移(mm 或 rad‰)			加速度(mm/s² 或 rad‰/s²)		
		BW	BWWC	增大系数	BW	BWWC	增大系数
主跨跨中	横向	53.467	53.878	0.77	4.954	6.100	23.12
	竖向	5.942	5.945	0.05	1.867	1.869	0.11
	扭转	0.110	0.115	4.89	0.234	0.235	0.53
主跨1/4	横向	33.742	36.156	7.15	5.757	9.897	71.92
	竖向	2.285	2.304	0.84	1.443	1.449	0.39
	扭转	0.051	0.063	22.57	0.160	0.162	1.35
辅助跨跨中	横向	5.105	6.784	32.88	5.488	6.170	12.42
	竖向	0.831	0.848	2.01	0.972	0.973	0.17
	扭转	0.038	0.070	85.94	0.130	0.134	3.06
边跨跨中	横向	1.729	2.039	17.93	6.898	6.944	0.67
	竖向	0.416	0.417	0.24	0.809	0.809	0.01

续上表

位置	方向	位移(mm 或 rad‰)			加速度(mm/s² 或 rad‰/s²)		
		BW	BWWC	增大系数	BW	BWWC	增大系数
边跨跨中	扭转	0.023	0.027	17.10	0.137	0.137	0.17
中塔处	横向	2.334	3.402	45.78	1.548	2.231	44.13
	竖向	0.005	0.006	19.20	0.017	0.017	0.23
	扭转	0.014	0.020	41.37	0.006	0.012	82.56
边塔处	横向	2.768	8.439	204.86	1.679	4.483	166.97
	竖向	0.017	0.027	58.25	0.032	0.032	2.85
	扭转	0.016	0.048	198.68	0.006	0.025	314.72

注：增大系数 = (BWWC − BW)/BW

2. 风浪流耦合作用对车辆的影响

为方便研究单风、风浪流耦合作用引起的桥梁动力响应对车辆系统动力响应的影响规律，忽略静风作用及轨道不平顺影响，主要考虑抖振力、气弹自激力及浪流耦合作用。计算得到 VB、VBW、VBWWC 工况下列车车体的加速度、轮轨横向力和轮重减载率时程分别如图 11.3-16、图 11.3-17 和图 11.3-18 所示，车体加速度响应频谱见图 11.3-19。图 11.3-16~图 11.3-18 中的横坐标表示车辆首轮对在桥上的位置。

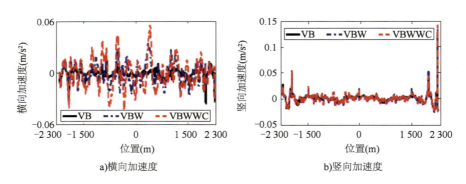

a) 横向加速度　　　　　　　b) 竖向加速度

图 11.3-16　列车车辆车体加速度响应时程

从图 11.3-16 中可以看出，与单风作用相比，风浪流耦合作用下车体横向加速度响应明显增大，特别是在主跨 1/4、3/4 以及桥墩(塔)附近，最大值增大 60.9%；而车体竖向加速度变化较小。

从图 11.3-17 和图 11.3-18 可以看出，与单风作用相比，风浪流耦合作用下轮轨横向力和轮重减载率也有一定幅度增大，最大值分别增大 7.2% 和 6.6%。

从图 11.3-19 可以看出，与单风作用相比，浪流耦合作用下车辆加速度响应频谱幅值在 0.116~0.129Hz 这个频段区间明显增强，该频段覆盖以桥塔横弯 + 主梁横弯为主的第 5、6、7 阶振型频率，与桥塔基础浪流耦合作用激励频率也非常接近。

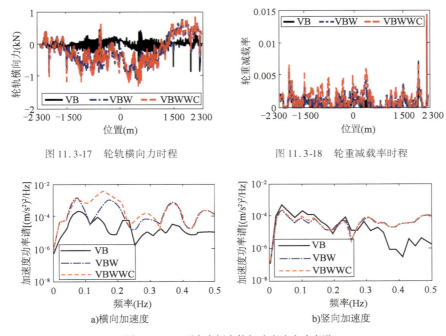

图 11.3-19 列车车辆车体加速度响应功率谱

上述结果表明,与单风作用相比,风浪流耦合作用下桥梁动力响应增大导致了桥上车辆横向加速度、轮轨横向力、轮重减载率等行车安全性指标增大。因此,与考虑风浪流耦合作用相比,只考虑单风作用将高估桥上列车的运营安全性及舒适性。

由上述分析结果可知,风浪流耦合场同时激励主梁、桥塔上部结构、桥塔及桥墩水中基础,当浪流耦合作用激励频率与桥塔振动频率接近时,桥塔产生大幅振动,带动塔梁相接部位附近区域乃至桥跨大部分区域的主梁振动,并成为这些部位的主要振动成分;主梁振动的增强导致桥上车辆横加速度、轮轨横向力、轮重减载率等行车安全性指标增大。从理论上分析,浪流耦合作用越大、桥塔刚度越小,这种增大效应将越明显。海洋环境中,特别是受台风影响区域,风与波浪相关性极大,对于跨海公铁两用桥梁而言,需要考虑风浪流耦合作用,仅考虑风场单独作用将高估桥梁结构和列车行车的安全性。

3. 不同风浪流耦合场环境下列车运营安全性

为研究桥上安全行车风速,考虑轨道不平顺及列车上桥及出桥阶段所承担风荷载的影响,计算不同风浪流耦合场环境条件(表11.3-3)下,桥上单线列车行驶时的车辆脱轨系数和轮重减载率的最大值,见图11.3-20。计算结果表明,对于本桥方案,由于设置了风嘴,列车在桥上行驶时不直接承担风荷载,安全性指标由列车上桥及出桥阶段控制。

从图 11.3-20 中可以看出,不同风浪流耦合场环境下,轮重减载率及脱轨系数均随车速的提高呈增大趋势;对于风浪流耦合场 WWC4 及 WWC5,当列车速度分别超过 240 km/h 及 186

km/h 时,桥上车辆的轮重减载率超过规范限值要求(≤0.6),表明车辆的运行安全受到了威胁;对于风浪流耦合场 WWC6,当列车速度为 50km/h 时,列车轮轴减载率及脱轨系数已经超限,因此没有绘于图中。

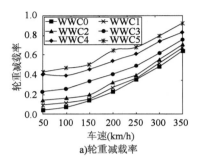
a)轮重减载率

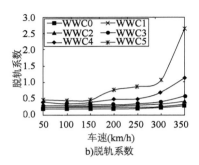
b)脱轨系数

图 11.3-20　风浪流耦合作用下轮重减载率和脱轨系数随车速变化

根据车辆安全性及平稳性评价指标,确定高速列车在不同风浪流耦合场环境下安全通过桥梁的最高车速。ICE3 高速列车安全通过桥梁的速度阈值计算结果见图 11.3-21(含上桥及出桥阶段)。

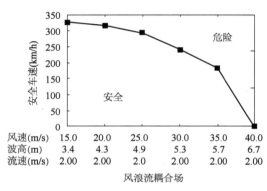

图 11.3-21　IEC3 列车安全车速阈值曲线

从图 11.3-21 可以看出,在桥面风速 30m/s、波高 5.3m、波周期 8.7s 和流速 2m/s 的风浪流耦合场环境下,车辆在桥上安全运行速度接近 250km/h,可见本桥梁方案整体刚度大,可满足恶劣海洋环境下高速列车的行车安全性和舒适性的要求。

本章参考文献

[1] 项海帆.21 世纪世界桥梁工程的展望[J].土木工程学报,2000,33(3):1-6.

[2] 唐寰澄.世界著名跨海交通工程[M].北京:中国铁道出版社,2004.

[3] 张喜刚,刘高,马军海,等.中国桥梁技术的现状与展望[J].科学通报,2016;61(4-5),415-425.

[4] 项海帆,葛耀君,陈艾荣,等.现代桥梁抗风理论与实践[M].北京:人民交通出版社,2005.

[5] 陈政清.工程结构的风致振动、稳定与控制[M].北京:科学出版社,2013.

[6] 刘高,葛耀君,朱乐东,等.特大型桥梁抗风设计数值化及控制技术[M].北京:人民交通出版社股份有限公司,2018.

[7] 夏禾,张楠,郭薇薇,等.车桥耦合振动工程[M].北京:科学出版社,2014.

[8] Liu Gao, Xu Y L, Zhu Ledong. Time domain buffeting analysis of long suspension bridges under skew winds[J]. Wind and Structures, 2004, 7(6): 421-447.

[9] 刘高,陈上有,刘天成,等.跨海特大型桥梁风-浪耦合作用的随机振动分析[J].应用数学与力学,2017,38

(1):75-89.

[10] 刘高,陈上有,王昆鹏,许会燕.跨海公铁两用桥梁车-桥-风浪流耦合振动研究[J].土木工程学报,2019,52(4):72-81.

[11] Chen Shangyou, Liu Gao, Liu Tiancheng, et al. Dynamic analysis of bridge tower under wind and wave action [A]. Proceedings of the Twenty-fifth (2015) International Ocean and Polar Engineering Conference [C]. Kona, Big Island, Hawaii, UAS, 2015:1470-1477.

[12] Liu Gao, Liu Tiancheng, Guo Anxin, et al. Dynamic elastic response testing method of bridge structure under wind-wave-current action [A]. Proceedings of the Twenty-fifth (2015) International Ocean and Polar Engineering Conference [C]. Kona, Big Island, Hawaii, UAS, 2015:1377-1385.

[13] 陈上有,路萍,刘高,等.列车-桥梁-汽车耦合振动仿真分析[J].振动与冲击,2014,33(20):123-128.

[14] 张楠,夏禾,郭薇薇,等.京沪高速铁路南京大胜关长江大桥风-车-桥耦合振动分析[J].中国铁道科学,2009,30(1):41-48.

[15] 郭向荣,曾庆元.京沪高速铁路南京长江斜拉桥方案行车临界风速分析[J].铁道学报,2001,23(5):75-80.

[16] 李永乐.风-车-桥系统非线性空间耦合振动研究[D].成都:西南交通大学,2003.

[17] 李玉成,滕斌.波浪对海上建筑物的作用.3版[M].北京:海洋出版社,2015.

[18] 俞聿修,柳淑学.随机波浪及其工程应用.4版[M].大连:大连理工大学出版社,2011.

[19] 日本道路協會.道路橋示方書(耐震設計編 下部構造編)[M].日本:日本丸善出版,2002.

[20] 宋晖,沈旺,王昌将,等.西堠门大桥建设关键技术[M].北京:人民交通出版社股份有限公司,2015.

[21] 韩万水,马麟,汪炳,等.随机车流-桥梁系统耦合振动精细化分析与动态可视化[J].中国公路学报,2013,26(4):78-81.

[22] 中华人民共和国行业标准.TB 10002—2017 铁路桥涵设计规范[S].北京:中国铁道出版社,2017.

第 12 章 桥梁大型深水预制基础沉放过程数值模拟及控制

外海跨海大桥的基础规模很大,一般采用预制基础。在预制基础的定位沉放过程中,波浪、海流影响很大,很难获得较长时间的良好海况作为施工窗口期,保障预制基础定位沉放的施工安全和定位精度非常困难。因此,在预制基础定位沉放过程中,需要借助安全可靠的系泊定位系统和必要的控制措施控制其运动,确保预制基础的施工安全和定位精度。本章主要介绍了琼州海峡跨海通道斜拉桥方案预制基础定位沉放施工过程,以及在施工窗口期波流作用下预制基础系泊控制的数值模拟分析,给出了一种系泊控制方案。同时,相对于系泊控制,给出了预制基础定位沉放过程中的另一种波流隔离控制措施。最后,考虑简化计算,进一步给出一种预制基础系泊系统动力分析简化模型。

12.1 桥梁深水预制基础施工过程分析

12.1.1 深水预制基础的施工流程

以琼州海峡跨海通道主跨 $2 \times 1\,500\mathrm{m}$ 三塔斜拉桥方案的中塔基础为例,该基础采用设置沉箱+钢管桩复合地基方案,预制沉箱基础结构构造如图 12.1-1 所示。

该预制基础的主要施工流程为:

(1)根据桥轴线地理位置及水深分布情况,选择基础施工的干坞和湿坞位置。首先打设钢圆筒和锁口钢管桩围堰,开挖整平加固作业场地,形成干坞。在干坞内预制沉箱钢筋混凝土底节 22m,自重 21 万 t。

(2)干坞灌水,沉箱起浮,沉箱吃水 15m。采用多艘大马力拖轮将沉箱托运至深水区湿坞。采用重力式锚系泊,如图 12.1-2 所示,对基础 32 个隔舱灌水并使基础保持铅垂状态,接着浇筑预制沉箱钢筋混凝土底节上部的 18m 钢壳段混凝土,此时沉箱吃水深度 35m。

(3)在湿坞中预制完成整个沉箱预制,采用大马力拖轮组将沉箱托运至桥位处,通过 8 艘拖轮系泊定位,灌水缓慢下沉,最终精确沉放到铺设的碎石垫层上,如图 12.1-3 所示,最后浇筑完成剩余钢壳混凝土和顶板。

第12章 ▶ 桥梁大型深水预制基础沉放过程数值模拟及控制

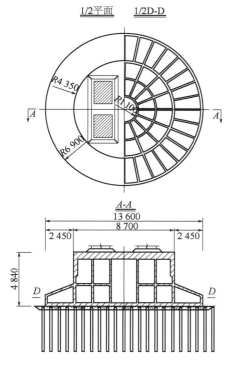

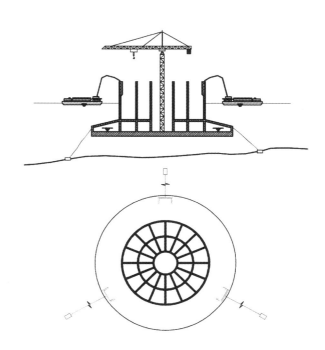

图 12.1-1 设置沉箱基础结构构造图(尺寸单位:cm)

图 12.1-2 预制基础湿坞系泊施工示意图

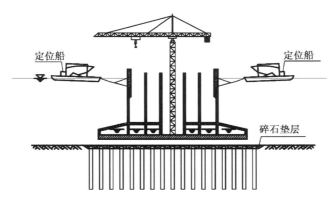

图 12.1-3 预制基础系泊定位沉放示意图

12.1.2 深水预制基础沉放过程中的系泊定位

系泊系统在海洋石油钻井平台中应用较为广泛,海洋石油钻井平台一般由船体系统、生产工艺系统、外输系统和系泊系统四大系统组成。海洋石油钻井平台的系泊系统将船体与海底连接,调节其在风、浪、流作用下的运动,保证海洋石油钻井平台长期安全地在海上作业。根据水文条件和作业要求,其系泊方式也不尽相同,常分为单点-转塔系泊(Single Point Turret Mooring)、多点-辐射系泊(Multi-Point Spread Mooring)和动力定位系统(Dynamic Positioning)。

449

在桥梁隧道工程中,由于其易操作性和经济性,定位系泊系统也常常应用于预制沉放结构物如沉井、沉箱、沉管的定位沉放作业。预制沉放基础结构具有平面尺寸大、质量大的特点,一般采用整体运输与安装工艺。而采用预制沉放基础的桥梁,均处在具有广阔水域的大江、大河或者海湾环境下,其施工受波浪、水流影响较大,因此在预制基础定位沉放过程中,均需借助定位系泊系统来控制其运动,确保基础的施工安全和定位精度。

桥梁隧道工程中的深水预制基础系泊系统和海洋平台系泊系统有着很大的区别:

(1)对于海洋平台,系泊系统作为采油储油平台永久结构的一部分,设计寿命一般长达十几年或更长,需要考虑冲击荷载、结构疲劳等问题;而预制基础系泊系统在土木工程中只是施工阶段会用到的一个临时结构,单个深水基础的浮运沉放工期较短。

(2)两个行业对系泊系统的功能需求也大相径庭,海洋平台系泊系统主要用于抵抗水流力和二阶波浪力引起的慢漂运动,允许平台在数十米直径范围内运动;在跨海通道工程中,通过系泊系统将处于波流环境中的大型预制结构物拉紧使之达到指定的沉放精度,系泊初定位的精度越高,后续精调位纠偏的工作量就越小。

(3)除设计功能外,海洋平台系泊系统与桥梁深水基础系泊系统的作业条件也有巨大差别。海洋平台一般位于深海海域,特别是浮式海洋平台所在海域的水深甚至超过千米,面临的海洋环境更为恶劣;而桥梁深水基础所在海域一般为靠近陆地的海湾或海峡,水深 100m 左右。

国内外已有几座跨海跨江大桥通过系泊控制进行桥梁预制基础施工,典型的有伊兹米特大桥、里翁-安蒂里翁大桥、明石海峡大桥和星海湾跨海大桥等。

12.2 浮体及系泊系统计算原理

12.2.1 浮体在波浪中的运动计算理论

浮体在波浪中的运动,根据是否考虑流体黏性作用,水动力分析的理论基础主要有势流理论和黏流理论。本章采用基于势流理论的方法。

1.浮体结构物运动方程

计算浮体在波浪中的运动,采用三维势流理论分析。数值模拟中包含三种坐标系,分别为:全局(地固)坐标系 G、局部(船体固定)坐标系 L 和相关坐标系 R。所有坐标系均为右手笛卡尔坐标系,以逆时针旋转为正方向。如图 12.2-1 所示。全局坐标系固定在流场水平面上,xy 平面与静水面重合,z 轴垂直向上。局部坐标系固定在结构物上,与物体一起运动(平动和转动),原点位于结构物重心。相关坐标系的坐标轴始终与全局坐标系的坐标轴平行,但原点固定在结构物重心,一般用来描述结构物的转动。

边界层理论指出,物体中除了紧靠物面附近很薄的边界层内以外,到处都是势流。在波浪问题中,黏性影响不大。在均匀、不可压缩、无旋理想流体的假设下,存在不定常速度势 $\boldsymbol{\Phi}(x,y,z,t)$,满足与速度矢量 $\boldsymbol{U}(x,y,z,t)$ 的关系:

$$\boldsymbol{U}(x,y,z,t) = \nabla \boldsymbol{\Phi}(x,y,z,t) \quad (12.2\text{-}1)$$

由连续性方程可得到流体域内的控制方程,即 Laplace 方程:

$$\nabla^2 \boldsymbol{\Phi} = 0 \quad (12.2\text{-}2)$$

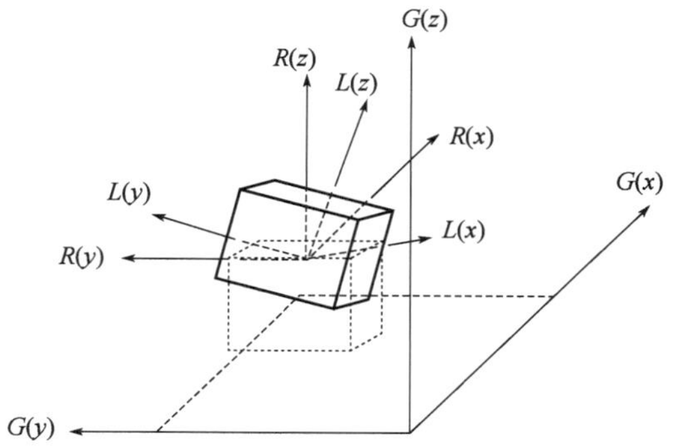

图 12.2-1　坐标系示意图

对于浮式结构物而言,上述方程的定解边界条件主要如下所述。

结构物壁面上的运动学边界条件,S 为物面:

$$\left.\frac{\partial \boldsymbol{\Phi}}{\partial n}\right|_S = U_n \quad (12.2\text{-}3)$$

自由表面上的边界条件(微波幅假定,一阶摄动近似):

$$\frac{\partial^2 \boldsymbol{\Phi}}{\partial t^2} + g \frac{\partial \boldsymbol{\Phi}}{\partial z} = 0 \quad (12.2\text{-}4)$$

海底条件(H 为水深):

$$\left.\frac{\partial \boldsymbol{\Phi}}{\partial n}\right|_{z=-H} = 0 \quad (12.2\text{-}5)$$

采用格林函数法(奇点分布法、边界元法),把控制微分方程变换成边界上的积分方程来进行数值求解。

考虑各种荷载下,浮式结构物的谐振运动方程可以表示为:

$$\boldsymbol{M}\ddot{\boldsymbol{x}} + \boldsymbol{C}\dot{\boldsymbol{x}} + \boldsymbol{D}_1 \dot{\boldsymbol{x}} + \boldsymbol{D}_2 f(\dot{\boldsymbol{x}}) + \boldsymbol{K}(\boldsymbol{x})\boldsymbol{x} = \boldsymbol{q}(t,\boldsymbol{x},\dot{\boldsymbol{x}}) \quad (12.2\text{-}6)$$

$$\boldsymbol{M} = \boldsymbol{m} + \boldsymbol{A}(\omega)$$

$$\boldsymbol{A}(\omega) = \boldsymbol{A}_\infty + \boldsymbol{a}(\omega)$$

$$\boldsymbol{A}_\infty = \boldsymbol{A}(\omega = \infty)$$

$$\boldsymbol{C}(\omega) = \boldsymbol{C}_\infty + \boldsymbol{c}(\omega)$$

$$\boldsymbol{C}_\infty = \boldsymbol{C}(\omega = \infty) = 0 \quad (12.2\text{-}7)$$

式中:$\boldsymbol{M}$——与频率有关的质量矩阵,包含结构物质量矩阵 $\boldsymbol{m}$ 和与频率有关的附加质量矩阵 $\boldsymbol{A}$;

$\boldsymbol{C}$——与频率有关的势流阻尼矩阵;

$\boldsymbol{D}_1$、$\boldsymbol{D}_2$——线性阻尼和二次阻尼矩阵;

f——速度矢量函数,可表示为 $f_i = \dot{x}_i |\dot{x}_i|$;

K——与位置有关的静水刚度矩阵；

x——位移矢量；

q——激励力矢量。

上式右边项的激励力可以表示为：

$$q(t,x,\dot{x}) = q_{WI} + q_{WA}^{(1)} + q_{WA}^{(2)} + q_{CU} \qquad (12.2\text{-}8)$$

式中：q_{WI}——风荷载；

$q_{WA}^{(1)}$、$q_{WA}^{(2)}$——一阶和二阶波浪激励力；

q_{CU}——流荷载。

可以运用延时函数的方法求解上述运动微分方程，首先可以将其改写成如下形式：

$$A(\omega)\ddot{x} + C(\omega)\dot{x} = f(t) = f'(t) - Kx - m\ddot{x} \qquad (12.2\text{-}9)$$

其中,$f'(t) = q(t,x,\dot{x}) - D_1\dot{x} - D_2 f(\dot{x})$。

结合式(12.2-7),在频域下方程式(12.2-9)可写为：

$$-\omega^2 A_\infty X(\omega) + [i\omega a(\omega) + c(\omega)]i\omega X(\omega) = F(\omega) \qquad (12.2\text{-}10)$$

对上式进行傅里叶逆变换,得到：

$$A_\infty \ddot{x}(t) + \int_{-\infty}^{\infty} h(t-\tau)\dot{x}(\tau)\mathrm{d}\tau = f(t) \qquad (12.2\text{-}11)$$

从物理意义上讲,当 $t<0$ 或者 $\tau>t$ 时,$h(t-\tau) \equiv 0$,从而上式可以表示为：

$$A_\infty \ddot{x}(t) + \int_0^\tau h(t-\tau)\dot{x}(\tau)\mathrm{d}\tau = f(t) \qquad (12.2\text{-}12)$$

将上式代入方程式(12.2-9),则浮式结构物的运动方程变为：

$$(m + A_\infty)\ddot{x} + D_1 x + D_2 f(\dot{x}) + Kx + \int_0^\tau h(t-\tau)\dot{x}(\tau)\mathrm{d}\tau = q(t,x,\dot{x}) \qquad (12.2\text{-}13)$$

式中:$h(\tau)$——时延函数,可以通过与频率有关的附加质量和阻尼系数变换得到：

$$h(\tau) = \frac{1}{2\pi}\int_{-\infty}^{\infty}[c(\omega) + i\omega a(\omega)]\mathrm{e}^{i\omega t}\mathrm{d}\omega = \frac{1}{2\pi}\int_{-\infty}^{\infty} H(\omega)\mathrm{e}^{i\omega t}\mathrm{d}\omega \qquad (12.2\text{-}14)$$

同时：

$$H(\omega) = \int_{-\infty}^{\infty} h(\tau)\mathrm{e}^{-i\omega\tau}\mathrm{d}\tau = c(\omega) + i\omega a(\omega) \qquad (12.2\text{-}15)$$

由 $c(\omega) = c(-\omega)$ 和 $a(\omega) = a(-\omega)$ 可得：

$$h(\tau) = \frac{1}{\pi}\int_0^\infty [c(\omega)\cos\omega\tau - \omega a(\omega)\sin\omega\tau]\mathrm{d}\omega \qquad (12.2\text{-}16)$$

由因果关系,未发生的事情不能对现在的过程产生记忆效应,故当 $\tau<0$ 时,$h(\tau) = 0$。这就意味着,上式右边积分项中的两项在 $\tau<0$ 时相等,则当 $\tau>0$ 时,有：

$$h(\tau) = \frac{2}{\pi}\int_0^\infty c(\omega)\cos\omega\tau\mathrm{d}\omega = -\frac{2}{\pi}\int_0^\infty \omega a(\omega)\sin\omega\tau\mathrm{d}\omega \qquad (12.2\text{-}17)$$

这也意味着,与频率相关的附加质量和阻尼系数可以通过时延函数得到:

$$a(\omega) = -\frac{1}{\omega}\int_0^\infty h(\tau)\sin\omega\tau \mathrm{d}\tau \quad (12.2\text{-}18)$$

$$c(\omega) = -\int_0^\infty h(\tau)\cos\omega\tau \mathrm{d}\tau \quad (12.2\text{-}19)$$

当 $\tau=0$ 时,由式可得:

$$h(\tau) = \frac{1}{\pi}\int_0^\infty c(\omega)\mathrm{d}\omega \quad (12.2\text{-}20)$$

上式称为 Kramers-Krönig 关系,通过计算附加质量和阻尼系数,就可以得到时延函数,从而可以表征由于自由面记忆效应产生的影响。

2. 波浪荷载

波浪荷载一般可以分解为以下三部分:随波频变化的一阶波浪力;二阶平均波浪力、速变和缓变波浪漂移力;高阶脉冲力。

波浪力由下式表示:

$$\begin{aligned}q(t) &= q^{(1)}(t) + q^{(2)}(t) + q^{(R)}(t) \\ &= \frac{1}{2\pi}\int_{-\infty}^\infty h^{(1)}(\tau_1)\zeta(t-\tau)\mathrm{d}\tau_1 + \\ & \frac{1}{4\pi}\int_{-\infty}^\infty\int_{-\infty}^\infty h^{(2)}(\tau_1,\tau_2)\zeta(t-\tau_2)\zeta(t-\tau_1)\mathrm{d}\tau_1\mathrm{d}\tau_2 + \boldsymbol{q}^{(R)}(t)\end{aligned} \quad (12.2\text{-}21)$$

式中:$q^{(1)}(t)$ ——时间相关一阶波浪力;

$q^{(2)}(t)$ ——时间相关二阶波浪力;

$q^{(R)}(t)$ ——时间相关三阶脉冲力或三阶和四阶脉冲矩;

$h^{(1)}$ ——线性脉冲响应函数;

$h^{(2)}$ ——二阶脉冲响应函数。

等式右边的前两项为去掉二阶以上项的 Volterra 级数,最后一项则是与时间有关的脉冲荷载。假设被积函数 $h^{(1)}$ 和 $h^{(2)}$ 光滑和绝对可积,由傅里叶变化可得:

$$h^{(1)}(\tau) = \frac{1}{2\pi}\int_{-\infty}^\infty H^{(1)}(\omega)\mathrm{e}^{\mathrm{i}\omega\tau}\mathrm{d}\omega \quad (12.2\text{-}22)$$

$$H^{(1)}(\omega) = \int_{-\infty}^\infty h^{(1)}(\tau)\mathrm{e}^{-\mathrm{i}\omega\tau}\mathrm{d}\tau \quad (12.2\text{-}23)$$

$$h^{(2)}(\tau_1,\tau_2) = \int_{-\infty}^\infty\int_{-\infty}^\infty H^{(2)}(\omega_1,\omega_2)\mathrm{e}^{\mathrm{i}(\omega_1\tau_1+\omega_2\tau_2)}\mathrm{d}\omega_1\mathrm{d}\omega_2 \quad (12.2\text{-}24)$$

$$H^{(2)}(\omega_1,\omega_2) = \frac{1}{4\pi^2}\int_{-\infty}^\infty\int_{-\infty}^\infty h^{(2)}(\tau_1,\tau_2)\mathrm{e}^{-\mathrm{i}(\omega_1\tau_1+\omega_2\tau_2)}\mathrm{d}\tau_1\mathrm{d}\tau_2 \quad (12.2\text{-}25)$$

式中:$H^{(1)}$、$H^{(2)}$——一阶传递函数和二阶传递函数。

对于包含两个频率分别为 ωi 和 ωj 的谐波激励引起的二阶响应通常由一个平均值以及一个和频频率($\omega i + \omega j$)和差频频率($\omega i - \omega j$)组成。相比于一阶力,二阶力的幅值相对较小,频域范围内的一阶波浪力通常表示为:

$$q_W^{(1)}A(\omega) = H^{(1)}(\omega)\tilde{\zeta}(\omega) \quad (12.2\text{-}26)$$

式中:$H^{(1)}$——一阶复传递函数;

$\tilde{\zeta}(\omega)$——复谐波分量。

3. 流拖曳荷载

浮体纵荡和横荡黏性力以及纵摇黏性力矩通常根据流系数和结构物与流体瞬时相对速度来计算。流拖曳荷载表示为:

$$q_{CU}^{(k)}(\alpha,t) = C_1^{(k)}(\alpha)|u(t)| + C_2^k(\alpha)|u(t)|^2 \quad (12.2\text{-}27)$$

$$|u|^2 = (v_1 - \dot{x}_1)^2 + (v_2 - \dot{x}_2)^2 \quad (12.2\text{-}28)$$

$$\alpha = \arctan\frac{v_2 - \dot{x}_2}{v_1 - \dot{x}_1} \quad (12.2\text{-}29)$$

式中: k——自由度;

C_1——线性流荷载系数;

C_2——二阶流荷载系数;

u——低频结构物运动与流速的相对速度;

α——低频结构物运动与流速的相对角;

v_1、v_2——对于浮式结构物(水下结构物)表面(重心处)流速分量;

$\dot{x}_1$、$\dot{x}_2$——船体坐标系内的结构物速度。

12.2.2 系泊系统受力分析

计算中,系泊缆分析采用悬链线方程,通过在一端边界条件上的积分,满足另一端的边界条件。图 12.2-2 表示的是系泊缆动力响应的计算模型。

相对于 P 点的力矩平衡方程为:

$$\int_0^s |\mathrm{d}\vec{f}_c \dot{x} \vec{r}|\mathrm{d}l = \alpha T_{DC} \quad (12.2\text{-}30)$$

T_{DC} 为系泊缆上的拖曳力产生的拉力,即:

$$T_{DC} = k^E(x - u) - k^G u \quad (12.2\text{-}31)$$

从而可以得到描述系泊缆运动的方程:

$$c^* \dot{u}|\dot{u}| + k^* u = k^E x \quad (12.2\text{-}32)$$

式中:c^*——系泊缆广义阻尼;

k^*——系泊缆广义刚度;

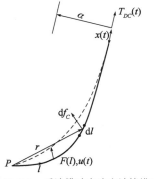

图 12.2-2 系泊缆动力响应计算模型

k^E——系泊缆轴向刚度(假定为恒定值);

k^G——悬链线几何刚度;

u——系泊缆位移;

$\dot{u}$——系泊缆速度;

x——系泊缆顶端的切向运动激励。

由于这些系数同系泊缆位置有关,可以表示为以下增量的形式,在时间 t_i 时,系泊缆的平衡方程为:

$$c_i^* \dot{u}_i |\dot{u}_i| + k_i^* u_i = k^E x_i \tag{12.2-33}$$

在时间步长 Δt 之后,动态平衡方程为:

$$c_{i+1}^* \dot{u}_{i+1} |\dot{u}_{i+1}| + k_{i+1}^* u_{i+1} = k^E x_{i+1} \tag{12.2-34}$$

假定一个时间步长内系数是不变的,将上述两式相减可得:

$$\Delta F_i^D + \Delta F_i^S = \Delta Q_i \tag{12.2-35}$$

其中:

$$\Delta F_i^D = F_{i+1}^D - F_i^D = \overline{c^*}(\dot{u}_{i+1}|\dot{u}_{i+1}| - \dot{u}_i|\dot{u}_i|) \tag{12.2-36}$$

$$\Delta F_i^S = F_{i+1}^S - F_i^S = \overline{k^*}(u_{i+1} - u_i) = \overline{k^*} \Delta u_i \tag{12.2-37}$$

$$\Delta Q_i = Q_{i+1} - Q_i = k^E (x_{i+1} - x_i) = k^E \Delta x_i \tag{12.2-38}$$

其中, $\overline{c^*} = \frac{1}{2}(c_{i+1}^* + c_i^*)$, $\overline{k^*} = \frac{1}{2}(k_{i+1}^* + k_i^*)$。

12.2.3 耦合计算原理

耦合分析是将预制基础和系泊系统作为一个整体,评估其相互作用,平台运动分析中考虑系泊系统的阻尼和惯性效应。

前文给出了无约束状态的浮体运动方程为:

$$(\boldsymbol{m} + \boldsymbol{A}_\infty)\ddot{\boldsymbol{x}} + \boldsymbol{D}_1\dot{\boldsymbol{x}} + \boldsymbol{D}_2 f(\dot{\boldsymbol{x}}) + \boldsymbol{K}\boldsymbol{x} + \int_0^\tau h(t-\tau)\dot{\boldsymbol{x}}(\tau)\mathrm{d}\tau = \boldsymbol{q}(t,\boldsymbol{x},\dot{\boldsymbol{x}}) \tag{12.2-39}$$

加入系泊系统后,有约束的运动方程为:

$$(\boldsymbol{m} + \boldsymbol{A}_\infty)\ddot{\boldsymbol{x}} + \boldsymbol{D}_1\dot{\boldsymbol{x}} + \boldsymbol{D}_2 f(\dot{\boldsymbol{x}}) + \boldsymbol{K}\boldsymbol{x} + \int_0^\tau h(t-\tau)\dot{\boldsymbol{x}}(\tau)d\tau = \boldsymbol{q}(t,\boldsymbol{x},\dot{\boldsymbol{x}}) + \boldsymbol{F}_{\text{mooring}}(t,\boldsymbol{x},\dot{\boldsymbol{x}})$$

$$\tag{12.2-40}$$

式中: $F_{\text{mooring}}(t,\boldsymbol{x},\dot{\boldsymbol{x}})$ ——系泊力。

计算流程如下:

(1) $i = 1$ 时间步,采用三维势流理论计算风、浪、流等环境荷载 $\boldsymbol{q}(t,\boldsymbol{x},\dot{\boldsymbol{x}})$,使用数值积分方法求解无约束状态的浮体运动方程,获得 $t = i + \Delta t$ 时刻浮体位移及运动速度和加速度。

(2)由获得的浮体运动状态计算系泊力 $F_{\text{mooring}}(t,\boldsymbol{x},\dot{\boldsymbol{x}})$，代入有约束的运动方程，使用数值积分方法计算浮体 $t=i+\Delta t$ 时刻的运动。

(3)判断浮体运动与第(1)步的计算误差，一般可通过系泊点的位移差值来确定。若满足收敛要求，进入下一个时间步继续求解，不满足时则重新计算 $q(t,\boldsymbol{x},\dot{\boldsymbol{x}})$，代入有约束运动方程重新计算，直到满足收敛条件。

12.3　预制基础系泊系统动力分析简化模型

通过预制基础频域分析的幅值响应算子(RAO)曲线，可以获得规则波中预制基础垂荡、纵摇和横摇运动响应的固有周期和峰值。由于在频域分析中未考虑系泊系统恢复力的影响，纵荡、横荡和艏摇方向没有静水恢复刚度，为自由运动形式。

在预制基础的定位下沉过程中，系泊系统主要限制预制基础的水平运动。预制基础的系泊定位精度相对海洋平台、船舶等要求更高，系泊缆提供的系泊系统水平刚度也较大，特别是对于通过定位船动力系泊定位预制基础施工过程。在设计系泊控制系统时，有必要研究分析预制基础系泊系统的动力特性。在一些系泊耦合分析软件中没有相应的求解功能，本节建立一种基础系泊系统动力特性分析简化模型，能方便利用通用有限元软件完成基础系泊系统的动力特性简化分析，进行波浪力时域作用的简化动力分析，为系泊系统设计提供参考。

12.3.1　系泊系统简化模型简介

将预制基础简化为一个质量单元，自由漂浮状态的预制基础在垂荡、纵摇和横摇方向受到静水恢复力(矩)，通过等效弹簧来模拟，即 Z、R_X、R_Y 方向存在弹簧刚度，而纵荡、横荡和竖摇方向则不存在静水恢复力(矩)，即 X、Y、R_Z 方向弹簧刚度为零，用一个与预制基础质量单元直接相连的多自由度弹簧单元模拟静水恢复弹簧。预制基础纵荡、横荡和艏摇，即 X、Y、R_Z 方向的约束则由系泊缆提供，系泊缆用等效轴线弹簧单元模拟，其通过刚臂与预制基础质量单元相连，预制基础系泊系统动力分析简化模型如图 12.3-1 所示。

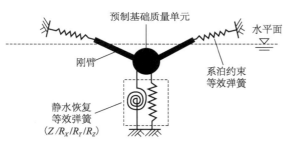

图 12.3-1　预制基础系泊系统动力分析简化模型

12.3.2　系泊系统简化模型运动方程

结构动力学的分析对象通常是没有流固耦合作用的干结构，忽略周围水体影响时，系泊系统在波浪力荷载作用下的运动方程为：

$$M\ddot{U}+C\dot{U}+KU=F \qquad (12.3\text{-}1)$$

式中：M、C、K——系泊系统的质量矩阵、阻尼矩阵和刚度矩阵；

U、$\dot{U}$、$\ddot{U}$——系泊系统的运动位移、速度和加速度向量；

F——波浪力矩阵。

系泊系统在水中运动时会带动周围水体一起运动，同时还会受到周围水体阻尼的影响，此时系泊系统的运动方程为：

$$[M + M_a]\ddot{U} + [C + C_a]\dot{U} + KU = F \tag{12.3-2}$$

式中：M_a、C_a——由系泊系统周围水体产生的附加质量矩阵和附加阻尼矩阵。

(1) 系泊系统质量矩阵

预制基础的质量矩阵 M 如下所示：

$$\begin{bmatrix} M & 0 & 0 & 0 & M(z_c - z_0) & -M(y_c - y_0) \\ 0 & M & 0 & -M(z_c - z_0) & 0 & M(x_c - x_0) \\ 0 & 0 & M & M(y_c - y_0) & -M(x_c - x_0) & 0 \\ 0 & -M(z_c - z_0) & M(y_c - y_0) & I_{22} + I_{33} & -I_{21} & -I_{13} \\ M(z_c - z_0) & 0 & -M(x_c - x_0) & -I_{12} & I_{11} + I_{33} & -I_{23} \\ -M(y_c - y_0) & M(x_c - x_0) & 0 & -I_{13} & -I_{23} & I_{11} + I_{22} \end{bmatrix}$$

$$\tag{12.3-3}$$

式中：(x_c, y_c, z_c)——物体的质心坐标；

(x_0, y_0, z_0)——物体转动中心的坐标；

I_{ij}——物体的转动惯量，其定义为：

$$I_{ij} = \iiint (x_i - x_{0i})(x_j - x_{0j}) \rho \mathrm{d}v \tag{12.3-4}$$

附加质量矩阵 M_a 受波浪荷载频率影响，简化模型中应用的附加质量矩阵 M_a 直接通过势流理论或商业软件（如 Sesam 等）计算得到。

(2) 系泊系统阻尼矩阵

简化模型中，忽略系泊系统自身阻尼的影响，即 $C = 0$，仅考虑周围水体附加阻尼的影响，其中附加阻尼矩阵 C_a 受波浪荷载频率影响，简化模型中应用的附加阻尼矩阵 C_a 直接通过势流理论或商业软件计算得到。

(3) 系泊系统刚度矩阵

系泊系统的刚度矩阵由两部分组成，一部分是沉箱受到的静水恢复力（矩），另一部分则是由系泊缆提供的恢复力（矩）。

预制基础在静水流场中，其垂荡、横摇和纵摇三种摇荡运动模态会引起浮体湿面处静水压力的变化，使浮体有恢复到原来在静水中平衡位置的趋势，称其为静水恢复力（矩）。其形式如下所示：

$$\begin{bmatrix} 0 & 0 & 0 & 0 & 0 & 0 \\ 0 & 0 & 0 & 0 & 0 & 0 \\ 0 & 0 & \rho g A & \rho g I_2^A & -\rho g I_1^A & 0 \\ 0 & 0 & \rho g I_2^A & \rho g (I_{22}^A + I_3^V) - Mg(z_c - z_0) & -\rho g I_{12}^A & -\rho g I_1^V + Mg(x_c - x_0) \\ 0 & 0 & -\rho g I_1^A & -\rho g I_{21}^A & \rho g (I_{11}^A + I_3^V) - Mg(z_c - z_0) & -\rho g I_2^V + Mg(y_c - y_0) \\ 0 & 0 & 0 & 0 & 0 & 0 \end{bmatrix}$$

(12.3-5)

式中：$(\cdot)^A$——关于水面 A 的物理量；

$(\cdot)^V$——关于排水体体积的物理量；

A——预制基础水平面处的截面面积。各阶矩阵的定义为：

$$I_i^A = \iint_A (x_i - x_{0i}) \, ds \tag{12.3-6}$$

$$I_{ij}^A = \iint_A (x_i - x_{0i})(x_j - z_{0j}) \, ds \tag{12.3-7}$$

$$I_i^V = \iiint_V (x_i - x_{0i}) \, dv \tag{12.3-8}$$

$$I_{ij}^V = \iiint_V (x_i - x_{0i})(x_j - x_{0j}) \, dv \tag{12.3-9}$$

系泊缆为预制基础提供纵荡、横荡和艏摇三个方向的恢复刚度，如下所示：

$$\begin{bmatrix} 2k_{eq} & 0 & 0 & 0 & 0 & 0 \\ 0 & 2k_{eq} & 0 & 0 & 0 & 0 \\ 0 & 0 & 0 & 0 & 0 & 0 \\ 0 & 0 & 0 & 2k_{eq}(z_x - z_0) & 0 & 0 \\ 0 & 0 & 0 & 0 & 2k_{eq}(z_x - z_0) & 0 \\ 0 & 0 & 0 & 0 & 0 & 2TD \end{bmatrix}$$

(12.3-10)

式中：k_{eq}——系泊缆的等效弹簧刚度；$k_{eq} = E_{eq}A/L$；

E_{eq}——系泊缆的等效弹模；

A——系泊缆的截面积；

L——系泊缆的长度；

z_x——系泊缆在预制基础上系点的竖向坐标；

T——系泊缆初拉力；

D——系泊缆系点处的预制基础直径。

12.3.3 系泊系统动力特性分析

为了验证系泊系统简化分析模型的计算精度，首先利用简化模型分析无系泊缆的情况，并将其与商业软件 Sesam 的计算结果进行对比；进而利用简化模型分析系泊系统的动力特性。

(1) 忽略系泊缆情况

当忽略系泊缆时,预制基础处于自由漂浮状态,根据前文给出的预制沉箱基础尺寸及35m吃水工况,此时预制基础的质量矩阵 M 按式(12.3-3)计算,结果如表12.3-1所示。

预制基础质量矩阵(kg) 表12.3-1

3.42×10^8	0.00	0.00	0.00	-7.74×10^9	0.00
0.00	3.42×10^8	0.00	7.74×10^9	0.00	0.00
0.00	0.00	3.42×10^8	0.00	0.00	0.00
0.00	7.74×10^9	0.00	5.43×10^{11}	0.00	0.00
7.74×10^9	0.00	0.00	0.00	5.43×10^{11}	0.00
0.00	0.00	0.00	0.00	0.00	6.75×10^{11}

由于附加质量矩阵 M_a 受波浪荷载周期的影响,通过势流理论计算,以波浪荷载周期等于2s为例,预制基础的附加质量矩阵 M_a 如表12.3-2所示。附加阻尼矩阵同理可得。

波浪周期2s时预制基础附加质量矩阵(kg) 表12.3-2

5.44×10^7	4.30×10^3	-5.54×10^3	6.30×10^5	-1.83×10^9	-2.24×10^5
4.78×10^3	5.43×10^7	-1.79×10^7	1.83×10^9	-1.69×10^5	3.12×10^3
7.23×10^4	-5.46×10^5	1.22×10^9	-5.53×10^7	5.06×10^5	-4.67×10^3
1.21×10^6	1.85×10^9	-2.87×10^7	6.70×10^{11}	-3.58×10^5	1.51×10^6
1.85×10^9	1.90×10^5	1.11×10^6	-1.43×10^8	6.70×10^{11}	1.69×10^7
2.30×10^5	2.65×10^3	-5.78×10^3	1.52×10^6	1.71×10^7	5.90×10^3

预制基础的静水恢复矩阵 K 由式(12.3-5)计算,结果如表12.3-3所示。

预制基础静水恢复矩阵 表12.3-3

0.00	0.00	0.00	0.00	0.00	0.00
0.00	0.00	0.00	0.00	0.00	0.00
0.00	0.00	5.97×10^7	1.84×10^5	-2.13×10^4	0.00
0.00	0.00	1.84×10^5	3.30×10^{10}	-1.07×10^5	1.16×10^6
0.00	0.00	-2.13×10^4	-1.07×10^5	3.30×10^{10}	-5.80×10^6
0.00	0.00	0.00	0.00	0.00	0.00

由通用有限元软件,可以计算得到自由浮体状态下预制基础的自振频率,如表12.3-4所示。

预制基础前六阶频率(2s周期) 表12.3-4

阶 数	频率(Hz)	周期(s)	备 注
1	0	—	R_Z 艏摇方向
2	0	—	X 纵荡方向
3	0	—	Y 横荡方向
4	0.0292	34.2466	R_X 纵摇方向
5	0.0292	34.2466	R_Y 横摇方向
6	0.0311	32.1543	Z 垂荡方向

波浪周期取 2～40s,周期间隔 2s,不同周期对应不同附加质量时的预制基础 R_X、R_Y 和 Z 方向自振频率如图 12.3-2 所示,可以看出自由预制基础的 R_X、R_Y 和 Z 方向自振频率受波浪周期的影响较小。

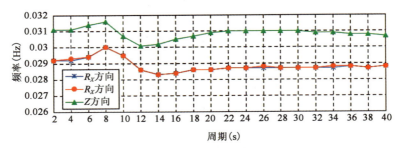

图 12.3-2　不同周期对应的预制基础频率

由前文 Sesam 计算的预制基础垂荡和纵摇运动幅值响应算子(RAO)曲线可以看出,沉箱基础垂荡与纵摇的固有周期分别约为 33s 与 35s。波浪周期取 2～40s,周期间隔 2s,基于简化分析模型和商业软件 Sesam 得到的预制基础 R_X、R_Y 和 Z 方向自振频率对比如表 12.3-5 所示。通过对比可以看出,简化模型计算得到的自由预制基础自振频率和 Sesam 计算得到的结果基本上是一致的。

沉箱自振频率对比　　　　　　　　　　　　　表 12.3-5

简化模型		商业软件		备注
频率(Hz)	周期(s)	频率(Hz)	周期(s)	
0.0283～0.03	33.33～35.34	0.0286	35	R_X 方向(纵摇)
0.0283～0.03	33.33～35.34	0.0286	35	R_Y 方向(横摇)
0.0301～0.0316	31.64～33.22	0.0303	33	Z 方向(垂荡)

(2)考虑系泊缆情况

分析中采用的系泊缆公称直径为 100mm,单位质量为 40kg/m,轴向刚度为 110kN/mm²,预张力为 1 000kN,长度为 200m。系泊缆具有一定的垂度,其工作状态呈现非线性。通常是根据 Ernst 公式对弹性模量进行换算,近似使非线性问题线性化,换算公式如下:

$$E = \frac{E_0}{1 + \frac{(WAH)^2 A^2 E_0}{12 T^3}} \quad (12.3\text{-}11)$$

式中:E_0——系泊缆的弹性模型;

　　　W——系泊缆单位长度的重量;

　　　A——系泊缆的截面面积;

　　　H——系泊缆在水平面上投影的长度;

　　　T——系泊缆的拉力。

利用上式修正后,系泊缆弹性模量 E 为 $0.6943 E_0$,即 0.76GPa。

考虑系泊缆的系泊约束时,预制基础的质量矩阵 M 及附加质量矩阵 M_a 并不发生变化,刚度矩阵 K 则会增加由系泊缆提供的恢复刚度,计算得到的预制基础动力特性结果如表 12.3-6 所示。

预制基础前六阶频率(2s周期)　　　表 12.3-6

阶　数	频率(Hz)	周期(s)	备　注
1	0.002 6	384.615 4	R_Z 方向(艏摇)
2	0.019 1	52.356 0	X 方向(纵荡)
3	0.019 1	52.356 0	Y 方向(横荡)
4	0.029 9	33.444 8	R_X 方向(纵摇)
5	0.029 9	33.444 8	R_Y 方向(横摇)
6	0.031 1	32.154 3	Z 方向(垂荡)

波浪周期取 2~40s,间隔 2s,不同周期对应不同附加质量时的预制基础前六阶频率如图 12.3-3 所示。从图中可以看出,自由预制基础的前六阶自振频率受波浪周期的影响较小;考虑系泊缆影响时,自由沉箱的纵荡、横荡和艏摇方向的自振频率很小,表现为长周期运动。

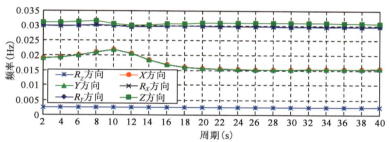

图 12.3-3　不同周期对应的预制基础频率

对比是否考虑系缆两种情况,波浪周期取 2~40s(间隔 2s),不同周期对应不同附加质量时的沉箱第 4~6 阶频率的对比如表 12.3-7 所示。

预制基础频率对比(Hz)　　　表 12.3-7

波浪周期(s)	第　四　阶		第　五　阶		第　六　阶	
	考虑系缆	忽略系缆	考虑系缆	忽略系缆	考虑系缆	忽略系缆
2	0.029 9	0.029 2	0.029 9	0.029 2	0.031 1	0.031 1
4	0.029 8	0.029 2	0.03	0.029 3	0.031 1	0.031 1
6	0.029 9	0.029 4	0.029 9	0.029 4	0.031 4	0.031 4
8	0.030 3	0.03	0.030 3	0.03	0.031 6	0.031 6
10	0.029 9	0.029 5	0.029 9	0.029 5	0.030 7	0.030 7
12	0.029 6	0.028 6	0.029 6	0.028 6	0.030 1	0.030 1
14	0.029 7	0.028 3	0.029 7	0.028 3	0.030 2	0.030 2
16	0.029 8	0.028 4	0.029 8	0.028 4	0.030 6	0.030 5
18	0.029 8	0.028 6	0.029 8	0.028 6	0.030 7	0.030 7

续上表

波浪周期 (s)	第 四 阶		第 五 阶		第 六 阶	
	考虑系缆	忽略系缆	考虑系缆	忽略系缆	考虑系缆	忽略系缆
20	0.029 8	0.028 6	0.029 8	0.028 6	0.030 9	0.030 9
22	0.029 7	0.028 7	0.029 7	0.028 7	0.031	0.031
24	0.029 7	0.028 7	0.029 7	0.028 7	0.031	0.031
26	0.029 7	0.028 7	0.029 8	0.028 8	0.031	0.031
28	0.029 7	0.028 7	0.029 7	0.028 7	0.031	0.031
30	0.029 6	0.028 7	0.029 6	0.028 7	0.031	0.031
32	0.029 7	0.028 7	0.029 7	0.028 7	0.030 9	0.030 9
34	0.029 6	0.028 7	0.029 7	0.028 8	0.030 9	0.030 9
36	0.029 7	0.028 8	0.029 7	0.028 8	0.030 8	0.030 8
38	0.029 6	0.028 7	0.029 6	0.028 7	0.030 8	0.030 8
40	0.029 7	0.028 8	0.029 7	0.028 8	0.030 7	0.030 7

通过对比可以看出,考虑系泊缆后,沉箱纵荡、横荡和竖摇位移方向存在约束,预制基础不再是自由运动形式,但振动周期为长周期;垂荡、横摇和纵摇振型的自振频率变化很小。上述区别说明预制基础主要受静水恢复力(矩)影响,其稳定性主要靠静水恢复力(矩)来保证,系泊缆的作用就是限制预制基础的水平运动。

12.3.4 系泊系统的波浪作用分析

根据前文给出的预制沉箱基础尺寸及35m吃水工况,采用改进方案的系泊系统,系泊缆采用1 960MPa高强度钢丝绳,公称直径为150mm,单位质量为90kg/m,轴向刚度为110kN/mm²,破断拉力为18 000kN,预张力约为1 100kN。采用8艘定位船通过8根系泊缆系泊定位,系泊缆间隔45°布置。

由系泊系统简化模型计算有效波高2m,周期10s时的预制基础动力响应,波浪方向沿纵荡方向。由势流理论或其他商业软件可计算出浮体无系泊状态的附加质量、附加阻尼和波浪激励力,根据系泊系统的运动方程式(12.3-2),可通过Newmark-β法求出预制基础系泊状态的运动位移、速度和加速度。

计算中采用的预制基础的波浪力时程如图12.3-4和图12.3-5所示。

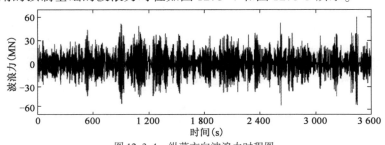

图12.3-4 纵荡方向波浪力时程图

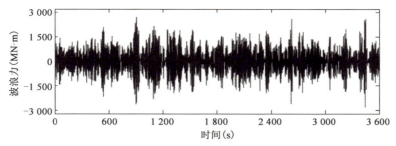

图 12.3-5　横摇方向波浪力时程图

利用简化模型计算得到系泊状态的预制基础在波浪力激励下的纵荡和横摇响应,并将其与通过 Sesam 软件计算得到的响应进行对比,如图 12.3-6 和图 12.3-7 所示。最大值比较如表 12.3-8 所示。

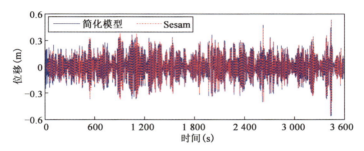

图 12.3-6　预制基础纵荡位移时程图

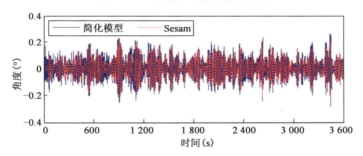

图 12.3-7　预制基础横摇角度时程图

预制基础运动响应最值比较　　　　　　　　　　　表 12.3-8

预制基础运动响应	简化模型	Sesam 分析	差值百分比
纵荡位移(m)	0.558 2	0.532 6	4.8%
横摇转角(°)	0.258 1	0.243 2	6.1%

通过对比可以看出,基于简化模型得到的预制基础运动响应时程与利用 Sesam 软件计算得到的结果吻合良好,且偏于保守一点,说明该简化模型的计算精度是令人满意的。此外,通过简化模型还可以方便地给出预制基础纵荡和横摇方向的速度和加速度时程,如图 12.3-8 ~ 图 12.3-11 所示。

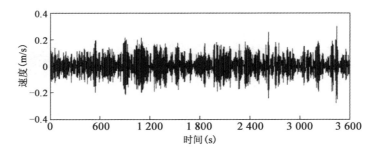

图 12.3-8　预制基础纵荡速度时程图

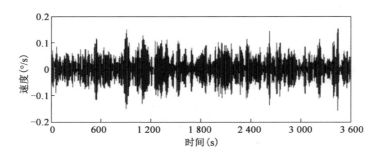

图 12.3-9　预制基础横摇速度时程图

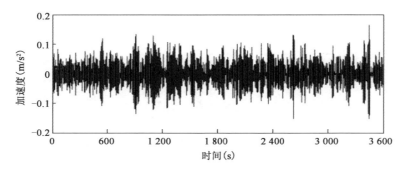

图 12.3-10　预制基础纵荡加速度时程图

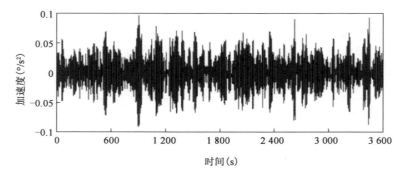

图 12.3-11　预制基础横摇加速度时程图

12.4 预制基础沉放过程数值模拟

预制基础在定位沉放时,必须确保其在波流作用下的施工安全和定位精度,这就需要进行预制基础的系泊系统设计,必要时甚至可以在施工海域采取对波流作用的隔离控制措施。

目前,国内受限于对系泊系统受力体系的认识和计算工具的缺乏,没有形成一套成熟的跨海桥隧深水预制构件系泊系统的设计流程。如泰州长江大桥预制基础的系泊系统设计主要依靠经验定性分析确定,港珠澳大桥岛隧工程则进行了沉管定位沉放的设计计算分析,但对于海洋环境条件恶劣的外海海峡桥梁工程,其预制基础定位沉放的系泊系统设计及波流作用控制则完全处于研究空白。

本节将在总结现有国内外类似工程经验的基础上,借鉴国外类似的设计施工标准、规范,对外海跨海桥梁大型深水预制基础定位沉放的数值模拟及控制进行前瞻性的分析和探讨。本节采用 Sesam 软件分析琼州海峡跨海大桥预制基础的定位沉放过程。

12.4.1 预制基础幅频运动特性研究

利用 Sesam 软件中的 GenieE 模块建立沉放阶段的预制基础水动力模型,如图 12.4-1 所示。其中坐标系 z 轴竖直向上且与沉箱基础的中心轴重合,零点位于水线面处,x 轴和 y 轴的零点位于沉箱基础水面中心处,模型整体关于 x 轴和 y 轴对称。

一般浮体运动的六个自由度包括横荡(Sway)、纵摇(Pintch)、纵荡(Surge)、横摇(Roll)、垂荡(Heave)和艏摇(Yaw),如图 12.4-2 所示。需要指出的是,由于预制沉箱基础结构的对称性,横荡和纵荡、横摇与纵摇的幅频运动特性类似,后续相应的也只给出一种分析结果。

图 12.4-1 沉箱基础面元模型

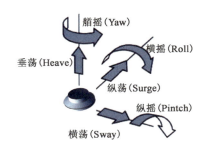
图 12.4-2 浮体运动的六个自由度示意图

1. 水动力参数计算

以沉箱基础的沉放等待阶段为例，沉箱的吃水深度为 35m，质量约为 3.4×10^8kg。利用 Sesam 软件中的 HydroD/Wadam 模块进行频域分析，浪向分别取 0°、30°、60°和 90°，波浪周期范围为 2~40s，周期间隔 2s，可以计算得到沉箱浮体的水动力参数，包括不同浪向、不同波浪频率下波浪力传递函数、附加质量、阻尼系数等。其中，考虑波浪与固定结构物的相互干扰，在三维势流线性理论中，一阶波浪力与波幅成正比，频域分析中计算得到单位波幅下一阶波浪力的传递函数，分别包括三个方向的力和力矩。

图 12.4-3~图 12.4-5 给出纵荡、垂荡和纵摇方向的一阶波浪力和力矩传递函数，可以看出纵荡波浪力和纵摇波浪力矩的峰值周期在 16s 左右，在峰值周期之前快速增大，峰值周期后逐渐减小；垂荡波浪力则随着波浪周期的增加呈现先增大再减小，然后又增大的趋势。

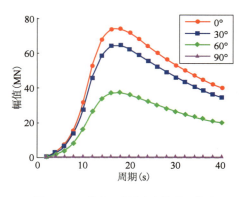

图 12.4-3 纵荡一阶波浪力传递函数图

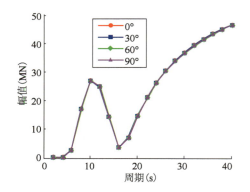

图 12.4-4 垂荡一阶波浪力传递函数

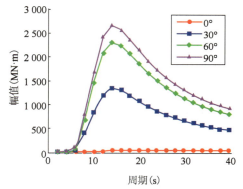

图 12.4-5 纵摇一阶波浪力矩传递函数

2. 幅值响应算子

幅值响应算子(RAO)指的是浮体在单位波幅规则波作用下对映浮体最大的运动响应，它能反映浮体水动力性能属性。由于在频域分析中未计及系泊系统回复力的影响，纵荡方向又不存在静水恢复刚度，这里给出了不同浪向和不同频率下的沉箱基础垂荡和纵摇运动幅值响应算子(RAO)曲线，如图 12.4-6 和图 12.4-7 所示。从图中可以看出沉箱基础垂荡与纵摇的固有周期分别约为 33s 与 35s 左右。在时域分析中，所选取的海浪谱能量集中范围大致为 4~20s，基础垂荡与纵摇的固有周期均偏离这一范围，在波频范围内基础运动不会发生大幅共振。

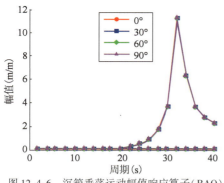

图 12.4-6 沉箱垂荡运动幅值响应算子(RAO)

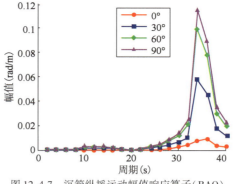

图 12.4-7 沉箱纵摇运动幅值响应算子(RAO)

12.4.2 预制基础定位沉放系泊控制分析

1. 施工窗口期

预制基础的定位沉放施工作业对水文、气象条件有严格要求。施工作业窗口期是指一个连续的时间段,在此期间水文、气象条件满足定位沉放的作业要求。施工作业窗口期的选择是一个关系到工程总体工期、工程风险、设备投入成本等的复杂课题,如图 12.4-8 所示,需要综合论证分析。

确定施工窗口期水文、气象主要考虑的因素包括:

(1)预制基础浮运、沉放施工过程的作业周期。该作业周期指从出坞、浮运到沉放完成需要的作业时间,作业周期越长,海洋环境条件的可控性越差。港珠澳大桥主体工程沉管隧道,每个沉管管节浮运、沉放的作业周期是 2~3d。若琼州海峡海域进行大型深水预制基础的浮运、沉放作业,由于海峡宽度大,需要的作业周期会较长。

(2)工程海域风、浪、流耦合场非台风期观测结果。根据观测结果和施工作业周期,可以初步统计满足施工作业周期的海洋环境条件。

(3)工程总体工期要求。工程工期的要求可能使施工窗口期的选择空间减小。

图 12.4-8 施工作业窗口期影响因素

(4)施工机械、设备状况。施工单位机械、设备能力,决定了对预制基础定位沉放过程的控制能力,从而影响施工窗口期的确定。

在琼州海峡工程海域风、浪、流耦合场非台风期观测结果的基础上,结合工程海域风-浪-流耦合场施工期设计参数、预制基础定位沉放的施工作用周期、施工设备条件等,初步拟定预制基础定位沉放施工窗口期的有效波高 1.2m,周期 10s,表面流速 1.5m/s。实测资料表明,工程海区潮流运动呈往复流运动态势,与海岸线地形走向一致,呈东西走向,潮流流速较大,波浪常浪向为 E 向,这里取对预制基础施工最不利的浪流同向,即均为 E 向(180°)。

考虑外海环境下海洋环境条件可预测性较低、施工作业窗口期较长以及长周期涌浪等不确定因素的存在,在预制基础定位沉放数值模拟过程中考虑沉放等待阶段工况,相对于沉放阶段,沉放等待阶段的波高和流速较大,有效波高偏保守取为 2m,周期 10s,表面流速 2m/s,主要作为预制基础系泊系统安全评定的环境参数,而沉放阶段主要是考虑定位精度的要求。

2. 预制基础系泊系统设计

系泊系统设计是一个复杂过程,需要考虑很多因素,如定位系统,包括动力定位、单点锚泊定位和多点锚泊定位;系泊缆的布置和选型,包括系泊缆的材料和类型、系泊缆的布置方案、系泊缆的长度和预张力等。

本节重点考虑系泊缆的材料参数、预张力以及布置方案,即改变系泊缆的截面直径、系泊缆的预张力、系泊缆的根数及布置,在 Sesam 软件的 DeepC 模块中建立预制基础系泊模型,进行系泊耦合非线性时域分析,计算得到预制基础系泊系统的响应时程,包括预制基础的运动响应、系泊缆拉力时程等,研究系泊系统的运动响应和系泊缆力变化特点,最终选一种满足规范要求的系泊系统。

(1) 不同系泊缆直径对系泊系统分析结果的影响

在初步设计中,系泊缆采用 1 960MPa 高强度钢丝绳,公称直径为 100mm,单位质量为 40kg/m,轴向刚度为 110kN/mm^2,破断拉力为 8 400kN,预张力约为 1 000kN。改变系泊缆钢丝绳的截面大小,单位质量和破断拉力也随之改变,轴向刚度不变,预张力取破断拉力的 10% ~ 15%,具体为:

分别改变系泊钢丝绳的公称直径为 150mm 和 200mm,采用 1 960MPa 高强度钢丝绳,单位质量分别为 90kg/m 和 160kg/m,轴向刚度为 110kN/mm^2,破断拉力分别为 18 000kN 和 33 000kN,系泊缆预张力约为 2 280kN 和 4 050kN。

其他计算条件不变,2 m/s 流速、2 m 波高和 10 s 波浪周期时的预制基础纵荡和横摇运动以及系泊缆拉力的最大值如表 12.4-1 所示。从对比结果可知,随系泊缆直径的增大,系泊缆拉力也随之明显增大,但相对于破断拉力的拉力安全系数增大则较为缓慢,预制基础纵荡位移随之减少,横摇角度变化很小,主要由于系泊缆直径的增大导致系泊系统水平方向刚度的增大。

不同系泊缆直径的四缆系泊系统计算结果　　　　　　表 12.4-1

方　案	纵荡最大位移(m)	横摇最大角度(°)	系泊最大拉力(kN)	系泊拉力安全系数
100mm 系泊缆	1.332	0.339	6 823.857	1.23
150mm 系泊缆	0.880	0.319	10 869.234	1.66
200mm 系泊缆	0.810	0.325	18 065.308	1.83

（2）不同预张力对系泊系统分析结果的影响

在初步设计中，预张力约为1 000kN，为系泊缆钢丝绳破断拉力的12%。针对公称直径为100mm系泊缆，单位质量、轴向刚度和破断拉力均不变，预张力分别取200kN、500kN、1 000kN和1 700kN，分别计算系泊系统运动响应和系泊缆拉力如表12.4-2所示。从对比结果可知，随系泊缆预张力的增大，预制基础纵荡位移会有显著的减小，但横摇角度变化很小，主要还是由于预张力的增大会提高系泊系统的水平方向刚度。系泊最大拉力及相应的安全系数随预张力增大变化较小，说明预张力的改变对系泊缆拉力的影响较小。

不同预张力的系泊系统计算结果 表12.4-2

方案	纵荡最大位移（m）	横摇最大角度（°）	系泊最大拉力（kN）	系泊拉力安全系数
200kN预张力	1.817	0.340	6 743.057	1.25
500kN预张力	1.527	0.340	6 779.392	1.24
1 000kN预张力	1.332	0.339	6 823.857	1.23
1 700kN预张力	1.157	0.337	6 934.679	1.21

（3）不同系泊缆根数及布置对系泊系统分析结果的影响

在初步设计中，四艘大功率定位船通过4根系泊缆系泊定位，在系泊缆参数不变的前提下，增加系泊缆为8和12根，分别间隔45°和30°布置，如图12.4-9所示。

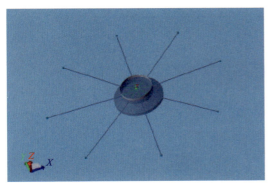
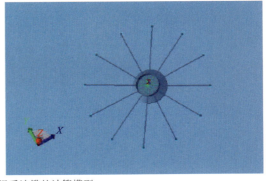

图12.4-9　8根和12根系泊缆的计算模型

表12.4-3分别计算4、8和12根系泊缆布置时的预制基础系泊系统运动响应和系泊拉力，如图12.4-9所示。从对比结果可知，随着系泊缆根数的增大，系泊系统水平方向的约束刚度越大，预制基础纵荡位移和系泊拉力随之减小，横摇角度由于受水平方向刚度变化较小，变化很小。

不同系泊缆根数及布置的系泊系统计算结果 表12.4-3

方案	纵荡最大位移（m）	横摇最大角度（°）	系泊最大拉力（kN）	系泊拉力安全系数
4根系泊缆	1.332	0.339	6 823.857	1.23
8根系泊缆	0.910	0.323	4 983.241	1.69
12根系泊缆	0.832	0.326	4 634.302	1.81

从改变系泊缆的截面直径、系泊缆的预张力、系泊缆的根数及布置对预制基础系泊系统分析结果的影响,可以看出增大系泊缆直径和根数,能有效减小预制基础的水平方向位移和系泊缆拉力,系泊缆的预张力则对预制基础的水平方向位移有较大的影响。

综合考虑以上因素,理论上改变系泊缆的材料强度、截面直径、预张力以及系泊缆的根数,可以控制系泊缆的拉力大小和预制基础的定位精度在规范限值内,这里最终系泊缆采用1960MPa高强度钢丝绳,公称直径为150mm,单位质量为90kg/m,轴向刚度为110kN/mm²,破断拉力为18 000kN,预张力约为1 100kN。采用8艘定位船通过8根系泊缆系泊定位,系泊缆间隔45°布置,如图12.4-10所示。

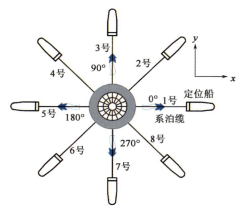

图12.4-10　系泊布置示意图

在沉放等待阶段,波浪有义波高为2m,谱峰周期10s,采用JONSWAP谱描述,谱峰因子取为3.3,方向为E向,浪向为180°。流速为2m/s,流向取最不利方向,即与波浪同向。图12.4-11～图12.4-13给出了预制基础纵荡和横摇运动以及系泊缆的张力时程。

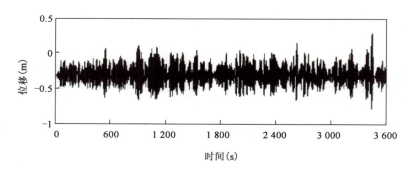

图12.4-11　预制基础的纵荡运动

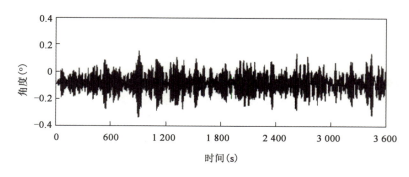

图12.4-12　预制基础的横摇运动

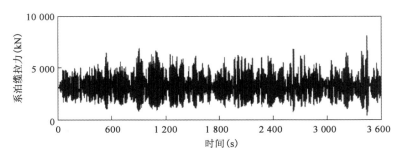

图 12.4-13　1 号系泊缆的轴向力时程

沉箱纵荡和横摇运动以及系泊缆的张力最大值与初始方案的计算结果比较如表 12.4-4 所示。

初始和改进系泊系统计算结果　　　　　表 12.4-4

方　　案	纵荡最大位移(m)	横摇最大角度(°)	系泊最大拉力(kN)	系泊拉力安全系数
初始方案	1.332	0.339	6 823.857	1.23
改进方案	0.786	0.342	8 001.076	2.25

在定位系泊系统安全评定标准方面，国内尚无相关标准规范，国外的 DNV 规范对工作能力极限状态(ULS)锚缆张力有比较详细的规定，计算公式如下：

$$S_C - T_{C-\text{mean}}\gamma_{\text{mean}} - T_{C-\text{dyn}}\gamma_{\text{dyn}} \geq 0 \quad (12.4\text{-}1)$$

式中：　　S_C——缆绳破断力；

$T_{C-\text{mean}}$、$T_{C-\text{dyn}}$——平均张力和最大动张力；

γ_{mean}、γ_{dyn}——平均张力安全系数和动张力安全系数取值根据表 12.4-5 确定。

ULS 状态下的安全系数取值　　　　　表 12.4-5

安 全 等 级	张力分析方法	平均张力安全系数	动张力安全系数
1	动力	1.10	1.50
2	动力	1.40	2.10
1	准静力	1.70	
2	准静力	2.50	

注：当平均张力超过最大动张力 2/3 时，安全等级 1 中动力情况下平均张力安全系数和动张力安全系数均取为 1.3。
安全等级 1：如果系泊系统失效，不会出现人员伤亡，相邻平台碰撞，石油、天然气泄漏，翻船或沉船等不可接受的后果。
安全等级 2：如果系泊系统失效，会导致以上不可接受的后果。
准静力分析：通过装置静态位移来考虑动力波浪荷载，此位移是该装置恰当地限制波浪引起的运动造成的。
动力分析：考虑了质量、阻尼和流体加速度随时间变化的影响。

动态缆力的最大值为 8 100 kN，此时平均缆力为 3 155 kN，缆绳的破断力为 18 000kN，根据前述的 DNV 相关规定：

$$S_C - T_{C-\text{mean}}\gamma_{\text{mean}} - T_{C-\text{dyn}}\gamma_{\text{dyn}} = 18\,000 - 1.5 \times 8\,100 - 1.1 \times 3\,155 = 2\,379.5 > 0$$

符合安全评定要求。

在定位下沉阶段，通过向预制基础空腔灌水，改变质量分布使沉箱慢慢下沉，这里取下沉过程中的初始状态、中间状态和下沉结束状态，分别对应预制基础吃水深度35m、38.7m和42.4m的三种下沉状态。

跨海大桥深水基础沉放定位精度尚无规范，参考类似的明石海峡跨海大桥，其主跨1990m，主塔基础水平定位精度要求为±1.0m。

我国现有部分技术规范对预制基础的定位精度有相关要求，如《公路桥涵施工技术规范》（JTG/T F50—2011）关于沉井定位精度要求如表12.4-6所示。如果参照此标准，本项目中的沉箱基础高42.4m，沉箱中心纵、横向偏位的允许偏差为67.4cm，最大倾斜度为0.484°，平面的扭转角最大为2°。

沉井基础施工质量标准 表12.4-6

项 目		规定值或允许偏差
沉井刃脚高程(mm)		符合设计要求
中心偏位(纵、横向)(mm)	就地制作下沉	井高的1/100
	水中下沉	井高的1/100 + 250
最大倾斜度(纵、横向)		井高的1/100
平面扭转角(°)	就地制作下沉	1
	水中下沉	2

当1.2m波高，10s波浪周期，1.5m/s流速时，预制基础吃水35m、38.7m和42.4m的三种下沉状态时沉放阶段和沉放等待阶段的系泊系统运动响应及系泊拉力如表12.4-7所示，可以看出沉放阶段的预制基础运动响应和系泊拉力较沉放等待阶段明显减小。

沉放工况和沉放等待工况的系泊系统计算结果 表12.4-7

方 案	纵荡最大位移(m)	横摇最大角度(°)	系泊最大拉力(kN)	系泊拉力安全系数
沉放等待	0.786	0.342	8001.076	2.25
沉放阶段(35m吃水)	0.405	0.189	4305.686	4.18
沉放阶段(38.7m吃水)	0.409	0.113	4209.770	4.27
沉放阶段(42.4m吃水)	0.418	0.065	4190.970	4.29

以预制基础吃水35m时的下沉状态为例，图12.4-14～图12.4-16给出了预制基础纵荡和横摇运动以及系泊缆的张力时程。

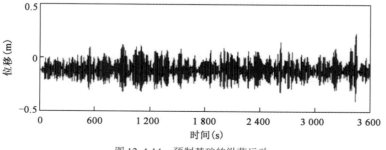

图12.4-14 预制基础的纵荡运动

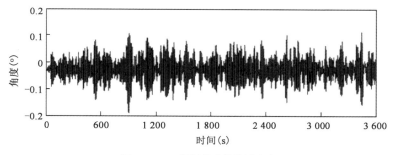

图 12.4-15 预制基础的横摇运动

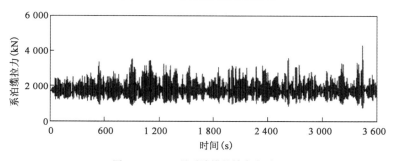

图 12.4-16 1号系泊缆的轴向力时程

由于沉放等待和沉放阶段的系泊系统一致,沉放等待阶段对位移没有限值,只要保证在沉放等待工况中系泊缆拉力的安全性即可。所以在海况要求更为严格的沉放阶段,系泊拉力相对沉放等待阶段更有富余度,主要是保证预制基础的定位沉放精度。从表 12.4-7 中可以看出,沉放阶段的水平最大位移为 41.8cm,最大倾斜角为 0.19°,均满足《公路桥涵施工技术规范》(JTG/T F50—2011)关于沉井定位精度要求。

12.5 预制基础沉放过程控制

预制基础在定位沉放时,必须确保其在波流作用下的施工安全和定位精度,这就需要进行预制基础的系泊系统设计。但是对于外海大型桥梁深水预制基础的定位沉放,所受波浪、海流影响很大,有可能很难获得较长时间的良好海况作为施工窗口期,同时系泊系统设计受施工技术及装备的制约,增大系泊缆的材料强度、截面直径以及增多系泊缆的根数,不一定是最合适的设计方案。在系泊系统不能保证预制基础定位沉放的精度时,可以考虑在施工海域进行波流的隔离控制措施。

本节介绍一种预制基础定位沉放波流作用的隔离控制措施,为确保外海桥梁预制基础定位沉放安全提供另外一种技术思路和解决方法。

在系泊系统外围海域迎浪方向布置 C 形浮式防波堤。C 形浮式防波堤由多组按 C 形排列的浮式消浪单元连接组成,如图 12.5-1 所示,用以改善预制基础施工窗口期的波浪影响。

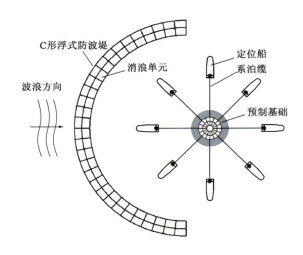

图 12.5-1　C 形浮式防波堤平面布置示意图

为减小波浪对施工的影响，C 形浮式防波堤宽度 D 为浮式消浪单元宽度 A 的 2~3 倍，A 为波长 L 的 1/10~1/2，浮式消浪单元的高度 B 为波高 H 的 1/2~2 倍，其中水面以上高度 b 为总高度 B 的 1/3~1/2，如图 12.5-2 和图 12.5-3 所示。

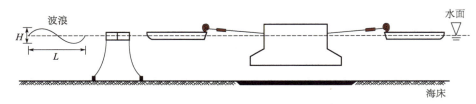

图 12.5-2　C 形浮式防波堤立面布置示意图

每个消浪单元包括侧面开孔的消浪隔室、消浪隔室内填充的消浪材料，如图 12.5-4 所示。具体的技术原理为：当波浪通过消浪单元时，消浪隔室隔板上随机布置的消浪孔和消浪隔室内的消浪材料使得波浪水质点的运动轨迹被打乱，波浪运动能量被耗散，经过多个消浪单元的逐步耗能，最终通过 C 形浮式防波堤的波浪波高可以大幅度减小，波浪能量大幅度降低，能够显著改善预制基础施工窗口期的波浪影响。

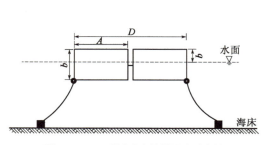

图 12.5-3　C 形浮式防波堤尺寸示意图

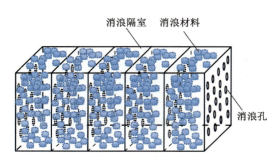

图 12.5-4　消浪单元示意图

本章参考文献

[1] 刘应中,缪国平.船舶在波浪上的运动理论[M].上海:上海交通大学出版社,1987.

[2] 李玉成.波浪对海上建筑物的作用[M].北京:海洋出版社,2002.

[3] 薛鸿超.海岸及近海工程[M].北京:中国环境科学出版社,2003.

[4] 陈上及,马继瑞.海洋数据处理分析方法及其应用[M].北京:海洋出版社,1991.

[5] 刘德辅.海洋石油工程环境水文分析计算[M].北京:石油工业出版社,1983.

[6] Anderson J D, Wendt J. Computational fluid dynamics[M]. New York: McGraw-Hill, 1995.

[7] Wilson J F. Dynamics of offshore structures[M]. John Wiley & Sons, Inc., 2003.

[8] Sarpkaya T, Isaacson M. Mechanics of wave forces on offshore structures[M]. Van Nostrand Reinhold Company, 1981.

[9] 聂武,刘玉秋.海洋工程结构动力分析[M].哈尔滨:哈尔滨工程大学出版社,2002.

[10] 唐友刚.海洋工程结构动力学[M].天津:天津大学出版社,2008.

[11] 刘应中,缪国平,李谊乐,等.系泊系统动力分析的时域方法[J].上海交通大学学报,1997,33(11):7-12.

[12] 童波,杨建民,李欣.深水半潜平台悬链线式系泊系统耦合动力分析[J].中国海洋平台,2009,23(6):1-7.

[13] 唐友刚,张素侠,张若瑜,等.深海系泊系统动力特性研究进展[J].海洋工程,2008,26(1):120-126.

[14] 唐友刚,桂龙,曹菡,等.海上风机半潜式基础概念设计与水动力性能分析[J].哈尔滨工程大学学报,2014,11(11):1314-1319.

[15] 王世圣,谢彬,曾恒一,等.3000米深水半潜式钻井平台运动性能研究[J].中国海上油气,2007,19(4):277-280.

[16] 张海彬,赵耕贤.水动力分析在海洋结构物设计中的应用[J].中国海洋平台,2008(1):1-6.

[17] 刘珍.波浪、水流与结构物耦合作用的时域模拟[D].大连:大连理工大学,2010.

[18] 刘建波,张永涛,杨炎华,等.泰州长江公路大桥深水沉井基础定位下沉与控制技术研究[J].桥梁建设,2011(6):76-81.

[19] 仇正中,董敏,刘建波,等.强涌潮条件下嘉绍大桥钢套箱围堰运动荷载响应分析及短期预报[J].施工技术,2014(11):28-30.

[20] 中交公路规划设计院有限公司,中交公路长大桥建设国家工程研究中心,同济大学,等.多灾害作用下特大跨径桥梁适宜结构体系、关键结构与原型设计研究[R].2015.

[21] 中交公路规划设计院有限公司,中交公路长大桥建设国家工程研究中心,交通运输部天津水运工程科学研究所,等.特大型桥梁风-浪-流耦合作用研究[R].2015.

[22] Recommended Practice DNV-RP-C102. STRUCTURAL DESIGN OF OFFSHORE SHIPS[S]. DET NORSKE VERITAS, 2002.

[23] Recommended Practice DNV-RP-C205. ENVIRONMENTAL CONDITIONS AND ENVIRONMENTAL LOADS

[S]. DET NORSKE VERITAS, 2007.

[24] Offshore Standard DNV-OS-E301. POSITION MOORING[S]. DET NORSKE VERITAS 2010.

[25] Sesam User Manual. HYDROD (Wave load & stability analysis of fixed and floating structures) [Z]. DET NORSKE VERITAS.

[26] Sesam User Manual. GeniE[Z]. DET NORSKE VERITAS.

[27] Sesam User Manual. Postresp (Postprocessor for Statistical Response Calculations) [Z]. DET NORSKE VERITAS.

[28] Sesam User Manual. DeepC (Deep water coupled floater motion analysis) [Z]. DET NORSKE VERITAS.

[29] 刘高,张喜刚,刘天成,等. 大型桥梁深水预制基础定位沉放控制系统:中国, ZL 2015 1 0579179.5[P]. 2017-01-11.

索　引

A

API 标准　API standard ·· 80

B

边界积分方程　boundary integral equation ··· 363
波长　wavelength ·· 72
波高　wave height ·· 72
波浪分频分级　occurrence percentage ·· 113
波-流激振力　wave-current exciting force ·· 385
波周期　wave period ··· 72
布-光易谱　BBMM spectrum ··· 84
不规则半日潮流　irregular semidiurnal tide currrent ·· 85
不规则全日潮流　irregular diurnal tide current ··· 86

C

颤振导数　flutter derivatives ·· 19
超声风速仪　supersonic anemometer ··· 93
迟滞函数　hysteresis function ··· 386
垂直脉动风功率谱　vertical fluctuating wind power spectrum ···························· 68

D

抖振　buffeting ··· 19
抖振力　buffeting force ·· 371
多维极值联合概率模型　multi-dimensional extreme joint probability distribution ············ 187
Davenport 峰因子　Davenport peak factor ·· 375

E

Enrst 公式　Enrst formula ··· 358

F

方向谱	directional spectrum	110
风暴潮	storm surge	70
风浪	wind wave	69
风-浪-流耦合作用	wind-wave-current coupling action	1
风浪流耦合系数	wind-wave-current coupling coefficient	260
风剖面	wind profile	122
弗洛德数相似准则	Froude number similarity criteria	209
附加质量系数	added mass coefficients	387
辐射波浪力	radiation wave-current force	393
幅值响应算子	response amplitude operator	466

G

改进 JONSWAP 谱	improved JONSWAP spectrum	83
格林函数	Green function	364
规则半日潮流	regular semidiurnal tide currrent	85
规则波	regular wave	81
规则全日潮流	regular diurnal tide current	86

H

海浪谱	wave spectrum	81
海啸	tsunami	9
环流风速模型	circulation wind velocity model	150

J

| 几何比尺 | geometric scale | 208 |
| 静水恢复力刚度 | hydrostatic resilience stiffness | 369 |

L

拉普拉斯方程	Laplacee quation	362
雷诺数相似准则	Reynalds similarity criterion	209
联合概率分布	joint probability distribution	17

梁单元的几何刚度矩阵　geometric stiffness matrix of beam element ……………… 359
流函数波浪理论　stream function wave theory ………………………………………… 80
螺旋桨式风向风速传感器　propeller wind direction and velocity sensor …………… 93
Laplace 方程　Laplace equation ………………………………………………………… 71

M

Morison 方程　Morison equation ………………………………………………………… 20

O

欧拉数相似准则　Euler number similarity criterion …………………………………… 209

P

平均波　average wave ……………………………………………………………………… 107
平均风攻角　average wind attack angle ………………………………………………… 122
Pierson-Moscowitz 谱　Pierson-Moscowitz spectrum …………………………………… 83

Q

气-固耦合　gas-solid coupling …………………………………………………………… 63
气压分布模型　pressure distribution model ……………………………………………… 149

S

水面浮标重力式测波　buoy gravity wave measurement ………………………………… 95
水平脉动风功率谱　horizontal fluctuating wind power spectrum ……………………… 67
水下坐底式声学测波　underwater bottom resting acoustic wave measurement ……… 98
十分之一大波　one-tenth wave …………………………………………………………… 107
施工窗口期　construction window period ………………………………………………… 467
斯特哈尔数相似准则　Stehar number similarity criterion ……………………………… 209
斯托克斯波理论　Stokes wave theory …………………………………………………… 75
随机波浪理论　random wave theory ……………………………………………………… 81
Sears 函数　Sears function ………………………………………………………………… 404
Shinozuka's 谐波合成法　Shinozuka's harmonic synthesis method …………………… 300
SWAN 模型　SWAN model ………………………………………………………………… 155

T

椭圆余弦波理论　Cnoidal wave thery ··· 80

W

紊流积分尺度　integral length scale ··· 65
紊流强度　turbulence intensity ··· 65
文圣常谱　Wen's spectrum ·· 84
涡激振动　vortex induced vibration ·· 398
物面边界方程　surface boundary equation ·································· 363

X

线性波理论　linear wave theory ·· 72
虚拟激励　pseudo excitation ·· 22

Y

移行风速模型　mobility wind speed model ·································· 150
涌浪　surge ··· 69
有效波　effective wave ··· 107

Z

阵风因子　gust factor ··· 64
自激力　self-excited force ··· 407
最大波　maximum wave ·· 106

图书在版编目(CIP)数据

特大型桥梁风-浪-流耦合作用 / 刘高等著. — 北京：人民交通出版社股份有限公司, 2018.9
ISBN 978-7-114-14737-1

Ⅰ. ①特… Ⅱ. ①刘… Ⅲ. ①跨海峡桥—风浪—耦合作用 Ⅳ. ①U448.19

中国版本图书馆 CIP 数据核字(2018)第 092883 号

"十三五"国家重点图书出版规划项目
交通运输科技丛书·公路基础设施建设与养护
特大型桥梁防灾减灾与安全控制技术丛书(一期)

书　　名:	**特大型桥梁风-浪-流耦合作用**
著 作 者:	刘　高　张喜刚　刘天成　陈上有
责任编辑:	周　宇　牛家鸣　王海南
责任校对:	刘　芹
责任印制:	张　凯
出版发行:	人民交通出版社股份有限公司
地　　址:	(100011)北京市朝阳区安定门外外馆斜街 3 号
网　　址:	http://www.ccpress.com.cn
销售电话:	(010)59757973
总 经 销:	人民交通出版社股份有限公司发行部
经　　销:	各地新华书店
印　　刷:	北京雅昌艺术印刷有限公司
开　　本:	787×1092　1/16
印　　张:	31.25
字　　数:	660 千
版　　次:	2018 年 12 月　第 1 版
印　　次:	2018 年 12 月　第 1 次印刷
书　　号:	ISBN 978-7-114-14737-1
定　　价:	185.00 元

(有印刷、装订质量问题的图书,由本公司负责调换)